9783458141570

DENIS DIDEROT BRIEFE

1742-1781

Ausgewählt

und herausgegeben

von Hans Hinterhäuser

Insel Verlag

Ins Deutsche übertragen von Johann Borek (Briefe 1-74)
und Hans Hinterhäuser (Briefe 75-201)

Erste Auflage 1984
© Insel Verlag Frankfurt am Main 1984
Druck: Wagner, Nördlingen
Printed in Germany

BRIEFE

1. An Antoinette Champion

1742

Rasch einen Guten Tag meiner Tonton. Wie geht's ihr heute? Hat sie eine gute Nacht verbracht? Hätte mir Madame Champion nicht gesagt, daß Sie unpäßlich waren, ich wüßte es jetzt noch nicht, denn gestern hatten wir keinen Augenblick für uns allein. Was haben Sie denn, meine liebe Nanette? Sind Sie über irgendetwas in Unruhe? Ist es vielleicht ein Kummer, der an Ihrer Gesundheit nagt? So öffnen Sie mir doch endlich Ihr Herz – bin ich nicht dazu bestimmt, Freud und Leid mit Ihnen zu teilen? Dürfen Sie Ihrem Ninot etwas verbergen, ihm, der vor Ihnen nicht das kleinste Geheimnis hat? Müßte aus Ihrer zärtlichen Zuneigung nicht Vertrauen erwachsen? Sie sind die ungerechteste aller Frauen, wenn Sie an der Aufrichtigkeit meiner Versprechen noch immer zweifeln. Ich schwöre Ihnen, daß ich niemanden auf der ganzen Welt liebe als Sie. Wenn das alberne Geschwätz der Gagnié Sie bekümmert, dann ist das ganz und gar unvernünftig von Ihnen. Mein Verhalten müßte Ihnen beweisen, welch geringen Eindruck das auf einen Außenstehenden machen kann. Und schließlich würde Ihre Empfindsamkeit an Schwäche grenzen, sollten unsere Liebesangelegenheiten Ihnen auch nur einen einzigen traurigen Augenblick bereiten. Dürfen wir denn nichts von den Bemühungen Ihrer Freunde erwarten, die auch die meinen geworden sind, und wird der Himmel nichts für zwei Menschen tun, die einander so aufrichtig zugetan sind?

Solang Tonton ihrem Ninot treu ist und das Herz Ninots unverbrüchlich fest, kann das Schicksal unser Glück freilich hinauszögern – doch was in aller Welt könnte uns unglücklich machen? In unserer augenblicklichen Lage haben wir von der Zeit nur einen Aufschub unsrer Freuden zu befürchten, denn wir werden uns immer sehen, und wir werden es uns so lange sagen, bis wir einen freundlichen Blick Fortunas erhaschen. Hoffen wir, daß sie uns in einem dieser angenehmen Augenblicke überrascht und unsre

Sehnsucht stillt. Bis dahin jedoch, liebe Freundin, dürfen wir uns nicht unterkriegen lassen. Man muß leben und sich für das geliebte Wesen bewahren. Halten Sie sich das immer vor Augen, mein liebes Herz; seit mein Leben an das Ihre geknüpft ist, würde ich tausend Tode sterben, wenn Sie erkranken sollten.

Adieu, meine geliebte Maman, bis Sonntag. Vielleicht habe ich dann mehr Glück als gestern. Ich umarme Sie von ganzem Herzen. Meine Empfehlungen an Madame Champion. Der Bote ist verläßlich, man kann ihm vertrauen. Und entlohnen Sie ihn nicht, das ist bereits erledigt.

2. *An Antoinette Champion*

Langres, 17. Dezember 1742

Meine liebe Nanette, sei ganz beruhigt. Ich bin angekommen, die Reise war gut, ich befinde mich wohl und mir scheint, ich werde mit Freuden wiedergesehen. Meine Mutter und meine Schwester haben mich mit Liebenswürdigkeiten überhäuft. Der Empfang meines Vaters war etwas kühl. Aber er blieb nicht lang so ernst und gleichgültig, und gegenwärtig erfreue ich mich seiner guten Laune und der des ganzen Hauses. Noch gar nicht begrüßt habe ich meinen Bruder. Sein Eintritt ins Seminar, wohin er sich zur Zeit zurückgezogen hat, war meiner Rückkehr um acht Tage vorausgegangen. Da hat er sich nun also für den Priesterstand entschieden, und die ganze Nachkommenschaft ist auf zweie geschrumpft. Da ich glaube, daß dieser Stand meinem Bruder – bei der außerordentlichen Frömmigkeit, die er an den Tag legt – zusagt, bin ich über dieses Ereignis nicht böse. Ich mache gerade der Reihe nach meine Aufwartungen. Die Provinzler hier machen große Augen, einen Mann vor sich zu haben, den sie so bald nicht wiederzusehen glaubten, und über den man so viel verqueres Zeug geredet hatte.

Recht gern wäre ich diese Beschäftigung los und ginge einer wichtigeren Sache nach. Es gibt nichts Langweiligeres, als den bunten Hund zu spielen und wider Willen umherzulaufen, nur um die Neugier unzähliger Leute zu befriedigen, die einen kaum was angehen. Ich habe allerdings bereits angekündigt, daß meines Bleibens hier nicht lange sein wird. Jedermann scheint sich darüber zu wundern; man hat es nicht verabsäumt, mich nach dem Grund zu fragen, den zu enthüllen ich noch nicht für angebracht halte. Es gibt, wie Du ja weißt, noch eine ganze Reihe von Dingen, die ich zuvor erreichen muß. Du wirst wohl nicht daran zweifeln, daß ich mich beeile, so gut es geht.

Und Dir, Maman, wie geht es Dir? Erholt Ihr Euch schön langsam von den Wirren des Umzugs? Geht es Mutter Champion gut? Ich sterbe vor Sehnsucht, Euch beide in die Arme zu schließen. Am Dreikönigstag wird es wahrscheinlich soweit sein. Mein Gott, wie lang es bis dahin noch ist, wo ich doch so ungeduldig bin! Schreib mir ja noch nicht zurück, ich muß für Deine Briefe erst noch eine Anlaufstelle finden – es wäre mir äußerst lieb, wenn sie ungeöffnet in meine Hände kämen. Der Entschluß meines jüngeren Bruders hat meinen Vater übrigens endgültig dazu bewogen, mir meine Freiheit zu lassen. Ich weiß jetzt schon, daß ich bei ihm wohnen bleiben könnte mit der Vollmacht, nichts zu tun. Aber das soll Dich nicht beunruhigen, meine Nanette! Du weißt ja, was ich Dir versprochen habe, und ich werde nicht eher ruhen, als bis mein Versprechen eingelöst ist.

Heimlich arbeite ich darauf hin, von meinen Leuten eine Pension zu bekommen, und wären es bloß zwanzig oder fünfundzwanzig Pistolen. Das wäre doch immerhin etwas für alle Fälle. Da Du entschlossen bist, mich so, wie ich bin, mit offenen Armen zu empfangen, werde ich mich zu trösten wissen, auch wenn alle meine Unternehmungen scheitern sollten – vorausgesetzt, Du bleibst Deinen Entschlüssen treu.

Leb wohl, liebe Freundin, behalt mich lieb; leb wohl, meine kleine Frau, paß auf Dich auf, Deinem Ninot zuliebe. Von ganzem Herzen umarme ich unsre gute Mutter, Herrn Poulain und Herrn Pescheur, meine Freunde und die Deinen. Versichere sie meiner Zuneigung und wisse, daß ich immer Dein Geliebter, Dein Freund, Dein Gatte bin.

3. An Antoinette Champion

Langres, 2. Januar 1743

Meine liebe Nanette, ich wünsche Ihnen, daß Sie dieses Jahr glücklicher beginnen als ich. Sie haben mir einen sehr harten und ungerechten Brief geschrieben. Sie wissen, wie empfindsam ich bin. Urteilen Sie selbst, in welchen Zustand Sie mich versetzt haben. Sie sind meine grausamste Feindin, wenn Sie sich nicht beeilen, den Schmerz wieder gutzumachen, den Sie einem Mann zugefügt haben, der das am allerwenigsten verdient und der Sie über alles liebt. Glauben Sie mir, Sie können den anderen die Mühe überlassen, mir Kummer zu bereiten. Fügen Sie nicht zum Schmerz über unsre Trennung noch die Unruhe hinzu, die mir Ihre wohlmeinenden Ratschläge verursachen müssen.

Ich weiß, was ich geschworen und was ich zu tun habe, und einzig Ihre Treulosigkeit könnte mir meine Freiheit wiedergeben. Zeigen Sie sich also so, wie Sie sind – Sie brauchen sich nicht mehr vor den Tränen zu fürchten, die Sie so oft gerührt haben: Sie werden sie nicht mehr fließen sehen. Schonen Sie meine Schwäche nicht: habe ich aufgehört, Ihnen zu gefallen? Muß ich sterben? Dann lassen Sie mich schnell sterben, das ist die einzige Gnade, um die ich Sie noch bitten kann. Sollten Sie mir eine Antwort verweigern, dann versichere ich Ihnen, daß Ihr Schweigen mein Urteilsspruch sein wird. Ich bin der selbe geblieben – warum können Sie das nicht auch von sich sagen?

Meine Empfehlungen und guten Wünsche an Ihre Frau Mutter und die Herren Poulain und Pescheur.

4. *An Antoinette Champion*

Langres, 14. Januar 1743

Liebe Freundin, hab keine Sorge. Deinen Brief habe ich sehr pünktlich erhalten. Du tatest Unrecht, unserm Mittelsmann zu mißtrauen. Wie auch immer, ich denke, wir werden ihn nicht mehr brauchen.

Ich bin in den allergrößten Nöten. Bis jetzt hatte ich mit einigem Geschick den wahren Zweck meiner Reise verborgen. Doch Deine Ungeduld – die ich nur loben kann, da sie mir ja Deine Liebe beweist – hat meine Erklärung beschleunigt. Ich wünsche noch hundertmal mehr als Du, nicht zu drastischen Maßnahmen gezwungen zu sein. Doch ich wüßte nicht, wie ich ohne sie auskommen sollte. Trotzdem bin ich zu allem entschlossen. Da Du mich anfangen hießest, bitte ich Dich nur um die Erlaubnis, weiterzumachen.

Man droht mir mit ganz schrecklichen Dingen, das will ich Dir nicht verhehlen. Aber zur gleichen Zeit muß ich Dir sagen, daß sie allzu schrecklich sind, als daß sie mich schrecken könnten. Würden mir meine Eltern ganz einfach sagen: »Das Einverständnis, um das du uns bittest, hast du – aber wir enterben dich«, dann würde ich ihnen antworten: »Schönsten Dank, mehr will ich gar nicht. Was ich von euch bekomme, genügt, mich über das zu trösten, was ich verliere.« Aber ihr Zorn reicht weiter, und gerade das beruhigt mich. Darum noch einmal, meine liebe Nanette, sei unbesorgt. Du kannst sicher sein, daß wir ans Ziel gelangen, im Guten oder im Bösen.

Für Dein Angebot bin ich Dir sehr dankbar. Ich habe Geld. Ich war so klug, mich nach und nach mit einigem zu versehen, und das bringt sie nun vollends zur Verzweiflung. Sie fürchten, mir den Weg selbst geebnet zu haben – und eigentlich haben sie ja auch recht. Ich bin ganz der Deine – Dein Freund, Dein Geliebter und Dein Gatte.

5. An Antoinette Champion

Troyes, Februar 1743

Meine liebe Freundin,

Ich bin frei – nachdem ich unerhörte Qualen ausgestanden habe. Sag ich's Dir? Die Härte meines Vaters ging so weit, daß er mich bei Mönchen einsperren ließ, die mir alles angetan haben, was sich die schwärzeste Seele nur ausdenken kann. In der Nacht von Sonntag auf Montag bin ich aus dem Fenster gesprungen. Ich bin bis jetzt zu Fuß gegangen, um in Troyes die Postkutsche nach Paris zu erreichen. Ich habe keine Wäsche mit. Bei gräßlichem Wetter habe ich eine Strecke von dreißig Meilen zu Fuß zurückgelegt. Es ist mir recht übel ergangen, denn ich konnte aus Angst, verfolgt zu werden, nicht die gewöhnliche Straße benutzen, und bin so in Dörfer geraten, wo ich kaum Brot und Wein auftreiben konnte. Aber zum Glück habe ich ein wenig Geld, das ich mir vorsichtigerweise verschafft hatte, ehe ich meine Absichten kundtat. Ich hatte es in einem Zipfel meines Hemds versteckt und so vor meinen Kerkermeistern gerettet.

Solltest Du über den geringen Erfolg meiner Reise verstimmt sein und mich das spüren lassen, so wisse: ich bin vor Kummer so niedergeschlagen, ich habe so viel durchgemacht, mir stehen noch so viele Schwierigkeiten bevor, daß mein Entschluß gefaßt ist: ich werde ein rasches Ende machen. Ob ich leben oder sterben soll, hängt einzig davon ab, wie Du mich aufnimmst. Mein Vater ist dermaßen wütend, daß er mich ganz zweifellos enterben wird, wie er es mir schon angedroht hat. Wenn ich auch noch Dich verliere, was könnte mich dann noch auf dieser Erde halten?

Ich wäre nicht sicher in meiner früheren Wohnung, denn zweifellos hat Bruder Ange bereits Anweisungen erhalten, mich verhaften zu lassen, und diesen Anweisungen wird er nur zu gern nachkommen. Tu mir also bitte den Gefallen und such mir – bei Dir in der Nähe oder anderswo – ein möbliertes Zimmer. Ich hätte Herrn Poulain geschrieben, aber ich will ihm durchaus für keine

Gefälligkeit zu Dank verpflichtet sein, auch wenn er sie mir gerne erweisen würde. Vergiß also bitte nicht und tu, worum ich Dich gebeten habe. Ich denke, daß ich am Montag abend ankomme. Ich umarme Dich von ganzem Herzen, Madame Champion ebenfalls. Die Nachrichten, die ich Dir da mitteile, werden ihr wohl großen Kummer machen! Erzähl ihr nur einen Teil davon, vielleicht findet sich ein Weg und alles kommt in Ordnung. Aufgeschoben ist nicht aufgehoben. Ich bin der Deine wie immer und mehr denn je.

Ich vergaß Dir zu sagen, daß man, damit ich nicht entkommen könne, die überflüssige Vorsichtsmaßnahme getroffen hat, mir die Haare zur Hälfte abzuschneiden.

Im ganzen Haus war einzig eine Tante auf meiner Seite. Zu ihr habe ich mich bei diesen ganzen Streitereien geflüchtet. Das bißchen Wäsche, das ich mit hatte, muß ich wohl verloren geben, aber ich zähle darauf, daß sie mir die Bücher schicken wird, die ich auf ihrem Tisch liegen gelassen habe.

6. *An Voltaire*

11. Juni 1749

Der Augenblick, in dem ich Ihren Brief erhielt, war einer der freudigsten meines Lebens. Für das Geschenk, das Sie ihm beigefügt haben, bin ich Ihnen unendlich verpflichtet. Sie hätten Ihr Werk niemandem schicken können, der Sie mehr bewundert als ich. Man bewahrt die Zeichen des Wohlwollens der Großen wie einen kostbaren Schatz auf. Ich, der ich an wirklichen Unterschieden zwischen den Menschen schwerlich andre gelten lasse als solche, die von ihren persönlichen Vorzügen herrühren, stelle dieses Zeugnis Ihrer Wertschätzung weit über die Gunstbezeugungen der Großen, die so tief unter Ihnen stehen. Soll dieses Volk jetzt über meinen *Brief über die Blinden* denken, was es will – Ihnen hat er nicht mißfallen, meine Freunde finden ihn gut, das genügt mir.

13

Saundersons Ansicht ist so wenig die meine als die Ihre – aber das könnte einfach daran liegen, daß ich sehe. Die Beziehungen, die uns so lebhaft beeindrucken, haben nicht die selbe Überzeugungskraft für einen Blinden. Er lebt in immerwährender Dunkelheit, und diese Dunkelheit wird ihn in seinen metaphysischen Argumenten nicht wenig bestärken. Bei mir steigen gemeinhin die Dämpfe, die mir die Existenz Gottes vernebeln, in der Nacht auf – die aufgehende Sonne vertreibt sie immer. Aber für einen Blinden bleibt es dunkel, und die Sonne geht nur für die auf, die sehen. Sie dürfen sich nicht vorstellen, Saunderson habe wahrgenommen, was Sie an seiner Statt wahrgenommen hätten. Sie können sich nicht an die Stelle eines andern versetzen, ohne die Fragestellung vollkommen zu verändern.

Hier einige Überlegungen, die ich nicht verfehlt haben würde, Saunderson in den Mund zu legen, hätte ich nicht diejenigen gefürchtet, die Sie mir so treffend geschildert haben. »Hätte es nicht irgendwann einmal Lebewesen gegeben«, so hätte ich ihn sagen lassen, »dann hätte es nie welche gegeben, denn um sich Existenz zu geben, muß man handeln, und um zu handeln, muß man existieren. Hätte es immer nur materielle Wesen gegeben, dann hätte es niemals geistige Wesen gegeben, denn die geistigen Wesen hätten sich entweder selbst erschaffen oder ihre Existenz von den materiellen Wesen erhalten; hätten sie sich selbst erschaffen, so hätten sie gehandelt, bevor sie existierten; hätten sie ihre Existenz von den materiellen Wesen erhalten, dann wären sie Erscheinungsformen der letzteren oder zumindest deren Folge« – und das widerspricht ganz entschieden Ihrer Auffassung.

Hätte es aber immer nur geistige Wesen gegeben, dann werden Sie folgern müssen, daß es nie materielle Wesen hätte geben können. Gutes Philosophieren erlaubt mir nicht, in den Dingen etwas anderes vorauszusetzen als das, was ich deutlich an ihnen wahrnehme. Im Geist jedoch erkenne ich mit Deutlichkeit keine anderen Fähigkeiten

14

als die des Wollens und des Denkens, und ich kann mir ebensowenig vorstellen, daß das Denken oder der Wille auf die materiellen Wesen oder das Nichts einzuwirken vermöchten als das Nichts oder die materiellen Wesen auf die geistigen. Zu behaupten, daß das Nichts und die materiellen Wesen nicht auf die rein geistigen wirken können, weil wir die Möglichkeit einer solchen Wirkung nicht wahrzunehmen vermögen, heißt zugeben, daß die rein geistigen Wesen keine Wirkung auf die materiellen ausüben können, denn die Möglichkeit einer solchen Wirkung läßt sich ebensowenig erkennen.

Aus dieser Einsicht und aus meinen Überlegungen folgt also, würde Saunderson fortfahren, daß das körperliche Sein nicht weniger vom geistigen abhängt als das geistige vom körperlichen, daß beide gemeinsam das Universum bilden und daß das Universum Gott ist. Wieviel Kraft würde dieser Überlegung nicht durch die Auffassung zufließen, die Sie mit Locke teilen, daß nämlich das Denken sehr wohl eine Modifikation der Materie sein könnte!

»Wie jedoch«, würden Sie ihm entgegenhalten, »steht es mit den unendlich vielen Beziehungen, die ich unter den Dingen entdecke, und mit der wunderbaren Ordnung, die sich allenthalben kundtut?« – Dabei handelt es sich um metaphysische Wesen, die nur in Ihrem Kopf existieren, würde er Ihnen antworten. Auf einem weiten, mit Schutt übersäten Feld finden Wurm und Ameise bequeme Behausungen. Was würden Sie über diese Insekten sagen, wenn sie die Beziehungen zwischen dem Ort, an dem sie wohnen, und ihrer eigenen Beschaffenheit für wirkliche Wesen hielten, wenn sie sich für die Schönheit dieser unterirdischen Architektur und für die überlegene Intelligenz des Gärtners begeistern würden, der alles so für sie eingerichtet hat?

Ach, Monsieur, wie leicht verirrt sich ein Blinder im Labyrinth derartiger Überlegungen, um dann als Atheist zu sterben – was Saunderson jedoch nicht widerfährt. Sterbend empfiehlt er seine Seele dem Gott von Clark, von

Leibniz und von Newton, so wie die Israeliten ihre Seele dem Gott Abrahams, Isaaks und Jakobs empfahlen, denn er ist so ziemlich in der gleichen Lage wie sie. Ich lasse ihm, was noch den überzeugtesten Skeptikern bleibt: einige Hoffnung, sie könnten sich immerhin geirrt haben. Doch dem sei so oder anders: ihre Auffassung ist nicht die meine. Ich glaube an Gott, obschon ich mit den Atheisten sehr gut auskomme. Ich habe die Erfahrung gemacht, daß die Schönheit der Ordnung sie gegen ihren Willen gefangennahm, daß sie sich für das Schöne und Gute begeisterten, und daß sie, sofern sie Geschmack hatten, weder ein schlechtes Buch ertragen, noch geduldig ein schlechtes Konzert hören, noch ein schlechtes Bild in ihrer Studierstube leiden, noch eine schlechte Tat begehen mochten.

Mehr brauche ich nicht. Die Atheisten sagen, alles sei notwendig. Ihrer Meinung nach verletzt einen ein anderer Mensch genauso wenig aus freien Stücken wie ein Ziegelstein, der sich loslöst und einem auf den Kopf fällt. Aber sie bringen diese Ursachen nicht durcheinander und wären über den Ziegelstein nie entrüstet – eine weitere Inkonsequenz, die mich beruhigt. Es ist also sehr wichtig, Schierling nicht mit Petersilie zu verwechseln, nicht im geringsten aber, an Gott zu glauben oder nicht. »Die Welt«, würde Montaigne sagen, »ist ein Ball, den er den Philosophen zum Spielen überlassen hat« – und fast möchte ich das über Gott selbst sagen.

Mit allem nur erdenklichen Eifer, Monsieur, würde ich mich mit Ihnen über diese sehr erhabenen und sehr unnützen Wahrheiten unterhalten. Häusliche Sorgen jedoch, die mich beinahe nicht zum Denken kommen lassen, halten mich hier in meiner Zurückgezogenheit fest; gewaltige Aufgaben auch, die jeden andern als mich wohlhabend machen würden und die meine sonstigen Geschäfte behindern und meine Zeit auffressen; und schließlich eine heftige Leidenschaft, die mich fast vollständig in Anspruch nimmt. Ach, Philosophie, Philosophie! Wozu taugst du eigentlich, wenn du weder bohrenden Schmerz und nagenden Kummer, noch den Stachel der Leidenschaften zu mildern vermagst?

Sollte ich meine Seele jemals etwas freier fühlen und meinen Verstand eher in der Lage, die gute Meinung zu rechtfertigen, die Sie von mir gefaßt zu haben scheinen, dann will ich sogleich zur Stelle sein, und meine Augen werden den unvergleichlichen Mann sehen, dessen Schriften mich immer aufs neue in Entzücken versetzen; dem ich mein bißchen Stil und philosophischen Geist verdanke; der in überraschendem Maß alle Talente in sich vereinigt; dem alle literarischen Gattungen vertraut sind, und der sich in jeder hervorgetan hat, als widme er sich ausschließlich ihr. Ich befinde mich gegenwärtig in der Verfassung eines Atoms, dessen einzige Stärke seine Unbeweglichkeit ist, und das von einer unermeßlich großen Kugel zum Zusammenstoß aufgefordert wird, die eine gewaltige, von ihr selbst herrührende Geschwindigkeit beseelt.

Verzeihen Sie mir, Monsieur, wenn ich ihr im Augenblick ausweiche, und erlauben Sie mir, Ihnen ein Werk zu überreichen, das nicht allzu viel taugt, doch immerhin mehr als ich selbst. Es handelt sich um meine Denkschriften über verschiedene Gegenstände der Mathematik. Ich habe sie Ihnen seinerzeit nicht geschickt, weil ich erfahren hatte, daß Sie sich am Hof von Lunéville oder auf Schloß Cirey aufhielten. Dem für Sie bestimmten Exemplar lege ich eines für die Marquise du Châtelet bei. In der letzten dieser Schriften wird sie den Beweis finden, daß die Verzögerungen, die der Luftwiderstand bei der Bewegung eines Pendels verursacht, den Quadraten über den durchmessenen Bögen entspricht – und nicht, wie Newton offenbar angenommen hat, den Bögen selbst. Allerdings ist die Differenz vielleicht so geringfügig, daß man, ohne einen Fehler zu machen, sowohl die Bögen wie die Quadrate der Bögen als Formel für die Verzögerungen verwenden kann. Aber das weiß die Marquise du Châtelet sicherlich viel besser als ich.

Darf ich es wagen, Monsieur, Sie zu bitten, ihr meinen untertänigsten Respekt und meine Bitte um Entschuldigung zu übermitteln – ganz in dem Sinn, wie ich mich vorhin Ihnen gegenüber ausgedrückt habe?

7. An den Kanzler Daguesseau

10. August 1749

Ein Ehrenmann, der das Unglück hatte, sich die Ungnade des Ministeriums zuzuziehen, fleht Sie um Milde und Beistand an. Von der Festung Vincennes aus, in der man ihn seit zwanzig Tagen festhält, und wo er im Begriff steht, seinen körperlichen Schmerzen und seelischen Qualen zu erliegen, wirft er sich Ihnen zu Füßen und bittet Sie um seine Freiheit! Er ist untröstlich über die Fehler, die er begangen hat, und fest entschlossen, nie wieder welche zu begehen. Einige Vermessenheiten in geistigen Dingen sind das einzige, was man ihm vorwerfen kann. Er hat sich weder gegenüber der Regierung etwas zuschulden kommen lassen, der er allezeit seine Ergebenheit und Untertänigkeit bewiesen, noch gegenüber seinem König und dessen Ministern, denen er stets, in seinen Reden wie in seinen Schriften, die allertiefste und gewissenhafteste Ehrerbietung entgegengebracht hat.

Die Marquise du Deffand, Monsieur de Bombarde, der Abbé Sallier, die Herren De Buffon, Clairaut, D'Aubenton, De Fontenelle, D'Alembert und andere, die er die Ehre hat, zu seinen Fürsprechern, seinen Bekannten oder seinen Freunden zu zählen, werden Eurer Hoheit seinen guten Charakter bestätigen, seine tiefe Rechtschaffenheit, seine Sittenreinheit, seine Liebe zur Arbeit – und auch wie sehr ihn seine Frau und seine Kinder gegenwärtig brauchen. Er bittet Eure Hoheit inständig, sich ihrer aller anzunehmen und ihm selbst das Leben zu retten, indem er ihm die Freiheit wiedergibt. Er nimmt sich vor, von beidem einen Gebrauch zu machen, der seine vergangenen Fehler gutmacht, indem er den *Dictionnaire universel des Sciences et des Arts* fertigstellt, zu dessen Herausgebern er gehört, an welchem er seit vollen drei Jahren arbeitet und für den er sich in Unkosten gestürzt und unendliche Mühen auf sich genommen hat.

Und ach, Monseigneur, als man ihn in dieses Gefängnis brachte, stand er eben im Begriff, Eurer Hoheit diesen Plan zu unterbreiten und von Ihnen die Erlaubnis zu erbitten, unter Ihrer Schirmherrschaft ein Werk zu veröffentlichen, das zum Ruhme Frankreichs und zur Schande für England unternommen wurde, und das – wenigstens unter diesem Gesichtspunkt – vielleicht würdig ist, einem Minister dargebracht zu werden, der die schönen Wissenschaften beschützt und diejenigen, die sich ihnen widmen.

8. An den Polizeipräfekten Berryer

13. August 1749

Ich habe erlitten, was ein Mensch erleiden kann; ich bin erschöpft, niedergeschlagen, von Kummer verzehrt. Dennoch will ich Ihnen gestehen, daß ich tausendmal lieber hier sterben würde, als diesen Ort in Ihren, in meinen, in den Augen aller Ehrbaren entehrt zu verlassen. Auch vermag ich nicht daran zu glauben, daß Sie mich genug verachten, um diesen Versuch mit mir anzustellen. Aber Sie wollen zufriedengestellt sein, und dies soll geschehen.

Sie geruhen, mir gegenüber von Ihrer Eigenschaft als Beamter und Vertreter der königlichen Gewalt, mit einem Wort als Mann, der richtet und bestraft, abzusehen und sich auf diejenige eines Mannes zu beschränken, der beansprucht, daß man seinem Ehrgefühl und seiner Rechtschaffenheit Gerechtigkeit widerfahren läßt, und so wäre es im höchsten Maß verwunderlich, wenn Sie mich nicht dazu bereit fänden. Ich lasse mich also von der hohen Meinung leiten, die ich – wie alle aufgeklärten Männer – von Ihnen habe; von dem Einfluß, den Sie dank Ihrer hohen Talente und der einzigartigen Vorzüge Ihres

Herzens und Ihres Geistes immer auf die guten Köpfe nehmen werden; von den Empfindungen zartfühlender Rechtschaffenheit, zu denen Sie sich bekennen, und die zu mißachten weder dem Mächtigen noch dem Gemeinen zusteht; und endlich von dem blinden Vertrauen in Ihr Ehrenwort, daß Sie meine Reue und mein aufrichtiges Versprechen in Betracht ziehen wollen, in Hinkunft nichts mehr zu schreiben, ohne es Ihrem Urteil zu unterwerfen, in Ihr Wort, daß Sie mein Geständnis weder gegen mich noch gegen sonst jemand verwenden werden – es sei denn, ich würde rückfällig, in welchem Fall es Ihnen freisteht, Monsieur, den Ihnen gut scheinenden Gebrauch davon zu machen, ohne daß es mir anstünde, mich darüber zu beklagen.

Ihnen als meinem würdigen Beschützer gestehe ich also, was meinem Richter zu gestehen weder ein langer Gefängnisaufenthalt noch alle erdenklichen Leiden je über mich vermocht hätten: daß die *Philosophischen Betrachtungen*, die *Indiskreten Kleinode*, der *Brief über die Blinden* geistige Vermessenheiten darstellen, die meiner Feder entschlüpft sind. Aber ich kann Ihnen meinerseits auf Ehre versichern (und ich besitze welche), daß es die letzten sein werden und daß es die einzigen sind. Keinerlei direkten oder indirekten Anteil habe ich an einem Werk mit dem Titel *Die Sitten*, das mir nicht früher unter die Augen gekommen ist als der Öffentlichkeit.

Soviel zu dem, Monsieur, was mir gehört. Ich kann darüber verfügen und vertraue es Ihnen an. Was jene betrifft, die an der Verbreitung jener Werke beteiligt waren, so soll Ihnen nichts verborgen bleiben. Ich werde Ihnen mündlich sowohl die Namen der Verleger wie der Drucker anvertrauen. Darüber hinaus will ich mich, sofern Sie es verlangen, verpflichten, diesen Leuten mitzuteilen, daß Ihnen ihre Namen bekannt sind, auf daß sie sich künftig ebenso wohl verhalten, wie ich es zu tun entschlossen bin.

Was den *Weißen Vogel* betrifft, so ist er nicht von mir. Er stammt von einer Dame, die ich nennen könnte, da sie selbst die Autorschaft nicht leugnet. Wenn ich irgendeinen Anteil an diesem Werk habe, so lediglich den, daß ich seine Orthographie verbessert habe, gegen die selbst die geistreichsten Frauen immer wieder verstoßen. Es wurde nicht gedruckt, und ich denke nicht, daß das je der Fall sein wird.

9. An Samuel Formey

5. März 1751

Niemand könnte empfänglicher sein als ich für die Ehre, die Sie mir anzeigen.

Um zu wissen, welchen Anspruch ich darauf habe, brauche ich nur die berühmten Namen durchzugehen, denen die Akademie nicht verschmäht hat, den meinen hinzuzufügen. Es ist ein glücklicher Umstand, daß das einzige Mal, da sie ihre strengen Grundsätze gelockert hat, es zu meinen Gunsten gewesen ist, und daß sie der Hoffnung, einige Talente in mir zu ermutigen, zugestanden hat, was bis zu diesem Tag nur durch Beweise eines überlegenen Verdienstes zu erlangen war.

Mit diesen Empfindungen, Monsieur, habe ich ihr Diplom empfangen, und ich bitte Sie, Ihre Kollegen mit den stärksten Wendungen davon in Kenntnis zu setzen. Je weniger Grund ich hatte, von ihrer Seite mit einer solchen Gunstbezeigung zu rechnen, desto stärker muß ich von Dankbarkeit durchdrungen sein.

Mein illustrer Kollege D'Alembert und ich haben uns vorgenommen, Ihrer Akademie die Bände der *Encyclopédie* nach Maßgabe ihres Erscheinens zu übersenden. Der Vorzug, einer so erlauchten Körperschaft anzugehören, ist für mich ein noch stärkerer Grund, zu wünschen, daß unter den Artikeln, die ich für dieses Werk verfaßt habe, einige sich finden, die nicht unwürdig sind, neben den Ihren zu erscheinen.

10. An Madame de Pompadour

Ich war überrascht, daß ich in einem Augenblick, in dem ich sicher war, daß Sie Leute empfingen, keinen Einlaß bei Ihnen fand. Mit solcher Härte haben Sie uns bislang nicht vertraut gemacht, und ich lasse mich auch nicht dadurch entmutigen. Die Prinzessin von B*** hat Ihnen bereits mitgeteilt, welcher Art die Gefälligkeit ist, um die wir Sie bitten. Ich wollte keineswegs, daß sie sich für uns bei Ihnen verwendet, und ich beschränke mich darauf, Ihnen in einigen Sätzen in Erinnerung zu rufen, was sie Ihnen gesagt hat.

Eine Gemeinschaft arbeitsamer Männer, die keine andre Absicht haben, als sich ihren Mitmenschen nützlich zu machen, widmet sich mehrere Jahre lang der Redaktion eines Werks, in dem das Wissen der Menschheit aufbewahrt sein soll. Die ehrenhaftesten und kundigsten Menschen aller Gesellschaftsklassen bemühen sich nach besten Kräften, ihren Beitrag zu dieser wichtigen Arbeit zu leisten. Alle Mitarbeiter wetteifern darin miteinander, und nie hätten sie es sich einfallen lassen, man könnte ihnen eines Tages ein Verbrechen daraus machen. Sie haben keinerlei persönlichen Ehrgeiz. Mehrere unter ihnen verbergen sich sogar unter dem bescheidenen Mantel der Anonymität, und ihre Uneigennützigkeit geht so weit, daß sie den Ruhm verachten, der ihnen aus ihrer Arbeit erwachsen würde, und der der einzige würdige Lohn der Tugend ist. Das Gebäude erhebt sich und Europa bewundert es.

Mit einem Mal wird es von obskuren Verfolgern angegriffen, die ihm um so gefährlichere Stöße versetzen, als die Erbauer – aus einem vielleicht übertriebenen Stolz heraus – es verschmähen, ihren Beleidigungen entgegenzutreten. Man beginnt jedoch, unsere Mäßigung für Schwäche zu halten. Wir müssen uns rechtfertigen, dabei jedoch große Umsicht walten lassen. Wir fürchten, Partei zu werden, wenn wir uns die Mühe nehmen, uns allzu öffentlich zu verteidigen.

Wir wollen keine Verteidiger, nur Richter wollen wir. Seien Sie der unsre, Madame, und seien Sie zugleich unser Anwalt, wenn Sie es für richtig befinden – nichts scheint mir willkommener! Wahrheit und Philosophie haben keine Gegner mehr, wenn Geist und Schönheit es sich angelegen sein lassen, sie zu verteidigen.

11. *An seine Verwandten und Freunde in Langres*

6. Januar 1755

. . . Da bin ich nun also wieder in Paris, zu Hause, bei meinen Freunden, an der Seite meiner Frau, die mich seit langem erwartete. Ruhig gab ich mich einige Tage lang dem Vergnügen hin, bei ihnen zu sein, sie für mich zu haben, sie wiederzuhaben, ihnen zuzuhören, mit ihnen zu sprechen, ihnen von Euch zu erzählen, sie zu umarmen, von ihnen für Euch, für mich, für alle umarmt zu werden – das war wirklich und wahrhaftig eine große Freude für sie und für mich selbst.

»Und der liebe Vater«, sagte meine Frau, »wie geht es ihm? Und diese unglückselige Kolik?« – »Dem lieben Vater geht es nicht übel, und seine Koliken machen mir keine Sorgen, wenn er Wort hält und Vernunft annimmt. Und Angélique?«, fragte ich meinerseits. – »Angélique geht es ausgezeichnet, sie ist immer fröhlich und so munter wie ein Fisch im Wasser.« Und so sind wir, von einer Frage auf die andere kommend, alles durchgegangen, was uns auf dieser weiten Erde bewegt, angefangen bei Ihnen, liebe Schwester, und aufgehört bei Ihrer Freundin Madame de Montessu . . .

Kaum bin ich in Paris zurück, als auch schon meine Verleger darüber Bescheid wissen und der Tag ausgemacht ist, unsere Angelegenheiten zu besprechen. In unsrer ersten Unterredung legten wir alle so viel Hitze und so wenig Vernunft an den Tag, daß ich schon glaubte, wir würden uns nie wiedersehen. Nicht ein einziger Artikel des Vertrags von Dubois blieb unangetastet.

Einige Tage nach dieser Versammlung erhielt ich jedoch von der Gesellschaft den Entwurf zu einer gegenseitigen Verständigung, den Monsieur David, ihr Anwalt, ausgearbeitet hat. Ich habe ihn sorgfältig mit dem meinen verglichen und nicht lange gebraucht, um die Punkte herauszufinden, über die wir uns uneins waren. Das war für mich nur ein Grund mehr, entschieden auf ihnen zu bestehen. Je wichtiger die Verleger einen Punkt zu finden schienen, um so deutlicher machten sie mir dadurch die Notwendigkeit, an ihm festzuhalten.

Meine Frau, deren Ratschläge manchmal recht nützlich sind, überzeugte mich, daß es am besten sei, so zu tun, als wäre mir gar nicht viel an einem Abschluß gelegen. Die Verleger hielten es ihrerseits für angebracht, die gleiche Rolle zu spielen, und so vergingen zwei Wochen, in denen keiner von uns auch nur das geringste unternahm. Ich weiß nicht, wie es kam, daß ich während dieser Zeit nicht ungeduldig geworden bin und alles zum Teufel geschickt habe – die Verleger, die *Encyclopédie*, ihre Papiere und ihren Vertrag. Ein bißchen mehr Vertrauen in die Zuverlässigkeit meines Kollegen, und es wäre aus gewesen.

So standen die Dinge, als sich ein gemeinsamer Freund einmischte, der unsre scheinbare Ruhe für Taktik und für ein Druckmittel hielt, das länger dauern könnte als unseren Interessen dienlich. Er suchte mich auf und machte sich erbötig, mit mir gemeinsam die strittigen Artikel zu besprechen und einen Vertrag aufzusetzen, dem ich zustimmen könnte und von dem die Verleger zu überzeugen er sich stark machte.

Dieser Vertrag wurde tatsächlich aufgesetzt und ich unterzeichnete ihn, kündigte unserem Unterhändler jedoch an, daß ihn die assoziierten Verleger nie und nimmer unterschreiben würden. Er glaubte mir nicht, wurde aber durch die Tatsachen eines Besseren belehrt. Man bat ihn höflichst, sich doch um seine eigenen Angelegenheiten zu kümmern, womit er auch sehr einverstanden war – und wir fielen aufs neue in eine Untätigkeit, in der wir jetzt noch verharren würden, hätten nicht Monsieur D'Alembert und der Abbé Sallier den Plan zu einer gegenseitigen Verständigung wieder aufgenommen, an der mittlerweile jedermann verzweifelte, so schwierig war sie geworden. Ich für mein Teil erwartete mir vom guten Willen dieser beiden nicht mehr Erfolg, als den diversen Versuchen all der Personen beschieden gewesen war, die mittlerweile ihre Hand im Spiel gehabt hatten. Doch sie überwanden alle Hindernisse. Monsieur D'Alembert ist mein Mitarbeiter, der Abbé Sallier Bibliothekar der Königlichen Bibliothek und mein Freund.

Zunächst entschieden wir einstimmig, auf welche Punkte ich verzichten könne und was man mir zugestehen müsse. Sie notierten sich meine Forderungen, beriefen die Buchhändler ein und überredeten sie halb im Guten, halb im Bösen zum vorliegenden Vertrag. Ich will Ihnen gern das Original schicken, lieber Vater, wenn Sie es noch immer nicht für zu gewagt halten, ein so wichtiges Schriftstück der Post anzuvertrauen. Sie brauchen es mir nur zu sagen, nichts ist mir angenehmer, als Sie zufriedenzustellen. Die größte Gefahr, die ich laufen könnte, wäre, nicht vollkommen nach Ihrem Willen gehandelt zu haben. Sie würden das Original schon jetzt in Händen halten, wenn mein Bruder nicht gemeint hätte, daß Ihnen eine genaue Abschrift genügt. Sollte es sich anders verhalten, müssen Sie ihn dafür verantwortlich machen.

Beachten Sie bitte, daß dieser Vertrag erst am zwanzigsten vergangenen Monats unterzeichnet wurde und erst zu Silvester endgültig in Kraft trat. Das ist der eigentliche Grund für mein Schweigen. Ich hatte mir in den Kopf gesetzt, Ihnen nicht eher zu schreiben, als bis sich diese Sache entweder zerschlagen hätte oder zu einem guten Ende gekommen wäre. Im ersten Fall, um Ihnen gleichzeitig meine Rückkehr anzukündigen, im zweiten, um Ihnen das Ende meiner Sorgen, den Beginn meiner Hoffnungen, mein Verbleiben hier in Paris mitzuteilen und die Gründe, die Sie dazu bewegen können, das gutzuheißen.

Diese ewigen Scherereien haben zu guter Letzt auch noch meine Gesundheit und die meiner Frau angegriffen. Die meine war schon davor nicht allzu gut, doch jetzt geht es mir zusehends besser. Ruhe macht mein Leben aus, die Sorgen bringen mich um. Aber die sind nun alle vorbei, und ich kann an meinem Werk mit einer sehr angenehmen Aussicht weiterarbeiten: der Aussicht auf die Freude, eines Tages an Ihrer Seite zu leben und Ihnen außer durch einen ehrlich erworbenen Ruhm auch noch durch andres, das ein wenig mehr wiegt und etwas fester gegründet ist, beweisen zu können, daß ich von meiner Zeit, von dem Leben, das ich Ihnen verdanke, und von der Erziehung, die Sie mir zukommen ließen, einen guten Gebrauch gemacht habe. Ist diese Zukunft nicht sehr erfreulich, lieber Vater, die uns da winkt?

Doch was hilft's, auf die Zukunft zu hoffen, wenn wir nichts dazu tun, sie genießen zu können? Bemühen wir uns also gemeinsam, sie zu ermöglichen! Ich habe es Ihnen schon hundertmal gesagt, und ich fühle mich verpflichtet, es zu wiederholen: Sie haben eine falsche Auffassung von der Frömmigkeit, wenn diese Frömmigkeit auf Kosten Ihres Erdenlebens geht. Wäre es gewiß, daß die strengste Ausübung des Christentums das Leben abkürzt, so wäre damit das Christentum als in sich falsch erwiesen und als des Gottes unwürdig, der den Menschen erschaffen, und der gewollt hat, daß er sich am Leben erhalte. Geben Sie also acht, daß man die Grundsätze des Evangeliums nicht für mörderisch halten muß, wenn man sie nach Ihrem Verhalten beurteilt, und daß man Ihr Verhalten nicht tadelnswert findet, wenn man es an den Grundsätzen des Evangeliums mißt.

Diese beiden Extreme gilt es gleichermaßen zu vermeiden, und man sollte sich vor jeder Handlung hüten, die von der Religion nicht geheiligt, und durch welche die Religion nicht verherrlicht wird. Ist Ihr Leben nützlich?

Dann können Sie kein besseres Werk tun, als seine Dauer zu verlängern. Ist es für Ihre Mitmenschen und für Sie selbst noch nicht nützlich genug? Dann laufen Sie Gefahr zu sterben, ehe Sie ein nützliches Leben geführt haben. Doch so oder so: leben Sie, sei es, um besser zu werden, sei es, um länger gut zu sein!

Bisweilen betet man zu Gott aus Sparsamkeit – das ist nicht gut. Kürzen Sie Ihre Gebete ab und vervielfältigen Sie Ihre Almosen. Kaufen Sie das Gebet der Armen – es gibt keines, das dem Ohr Gottes angenehmer wäre. Hat es die Vorsehung zugelassen, daß es Unglückliche gibt, dann zum Wohl des Reichen, der die Wege der Vorsehung nie durchkreuzen sollte. Mir wäre lieber, Sie wollten des Abends die Menge derer zählen, denen Sie geholfen haben, als die Messen, die Sie gehört, oder die Psalmen, die Sie aufgesagt haben. Den religiösen Pflichten gilt es nachzukommen, ohne sie in Frage zu stellen. Bei den zusätzlichen guten Werken jedoch, die wir uns selbst auferlegen und die uns die Religion freigestellt hat, haben wir auf das Verdienst des Gehorsams keinen Anspruch – versuchen wir also, diesen Nachteil durch die Vortrefflichkeit unserer Wahl wettzumachen! Wehe Ihren Kindern, wenn diese jemals dem Geld nachtrauern sollten, das Sie darauf verwenden, um hienieden Ihrer Herzensgüte stattzugeben und im Jenseits Ihr Los zu sichern.

Unter den Armen sollen Sie diejenigen bevorzugen, die Ihnen nahestehen. Es genügt, daß sie unglücklich sind, überflüssig zu fragen, wie es dazu gekommen ist. Gerne würde ich Ihre ganze Frömmigkeit in die Bahnen der Wohltätigkeit lenken, denn ich sähe Sie lieber auf einen Dachboden klettern, um einen armen Teufel zu wärmen, der dort vor Kälte umkommt, als sich in einer Kirche zu Tode zu langweilen. Und die Kirchen sind voll von Leuten, die beten, und die Asyle voll von Armen, die leiden, weil jedermann Gott um etwas bittet, aber keiner dem Bedürftigen etwas gibt. Schlagen Sie sich auf die Seite der Wenigen – es ist die Seite derer, die geben. Würde Gott mir offenbaren, daß die Hälfte aller Rosenkränze, die eine ganze Stadt herunterbetet, in seinen Augen nicht das Almosen von einem einzigen Taler aufwiegt, so glaube ich nicht, daß er mir damit eine Neuigkeit eröffnen würde. Das Gebet soll ein zusätzliches gutes Werk für den Armen, das Almosen ein zusätzliches gutes Werk für den Reichen sein.

Wenn die Strenge der Jahreszeit Sie daran hindert, die Kapelle der Verstorbenen aufzusuchen, so sprechen Sie Ihr *De profundis* am Kamin, und zu den Familiengräbern schicken Sie einen rechtschaffenen Bedürftigen! Sehen Sie doch, wie viel Gutes Sie damit auf einmal tun: Sie schonen Ihre Gesundheit und verdreifachen Ihr gutes Werk. Zwei Gebete werden getan und ein Almosen gespendet sein, und Sie kommen den Sorgen und dem Murren Ihrer Kinder und Freunde zuvor! Lieber Vater, betrachten Sie bitte diesen kleinen Sermon als Neujahrsgabe. Es soll in meinem ganzen Leben der letzte sein, den ich mir die Freiheit herausnehme, Ihnen zu halten! . . .

12. An Monsieur Landois

29. Juni 1756

. . . In den Augen des Volkes ist Ihre Moral verabscheuungswürdig. Sie ist eine kleinliche Moral in den Augen des Philosophen – teils wahr, teils falsch, teils engstirnig. Wäre ich ein Mann der Predigten und Messen, so würde ich Ihnen sagen: Meine Tugend zerstört keineswegs meine Leidenschaften, sie mäßigt sie bloß und hindert sie, die Schranken einer gesunden Vernunft zu durchbrechen. Ich kenne all die angeblichen Vorteile eines Trugschlusses und einer schlechten Handlungsweise – die Vorteile eines recht geschickten Trugschlusses, einer recht versteckten und geheimnisvollen Handlungsweise, doch entdecke ich in mir einen ebenso großen Widerwillen gegen eine trügerische Beweisführung wie gegen eine schlechte Tat. Ich befinde mich zwischen zwei Kräften, deren eine mir das Gute zeigt, während mich die andre zum Bösen drängen will. Es gilt, sich zu entscheiden.

Anfangs ist der Kampf grausam, doch die Anstrengung, die er kostet, läßt allmählich nach. Es kommt eine Zeit, da es einen nichts mehr kostet, seine Leidenschaft zu opfern. Aus Erfahrung kann ich Ihnen sogar versichern, daß dieses Opfer süß ist – man gewinnt in seinen eigenen Augen so viel Größe und Würde! An die Tugend bindet man sich wie an eine Geliebte durch das, was man für sie tut, ebensosehr wie durch die Reize, die man an ihr zu entdecken meint. Wehe Ihnen, wenn Sie nicht hinreichend gewohnt sind, das Gute zu tun, und wenn Ihr Kapital an guten Taten nicht ausreicht, Sie mit Stolz zu erfüllen, sich unablässig zu sich selbst zu beglückwünschen, sich an diesem Dunst zu berauschen und zu begeistern!

Wir empfangen, sagen Sie, *die Tugend so, wie ein Kranker seine Arznei einnimmt*, der er wahrscheinlich alles andere vorzöge, das seinem Appetit schmeichelt. Auf einen unvernünftigen Kranken mag das zutreffen. Und dennoch! Hätte dieser Kranke das Verdienst gehabt, seine Krankheit selbst zu entdecken, ein Gegenmittel zu finden und zuzubereiten – glauben Sie, er würde zögern, es einzunehmen, und wäre es auch noch so bitter? Und würde er sich nicht viel auf seinen Scharfblick und auf seinen Mut zugutehalten?

Was ist ein tugendhafter Mensch? Nichts weiter als einer, der auf solche Art eitel ist. Alles was wir tun, tun wir für uns selbst. Wir scheinen uns aufzuopfern, während wir nur unsre Wünsche befriedigen. Fraglich bleibt, ob wir die Menschen, die sich ein scheinbar so bizarres Glück ausgesucht haben wie das, sich aufzuopfern, Weise oder Narren nennen sollen. Und warum sollten wir sie Narren nennen, wo sie doch glücklich sind, und wo ihr Glück so genau dem Glück der andern entspricht? Glücklich sind sie ganz bestimmt, denn so teuer sie ihr Glück auch bezahlen, es ist immer noch das, was sie am wenigsten kostet.

Wenn Sie jedoch die Vorteile, die diese Menschen gewinnen, und vor allem die Unannehmlichkeiten, die sie vermeiden, wohl abwägen, dann wird es Sie einige Mühe kosten zu beweisen, daß sie unvernünftig sind. Sollten Sie es jemals versuchen, so vergessen Sie nicht, nach Gebühr die Achtung der Mitmenschen und die Selbstachtung in Rechnung zu stellen. Und vergessen Sie auch nicht, daß eine böse Tat nie ungestraft bleibt. Ich sage *nie*, denn die erste, die man begeht, schafft die Voraussetzung für eine zweite, die für eine dritte, und so zieht man sich nach und nach die Verachtung seiner Mitmenschen zu – und das ist das größte aller Übel.

Habe ich meine Ehre in einer Gesellschaft verloren – könnte jetzt einer sagen –, dann begebe ich mich eben in eine andre, wo ich mir die Ehre der Tugendhaftigkeit schon verschaffen will. Irrtum! Hört man etwa nach Belieben auf, böse zu sein? Ist es denn, nachdem man es wissentlich geworden ist, damit getan, daß man hundert Meilen weiterzieht, um gut zu sein, oder damit, daß man sich sagt: Ich will gut sein? Die Falte bleibt im Stoff.

An diesem Punkt, mein Lieber, will ich den Ton des Predigers aufgeben und – sofern es mir gelingt – den des Philosophen anschlagen.

Schauen Sie genau hin, so werden Sie sehen, daß das Wort *Freiheit* ein Begriff ist, der keinen Sinn hat; daß es keine freien Wesen gibt noch geben kann; daß wir nichts anderes sind, als was der allgemeinen Ordnung, unsrem Organismus, unsrer Erziehung, der Verkettung der Ereignisse entspricht. All dies übt eine unüberwindliche Herrschaft über uns aus. Ein Wesen, das ohne Beweggrund handelt, ist ebenso wenig denkbar wie eine Waage, die sich ohne Gewicht nach unten neigt. Und dieser Beweggrund ist uns immer äußerlich, fremd, er wird an uns durch eine natürliche Bedingung herangetragen, oder durch irgendeine andere Ursache, die nicht wir selbst sind. Wir lassen uns von der wundersamen Vielfalt unsrer Handlungen täuschen, zu der sich die Tatsache gesellt, daß wir uns von Geburt an daran gewöhnt haben, das Freiwillige mit dem Freien zu verwechseln. So oft haben wir andre gelobt, so oft getadelt, so oft waren wir selbst der Gegenstand von Lob und Tadel, daß es zu dem recht alten Vorurteil kommen konnte, wir und die andern hätten einen Willen und handelten frei. Wenn es nun aber keinen freien Willen gibt, dann gibt es auch keine Handlung, die Lob oder Tadel verdiente. Es gibt weder Laster noch Tugend, nichts, das es zu belohnen oder zu bestrafen gälte.

Was unterscheidet dann die Menschen voneinander? Gutes Handeln und schlechtes Handeln! Einen Menschen, der Böses tut, muß man vernichten, nicht bestrafen; das Gute tun ist ein glücklicher Zufall, keine Tugend.

Doch obwohl der Mensch, er handle gut oder böse, nicht frei ist, so ist er darum nicht weniger ein Wesen, das veränderbar ist; deshalb soll man einen Übeltäter auf einem öffentlichen Platz vernichten. Hierin hat die schöne Macht des guten Beispiels ihre Wurzel, der Reden, der Erziehung, der Lust, des Schmerzes, der Größe, des Elends und so fort. Hierin wurzelt eine Philosophie voller Mitleid, die die Guten als Beispiele herausstellt und gegen den Bösen nicht stärker aufreizt als gegen einen Sturm, der unsre Augen mit Sand füllt.

Es gibt nur eine Art von Ursachen im eigentlichen Sinn: die physischen. Es gibt nur eine Art Notwendigkeit, und diese ist für alle Lebewesen gleich, welche Unterschiede wir auch immer unter ihnen treffen mögen, oder welche wirklich unter ihnen bestehen. Das ist es, was mich mit dem Menschengeschlecht versöhnt, aus diesem Grund forderte ich Sie zur Philanthropie auf. Machen Sie sich diese Prinzipien zu eigen, wenn Sie sie für gut befinden, oder beweisen Sie mir, daß sie schlecht sind. Wenn Sie sie übernehmen, werden Sie sowohl mit den andern als mit sich selbst versöhnt sein. Ihr eigenes Wesen wird Ihnen weder Grund zur Dankbarkeit noch zur Undankbarkeit sein. Den andern nichts vorwerfen und selbst nichts bereuen: das ist der erste Schritt zur Weisheit. Alles, was darüber hinausgeht, ist Vorurteil, falsche Philosophie. Wenn man ungeduldig wird, flucht, sich die Lippen wundbeißt, so deshalb, weil noch im wohlgestaltetsten, im wohlerzogensten Menschen viel vom Tier steckt. Überlegen Sie sich, ob Sie nun das Recht haben, zum Menschenfeind zu werden.

Im übrigen ist dies Ihre Rechtfertigung, die meine und die aller Menschen. Es macht einen großen Unterschied, ob man sich vom Menschengeschlecht absondert, oder ob man es haßt. Aber könnten Sie mir unter allen Menschen einen nennen, der Ihnen auch nur den hundertsten Teil des Bösen angetan hat, das Sie sich selbst zugefügt haben? Ist es die Bosheit der Menschen, die Sie traurig, unruhig, melancholisch, beleidigend, unstet und auf den Tod krank macht? Verzeihen Sie mir diese Frage – wir beide diskutieren ja miteinander, und Sie kennen meine Art zu denken. Wenn sich die Bösen Ihnen gegenüber unternehmungslustiger zeigen als gegen einen andern, und zwar dank Ihrer größeren Schwäche und Ihrer größeren Ohnmacht, so ist dies nur das allgemeine Gesetz der Natur. Diesem werden Sie sich wohl oder übel beugen müssen, denn es zu ändern würde womöglich noch unangenehmere Folgen haben . . .

13. An Jean-Jacques Rousseau

10. März 1757

Sie sehen selbst, mein Lieber, daß ich Sie bei diesem Wetter unmöglich besuchen kommen kann, so große Lust dazu und so großes Bedürfnis danach ich auch haben mag. Vorher war meine ganze Familie krank. Zuerst haben mich selbst Koliken und Blähungen geplagt, weil ich verdorbene Milch getrunken hatte. Dann hatte es das Kind auf der Brust, was die Mutter ganz aus dem Häuschen brachte und auch mich beunruhigte, so rauh und trocken war sein Husten. Mittlerweile geht es uns allen besser, und nun läßt es das Wetter nicht zu.

Wissen Sie, was Sie tun sollten? Hierher kommen und zwei Tage *incognito* bleiben. Ich würde Sie am Samstag in

Saint-Denis abholen, wir könnten dort dinieren und anschließend mit demselben Fiaker nach Paris fahren, mit
dem ich nach Saint-Denis kommen würde.

Und wissen Sie, worauf wir diese beiden Tage verwenden würden? Uns zu sehen, dann über Ihr Werk zu
sprechen, über die Stellen zu diskutieren, die ich angestrichen habe, wovon Sie nichts verstehen, wenn wir uns
nicht gegenübersitzen. Daneben könnten Sie die Geschichte mit dem Manuskript des Barons erledigen, sei es
bei Pissot, sei es bei Briasson; Sie könnten sich um Ihr eigenes Manuskript kümmern und vielleicht noch eine dritte
Angelegenheit regeln, von der ich Ihnen erst erzählen will,
wenn Sie hier sind. Überlegen Sie sich also, ob ich Sie
abholen soll.

Ich freue mich sehr, daß Ihnen mein Werk gefallen, daß
es Sie gerührt hat! Über die Einsiedler sind Sie andrer
Meinung als ich; sagen Sie so viel Gutes über sie, wie Sie
mögen – Sie werden der einzige Einsiedler auf der Welt
sein, von dem ich Gutes denke. Dennoch gäbe es darüber
noch manches zu sagen, wenn man mit Ihnen reden
könnte, ohne Sie zu verärgern. *Eine achtzigjährige Frau!
usw.* Man hat mir eine Zeile aus einem Brief des Sohns von
Madame d'Epinay zitiert, der Sie sehr verletzt haben muß,
wenn ich Ihr Innerstes einigermaßen kenne.

Ich grüße und umarme Sie; ich warte auf Ihre Antwort,
um Sie in Saint-Denis abzuholen, oder selbst im Park von
Montmorency. Überlegen Sie sich's. Adieu.

Auch Madame Levasseur und ihre Tochter seien
umarmt. Ich bedaure für Euch alle sehr, daß das Wetter so
schlecht ist.

Donnerstag
Verzeihen Sie mir meine Worte über die Einsamkeit, in
der Sie leben. Ich hatte bisher noch nicht mit Ihnen
darüber gesprochen. Vergessen Sie alles, was ich gesagt
habe und seien Sie sicher, daß ich nie wieder davon anfangen will.

Leben Sie wohl, Bürger. Immerhin! Ein Bürger als Einsiedler – das ist schon recht eigenartig!

14. An Jean-Jacques Rousseau

Um den 20. Oktober 1757

Ich bin dazu geschaffen, Sie zu lieben und Ihnen Kummer zu bereiten. Ich erfahre, daß Madame d'Epinay nach Genf reist, und höre mit keiner Silbe, daß Sie sie begleiten. Mein Freund, wenn Sie mit Madame d'Epinay zufrieden sind, müssen Sie mit ihr fahren; sind Sie es nicht, dann müssen Sie es um so eher. Drückt Sie die Last der Verpflichtungen, die Sie ihr gegenüber haben, dann ist dies eine gute Gelegenheit, sich eines Teils zu entledigen und sich zu erleichtern. Werden Sie in Ihrem Leben noch einmal eine solche Gelegenheit finden, ihr zu beweisen, wie dankbar Sie ihr sind? Sie reist in ein Land, in dem sie mutterseelenallein sein wird. Sie ist krank, sie wird der Kurzweil und Zerstreuung bedürfen.

Und der Winter? Überlegen Sie doch, lieber Freund. Ihr Gesundheitszustand spricht vielleicht entschiedener gegen diese Reise, als ich annehme. Aber geht es Ihnen heute schlechter als vor einem Monat, oder als es Ihnen im Frühjahr gehen wird? Wird die Reise für Sie in drei Monaten bequemer sein als heute? Wenn ich es in der Kutsche nicht aushalten könnte, so gestehe ich Ihnen, daß ich einen Stock nehmen und ihr zu Fuß folgen würde. Fürchten Sie denn nicht, daß man Ihr Verhalten falsch auslegen könnte? Man wird Sie der Undankbarkeit oder eines andern, geheimen Beweggrunds verdächtigen.

Ich weiß sehr wohl, daß für Sie selbst Ihr eigenes Gewissen Ihr Zeuge ist, was immer Sie auch tun – aber genügt dieses Zeugnis? Darf man das der andern Menschen so völlig außer acht lassen? Diesen Brief, mein Freund, schreibe ich, weil ich es Ihnen und mir schuldig bin. Wenn er Ihnen mißfällt, dann werfen Sie ihn ins Feuer und wir reden nicht mehr darüber – so, als wäre er nie geschrieben worden.

Ich grüße, liebe und umarme Sie.

15. *An Jean-Jacques Rousseau*

Um den 15. November 1757

Es ist sicher, daß Ihnen kein Freund bleibt als ich, aber ich bleibe Ihnen ganz gewiß. Das habe ich jedem ins Gesicht gesagt, der es hören wollte, und habe Sie dabei mit einer Geliebten verglichen, deren Fehler ich allesamt recht gut kenne, und von der mein Herz sich dennoch nicht lösen kann.

Lassen Sie mich ein einziges Mal offen zu Ihnen reden. Sie haben angenommen, all Ihre Freunde hätten ein Komplott gegen Sie geschmiedet, um Sie nach Genf zu schicken. Diese Annahme ist falsch. Jedermann hat über diese Reise seine eigene Meinung und Ansicht geäußert. Sie glaubten, ich hätte den Auftrag übernommen, Sie von den Auffassungen der andern zu unterrichten. Das ist nicht der Fall. Ich glaubte, Ihnen einen Ratschlag schuldig zu sein, und ich bin lieber das Risiko eingegangen, Ihnen einen zu geben, den Sie nicht befolgen würden, als einen zu versäumen, den Sie befolgen mußten.

Ich habe Ihnen, umsichtiger Mann, einen Brief geschrieben, der nur für Sie bestimmt war, und Sie lesen diesen Brief Grimm und Madame d'Epinay vor: Befangenheiten, Verschweigungen, die schon kleine Lügen sind, Zweideutigkeiten, geschickte Fragen, ausweichende Antworten waren die Folge dieser Indiskretion – denn schließlich mußte ich das Stillschweigen bewahren, das Sie mir auferlegt hatten, und alles Unrecht, das Sie mir angetan haben, kann mich nicht von meinem Wort entbinden.

Eine nächste Unbedachtheit: Sie schreiben mir einen Antwortbrief, den Sie Madame d'Epinay vorlesen – ohne im geringsten zu bemerken, daß er Stellen enthält, die sie verletzen müssen, daß er ein unzufriedenes Herz erkennen läßt, daß darin Madame d'Epinays Verdienste um Sie abgeschätzt und geschmälert werden – und was weiß ich noch alles. Und was bedeutet dieser Brief in bezug auf meine Person? Bittere Ironie, eine säuerliche und herablassende Lektion, wie sie ein unbarmherziger Schulmeister seinem Schüler erteilt. Und Sie scheuen sich nicht, mich und sich selbst in einem solchen Licht einer Frau darzustellen, die Sie abgeurteilt haben!

Zweifellos wußte ich etliche Dinge nicht, die ich vielleicht hätte wissen müssen, um Ihnen raten zu können; aber dafür kannte ich ein paar recht entscheidende, die Sie mir selbst mitgeteilt haben; von den anderen erfuhr ich nur, was ich genauso gut wußte wie Sie. In Gottes Namen, mein Freund, lassen Sie doch Ihr Herz über Ihren Verstand bestimmen – dann werden Sie stets und unweigerlich richtig handeln; aber erlauben Sie Ihrem Verstand nicht, daß er Ihr Herz hinters Licht führt, Ihre Handlungsweise wird sonst immer eher befremdlich als gerecht sein, und Sie werden es den anderen nicht recht machen, und sich selbst auch nicht.

Wie sollte ich mich Ihnen gegenüber verhalten, wenn mich die Schroffheit, mit der Sie mir geschrieben haben, dazu veranlaßt hätte, nur mehr dann mit Ihnen über Ihre Angelegenheiten zu sprechen, wenn Sie es ausdrücklich wünschen? Ach, mein Freund, ich habe von diesen ganzen Auseinandersetzungen schon genug. Es steckt so viel Kleinkrämerei und Armseligkeit darin, daß ich gar nicht begreifen kann, wie sie zwischen Leuten mit einigem Verstand, Rückgrat und Niveau überhaupt entstehen und dann noch andauern konnten.

Warum ziehen Sie aus der Eremitage aus? Wenn es unmöglich ist, daß Sie sich dort über Wasser halten können, gut. Jeder andere Grund aber, von dort wegzugehen, ist schlecht – ausgenommen vielleicht noch die Gefahren der Jahreszeit, die vor der Tür steht. Überdenken Sie, was ich Ihnen jetzt sage: ein Aufenthalt in Montmorency wäre höchst unschicklich für Sie. Nun gut!

Sollte ich mich damit einmal mehr in Ihre Angelegenheiten mischen, ohne sie genügend zu kennen, was hieße das schon? – Gar nichts. Bin ich nicht Ihr Freund? Habe ich nicht das Recht, Ihnen alles zu sagen, was mir in den Sinn kommt? Habe ich nicht das Recht, mich zu irren? Ist es nicht meine Pflicht, Ihnen mitzuteilen, was ich für richtig und ehrbar halte?

Leben Sie wohl, mein Freund! Ich liebe Sie seit langer Zeit, und ich liebe Sie nach wie vor. Sollten Sie über meine Gefühle noch irgendeinen Zweifel hegen, so lassen Sie ihn fahren: diese Gefühle sind unverändert geblieben.

16. An Melchior Grimm

5. Dezember 1757, abends

Dieser Mann ist rasend. Ich war bei ihm, ich habe ihm die Ungeheuerlichkeit seines Verhaltens mit der ganzen Überzeugungskraft vorgehalten, die einem die Redlichkeit und ein gewisses Interesse eingibt, wie es im Herzen eines alten Freundes fortdauert. Er vergoß Tränen zu Füßen von Madame d'Epinay und überhäufte sie im selben Augenblick in meiner Gegenwart mit den ärgsten Beschuldigungen; er läßt Ihnen eine abscheuliche Rechtfertigung zukommen, in der er keinen einzigen der Gründe nennt, die er auf dem Herzen hat; er entwirft einen Brief an Saint-Lambert, der ihn über die Gefühle beschwichtigen soll, die er sich vorwirft, und in dem er – weit davon entfernt, eine unwillkürlich in seinem Herzen aufgekeimte Leidenschaft zu gestehen – sich dafür entschuldigt, Madame d'Houdetot vor der ihren gewarnt zu haben. Und was nicht noch alles! Seine Antworten haben mich nicht zufriedengestellt, doch ich hatte nicht den Mut, es ihm zu zeigen. Lieber habe ich ihm den armseligen Trost gelassen, zu glauben, er habe mich getäuscht. Mag er leben! Er hat in seine Verteidigung ein kaltes Feuer gelegt, das mich traurig gemacht hat. Ich fürchte, er ist hartherzig geworden.

Leben Sie wohl, mein Freund. Seien und bleiben wir

Männer von Ehre. Der Zustand derer, die es nicht mehr sind, macht mir Angst. Adieu, mein Freund, ich umarme Sie sehr zärtlich . . . Voll Entsetzen werfe ich mich in Ihre Arme. Umsonst versuche ich, ein wenig zu dichten – dieser Mensch stört mich andauernd in meiner Arbeit, er bringt mich durcheinander, und mir ist, als hätte ich einen Verdammten an meiner Seite. Er ist verdammt, soviel ist sicher! Leben Sie wohl, mein Freund.

Grimm, sehen Sie nun die Wirkung, die ich auf Sie machen würde, sollte ich jemals zum Bösewicht werden? Wahrhaftig, lieber wäre ich tot! In dem, was ich Ihnen hier schreibe, ist vielleicht wenig gesunder Menschenverstand, aber ich gestehe Ihnen, daß ich mich noch nie in einem derartigen Aufruhr der Seele befunden habe.

Ach, mein Freund, was bietet ein böser und gequälter Mensch doch für einen Anblick! Verbrennen, zerreißen Sie dieses Stück Papier, es soll Ihnen nicht mehr unter die Augen kommen. Daß ich diesen Menschen ja nie wiedersehe! Ich könnte sonst noch an Hölle und Teufel glauben. Sollte ich jemals gezwungen sein, noch einmal zu ihm zu gehen, so werde ich bestimmt auf dem ganzen Hinweg zittern. Als ich von ihm zurückkehrte, hatte ich Fieber. Es tut mir leid, daß ich ihn den Schrecken, den er mir einflößte, nicht merken ließ, und ich tröste mich nur mit dem Gedanken, daß Sie es bei Ihrer ganzen Entschlossenheit an meiner Stelle auch nicht fertiggebracht hätten. Wer weiß, er hätte mich am Ende umgebracht! Er hat geschrien, daß man es bis zum andern Ende des Gartens hören konnte, und ich habe ihn dabei gesehen!

Adieu, mein Freund – morgen komme ich zu Ihnen. Ich werde einen rechtschaffenen Menschen finden und mich an seiner Seite niederlassen, er wird mir Mut zusprechen und aus meinem Herzen den Höllenspuk vertreiben, der sich darin eingenistet hat. Die Dichter haben gut daran getan, zwischen Himmel und Hölle einen unendlichen Raum zu schieben. Wahrhaftig, mir zittert die Hand.

17. An seinen Vater und seine Schwester

27. Januar 1758

Ich danke Ihnen, lieber Vater, für die Neujahrsgeschenke, die Sie uns geschickt haben. Ihr Wunsch ist in Erfüllung gegangen: ich habe mich mit meinem Bruder versöhnt, aber ich kann Ihnen versichern, daß diese Aussöhnung einzig und allein auf meine Rechnung ging.

Damit will ich nicht sagen, daß diese Rechnung übermäßig hoch war, sondern Sie nur geneigt machen zu glauben, daß ich nichts ungetan lassen will, was Sie zufriedenstellen kann. Leider sind Sie von Menschen umgeben, die sich darin gefallen, Ihnen weh zu tun, indem sie schlecht über mich reden. Sehen Sie nicht, daß diese Leute mit ein wenig gesundem Menschenverstand merken müßten, daß ihr Gerede ganz unangebracht ist? Und da ihr Verstand nicht ausreicht, wie dürfen sie es wagen, über meine Denkweise zu urteilen? Wenn Sie es einmal über sich brächten, sie so zu behandeln, wie es ihnen gebührt, dann würden sie, denke ich, in Zukunft ihr Gerede sein lassen, und Sie hätten sich selbst viel Kummer und den anderen viele Verleumdungen erspart.

Angélique geht es gut, sie umhalst Sie mit beiden Ärmchen. Auch meine Frau ist bei bester Gesundheit. Die meine muß schon aus Eisen sein, sonst hätte sie nicht den ganzen Scherereien, die ich seit zwei, drei Monaten habe, trotzen können.

Mit der Postkutsche, die Samstag, also morgen, abgeht, schicke ich Ihnen einen Korb mit zwei Fasanen. Vergessen Sie nicht, sie abzuholen, sobald Sie diesen Brief erhalten haben – bei den zwei Wochen, die sie dann hinter sich haben, werden sie gerade richtig abgelegen sein. Begießt sie mit einem guten Tropfen und trinkt auf unser Wohl. Sie sind, meiner Treu, aus dem Gehege des Königs, und ich kann Euch versichern, daß man in Versailles keine besseren ißt. Ich habe dort einen einflußreichen Freund, der mir jedes Jahr welche für Euch schickt und das auch in Zukunft tun will.

Leben Sie wohl, lieber Vater. Wir alle umarmen Sie, und auch Sie, Schwesterchen. Grüßt unsere Freunde und eßt Eure Fasanen selbst – es wäre nämlich eine schöne Dummheit, sie wie letztes Mal Leuten zu schicken, die Euch dafür keinen Dank wissen. Wenn sie Euch bei der Ankunft ein bißchen überreif vorkommen, dann laßt sie trotzdem spicken und braten. Sie werden Euch nur um so zarter und besser vorkommen.

18. An Voltaire

19. Februar 1758

Verzeihen Sie, mein Herr und lieber Meister, daß ich Ihnen nicht früher geantwortet habe. Wie Sie auch darüber denken mögen: schuld daran ist einzig und allein meine Nachlässigkeit.

Sie sagen also, man behandle uns schändlich, und Sie haben recht. Sie finden, ich sollte darüber empört sein, und ich bin es. Ihrer Meinung nach sollten wir entweder die *Encyclopédie* ganz sein lassen, oder sie im Ausland weiter herausgeben, oder in diesem Land Gerechtigkeit und Freiheit erlangen.

All das ist sehr schön. Aber der Plan, das Werk im Ausland abzuschließen, ist ein Hirngespinst. Die Verleger haben mit unseren Mitarbeitern verhandelt, die Manuskripte, die sie erworben haben, gehören nicht mehr uns – und wenn sie uns auch gehörten, ohne die Stiche hätten sie für uns keinen Wert. Das Werk aufgeben hieße, auf halbem Weg kehrt machen und genau das tun, was sich unsere schurkischen Verfolger erhoffen. Sie hätten das Vergnügen sehen sollen, mit dem sie D'Alemberts Fahnenflucht aufgenommen haben, die ganzen Schachzüge, mit denen sie ihn vom Weitermachen abhalten wollen! Es ist nicht zu erwarten, daß man die Banditen verurteilt, denen wir ausgeliefert sind, und es steht uns nicht an, solches zu verlangen. Dürfen sie nicht beleidigen, wen immer sie wollen, ohne daß jemand daran Anstoß nähme? Sollen gerade wir uns darüber beklagen, wo sie doch in einem Atemzug mit uns Personen beleidigen, an die wir nie heranreichen werden?

Was ist also zu tun? Das, was sich für couragierte Leute gehört: unsere Feinde verachten, sie anprangern und wie bisher die Dummheit unserer Zensoren ausnutzen. Sollen wir denn wegen zwei armseliger Broschüren vergessen, was wir uns und der Öffentlichkeit schuldig sind? Wäre es recht gehandelt, die Erwartung von viertausend Subskribenten zu enttäuschen, und haben wir keine Verpflichtungen den Verlegern gegenüber? Wenn D'Alembert weitermacht und wir die Sache zu Ende bringen, sind wir dann nicht gerächt? Lieber Meister, wo ist der Philosoph geblieben? Wo ist der Mann, der sich mit dem Reisenden Boccalinis verglich? Offenbar haben ihn die Zikaden zum Schweigen gebracht.

Ich weiß nicht, was in D'Alemberts Kopf vorgegangen sein mag, aber wenn er die *Encyclopédie* aufgeben will und nicht gleichzeitig die Absicht hat, Frankreich den Rücken zu kehren, dann begeht er eine Dummheit. Die Mathematiker haben ausgedient, der Geschmack hat sich gewandelt. Heutzutage zählen Naturgeschichte und Literatur. Er wird sich bei seinem Alter nicht auf das Studium der Naturgeschichte verlegen, und schwerlich wird er ein literarisches Werk verfassen, das den Klang seines Namens rechtfertigt. Einige *Encyclopédie*-Artikel würden ihm seinen Ruf für die Dauer ihres Erscheinens, und auch danach noch, in allen Ehren sichern. Das hat er nicht bedacht, das wird ihm vielleicht niemand zu sagen wagen, und das wird er von mir zu hören bekommen, denn ich bin dazu geschaffen, meinen Freunden die Wahrheit zu sagen – und bisweilen auch den Gleichgültigen, was wohl anständig, jedoch sehr unklug ist.

Ein andrer würde sich insgeheim über D'Alemberts Fahnenflucht freuen und darin einen möglichen Zuwachs an Ehre, Geld und Ruhm sehen. Ich bin darüber untröstlich und werde nichts unterlassen, was ihn umstimmen könnte. Der Augenblick ist gekommen, ihm zu zeigen, wie viel mir an ihm liegt, und ich werde mir dabei nichts vergeben und ihn damit nicht herabsetzen! Aber durchkreuzen Sie um Himmelswillen meine Absichten nicht. Ich weiß, wie groß Ihr Einfluß auf ihn ist, und ich werde ihm vergeblich zu beweisen suchen, daß er im Unrecht ist, solange Sie ihm recht geben.

Aus all dem werden Sie den Schluß ziehen, daß mir die *Encyclopédie* sehr am Herzen liegt, aber Sie täuschen sich. Mein lieber Meister, ich habe die Vierzig überschritten und habe von den ganzen Scherereien genug. Von früh bis spät wünsche ich mir Ruhe und nochmals Ruhe. Es vergeht kaum ein Tag, ohne daß mich die Versuchung packt, mich in meine Provinz zurückzuziehen, um im Verborgenen zu leben und in Frieden zu sterben. Eines Tages werden wir alle wieder zu Asche. Was schert's mich dann, ob ich Voltaire oder Diderot gewesen bin, und ob Ihre drei Silben oder meine drei überleben?

Man muß arbeiten, man muß sich nützlich machen, man ist über seine Talente Rechenschaft schuldig, und so weiter. *Sich den Menschen nützlich machen?* Ist es denn so sicher, daß man etwas anderes tut, als ihnen die Zeit zu vertreiben, und daß zwischen einem Philosophen und einem Flötenspieler ein großer Unterschied besteht? Beiden hören sie mit Vergnügen oder Verachtung zu – und bleiben, wie sie sind. Nie waren die Athener schlechter als zur Zeit des Sokrates, und vielleicht verdanken sie seiner Existenz weiter nichts als ein Verbrechen mehr.

Meinetwegen mag hieraus mehr üble Laune als gesunder Menschenverstand sprechen. Ich komme auf die *Encyclopédie* zurück. Die Verleger wissen ebenso gut wie ich, daß D'Alembert nicht leicht zu ersetzen ist, aber sie sind zu sehr am Erfolg ihres Werkes interessiert, um Kosten zu scheuen. Wenn ich Hoffnung habe, einen achten Band zu machen, der doppelt so gut ist wie der siebte, mache ich weiter. Wenn nicht, dann Lebwohl, *Encyclopédie*! Ich werde fünfzehn Jahre meines Lebens vertan, mein

Freund D'Alembert wird runde vierzigtausend Francs zum Fenster hinausgeworfen haben, mit denen ich rechnete und die mein ganzes Vermögen ausgemacht hätten, aber ich werde mich damit abzufinden wissen und meine Ruhe haben.

Leben Sie wohl, lieber Meister, lassen Sie es sich gut gehen und bleiben Sie mir gewogen.

Zürnen Sie mir nicht länger und verlangen Sie vor allem nicht noch einmal Ihre Briefe von mir zurück, denn ich würde Sie Ihnen schicken und diese Beleidigung nie vergessen. Ihre Artikel habe nicht ich, sondern D'Alembert – aber das wissen Sie ja selbst.

19. An Madame Riccoboni

27. November 1758

. . . Über die Handlung auf dem Theater könnten unsre Auffassungen, Madame, nicht verschiedener sein.

Sie gestatten doch, daß man Ihnen bisweilen widerspricht? So sage ich Ihnen also zunächst einmal, daß Sie, wie mir scheint, die Mängel in unserer Spielweise durch die Nachteile unserer Zuschauerräume entschuldigen. Aber sollte man nicht besser zugeben, daß unsere Zuschauerräume lächerlich sind, und daß unsere Spielweise, solange sie bleiben, wie sie sind, solange die Bühne von Zuschauern bedrängt wird und die Dekorationen unecht sind, notwendig schlecht sein wird?

Wir können nur den Hintergrund dekorieren, weil auf der Bühne Zuschauer sitzen. – Es hat eben niemand dort zu sitzen, und die ganze Bühne gehört dekoriert.

Wenn Sie ein Zimmer im heutigen Geschmack haben wollen, muß der Kamin in der Mitte sein. – Nein, Madame, der Kamin muß nicht in der Mitte sein. Im Zimmer des *Hausvaters* war er nicht in der Mitte, sondern an der Seite, und er muß auch – Sie erlauben schon – auf der Bühne seitlich und einigermaßen in der Nähe der Zuschauer sein, sonst entspricht die Szene nicht dem Zimmer des Hausvaters, und es war ganz überflüssig, daß der Dichter geschrieben hat: »Die Szene ist in Paris, im Zimmer des Hausvaters«. Nur dann wird man alle Bewegungen gut sehen können. Wie stellen es denn die Italiener und die meisten anderen Nationen an, um auf einer riesigen Bühne gesehen und verstanden zu werden, auf der sich verschiedene Handlungen gleichzeitig abspielen, und ein oder zwei davon im Hintergrund? Wozu halten Sie mir ein Problem vor Augen, dessen Lösung Sie selbst so gut kennen?

Die Bühne ist ein Bild, aber ein lebendes Bild, bei dem man keine Zeit hat, auf Einzelheiten achtzugeben. – Freilich nicht gleich, wenn sich der Vorhang hebt. Später jedoch, wenn die Darsteller gerade einmal schweigen, wird sich mein Blick auf ihre Bewegungen konzentrieren, und nichts wird mir entgehen. In Gesellschaft bleibt nichts unbemerkt. Mitten in einer lebhaften Unterhaltung sind oft eine mehrdeutige Bemerkung, eine Geste, ein Blick verräterisch. Ist man denn im Theater weniger hellsichtig und aufmerksam? Das wäre schlimm, und es läge an einem großen Dichter, die Nation von diesem Übel zu heilen. Ist aber einmal das Schweigen auf der Bühne beendet und kann man nicht mehr auf die Einzelheiten des Bildes achten, dann müssen große Massen und kraftvolle Gruppierungen um so stärker zur Wirkung gelangen. Kurz, ist die Bühne ein Bild, dann möchte ich Euch so auf ihr sehen, wie ein Maler seine Figuren auf der Leinwand verteilt. Stellt Euch also nicht mehr schön symmetrisch, steif, wie abgezirkelt und angewurzelt im Kreis auf. Denkt einmal an Eure allerstürmischsten Szenen und sagt mir dann, ob Boucher auch nur von einer einzigen ein halbwegs erträgliches Bild gemacht hätte.

Auf der Bühne unterscheidet man keine Einzelheiten. – Was ist denn das für eine Idee! Schreiben wir etwa für Idioten? Spielt Ihr etwa für Idioten? Aber nehmen wir einmal an, meine gute Freundin – Sie haben mir erlaubt, Sie so zu nennen –, nehmen wir an, ein gewisser Salon, den wir beide gut kennen, wäre so eingerichtet, wie ich es mir wünsche; nehmen wir an, Fanny spielt gerade eine Partie mit dem Speisemeister Ihrer Hoheit, ich stehe hinter dem Herrn Speisemeister, und während Fanny ganz mit ihrem Spiel beschäftigt ist und ich mit meinen Gefühlen, entgleitet mir die Broschüre, die ich in Händen halte, ich lasse langsam meine Arme sinken, zärtlich wendet sich ihr mein Kopf zu und alle meine Handlungen sind auf sie gerichtet. Wie weit müßte ein Zuschauer entfernt sein, um sich täuschen zu können? Dergestalt muß die Gestik auf der Bühne sein: kraftvoll und echt. Es darf nicht nur mit dem Gesicht gespielt werden, sondern mit dem gesamten Körper. Hält man sich peinlich genau an bestimmte Stellungen, dann opfert man das Gesamtbild der Darsteller und den Gesamteindruck, den sie vermitteln sollen, einem kleinen und vorübergehenden Vorteil. Stellen Sie sich einen Vater vor, der inmitten seiner Kinder stirbt, oder eine beliebige andere Szene dieser Art. Was spielt sich um sein Bett herum ab? Jeder ist ganz in seinen Schmerz versunken, einer aber, von dem ich nur ein paar Bewegungen erhaschen kann, die meine Phantasie beflügeln, fesseln, trifft und erschüttert mich womöglich stärker als ein andrer, von dem ich jede einzelne Geste verfolgen kann. Denken Sie an den Kopf von Iphigeniens Vater unter dem Mantel von Timanthes! Hätte ich dieses Sujet malen müssen, dann hätte ich neben Agamemnon Odysseus gestellt, der ihm, unter dem Vorwand, dem Anführer der Griechen in diesem grausamen Augenblick hilfreich zur Seite zu stehen, mit seinem Arm den Anblick des Opfers verborgen hätte. Aber daran hat Vanloo nicht gedacht.

Es scheint Ihnen linkisch, wenn die Schauspieler immerzu stehen und immerzu das Gesicht dem Publikum zuwenden. – Äußerst linkisch, in der Tat, und mir wird das immer unbegreiflich bleiben. Meine Auffassung vom Vortrag widerspricht, wie ich sehe, in jedem Punkt der Ihren; ich wünschte aber, Ihr hättet für Eure Proben eine besondere Bühne, zum Beispiel einen großen, runden oder viereckigen Raum, ohne Vordergrund, ohne Kulissen und ohne Hintergrund, um den herum Eure Richter wie in einem Amphitheater sitzen würden. Das schiene mir das einzige Mittel, Euch von Eurer Spielweise abzubringen. Ich weiß nicht, ob meine kompositorische Methode die richtige ist, aber ich mache es so: Ort der Handlung ist meine Studierstube. Die Fensterseite ist das Parterre, da bin ich. Hinten, vor dem Bücherschrank, ist die Bühne. Rechts baue ich die Zimmer auf, in der Mitte links öffne ich meine Türen, wo ich sie gerade brauche, und lasse meine Darsteller auftreten. Wenn einer auftritt, kenne ich seine Gedanken, seine Situation, seine Interessen, seine Gemütslage – und schon sehe ich vor mir, wie er handelt, sich bewegt und wie sein Gesichtsausdruck ist. Er spricht oder schweigt, geht oder bleibt stehen, sitzt oder steht, zeigt sich mir von vorn oder von der Seite, und meine Augen folgen ihm, ich höre ihm zu und schreibe. Kommt es dann darauf an, ob er mir nun den Rücken zukehrt, mich ansieht, oder ob ich ihn von der Seite sehe, wie er mit übergeschlagenen Beinen in einem Sessel sitzt und den Kopf in die Hand stützt? Zeigt mir seine Haltung nicht jedesmal einen Menschen, der nachdenkt oder voll Rührung ist? Sehen Sie, liebe Freundin, ich war in den letzten fünfzehn Jahren keine zehnmal im Theater. Was sich dort abspielt, ist so unecht, daß es mich umbringt.

Wenn ein Schauspieler den Kopf weit genug dreht, um in die zweite Kulisse sehen zu können, wird er von drei Vierteln des Publikums nicht mehr verstanden. – Ich sag's noch einmal: sorgt für geeignetere Zuschauerräume, erarbeitet Euch eine Vortragsweise, die diesem Mangel abhilft, geht an die Kulisse heran, sprecht, sprecht laut, und man wird Euch verstehen können – mit um so größerer Leichtigkeit nun, da man in unseren Theatern diese höchst albernen Ordnungshüter eingeführt hat.

Weil ich schon dabei bin, möchte ich Ihnen sagen, was ich darüber denke. Noch vor fünfzehn Jahren ging es in unseren Theatern heiß her. Es erhitzten sich dort die gelassensten Gemüter, und ansonsten besonnene Leute waren nicht weniger außer sich als die Tollköpfe. Hier rief es: *Platz da für die Damen*, dort drüben: *Hoch die Arme, Herr Abbé*, da wiederum: *Herunter mit dem Hut*, und von allen Seiten: *Ruhe bei der Claque!* Alles war in Bewegung, drängte, stieß sich, die Gemüter waren außer Rand und Band. Nun weiß ich aber keine Stimmung, die für den Dichter günstiger wäre. Nur unter Schwierigkeiten konnte die Vorstellung beginnen, und oft mußte sie unterbrochen werden. Kam jedoch eine schöne Stelle, so gab es ein ganz unglaubliches Toben, unaufhörlich wurden Dacapos gefordert, man begeisterte sich über den Autor, den Schauspieler, die Schauspielerin. Der Sturm der Begeisterung griff vom Parterre auf die Ränge über, von den Rängen auf die Logen. Man war voll Feuer ins Theater gekommen, man verließ es und war außer sich vor Entzücken. Die einen suchten Mädchen auf, die andern begaben sich in Gesellschaft – es war wie ein Gewitter, das sich verzieht und dessen Donnergrollen noch nachhallt, wenn das Gewitter selbst schon abgeklungen ist. So sieht das Vergnügen aus. Heutzutage findet man sich gelassen im Theater ein, man schaut gelassen zu, geht gelassen wieder weg – und was man anschließend macht, weiß ich nicht. Diese unverschämten Füsiliere, die auf beiden Seiten aufgepflanzt sind, damit sie den Überschwang meiner Bewunderung, meiner Ergriffenheit und meiner Freude dämpfen, und die unsere Theater zu Stätten machen, an denen es stiller und gesitteter zugeht als in unsern Kirchen, ärgern mich über alle Maßen.

In interessanten Szenen ist das Gesicht am Ausdruck beteiligt. Ein Blick, eine angedeutete Kopfbewegung oder ein Lächeln können gelegentlich sehr vielsagend sein. – Nun, diese Einzelheiten sind ganz geringfügig, ganz an den Augenblick gebunden und sehr flüchtig. Und doch entgehen sie auch jener Säumigen nicht, die nur mehr einen Platz ganz hinten ergattern konnte. Versuchen Sie doch, mit sich selbst ins reine zu kommen. Ich werde streng mit

Ihnen ins Gericht gehen, denn ich schätze und liebe Sie zu sehr, um Sie zu schonen.

Drei Schritt hinter den Lampen hat ein Schauspieler kein Gesicht mehr. – Das ist allerdings schlecht. Denn er sollte auch sechs Schritt hinter den Lampen noch ein Gesicht haben. Meine liebe Freundin, man braucht einen Schauspieler keine zehnmal gesehen zu haben, um noch aus der größten Entfernung erkennen zu können, was er ausdrückt. Dieser Mißstand, über den Sie sich beklagen, ist allerhöchstens am Anfang vorhanden. Beflügeln Sie meine Phantasie, und ich werde noch das Entfernteste sehen können, und was ich nicht sehen kann, erraten – und vielleicht gewinnen Sie dabei . . . Ach, diese vermaledeite, verdrießliche Spieltechnik, nach der es verboten ist, die Hände bis zu einer bestimmten Höhe zu heben; die die Entfernung vorschreibt, bis zu der ein Arm vom Körper weggestreckt wird, und die wie mit dem Zirkel abmißt, wie tief man sich angemessenerweise verneigen darf! Seid Ihr denn entschlossen, Euer Leben lang wie Puppen zu spielen? Die Malerei, und zwar die gute Malerei, die großen Gemälde sollen Eure Vorbilder sein, und das Interesse und die Leidenschaft Eure Meister und Führer. Diese laßt mit aller Macht aus Euch sprechen und handeln. Folgende schöne Geschichte wird Ihnen der Herzog von Duras weit besser erzählen, als ich sie hier aufschreiben kann. Er hat sie selbst miterlebt. Sie kennen dem Namen nach den berühmten englischen Schauspieler Garrick. Eines Tages war in seiner Gegenwart die Rede von der Pantomime, und er behauptete, man könne mit ihr, selbst bei Verzicht auf das gesprochene Wort, jede nur erdenkliche Wirkung erzielen. Man widerspricht ihm, er gerät in Eifer, ergreift, zum Äußersten getrieben, ein Kissen und sagt zu seinen Widerpartnern: »Meine Herren, ich bin der Vater dieses Kindes.« Hierauf öffnet er ein Fenster, nimmt sein Kissen, schwenkt es durch die Luft und küßt es ab, streichelt es und ahmt schließlich all die kleinen Albernheiten eines Vaters nach, der mit seinem Kind spielt. Plötz-

lich jedoch glitt ihm das Kissen – oder vielmehr sein Kind –
aus den Händen und fiel aus dem Fenster. Und nun begann
Garrick, pantomimisch die Verzweiflung des Vaters darzustellen. Fragen Sie Herrn von Duras, was sich in der
Folge abspielte. Seine Gesten drückten mit solcher Macht
Bestürzung und Schrecken aus, daß die meisten Zuschauer
diesen Eindruck nicht ertragen konnten und sich zurückzogen. Glauben Sie, daß sich Garrick dabei überlegte, ob
man ihn nun von vorn oder von der Seite sah, ob seine Dar-
stellungsweise schicklich war oder nicht, ob seine Gestik
gemessen, seine Bewegungen gleichförmig waren? Eure
Regeln haben Euch hölzern gemacht, und je mehr Ihr Euch
vorschreiben laßt, um so mehr werdet Ihr zu Automaten.
Am Ende seid Ihr wie Vaucansons *Flötenspieler*, dem sein
Erfinder eine zusätzliche Feder eingebaut hat. Sehen Sie
sich vor. Wenn Sie mir widersprechen, will ich eine Rolle
einstudieren und sie so, wie es mir paßt, bei Euch spielen.

*Wir können uns keine rechte Vorstellung vom Spiel der
Alten machen.* – Verzeihen Sie mir, meine gute Freundin,
gar so wenig, wie Sie meinen, wissen wir darüber nicht.
Man braucht nur zu lesen, und schon findet man, was man
sucht – und manchmal mehr, als man sich erhofft hatte. Sie
wären wohl überrascht, wenn ich Ihnen sagte, daß ich die
Aufzeichnung eines Chors von Euripides kenne – und doch
ist es so.

*Ihre Spielweise wäre in unsern Augen ziemlich lächer-
lich.* – Und in ihren Augen die unsrige. Und warum? Weil
nur das Wahre von der Zeit und vom Ort unabhängig ist.
Wir suchen in allem eine gewisse Einheit: diese Einheit
erst macht das Schöne aus, sei es wirklich oder ein Produkt
der Einbildungskraft. Ein einmal gegebener Umstand
zieht andre Umstände nach sich, und daraus entsteht ein
Ganzes, das wahr ist, wenn der erste Umstand der Natur
entstammt, und unwahr, wenn er bloßer Konvention oder
einer zufälligen Laune entspringt.

*Nirgendwo ist größere Vorsicht geboten als bei den
Pausen.* – Ich kenne nur ein Gesetz, das darüber entschei-

det, und bin nicht bereit, ein andres anzuerkennen als die Wahrheit. Habt Ihr denn die Absicht, aus der theatralischen Handlung eine Angelegenheit von Techniken zu machen, die sich bald mehr, bald weniger von der Natur entfernen, ohne daß es irgendeinen festen Punkt gäbe, von dem man ausgehen und die Handlung schwach oder übertrieben, falsch oder echt nennen könnte? Unterwerft Euch nur nationalen Konventionen, und in London wird schlecht sein, was in Paris gut war, und was heute in Paris und in London gut ist, wird morgen eben dort schlecht sein. In den Sitten und in der Kunst ist für mich nur das gut oder schlecht, was zu allen Zeiten und an allen Orten gut oder schlecht ist. Meine Moral und mein Geschmack sollen für alle Zeiten gültig sein.

Eine unangebrachte Pause wirkt auf die Zuschauer wie ein Eimer kalten Wassers. – Ist diese Pause aber wahr, so kann sie gar nicht unangebracht sein – ich werde nicht müde, das zu betonen. Ihr legt hier und da die eine oder andere Pause ein – ich brauche alle Augenblicke eine. Denken Sie bloß an die vielen Pausen, das Innehalten, die Unterbrechungen, die abgerissenen Sätze in *Pamela*, in *Clarissa*, in *Grandisson*. Kritisieren Sie diesen Mann, wenn Sie den Mut dazu haben. Wie viele verlangt die Leidenschaft! Was aber stellt Ihr uns auf der Bühne dar? Leidenschaftliche Menschen in einer bestimmten Situation, an einem bestimmten Tag, in einem bestimmten Augenblick. Einem Kritiker, der etwas übertrieben findet, könnte man oft den Wind aus den Segeln nehmen, indem man hinzufügt: Schon. Übertrieben an dem und dem Tag.

Wissen Sie, wie lange Germeuil braucht, um anzudeuten, daß er liest, Cécile anschaut, weiterliest und wieder aufblickt? – Ja, ich weiß es, und zwar aus eigener Erfahrung. Bevor mein Stück veröffentlicht wurde, ist es mindestens zwanzigmal erfolgreich aufgeführt worden – in meiner Studierstube nämlich, und die ist wahrhaftig eine Bühne.

Germeuils Darstellung kann noch so ausdrucksvoll sein – niemals wird sie klar genug für die sein, die ihn nicht kennen

– und das sagt Fanny! Sie, die weiß, daß man der Geliebten nicht einmal eine Nadel so wie einer andern reicht! Man drückt sie ein wenig gegen ihre Finger, und tausendmal habe ich die Leidenschaft und das gute Einvernehmen zweier Liebender aufgrund solcher Kleinigkeiten erraten – doch dazu habe ich mich schon geäußert.

Und glauben Sie, man gibt auf diejenigen acht, die im Hintergrund agieren? Nein. – Doch. Aber auf dem Bild muß Stille herrschen.

Kälte wird sich ausbreiten. – Das kann nur passieren, weil wir vergessen haben, was wahr ist, weil wir uns die Gesetze, nach denen wir urteilen, willkürlich zurechtgelegt haben, und weil wir, den Kopf voller Vorurteile, auf der Bühne die Dinge auspfeifen, über die wir in den Galerien oder selbst zu Hause entzückt wären.

Sie haben sehr viel Geist. – Ich? Man könnte gar nicht weniger haben. Doch ich besitze Besseres: Schlichtheit, Wahrhaftigkeit, ein warmes Herz, einen feurigen Kopf, Begeisterungsfähigkeit, Liebe zum Guten, Wahren und Schönen; man bringt mich leicht zum Lächeln, zur Bewunderung, zum Ärger, zur Anteilnahme, zum Weinen. Ich kann auch vollkommen den Verstand verlieren, und ohne diese Fähigkeit bringt man nichts Taugliches zustande.

Sie wissen nicht über die Einzelheiten der Schauspielkunst und ihre Erfordernisse Bescheid. – Und ich will gehängt werden, wenn ich sie je erlerne! Ausgerechnet ich sollte mich von der Natur entfernen und mich in Eure Verschläge einschließen, in denen alles glatt, wohlgeordnet, hergerichtet, hübsch gekräuselt ist? Wie unbehaglich mir dort zumute wäre! Ach, meine gute Freundin, wo ist die Zeit geblieben, da ich mein langes Haar im Winde flattern ließ? Morgens, wenn mein Hemdkragen offenstand und ich meine Nachtmütze herunternahm, fiel es in großen, nachlässigen Flechten auf glatte und weiße Schultern herab. Frühmorgens erhob sich meine Nachbarin von der Seite ihres Mannes, lüpfte ein wenig die Gardinen und freute sich an diesem Anblick – was ich wohl bemerkte. So hab

ich sie von einer Straßenseite zur andern verführt. Bei ihr –
denn zu guter Letzt kommt man sich näher – war ich treu-
herzig und voll Unschuld, meine Reden waren sanft, doch
einfach, bescheiden und wahrhaftig. Alles ist dahin, das
blonde Haar, die Treuherzigkeit und die Unschuld. Geblieben ist einzig die Erinnerung und der durch solche
Erlebnisse gebildete Geschmack, den ich meinen Werken
mitzuteilen versuche.

*Sie spielen nicht aus Unkenntnis so, sondern weil es der
Zuschauerraum verlangt.* – Wie schön. Und ich hatte
gedacht, der Zuschauerraum sei für die Schauspieler da.
Weit gefehlt: die Schauspieler sind gleichsam Möbel-
stücke, die es den räumlichen Gegebenheiten anzupassen
gilt.

*Szenen, in denen alle Personen sitzen, wirken steif, weil
wenig Bewegung herrscht. Folglich vermeidet man sie.* – Ob
die Szenen, in denen alle sitzen, wirklich steif wirken
müssen, möchte ich entscheiden, indem ich mich auf den
zweiten Akt, zweite Szene des *Hausvaters* und auf die
vierte Szene des selben Aktes berufe. Wenn ein Vater seine
Tochter fragt: »Mein Kind, haben Sie darüber nachgedacht?«, werde ich es niemals dulden, daß die beiden dabei stehen, und der Schauspieler, der bei einer entsprechenden Stelle nicht von selbst aufsteht, ist ein Idiot,
den man besser einen Acker bestellen lassen sollte. Sofern
ich nicht vollkommen ahnungslos bin, stelle ich mir ein
Bild ganz reizend vor, das ein junges Mädchen darstellt,
das auf einer nach meinem Geschmack dekorierten Bühne
im Vordergrund neben einem ehrwürdigen Manne sitzt
und mit gesenkten Augen, gefalteten Händen und beschei-
dener und schüchterner Haltung die Fragen nach ihrem
Vater, ihrer Mutter, ihrem Stand, ihrer Herkunft beant-
wortet, während im Hintergrund eine brave Alte ein Stück
grobes Linnen säumt, das mit einer Nadel an ihrem Knie
befestigt ist. Nun, das ist die vierte Szene des zweiten Akts.
Und wäre da nicht die Einheit des Orts zu beachten gewesen, meinen Sie, ich hätte es unterlassen, Sophie und

Madame Hébert auf ihrem Dachboden zu zeigen? Sophie, wie sie sitzt und arbeitet und dabei Madame Hébert von ihren Leiden erzählt, wobei sie von Zeit zu Zeit in ihrer Arbeit innehält; Madame Hébert, die am Spinnrad sitzend zuhört und weint; und wäre nicht Sophies Bruder nach seiner Rückkehr vom Commandeur hierher gekommen, um von seiner Schwester Abschied zu nehmen? Und wären Sie nicht in Tränen ausgebrochen, wenn sich die beiden Kinder umarmt und getrennt hätten und der Bruder der Schwester zu ihrem Lebensunterhalt den Erlös vom Verkauf seiner Kleider und seiner Freiheit geschenkt hätte?

Meine gute Freundin, mir scheint, Sie haben mich nicht gut gelesen. Mein erstes und mein zweites Stück bilden hinsichtlich der theatralischen Handlung eine Einheit, bei der man nicht einzelne Stellen kritisieren darf, sondern die man nur als Ganzes akzeptieren oder ablehnen kann . . .

Die Natur ist schön. – So schön, daß man kaum an sie rühren darf. Sobald wir an eine rohe oder wilde Stelle die Schere ansetzen, ist alles verloren. Lassen Sie doch um Himmelswillen den Baum wachsen, wie es ihm paßt. Er wird ein paar kahle Stellen haben und ein paar allzu dichte Äste, die mit Blättern überladen sind, und trockene Zweige – aber das Ganze wird Ihnen gefallen. Sie sprechen von der schönen Natur, aber was ist die schöne Natur? Haben Sie sich jemals ernsthaft diese Frage gestellt? Haben Sie bedacht, daß die Ulme, auf die die Wahl des Malers fallen würde, dieselbe ist, die Sie zurechtstutzen, wenn sie vor Ihrem Haus wächst, und daß Malerei und Dichtung mehr mit einer Hütte oder einem alten, verfallenen Schloß anfangen können als mit einem neuerbauten Palast?

Das Geschäft des Kritikers liegt mir nicht, zu gerne lobe ich. Es stünde mir auch schlecht an, Lektionen zu erteilen. Ich schreibe in einer Gattung, die Voltaire empfindsam, tugendhaft und neu nennt – und ich meine, nur sie allein ist wahrhaftig.

Hören Sie mir noch einen Augenblick zu. Was ist der Kern aller unserer Komödien? Immer wird eine Heirat vom Vater durchkreuzt, oder von der Mutter, oder von den Verwandten, oder den Kindern, von der Leidenschaft, vom Interesse oder anderen Ihnen wohlbekannten Zwischenfällen. Was aber geschieht bei dergleichen Anlässen in unseren Familien? Vater und Mutter sind voller Sorge, die Kinder verzweifelt, das Haus ist in Aufruhr, nichts als Verdächtigungen, Kummer, Streitereien, Befürchtungen – und so lange die Hindernisse nicht beseitigt sind, ist kein Lächeln zu sehen und es werden viele Tränen vergossen. Dazu kommt, daß ein Gegenstand erst im Augenblick der Krise auf die Bühne gebracht werden kann, das Geschehen auf dem Theater kaum Mittelwege kennt, daß es zum Handeln fast immer zu früh oder zu spät ist und der Auflösung stets etwas Unvorhergesehenes und Willkürliches anhaftet. Nun urteilen Sie selbst! . . .

Es ist vierzehn Tage her, daß ich diesen Brief zu schreiben begonnen habe, doch ist mir eine Sorge nach der andern dazwischengekommen. Sie haben bestimmt davon gehört und mich bedauert – doch nun ist alles vorbei und es gilt nur noch, Sie zu versöhnen. Verzeihen Sie mir also, und zürnen Sie nicht länger einem Mann, der mit der aufrichtigsten Verehrung und der allergrößten Hochachtung ganz der Ihre ist.

20. *An Grimm*
Zwischen Ende April und 1. Mai 1759
So werde ich also diesen Vormittag damit verbringen, mit Ihnen zu plaudern – ja mein Freund, den ganzen Vormittag. Es gibt eine Menge zu erzählen; was mir aber am meisten am Herzen liegt, und woran ich unablässig denken muß, ist, daß ich hier niemanden mehr habe, seit Sie fort sind. Niemand ist da, mit dem ich über sie sprechen könnte, und nur mit ihr spreche ich gern über

Sie: aber ich sehe sie so selten, und bald werde ich sie noch seltener sehen, und dann überhaupt nicht mehr. All das werde ich Ihnen noch berichten.

Ich war nicht traurig über Ihre Abreise. So lange hatte es mich unglücklich gemacht, daß Ihre Reise sich immerzu hinauszögerte, so lange hatte ich mir die Schuld daran gegeben! Mein Wunsch war, Sie möchten den guten Alten sehen, und meine Schwester, und meinen Bruder. Mein Wunsch war, Sie möchten recht schnell in Genf ankommen. Sie gingen weg von mir, doch ich dachte an das, was Sie dazu veranlaßte, und war's zufrieden.

Er ist wohl recht krank? Und recht alt und gebrechlich? Ich habe es Ihnen gesagt und glaube es nach wie vor: er wird mich in Ihrer Person zum letzten Mal umarmt haben. Sie werden mir seine Küsse zurückerstatten, mein Freund. Als meine Mutter starb, war ich nicht bei ihr. Mein Vater wird sterben, und ich werde nicht an seiner Seite sein. In zehn Jahren werde ich mich zu erinnern versuchen, wie er ausgesehen hat, und es wird mir nicht gelingen. Ach, lieber Freund, was mache ich hier? Er verlangt nach mir, seine letzte Stunde ist nah, er ruft mich, und ich bleibe. Es gibt auf Erden noch Freunde, gibt noch Liebende – Kinder gibt es keine mehr. Ich kann nicht an Ihre erste Reise nach Genf denken, ohne . . . Damals handelte es sich nur um Ihre Freundin, jetzt um meinen Vater! Ach, verabscheuen Sie mich bitte nicht!

Ich hatte mich von Ihnen verabschiedet. Ich hatte den Abend mit ihr verbracht. Ich hatte nicht erwartet, beim Nachhausekommen einen Brief von Ihnen vorzufinden. Aber Sie denken an alles, immer spüren Sie genau, was im andern vorgeht, Sie machen alles richtig – ständig beschämen Sie mich. Und auch sie beschämt mich bisweilen; ich weiß wahrhaftig nicht, warum ich zwei Wesen so sehr liebe, die mich dazu bringen, mich selbst zu verachten.

Sie legten mir unter anderm ans Herz, nur gute Nachrichten für Sie zu haben. Das Schicksal, mein Freund, wendet sich im Handumdrehen vom Guten zum Bösen, nicht aber vom Bösen zum Guten. Mir sind Plagen ohne Ende bestimmt. Wer sich der Literatur verschreibt, liefert sich den Eumeniden aus. Und die verlassen einen erst am Rand des Grabes.

Sie erinnern sich, daß wir bei Le Breton ein Essen arrangierten, an dem der Baron, der Chevalier de Jaucourt, D'Alembert, die assoziierten Verleger und ich teilnahmen. D'Alembert hatte den Tag festgesetzt, aber durch irgendein Mißverständnis wäre er um ein Haar gar nicht gekommen. Um vier Uhr nachmittags setzten wir uns zu Tisch. Wir waren alle ausgelassen. Es wurde getrunken, gelacht, gegessen, und gegen Abend kamen wir auf die große Sache zu sprechen. Ich legte meinen Plan zur Vervollständigung des Manuskripts dar. Die Überraschung und Fassungslosigkeit, mit denen mein lieber Mitarbeiter mir zuhörte, waren ganz unbeschreiblich. Er legte mit dem kindischen Ungestüm los, das Sie an ihm kennen, behandelte die Verleger wie Dienstboten, stellte die Weiterführung des Werks als Wahnsinn hin und sagte mir so nebenbei Dinge, die man ungern hört, die ich aber meinte schlucken zu müssen.

Je kopfloser und heftiger er sich gebärdete, um so nachsichtiger und gelassener wurde ich. Mit Sicherheit hat die *Encyclopédie* keinen entschiedeneren Feind als diesen Menschen. Es ging nicht darum, ihn für die Weiterarbeit als Herausgeber zu gewinnen. Das schlug man ihm aus purer Höflichkeit vor, und er war albern genug, sich ernsthaft dagegen zu verwahren. Wir wollten ihn vielmehr dazu bringen, seinen Teil innerhalb von zwei Jahren fertigzustellen, wozu er sich schließlich nach vielem Hin und Her verpflichtete.

Und unser Freund, der Baron, werden Sie fragen: welche Haltung nahm er inmitten dieser Diskussion ein? Er rutschte auf seinem Stuhl hin und her. Ich zitterte beständig, die dummen Reden D'Alemberts könnten ihn die Fassung verlieren lassen und er könnte ihm rücksichtslos seine Meinung sagen. Aber er hielt an sich, und ich war über seine Diskretion höchst erfreut. Was den Chevalier betrifft, so sagte er kein Wort. Er hielt den Kopf gesenkt und schien wie betäubt. D'Alembert, nachdem er noch einiges gestottert, vor sich hingeflucht und sich um sich selbst gedreht hatte, verschwand, und ich habe seither nichts wieder von ihm gehört.

Als wir diesen kleinen Irren los waren, kamen wir auf das Projekt zurück, um dessentwillen wir uns getroffen hatten. Wir prüften es von allen Seiten, trafen Vereinbarungen, ermutigten uns gegenseitig, schworen, das Unternehmen zu Ende zu führen, beschlossen, uns bei den künftigen Bänden ebensoviel Freiheit zu nehmen wie bei den bisherigen und sie notfalls in Holland drucken zu lassen. Dann trennten wir uns.

Der Baron war von den Verlegern höchst angetan, und wirklich, sie zeigten bei dieser Gelegenheit mehr Mut und Entschlossenheit, als nach den letzten beiden Gerichtsurteilen, die man über sie verhängt hat, zu erwarten gewesen wäre . . .

Ich hoffe, Sie werden mit den Verlegern und mir zufrieden sein. Sie lassen mir für die Manuskripte genau die gleichen Bedingungen, die sie mir für die gedruckten Bände gewährten. Ich finde das sehr anständig.

Doch da zu befürchten stand, daß, würde dieses Arrangement ruchbar, die Wut meiner Feinde sich verdoppeln und die Verfolgung, das Angriffsziel wechselnd, vom Buch auf die Autoren übergehen würde, wurde vereinbart, daß ich mich nicht zeigen, und daß David den Eingang der fehlenden Teile überwachen sollte.

All dies wurde ausgeführt; der Baron durchblätterte seine Bücher; die Kopisten seufzten in vermehrter Zahl unter dem Chevalier; die Riegel meiner Türe waren von sechs Uhr morgens bis zwei Uhr nachmittags vorgeschoben und die Arbeit ging rüstig voran, als eines jener Ereignisse, deren man sich nicht versieht, mich in höchste Beunruhigung stürzte. Ich war plötzlich gezwungen, während der Nacht die Manuskripte in Sicherheit zu bringen, fluchtartig meine Wohnung zu verlassen, bei Freunden zu schlafen, eine Zufluchtsstätte zu suchen, mir eine Postkutsche zu besorgen und so weit zu reisen, wie die Erde mich tragen würde.

Stellen Sie sich jetzt noch vor, mein Freund, daß ich inmitten dieser Aufregungen erfahre, Sie seien mit Fieber und einer Darmstörung in Genf angekommen, und daß ich es durch einen andern als Sie erfahre!

Ein unbedachter Freund oder ein grausamer Feind, ich weiß nicht, wie ich ihn nennen soll, hat unter dem Titel *Denkschrift für Abraham Chaumeix gegen die angeblichen Philosophen Diderot und D'Alembert* eine unselige Schrift veröffentlicht. Es ist dies eine lange, verdrießliche, langweilige und platte Satire. Keine Leichtigkeit, keine Finesse, keine Heiterkeit, kein Geschmack. Statt dessen Beleidigungen, Sarkasmen, Gottlosigkeiten. Jesus und seine Mutter, Abraham Chaumeix, der Hof, die Stadt, das Parlament, die Jesuiten, die Jansenisten, die *hommes de lettres*, die Nation – mit einem Wort: alles, was es an ehrfurchtgebietenden Obrigkeiten und heiligen Namen gibt, in den Schmutz gezogen – das ist das Werk, das man mir zuschreibt, und dies fast einstimmig.

Ich wußte wohl, daß der Verdacht nicht von Dauer sein könne, aber ich konnte verloren sein, bevor er in sich zusammenfiel. Es galt, zum Polizeipräfekten zu laufen, zum Prokurator und den Generalanwälten; es galt, sich zu zeigen, zu kommen und zu gehen, zu schreiben, zu protestieren. Urteilen Sie selbst, die Sie mich kennen, was mich diese Schritte, die so ganz meinem Charakter zuwiderlaufen, haben kosten müssen. Ich bin von soviel Kummer und Müdigkeit zugleich übermannt worden, daß ich mich in zwei Monaten noch nicht davon erholt haben werde. Ich habe einen fiebrigen Katarrh, von dem ich nicht weiß, wie ich ihn loswerden soll. Über dem Brustbein schmerzt mich eine Stelle von der Größe eines Talers, als würde ich mit einem glühenden Eisen gebrannt.

Man ist den Verfassern dieses unseligen Papiers auf den

Fersen. Man hat die Druckerei entdeckt und man hat die beiden Drucker festgenommen, eine Frau mit einem gewissen Menschen, dessen Name ungenannt bleibt. Im übrigen hat man nichts gespart, um mich einzuschüchtern und außer Landes zu treiben; aber ich habe standgehalten trotz der Ratschläge des Barons, Malesherbes', Turgots, D'Alemberts und Morellets, die alle behaupteten, in einer Strafsache sei es das Sicherste, sich aus der Ferne zu verteidigen. Ja, das Sicherste! Doch das Ehrbarste ist, sich nicht anzuklagen, wenn man unschuldig ist. Ich habe erklärt, daß ich weder direkten noch indirekten Anteil an dem fraglichen Papier hatte, daß ich auf meinem Stuhl sitzen bleiben würde, und daß man mich, welches auch die weitere Entwicklung dieses Abenteuers sein mag, bei mir zu Hause antreffen wird.

Das Gewitter ist mittlerweile weit von mir entfernt, nun zieht es sich über anderen zusammen, ohne daß man schon sagen könnte, wann es sich ganz auflösen wird. Aber langsam kann ich wieder ruhiger schlafen und fange an zu glauben, daß die Minister doch nicht aufs Geratewohl und ohne wirkliche Gründe Haftbefehle beantragen und bewilligt bekommen, und daß das Parlament nur gegen wirklich Schuldige vorgeht.

Nun glauben Sie vielleicht, ich wäre mit der Aufzählung meiner Leiden zu Ende. Weit gefehlt! Ach, mein Freund, wenn wir uns wiedersehen, werde ich um Jahre gealtert sein.

Eines Abends hatte ich geschwollene Augen, quälende Kopfschmerzen, Schüttelfrost, Fieber. Mit einem Wort, ich war so krank, daß Sophie und ihre Schwester sich Sorgen machten und im Namen von Monsieur Le Gendre nachfragen ließen, wie ich die Nacht verbracht hätte. Die Schrift auf der Karte wurde erkannt, der Lakai ebenfalls, und daran entzündete sich ein häusliches Unwetter, das jetzt noch nachhallt. Diese Frau hat wahrhaftig ein Herz aus Stein. Bedenken Sie doch, was für Gelegenheiten sie sich aussucht, um mich zu quälen! Wenn sie mir meine eigene Wohnung verleidet, wohin meint sie dann, daß ich ziehen soll?

Auf der Suche nach einem Menschen, der sie zur Vernunft bringen könnte, verfiel ich auf ihren Beichtvater. Ich suchte ihn auf. Der Mann hörte mir ziemlich ruhig zu; als ich ausgeredet hatte, stand er auf und sagte zu mir: Meiner Treu, Monsieur, Sie sprechen hinreißend!

Dieses Wort schien mir so seltsam und schockierend, daß ich heftig wurde, wie es mir manchmal geschieht, und ihm mit erhobener Stimme antwortete: »Es geht jetzt nicht darum, ob ich gut oder schlecht spreche; es geht darum, ob ich, bevor vierundzwanzig Stunden um sind, eine Frau, um deren Seelenheil Sie sich seit zwei Jahrzehnten kümmern und die Ihnen zweifellos am Herzen liegt, ins Elend zurückstoße, aus dem ich sie herausgeholt habe!« Der Mönch, ohne sich aus der Ruhe bringen zu lassen: »Monsieur, es läutet zur Vesper. Ich muß gehen. Ihre Gemahlin wird kommen, und wir werden sehen.«

Lesen Sie das aufmerksam, mein Freund! Heiraten Sie, und wenn Sie mit Ihrer lieben Hälfte unzufrieden sind, dann wenden Sie sich an ihren Beichtvater.

Noch ein Abenteuer: Schon seit einer Ewigkeit hatte ich meine Freundin nicht mehr zu Gesicht bekommen. Lustpartien – mit andern natürlich –, Visiten, Theaterbesuche, Spaziergänge, Einladungen und Gegeneinladungen hatten sie in den vierzehn Tagen, die ihre Schwester nun hier ist, ganz in Beschlag genommen. Wir wollten uns also sehr dringend wiedersehen. Eines Tages ging ich zu ihr und benutzte dabei die kleine Treppe.

Wir hatten vielleicht eine Stunde miteinander verbracht, als wir klopfen hörten. Nun ja, mein Freund, wer da klopfte, war sie, ja sie, ihre Mutter! Den Rest erspare ich Ihnen. Wir waren alle drei ganz betäubt. Sophie und ich blieben wie angewurzelt stehen, ihre Mutter öffnete einen Sekretär, nahm ein Papierstück heraus und verließ das Zimmer. Seither ist die Rede davon, daß sie auf ihr Gut fahren will, und diesmal soll die Tochter mit. Sie verschleppen sie mir aufs Land, damit sie dort vor Langeweile umkommt. Schöne Zukunftsaussichten sind das!

Ihre Schwester ist in Paris. Diese Frau nimmt durch ihr Gesicht, ihren Geist und ihren Charakter ein. Niemand hat mehr Verstand und Einfühlungsvermögen. Sie wären gerührt, wenn Sie die Zärtlichkeit sähen, mit der sich diese beiden Schwestern lieben, und die ununterbrochene Aufmerksamkeit, die sie ihrer Mutter widmen. Unablässig sind beider Augen auf sie gerichtet, und sie wetteifern darin, ihre Wünsche so geschwind als möglich zu erraten und zu erfüllen. Es hinge nur von dieser Frau ab, und sie würde angebetet. Aber statt uns alle um sich zu scharen, entfernt sie sich von uns, bringt uns auseinander und begnügt sich mit der Verehrung ihrer Töchter.

Meine Sophie ist eifersüchtig, mein Freund. Das habe ich neulich entdeckt und mich darüber geärgert. Ich bin aufrichtig und offenherzig, ich mag es nicht, wenn man mir mißtraut. Das schlimmste ist, daß sie gelitten hat und vielleicht immer noch leidet. Gestern hatte sie einen Schwächeanfall, bei dem sie selbst meinte, es ginge mit ihr zu Ende.

Was sagen Sie nun zu dem Leben, das ich führe? Hab ich nicht einiges durchgemacht? Wären Sie an meiner Seite, dann könnte ich Ihnen mein Herz ausschütten und Sie würden mich trösten. Doch Sie sind fort, und so bleibt mir nur die Arbeit, mit der ich mich von meinem Kummer ablenken kann. Also arbeite ich nach Kräften. In einem einzigen Monat habe ich ein Achtel meiner Aufgabe hinter mich gebracht, und wenn ich weiterhin so viel durchmachen muß und meine Kollegen mitziehen, habe ich sie wesentlich früher fertig, als ausgemacht war.

Und Sie, mein Freund, was treiben Sie? Sind Sie glücklich? Wenn Sie es sind, so sagen Sie es mir, dann bin ich's auch. Ich liebe Sie, und nichts kann mich meine Zuneigung vergessen lassen . . .

21. An Sophie Volland

Wir fuhren gestern um acht Uhr nach Marly ab. Um halb elf kamen wir an. Wir bestellten ein ausgiebiges Diner und schweiften im Park umher. Hier fiel mir der Kontrast auf, der zwischen der delikaten Kunstfertigkeit herrscht, mit der die Laubengänge und Boskette angelegt sind, und der wilden Natur des dicht mit hohen Bäumen bewachsenen Massivs, das sie überragt und ihnen als Hintergrund dient. Diese verstreuten, halb im Wald versteckten Pavillons könnten die Behausungen verschiedener subalterner Genien sein, deren Herr und Meister den mittleren bewohnt. Das verleiht dem Ganzen einen feenhaften Anstrich, der mir gefallen hat.

In einem Park sollten nicht allzu viele Statuen stehen, und dieser hier scheint mir ein wenig übervölkert. Man sollte in den Statuen Wesen sehen, die an der Einsamkeit Gefallen finden und sie suchen, so wie die Dichter, Philosophen und Liebenden – Wesen also, die nicht häufig vorkommen. Einige schöne, weit voneinander entfernte Statuen, die sich an den abgelegensten Stellen verstecken und mich rufen, die ich aufsuche oder denen ich begegne, die mir Einhalt gebieten und mit denen ich lange Gespräche führe – mehr nicht, und keine andern.

Von Melancholie bewegt, irrte ich kreuz und quer durch die Gegend. Die andern gingen uns weit voraus, und der Baron von Gleichen und ich folgten ihnen langsam. Ich fühlte mich wohl an der Seite dieses Mannes, denn wir hegten beide ein gleiches, heimliches Gefühl in unserm Innern. Es ist ganz unglaublich, wie sich empfindsame Gemüter beinahe wortlos verstehen. Ein Wort, das den Lippen entschlüpft, eine Zerstreutheit, eine vage, zusammenhanglose Überlegung, ein leises Bedauern, eine versteckte Äußerung, der Klang der Stimme, der Gang, der Blick, die Aufmerksamkeit, das Schweigen – alles offenbart sie einander. Wir redeten wenig und empfanden viel, wir litten alle beide – doch er war bedauernswerter als ich. Ich wandte meinen Blick von Zeit zu Zeit der Stadt zu, er heftete den seinen oft auf die Erde, als suche er dort einen Gegenstand, der nicht mehr ist.

Wir trafen auf eine Statue, die mich durch ihre Einfachheit, Kraft und gedankliche Erhabenheit gefangennahm. Es handelte sich um einen Kentauren, der ein Kind auf dem Rücken trägt. Dieses Kind greift mit seinen Fingerchen nach dem Kopf des wilden Tiers und führt es an einem Haar. Man muß das Gesicht des Kentauren gesehen haben, seine Kopfhaltung, seinen sehnsüchtigen Gesichtsausdruck, seine Untertänigkeit dem herrischen Kind gegenüber. Er schaut es an, und man meint, er scheue sich zu gehen.

Die folgende machte mir noch mehr Vergnügen: ein alter Faun, der zärtlich ein Neugeborenes in den Armen wiegt. Die Statue der badenden Agrippina wird ihrem Ruf nicht gerecht, doch war vielleicht mein Standort zu ungünstig, um sie richtig beurteilen zu können. Wir teilten unseren Spaziergang in zwei Hälften. Vor dem Mittagessen durchstreiften wir die Täler.

Wir speisten alle mit großem Appetit. Der Baron – der unsere – war von einer Ausgelassenheit, die nicht ihresgleichen hat. Wie er sich ausdrückt und was er denkt, ist originell. Stellen Sie sich einen fröhlichen, geistreichen, respektlosen, lebhaften, nervigen Satyr inmitten einer Gruppe keuscher, weicher und zarter Gestalten vor. So nahm er sich zwischen uns aus. Meine Sophie hätte er weder in Verlegenheit gebracht noch beleidigt, denn meine Sophie ist je nach Laune Mann oder Frau; meinen Freund Grimm hätte er weder in Verlegenheit gebracht noch beleidigt, weil er der Phantasie ihre Seitensprünge nachsieht und weil ihm eine Bemerkung nur am unrechten Ort und zur unrechten Zeit mißfällt. Ach, wie sehr habe ich diesen Freund vermißt! Wie süß war es, als wir unser Mahl unterbrachen, als unsre Herzen sich auftaten und wir unsre abwesenden Freunde schilderten und priesen! Wie

63

warm der Ausdruck, die Gefühle und die Gedanken! Wie groß war unsere Begeisterung, wie glücklich waren wir, als wir über sie sprachen! Und wie glücklich wären die Freunde gewesen, hätten sie uns hören können! Ach, mein Grimm, wer wird Ihnen meine Worte wiederholen?

Unser Diner dauerte lang und war doch kurzweilig. Danach durchstreiften wir die Anhöhen. Ich machte die Bemerkung, daß von allen Gewässern die schönsten die fließenden seien und die, die unablässig in die Tiefe stürzen – und daß man solche nirgendwo angebracht habe. Wir unterhielten uns über Kunst, Dichtung, Philosophie und Liebe, über die Größe und Eitelkeit unsrer Unternehmungen, über das Unsterblichkeitsgefühl, über Menschen, Götter und Könige, über Raum und Zeit, Tod und Leben. Es war ein Konzert, aus dem immerzu die Aussprüche unseres Barons als Dissonanzen herausklangen. Der aufkommende Wind und die beginnende Abendkühle trieben uns unserm Wagen zu.

Der Baron von Gleichen ist weit umhergekommen; er bestritt auf der Rückfahrt die Unterhaltung. Er erzählte uns von den Inquisitoren der Republik Venedig, die stets den Beichtiger und den Henker zur Seite haben; von der Barbarei des sizilianischen Hofs, der einen antiken Triumphwagen mit seinen Bas-Reliefs und Pferden den Mönchen überlassen hatte, die ihn einschmolzen und Glocken daraus gossen. Die Rede war darauf anläßlich der Zerstörung eines Wasserfalls in Marly gekommen, dessen Marmor nunmehr die Wände der Kapellen von Saint-Sulpice bedeckt. Ich sagte wenig. Ich hörte zu oder war in Gedanken versunken. Zwischen acht und neun stiegen wir an der Tür unseres Freundes ab. Hier ruhte ich mich bis zehn Uhr aus.

Vor Mattigkeit und Kummer bin ich eingeschlafen. Ja, meine Freundin, auch vor Kummer. Ich fürchte, die Zukunft wird nichts Gutes bringen. Das Herz Ihrer Mutter ist mit den sieben Siegeln der Apokalypse verschlossen. Auf ihrer Stirn steht das Wort Mysterium. In Marly sah ich zwei Sphinxen und mußte an sie denken. Sie hat uns und sich selbst mehr versprochen, als sie wird halten können. Doch ich tröste mich – ich lebe von der Gewißheit, daß nichts unsre beiden Seelen trennen kann. Das ist so oft gesagt, geschrieben, beteuert worden, daß es doch einmal wahr werden soll. Sophie, an mir soll es nicht fehlen!

Monsieur de Saint-Lambert lädt den Baron und mich auf eine Zeitlang zu Madame d'Houdetot nach Epinay ein. Ich lehne ab und tue gut daran – oder nicht? Wehe dem, der Zerstreuung sucht – er findet sie und ist am Ende von seinem Leiden geheilt, ich aber will mir meines bewahren bis zu dem Augenblick, der alles endet. Ich scheue davor zurück, sie zu besuchen, werde es aber wohl tun müssen. Das Schicksal behandelt uns, als wäre der Schmerz für die Dauer unserer Verbindung notwendig.

Adieu, meine Freundin. Ein Brieflein, ich bitte Sie, durch Lanau!

Noch etwas: machen Sie vom Entgegenkommen Ihrer Schwester nicht allzu viel Gebrauch und sprechen Sie mit ihr nur dann über uns beide, wenn Sie Ihre Gefühle nicht mehr bei sich behalten können, oder wenn sie Sie dazu ermuntert. Selbst unsere allerzärtlichsten Freunde werden wenig Sinn dafür haben. Liebende anhören und sie bedauern will erst erlernt sein. Sie kann es noch nicht – möge sie es nie lernen müssen!

Ich küsse den Ring, den Sie getragen haben.

22. An Sophie Volland

Samstagmorgen, 2. Juni 1759

Hier, meine zärtliche und verläßliche Freundin, schicke ich Ihnen das Werk des großen Sophisten. Ich habe es nicht gelesen – mein Gemüt ist noch nicht ruhig genug, als daß ich unparteiisch darüber urteilen könnte. Besser, eine Sache aufschieben, als vorschnell ein ungerechtes Urteil zu fällen. Seien auch Sie Ihrem Herzen gegenüber ein bißchen mißtrauisch und passen Sie auf, daß Ihr Mißmut auf die Person nicht auch den Autor trifft! Hören Sie ihm zu, als hätte ich mich nicht über ihn zu beklagen!

Man kann also ohne Ehrgefühl, aufrichtige Freundschaft, Tugend und Wahrhaftigkeit beredt und voll Empfindung sein? Das ist mir gar nicht recht. Wenn sich dieser Mensch nicht ein ganzes System der Verkehrtheit in seinem Kopf zurechtgelegt hat, wie sehr muß ich ihn bedauern! Wenn sich aber seine Auffassung von Recht und Unrecht mit der Verworfenheit seines Verhaltens deckt, wie sehr muß ich ihn erst dann bedauern! Im Gebäude der Moral ist alles miteinander verknüpft. Schwerlich wird ein Mensch, der unaufhörlich Paradoxe zu Papier bringt, in seinem sittlichen Verhalten einfach und gradlinig sein. Sehen Sie in Ihr eigenes Innere, Sophie, und sagen Sie mir, warum Sie so aufrichtig, offen und wahrhaftig in Ihren Reden sind? Weil diese Eigenschaften Ihren Charakter ausmachen und Ihr Verhalten bestimmen. Ein Mensch, der immer Schlechtes denken und sagen, dabei aber immer gut handeln würde, wäre ein sehr eigenartiges Phänomen. Ein irregeleiteter Kopf hat Einfluß auf das Herz, und ein irregeleitetes Herz auf den Kopf. Lassen Sie uns ein Leben ohne Lüge führen, meine Freundin. Je mehr ich Sie schätze, um so lieber werde ich Sie haben, je mehr Tugenden Sie an mir entdecken werden, um so mehr werden Sie mich lieben. Wie würde ich das Laster fürchten, wäre auch Sophie mein einziger Richter!

Ich habe in Ihrem Herzen ein Heiligtum errichtet, das ich nie zerstören will. Wie groß wäre Ihr Schmerz, wenn ich mich einer Handlung schuldig machte, die mich in Ihren Augen erniedrigen würde! Nicht wahr, Sie sähen mich lieber tot als schlecht? So lieben Sie mich immer, damit ich immer das Laster fürchte. Bleiben Sie auf dem Pfad zum Guten meine Stütze. Wie süß ist das Gefühl, die Arme auszubreiten und einen guten Menschen an die Brust zu drücken! Dieses Bewußtsein adelt die Liebkosungen. Was bedeuten die Zärtlichkeiten zweier Liebender, wenn sie nicht Ausdruck ihrer unendlichen Wert-

schätzung sein können? Wie niedrig und jämmerlich doch
die Entzückungen der gewöhnlichen Liebenden sind, und
wieviel Reiz, Hoheit und Kraft in unseren Umarmungen
liegt! Kommen Sie, meine Sophie, kommen Sie, ich fühle
mein Herz erglühen. Dieselbe zärtliche Ergriffenheit, die
Ihre Züge so verschönt, wird sich auch in den meinen
spiegeln. Ach, warum sind Sie jetzt nicht bei mir, um mit
mir zu genießen! Sie wären so glücklich, wenn Sie mich in
diesem Augenblick sehen könnten, Sie fänden so viel Gefallen an diesen feuchten Augen, diesem Blick, an meinem
ganzen Ausdruck! Warum bloß müssen sich die andern
zwischen zwei Menschen stellen, auf deren Glück der
Himmel selbst mit Wohlgefallen herabsah? Man muß
ihnen verzeihen, sie wissen nicht, was sie damit anrichten . . .

23. An Sophie Volland

15. Juni 1759

Hier sende ich Ihnen den Brief von Grimm. Ich habe ihn
vor dem Abschicken nochmals gelesen. Malen Sie sich aus,
wie ihm zumute sein wird, wenn er erfährt, daß der nicht
mehr ist, der ihm vor ein paar Monaten zum Abschied
gesagt hat: »Und diesen Kuß für meinen Sohn, diesen für
meine Tochter, diesen für mein Enkelkind.« Er ist in den
Armen zweier seiner Kinder entschlummert – ohne
Schmerzen, ohne Todeskampf, ohne Qual. Mein Vater
gehörte nicht zu den Menschen, die man vergißt, wenn
man ihnen einmal begegnet ist. Grimm wird seiner gedenken und um ihn weinen.

Sie werden meine schmerzliche Erinnerung an ihn
mildern, die mich auch in Ihrer Gegenwart nicht loslassen
wird – aber die Rührung und Melancholie, die sie hervorruft, wird sich mit den zärtlichen und wollüstigen Empfindungen vermischen, die Sie einflößen, und daraus wird ein
ganz köstlicher Zustand entstehen. Ach, könnte er doch
zur Gewohnheit werden! Es gilt einzig, ein zärtlicher Liebhaber und ein guter Sohn, ein liebevoller und dankbarer

Mensch zu sein – Eigenschaften, die ich zu besitzen glaube. Es wäre vorbei mit den heftigen Freudenausbrüchen, nur manchmal noch würde das Herz sich auftun – aber dann würde sich ein Strahl der Freude aus ihm ergießen, so wie ein Sonnenstrahl an einem neblig-trüben Tag die Wolkenwand durchbricht, und der wäre nur um so leuchtender und eindrucksvoller.

Der Eindruck, den unsere Trauer auf die andern macht, ist recht seltsam. Haben Sie manchmal auf dem Land beobachten können, wie die Vögel plötzlich verstummen, wenn eine Wolke, die am heitern Himmel vorüberzieht, ihren Schatten auf die Stelle wirft, an der sie eben noch ihr Zwitschern ertönen ließen? In der Gesellschaft ist ein Trauerkleid wie die Wolke, die im Vorüberziehen den Gesang der Vögel einen Augenblick lang unterbricht. Sie ist vorbei, und der Gesang beginnt aufs neue . . .

24. An Sophie Volland

10. oder 12. Juli 1759

Ich schreibe, ohne etwas zu sehen. Ich bin gekommen, ich wollte Ihre Hand küssen und wieder gehen. Ich werde ohne diese Belohnung fortmüssen. Aber wird mir nicht die Belohnung genügen, daß ich Ihnen gezeigt habe, wie sehr ich Sie liebe? Es ist neun Uhr. Ich schreibe Ihnen, daß ich Sie liebe, oder jedenfalls will ich Ihnen das schreiben, aber ich weiß nicht, ob sich die Feder meinem Willen beugt. Warum kommen Sie denn nicht, damit ich es Ihnen sagen und dann verschwinden kann?

Adieu, Sophie, gute Nacht. Sagt Ihnen nicht Ihr Herz, daß ich hier bin? Zum erstenmal schreibe ich im Dunkeln, das sollte eigentlich sehr zärtliche Gefühle in mir wecken. Ich spüre nur eins: daß ich unfähig bin, von hier wegzugehen. Die Hoffnung, Sie einen Augenblick zu sehen, hält mich zurück, und so plaudere ich mit Ihnen weiter und weiß nicht, ob das Buchstaben sind, was ich da mache. Überall dort, wo nichts steht, lesen Sie, daß ich Sie liebe.

25. An seine Frau

Langres, 29. Juli 1759

Meine Reise war sehr anstrengend. Ich habe unbeschreiblich unter der Hitze und dem Wagen gelitten. Ich bin so verändert und aufgelöst hier angekommen, daß Hélène meinte, ich sei wohl gekommen, mich neben meinen Vater unter die Erde zu legen.

Als ich von Paris wegfuhr, war es halb elf. Ohne zu essen und zu trinken fuhr ich bis Nogent, das zweiundzwanzig Meilen entfernt ist und wo ich um zehn Uhr abends ankam, nachdem ich an den Poststationen immer nur ein paar Gläser Wasser getrunken hatte. Ich übernachtete in Nogent und saß am nächsten Morgen um vier Uhr wieder in der Kutsche. Ich hatte noch achtzehn Poststationen vor mir, das sind sechsunddreißig Meilen, und die brachte ich noch am selben Tag hinter mich. Zwischen Mitternacht und ein Uhr war ich an der Haustür. Ich traf meine Schwester und meinen Bruder bei recht guter Gesundheit.

Schon am Tag darauf haben wir über die Geschäfte gesprochen. Mein Bruder hatte schon alles in Ordnung gebracht. Wie die Dinge aussehen, hat uns mein Vater 30 000 Pfund in Kontrakten hinterlassen, ungefähr 40 000 Liter Korn, was 40 000 Pfund entspricht; dazu kommen die Häuser in Langres, Chassigny und Cohons, die Weinberge, die beweglichen Güter, die Stahlwaren, die fälligen Renten und ein paar andere unbedeutende Außenstände. Wir werden in kurzer Zeit und ohne Schwierigkeiten alles aufgeteilt haben. Mein Bruder und meine Schwester legen dabei so viel Sinn für Gerechtigkeit und Freundschaft an den Tag, wie ich es von ihnen erwartet hatte. Sie haben sich ausführlich nach Ihnen und Angélique erkundigt, ich soll Sie herzlich von ihnen grüßen.

Morgen ist Ihr Namenstag. Wäre ich bei Ihnen, dann würde ich Ihnen alles Gute wünschen und einen Blumenstrauß überreichen. Ich hoffe, Monsieur Belle wird das alles an meiner Statt erledigen. Nanette, bleiben Sie gesund. Seien Sie sicher, daß mir niemand auf Erden teurer ist als Sie und Ihre Tochter. Aber dieses Kapitel will ich jetzt nicht anschneiden. Noch bevor ich wieder in Ihrer Nähe bin, will ich Ihnen mein Herz öffnen. Ich will versuchen, Ihnen die Dinge so darzustellen, wie sie sind, und den Weg für ein Leben zu ebnen, das für Sie und für mich so ruhig und angenehm sein soll, wie es nur möglich ist.

Ich bin nicht vollkommen, auch Sie sind es nicht. Wir leben nicht miteinander zusammen, damit wir uns gegenseitig voller Bitterkeit unsere Fehler vorwerfen, sondern damit wir sie gemeinsam tragen. Man soll nicht Dinge wichtignehmen, die unwichtig sind, und dabei das wirklich Wichtige aus den Augen verlieren. Was wirklich zählt, ist mein Los, das Ihre und das Ihrer Tochter. Das Glück dieser drei Menschen liegt in Ihrer Hand. Sie haben mich in einem trübseligen Zustand in die Ferne geschickt. Ich will nicht darüber reden, wie unangenehm ein solcher Abschied im Bösen ist – das habe ich die ganze Reise hindurch zu spüren gehabt. Nanette, wenn Sie mich ins Grab bringen, haben Sie auch nichts davon! Aber darüber will ich noch ausführlicher mit Ihnen reden, es wird das Thema meines Briefs am Montag sein.

Ich wünsche Ihnen alles Gute zu Ihrem Fest. Ich umarme Sie sehr zärtlich. Einen Kuß für Angélique. Grüßen Sie Monsieur Belle von mir. Sollten irgendwelche Briefe für mich kommen, dann schicken Sie sie mir mit denen von Ihnen mit, denn ich hoffe doch, Sie werden, was immer Sie in dieser Hinsicht geäußert haben mögen, meine Briefe aufmachen und beantworten – schließlich sind Sie eine einsichtige Frau und haben, wenn man es recht bedenkt, einen Mann, dem man keinen vernünftigen Vorwurf machen kann und der fest entschlossen ist, Ihnen eine glückliche Zukunft zu bereiten.

26. *An Sophie Volland*

Langres, 31. Juli 1759

Ich bin noch keine vier Tage hier, und doch kommt's mir vor, als wären es vier Jahre. Die Zeit wird mir lang, ich langweile mich.

Da Sie es mir erlaubt haben, will ich Sie ein wenig über unsere häuslichen Angelegenheiten unterhalten. Zunächst kann man sich unmöglich drei Menschen vorstellen, deren Charakter unterschiedlicher wäre als der meines Bruders, der meiner Schwester und mein eigener. Schwesterchen ist lebhaft, rührig, heiter, entschieden, leicht beleidigt und schwer zu besänftigen, sie macht sich keine Sorgen über Gegenwart oder Zukunft, läßt sich weder von Menschen noch Dingen beeindrucken, sie ist frei in ihrem Handeln und freier noch in ihren Äußerungen, kurz, eine Art weiblicher Diogenes. Der einzige Mann, den sie je geliebt hat, bin ich, und sie liebt mich sehr. Bin ich froh, ist sie überglücklich, ein Schmerz, der mich träfe, würde sie töten.

Der Abbé ist von Natur aus empfindsam und heiter. Er hätte Geist haben können, aber die Religion hat ihn vorsichtig und kleinmütig gemacht. Er ist traurig, schweigsam, mißtrauisch und verdrießlich. Unablässig trägt er eine unbequeme Richtschnur mit sich herum, mit der er sein eigenes Verhalten und das der andern mißt. Er steht den andern und sich selbst im Wege. Er ist eine Art christlicher Heraklit, immer bereit, über die Narrheit seiner Mitmenschen zu klagen. Er spricht wenig und hört viel zu. Selten ist er zufrieden.

Sanft, umgänglich, nachsichtig – zu sehr vielleicht –, nehme ich zwischen den beiden wohl eine Mittelstellung ein. Ich bin sozusagen das Öl, das diese rauhen Maschinen hindert zu knirschen, wenn sie aneinander streifen. Aber wer wird ihre Bewegungen mildern, wenn ich nicht mehr hier bin? Diese Sorge quält mich. Ich fürchte mich, sie einander näherzubringen, denn sollten sie sich eines Tages trennen, dann käme es bestimmt zu einem öffentlichen Bruch. Gemeinsam sind uns dreien Redlichkeit und Uneigennützigkeit. Gott sei Dank wird alles rasch und gut zu Ende geführt, ohne daß ich mich einzumischen brauche. Mein Vater hat uns 30 000 Francs in Kontrakten hinterlassen, 40 000 Liter Korn, was 40 000 Francs entspricht, ein Stadthaus, zwei nette Häuschen auf dem Land, Weinberge, Waren, einige Außenstände und ein Mobiliar, wie es einem Mann seines Standes entsprach. Die Anteile meiner Geschwister werden größer sein als meiner, und ich freue mich darüber. Sollen sie sich nur nehmen, was ihnen gefällt, und mich wieder nach Hause schicken! Wieso habe ich mich früher so gut in das Leben hier eingefunden und kann es jetzt nicht mehr ertragen? Deshalb, meine Sophie, weil ich nicht geliebt habe, und weil ich jetzt liebe.

Die Dinge sind nichts aus sich selbst heraus, sie haben keine wirkliche Süße oder Bitterkeit. Unsere Seele erst macht sie zu dem, was sie sind, und die meine ist nicht auf sie eingestimmt. Alles, was mich umgibt, langweilt mich, macht mich traurig und mißfällt mir. Aber man kündige mir meine Freundin an, sie erscheine, und ihre Gegenwart wird mit einem Schlag alles schön machen! Die Gegenstände haben sich für mich verändert, doch auch ich bin längst nicht mehr der alte für sie. Man findet mich ernst, müde, nachdenklich, unaufmerksam, zerstreut. Kein Mensch, der mich fesselt, kein Wort, das mich beschäftigen würde – in mir ist eine Gleichgültigkeit und Verachtung für alles und jedes. Aber freilich macht man hier Ansprüche wie anderswo, und ich merke, daß ich überall eine heimliche Verstimmung hinterlasse. Je mehr ich geschätzt werde, um so mehr kränkt meine Unaufmerksamkeit – ich indessen bewundere die Torheit, mit der sich die andern die Schuld an unserer Laune geben oder sich zu ihr beglückwünschen. Ob sie gut oder schlecht ist, sie rechnen es sich zur Ehre an und haben doch nicht das geringste damit zu tun. Ach, wenn ich es wagte, ihnen ein Licht aufzustecken, dann würde ich zu ihnen sagen: »Ihr könntet mir alle gefallen, wenn ich nur meine Sophie hier hätte; und dennoch, sie würde euch alle in den Schatten stellen. Der Vergleich zwischen euch und ihr würde nicht zu eurem Vorteil ausfallen. Aber ich wäre glücklich, und ein glücklicher Mensch ist duldsam. Kommen Sie also, söhnen Sie mich mit dieser Stadt aus.« Aber das geht nicht, ich werde sie so lange hassen müssen, bis ich sie verlasse und zu Ihnen zurückkehre. Ich fühle schon jetzt, wie dieser Gedanke die letzten Tage hier verschönern wird . . .

27. An Sophie Volland

Langres, 3. August 1759

. . . Wir haben hier einen reizenden Spazierweg. Eine lange Allee mit dichtbelaubten Bäumen führt zu einem ganz ungeordneten und unsymmetrischen Lustwäldchen. Hier kann man Kühle und Einsamkeit finden. Über eine ländliche Treppe gelangt man zu einer Quelle, die einem Felsen entspringt. Ihr Strahl wird von einer Schale aufgefangen und bildet, ihr entströmend, weiter unten ein erstes Becken; von hier aus fließt das Wasser weiter und füllt ein zweites Becken, dann lenken es Kanäle in ein drittes, wo es sich in der Mitte sammelt und als Springbrunnen emporsteigt. Diese Schale und die drei Becken befinden sich an einem Abhang und sind in größeren Abständen untereinander angeordnet. Das letzte ist von alten Linden umstanden, die gerade in voller Blüte stehen. Zwischen den Bäumen hat man Steinbänke errichtet, dort bin ich um fünf Uhr. Meine Blicke schweifen über die schönste Landschaft, die es auf Erden gibt. Gärten und Häuser beleben hier und da eine Bergkette, zu deren Füßen sich ein Bach schlängelt, der die Wiesen bewässert, um sich – vermehrt durch das Wasser der Quelle und ein paar andrer Bäche – in der Ebene zu verlieren. An dieser Stätte verbringe ich Stunden mit Lesen und Nachdenken, ich betrachte die Natur und verliere mich in Gedanken an meine Freundin. Ach, wie gut säße es sich auf dieser Bank zu dritt! Es ist das

Stelldichein der Liebespärchen aus der Umgebung – und meines. Sie kommen am Abend, wenn die Dämmerung ihre Arbeiten unterbrochen und sie einander wiedergegeben hat. Der Tag wird ihnen recht lang gewesen sein, der Abend recht kurz dauern. Während ich hier bin, bringen meine Geschwister gemeinsam mit einem Freund unsere Angelegenheiten in Ordnung. Ich wünschte mir recht sehr, sie wären damit bald zu Ende . . .

28. *An Sophie Volland*

Langres, 4. oder 5. August

. . . Die ersten Tage habe ich in aller Zurückgezogenheit verbracht. Es ist mir nicht gut genug gegangen, als daß ich hätte ausgehen wollen. Jetzt geht es mir besser – und schon gehöre ich nicht mehr mir selbst. Dieses Übel ist schlimmer als das erste. Die Besuche, die man erhält und abzustatten hat, nehmen kein Ende, die Mahlzeiten fangen so früh an und dauern so lange, wie es nur irgend geht. Es geht dabei fröhlich, ausgelassen und laut zu. Und Scherze, Gott, sind das Scherze! Ich mag das alles nicht so besonders und brauchte es nicht unbedingt, um zu empfinden, was ich an Ihnen verlor. Und was für eine lächerliche Figur ich Wassertrinker dann noch inmitten einer Horde von Leuten mache, deren oberstes Verdienst in ihren eigenen und in den Augen der andern darin besteht, tüchtig dem Weine zuzusprechen! Indessen muß man sich fügen und so tun, als wäre man's zufrieden. Um die Wahrheit zu sagen: das gute Herz von Hauswirt und Hausfrau, das sich bei jeder Gelegenheit zeigt, hilft einem dabei. Man ist so froh, mich zum Gast zu haben, so geschmeichelt, so geehrt! Wer könnte da widerstehen? Ich habe schon wiederholt bedauert, daß ich das Weintrinken aufgegeben habe, der hiesige ist ausgezeichnet, man könnte soviel trinken wie man will, ohne böse Folgen fürchten zu müssen, und man wäre – jedenfalls gegen Ende des Abends – auf der Höhe seiner Zechgenossen.

Wenn ich morgen nicht meine beiden Briefe bekomme, verliere ich den Verstand. Was treiben Sie und Ihre liebe Schwester? Ihr plaudert miteinander, Ihr habt Euch gern, Ihr sagt es Euch, Ihr genießt die süßesten Augenblicke – während ich über Geschäfte rede, Tricktrack spiele und mich herumstreite. Mittendrin sende ich manchmal meine Gedanken zu dem Ort, wo Ihr verweilt, und das zerstreut mich.

Wie will ich mich auf der Rückreise beeilen! Ein Vogel, der das Band zerrissen hat, das ihn festknüpfte, wird nicht schneller fliegen. Ich habe Bruder und Schwester im Verdacht, die Dinge in die Länge zu ziehen, um mich noch ein Weilchen hier bei sich zu haben. Sie kennen meine Ungeduld nicht, oder sie rechnen sie einer zur Ehre an, die nichts damit zu tun hat.

Dem Baron habe ich noch kein Wort geschrieben, ich hatte noch keinen Gedanken für ihn. Von Grimm habe ich gerade einen schönen Brief erhalten – ach, einen sehr schönen und sehr zärtlichen Brief, fast, als hätten Sie ihn diktiert.

Die paar Mitschüler, die mir in der Umgebung der Stadt geblieben sind, sind mich besuchen gekommen. Es sind nur noch wenige, fast alle sind schon tot. Zwei Dinge kündigen uns unser zukünftiges Schicksal an und stimmen uns nachdenklich: die alten Ruinen und die kurze Dauer der Menschen, die mit uns zugleich ins Leben getreten sind. Wir suchen sie, wir finden sie nicht und sinnen über uns selbst nach. Ein heimliches Gefühl macht uns ihre Gegenwart teuer; ihr Dasein steht uns für unser eigenes ein. Bestimmt habe ich mit großer Freude einige von denen wiedergetroffen und umarmt, mit denen ich in der Schule gemeinsam Prügel bezogen habe, und die ich schon fast vergessen hatte. Bei ihrem Anblick glaubt man sich in die Vergangenheit versetzt und wird wieder jung. Einer von ihnen hat am Sankt-Dominiks-Tag die Predigt gehalten, ich habe sie gehört und fand sie gar nicht so übel. Sie haben Feuer, Ideen – und mir sind die ausgefallenen immer noch lieber als die platten. Außerdem macht es mir Spaß, an dem, was sie geworden sind, den Abstand zwischen einem noch unentwickelten und einem gebildeten Geist zu ermessen, und ich sehe, was unter glücklicheren Umständen aus ihnen hätte werden können.

Ich habe hier einige Männer getroffen, die eine entschiedene und eindeutige Auffassung über das große Vorurteil vertreten, und zu meiner besonderen Freude stehen sie bei den ehrbarsten Leuten in hohem Ansehen . . .

29. *An Sophie Volland*

Langres, am Samstag, den 11. August 1759

. . . Die Bewohner dieser Gegend haben viel Geist, aber sie sind allzu lebhaft – und unbeständig wie die Wetterfahnen. Das kommt, glaube ich, vom raschen Wechsel der hiesigen Witterung, die binnen vierundzwanzig Stunden von Kälte zu Hitze, von Windstille zu Sturm, von Sonnenschein in Regen übergeht. Das hat unbedingt einen Einfluß auf die Gemüter und verhindert, daß ihre Stimmungen von Dauer sind. Die Menschen hier sind von Kind auf daran gewöhnt, ein Spielball des Windes zu sein. Der Kopf eines Mannes aus Langres sitzt ihm auf den Schultern wie ein Wetterhahn auf einer Kirchturmspitze. Nie bleibt er ruhig an einem Punkte stehen, und wenn er an seinen Ausgangspunkt zurückkehrt, dann bestimmt nicht, um lange dort zu verharren. Doch mit der ganzen erstaunlichen Wendigkeit in ihren Bewegungen, Wünschen, Plänen, Launen und Ideen verbinden sie eine umständliche Ausdrucksweise. Meine Schwester ist vielleicht die einzige in der ganzen Stadt, die sich kurz und bündig ausdrückt. Sie ist eine Ausnahme, wie es kommt, weiß ich nicht. Wenn man sie hört, könnte man sie mit Leichtigkeit für eine Fremde halten.

Was mich angeht, so bin auch ich ein Kind dieses Landes, allerdings haben mich das Leben in der Hauptstadt und ausdauernde Arbeit ein wenig gebessert. Ich bin in meinem Geschmack beständig. Was mir einmal gefallen hat, gefällt mir immer, weil meine Wahl immer begründet ist. Ob ich hasse oder liebe – ich weiß warum. Allerdings neige ich von Natur aus dazu, die Fehler zu übersehen und mich mit Begeisterung an die Vorzüge zu halten. Der Reiz der Tugend berührt mich tiefer als die Mißgestalt des Lasters. Sanft wende ich mich von den Schlechten ab und fliege den Guten entgegen. Sobald ich an einer Arbeit, einem Charakter, einem Gemälde, einer Statue eine schöne Stelle entdecke, bleibt mein Blick an ihr haften, nur sie sehe ich, an sie nur erinnere ich mich, und der Rest ist fast vergessen. Was wird aber erst aus mir, wenn das Ganze schön ist? Sie, meine Sophie, wissen es, Ihre Schwester weiß es und mein Freund. Ein Ganzes ist schön, wenn es in sich eins ist. In diesem Sinn ist Cromwell schön, ist es auch Scipio, sind es Medea und Aria, Caesar und Brutus.

Da ist mir doch ein Zipfel Philosophie entschlüpft! Wir werden daraus das Thema für eine unsrer Plaudereien auf der Bank im Palais-Royal machen . . .

30. An Sophie Volland

Guémont bei Vignory, 16. August 1759

O das glückliche Land, wo es nur soviel Gänsefedern, Tinte und Papier gibt, als der Pfarrer braucht, um die Namen der Kinder einzutragen, die man dort macht! Ich bin zwölf Meilen von Langres entfernt in einem Dorf, wo ich der Gefälligkeit des Pastors das Vergnügen verdanke, mit meiner Sophie zu plaudern. Vielleicht hat sich noch niemals ein Liebender hier befunden, zum mindesten kein so zärtlicher. Der heilige Mann, der mir den einzigen Federkiel geliehen hat, den er besitzt, glaubt mich mit irgendeiner großen Angelegenheit beschäftigt, und hat er nicht recht? Gibt es eine größere für mich als Ihnen mitzuteilen, daß ich Ihnen mit einer Freude entgegenfliege, deren Übermaß sich nur mit dem Schmerz vergleichen läßt, den ich empfand, als ich Sie verließ? Ich werde Sie also wiedersehen! Doch noch ein Wort zu dem Pfarrer, dessen Feder ich gebrauche, um Ihnen zu sagen, daß ich Sie wahnsinnig liebe – die gleiche, mit welcher die Predigten hingekritzelt wurden, in denen er seine armen Idioten verdammte, weil sie auf ihre Herzen gehört hatten, die sie zu soviel Besserem ermahnten als er.

Um fünf Uhr früh habe ich mich den Armen Schwesterchens entrissen. Wie haben wir uns aneinander gedrückt, wieviel hat sie geweint, wieviel habe auch ich geweint! Ich liebe sie sehr, und wirklich, ich glaube, Sie lieben mich nicht mehr als sie. Der Abbé schaute nicht ohne Rührung zu. Ich habe ihm das Glück dieser lieben Schwester anempfohlen, und ihr das Glück ihres Bruders. Sie wird gewiß ihre Pflicht aufs getreulichste erfüllen. Ich habe mich erboten, bei ihren kleinen Streitereien den Mittler zu spielen, falls welche auftreten; und der Abbé, der, dies sind seine Worte, mehr auf meine Rechtlichkeit als auf meine Zuneigung zählen möchte, hat mich akzeptiert. Er hatte unrecht, so etwas zu sagen, denn in der Tat gibt es keinen Mann in seinem Gewande, den ich mehr schätze als ihn. Er ist empfindsam, allerdings macht er es sich zum Vorwurf; er ist ehrenhaft, aber hart. Er wäre ein guter Freund geworden, ein guter Bruder, wenn sein Christus ihm nicht befohlen hätte, all diese Miseren zu verachten. Er ist ein guter Christ, der mir alle Augenblicke beweist, daß es besser wäre, ein guter Mensch zu sein, und daß, was sie die evangelische Vollkommenheit nennen, nichts andres ist als die verhängnisvolle Kunst, die Natur zu ersticken, die sich in ihm vielleicht ebenso stark gerührt hätte wie in mir.

Oh, wie bin ich zufrieden! Es ist noch früh am Tag, und ich werde Zeit haben, nach Herzenslust mit Ihnen zu plaudern. Wie viele Dinge will ich Ihnen sagen, während mir diese braven Leute ohne viel Umstände ein Hühnerfrikassee bereiten, das bei gutem Appetit verspeist werden wird! Gute Leute, beeilt euch nicht so sehr; ich habe einen gierigen Hunger, aber lieber noch als zu essen plaudere ich mit meiner Sophie. Was tut sie? Was denkt sie? An welchem Ort der Erde sie mich auch vermutet, sie liebt mich!

Ich hatte Bruder und Schwester einander angenähert. Ich beglückwünschte mich zu meinem Werk, ich genoß meinen Erfolg. Wir schwammen alle drei in Wonne, als ein kleines Ereignis beinah alles zunichte machte. Gestern abend kommt er herein; er sieht, daß Koffer gepackt werden, er behauptet, ich hätte es nicht der Mühe wert gefunden, ihm meine Abreise anzukündigen; es sei eine Abmachung zwischen Schwesterchen und mir; man vernachlässige ihn; man verstecke sich vor ihm; man verschweige ihm alles; man liebe ihn nicht, das sähe er an den kleinsten Umständen. Und nun beginnt unser Mann sich zu beklagen, nach Worten zu ringen, weder essen noch trinken, noch sprechen zu können, während ich seine Hände ergreife, ihn umarme, ihm beteuere, wieviel ich für ihn fühle, und vielleicht mehr als ich fühlte. Sein Zustand flößte mir Erbarmen ein. Ich zitterte um das Los von Schwesterchen, die zu mir sagte: Da siehst du, was für ein Leben auf mich zukommt; ich werde mir jeden Tag den Kopf zerbrechen müssen, um den seinen zurechtzurücken.

Nun aber entzünden dieses Wort und ein paar andere vom gleichen Schlag, die sie nur allzu gut einzuwerfen weiß, aufs neue das Gewitter, das sich schon zu verziehen begann; und mein Philosoph weiß nicht mehr, welchen Heiligen er anrufen soll – zwischen Personen stehend, die sich schmollend voneinander abwenden, zum großen Erstaunen der Diener, die das Abendessen aufgetragen hatten und wortlos auf drei stumme Wesen schauten, die alle nicht zu Tisch gehen wollten: einer traurig den Kopf in die Hände gestützt, das war ich; die andere auf ihrem Stuhl hängend, wie jemand, der Lust hat zu schlafen, das war meine Schwester; der dritte auf seinem Sitz hin und her rückend und eine bequeme Stellung suchend, doch ohne Erfolg.

Indessen ergriff ich, nachdem ich die Dienstboten weggeschickt hatte, das Wort. Ich erinnerte sie daran, was sie sich am Sterbebett ihres Vaters zugeschworen hatten; ich beschwor sie bei ihrer Freundschaft für mich und dem Schmerz, den sie mir verursachten, eine Situation zu beenden, die mich bedrückte; ich nahm Schwesterchen bei der Hand, aber sie: »Nein, Bruder, dieser Mensch war, ist und wird sein ganzes Leben ungesellig sein; ich will mich lieber schlafen legen. – Nicht doch, liebe Schwester; wenn Ihr es so treibt, werdet Ihr mich nicht mehr wiedersehen. – Weiß Gott, mit wem dieser Mensch gelebt hat; ständig vermutet er Verschwörungen. – Lieber Bruder, lassen Sie sie nur gehen. Sie sehen doch: wenn wir uns umarmen, wird's auch nicht besser.«

Inzwischen zog ich Schwesterchen, die mir halb widerwillig folgte. Wir gelangten endlich vor den Priester, und ich versöhnte die beiden. Wir aßen ein kaltes Souper, während dessen ich jedem von ihnen eine sehr schöne Predigt hielt. Ich war bewegt. Was ich ihnen sagte, weiß ich nicht mehr, aber das Ende des Ganzen war, daß sie einander die Hände über den Tisch hinweg zustreckten, daß sie sie ergriffen, sie drückten, Tränen in den Augen hatten; daß sie, nachdem sie freimütig einander ihr Unrecht eingestanden, mich tausendmal um Vergebung baten und mich mit Zärtlichkeiten überhäuften. Es waren keine fortlaufenden Reden; es waren hervorgestoßene Worte, es waren die süßesten und ausdrucksvollsten Liebesbezeigungen.

Der Abbé ist in aller Frühe aufgestanden. Er ist als erster in mein Zimmer gekommen und hat Worte, halb auf religiöser, halb auf vernunftgemäßer Grundlage, an mich gerichtet, die gar nicht so übel waren; und er hat mir klargelegt, daß, wenn das Herz parteiisch sei, man sich kontrollieren könne, soviel man wolle: immer würde sich etwas davon in den Handlungen zeigen. Was konnte ich darauf antworten? Daß ich wenig mit ihm zusammengelebt habe; daß ich ihn weniger gut kenne als Schwesterchen, und andere derartige Windbeuteleien, die man so daherredet, um überhaupt etwas zu sagen, und die nur diejenigen täuschen, die uns lieben und die sie glauben möchten. Was hätte ich anderes tun sollen? Was Schwesterchen betrifft: sie schlief, zufrieden mit mir und sich selbst, den Schlaf der Gerechten.

Doch da steht mein Hühnerfrikassee und wartet; der Appetit und meine brave Bäuerin werden schon unruhig: verzehren wir es rasch, um wieder anzuknüpfen und weiterzuschreiben, was Sie vielleicht gar nicht werden lesen können, doch was tut's! Ich werde Ihnen trotzdem schreiben; es wird sein wie an jenem Abend, als ich Ihnen im Dunkeln schrieb.

Mein Frikassee war vorzüglich und das Wasser köstlich. O meine Sophie, wenn Sie mir beim Essen zugesehen hätten! Ach, bin ich dumm! Immer glaube ich, Sie merken auf alles, was ich tue. Die guten Leute schämen sich so, mir keinen Nachtisch anbieten zu können, daß sie es sich fast nicht zu sagen getrauen. Sie halten mich zum mindesten für irgendeinen gewichtigen Pfründenempfänger. Es ist ja auch wahr, daß ich eine Kutsche und Pferde habe – aber keine Lakaien. Doch so weit denken sie nicht und achten mich deshalb nicht weniger.

Übrigens – die Katzen auf dem Lande wagen nicht von Tellern zu essen. Sie müssen Spitzbuben von Natur aus sein; denn sie tun immer so, als würden sie stehlen, was man ihnen gibt. Solche Leute sind alles andre als selten. Doch wo war ich? Oh, was für ein gutes Wasser! Auf Ihre Gesundheit, liebe Sophie! – Madame, gestatten Sie? – Freilich.

Der schreckliche Augenblick ist gekommen – der des Abschieds. Sie sind sehr zärtlich gewesen. Ich habe den Abbé umhalst; aber Schwesterchen hab ich hundert Male geküßt. Ich sprach zum Abbé, aber Schwesterchen sagte ich kein Wort. Wir sind wahrhaftig alle drei von Geburt aus wohlbeschaffen; aber eine größere Verschiedenheit der Charaktere läßt sich kaum vorstellen. Ach, wenn sie einander liebten, wie sie mich lieben! Hätten sie mir das

81

ganze Haus auf den Rücken laden können, ich hätte es Ihnen mitgebracht. Eine Eigenschaft haben wir gemeinsam: Empfindsamkeit und Uneigennützigkeit. Der Abbé allerdings hängt an nichts – das Geld nicht ausgenommen.

Ich habe vergessen, Ihnen zu sagen, daß er beim Lesen der Briefe, die ich an meinen Vater geschrieben hatte, einige Wendungen gefunden hat, die ihn beleidigten. Er beklagte sich in den ersten Tagen unseres Zusammenseins bitter darüber. Ich sagte zu ihm: »Was in diesen Briefen steht, weiß ich nicht. Was ich weiß ist, daß sie nichts Böses, keine böse Absicht enthalten. Doch, lieber Bruder, sollte ich irgendein Unrecht Ihnen gegenüber haben, und sei es auch noch so ungewollt, dann bitte ich Sie um Vergebung.« Schwesterchen war richtig stolz auf mich, ich hörte, wie sie vor sich hinbrummte: »Für einen älteren Bruder ist das recht bescheiden!« Das gab meiner Entschuldigung einen noch höheren Wert.

Ich habe sie von mir begeistert zurückgelassen, und so auch alle diejenigen, die geschäftlich irgendwie mit uns zu tun hatten. Die Meinung ist einhellig, und ich kann mir nicht die Freude verhehlen, die ich darüber empfinde. Sie sind beide nicht so zufrieden mit sich selbst, wie ich es bin und wie sie es mit mir sind. Sagen Sie, Sophie – Sie, die Sie so oft in solcher Lage sind – ob das nicht ein süßes Gefühl ist! Sie loben mich jetzt, wo ich fern von ihnen bin. Sie machen sich insgeheim ein wenig Vorwürfe, und ich beglückwünsche mich. Aber ich glaube, mein Kutscher betrinkt sich mit dem Gastgeber, denn sie reden von Krieg und Religion. Ich höre, wie sie schreien: »Aber ist Gott nicht der Herr und König? Und doch spricht man noch von Steuern!«

Ach, mögen sie sich doch betrinken – ist das nicht ihr Trost? Sie sind berauscht vom Wein, ich von der Liebe; ich habe nicht den Mut, sie zu tadeln. Morgen werden sie für ihre Trunkenheit büßen müssen; die ihre wird vorbeisein und die meine andauern. Aber wenn ich so weitermache, werde ich nie zu einem Ende kommen. Um so besser, nicht wahr, liebe Sophie, wenn Sie länger etwas von mir zu lesen haben?

Doch da bin ich schon abgereist, bin in Chaumont, bin in Berthenay: das ist ein kleines Dorf auf einem Hügel, dessen Fuß die Marne umspült. Wie schön ist es hier! Und jetzt bin ich in Vignory.

Das ist ein Ort, Sophie! Die liebe Schwester soll mir niemals wieder von ihren Sofas reden, von ihren weichen Kissen, von ihren Tapisserien, von ihren Spiegeln, von all diesem Prunk einer kalten Wollust. Wie könnte man diesen ganzen künstlichen Tand mit dem vergleichen, was ich gesehen habe? Stellen Sie sich so an die hundert Hütten vor, die von Wasser umgeben sind, von alten, tiefen Wäldern, von grasbewachsenen Alleen, die diese Hügel trennen, als hätte man sie eigens angelegt, und Bächen, die diese Wiesenwege durchkreuzen. Nein, zur Ehre der Bauernburschen mag ich nicht glauben, daß es in diesem Dorf eine einzige Jungfer gibt, die älter als vierzehn ist. Ein Mädchen kann hier nicht den Fuß außer Haus setzen, ohne auf Abwege zu geraten. Und dann die Frische, die Heimlichkeit, die Einsamkeit, die Stille, das Herz, das spricht, die Sinne, die locken . . . Ach Sophie, werden Sie niemals nach Vignory kommen?

Doch die Pferde fliegen dahin, schon bin ich fern von diesem Ort. Jetzt in Provenchères. Eine neue Verzauberung. Nie bin ich auf einer so schönen Straße gefahren. Für die Wagen ist sie beschwerlich, unablässig geht es hinab und hinauf, aber für den Reisenden ist sie überaus angenehm.

Jetzt bin ich in Guémont, und von hier aus schreibe ich Ihnen mit der Feder des Pfarrers alles, was mir durch den Kopf geht. Morgen beizeiten in Joinville, zum Diner in St. Dizier; und, wenn möglich, am gleichen Tag von St. Dizier nach Isle, oder am Samstag morgen, falls heute Donnerstag ist, wie ich glaube; denn ich weiß niemals genau, an welchem Tag ich lebe. Ich liebe Sie alle Tage und hebe nur den heraus, an dem ich mich inniger geliebt glaube.

Es ist fast zehn Uhr abends. Mein Bett ist bereitet, man hat mir weiße Laken versprochen. Die guten Leute werden ihr Wort schon halten. Bald werde ich schlafen. Gute Nacht, meine Sophie, einen Gutenachtgruß auch Ihrer lieben Schwester. Wenn morgen in Joinville oder St. Dizier Posttag ist, wird dieses Gekritzel abgehen. Ich denke nicht, daß man mich in Isle festhalten wird. Man scheint es zu eilig zu haben, wieder mit Ihnen zusammen zu sein. Wolle Gott, daß diese Eile anhält. Ist sie echt, so hat mein Säumen sie vermehren müssen, aber man kennt sich da nie so richtig aus. Übermorgen wird mich Circe wieder in ihrer Gewalt haben. Nein, nein, meine Sophie behütet mich, und der, den meine Sophie behütet, ist in guter Hut. Gute Nacht Euch beiden. Stoßen übrigens Eure Bettchen noch aneinander? Das möchte ich gerne wissen. Ich könnte in Isle Skrupel haben, die dieses Wissen mir nehmen würde.

Da kommt mir eine wunderbare Narrheit in den Sinn: man könnte mich in Ihrem Zimmer schlafen lassen! Sie wäre dazu imstande! Haben Sie mir nicht einmal gesagt, daß Sie Parkett haben?

Aber wenn ich jetzt nicht aufhöre, sitze ich noch morgen an Ihrem Brief. Es ist, als wäre ich mit Ihnen zusammen – wie oft bin ich nicht um neun Uhr aufgestanden, Ihnen gute Nacht zu wünschen, und war um Mitternacht noch da! Wer soll schon die Liebenden verstehn! Sie scheinen nicht gemacht, um immer beisammen, aber auch nicht, um getrennt zu sein. Man sagt, ihre Liebe nütze sich ab, wenn sie immer beisammen sind; sind sie aber getrennt, dann leiden sie zu sehr. Gute Nacht trotzdem, und zum letzten Mal . . .

31. An Sophie Volland

Isle, 17. oder 18. August 1759

Nun bin ich hier, Mademoiselle, an dem Ort, an dem man so lange auf mich hat warten müssen. Die liebe Mama hatte allergrößte Lust, mich auszuschimpfen – das heißt, höchste Ungeduld, wieder bei Ihnen zu sein –, aber Sie wissen ja, wie nachsichtig und herzensgut sie gleichzeitig ist. Ich habe ihr meine Gründe genannt, sie hat sie gutgeheißen, und wir waren beide zufrieden.

Es mag gegen sechs Uhr gewesen sein, als die Kutsche in den Torweg einbog. Ich ließ anhalten, stieg aus und ging ihr mit offenen Armen entgegen. Sie hat mich auf die Weise empfangen, mit der sie, wie Sie wissen, Menschen empfängt, über deren Kommen sie sich freut. Wir plauderten ein Weilchen und unterbrachen einander oft, wie es bei solchen Gelegenheiten zu gehen pflegt: »Ich habe Sie an dem und dem Tag erwartet . . . – Da wollte ich auch hier sein, es ging aber nicht . . . – Und am Tag darauf? – Hätte ich ihn einem Bruder, einer Schwester abschlagen sollen, die mich darum baten . . . – Ihnen war wohl recht heiß? – Schon, zumal hinter Perthes, da hatte ich die Sonne im Gesicht . . . – Müde? – Ein bißchen . . . – Sie scheinen mir wohlauf zu sein. – Sie sehen frischer aus . . . – Und Ihre Geschäfte? – Alles in Ordnung. – Alles in Ordnung? . . . Aber Sie möchten vielleicht ein wenig allein sein, kommen Sie, ich zeige Ihnen Ihr Zimmer . . .«

Ich reichte ihr den Arm und wurde in das Zimmer mit dem Cembalo geführt, wo ich einen Augenblick allein blieb. Dann ging ich in den Salon, wo die liebe Mama und Mademoiselle Desmarets saßen und arbeiteten. Die Sonne stand schon tief am Himmel, es war ein schöner Spätnachmittag, und wir haben ihn genützt. Zunächst haben wir uns das ganze Erdgeschoß angesehen. Das Haus hatte mir schon von außen gefallen, und das gilt nun auch für das Innere. Vor allem den Salon finde ich ganz vortrefflich. Mir gefallen Holztäfelungen, schlichte Holztäfelungen, und die hier sind es. Die Luft in dieser Gegend muß gesund sein, denn ich konnte kaum Schäden an ihnen entdecken. Und dann eine Tür auf den Torweg, eine andre nach dem Garten und auf das Pappelwäldchen. Das kann man sich schöner gar nicht denken. Wenn Madame Le Gendre in unserm Schlößchen mehr für nötig hält, liegt das an ihrem verderbten Geschmack und ihrer Freude am Luxus. Wohlan, Madame! Sie mit Ihrem empfindsamen und zartfühlenden Gemüt, dem es so köstlich nahegeht, von einer ehrbaren Rede oder einer guten Tat zu hören, werfen Sie schon Ihre Kissen aus dem Fenster und verdienen Sie sich noch einen Segen dazu!

Anschließend haben wir das große Geviert an der rechten Seite besichtigt, die Scheunen, den Hühnerhof, die Gärkammer, die Kelter, die Schafställe, die Pferdeställe. Ich habe großes Vergnügen bekundet, alle diese Orte zu sehen, denn das empfand ich, sie interessieren mich wirklich. Die Patriarchen, deren Geschichte man nicht lesen kann, ohne sich ihre Zeit und ihre Sitten zurückzuwünschen, haben nur in Zelten und Ställen gehaust. Sie hatten nicht die Spur eines Kanapees, aber schönes frisches Stroh, und es ging ihnen dabei ganz vorzüglich und in ihrer ganzen Umgebung wimmelte es von Kindern.

Mama läuft wie ein Wiesel. Sie schreckt weder vor Sträuchern noch Dornen, noch vor dem Misthaufen zurück. Das alles hält weder ihre noch meine Schritte auf, beleidigt weder ihre noch meine Nase. Was wollen Sie, für eine anständige Nase, die ihre natürliche Unschuld bewahrt hat, stinkt nicht eine Ziege, sondern eine mit Moschus und Ambra parfümierte Frau! Der Ausdruck ist hart, aber wahr.

In der Zwischenzeit fuhren die Heu- und Getreidewagen ein, und auch das machte mir Vergnügen. Jaja, ich bin ein Bauer und mach mir eine Ehre daraus, meine Damen. Anschließend machten wir einen Rundgang durch den Garten, den ich klein fand. Die Tür, die ganz hinten gegenüber dem Salon ist, täuschte mich; ich wußte nicht, daß sie sich zum Pappelhain hin öffnet, und daß es diesen Pappelhain gibt. Wir haben ihn durchquert und sind über die beiden Brücken gekommen. Noch einmal habe ich die Marne gegrüßt, meine Landsmännin und die treue Gefährtin meiner Reise.

Dieser Pappelhain hat mich ganz verzaubert. Hier würde ich wohnen wollen, hier würde ich träumen, hier wären meine Empfindungen sanft, meine Worte liebevoll, hier würde ich zärtlich lieben, dem Pan und der ländlichen Venus opfern – unter jedem einzelnen Baum, wenn das gewünscht würde und man mir Zeit ließe. Sie könnten einwenden, daß da ziemlich viele Bäume sind, aber wenn ich mir ein glückliches Leben ausmale, dann denke ich es mir immer lang. Was ist dieser Pappelhain doch für ein schönes Fleckchen! Wie ertragen Sie bloß mit der Erinnerung daran den Anblick Ihrer symmetrischen Tuilerien und den Spaziergang in Ihrem verdrießlichen Palais-Royal, wo man alle Bäume zu Kohlköpfen zurechtgestutzt hat, und wo man erstickt, soviel Mühe man sich auch gegeben hat, ein bißchen Luft und Raum zu schaffen, indem man alles zurückgeschnitten, gekappt, geknickt und verhunzt hat?

Was tun Sie eigentlich da, wo Sie sind? Sie kämen besser zu uns, als uns zu sich zu rufen. Die Wildnis dieses Hains und aller Orte, die die Natur bepflanzt hat, ist von einer Erhabenheit, die die Hand des Menschen gefällig macht, sobald sie daran rührt. Oh ruchlose Hand, dazu wurdest du, als du den Spaten fahren ließest, um Gold und Edelstein zu bearbeiten!

Ich habe den kleinen Pavillon gesehen, wir sind darin gesessen und haben geplaudert – diesen Pavillon, den Sie durch Ihre Gedanken geheiligt haben, Madame, und in den Sie sich, wie mir berichtet wurde, oft zurückzogen, um allein zu sein. Kommen Sie wieder und suchen Sie Zuflucht hier. Der Sterbliche, der Sie am höchsten schätzt und achtet, wird vorübergehen, ohne Sie zu belästigen. Kommen Sie, an diesem einsamen Ort bedarf es nur eines Augenblickes, damit Sie erkennen, daß das ewige Wesen, das die Natur ringsum belebt, wenn es überhaupt ist, gut ist; und daß ihm weit mehr an der Reinheit unsrer Herzen gelegen ist als an der Richtigkeit unserer Überzeugungen. Meinen Sie, es kümmert Gott, was wir über ihn denken, solange wir uns nur in unserm Handeln als seine Ebenbilder und Kinder erweisen? Kommen Sie, Sie werden ganz ungestört sein. Meine irdische Sophie und ich werden in der Ferne umherstreifen und auf das Zeichen Uranias warten, das uns zu ihr zurückwinkt. Inzwischen wird die liebe Mama über das Glück der Träumerin wachen und über das der beiden Umherirrenden. Da sehen Sie, was dieser ländliche Aufenthalt über mich vermag. Ich bin zufrieden mit dem, was ich schreibe, oder besser, ich schreibe und bin zufrieden, während ich mich in der Stadt nicht dem Zauber der Natur überlassen, sondern mich mit dem feinen Unterschied zwischen den Ausdrücken *Heuchelei* und *Falschheit* beschäftigen würde.

Als wir zurückkehrten, war es schon recht spät. Der Tau – vielleicht wissen Sie gar nicht, was das ist – benetzt gegen Abend die Pflanzen und macht sie nach der Hitze des Tages wieder frisch. Ohne ihn hätten wir unseren Spaziergang vielleicht noch länger ausgedehnt. Wir ruhten ein wenig im Salon aus. Unterwegs habe ich Ihrer Mutter von unseren häuslichen Abmachungen erzählt, wir sprachen über ihre lieben Töchter und dachten auch voller Rührung an die Mutter und ihr Kind. Ich schilderte ihr die beiden während jener heißen Tage, als man sich kaum ertrug und die Mutter ihr fieberheißes Kind in die Arme nahm und es stundenlang an ihre Brust gedrückt hielt. Da sah ich, wie ihre Augen feucht wurden, und wir sagten: »Sie hat ihre Pflicht so gut erfüllt und kann so zufrieden mit sich sein, daß sie nur daran zu denken braucht, um sich zu trösten.«

Als ich mich bei der lieben Mama besorgt nach Ihrem Befinden erkundigte, überreichte sie mir zwei Briefe von Ihnen. Heute erhalte ich einen dritten, und dazu Papier, Tinte und Federn für die Antwort – und ich antworte nicht, ich lasse alles sein, um Ihnen zu zeigen, wie froh ich hier bin, wo Sie gewohnt haben. Werden wir uns nie alle, mit ruhigen und schön vereinten Herzen, hier zusammenfinden? Unser Traumschlößchen gibt es ja, es steht ja schon fertig da.

Wir haben uns zeitig niedergelegt. Das Bett fand ich ausgezeichnet, und es hätte nur bei Ihnen gelegen, mich die beste Nacht darin verbringen zu lassen . . .

32. An Sophie Volland

Grandval, 1. Oktober 1759

Was denken Sie über mein Schweigen? Halten Sie es für freiwillig? Ich fuhr also Mittwoch morgen ab. Es war elf vorbei und mein Gepäck war immer noch nicht fertig, und ich hatte noch keinen Wagen. Madame war ein wenig überrascht über die Menge an Büchern, Gewändern und Wäsche, die ich mitnahm. Sie kann sich nicht vorstellen, daß ich es länger als acht Tage ohne Sie aushalte.

Ich bin hier eine halbe Stunde vor dem Essen angekommen. Man erwartete mich schon. Der Baron und ich umarmten uns, als wäre nichts zwischen uns vorgefallen, und auch später haben wir uns nicht weiter ausgesprochen. Madame d'Aine und Madame d'Holbach haben sich ganz außerordentlich gefreut, mich wiederzusehen – vor allem letztere, die, glaube ich, wirklich Freundschaft für mich empfindet.

Ich bin in einer kleinen, abgeschlossenen Wohnung untergebracht, die sehr ruhig, sehr freundlich und schön warm ist. Zwischen Horaz, Homer und dem Porträt meiner Freundin verbringe ich hier die Stunden mit Lesen, Nachdenken, Schreiben und mich Sehnen. Das ist meine Beschäftigung von sechs Uhr morgens bis um ein Uhr. Um halb zwei bin ich angekleidet und gehe in den Salon hinunter, wo die andern schon alle beisammen sind. Manchmal habe ich den Baron zu Besuch, der sich da ganz wunderbar verhält. Wenn er sieht, daß ich beschäftigt bin, winkt er mir nur einen Gruß zu und geht wieder. Findet er mich müßig vor, dann setzt er sich zu mir und wir plaudern. Die Dame des Hauses pflegt keine Aufwartungen zu machen und erwartet auch keine. Man ist hier bei sich zu Hause, nicht ihr Gast.

Es ist eine Madame de St. Aubin hier, die einmal sehr schöne Augen hatte. Sie ist eine herzensgute Frau. Wir spielen gewöhnlich miteinander eine Partie Tricktrack, entweder vor oder nach dem Diner. Sie spielt besser als ich und gewinnt gern; mir ist es gleich, wenn ich verliere, also gewinnt sie und ich versuche möglichst wenig zu verlieren – so sind wir beide zufrieden. Wir dinieren ausgiebig und lange. Der Tisch ist hier so reich gedeckt wie in der Stadt, ja vielleicht mit noch mehr Aufwand. Es ist unmöglich, maßzuhalten, und es ist unmöglich, nicht maßzuhalten und sich dennoch wohl zu fühlen. Nach dem Diner machen die Damen ein Pläuschchen, der Baron macht ein Nickerchen auf dem Kanapee – und ich mache, was ich will. Zwischen drei und vier nehmen wir unsere Stöcke und gehen spazieren, die Frauen in die eine Richtung, der Baron und ich in die andre. Wir unternehmen ausgedehnte Rundwanderungen. Nichts kann uns aufhalten, weder Anhöhen noch Wälder, weder Schlammlöcher noch umgepflügtes Land. Das Schauspiel der Natur gefällt uns beiden gleichermaßen. Unterwegs reden wir über Geschichte, oder über Politik, oder Chemie, oder Literatur, oder Physik, oder Moral. Wenn die Sonne untergeht und der Abend kühl zu werden beginnt, treibt es uns nach Hause – wo wir selten vor sieben Uhr anlangen.

Die Frauen sind dann schon zurück und umgezogen. Die Lampen sind angezündet und auf einem Tisch liegen die Karten bereit. Wir ruhen uns ein Weilchen aus und beginnen dann eine Partie Piquet. Der Baron spielt allein gegen uns alle. Er spielt ungeschickt, aber er ist glücklich dabei. Gewöhnlich werden wir beim Spielen durch das Souper unterbrochen. Wir speisen und beenden unsere Partie nach Tisch. Es ist halb elf, wir plaudern bis elf und um halb zwölf schlafen wir schon alle – oder sollten es

wenigstens – und am nächsten Morgen beginnen wir von
vorn . . .

33. An Sophie Volland

12. Oktober 1759

Ich bin bei meinem Freund und schreibe der, die ich liebe.
Ach, geliebte Frau, haben Sie gesehen, wie glücklich Sie
mich machen, wissen Sie nun endlich, welche Bande mich
an Sie knüpfen? Glauben Sie nicht, daß meine Gefühle
ebenso lange dauern werden wie mein Leben? Als ich
unter unseren Freunden erschien, war ich noch ganz
erfüllt von der Zärtlichkeit, die Sie mir eingegeben haben;
sie ließ meine Augen glänzen, verlieh meinen Reden
Feuer, lenkte meine Bewegungen, offenbarte sich in
allem. Man fand mich außergewöhnlich, begnadet, gött-
lich. Grimm konnte sich an mir gar nicht sattsehen und
satthören, alle waren verblüfft, und ich selbst fühlte eine
ganz unbeschreibliche innere Befriedigung. Es war, als
loderte in meiner Seele ein Feuer, das meine Brust in
Flammen setzte und auf die andern übergriff und sie
entzündete. Wir verbrachten den Nachmittag in einer Begeisterung, die ich entfacht hatte.

Nur mit Bedauern scheidet man von einem so süßen
Augenblick. Dennoch mußte es geschehen. Die Zeit meiner Verabredung war gekommen. Ich ging hin, ich redete
mit D'Alembert wie ein Engel. Über dieses Gespräch
werde ich Ihnen dann aus Grandval ausführlich berichten.
Als ich die Allée d'Argenson verlassen hatte, wo Sie nicht
waren, habe ich bei Montamy vorbeigeschaut; beim
Abschied konnte er sich nicht enthalten, mir zu sagen:
»Ach, lieber Herr, was haben Sie mir für ein Vergnügen bereitet!« Und diesem kalten Menschen, der sich durch mich
hat rühren lassen, flüsterte ich ganz leise zu: »Nicht ich,
sondern sie, die aus mir gesprochen hat.«

Um acht Uhr bin ich von Montamy weggegangen. Nun

bin ich bei Grimm und warte auf ihn, und während ich warte, erzähle ich Ihnen von den süßen Momenten, die wir Ihnen verdanken. Da ist er schon. Adieu, meine Sophie, adieu, geliebte Frau. Ich brenne vor Sehnsucht, Sie wiederzusehen, und bin doch kaum erst von Ihnen fort. Morgen um neun bin ich beim Baron. Ach, wäre ich bei Dir, wie liebte ich Dich noch! Ich sterbe vor Leidenschaft und Verlangen. Adieu. Adieu.

34. *An Sophie Volland*

Grandval, am Sonntag, den 14. Oktober 1759
. . . Das Diner bei Montamy war so fröhlich, wie ich es Ihnen angedeutet habe. Um sechs Uhr war ich in der Allée d'Argenson. Ich blickte mehrmals auf eine gewisse Bank, ich schaute mich auch in der Gegend um, doch ich konnte weder die sehen, die ich herbeisehnte, noch die, deren Kommen ich fürchtete, und ich sagte mir, daß Euch wohl das unsichere und kühle Wetter im Haus zurückgehalten hat, daß Ihr mit dem dicken Abbé plaudert, und daß er vielleicht Eurer Mutter Fragen stellen wird, die Sie dann so gut sein werden zu beantworten.

Ich hatte Ihnen einen ausführlichen Bericht über mein Gespräch mit D'Alembert versprochen – hier ist es, beinah Wort für Wort. Zur Einleitung sagte er mir einige Schmeicheleien. Es war das erste Mal, daß wir uns nach dem Tod meines Vaters und meiner Reise in die Provinz sahen, er redete also über meinen Bruder, meine Schwester, meine häuslichen Vereinbarungen, von meinem kleinen Vermögen und allem, was mich interessieren und dazu bewegen konnte, ihm bereitwillig zuzuhören. Dann meinte er – denn einmal mußte er ja auf das Thema kommen, das ich boshafterweise nicht selbst anschnitt –: »Ihre Abwesenheit hat Ihre Arbeit wohl etwas beeinträchtigt? – Allerdings, doch in den letzten zwei Monaten habe ich die verlorene Zeit aufgeholt, sofern man von verlorener Zeit

92

reden kann, wenn man seine Zukunft sichert. – Das heißt, daß Sie schon sehr weit sind? – Sehr weit. Meine philosophischen Artikel sind alle fertig, und das waren nicht die einfachsten und kürzesten, und ein Großteil des Restes ist schon entworfen. – Ich sehe, es ist Zeit, daß ich mich an die Arbeit mache. – Sobald Sie wollen. – Sobald die Verleger wollen! Ich habe mich mit ihnen getroffen. Ich habe ihnen Vorschläge gemacht, die vernünftig sind. Wenn sie sie annehmen, widme ich mich der *Encyclopédie* wie zuvor. Andernfalls mache ich nur gerade das, wozu ich mich verpflichtet habe. Das Werk wird dadurch nicht besser, aber mehr können sie nicht von mir verlangen. – Wozu Sie sich auch entschließen mögen, mir soll es recht sein. – Meine finanzielle Lage wird langsam ernst. Unsere Pensionen werden nicht ausbezahlt. Die aus Preußen wurden eingestellt. Wir beziehen von der Académie Française keine Diäten mehr. Im übrigen verfüge ich, wie Sie wissen, nur über ein bescheidenes Einkommen. Ich bin meine Zeit und meine Arbeit niemandem schuldig, und ich habe keine Lust mehr, sie diesen Leuten zu schenken. – Ich mache Ihnen keinen Vorwurf daraus. Jeder muß zuerst an sich selbst denken. – Es sind noch sechs oder sieben Bände zu machen. Man hat mir, glaube ich, für jeden Band fünfhundert Francs bei der Drucklegung bezahlt, die sollen sie weiter zahlen. Für die Verleger macht das runde tausend Taler – die Ärmsten! Aber dann können sie auch damit rechnen, daß ich meine Arbeit vor Ostern kommenden Jahres fertig habe. – Das also verlangen Sie von den Verlegern? – Ja. Was meinen Sie dazu? – Ich meine, daß, wenn Sie sich vor sechs Monaten, als wir über die Weiterführung des Werks verhandelten, nicht wie ein Tobsüchtiger aufgeführt hätten, sondern damals den Verlegern diese Vorschläge gemacht hätten, sie diese auf der Stelle angenommen hätten. Aber mittlerweile, wo sie Ihrer mit guten Gründen überdrüssig sind, steht die Sache anders. – Und diese Gründe wären? – Sie wollen sie wirklich von mir hören? – Selbstverständlich. – Dann will ich sie Ihnen sagen. Sie haben mit den Verlegern einen Vertrag abgeschlossen. Darin ist die Höhe Ihres Honorars festgesetzt. Darüber hinaus haben Sie keine Ansprüche. Wenn Sie mehr gearbeitet haben, als Sie mußten, dann aus Interesse an der Sache, aus Freundschaft zu mir, aus Rücksicht auf Sie selbst. Solche Gründe lassen sich nicht mit Geld bezahlen. Dennoch haben Ihnen die Verleger für jeden Band zwanzig Louisdor zukommen lassen. Das macht hundertvierzig Louisdor, die Sie erhalten haben, ohne daß man sie Ihnen schuldete. Zu einem Zeitpunkt, als man Sie hier brauchte, planen Sie eine Reise nach Wesel. Man hindert Sie nicht daran, im Gegenteil. Sie haben nicht genügend Geld, man bietet Ihnen welches an. Sie nehmen hundert Louisdor entgegen. Diese Summe vergessen Sie zwei oder drei Jahre lang zurückzuzahlen. Nach dieser doch recht langen Zeit fällt es Ihnen plötzlich ein, Ihre Schuld zu begleichen. Was tun die Verleger? Sie schicken Ihnen den Schuldschein zerrissen zurück und sind hocherfreut, Ihnen zu Diensten gewesen zu sein. Das nenne ich anständig gehandelt, und eigentlich kann man das von den Verlegern weniger erwarten, als man von Ihnen erwarten sollte, daß Sie sich daran erinnern. Dennoch steigen Sie aus einer Unternehmung aus, in die die anderen ihr gesamtes Vermögen gesteckt haben – ein Geschäft, bei dem es um zwei Millionen geht, ist für einen Philosophen wie Sie eine Bagatelle, die seine Aufmerksamkeit nicht verdient. Sie bringen Unordnung unter ihre Arbeiter, Sie bringen sie in tausend Schwierigkeiten, von denen sie nicht so bald loskommen werden. Sie haben nichts im Sinn als die kleine Befriedigung, eine Weile von sich reden zu machen. Die Verleger sehen sich genötigt, sich an die Öffentlichkeit zu wenden: Sie sollten sehen, wie sehr sie Sie schonen und mich opfern. – Das ist ungerecht. – Allerdings, doch ist es nicht Ihre Sache, ihnen das vorzuwerfen.

Aber das ist nicht alles. Sie haben den Einfall, aus verschiedenen, in der *Encyclopédie* verstreuten Stücken eine Sammlung zu machen. Nichts könnte ihren Interessen mehr zuwiderlaufen. Man hält Ihnen das vor Augen. Sie beharren auf Ihrem Vorhaben. Der Band wird herausgegeben. Die Buchhändler schießen die Kosten vor, und Sie bekommen einen Anteil am Gewinn. Nachdem sie für Ihre Arbeit zweimal bezahlt hatten, waren sie, möchte man meinen, im Recht, sie als ihr Eigentum zu betrachten. Sie aber suchen sich im Ausland einen anderen Verleger und verkaufen ihm wahllos, was Ihnen gehört und was Ihnen nicht mehr gehört. – Ich hatte tausend Gründe zur Unzufriedenheit. – Ein schöner Vorwand! Unter Freunden zählt alles, und alles hat Gewicht, denn ein Umgang in Freundschaft ist rein und zartfühlend. Aber sind die Verleger denn Ihre Freunde, erweisen Sie ihnen nicht allzuviel Ehre, wenn Sie ihr Verhalten an gar so strengen Maßstäben messen? Sind sie Ihre Freunde, dann verhalten Sie sich ihnen gegenüber abscheulich. Sind sie es nicht, dann haben Sie ihnen auch nichts vorzuwerfen.

Wissen Sie, D'Alembert, wer zwischen Ihnen und den Verlegern zu entscheiden hat? Die Öffentlichkeit. Aber glauben Sie, diese würde zu Ihren Gunsten entscheiden, wenn ihr die Verleger eine Erklärung vorlegen und sie zum Schiedsrichter aufrufen würden? Nein, mein Freund, niemand würde auf die Nebensächlichkeiten achten, und Sie wären mit Schimpf und Schande bedeckt. – Wie, Diderot, ausgerechnet Sie halten zu den Verlegern? – Die Verleger haben sich mir gegenüber ins Unrecht gesetzt, aber das hindert mich nicht zu sehen, daß Sie ihnen gegenüber unrecht haben. Sie müssen zugeben, daß Sie, nachdem Sie den Stolzen gespielt haben, jetzt eine ziemlich klägliche Figur machen. Aber wie dem auch sei, Ihre Forderung finde ich zwar niederträchtig, aber rechtens. Wenn es heute nicht schon zu spät wäre, würde ich gleich mit ihnen reden. Morgen fahre ich aufs Land, ich werde ihnen von dort aus schreiben. Wenn ich zurück bin, erfahren Sie ihre Antwort. In der Zwischenzeit können Sie ruhig schon zu arbeiten anfangen. Wenn sie Ihnen die tausend Taler nicht geben wollen, die Sie verlangen, so

nehmen Sie sie bitte von mir. – Sie scherzen. Erwarten Sie
etwa, daß ich das annehme? – Ich weiß nicht, aber Sie
würden sich dabei nichts vergeben. – Sagen Sie den Buch-
händlern, daß ich mich nur für meinen eigenen Teil verpflichte. – Mehr wollen sie gar nicht, und ich auch nicht. –
Und keine Vorworte mehr! – Nun, selbst wenn Sie weiterhin welche schreiben wollten, könnten Sie es nicht. – Und
warum nicht? – Weil die, die Sie geschrieben haben, uns
den ganzen Haß zugezogen haben, dem wir jetzt ausgesetzt
sind. Wen haben Sie darin nicht beleidigt? – Ich werde wie
gewöhnlich die Fahnen durchsehen, vorausgesetzt, daß
ich da bin. Maupertuis ist gestorben. Die Angelegenheit
mit dem König von Preußen ist nicht aussichtslos. Möglicherweise ruft er mich zu sich. – Es heißt, er hat Sie zum
Präsidenten seiner Akademie ernannt. – Er hat mir geschrieben, aber die Sache ist noch nicht entschieden. –
Kommt Zeit, kommt Rat. Guten Abend.«

Es war halb acht. In der Allee wurde es schon kühl. Mon-
seigneurs Speisemeister erwartete mich. Grimm hatte ich
versprochen, er könne zwischen acht und neun mit mir
rechnen. Wir verabschiedeten uns also. Ich kehrte ins
Palais-Royal zurück und plauderte etwa eine dreiviertel
Stunde mit Montamy. Wir sprachen über Sitten und Sittlichkeit. Ich sagte sehr schöne Dinge, an die ich mich nicht
mehr erinnere, außer an das eine, daß die Menschen eine
merkwürdige Auffassung von der Tugend haben. Sie glauben nämlich, sie stünde ihnen frei zur Verfügung und man
könne von einem Tag auf den andern ein ehrbarer Mensch
werden. Ihre Schmutzwäsche lassen sie so lange an, als sie
irgendwelche Schlechtigkeiten zu begehen haben – und sie
begehen ihr Leben lang welche, denn man zieht ein Laster
nicht so schnell aus wie ein Hemd. Es klebt fester am Leib
als die Haut des Kentauren Nessos. Will man es sich
herunterreißen, tut man sich weh, und da ist es schon ein-
facher, man bleibt, wie man ist.

Ach, meine Freundin, laß uns kein Unrecht begehen.
Lieben wir uns, auf daß wir aneinander besser werden.

Laß uns wie bisher einer des andern unbestechlicher Richter sein. Machen Sie mich Ihrer würdig. Lehren Sie mich die Unschuld, die Offenherzigkeit, die Sanftmut, die Ihnen von Natur aus eigen sind. Der Schritt von unserem gegenwärtigen Stand der Unschuld zur ersten Sünde ist größer als der zu einer zweiten und dann zu einer dritten. Würde ich Sie einmal betrügen, könnte ich Sie auch tausendmal betrügen – aber ich werde Sie nie betrügen. Tief in meinem Innersten wachen Sie, Sie sind gegenwärtig, und Ihnen kann nicht nahekommen, was nicht ehrbar ist.

Montamy fragte mich, was hienieden ein glücklicher Mensch sei. Ich gab ihm zur Antwort: Einer, den die Natur mit klarem Verstand, einem gerechten Herzen und einem Vermögen ausgestattet hat, das seinem Stand entspricht. – Sie geben mir die gleiche Antwort, meinte er darauf, wie einmal Monsieur de Silhouette. Er war damals nicht eben wohlhabend. Das Amt des Generalpächters lag noch in weiter Ferne. Alles was er sich wünschte, waren 30 000 Pfund Rente, und er meinte: Wenn ich sie jemals bekomme, werde ich ein anständigerer Mensch.

Hätte ich diesen Ausspruch von Silhouette selbst gehört, dann hätte ich ihn vielleicht für einen Schurken gehalten. Es gibt Geständnisse, bei denen man ruhig ein bißchen übertreiben darf. Nicht jeder ist so aufrichtig wie ich. Wenn ich mich selbst schlechtmache, halte ich mich in der Wahl der Worte nicht zurück. Ich sage, was man schlimmstenfalls sagen könnte. Ich überlasse es nicht meinen Zuhörern, den Rest hinzuzufügen, und es ist mir ganz gleich, wenn sie mich beim Wort nehmen. Vor allem möchte ich nicht, daß Sie, meine Freundin, irgendwelche Abstriche machen. Wenn schon das Laster, dessen ich mich bezichtige, nicht in meinem Herzen ist, dann muß doch wohl ein anderes in meinem Denken sein. Wenn Sie diesen Grundsatz richtig finden, dann sehen Sie mich, wie ich bin, und Sie werden morgen, übermorgen und in zehn Jahren gleich zufrieden oder unzufrieden mit mir sein. Finden Sie sich also mit meinen Fehlern ab – ich bin zu alt, um mich zu bessern, und es ist für Sie leichter, eine Tugend mehr zu haben, als für mich, ein Laster abzulegen.

In mancher Hinsicht bin ich schon etwas wert. Verglichen mit dem Durchschnitt habe ich beispielsweise Geist, recht viel sogar, will man Ihrer Schwester glauben. Wenn ich mit Ihnen zusammen bin, dann empfinde ich, liebe, schaue, höre zu und bin zärtlich – ich existiere und ziehe diese Existenz jeder andern vor. Sobald Sie mich in Ihre Arme schließen, bin ich so selig, daß ich mir ein höheres Glück gar nicht vorstellen kann. Vor vier Jahren fand ich Sie schön, heute scheinen Sie mir schöner denn je. Das liegt am mächtigen Zauber der Beständigkeit, dieser schwierigsten und seltensten Tugend, die wir haben können.

Vom Palais-Royal aus ging ich zu Grimm. Er war nicht da, und während ich auf ihn wartete, schrieb ich an Sie. Kurze Zeit später kam er und wir sprachen von ihm, von Ihnen, von Ihrer Mutter, von mir. Er kann diese Frau nicht begreifen.

Ich habe Ihr Tagebuch hierher mitgenommen. Setzen Sie Ihre Aufzeichnungen für mich fort. Ich werde die meinen für Sie machen. Vielleicht fallen meine ein bißchen eintönig aus, zumal, wenn es weiterhin so viel regnet wie bis jetzt, aber das ist ja nicht so wichtig. Sie werden jedenfalls daraus ersehen können, daß die süßesten Momente für mich die sind, in denen ich an Sie denke.

Ich war den ganzen Vormittag mit Abélard und Héloïse beschäftigt. Sie sagte: »Ich wäre lieber die Geliebte meines Philosophen als die Frau des mächtigsten Königs auf Erden.« Darauf sagte ich: Wie sehr wurde dieser Mann geliebt!

Leben Sie wohl, Sophie. Ihr Geliebter und Freund umarmt Sie von ganzem Herzen.

35. An Sophie Volland

Grandval, 15. Oktober 1759

. . . Zum Diner war ich wieder zurück. Wind und Kälte hielten uns vom Spaziergang ab. Ich spielte drei Partien Tricktrack mit der Frau, die einmal schöne Augen hatte. Danach fingen Vater Hoop, der Baron und ich, alle drei um ein mächtiges, loderndes Holzscheit geschart, über Lust und Schmerz, über das Gute und das Böse im Leben zu philosophieren an. Unser melancholischer Schotte macht sich aus dem seinen nicht eben viel. »Deshalb«, sagte Madame d'Aine zu ihm, »habe ich Ihnen auch ein Zimmer gegeben, dessen Fenster auf den Graben gehen. Aber Sie haben offenbar keine Eile, von meiner Aufmerksamkeit Gebrauch zu machen.« »Vielleicht«, fügte der Baron hinzu, »haben Sie keine Lust, sich zu ertränken. Wenn Ihnen das Wasser zu kalt ist, Vater Hoop, dann schlagen wir uns doch!« Darauf der Schotte: »Mit Vergnügen, mein Freund, aber unter der Bedingung, daß Sie mich töten.«

Wir sprachen dann von einem Herrn von St. Germain, der hundertfünfzig oder hundertsechzig Jahre alt ist und sich, wenn er sich zu alt findet, verjüngen kann. Jemand bemerkte, daß dieser Mann, wenn er schon das Geheimnis besitze, sich um eine Stunde jünger zu machen, ebensogut die Dosis verdoppeln, sich um ein Jahr, um zehn Jahre verjüngen und schließlich in den Schoß seiner Mutter zurückkehren könne. »Wäre ich einmal dorthin zurückgekehrt«, sagte der Schotte, »so glaube ich nicht, daß man mich je wieder herausbrächte.«

Bei dieser Bemerkung schoß mir ein paradoxer Gedanke durch den Kopf, der mir, wie ich mich erinnere, schon einmal bei Ihrer Schwester gekommen war, und ich sagte zu Vater Hoop (denn so nennen wir ihn wegen seines faltigen, vertrockneten und ältlichen Aussehens): »Sie sind wirklich zu bedauern, aber wenn an meinem Gedanken etwas daran ist, sind Sie noch viel bedauernswerter.« – »Das Ärgste ist, zu existieren, und ich existiere.« – »Das Ärgste ist nicht, zu existieren, sondern auf immer und ewig zu existieren.« – »Aber ich mache mir Hoffnung, daß das nicht der Fall sein wird.« – »Schon möglich. Sagen Sie, haben Sie sich jemals ernsthaft überlegt, was das heißt: zu leben? Begreifen Sie, wie ein Wesen aus einem unbelebten in einen belebten Zustand übergehen kann? Ein Körper wird dicker oder dünner, bewegt sich oder ruht; wenn er aber nicht aus sich selbst lebt, meinen Sie, eine Veränderung welcher Art auch immer könne ihn zum Leben bringen? Zu leben ist etwas anderes, als sich zu bewegen. Ein Körper, der sich bewegt, trifft auf einen ruhenden Körper, der seinerseits in Bewegung gerät. Aber halten Sie einen unbelebten Körper auf, setzen Sie ihn in Bewegung, fügen Sie hier etwas hinzu, nehmen Sie dort ein Stück weg, setzen Sie ihn neu zusammen – gehen Sie mit einem Wort mit seinen Bestandteilen um, wie es Ihnen gerade in den Sinn kommt! Sind diese Teile tot, dann werden sie in der einen Lage so wenig leben als in der andern. Anzunehmen, man bilde einen lebendigen Organismus, indem man an ein totes Teilchen ein, zwei oder drei weitere tote Teilchen anstückelt, hieße doch wohl, eine ziemliche Absurdität zu behaupten, es wäre denn, ich verstünde von diesen Dingen überhaupt nichts. Ja, wie denn! Das Teilchen a liegt links neben dem Teilchen b, es hat kein Bewußtsein von seiner Existenz, fühlt nichts, ist unbeweglich und tot – und nun sollte, wenn man es rechts neben das Teilchen b legt und dieses links neben das Teilchen a, das Ganze plötzlich zu leben beginnen, Bewußtsein erlangen, empfinden? Das kann nicht sein. Was spielen rechts oder links hier schon für eine Rolle? Kommen im Raum Seiten vor? Aber selbst wenn dies der Fall wäre, würden Empfinden und Leben nicht davon abhängen: was diese Eigenschaften hat, hatte sie immer und wird sie immer haben. Empfinden und Leben sind ewig. Was lebt, hat immer schon gelebt und wird ewig leben. Der einzige erkennbare Unterschied zwischen Leben und Tod besteht darin, daß Sie jetzt als Masse leben und in zwanzig Jahren in Ihre Bestandteile aufgelöst, in einzelne Moleküle zerlegt – gleichsam en détail leben werden.« – »In zwanzig Jahren? Das ist allerdings eine recht lange Zeit.«

Darauf Madame d'Aine: »Man soll nicht zur Welt kommen? Man soll nicht sterben? Aber das ist ja vollkommen verrückt!« – »Nein, Madame.« – »Obwohl man also nicht stirbt, will ich auf der Stelle tot sein, wenn ich das glauben soll.« – »Warten Sie. Thisbe lebt doch, oder?« – »Ob meine Hündin lebt? Das kann man wohl behaupten. Sie denkt, liebt und überlegt, hat Geist und Urteilskraft.« – »Sie erinnern sich doch an die Zeit, als sie nicht dicker war als eine Maus?« – »Ja.« – »Aber wodurch ist sie denn dann so rundlich geworden?« – »Na, ganz einfach, sie hat sich mit Essen vollgestopft, wie Sie und ich auch.« – »Sehr schön. Und was sie gegessen hat, hat das gelebt oder nicht?« – »Sonderbare Frage, natürlich nicht.« – »Wie, etwas, das nicht lebte und das man zu etwas anderm fügte, das lebte, hat selbst zu leben begonnen – begreifen Sie das etwa?« – »Ich muß es wohl begreifen.« – »Nun möchte ich noch eins von Ihnen wissen, nämlich, ob ein toter Mann in Ihren Armen wieder zum Leben erwachen würde.« – »Also, wenn er wirklich ganz, ganz mausetot wäre . . . Aber lassen Sie mich doch in Ruhe, Sie bringen mich ja noch dazu, lauter Unsinn daherzureden . . .«

Den restlichen Abend bin ich weidlich mit meinem Paradox geneckt worden. Man bot mir schöne, lebendige Birnen und denkende Trauben an, ich aber sagte: Die, die sich im Leben geliebt haben und nebeneinander begraben werden wollen, sind vielleicht nicht ganz so verrückt, wie man glaubt. Vielleicht pressen sich die Körnchen ihrer Asche aneinander, vermischen und vereinigen sich. Wer weiß, vielleicht haben sie nicht alle Empfindung, nicht jede Erinnerung an ihren ersten Zustand verloren? Vielleicht ist noch ein Rest von Wärme und Leben in ihnen, an dem sie sich in ihrer kalten Urne auf ihre Weise erfreuen. Wir pflegen das Leben der Elemente nach dem Leben der ganzen Massen zu beurteilen, aber das sind vielleicht ganz verschiedene Dinge. Man glaubt, es gebe nur einen Polypen, aber warum sollte nicht die ganze Natur so beschaffen sein wie er? Wenn man den Polypen in tausend Teile zerstückelt, ist das ursprüngliche Tier, das sie hervorgebracht hat, nicht mehr vorhanden, aber in seinen Teilen ist alles, was an ihm wesentlich war, lebendig.

Ach meine Sophie, ich dürfte also hoffen, Sie noch zu berühren, Sie zu spüren, zu lieben, zu suchen, mich mit Ihnen zu vereinigen, mit Ihnen zu verschmelzen, wenn wir nicht mehr sind! Wenn in unserem Wesen ein Gesetz der Wahlverwandtschaft wirksam wäre, wenn es uns bestimmt wäre, ein einziges Wesen zu bilden, wenn ich in einigen hundert Jahren mit Ihnen gemeinsam ein neues Ganzes bilden sollte, wenn die einzelnen Moleküle Ihres Geliebten eines Tages in Bewegung gerieten und die Ihren suchten, die in der Natur verstreut sind! Lassen Sie mir diese Chimäre, sie ist so süß für mich, sie würde mir ein ewiges Leben mit Ihnen und in Ihnen verheißen . . .

36. An Damilaville

Ende Februar 1760

Lieber Freund, ich bitte Sie, diesen Brief abzuschicken. Über mich ist eben ein häusliches Donnerwetter niedergegangen, das mich bis auf die Knochen durchweicht hat. Sie kennen sich mit dieser Art von Donnerwettern ja ein wenig aus.

Ich habe den ganzen Tag gearbeitet und bin immer noch nicht fertig. Es ist so viel, daß ich auch noch den ganzen morgigen Sonntag beschäftigt sein werde.

Wenn Sie Post für mich haben, schicken Sie sie mir in einem Umschlag. Ich bin bei Le Breton, bei dem ich soupieren werde und bei dem ich diesen Brief schrieb.

Bitte vergessen Sie unsere große Sache nicht. Sollten Sie mir demnächst mitteilen, daß sie glücklich beendet ist, wäre ich sehr froh.

Guten Abend, und leben Sie wohl. Ich umarme Sie und

beneide Sie um das Glück, mit hundert Francs monatlich davongekommen zu sein.

37. An Malesherbes

Den ersten Sonntag im Juni 1760 (1. Juni)
Ich erfahre, daß schlecht unterrichtete oder böswillige Personen mir eine Broschüre mit dem Titel *Vorwort zur Komödie »Die Philosophen«* zuschreiben. Ich halte es für angebracht, Ihnen zur Kenntnis zu bringen, daß ich an diesem Werk keinerlei wie immer gearteten direkten oder indirekten Anteil habe und seinen Autor weder kenne noch im mindesten ahne, wer es geschrieben haben könnte.

Sollten die allerstrengsten Nachforschungen, die anstellen zu wollen ich Sie inständig zu bitten wage, zu irgendeiner Entdeckung führen, die dem, was ich die Ehre habe, Ihnen zu versichern, widerspricht, dann dürfen Sie zu Recht über mich empört sein – nicht so sehr, weil ich Kenntnis von dem gehabt haben würde, was Bezug zu dieser Broschüre hat, als weil ich Sie schändlich belogen hätte, indem ich es abstritt. Es ist ein wahres Unglück für mich, daß ich Ihnen ständig zur Last fallen muß, und daß es nicht immer genügt, unschuldig zu sein, um in Frieden leben zu können.

Ich habe *Die Philosophen* nicht gesehen. Ich habe das Stück nicht gelesen. Ich habe Palissots *Vorwort* nicht gelesen, und ich habe mir untersagt, mich mit diesen Schändlichkeiten zu beschäftigen. Da ich also diese gräßlichen Beleidigungen nicht im einzelnen kenne, komme ich auch nicht in Versuchung, einem Versprechen untreu zu werden, das ich mir einmal gegeben und bis jetzt auch gehalten habe: mich nie schriftlich zu rächen. Wenn sich ehrbare Männer die Mühe machen wollen, in unserem Namen ihre Empörung auszudrücken, bleibt es uns selbst erspart.

38. An Madame d'Epinay

Um den 20. Juli 1760

Sonntagabend dann den fünften und letzten Akt. Ich habe Grimm vorgeschlagen, zu dem Ganzen ein Vorwort zu schreiben.

Ihnen allen – Ihnen, meine gute Freundin, Saurin und Grimm schlage ich vor, damit zu tun, was Euch beliebt. Meinetwegen auch gar nichts, wenn es sich nicht lohnen sollte, irgend etwas daraus zu machen.

Ich werde, so gut ich kann, auf alle Eure Vorschläge eingehen.

Noch weiß ich nicht, wann ich mich zu Ihnen setzen werde.

Man ist noch nicht abgereist und deshalb ziemlich schlechter Laune.

Unterdessen sollten Sie alles genau lesen, vereinfachen, in die Sache einen natürlichen, sanften, eleganten, echten Ton hineinbringen – kurz, das Ganze glätten, einheitlich und sanft machen. Denn ich spüre sehr wohl, daß ich holprig, weitschweifig, dunkel, barbarisch, ungeschliffen bin. Nehmen Sie also Ihre Feile und gehen Sie damit ein bißchen über das Ganze.

Ob es nun gut oder schlecht geworden ist, ich werde doch wenigstens Wort gehalten haben.

39. An Damilaville

August 1760

Ich habe so ein Gefühl, daß Sie einen Brief für mich haben. Aber ich täusche mich wohl, oder? Sollte es sich zufällig anders verhalten, dann geben Sie ihn dem Boten mit, er soll ihn mir bringen. Ich bin zu müde, es ist zu heiß und auch schon zu spät, um bis zur Porte Saint-Bernard zu laufen . . .

Ich fühle mich unendlich traurig, ohne zu wissen, warum. Guten Abend. Am liebsten wäre ich schon zwischen meinen vier Bettpfosten. Wenn ich mit mir selbst nicht zurechtkomme, gibt es nichts, was mich geschwinder wiederherstellt als mein Kopfkissen. Am nächsten Morgen ist man einen halben Tag von seinem Unbehagen entfernt, und das ist immerhin etwas.

Noch einmal, gute Nacht, und wenn Sie sich einmal traurig und verdrossen fühlen, legen Sie sich einfach ins Bett!

40. *An Sophie Volland*

La Chevrette, 10. September 1760

. . . Ich bin auf La Chevrette, wo ich Ihren Brief Nummer elf erhalte. Ich hätte hier schon am Samstag abend ankommen sollen – das hatte ich hoch und heilig versprochen. Aber wie hätte ich ohne ein Wort von Ihnen wegfahren können, das ich für Sonntag erwartete? Ich blieb. Der Brief kam. Ich beantwortete ihn und fuhr Montag abend hierher, wo man mich nicht mehr erwartet hatte. Grimm und ich kreuzten uns auf der Landstraße. So habe ich die beiden folgenden Tage allein mit seiner Freundin verbracht.

Und so sah unser Leben hier aus: bald scherzhafte, bald ernste Unterhaltungen, das eine oder andre Spielchen, der eine oder andre Spaziergang – gemeinsam oder einzeln –, viel Lektüre, Nachdenken, Stille, Einsamkeit und Ruhe.

Am Mittwochabend um elf kam Grimm zurück. Wir hatten zwei Stunden in Sorge verbracht, denn die Nacht war sehr finster und wir fürchteten schon, es sei ihm etwas zugestoßen.

Bis nächsten Montag sind wir also zu dritt. Was treibe ich, was treiben die beiden andern? Er verbringt den Vormittag allein auf seinem Zimmer und arbeitet. Sie ist allein auf ihrem Zimmer und denkt an ihn. Ich bin allein in meinem und schreibe Ihnen. Vor dem Diner werden wir uns einen Augenblick sehen, dann dinieren wir. Nach dem Diner die Schachpartie, nach der Schachpartie der Spaziergang, nach dem Spaziergang ein wenig Ausruhen,

105

nach dem Ausruhen ein bißchen Plaudern. Danach das Souper, nach dem Souper noch eine kleine Plauderei – und so wird ein unschuldiger und sanfter Tag zu Ende gegangen sein, an dem man sich amüsiert und beschäftigt, an dem man nachgedacht, sich gegenseitig neue Dinge gesagt, einander geschätzt und geliebt hat – und es einander gesagt haben wird.

Sie aber werden immer leiden müssen, und es wird nicht in meiner Macht liegen, Sie glücklich zu machen? Kaum finde ich an etwas Gefallen, kaum habe ich mir eine Sache vorgenommen, muß mir unbedingt etwas dazwischenkommen und alles verderben. Mir hatte der Gedanke Spaß gemacht, Sie würden *Tancrède* zur gleichen Zeit lesen wie ich ihn sehen würde. Ich sagte mir: mit wieviel Freude wird sie diese Stelle lesen! Ausgeschlossen, daß sie dieses »Nun, mein Vater?« liest, ohne in Tränen auszubrechen. Ich vereinigte meine Empfindungen mit den Ihren, und ich war entzückt bei dem Gedanken, wir würden, sechzig Meilen voneinander entfernt, ein gemeinsames Vergnügen empfinden – und nun haben Sie meine Sendung noch gar nicht erhalten!

Ich finde, Sie zeigen Mut bei Ihren Geständnissen und bei den Antworten, die Sie Ihrer Mutter geben. Vielleicht wären wir jetzt weiter, wenn Sie das früher gewagt hätten. Man läßt laufen, was man nicht mehr bremsen zu können glaubt . . .

Den Montag habe ich damit verbracht, ein wenig Ordnung in mein Gepäck zu bringen. Ich habe die *Nonne* mitgebracht, an der ich, wenn mir Zeit dazu bleibt, weiterarbeiten will. Hier finde ich auch meinen *Spieler* wieder; alle meinen, ich sollte ihn unseren Sitten anpassen. Als ob das so leicht wäre! Grimm hat ihn endlich auch gelesen und ist ganz hingerissen.

Am Mittwoch waren Monsieur de Saint-Lambert und Madame d'Houdetot hier zu Gast. Monsieur de Saint-Lambert ist ein Mann von exquisitem Verstand, und Madame d'Houdetot ist einzigartig scharfsinnig und feinfühlig. Die Stunden mit ihnen sind wie im Flug vergangen. Anläßlich einer Büste von Platon, die ich für eine der Sappho gehalten hatte, sagte mir Madame d'Houdetot, ich sei recht alt geworden, und mit achtzehn wäre mir diese Verwechslung nicht passiert.

Meine Schwester schweigt weiterhin. Schämt sie sich oder ist sie böse? Schmollt sie mit mir oder mit sich selbst? Madame Diderot bekommt von Zeit zu Zeit Briefe von ihr, die sie verschließt, und die ich auch gar nicht sehen mag. Dem Abbé, der sich von seiner Krankheit erholt, hämmert man von früh bis spät ein, daß es ohne die Pflege seiner Schwester mit ihm aus gewesen wäre. Man darf also hoffen, er wird sich schämen, sie schlecht zu behandeln – wenigstens bis die Erinnerung an die Dienste, die sie ihm erwiesen hat, so weit weg ist, daß er wieder nach Herzenslust mißmutig sein kann, ohne sich undankbar vorzukommen . . .

Aber wenn ich so weitermache, komme ich zum Schluß und habe Ihnen gar nicht gesagt, daß ich Sie liebe. Daß ich Ihnen jeden Augenblick meines hiesigen Lebens in allen Einzelheiten schildere, beweist Ihnen nur, daß ich weiß, wieviel Anteil Sie an mir nehmen – aber es zeigt Ihnen nicht, wieviel Anteil ich an Ihnen nehme. Liebe Freundin, Sie können ihn so hoch ansetzen wie Sie mögen und werden ihn doch immer unterschätzen.

Leben Sie wohl.

41. An Sophie Volland

La Chevrette, Montag, den 15. September 1760
Gestern war hier Jahrmarkt. Ich fürchte die lärmende Menge, ich hatte beschlossen, nach Paris zu fahren und den Tag dort zu verbringen. Aber Grimm und Madame d'Epinay ließen mich nicht weg. Wenn ich sehe, daß die Augen meiner Freunde trüb und ihre Gesichter lang werden, hält kein Widerwille bei mir stand und sie können mit mir machen, was sie wollen.

Schon am Samstag abend hatten sich fahrende Händler in der Allee unter großen Leinwänden aufgestellt, die von Baum zu Baum gespannt waren. Am Morgen versammelten sich hier die Einwohner der Umgebung, Geigenklänge waren zu hören, am Nachmittag wurde gespielt und getrunken, gesungen und getanzt; man sah ein buntes Durcheinander von sauber herausgeputzten jungen Bäuerinnen und feinen Damen aus der Stadt mit Rouge und Schönheitspflästerchen auf den Wangen, den Spazierstock in der Hand, den Strohhut auf dem Kopf und ihren Kavalier am Arm. Gegen zehn Uhr hatten die Herren vom Schloß die Kalesche bestiegen und waren über Land gefahren. Zu Mittag kam Monsieur de Villeneuve an.

Wir waren gerade in dem traurigen und prächtigen Salon und bildeten, jeder einer anderen Beschäftigung nachgehend, ein sehr angenehmes Bild.

In der Nähe des Fensters, das auf den Park geht, saß Grimm und ließ sich malen, und Madame d'Epinay stützte sich auf die Stuhllehne der Person, die ihn malte.

Ein Zeichner, der auf einem etwas niedrigeren Hocker saß, zeichnete mit Bleistift sein Profil. Dieses Profil ist bezaubernd, jede Frau wäre versucht nachzuprüfen, ob es auch ähnlich ist.

Monsieur de Saint-Lambert las in einer Ecke die letzte Broschüre, die ich Ihnen geschickt habe.

Ich spielte mit Madame d'Houdetot eine Partie Schach.

Die gute alte Madame d'Esclavelles, Madame d'Epinays Mutter, hatte alle Kinder um sich versammelt und plauderte mit ihnen und ihren Erziehern.

Zwei Schwestern der Person, die meinen Freund malte, stickten, die eine mit der Hand, die andere am Rahmen.

Eine dritte versuchte am Cembalo ein Stück von Scarlatti.

Monsieur de Villeneuve machte der Dame des Hauses sein Kompliment und setzte sich dann zu mir. Wir wechselten ein paar Worte. Madame d'Houdetot und er kannten sich bereits. Aus einigen beiläufigen Bemerkungen konnte ich sogar entnehmen, daß er ihr gegenüber irgend ein Unrecht gut zu machen hat.

Die Stunde des Diners kam. In der Mitte der Tafel saßen auf der einen Seite Madame d'Epinay, auf der andern Monsieur de Villeneuve. Sie gaben sich jede nur erdenkliche Mühe und bewirteten uns mit der allergrößten Anmut. Wir dinierten ausgezeichnet, fröhlich und lang. Und das Gefrorene, ach, meine Freundinnen, ein Gefrorenes gab es da! Hier hättet Ihr gutes Eis essen können, Ihr, die Ihr es so liebt.

Nach dem Diner wurde ein wenig musiziert. Das junge Mädchen, das ich schon erwähnte und das so leicht und sicher Cembalo spielt, verblüffte uns alle – die andern durch ihr außergewöhnliches Können, mich durch den Zauber ihrer Jugend, ihrer Sanftmut, ihrer Bescheidenheit, ihrer Anmut und ihrer Unschuld. Es war, ohne zu übertreiben, Emilie mit fünfzehn Jahren. Der Beifall, der sich rings um sie erhob, trieb ihr die Röte ins Gesicht und machte sie so verlegen, daß es ganz reizend anzusehen war. Man forderte sie auf, zu singen, und sie sang ein Lied von übermächtiger Liebe und Sehnsucht – aber ich will auf der Stelle tot sein, wenn sie auch nur ein Wort davon verstanden hat. Ich betrachtete sie und dachte in meinem Herzen, daß sie ein Engel ist, und einer, der sich ihr mit unziemlichen Gedanken nähert, verworfener sein muß als Satan . . .

Unsere Jäger kamen gegen sechs zurück. Man ließ die Geiger hereinkommen und tanzte bis zehn. Um Mitternacht erhob man sich von der Tafel, spätestens um zwei hatte sich alles zurückgezogen, und der Tag war ohne die Langeweile vergangen, die ich befürchtet hatte. Freilich – wäre ich in Paris gewesen, dann hätte mir ein Brief meiner Freundin, den Damilaville mir übergeben hätte und auf den ich immer noch warte, tausendmal mehr Freude gemacht. Ich hoffe sehr, daß ihn mir irgendjemand im Lauf des Tages bringt, oder schlimmstenfalls wird ihn mir Grimm, der heute abreist, am Abend schicken . . .

Der Baron sollte gestern abend in Paris eintreffen, und es ist gut möglich, daß wir ihn heute zum Diner hier haben. Wenn er bis Mittwoch bleibt, fahre ich mit ihm zurück und wir würden die große Stadt passieren, ohne einen Fuß auf die Erde zu setzen. Im übrigen sind alle Maßnahmen getroffen, und Ihre Briefe, die Sie bitte weiterhin an Damilaville adressieren, erreichen mich mit Sicherheit auf Grandval.

Ich habe die ganze Familie D'Epinay kennengelernt. Bei einigen Unterschieden im Charakter sind ihnen mehrere ausgezeichnete Eigenschaften gemeinsam. Madame d'Epinay ist die Liebenswürdigkeit in Person. Für Grimm und seine Freundin wird der Tag unserer Trennung recht traurig sein.

Was mich anbelangt, so mache ich zwischen Orten, Zeiten, Umständen und Personen keine Unterschiede mehr. Ihre Abwesenheit macht alles gleich. Ich trage ein Gewicht auf der Brust mit mir herum, das mich unaufhörlich drückt und manchmal zu ersticken droht. Ach, meine Freundin, hätten Sie nur halb so viel Sehnsucht wie ich, Sie ertrügen es nicht. Und da es doch einzig Ihre Rückkehr ist, die mich trösten kann – wann kommen Sie denn endlich?

Als Daphnis nach einem langen und grausamen Winter seine Chloe wiedersah, wurde ihm im ersten Augenblick schwarz vor den Augen, seine Knie wankten, er taumelte und wäre hingefallen, hätte Chloe nicht ihre Arme nach ihm ausgestreckt und ihn gestützt. Meine Freundin, es gibt Augenblicke, in denen ich vor Freude sterben würde, wenn ein freundlicher Zauber Sie plötzlich an meine Seite versetzte. Mit Sicherheit würden mich weder Anstand noch Respekt zurückhalten. Ich würde mich auf Sie stürzen, Sie mit aller Kraft umarmen und so lange mein Gesicht an das Ihre pressen, bis mein Herz wieder zu schlagen beginnen und ich die Kraft finden würde, einen Schritt von Ihnen abzurücken, um Sie so recht betrachten zu können. Lange wäre ich stumm in Ihren Anblick versunken, wer weiß, wann ich meiner Stimme wieder mächtig wäre und Ihre Hand fassen würde, um sie an meinen Mund, meine Augen, an mein Herz zu pressen. Ich empfinde, während ich mit Ihnen über diesen Augenblick spreche und ihn mir vorstelle, ein Zittern in allen Gliedern und bin wie von Sinnen. Ach, liebe Freundin, wie sehr ich Sie liebe, und wie Sie das fühlen sollen, wenn wir wieder vereint sind! . . .

42. An Sophie Volland

La Chevrette, 17. September 1760

. . . Mir ist ein kleiner Unfall zugestoßen. Ich spazierte um einen großen Teich mit Schwänen herum. Diese Vögel wachen sehr eifersüchtig über ihr Reich und kommen, sowie man sich ihm nähert, eiligst herbeigerauscht. Ich machte mir einen Spaß daraus, sie ein wenig in Bewegung zu bringen: kaum waren sie am einen Ende ihres Reichs angelangt, zeigte ich mich ihnen am andern. Dazu mußte ich aus Leibeskräften laufen, und dabei passierte es mir, daß ich mit dem Fuß gegen eine Eisenstange stieß, die einen der Hydranten verschloß, wie man sie im Umkreis geschlossener Gewässer anbringt. Der Aufprall war so heftig, daß die Stange an der Winkelstelle entzweibrach und fast auch meine Schuhschnalle. Mein Schienbein ist voller Schrammen und blau und rot angelaufen. Das hinderte mich nicht, über mein Malheur zu scherzen, durch das ich gezwungen bin, in Pantoffeln und das eine Bein auf einen Hocker gelagert, still dazusitzen.

Diesen Augenblick der Gefangenschaft und erzwungenen Ruhe hat man dazu benutzt, mich zu malen, und macht ein bewunderungswürdiges Porträt von mir: ich bin darauf mit bloßem Kopf und im Schlafrock dargestellt, in einem Sessel sitzend, den rechten Arm auf den linken gestützt und den Kopf in die rechte Hand, mit entblößtem Hals, und lasse meinen Blick in die Ferne schweifen wie jemand, der in Gedanken verloren ist. Und ich denke wirklich nach auf diesem Bild, ich lebe, atme, bin beseelt, hinter der

Stirn kann man die Gedanken arbeiten sehen. Zugleich malt man Madame d'Epinay, wie sie mir gegenübersitzt – damit wissen Sie auch schon, für wen diese beiden Bilder bestimmt sind. Sie stützt sich auf einen Tisch, mit lässig übereinandergekreuzten Armen, den Kopf ein wenig gewendet, als blicke sie einen von der Seite an, ein Band schlingt sich um ihre Stirn und hält die langen schwarzen Haare im Zaum; ein paar Locken sind aus dem Band geschlüpft und fallen auf ihre Brust herab, die andern umfließen ihre Schultern und unterstreichen deren Weiße. Ihre Kleidung ist einfach und nachlässig.

Ich hatte vorgehabt, heute abend nach Paris zurückzufahren, aber nun halten mich mein Unfall und diese Porträts bis Sonntag hier fest. Am Sonntag brechen wir alle gemeinsam auf. Grimm fährt am Dienstag nach Versailles, Madame d'Epinay am Montag nach Grandval. Ich bleibe in Paris . . .

43. *An Damilaville*

La Chevrette, September 1760
. . . Wir erwarten Sie in den nächsten Tagen – je eher Sie kommen, um so besser. Aber wenn Sie morgen nicht kommen und ein Fetzchen Papier von meiner Freundin haben, dann schicken Sie es mir, und wäre es auch nicht größer als ein Fingernagel, denn ich habe es bitter nötig. Ach, meine Freundin, wie viele köstliche Stunden waren mir vergällt, weil mir dieses Fetzchen Papier fehlte!

Unterdessen bin ich mit meiner Arbeit vorangekommen. Wenn man sich dran hält, bringt man in sieben Stunden einiges weiter. Ich bin noch vor Mitte dieser Woche damit fertig und könnte, von dieser Last befreit, anfangen mich freier zu fühlen, wäre ich nur offen genug für irgendwelche angenehmen Eindrücke. Aber wie könnte ich das sein in meiner Unsicherheit, ob ich mich über Sie oder meine Freundin beklagen soll, oder ob nicht irgend etwas vorgefallen ist und künftige Scherereien auf mich

warten? Sollten meine Briefe durch irgendein Mißgeschick statt nach dem Boulevard des Capucins in die Rue
Taranne gegangen sein, holen Sie sie bitte selbst ab. Da die
Adresse von Ihrer Hand ist, wird man es unmöglich
wagen, sie Ihnen zu verweigern. Aber ich kann mir nicht
vorstellen, wie das zugegangen sein sollte; ein krankes
Hirn denkt sich eben immer das Allerschlimmste aus,
machen Sie also dieses Hirn wieder gesund!

Das Herz jedoch lassen Sie, wie es ist – es hängt an
seinem Leiden und ist auf lange Sicht damit wohlversorgt.

Leben Sie wohl, mein Freund. Kommen Sie zu uns, wir
erwarten Sie. Grimm und ich werden Sie mit offenen
Armen empfangen, das wissen Sie, und das verbürgt
Ihnen, auch den andern willkommen zu sein. Empfehlen
Sie mich bitte Monsieur Duclos. Meine untertänigste Ver-
ehrung für Madame. Sollten Sie ein Unrecht gegen mich
haben, dann möge sie mich rächen und Sie hundert Dame-
Partien verlieren lassen.

Adieu.

44. An Sophie Volland

Grandval, 25. September 1760

Da bin ich nun an den selben Orten wie vergangenes Jahr.
Bin ich glücklicher? Nein. Wie, dreißig Jahre Erfahrung,
die man hinter sich hat, sind also nicht genug, einem die
Augen über die Zukunft zu öffnen? Der Schmerz überrascht mich immer, und wenn die Freude kommt, meine
ich, ich hätte nur auf sie gewartet.

Sonntag abend sind wir alle gemeinsam von La Chevrette aufgebrochen, und Madame d'Epinay und ich trafen
am Montag zwischen Mittag und ein Uhr auf Grandval ein,
wo wir Vater Hoop, den Baron, D'Alainville, Madame
d'Aine und Madame d'Holbach vorfanden.

Madame d'Aine ist ganz die alte. Wir haben diniert, und
Sie wissen, wie man hier diniert. Es ist das einzige Haus, in
dem ich abends sehr viel Bewegung und morgens Tee
brauche.

Nach dem Diner haben wir die Frauen ihren kleinen Vertraulichkeiten überlassen, denn danach haben sie ein dringendes Bedürfnis, wenn sie sich eine Zeitlang nicht gesehen haben. Wir haben einen langen Spaziergang gewagt, obwohl die Erde ganz aufgeweicht war und uns der Himmel, der sich im Westen bewölkte, mit einem Gewitter bedrohte.

Ich habe die Hügel wiedergesehen, auf denen ich so oft Ihr Bild und meine Gedanken spazierenführte, und Chennevière, das den Hang krönt, und Champigny, das ihn wie ein Amphitheater schmückt, und die Marne, meine traurig sich dahinschlängelnde Landsmännin.

In Chennevière werden die beiden Töchter von Madame d'Holbach aufgezogen. Die ältere ist schön wie ein Cherubim, mit einem runden Gesichtchen, großen blauen Augen, feinen Lippen, einem lachenden Mund, einer leuchtendweißen, gesunden Haut und kastanienbraunem Haar, das eine sehr hübsche Stirn umgibt. Die kleinere ist ein Fleischklößchen, an dem man außer weiß und rosarot noch nichts unterscheiden kann.

Gegen sieben Uhr waren wir zurück und ruhten uns aus. Unsere Damen zogen sich um und wir begannen mit unserer Einweihungs-Partie Piquet. Nach dem Souper zogen sich die Frauen zurück; wir aber haben im Stehen und mit dem Leuchter in der Hand noch ein wenig philosophiert . . .

45. An Sophie Volland

La Chevrette, 30. September 1760

Also, meine liebe Freundin, Ihr Desmarets taugte zu gar nichts. Er hatte nicht das Zeug zum Ehrenmann und nicht das Zeug zum Schurken. Sollte er noch nicht vollkommen verblödet sein, so ist er es demnächst. Im übrigen genügt ein kurzer Blick auf die Inkonsequenz und die Widersprüchlichkeit der Menschen, um zu erkennen, daß die meisten halb als Dummköpfe und halb als Irre zur Welt kommen. Ohne Charakter und Physiognomie können sie sich weder für das Laster noch für die Tugend entscheiden. Sie sind weder fähig, andre zu verderben, noch sich selbst aufzuopfern, und ob sie Gutes, ob sie Böses tun, sie sind unglücklich und tun mir leid.

Diese Ideen stehen in Zusammenhang mit andern, die ich gestern bei Tisch vortrug – unvorsichtig genug, denn sie waren eine allzu kräftige Kost für unsere zarten Mägen. Ich sagte, ich könne mich bisweilen nicht enthalten, die menschliche Natur auch dann noch zu bewundern, wenn sie abscheulich ist. Man verurteilte beispielsweise einen Mann zum Tod, der Schmähschriften angeschlagen hatte, und am Morgen nach seiner Hinrichtung kleben an den Straßenecken noch viel aufrührerische. Ein Dieb wird hingerichtet und in der Menge stehlen andere und setzen sich damit der gleichen Qual aus, die sie vor Augen haben. Wieviel Todesverachtung und Geringschätzung des Lebens! Hätten die Bösen nicht diese Energie im Verbrechen, so hätten die Guten auch nicht dieselbe Energie in der Tugend. Schlaff geworden, wird sich der Mensch zu keinen großen Missetaten mehr hinreißen lassen, aber er wird sich auch nicht mehr zu großen Heldentaten begeistern. Was ihr auf der einen Seite verbessert, werdet ihr auf der andern verderben. Wenn Tarquinius nicht mehr wagt, Lucrezia Gewalt anzutun, wird Scaevola nicht mehr seine Hand auf glühende Kohlen legen. Es ist ganz eigenartig: so unzufrieden man gemeinhin mit den Dingen ist, man kann kaum an sie rühren, ohne sie noch schlimmer zu machen.

Im Lauf unseres Gesprächs über die menschliche Natur stießen wir auf folgende Frage: Wie kommt es, daß den Dummköpfen alles gelingt, während die Klugen in allem scheitern, so daß man sagen könnte, die einen scheinen von allem Anfang zum Glück, die andern zum Unglück bestimmt. Meine Antwort war, das Leben sei ein Glücksspiel, bei dem die einen nicht lange genug mitmachten, um die Früchte ihrer Dummheit zu ernten, und die andern die ihrer Umsicht. Sie alle lassen die Würfel in dem Moment fallen, da das Glück sich wenden will, so daß meiner Ansicht nach ein glücklicher Dummkopf und ein unglücklicher Mensch von Verstand zwei Wesen sind, die nur nicht lange genug gelebt haben. Sie sehen, worüber wir hier so plaudern . . .

Der Abbé ist unerschöpflich in witzigen Bemerkungen und lustigen Einfällen. An Regentagen ist er ein wahrer Schatz. Ich bemerkte zu Madame d'Epinay, daß, könnte man seinesgleichen serienweise herstellen, jedermann einen für seinen Landsitz würde haben wollen.

Ich wollte, Sie hätten ihn die Geschichte vom *porco sacro* erzählen hören. In Neapel gibt es Benediktinermönche, die eine Schweineherde halten dürfen – auf Kosten der Allgemeinheit, von der auch der Orden lebt. Diese privilegierten Tiere heißen, nach den heiligen Personen, denen sie gehören, die *heiligen Schweine*. Sie spazieren unbehelligt in allen Straßen umher, dringen in die Häuser ein, wo man sie empfängt und sich sehr höflich gegen sie beträgt. Ein Mutterschwein, das im Begriff ist, Junge zu werfen, wird samt seinen Ferkelchen mit aller erdenklichen Fürsorge umhegt. Wen es mit seiner Niederkunft beehrt, der schätzt sich überglücklich. Wer sich erdreisten würde, ein *porco sacro* abzustechen, wäre ein Gotteslästerer. Und dennoch geschah es, daß ein paar leichtsinnige Soldaten eines töteten. Dieser Mord erregte Aufsehen. In ihrer Angst, erwischt zu werden, erstanden die Missetäter zwei Kerzen, zündeten sie an und plazierten sie zu beiden Seiten des *porco sacro*, über das sie eine große Decke gebreitet hatten, stellten einen Weihwasserkessel samt Wedel zu seinen Häupten auf und ein Kruzifix zu seinen Füßen, und die Männer, die die Untersuchung durchführten, trafen sie im Gebet vor dem Toten kniend an. Der eine hielt dem Kommissar den Weihwasserkessel hin, dieser besprengte den Toten, kniete nieder, tat sein Gebet und fragte, wer der Tote sei. »Einer unserer Kameraden, ein braver Mann«, gab man ihm zur Antwort. »Es ist ein großer Ver-

lust für uns, aber so geht's nun mal auf dieser Welt: die
Guten gehen und die Schlechten bleiben.« Doch mir fehlt
der Mut zum Weitererzählen – nicht mich, den Abbé
müßten Sie hören. Der Kern seiner Geschichten ist dürftig
– unter seinen Händen aber nehmen sie die kräftigsten und
fröhlichsten Farben an und werden zu einer unversieg-
lichen Quelle witziger Einfälle – und manchesmal sogar zu
einer Quelle moralischer Erkenntnis . . .

46. An Sophie Volland

7. Oktober 1760

Keinen Augenblick Ruhe, ganz so, wie Sie am Ende eines
Ihrer letzten Briefe sagten. Aber auch nicht einen einzigen!
Ich komme an. Ich mache einen Sprung zu mir nach Hause,
setze meinen Reisesack an der Tür ab und fliege zum Quai
des Miramionnes. Dort finde ich einen Brief von Ihnen
und schreibe einen anderen zu Ende, den ich auf La Chevrette begonnen hatte. Um Mitternacht komme ich nach
Hause zurück und finde meine Frau fiebernd und mit starken Halsschmerzen. Ich habe nicht gewagt, mich persönlich nach ihrem Befinden zu erkundigen. Selbst auf die ver-
bindlichsten Fragen gibt sie so harte Antworten, daß ich
nur in den allerdringendsten Fällen mit ihr rede. Aber das
Kind habe ich gefragt, das mir auch genau Bescheid geben
konnte, und das Dienstmädchen, und ich habe Anweisungen gegeben, aus denen sie meine Aufmerksamkeit und
Anteilnahme ersehen kann. So müht man sich ab und es
nützt doch nichts.

Morgen hätte ich nach Grandval fahren sollen, aber
dieser Zwischenfall könnte meine Reise um einiges verzögern.

Grimm und ich haben unter einem der Pferde der Tuile-
rien diniert. Ein langer Spaziergang vor dem Diner, das
Diner selbst fröhlich bei großem Appetit, ein langer
Spaziergang nach dem Diner. Und während der ganzen
Zwischenzeit Gespräche über Moral und Liebe, und

wieder über Liebe und Moral – und als Ergebnis der Entschluß, sich zu bessern und den Bösen zu verzeihen, die durch ihre Schlechtigkeit schon genug gestraft sind; und das Glück aller machen zu wollen, vor allem aber das des Freundes und der Freundin . . .

47. *An Sophie Volland*
Grandval, 14.–15. Oktober 1760

Ein Dauerregen sperrt uns im Haus ein. Madame d'Holbach verdirbt sich die Augen über ihrer Stickerei, Madame d'Aine lehnt in ihren Kissen und verdaut. Vater Hoop, die Augen halbgeschlossen, den Kopf kerzengerade auf den Schultern und die Hände auf den Knien, grübelt, glaube ich, über das Ende der Welt nach. Der Baron hat sich in seinen Schlafrock eingehüllt, die Nachtmütze über die Ohren gezogen und liest. Und ich gehe, ganz mechanisch, im Zimmer auf und ab . . . Ich trete ans Fenster, um nach dem Wetter zu sehen, ich sehe einen Himmel, der sich in Wasser auflöst, und bin ganz verzweifelt.

Kann es möglich sein, daß ich an die vierzehn Tage zugebracht habe, ohne von Ihnen zu hören? Haben Sie mir denn nicht geschrieben? Oder hat Damilaville unsere Vereinbarungen vergessen? Oder ist vielleicht der Bote, der Ihre Briefe in Charenton in Empfang nehmen, sie hierherbringen und die meinen mitnehmen sollte, durch das schlechte Wetter aufgehalten worden? Das wird es sein! Wenn ich bei meinen Vorwürfen zwischen den Menschen und den Göttern zu wählen habe, gebe ich stets den Göttern den Vorzug. Von hier nach Charenton sind es fast zwei Meilen, die Straßen sind unpassierbar und der Himmel so launisch, daß man keine Stunde ausgehen kann, ohne Gefahr zu laufen, völlig durchnäßt zu werden.

Indessen bin ich recht verdrossen, Madame d'Aine flüstert es mir ins Ohr. Gesprächsthemen, die mich, wäre ich in zufriedener Stimmung, brennend interessieren würden, streifen nur mein Ohr. Der Baron hat gut sagen:

»Na, was ist denn, Herr Philosoph, wachen Sie schon auf!«
– ich schlafe. Umsonst, daß er hinzusetzt:»Glauben Sie mir
und amüsieren Sie sich, Sie können sicher sein, daß man
sich andernorts recht gut ohne Sie amüsiert.« Ich glaub es
ihm nicht.

Er sieht ein, daß aus mir nichts herauszubringen ist, und
wendet sich Vater Hoop zu:»Nun, alte Mumie, was brüten
Sie denn vor sich hin?« – »Ich brüte über einem recht seltsamen Gedanken.« – »Und der wäre?« – »Daß es einen
Augenblick gab, in dem Europa um ein Haar einen Herrscher zu gewärtigen gehabt hätte, der die geistliche und die
weltliche Macht in einer Person vereinigt hätte, wodurch
Europa auf die Dauer wieder unter die Priesterherrschaft
geraten wäre.« – »Wann und wieso?« – »Als man darüber
beriet, ob man den Priestern die Ehe gestatten sollte. Die
Väter des Tridentinischen Konzils waren in kleinlichen
Rücksichten auf die Kirchendisziplin befangen und weit
davon entfernt, die Wichtigkeit dieser Sache zu ermessen.« – »Meiner Treu, ich sehe sie ebensowenig.« –
»Passen Sie auf. Hätte man den Priestern die Ehe erlaubt,
dann hätte sich doch sicher ein verheirateter Herrscher
zum Priester weihen lassen können? Und hätte nicht, der
ständigen Schwierigkeiten überdrüssig, die die geistlichen
Häupter den weltlichen überall bereiten, einer sie ge-
endet, indem er in seiner Person die geistliche und die
weltliche Macht vereinigt hätte? Und wäre dieses Exempel
einmal gesetzt gewesen, meinen Sie, es wäre ihm niemand
gefolgt?« – »Soll das heißen, Vater Hoop, daß der König die
Messe gelesen und die Predigt gehalten hätte?« – »Aber gewiß, Madame, so gut wie ein anderer. Der geweihte König
hätte seinen Sohn weihen lassen. Die Prinzen von Geblüt
hätten sich und ihre Söhne weihen lassen. Sie würden
heute alle Großen in den Orden vereinigt sehen, und die
ganze Nation in zwei Klassen aufgespalten: die eine, adlig
und geistlich zugleich, würde die wichtigsten gesellschaftlichen Ämter bekleiden und alle Verehrung auf sich
ziehen, die man der Geburt, den Talenten und der Würde

schuldig ist. Die andre, dumm, stumpfsinnig, versklavt und erniedrigt, wäre zu den gewöhnlichen Arbeiten verurteilt, und die doppelte Autorität der Gesetze und des Aberglaubens würde sie unaufhörlich unterjochen. Bald hätte sich die Wissenschaft in den Schoß der adligen und geistlichen Familien zurückgezogen. Hohepriester und Richter der Nation, wären die Großen auch noch ihre Ärzte geworden, ihre Astronomen, Theologen und Rechtsgelehrten, ihre Geschichtsschreiber, Dichter, Geometer, Chemiker, Naturforscher und Musiker. Eifersüchtig auf ihr Wissen, das sie unweigerlich der Menge mißgönnt hätten, hätten sie als sicherstes Mittel, es ihren Kindern vorzubehalten, eine Geheimsprache und eine heilige Schrift erfunden. Die Hieroglyphe wäre mit dem Schweigen und dem Mysterium der alten Schulen wiederauferstanden. Mit der allmählich größer werdenden Dummheit des Volks wäre die Hieroglyphe, die ursprünglich nur als Symbol gedient hatte, zum Götzenbild für das Volk geworden, das nach und nach in alle Absurditäten des ägyptischen Aberglaubens zurückgefallen wäre, und weiß Gott, wann es sich davon wieder befreit hätte. Manche Revolutionen hatten unbedeutendere Ursachen und noch seltsamere Folgen. Wie dem auch sei, das Magiertum der alten Perser hatte vielleicht den selben Ursprung. – Ja, wenn das alles so gekommen wäre, liebe Tochter, dann würdest du jetzt mit einem Priester schlafen und kleine Geistliche zur Welt bringen.«

Wie viele Dinge hätte ich nicht für oder wider diese Idee zu sagen gehabt, wäre ich nur bei der Sache gewesen! Aber mein Geist ist voller Unruhe, und ich kann mich nicht davon befreien. So kommt doch, Ihr Briefe meiner Freundin, kommt und gebt mich meinen Freunden wieder, ihren Unterhaltungen und den Vergnügungen dieses Hauses.

Beide stimmen darin überein, daß die Priesterherrschaft die schlimmste von allen ist, und die Gründe, die sie dafür anführen, beeindrucken mich. »Es gibt keine härtere und unumschränktere Herrschaft als die, die im Namen der Götter ausgeübt wird. Die Vorurteile und der Aberglaube nehmen in dem gleichen Maße zu wie die Habsucht der Priester; zuletzt werden sie allumfassend und zu einer Bürde, unter der Freiheit und Vernunft gleichermaßen ersticken. Je größer das Mißverhältnis und der Abstand, die ein Herrscher zwischen sich und die setzt, die ihm gehorchen, um so weniger bedeuten ihm deren Blut und Schweiß, und um so grausamer ist die Knechtschaft. Überall, wo die Priester zugleich Herrscher waren, ist in der Verehrung, die ihnen die Völker noch heute, wo sie nur mehr Priester sind, entgegenbringen, ein Rest, der deutlich zeigt, wie maßlos sie einst war, als sie, das Zepter in der einen Hand und das Weihrauchfaß in der andern, zum Thron und zum Altar emporstiegen, um sich an der Seite Gottes niederzulassen . . .

Befragen Sie einmal einen kleinen Unterpfarrer von St.Roch, der vorgibt, siebenmal die Woche Gott vom Himmel auf die Erde zu befördern, ihn zu verspeisen und ihn zu Ostern zehntausend Menschen zu essen zu geben – und fragen Sie ihn, was er von seinem göttlichen Amte hält im Vergleich zu dem eines hohen Beamten, eines Fürsten, eines Herrschers. Sein Richtstuhl ist nicht eben großartig: ein armseliges Häuschen, das am kalten Pfeiler einer Kirche lehnt. Aber kaum hat er sich darin eingeschlossen, so betrachtet er sich als Stellvertreter dessen, der einst die Lebenden wie die Toten richten wird; ihm ist es gegeben, zu binden und zu lösen, freizusprechen oder zu verdammen. Der Himmel bestätigt seinen Richterspruch, und nach seinem Belieben öffnen oder verschließen sich die himmlischen Pforten. Wenn er zu seinen Füßen den Monarchen sieht, der demütig seine Sünden bekennt, ihn zum Vermittler anruft, die Buße auf sich nimmt, die er auferlegt – muß er sich da nicht eine übertrieben hohe Meinung von sich selbst machen? Und wenn er nun zum Stolz auf so viele außerordentliche Vorrechte noch den auf die Macht hinzufügen könnte, Gesetze zu erlassen, Armeen zu befehligen und zu herrschen – was wären wir einfachen

Sterblichen dann vor ihm? Sehen Sie sich an, wie die Jesuiten als Priesterkönige in Paraguay mit ihren Untertanen verfahren. Diese Elenden arbeiten unablässig und besitzen nichts. Haben sie sich des allergeringsten Vergehens schuldig gemacht, dann läßt sie der Vater zu sich kommen, er gibt ihnen ein Zeichen, sie ziehen ihre Hosen aus, legen sich auf die Erde nieder, empfangen hundert Peitschenhiebe, stehen auf, ziehen ihre Hosen wieder an, danken dem guten Vater, grüßen ihn untertänigst, indem sie den Saum seines Ärmels küssen, und gehen froh und zufrieden von dannen, sofern sie dazu noch in der Lage sind . . .

Was geschieht, wenn der Gesetzgeber ein Gesetz erläßt? Er gibt fünfzig Bösewichten Gelegenheit, es zu übertreten, und zehn ehrbaren Menschen, es zu befolgen. Die zehn Guten sind ein bißchen besser geworden, die fünfzig Schlechten ein bißchen schlechter, und die Menschheit hat ein wenig Tadel und ein wenig Lob dazuverdient. Einem Volk Sitten geben heißt, seine Energie für das Gute wie für das Böse erhöhen; es heißt, wenn ich mich so ausdrücken darf, dieses Volk zu großen Verbrechen und zu großen Tugenden ermuntern. Ein schwaches Volk ist zu keiner kraftvollen Tat imstande. Ein Sybarit ist ebenso unfähig, seinen Nachbarn umzubringen als seine Geliebte durch die Flammen zu tragen. Stellen Sie sich vor, es hätte bei uns einen Mann gegeben, der es gewagt hätte, seinem Herrscher ans Leben zu trachten, er wäre gefaßt worden, man hätte ihn dazu verurteilt, mit Eisennägeln gespickt, mit einem glühenden Metall übergossen, in kochendes Pech getaucht, auf die Folterbank gespannt, von Pferden zerrissen zu werden; er hätte dieses schreckliche Urteil vernommen und gelassen erwidert: »Das wird ein harter Tag!« – und gleich ist mir, als müsse an meiner Seite auch eine Seele vom Schlag des Regulus atmen, der, wann immer es ein wichtiges öffentliches oder privates Interesse forderte, ohne zu erblassen das mit Eisennägeln gespickte Faß zu betreten bereit gewesen wäre. Wie denn auch! Das Verbrechen sollte einer Begeisterung fähig sein, die der Tugend fremd wäre? Unter Tugend verstehe ich – wie Sie sich wohl vorstellen können – Streben nach Ruhm, Liebe, Patriotismus, mit einem Wort alles, was große und hochfliegende Seelen bewegt. Zu guter Letzt werden die von der Natur zu kühnen Taten bestimmten Menschen nur durch Gründe, die ihnen selbst ganz äußerlich sind, in die Arme der Ehre oder der Schande getrieben. Wodurch wird unser Schicksal bestimmt? Wer kennt sein eigenes Los? . . .

48. *An Sophie Volland*

Grandval, 18. Oktober 1760

. . . Ach, teure Frau, wie sehr ich Sie liebe! Wie sehr ich Sie schätze! An Dutzend Stellen hat mich Ihr Brief mit tiefer Freude erfüllt. Aufrichtigkeit und Wahrhaftigkeit haben eine ganz unsägliche Macht über mich. Wenn ich eine Ungerechtigkeit mitansehen muß, bin ich manchmal dermaßen entrüstet, daß ich den Verstand verliere und so außer mich gerate, daß ich töten und vernichten könnte – aber dafür weckt die Rechtschaffenheit in mir eine so süße Empfindung, sie entflammt mich zu solcher Wärme und Begeisterung, daß ich, wenn es darauf ankäme, mein Leben hingeben würde. Dann ist mir, als würde mein Herz zerfließen, als würde es in meiner Brust schwimmen; eine unbeschreiblich köstliche und unfaßbare Empfindung durchrieselt mich, der Atem wird mir schwer, ein Beben fliegt über meinen ganzen Körper und ich fühle ein Zucken auf der ganzen Haut, besonders aber an der Stirn, in der Gegend des Haaransatzes. Dann malen sich in meinen Zügen Bewunderung und Lust und Wonne, und meine Augen schwimmen in Tränen.

Da haben Sie mich, wenn ich lebhaften Anteil an einem guten Menschen nehme. Ach, meine Sophie, wie viele süße Augenblicke ich Ihnen verdanke und noch verdanken werde! Ach, Angélique, mein liebes Kind, ich spreche zu dir, ohne daß du mich hören kannst. Solltest du jedoch nach meinem Tod – denn du wirst mich überleben – jemals diese Zeilen lesen, dann siehst du, daß ich an dich gedacht, daß ich, ohne zu wissen, welche Zukunft du mir bereiten würdest, gesagt habe, es würde nur an dir liegen, mich vor Freude sterben zu lassen – oder vor Kummer. Elterlicher Kummer ist nicht tief genug, wenn die Kinder Böses, ihr Glück nicht groß genug, wenn sie Gutes tun. Nie sehen die Kinder, wie ihre Eltern vor Schmerz oder Freude weinen.

Einer der süßesten Augenblicke meines Lebens – es ist mehr als dreißig Jahre her und ich erinnere mich, als wäre es gestern geschehen – war der, als mein Vater mich von der Schule heimkehren sah, die Arme mit den Preisen beladen, die ich errungen hatte, und auf den Schultern die vielen Kränze, die mir zu groß waren und über die Stirn herabrutschten. Sobald er mich von weitem erblickte, ließ er seine Arbeit liegen, stellte sich in die Haustür und fing an zu weinen. Dies ist etwas sehr Schönes: ein strenger und rechtschaffener Mann, der weint.

Liebe Freundin, verzeihen Sie mir diese Abschweifung. – Sie selbst haben mich darauf gebracht. Von dem Feuer, das Sie in mir entfachten, habe ich mich mitreißen lassen und niedergeschrieben, was es mir eingab . . .

49. An Sophie Volland

Grandval, den 20: Oktober 1760

. . . Gegen sieben Uhr setzten sich die andern an die Spieltische, und Monsieur Le Roy, Grimm, der Abbé Galiani und ich haben geplaudert. Oh, dieses Mal werde ich Ihnen den wahren Abbé Galiani zeigen, den Sie bis jetzt vielleicht nur als einen angenehmen Possenreißer betrachtet haben! Er ist mehr und besser als das.

Zwischen Grimm und Monsieur Le Roy ging es um das schaffende Genie und die ordnende Methode. Grimm verabscheut die Methode, die nach ihm der Pedanterie in der Literatur entspricht. Diejenigen, die nur hübsch anzuordnen wissen, sollten sich besser nicht abmühen; diejenigen, die nur durch ordentlich Gefügtes unterrichtet und belehrt werden, könnten genauso gut in Unwissenheit verharren. »Aber erst die Methode setzt etwas ins rechte Licht! – Und verdirbt alles. – Ohne sie könnte man sich nichts zunutze machen. – Außer, man läßt sich's was kosten, und das wäre doch tausendmal besser. Warum sollen so viele Leute etwas anderes kennen als ihr Handwerk?« Sie redeten vieles, was ich Ihnen nicht wiedergebe, und sie würden wohl noch reden, hätte sie nicht der Abbé Galiani mit folgenden Worten unterbrochen:

Liebe Freunde, ich erinnere mich an eine Fabel. Ich will sie Ihnen erzählen; vielleicht ist sie ein bißchen lang, aber langweilen werden Sie sich nicht.

Eines Tages erhob sich tief im Wald zwischen der Nachtigall und dem Kuckuck ein Streitgespräch über den Gesang. Beide loben ihr eignes Talent. Welcher Vogel, sagt der Kuckuck, singt so leicht, so einfach, so natürlich und so abgemessen wie ich?

Welcher Vogel, versetzte die Nachtigall, hat einen süßeren, abwechslungsreicheren, helleren, leichteren, rührenderen Gesang als ich?

Der Kuckuck: Ich sage wenig, aber was ich sage, hat Gewicht und Ordnung, und man behält es.

Die Nachtigall: Ich spreche gern, aber ich bin immer neu und ermüde nie. Ich bringe die Wälder zum Entzücken, der Kuckuck macht sie traurig. Er hält sich so genau an die Lektion seiner Mutter, daß er keinen Ton wagen würde, den er nicht von ihr gelernt hat. Ich dagegen kenne keinen Lehrmeister. Ich setze mich über die Regeln hinweg. Und man bewundert mich gerade dann, wenn ich sie überschreite. Kann man seine langweilige Methode überhaupt mit meinen glücklichen Verstößen vergleichen?

Mehrere Male versuchte der Kuckuck, die Nachtigall zu unterbrechen. Aber die Nachtigallen singen immer und hören niemals zu; sie haben nun einmal diesen Fehler. Die unsre war von ihren Ideen hingerissen und eilig hinter ihnen her, ohne sich um die Antworten ihres Rivalen zu kümmern.

Indessen kamen sie nach vieler Rede und Gegenrede überein, das Urteil über ihren Streitfall einem dritten Tier zu überlassen.

Doch wo diesen dritten, sachkundigen und unparteiischen Richter finden? Einen guten Richter finden – das geht nicht ohne Mühe ab. Überall gehen sie auf die Suche.

Sie durchquerten eine Wiese, als sie einen Esel gewahrten – einen der gravitätischsten und majestätischsten, die man je gesehen hat. Seit Erschaffung der Gattung hatte keiner so lange Ohren getragen. – »Ah«, sagte der Kuckuck, als er die sah, »wir haben wirklich Glück. Um Ohren geht es bei unserm Streit. Da steht unser Richter. Gott hat ihn eigens für uns gemacht.«

Der Esel graste. Schwerlich stellte er sich vor, daß er eines Tages über Musik zu befinden haben würde. Aber die Vorsehung macht sich aus manch andern Dingen einen Spaß. Unsre beiden Vögel lassen sich vor ihm nieder, beglückwünschen ihn zu seinem tiefen Ernst und seiner Urteilsfähigkeit, setzen ihm den Gegenstand ihres Disputs auseinander und bitten ihn mit gehöriger Demut, sie anzuhören und zu entscheiden.

Doch der Esel gab ihnen, indem er kaum seinen schweren Kopf abwandte und keinen Augenblick aufs Grasen vergaß, durch eine Bewegung seiner Ohren zu verstehen, er habe Hunger und halte heute nicht Gerichtstag. Die Vögel lassen nicht nach. Der Esel grast weiter. Doch über dem Grasen läßt sein Appetit nach. Am Rande der Wiese standen ein paar Bäume. – »Nun gut«, sagte er, »fliegt dorthin. Ich komme auch. Ihr werdet singen. Ich werde verdauen und Euch dabei zuhören, und dann werde ich Euch meine Meinung sagen.«

Sogleich fliegen die Vögel hin und setzen sich auf die Zweige. Der Esel folgt ihnen mit der Miene und dem Schritt, mit denen ein Gerichtspräsident die Säle des Justizpalastes durchschreitet. Er kommt an. Er streckt sich auf der Erde nieder und spricht: »Fangt an, der Gerichtshof hört Euch.« Er allein war der ganze Gerichtshof!

Der Kuckuck sagte: »Monseigneur, jeder meiner Gründe will beachtet sein; fassen Sie bitte das Wesen meines Gesanges auf, und geruhen Sie vor allem, meine Kunstfertigkeit und Methode zu beobachten.« Dann plusterte er sich auf und sang, indem er jedesmal mit den Flügeln dazu schlug: »Kuckuck, Kuckuck, Kuckuck.« Und nachdem er das auf alle möglichen Weisen zusammengebracht hatte, schwieg er.

Danach entfaltet die Nachtigall ohne weiteren Umschweif ihre Stimme, schwingt sich zu den kühnsten Modulationen empor, folgt den neuesten und ausgesuchtesten Melodien, Kadenzen und Fermaten, daß einem der Atem stehenblieb. Bald hörte man die Töne hinabsteigen und in der Tiefe ihrer Kehle murmeln wie die Welle des Bächleins, die sich gedämpft zwischen den Kieseln verliert; bald vernahm man, wie sie sich erhob, allmählich anschwoll, die Luft erfüllte und langsam verschwebte. Ihr Gesang war abwechselnd sanft, leicht, strahlend, pathetisch, und welchen Ausdruck er auch annahm, packend; aber er war nicht für alle Welt gemacht.

Von ihrer Begeisterung hingerissen, würde sie heute noch singen, hätte nicht der Esel, der bereits mehrere Male gegähnt hatte, ihr Einhalt geboten und gesagt: »Ich stelle mir vor, daß alles, was Sie da gesungen haben, sehr schön ist, nur verstehe ich nichts davon. Es scheint mir wunderlich, verworren, unzusammenhängend. Sie wissen vielleicht mehr als Ihr Rivale, aber der ist methodischer als Sie, und ich bin nun einmal für die Methode.«

Und der Abbé, zu Le Roy gewandt und mit dem Finger auf Grimm zeigend: »Da haben wir die Nachtigall. Sie sind der Kuckuck, und ich bin der Esel, der Ihnen gewonnen Spiel gibt. Guten Abend.«

Die Geschichten des Abbés sind an sich schon gut, aber er spielt sie meisterhaft vor, einfach mitreißend. Sie hätten Tränen gelacht, wenn Sie gesehen hätten, wie er den Hals

127

reckte und flötete, um die Nachtigall nachzuahmen, oder wie er sich aufplusterte und einen heiseren Ton annahm, um den Kuckuck zu spielen; wie er seine Ohren aufstellte, um die dumme und schwerfällige Würde des Esels nachzumachen – und all das natürlich und ganz ohne Anstrengung. Er ist Pantomime vom Kopf bis zu den Füßen . . .

Mit dem Gespräch verhält es sich ganz eigenartig, zumal wenn die Gesellschaft einigermaßen zahlreich ist. Nehmen Sie all die Umwege, die wir gemacht haben – die Fieberträume eines Kranken könnten kaum verschlungener sein. Wie es aber nichts Unzusammenhängendes gibt, nicht im Gehirn eines Träumenden und nicht in dem eines Irren, so gibt es auch im Gespräch zwischen allem eine Verbindung, nur daß es mitunter recht schwierig wäre, die versteckten Glieder dieser Kette aufzuspüren, die derart auseinanderstrebende Ideen zusammenhält. Einer macht eine Bemerkung, die er aus dem, was in seinem Kopf vorging und fortwirkt, herausgerissen hat, ein andrer verfährt geradeso – und diesen Faden mag erhaschen, wer will! Eine einzige materielle Eigenschaft kann den Geist, der sich mit ihr beschäftigt, auf eine Unzahl verschiedener Ideen bringen. Nehmen wir eine Farbe, Gelb zum Beispiel. Das Gold ist gelb, die Seide ist gelb, die Sorge ist gelb, die Galle ist gelb, das Licht ist gelb, gelb ist das Stroh – und wieviel anderen Fäden entspricht dieser gelbe Faden nicht noch? Verrücktheit, Traum, Zusammenhanglosigkeit des Gesprächs bestehen nur darin, daß die Sprechenden von einem Gegenstand zum andern über die Vermittlung einer gemeinsamen Eigenschaft weitergehen.
Der Verrückte bemerkt diesen Wechsel nicht. Er hält einen leuchtend gelben Strohhalm in der Hand und ruft: Da habe ich einen Sonnenstrahl eingefangen! So mancher ist wie dieser Narr und ahnt es nicht – ich selbst vielleicht, in diesem Augenblick . . .

50. An Sophie Volland

Grandval, 26. Oktober 1760

. . . Öfter schon habe ich mich gefragt, wie es kommt, daß ich mit meinem sanften und umgänglichen Charakter, meiner Duldsamkeit, Fröhlichkeit und meinen Kenntnissen so wenig für die Gesellschaft tauge. Es liegt wohl daran, daß es mir dort unmöglich ist, mich so zu geben wie meinen Freunden gegenüber, und ich nicht fähig bin, die unbeteiligte und bedeutungsleere Sprache zu sprechen, deren man sich Gleichgültigen gegenüber bedient. Ich bin dann stumm oder indiskret. Was für eine prächtige Gelegenheit, à la Marivaux zu konversieren! Und warum sollte ich sie nicht wahrnehmen? Im schlimmsten Fall ist man weitschweifig. Mit meinen Briefen an andre bin ich um so zufriedener, je kürzer – mit denen an Sie hingegen, je länger sie sind. Wie sie sich freuen wird, dieses Paket zu bekommen, sage ich mir. Zuerst wird sie es in der Hand abwägen. Sie wird es wegschließen bis zu dem Augenblick, da sie allein ist. Die Zeit bis dahin wird ihr recht lang. Doch endlich allein, wird sie es in aller Eile öffnen und vermuten, daß zumindest eine Broschüre darin ist. Aber nein, sie findet keine Broschüre, sondern einen Packen loser Blätter, die mit meiner Schrift bedeckt sind. Diese Blätter werden geordnet. Man liest beinah die ganze Nacht, der Rest wird für den nächsten Tag aufgespart. Am nächsten Tag liest man zu Ende, und dann liest man sich und der lieben Schwester die Zeilen vor, die einem am besten gefallen haben – denn selbst wenn man meint, nicht zärtlich genug geliebt zu werden, wird man wollen, daß es so scheine, und wenn der Geliebte nicht sehr liebenswürdig war, so soll es doch den Anschein haben, als wär' er es gewesen. Auch in diesem Punkt finde ich die Liebenden ehrenhafter und zartfühlender als die Eheleute.

Aber dieses handgeschriebene Paket, das man mit solchem Vergnügen erhalten und gelesen hat, was enthält es am Ende? Nichtigkeiten. Doch reiht man diese Nichtigkeiten aneinander, so ergibt sich daraus die wichtig-

ste unter allen Geschichten: die unseres Herzensfreun-
des . . .

51. An Sophie Volland

Grandval, 28. Oktober 1760

Sie wissen nicht, was der *spleen* ist, den man auch die
»englischen Vapeurs« nennt? Ich wußte es auch nicht.
Während unseres letzten Spaziergangs habe ich unsern
Schotten danach gefragt, und hier ist seine Antwort:

»Seit zwanzig Jahren spüre ich ein allgemeines, bald
stärkeres, bald weniger starkes Unbehagen. Nie habe ich
einen klaren Kopf, manchmal wird er mir so schwer, daß
er mich wie ein Gewicht vornüber zieht, und ich habe das
Gefühl, es könnte mich aus dem Fenster stürzen lassen
oder, stünde ich am Ufer, auf den Grund eines Flusses
ziehen. Meine Gedanken sind düster, ich bin traurig und
mir ist langweilig. An jedem Ort fühle ich mich elend.
Nichts will ich, ich bin ganz willenlos. Ich suche Zerstreuung, Beschäftigung, umsonst. Die Fröhlichkeit der
andern bedrückt mich. Es tut mir weh, wenn ich sie lachen
oder sprechen höre. Kennen Sie das dumpfe Gefühl, die
Mißmutigkeit beim Aufwachen, nachdem man zu lange
geschlafen hat? In diesem Zustand befinde ich mich fast
immer. Mir ekelt vor dem Leben. Die geringfügigsten
atmosphärischen Veränderungen wirken auf mich wie
heftige Erschütterungen. An keinem Ort halte ich es aus,
ich muß fort, ohne zu wissen wohin, und auf diese Weise
bin ich um die ganze Welt gekommen. Ich schlafe schlecht.
Ich habe keinen Appetit. Ich verdaue nicht. Nur in der
Postkutsche ist mir wohl. Ich will immer das Gegenteil von
dem, was die andern wollen. Mir mißfällt, was sie mögen.
Ich mag, was ihnen mißfällt. Es gibt Tage, an denen ich das
Licht hasse. An andern beruhigt es mich, und würde ich
plötzlich ins Dunkel treten, so würde ich meinen, in einen
Abgrund zu stürzen. Tausend bizarre Träume geistern
durch meinen Schlaf. Denken Sie nur, vorgestern nacht

träumte mir, ich sei mit Madame Rodier verheiratet. Nie in meinem Leben habe ich eine derartige Verzweiflung empfunden. Ich bin alt, schwach, impotent – welcher Teufel hat mich da geritten? Was soll ich mit dieser jungen Frau? Was soll sie mit mir? – Das waren meine Überlegungen. Jedoch, setzte er hinzu, die allerschlimmste Empfindung ist, erkennen zu müssen, wie stumpf man ist, und doch zu wissen, daß man nicht stumpfsinnig auf die Welt gekommen ist; wenn man von seinem Verstand Gebrauch machen will, tätig sein, sich amüsieren, dem Gespräch hingeben, sich tummeln möchte – um zu guter Letzt der Anstrengung zu unterliegen. Es ist eine unbeschreibliche seelische Qual, sich unrettbar dazu verdammt zu sehen, zu sein, was man nicht ist. Monsieur –, rief er schließlich in einem Ton aus, der mir das Herz zerriß – ich war einst fröhlich, ich flog über die Erde wie Sie, ich fand Gefallen an einem schönen Tag, einer schönen Frau, einem guten Buch, einem schönen Spaziergang, einem sanften Gespräch, am Anblick der Natur, an der Unterhaltung mit klugen Männern, an der Komödie der Narren. Mir ist nur die Erinnerung an dieses Glück geblieben, auf das ich nun wohl verzichten muß.«

Und dennoch, liebe Freundin, ist die Gesellschaft dieses Menschen höchst angenehm, irgendetwas ist ihm von seiner früheren Heiterkeit geblieben, das sich seinem ganzen Ausdruck mitteilt. Seine Traurigkeit ist nicht traurig, sondern originell. Es geht ihm nie schlechter, und er ist nie unerträglicher, als wenn er schweigt – und es gibt doch so viele Menschen, die nur dann erträglich sind, wenn es ihnen so schlecht geht wie Vater Hoop!

Wind, Regen, Sturm, ein dumpfes Grollen hallen unaufhörlich in den Gängen wider, und das bringt ihn zur Verzweiflung.

Ich mag sie, diese heftigen Stürme, diesen Regen, den ich in der Nacht auf die Dachrinne trommeln höre, dieses Gewitter, unter dem die Bäume draußen rauschen und tosen, dieses ständige dumpfe Geräusch, das wie ein

Generalbaß ist. Ich schlafe nur um so tiefer, finde mein Kissen nur um so weicher und vergrabe mich ganz in mein Bett, rolle mich zu einem Knäuel zusammen und vergleiche insgeheim mein Glück mit dem traurigen Los derer, die kein Unterkommen haben, kein Dach überm Kopf, keine Bleibe, die, schutzlos diesem unwirtlichen Wetter ausgeliefert, durch die Nacht irren, die vielleicht mehr taugen als ich, den das Schicksal so begünstigt hat, und ich genieße diesen Vorzug.

Tibull fühlte wie ich, doch ich bin allein in meinem Bett, und er hielt in seinen Armen die, von der er geliebt wurde. Er beruhigte sie über das Tosen in der Luft ringsumher, und vielleicht machte ihn dieses Tosen noch glücklicher – er konnte sicher sein, daß kein Mensch sein Glück ahnen und ihn bei diesem stürmischen Wetter stören würde, das die Unwillkommenen in ihr eigenes Haus sperrt. Ich weiß das wohl. Wie oft war mir nicht ein Himmel gnädig, der sich in Wasser auflöste! Er übertönt das Geräusch eines Bettes, das unter der Lust knarrt, es verliert sich, oder es wird von einer aufwachenden Mutter dem Wind zugeschrieben. Dann kann man auf Zehenspitzen aus dem Zimmer treten, eine Tür kann beim Öffnen quietschen, schwer zugehen, man kann auf dem Rückweg ausrutschen – und alles bleibt ohne Folgen. Ach, wäre ich in Isle und wären Sie einverstanden! Am nächsten Morgen würden alle sagen: War das vielleicht eine schreckliche Nacht! Wir aber, wir würden uns nur stumm ansehen und lächeln . . .

52. *An Sophie Volland*

Grandval, 1. November 1760

Begreifen Sie, meine Freundin, wie ein herzensguter und kluger Mensch, dem man billigerweise keine wichtige gute Eigenschaft absprechen kann und der sich bei allen entscheidenden Anlässen wohltätig und großzügig verhält – begreifen Sie, wie ein solcher Mensch sich ohne Zögern entschließen kann, seiner Schwiegermutter, seiner Frau, seinen Freunden, seinen Dienstboten, seiner ganzen Umgebung das Leben schwer zu machen? Wie kann sich einer abwechselnd rücksichtsvoll und grob verhalten? Die Menschen verabscheuen und mit Freuden ihre Not lindern? Scheinbar keine festen Grundsätze haben und in den Fragen des Geschmacks das sicherste Urteil, in denen des Gefühls den erlesensten Takt an den Tag legen? Einer harten und empörenden Äußerung ein ehrbares und sanftes Wort unmittelbar vorausgehen oder folgen lassen? In dem einen Augenblick die ganze Gesellschaft durch seine Ausgelassenheit und Originalität entzücken und sie im nächsten mit seiner unerträglichen Laune plagen?

So ist es mit unserem armen Baron. Ich halte ihn für rettungslos verloren. Früher wurden seine schlechten Momente noch einigermaßen durch die guten aufgewogen – mittlerweile überwiegen die schlechten ganz entschieden. Ich fürchte, demnächst werden sich alle von ihm zurückziehen und er bleibt allein, allein mit mir natürlich. Denn ich habe darüber nachgedacht und mein Entschluß steht fest. Lieber wollte ich leiden, als mich dem Verdacht der Undankbarkeit aussetzen. Wenn eine Freundschaft in die Brüche geht, so macht das in der Gesellschaft immer einen schlechten Eindruck, und Gefälligkeiten angenommen zu haben hat, wenn man von Natur aus hochherzig ist, den Nachteil, daß man nie recht weiß, wann man gleich auf gleich ist.

Was soll man bloß mit diesem Menschen anfangen? Seit acht Tagen ist er wieder gesund und macht sich ein Vergnügen daraus, die Vorrechte eines Kranken auszuspielen – das heißt, er jammert, obwohl ihm gar nichts weh tut, er stößt die andern vor den Kopf, er schmollt, er will essen und wiederum nicht, allein sein und nicht allein sein, er verschmäht jeden Vorschlag und ist beleidigt, wenn man etwas ohne ihn unternimmt. Selbst Vater Hoop, der beste Mensch auf Erden, ist mit seiner Geduld am Ende. Wir sehnen alle beide das Ende unserer Sklaverei herbei. Für mich ist sie so oder so am Abend vor dem Feiertag vorbei, der Schotte muß bis nach Sankt Martin aushalten.

53. An Madame d'Epinay

Anfang November 1760

Ich bin nicht für die Gesellschaft gemacht, wo man einander so wenig zuhört. Mein Herz ist zu weich und empfindsam dafür. Aber die Leute achten nur auf das grobe Äußere – und das ist ärgerlich. Es tut mir so unendlich leid, wenn ich jemanden unabsichtlich verletzt habe, daß man mir schon zugestehen muß, ein wenig zu leiden, wenn ich selbst mich verletzt fühle.

Ich bin wieder zurück. Ich habe mich an die *Nonne* gemacht. Um drei Uhr früh saß ich immer noch darüber. Ich komme mit Windeseile voran. Das ist schon kein Brief mehr, sondern ein Buch. Es werden wahre und pathetische Dinge darin vorkommen, und wenn ich wollte, könnten auch starke darunter sein. Aber ich nehme mir nicht die Zeit dazu. Ich lasse meiner Phantasie freien Lauf und wüßte auch gar nicht, wie ich sie zügeln sollte . . .

54. An Sophie Volland

19. November 1760

Ich habe nicht die Kraft, Ihnen zu schreiben. Ich habe einen schrecklichen Schnupfen, Gliederschmerzen in den Armen, den Schultern, den Beinen, Schüttelfrost und Fieber. Trotz alledem laufe ich umher. Ich esse überhaupt nichts, obwohl ich Appetit habe. Ärgerlich ist, daß ich nicht schlafen kann. Im Bett meine ich, vor Hitze zu ersticken. Von einer Seite wälze ich mich auf die andre, werfe Arme und Beine einmal nach rechts, einmal nach links und suche fortwährend nach einer Stellung, in der mir weniger unbehaglich ist.

Vergangenen Sonntag hat mich Damilaville dazu überredet, dies alles mit Champagner und angenehmer Gesellschaft zu kurieren. Sein Heilmittel gefiel mir. Ich sagte zu. Am Montag, mit dem Bauch gegen den Tisch und dem Rücken gegen den Kamin, plauderte ich also, disputierte, scherzte, trank und aß von eins bis zehn Uhr abends. Die Nacht von Montag auf Dienstag war schrecklich. Ich dachte schon, meine letzte Stunde habe geschlagen. Am Dienstag war ich – Doktor Dubourg, dem Chirurgen Louis und Madame Diderot zum Trotz – um neun Uhr angekleidet und um zehn auf der Straße. Es hat mir nicht geschadet.

Um eins fand ich mich am Boulevard des Capucins ein. Grimm und Madame d'Epinay dinierten mit Appetit, und ich schaute ihnen dabei zu. Gegen vier Uhr nahm ich zwei kleine Tassen Tee zu mir. Um neun kam der Abbé Galiani und ich verabschiedete mich. Ich hatte vorgehabt, beim Quai des Miramionnes vorbeizuschauen, aber mir fehlte einfach die Kraft dazu.

Die gestrige Nacht war etwas besser. Ich esse nichts. Strenges Fasten und körperliche Bewegung werden mich wiederherstellen. Heute abend um zehn komme ich zu Damilaville, erfahre zu meinem großen Kummer, daß sich Ihre Rückkehr um einen Monat verzögert, und schreibe Ihnen dieses Brieflein, damit Sie sich keine Sorgen um mich machen. Leben Sie wohl, meine Freundin. Ich umarme Sie von ganzem Herzen.

Wäre mir nicht dieses Unwohlsein dazwischengekommen, dann hätten Sie noch ein kleines Paket über unseren Montagabend bekommen. Es waren etliche verdienstvolle Leute da und mehrere Mitglieder der Akademie. Die Unterhaltung kreiste um die verschiedensten Dinge, war aber immer sehr ausgelassen. Dennoch: Damilavilles Ratschläge will ich künftig nicht mehr befolgen! Er allerdings behauptet, ohne den kleinen Weißwein-Mißbrauch am Montag würde es mir noch viel schlechter gehen.

Nein, Sie kommen nicht mehr zurück – den Gedanken daran kann man vergessen! Am einfachsten, man tröstet sich auf die eine oder andre Weise darüber hinweg. Aber ich weiß nicht, was ich da rede. Für einen Mann wie mich kann es keinen Trost geben. Anläßlich meines augenblicklichen strengen Fastens, von dem mich noch keiner abbringen konnte, meinte Madame d'Holbach: »Was ich so besonders an ihm mag, ist, daß er alles ganz tut – die dummen und die gescheiten Sachen.«

Adieu, meine liebe Freundin. Ich werde Ihnen immerzu schreiben, daß ich Sie liebe, aber nie wieder werde ich es Ihnen sagen können.

55. An Monsieur de Voltaire

28. November 1760

. . . Monsieur Thiériot hat mir auf Ihren Wunsch hin eine Gesamtausgabe Ihrer Werke geschickt. Wer könnte dessen würdiger sein als ein Mann, der sich seit zehn Jahren darüber im klaren ist – und der den Mut hatte, es jedermann, der es hören wollte, ins Gesicht zu sagen –, daß es keinen französischen Autor gibt, der er lieber sein würde als Voltaire?

Tatsächlich: wie viele Kränze aller Art versammeln Sie nicht auf Ihrem Haupt! Sie haben allen Lorbeer schon geerntet, und wir halten hinter Ihnen Nachlese und klauben hie und da ein paar kümmerliche Blättchen auf, die Sie verschmäht haben, und die wir armen Rekruten uns stolz als Kokarde übers Ohr heften.

Man sagte mir, Sie hätten sich beklagt, inmitten der skandalösen Ereignisse, die für die Männer der Feder so erniedrigend und für die Männer von Welt so amüsant waren, nicht von mir gehört zu haben. Das lag daran, mein lieber Meister, daß ich es für angemessen hielt, mich ganz und gar herauszuhalten; es lag daran, daß diese Entscheidung sowohl die schicklichste als auch die sicherste war; daß man in solchen Fällen die Öffentlichkeit dafür sorgen lassen soll, einen zu rächen; daß ich weder meine Feinde noch deren Werke kenne; daß ich weder die *Kleinen Briefe über die großen Philosophen* gelesen habe noch das satirische Stück, in dem man aus mir einen Dummkopf und Schurken macht, noch die Vorworte, in denen man sich für eine begangene Infamie entschuldigt, indem man mir angebliche Bosheiten nachsagt, die ich nicht begangen, und absurde Gefühle, die ich nie gehegt habe.

Während die ganze Stadt in Aufruhr war, hatte ich mich friedlich in meine Studierstube zurückgezogen und blätterte in Ihrer *Histoire universelle*. Welch ein Werk! Hier sieht man Sie hoch über dem Erdball, der sich unter Ihren Füßen dreht, sieht Sie die illustren Verbrecher, die die Erde durcheinandergebracht haben, einen nach dem anderen beim Schopf packen; nackt und bloß führen Sie uns diese Schurken vor Augen, brandmarken ihre Stirn mit einem glühenden Eisen und stoßen sie hinab in den Schlamm der Schmach, auf daß sie für immer darin versinken.

Die anderen Geschichtsschreiber erzählen uns Tatsachen um der Tatsachen willen – Sie möchten damit in unsern Seelen tiefe Empörung über die Lüge, die Unwissenheit, die Heuchelei, den Aberglauben, den Fanatismus, die Tyrannei wecken, und die Empörung hält an, wenn die Tatsachen selbst längst vergessen sind.

Mir scheint, erst seitdem ich Sie gelesen habe, weiß ich, daß die Zahl der Bösen von jeher groß und mächtig war, die der Guten klein und Verfolgungen ausgesetzt; daß dies ein allgemeines Gesetz ist, dem man sich beugen muß; daß nichts verführerischer ist als der Despotismus; daß ein leidenschaftlicher Mensch, so glückliche Anlagen er auch haben mag, nur selten nicht viel Unglück anrichten wird, wenn er alles darf; daß die Natur des Menschen verderbt ist, und daß, da es kein großes Glück ist, zu leben, es auch kein besonderes Unglück ist, zu sterben.

Und doch las ich *La vanité*, *Le pauvre diable* und *Le Russe*. Die wahre Satire, die Horaz schrieb, und die Boileau und Rousseau nicht zustandebrachten: hier ist sie, lieber Meister! Diese flüchtigen Stücke sind alle reizend.

137

Es ist gut, daß diejenigen unter uns, die versucht sind, Dummheiten zu begehen, wissen, daß es am Ufer des Genfer Sees einen Mann gibt, dessen mächtige Peitsche sie auch hier treffen kann.

Aber werde ich unsere Plauderei beenden, ohne Ihnen ein Wort über das große Unternehmen zu sagen? In Bälde werden die Manuskripte vollzählig und die Platten gestochen sein, und wir werden unseren Feinden auf einen Schlag elf Folio-Bände entgegenschleudern.

Wenn es an der Zeit ist, werde ich Sie um Ihre Hilfe bitten.

Leben Sie wohl, mein Herr und lieber Meister. Verzeihen Sie meine Trägheit und bewahren Sie mir Ihre Freundschaft. Schonen Sie sich – denken Sie bisweilen daran, daß es auf der Welt keinen Mann gibt, dessen Leben für das Universum wertvoller wäre als das Ihre.

56. An Voltaire

23. Februar 1761

Nicht ich, lieber Meister, wollte es – die andern haben sich vorgestellt, daß das Werk auf der Bühne Erfolg haben könnte, und da bemächtigen sie sich nun dieses traurigen *Hausvaters*, kürzen, zerstückeln, kastrieren und beschneiden ihn nach Lust und Laune. Sie haben die Rollen untereinander verteilt und gespielt, ohne daß ich mich eingemischt hätte.

Ich sah nur die letzten beiden Proben und war bisher noch in keiner einzigen Vorstellung. Die Premiere war ein Erfolg, soweit das möglich ist, wenn fast kein einziger Schauspieler zu seiner Rolle paßt und ihr gerecht wird. Darüber könnte ich Ihnen ein paar recht komische Dinge erzählen, würde mich nicht die ganz besondere Anständigkeit, mit der die Schauspieler mir begegnet sind, daran hindern. Einzig Brizard, der den Hausvater spielte, und Madame Préville als Cécile haben sich gut gehalten. Das Werk war ihnen in seiner Art so fremd, daß mir die

meisten gestanden, sie hätten ebenso großes Lampen-
fieber gehabt wie bei ihrem ersten Auftritt. Madame Préville wird bald eine ausgezeichnete Schauspielerin sein,
denn sie ist feinfühlig, natürlich, hat ein Gespür für Nuan-
cen und Würde.

Man sagte mir – denn ich war nicht dabei –, das Stück
habe sich aus eigener Kraft gehalten und der Dichter habe
dem Schauspieler den Beifall abgetrotzt. Bei der zweiten
Vorstellung wurde etwas besser gespielt, und der Erfolg
war denn auch anhaltender und allgemeiner, obwohl die
Intrigen schrecklich waren. Ist es nicht unglaublich, lieber
Meister, daß Menschen, die man zu Tränen rührt, im
selben Augenblick alles daransetzen, dem, der sie so rührt,
zu schaden? Ist denn das menschliche Herz eine dunkle
Höhle, die sich die Tugend mit den Furien teilen muß? Sie
sind nicht böse, denn sie weinen ja; aber wenn sie trotz
ihrer Tränen leiden, die Hände ringen, mit den Zähnen
knirschen – wie soll man sich da vorstellen, daß sie gut
sind?

Während man mich zum drittenmal spielt, sitze ich am
Tisch meines Freundes Damilaville und schreibe Ihnen
unter seinem Diktat, daß ich, hätte nur die Leistung der
Schauspieler etwas mehr dem Charakter des Stücks ent-
sprochen, »in den Wolken« wäre, wie sie das nennen, und
daß mein Erfolg immerhin groß genug ist, um meine Feinde zu betrüben. Im Parkett wurden Stimmen laut, die
meinten: Das ist die Antwort auf die *Philosophen*-Satire!
Und genau das hatte ich hören wollen.

Ich weiß nicht, was das Publikum von meinem dramatischen Talent hält, und es ist mir auch ganz gleichgültig.
Was ich wollte, war einzig, einen Menschen zu zeigen, in
dessen Herzen das Bild der Tugend und das Gefühl der
Menschlichkeit unauslöschlich eingegraben sind. Den
wird man gesehen haben. So wird denn Moses nicht mehr
seine Hände gegen den Himmel strecken müssen. Man hat
es gewagt, mein Werk vor der Königin zu loben. Diese
Nachricht hat mir Brizard aus Versailles mitgebracht.

Leben Sie wohl, lieber Meister, ich weiß, wie sehr Sie den Erfolg Ihres Schülers gewünscht haben, und ich bin darüber gerührt. Meine Anhänglichkeit und Verehrung gelten Ihnen mein Leben lang.

Man kommt von der dritten Vorstellung zurück. Erfolg, der rasenden Claque zum Trotz!

57. An Sophie Volland

12. September 1761

Meine Seele wird von allen Seiten bedrängt. Ungefähr fünfundzwanzig Tage lang hatte ich mein Kind nicht mehr zu Gesicht bekommen. Nun finde ich es ganz und gar verdorben wieder. Angélique hat eine schlechte Aussprache angenommen, ziert sich, schneidet Grimassen, sie kennt die ganze Macht ihrer schlechten Laune und ihrer Tränen, sie schmollt und weint wegen nichts und wieder nichts. Sie hat den Kopf voller alberner Rätselsprüche, gebraucht Straßenausdrücke, hält sich nachlässig – man kommt überhaupt nicht mehr zurecht mit ihr. Ihre ursprüngliche Freude an Arbeit und Lektüre verliert sich. Das alles sehe ich und wäre verzweifelt, ließe mich nicht die Wirkung, die meine Gegenwart seit einigen Tagen auf sie ausübt, etwas Besserung erhoffen.

Sie ist groß, hat ein recht hübsches Gesicht und Geschick zu allen Übungen des Geistes und des Körpers – Urania oder ihre Schwester würden ein überraschendes Geschöpf aus ihr machen; aber ihre Mutter, die sie ganz in ihrer Gewalt hat, wird es nie zulassen, daß ich etwas aus ihr mache. Auch gut! Dann wird sie eben sein wie hunderttausend andere, und wenn sie einen Dummkopf heiratet, wie man hunderttausend gegen eins wetten kann, so wird sie weniger unzufrieden mit ihm sein, als wenn sie durch eine bessere Erziehung wählerischer geworden wäre!

Ein weiterer Anlaß zum Kummer: ich habe diese schreckliche Revision abgeschlossen. Fünfundzwanzig

Tage habe ich ununterbrochen daran gearbeitet, und das zehn Stunden täglich. Nun haben alle meine Korsaren ihr Manuskript vor Augen. Es ist eine enorme Masse, die sie erschreckt. Sie selbst loben meine Arbeit über den grünen Klee, und ich sage mir: Also werde ich nichts dafür bekommen! Das ist nur konsequent. Hätten sie Lust, sie zu bezahlen, dann würden sie meine Arbeit herabsetzen.

Ich bin meiner Logik so sicher, daß ich nichts erwarte, rein gar nichts. Sollte ich mich zufällig geirrt haben, werde ich das ohne Erröten zugeben. Aber ich täusche mich nicht, darauf wette ich meinen Kopf.

Grimm kommt heute abend von La Chevrette zurück. Ich hatte ihm versprochen, mir den Salon anzusehen und ihm ein flüchtiges Urteil über die wichtigsten Ausstellungsstücke zu skizzieren. Ekel, Langeweile und Melancholie haben mich wortbrüchig werden lassen, und das ist für mich ein weiterer Grund zum Traurigsein.

Als ich gestern gerade mit meinem Brief an Sie fertig war, kam der Abbé de la Porte, ein Freund des Direktors der Bäder von Passy, und erzählte uns die Geschichte von Bertin und der kleinen Hus in allen Einzelheiten. Eigentlich bin ich ja heute viel zu verdrossen, um eine so lustige Geschichte zu erzählen. Macht auch nichts! Wenn Sie fertiggelesen haben, falten Sie meinen Brief zusammen und erzählen sich die Geschichte noch einmal, aber besser.

Monsieur Bertin besitzt ein Häuschen in Passy, das seine fünfzig-, sechzigtausend Francs wert ist. Hier verbringt er gemeinsam mit Mademoiselle Hus die schöne Jahreszeit.

Dieses Haus ist ganz in der Nähe der alten Bäder. Der Direktor dieser Bäder ist ein schöner junger Mann von einnehmender Gestalt, ungezwungen in seinen Handlungen und Äußerungen, mit viel Geist und einem flinken Mundwerk, der in der Gesellschaft zu Hause ist und deren Umgangsformen von Grund auf beherrscht. Sein Name ist Vieillard. Vor etwa achtzehn Monaten hatte Mademoiselle Hus, billig wie sie ist, in ihrem Herzen den Reizen Monsieur Vieillards Gerechtigkeit widerfahren lassen und

Monsieur Vieillard in dem seinen den Reizen der Mademoiselle Hus. Am Anfang war Monsieur Bertin hocherfreut, Monsieur Vieillard bei sich zu haben. Im weiteren Verlauf wurde er kühl gegen ihn, dann unhöflich, dann taktlos; schließlich verschloß er ihm seine Tür und ließ ihn von seinen Leuten hinauswerfen. Monsieur Vieillard liebte und faßte sich in Geduld.

Vorgestern vor acht Tagen ging Monsieur Bertin gegen zehn Uhr früh von Mademoiselle Hus weg. Auf dem Weg von Passy nach Paris kommt man unter dem Fenster von Monsieur Vieillard vorbei. Kaum hat sich der vergewissert, daß sein Rivale weg ist, verläßt er sein Haus, nähert sich der Tür von Mademoiselle Hus, findet sie offen, tritt ein und geht in die Zimmer seiner Vielgeliebten hinauf. Sowie er drinnen ist, schließen sich hinter ihm sämtliche Türen des Hauses. Monsieur Vieillard und Mademoiselle Hus dinieren gemeinsam, die Zeit vergeht im Flug, um vier Uhr nachmittags haben sie einander noch nicht all die zärtlichen Dinge gesagt, die sie während der unendlich langen Zeit, in der sie die Eifersucht getrennt hatte, bei sich behalten mußten. Sie hören das Geräusch einer Karosse, die unter den Fenstern anhält. Sie vermuten, um wen es sich handelt. Um sich Gewißheit zu verschaffen, entschlüpft Vieillard durch ein Ankleidezimmer und klettert über eine Hintertreppe zu einem Aussichtstürmchen hinauf, das das Haus krönt. Von da aus sieht er mit Entsetzen, wie Bertin aus seinem Wagen steigt. Hastig klettert er zurück, sagt der kleinen Hus Bescheid und steigt wieder hinauf. Während er bei der einen Tür das Zimmer verläßt, betritt es Bertin durch eine andere.

Da sitzt er also auf seinem Belvedere, und Bertin sitzt bei Mademoiselle Hus. Er umarmt sie, er erzählt ihr, was er getan hat, was er tun wird. Auf seinem Gesicht ist nicht die leiseste Veränderung. Sie umarmt ihn, erzählt ihm, womit sie ihre Zeit verbracht hat, und wie sehr sie sich freut, ihn ein paar Stunden früher zu sehen als erwartet. Die gleiche Sicherheit, die gleiche Ruhe ihrerseits. Es vergeht eine

Stunde, es vergehen zwei, es vergehen drei Stunden. Bertin schlägt eine Partie Piquet vor. Die kleine Hus ist einverstanden. In der Zwischenzeit klettert der Mann auf dem Belvedere im Schutz der Dunkelheit von seinem Ausguck herab, probiert der Reihe nach alle Türen und findet sie nach wie vor alle verschlossen. Er prüft die Möglichkeiten, über eine der Mauern zu klettern. Es gibt keine, bei der er nicht riskiert hätte, sich ein Bein zu brechen oder auch beide, und er kehrt zu seinem luftigen Aufenthaltsort zurück.

Mademoiselle Hus hat indessen alle Viertelstunden ein kleines Bedürfnis. Sie verläßt das Zimmer, steigt vom Aussichtsturm in den Hof hinunter und sucht vergeblich einen Ausgang für ihren Gefangenen. Bertin beobachtet das alles und verliert kein Wort. Die Partie Piquet ist zu Ende. Man läutet zum Souper. Es wird serviert. Man soupiert. Nach dem Souper wird geplaudert. Und nachdem man bis Mitternacht geplaudert hat, zieht man sich zurück, Bertin auf seine Zimmer, Mademoiselle Hus auf die ihren. Bertin schläft tief, oder scheint tief zu schlafen. Die kleine Hus steigt in die Vorratskammer hinab, belädt ein paar Teller mit allem, was ihr unter die Finger kommt, und kredenzt ihrem Freund, der von seinem Ausblick, wo er vor Ungeduld fast vergangen war, in ihre Zimmer hinuntersteigt, ein dürftiges Abendbrot. Nach dem Essen beratschlagt man, was zu tun sei; man kommt zu dem Entschluß, sich ins Bett zu legen, um einander die restlichen Dinge mitzuteilen, die man sich allenfalls noch zu sagen hatte.

Sie legen sich also zu Bett. Da es aber für Monsieur Vieillard ein wenig mißlicher gewesen wäre, eine Stunde zu spät als eine Stunde zu früh aufzustehen, war er bereits vollständig angekleidet, als Monsieur Bertin – der offensichtlich die gleiche Überlegung angestellt hatte – gegen acht Uhr an die Tür von Mademoiselle Hus klopfte. Keine Antwort. Er klopft nochmals, alles bleibt ruhig. Er ruft, man hört ihn nicht. Er geht hinunter, und während er hinuntergeht, öffnet sich das Ankleidezimmer von Made-

moiselle Hus, und Vieillard klettert zu seinem Aussichtsturm zurück.

Diesmal findet er dort zwei Lakaien seines Rivalen vor,
die Wache halten. Er betrachtet sie ohne Zeichen der
Überraschung und sagt: »Also, was gibt's? Jaja, ich bin es,
warum sind denn alle Türen zu?« Wie er mit seiner kleinen
Ansprache fertig ist, hört er unten auf den Stufen Lärm. Er
zieht den Degen, steigt hinunter und steht vor dem Verwalter Monsieur Bertins, der in Begleitung eines Schlossers ist. Er setzt dem ersteren die Degenspitze an die Gurgel und ruft: »Hinunter mit dir und mach mir auf, sonst
bringe ich dich um!« Über diese Worte, und über die
drohende Degenspitze, ist der Verwalter derart erschrocken, daß er ganz vergißt, wo er ist, zurückweicht,
rücklings über die Treppe stürzt, auf den Schlosser fällt
und diesen im Fallen mitreißt. Kühn macht sich Vieillard
ihren Sturz zunutze, steigt über sie hinweg, springt mit
einem Satz über die restlichen Stufen, gelangt in den Hof,
wo er auf ein Grüppchen Frauen trifft, die leise miteinander tuscheln. Mit erregter Stimme, verstörtem Blick und
den Degen in der zitternden Hand ruft er ihnen »Aufmachen!« zu. Entsetzt kreischend stieben die Frauen auseinander. Vieillard sieht, daß der große Schlüssel im
Schloß steckt, er macht auf, schon ist er auf der Straße und
von dort in zwei Sätzen bei sich zu Hause.

Ein paar Stunden später sah man Bertin in seinem
Wagen nach Paris zurückkehren, und nach weiteren zwei
oder drei Mademoiselle Hus, die, von Paketen umgeben,
im Fiaker saß und der großen Stadt entgegenfuhr, und am
nächsten Tag einen großen Packwagen, der den ganzen
Haushaltskram beförderte. Sie hatten fünfzehn Jahre zusammengelebt. Bertin hatte von ihr einen ganzen Stall
Kinder. Diese Kinder und seine alte Leidenschaft werden
ihn zu ihr zurücktreiben, er wird nachgeben, darum bitten,
wieder in Gnaden aufgenommen zu werden, und man
wird ihn für zehntausend Taler erhören, worauf ich jede
Wette eingehe . . .

58. An Sophie Volland

17. September 1761

Ich bin zutiefst verstört. Ich schreibe Ihnen nur, damit Sie sich keine Sorgen um mich machen. Sie wissen, wie ungeheuer mich Ungerechtigkeit und Unvernunft kränken. Nun denken Sie: ich mußte mehr als zwei Stunden lang einen Ausbruch über mich ergehen lassen! So sagen Sie mir doch, was für einen Nutzen diese Frau davon hat, wenn sie mir eine Ader zum Platzen oder meine Gehirnfasern durcheinander bringt? Ach, wie mir das Leben zur Bürde wird, und wie oft ich freudig sein Ende begrüßen würde!

Seien Sie mir über solche Empfindungen nicht böse. – Sie sind weit weg von mir, und mein Herz ist noch ganz schwer. In drei, vier Stunden schlafe ich, und morgen werde ich in meinem Innern, das jetzt noch Verdruß und Empörung quälen, die Liebe wiederfinden. Während des Schlafs werden die Furien von meiner Seele weichen. Die Zärtlichkeit wird mit ihrem freundlichen Gefolge wieder in ihr Einzug halten und ich werde mir nicht mehr wünschen, tot zu sein . . .

59. An Sophie Volland

2. Oktober 1761

Ich habe mit den beiden Eheleuten zwei Tage in Massy verbracht. Wir sind spazierengegangen. Madame Le Breton ist tausendmal verrückter, als es ihrem Alter, ihrer Frömmigkeit und ihrem Charakter anstünde. Ich wüßte wirklich gern, wie diese Frau in ihrer Jugend gewesen sein mag. Sie war eng mit einer Madame de La Martelière befreundet. Ginge man nach dem Sprichwort, so wäre damit alles gesagt. Sie wissen vielleicht, oder Sie wissen auch nicht, daß ich mich manchmal damit unterhalte, so zu tun, als sei ich leidenschaftlich in sie verliebt. Sie nimmt das nicht ernst, ihr Mann ebenso wenig, und in die Unterhaltung bringt das einen witzigen und fröhlichen Ton.

Allmählich wird es kalt. Gestern saßen wir um ein schönes Feuer herum. Wir verbrannten die Dauben eines alten Fasses, und das Spundloch bot uns seine Öffnung dar, die ganz in Flammen stand. Meint die alte Närrin zu mir: »Philosoph, seit langem flehen Sie um meine Gunst. Nun ist der Augenblick gekommen, da Sie sie erlangen sollen. Wohlan denn, läutern Sie sich hier drinnen, und ich will Sie erhören.«

Unser Einsiedlermönch ist eine sehr glückliche Person, die sich in einem Winkel des Hühnerhofs eingerichtet hat. Er trinkt, er ißt, man kann förmlich zusehen, wie er fett wird. Er geht selten aus. Ich wüßte nicht zu sagen ob er viel nachdenkt. Mir scheint, er gehört der Sekte Epikurs an. Die Heiterkeit, mit der er seine Klause verläßt, gibt mir eine hohe Meinung davon, wie er seine Zeit nutzt. Wir haben ihn zweimal täglich besucht. Ich kann Ihnen versichern, er hat sich nicht viel um uns geschert. Als er hier ankam, war er noch ganz klein und hatte noch keinen Namen. Ich habe ihn Antoine getauft, oder auch Don Antonio. Für seinen Unterhalt sorgt die Bäuerin. Er ist nicht sehr wählerisch. Nicht, daß er nicht häufig grunzen würde, aber weniger aus schlechter Laune als aufgrund eines Charakterzugs, der ihm eigen ist. Sollte Sie der Rest seiner Geschichte interessieren, dann will ich mich erkundigen. Ich selbst bin nicht besonders neugierig. Ich freue mich an den Menschen, ohne danach zu fragen, wer sie sind und woher sie kommen.

Als ich neulich meiner Gastgeberin von Massy gegenüber äußerte, wie sehr mich ihr widersprüchlicher Charakter erstaune, gab sie mir eine recht eigenartige Antwort. »Nun ja«, sagte sie, »das hängt damit zusammen, daß es keine frommen Menschen gibt, sondern nur Heuchler. Ob man sich nun hinkniet, betet, Nachtwachen hält, fastet, die Hände faltet, Herz und Augen zum Himmel hebt – das Wesen ändert sich dadurch nicht. Man bleibt, was man ist. Ein Mann zieht sich einen blauen Rock an, heftet eine Achselschnur an seine Schulter, hängt sich einen langen Degen um, steckt ein paar Federn an seinen Hut – aber wenn er sich auch einen stolzen Gang zulegt, mit hocherhobenem Kopf einherschreitet, drohende Blicke um sich wirft, er bleibt ein Feigling mit allen äußeren Merkmalen eines beherzten Mannes. Wenn ich zurückhaltend, ernst, gesetzt bin, dann bin ich nicht ich selbst. Ich besitze ein Kirchen-Gesicht, ein Gesellschafts-Gesicht und ein Mätressen-Gesicht. Soweit mein Grimassen-Leben. Von meinem wirklichen Leben, meinem wahren Gesicht, dem Verhalten, das mir natürlich ist, mache ich selten Gebrauch, und wenn, dann nicht für lange Zeit. Ich sage dann viel dummes Zeug und höre erst damit auf, wenn ich die Stimme meiner Mutter zu hören meine, die zu mir sagt: ›Aber, aber – mein Kleines!‹ Dann ziehe ich mich in mich selbst zurück und bin wieder unter meinem Schleier versteckt. Wenn ich mich andern gegenüber zeige, wie ich bin, kommt es selten vor, daß ich's nicht in der Kirche bereue. Und trotz alledem sind mir die Menschen am liebsten, bei denen ich am meisten dazu neige, in meine natürliche Unanständigkeit zurückzufallen. Wenn man mir Zwang auferlegt, bin ich schön und schamhaft wie ein aufgespießter Schmetterling.«

Der kleine Comte de Lauraguais hat Mademoiselle Arnould verlassen. Statt daß er sich wollüstig am Busen eines der liebenswertesten Geschöpfe der Welt ausruht, hält ihn seine dumme Eitelkeit in Trab und hetzt ihn von Paris nach Montbard, und von Montbard nach Genf. Dahin hat er sich mit einem Band voll schöner Verse begeben, die alle von einem andern sind, die er aber an der Seite Voltaires neu schreiben wird, um ihm weiszumachen, sie stammten von ihm selbst. Er ist ein sonderbarer Mensch. Er hatte zwei junge Chemiker zu sich genommen. Eines Tages steht er um vier Uhr morgens auf, steigt in ihr Dachkämmerchen und weckt sie. Er setzt sie in seine Kutsche, sechs Pferde haben sie schon bis Sèvres gebracht, und die beiden haben die Augen immer noch nicht richtig auf. Er führt sie in sein Landhäuschen, und kaum sind sie drin, sagt er zu ihnen: »Meine Herren, da wären wir. Ich brauche eine Entdeckung. Sie kommen hier nicht eher heraus, als bis sie gemacht ist. Adieu, in acht Tagen bin ich wieder da. Hier sind Gefäße, Öfen, Kohle. Für Ihre Verpflegung ist gesorgt. Ans Werk!«

Nach diesen Worten schließt er die Tür hinter sich zu, und fort ist er. Er kommt zurück, die Entdeckung ist gemacht. Man teilt sie ihm mit, und augenblicklich ist er überzeugt, von alleine daraufgekommen zu sein. Er rühmt sich ihrer, er ist sehr stolz darauf – sogar den beiden armen Teufeln gegenüber, deren Eigentum sie ist, und die er verachtungsvoll wie Dummköpfe behandelt und weiter Hunger leiden läßt. Hätte er wenigstens gesagt: Ihr habt Genie und kein Geld. Ich habe Geld und möchte Genie haben. Verständigen wir uns, Ihr habt dann die Hosen und ich den Ruhm!

Diesen Herbst werde ich aus Paris nicht herauskommen. Es gibt Ärger auf Ärger. Ich verderbe mir die Augen über Stichen, die mit Zahlen und Buchstaben übersät sind, und diese mühselige Arbeit mache ich in dem bitteren Bewußtsein, dafür Beleidigungen, Verfolgungen, Quälereien und Beschimpfungen zu ernten. Ist das nicht angenehm? Freund Grimm kann lange predigen – so wird es kommen und nicht anders. Ich mag mir keine Illusionen mehr machen. Ein köstliches Mahl, angenehme Lektüre, ein Spaziergang an einem frischen und einsamen Ort, ein Gespräch, bei dem sich das Herz auftut und ich mich ganz meinen Gefühlen überlasse, eine heftige Erregung, die mir die Tränen in die Augen treibt, das Herz klopfen, die Stimme versagen, mich in Ekstase geraten läßt – ob sie nun durch den Bericht über eine edle Tat oder durch eine zärtliche Gefühlsregung hervorgerufen wird; Gesundheit, Heiterkeit, Freiheit, Müßiggang, Wohlbefinden: das ist das wahre Glück, und nie werde ich ein anderes kennen!

Ich brauche bloß einen Blick in die Zukunft zu werfen und an den Augenblick zu denken, in dem meinem Töchterchen die Augen aufgehen, ihre Brust sich runden, ihre

Fröhlichkeit dahinschwinden wird, in dem sie beginnen wird, unruhig zu werden, in ihren Sinnen eine noch unbekannte Verwirrung und in ihrem Herzen ein unbestimmtes Verlangen sich regen werden. Das wird dann die Zeit der nächtlichen Träume sein; der unterdrückten Seufzer, und tagsüber der verstohlenen Blicke nach den Männern – und für mich die Zeit, mein kleines Vermögen zu teilen. Was ich ihr gebe, muß für ihr bequemes Auskommen langen, und was ich behalte, für das meine. Das heißt, daß es noch fünf- oder sechshundert Pfund Rente zu verdienen gilt; ein oder zwei Komödien, ein, zwei Tragödien, drei oder vier gelungene Bühnenehen werden mir dabei gute Dienste leisten.

Lebt wohl, Ihr guten Freundinnen. Diskutiert fleißig über *Clarissa*. Ihr könnt sicher sein, daß Eure Empfindungen richtig sind. Morphyse hat den einen oder anderen Hintergedanken, der sie alles verkehrt sagen läßt. Ich umarme Euch alle von ganzem Herzen. Die Gefühle der Zärtlichkeit und Freundschaft, die Ihr in mir geweckt habt, machen jetzt und immerdar den süßesten Teil meines Glückes aus.

60. An Sophie Volland

12. Oktober 1761

. . . Am Dienstag sollte ich mit Grimm, D'Alainville und Montamy nach Grandval fahren. Ich kündigte meine Reise an. Bei den ersten Worten sah ich, wie die Gesichter von Mutter und Tochter lang wurden. Das Kind hatte schon eine Glückwunschansprache auswendig gelernt, seine Mühe sollte nicht umsonst gewesen sein, und die Mutter hatte ein großes Diner für den Sonntag geplant. Alles ließ sich einrichten. Ich habe meine Reise gemacht und bin zurückgekommen, um mir den Glückwunsch anzuhören und mich feiern zu lassen. Das Kind hat seine kleine Rede ganz entzückend aufgesagt, mittendrin, als einige schwer auszusprechende Wörter kamen, unterbrach sie sich und sagte: »Lieber Papa, ich habe nämlich Zahnlücken.« Und wirklich sind ihr die zwei Schneidezähne ausgefallen. Dann fuhr sie fort. Gegen Schluß, als sie mir das Sträußchen übergeben sollte und dieses Sträußchen nirgends finden konnte, unterbrach sie sich nochmals und sagte: »Das schlimmste an der ganzen Sache ist, daß meine Nelke verschwunden ist.« Sie endete, ohne sich zu verhaspeln und machte sich dann auf die Suche nach ihrem Sträußchen, das auch glücklich zum Vorschein kam.

Wir dinierten gestern in großer Gesellschaft. Madame hatte alle ihre Freundinnen versammelt. Ich war sehr fröhlich, trank, aß, machte ganz vortrefflich den Wirt. Nach Tisch spielte ich und ging nicht aus. Zwischen elf Uhr und Mitternacht begleitete ich alle nach Hause. Ich war bezaubernd – und wenn Sie wüßten, mit wem! Was für Gesichter, was für Personen, was für Gespräche, welch eine Freude! Man hatte ein wenig Angst gehabt, wie ich mich benehmen würde, und trug damit meinem Geschmack mehr Rechnung als meiner Rücksichtnahme und Gefälligkeit. Nicht, daß man vom einen oder andern allzu viele Beweise hätte . . .

61. An Sophie Volland

14. Juli 1762

. . . Wieviel ich Ihnen zu erzählen habe – teils heitere, teils traurige Dinge! Meine Briefe geben recht genau das Leben wieder. Ich tue, ohne es zu bemerken, was ich mir hundertmal gewünscht habe. Wie denn, sagte ich mir, ein Astronom verbringt dreißig Jahre seines Lebens hoch oben auf seiner Sternwarte, preßt Tag und Nacht sein Auge gegen das Ende eines Fernrohrs, um die Bewegung eines Gestirns zu verfolgen, und sich selbst sollte keiner beobachten, niemand sollte den Mut haben, über alle Gedanken, die in seinem Kopf umgehen, über alles, was sein Herz bewegt, über alle seine Leiden und Freuden genauestens Buch zu führen, und unendlich viele Jahrhunderte sollten verstreichen, ohne daß wir je erfahren, ob das Leben eine gute oder eine schlechte Sache ist, ob der Mensch von Natur aus gut oder böse ist, was unser Glück und unser Unglück ausmacht? Aber man bräuchte sehr viel Mut dazu, nichts zu verbergen. Möglicherweise würde man leichteren Herzens den Plan zu einem großen Verbrechen beichten als eine verborgene, häßliche und niedrige kleine Gefühlsregung. Es würde vielleicht weniger Überwindung kosten, in das Verzeichnis zu schreiben: Ich habe den Thron auf Kosten dessen begehrt, der ihn innehat, als zu notieren: Eines Tages befand ich mich unter lauter jungen Männern im Bad, unter ihnen bemerkte ich einen von überraschender Schönheit, und ich konnte mich nicht enthalten, mich ihm zu nähern. Auch für einen selbst wäre diese Art Prüfung nicht ohne Nutzen. Ich bin sicher, man wäre mit der Zeit sehr darauf bedacht, abends nur ehrbare Dinge verbuchen zu müssen. Und Sie möchte ich fragen: würden Sie wohl alles sagen? Horchen Sie auch Urania ein bißchen darüber aus, denn wenn Euch dieser Plan, einander alles mitzuteilen, erschrecken sollte, müßte man unbedingt darauf verzichten. Was mich betrifft, so wüßte ich, weit entfernt von Ihnen, wie ich bin, nichts, was Sie mir näherbrächte, als Ihnen alles zu erzählen und Sie durch meinen Bericht zum Zeugen meiner Handlungen zu machen . . .

62. An Sophie Volland

18. Juli 1762

. . . Ich will Ihnen bei dieser Gelegenheit eine wichtige Frage vorlegen, über die ich Sie um Ihre Meinung bitte. Aber denken Sie vorher ernsthaft nach, denn es handelt sich dabei nicht um eine dieser erfundenen Gewissensfragen, wie man sie zum eigenen Vergnügen ausklügelt, oder um die Doktoren der Sorbonne in Verlegenheit zu bringen, sondern um einen wahren Fall. Wenn Sie die Entscheidung Uranias zu Ihrer eignen hinzufügen könnten, um so besser.

Ein Mädchen von zweiunddreißig oder dreiunddreißig Jahren, das Geist, Mut, Erfahrung, eine gute Gesundheit, ein eher ausdrucksvolles als schönes Gesicht und ein anständiges Vermögen hat, will sich nicht verheiraten, weil es das ganze Elend einer unglücklichen Ehe kennt und weiß, daß die Wahrscheinlichkeit, zu heiraten und unglücklich zu werden, sehr groß ist. Nun will sie aber unbedingt ein Kind, denn sie fühlt, wie süß es ist, Mutter zu sein, und sie traut sich zu, ihrem Kind eine vorzügliche Erziehung zu geben – vor allem, wenn es sich um ein Mädchen handeln sollte. Sie kann frei über sich verfügen. Sie hat einen vierzigjährigen Mann ins Auge gefaßt, den sie lange Zeit genau studiert hat und dessen Aussehen ihr zusagt, vor allem aber seine erstaunlichen menschlichen und geistigen Vorzüge. An ihn hat sie sich mit folgenden Worten gewandt: »Monsieur, ich schätze niemanden auf der Welt mehr als Sie, doch ich empfinde keine Liebe, werde nie welche empfinden, noch jemals Liebe fordern. Sollten Sie sich in mich verlieben, so steht es tausend gegen eins, daß ich Ihre Liebe nicht erwidern würde. Worum es sich handelt, ist, daß ich Sie um den Gefallen bitte, mir ein Kind zu machen. Überlegen Sie, Monsieur, ob Sie mir diesen Dienst erweisen wollen. Ich will Ihnen nicht verbergen, daß es mich äußerst betrüben würde, wenn Sie es mir abschlagen sollten. Nicht, weil meine Eigenliebe darunter leiden würde, das schwöre ich Ihnen. Ich lasse mir Gerechtigkeit widerfahren, ich weiß, was ich wert bin. Doch der Großteil derer, die nur zu geneigt wären, mir meine Liebenswürdigkeit zu beweisen, ist für mein Vorhaben ungeeignet, und ich müßte dieses Vorhaben, das ich für ehrbar halte und an dem mir unendlich viel liegt, aufgeben, wenn es auf ein unüberwindliches Hindernis Ihrerseits stoßen sollte. Ich weiß wohl, daß Sie verheiratet sind. Vielleicht ist Ihr Herz außerdem in eine leidenschaftliche Liebe verstrickt, die Sie meinetwegen um keinen

Preis vernachlässigen sollen. Mehr noch: wären Sie dazu fähig, dann wären Sie vielleicht nicht mehr würdig, der Vater des Kindes zu sein, dem ich Mutter sein will. Ich verlange von Ihnen nichts als einen Lebensfunken, den ich gerne anders empfangen würde, als die Natur es gewollt hat. Gehen Sie mit sich zu Rate. Wenn Sie sich dazu verpflichtet fühlen, noch jemand anderen darüber zu Rate zu ziehen, so verlange ich, daß Sie es tun. Nennen Sie ruhig meinen Namen. Mein Plan bringt mich nicht zum Erröten. Kommt er zur Ausführung, will ich mich seiner ebenso wenig schämen. Ich werde meine Schwangerschaft nicht verbergen, das ist beschlossene Sache. Wenn Sie wünschen, daß meine Verpflichtung Ihnen gegenüber geheim bleibt, wird sie es bleiben. Ich werde darüber Schweigen bewahren. Wenn Sie mir gestatten, Ihren Namen zu nennen, werde ich es tun oder auch nicht, ganz wie es mir richtig scheint. Diesbezüglich will ich Ihnen alles versprechen, was Sie wollen, und jeder, der mich kennt, wird für mich bürgen. Ich bin eine Frau von Ehre. Bis jetzt habe ich mir noch gegen niemanden etwas zuschulden kommen lassen, und es wird mir in meinem Alter und Ihnen gegenüber nicht ein erstesmal passieren.« Soweit fast Wort für Wort die Rede dieser Frau.

Der Mann, an den sie gerichtet war, ist verheiratet. Im übrigen ist er bis über die Ohren in eine Frau verliebt, die ihn wiederliebt. Was soll er tun? Soll er sich zu der Gefälligkeit, um die man ihn bittet, bereit erklären? Soll er seine Geliebte um Rat bitten? Und so weiter und so weiter.

Damit Sie unparteiisch urteilen können, will ich Ihnen gleich sagen, daß ich die Frau kenne, und daß nicht ich der Mann bin. Überstürzen Sie nichts. Prüfen Sie diese Sache in aller Ruhe – sie verführt dazu, daß man vor lauter Nebensächlichkeiten auf die wirklich wichtigen Erwägungen vergißt.

Nun, meine Freundin, was meinen Sie: habe ich genug geplaudert? Ich umarme Sie von ganzem Herzen. Wie wollte ich Sie küssen, wie wollte ich Sie lieben, wenn ich

die Zeit und den Ort dazu hätte! Ach nein, nein, glauben
Sie nicht, daß ich ruhig bin! Ich werde so lange traurig sein,
bis Sie anfangen, von Rückkehr zu sprechen, aber dann
wird mir vor lauter Freude auf unser baldiges Wiedersehen das Herz beben.

63. An Sophie Volland

25. Juli 1762

. . . Suard stellte uns einen Franzosen vor, der gerade aus
Kopenhagen zurückgekommen ist. Dieser Mann erzählte
uns ganz unglaubliche Geschichten über die Liebe des
Volkes zu seinem Herrscher und die Liebe des Herrschers
zu seinem Volk. Bei den Dänen hat der Patriotismus seine
letzte Zufluchtsstätte gefunden. Hier eine Szene, bei der er
Augenzeuge war, und die auch Sie gern mitangesehen
hätten. Sie hat sich abgespielt, als ein Reiterstandbild des
Königs auf einem öffentlichen Platz in der Hauptstadt aufgestellt wurde. Das Volk war in Scharen herbeigeströmt.
Der Monarch war in Begleitung seines gesamten Hof-
staats. Kaum ist er erschienen, als sich mit einem Mal fünf-
bis sechstausend Stimmen erheben und wie aus einem
Munde rufen: »Hoch lebe unser König! Hoch lebe unser
guter König! Hoch lebe unser Herr, unser Freund, unser
Vater!« Und schon wird der Herrscher von der Begeisterung seines Volkes mitgerissen, er öffnet den Wagen-
schlag, stürzt sich in die Menschenmenge, wirft seinen Hut
in die Luft und ruft: »Hoch lebe mein Volk, hoch leben
meine Untertanen! Hoch leben meine Freunde, hoch
leben meine Kinder!«, und dann umarmt er jeden, der sich
an ihn herandrängt.

Ach, meine Freundin, wie schön und selten das ist!
Wenn ich mir dieses Schauspiel vorstelle, fange ich vor
Freude darüber zu zittern an, das Herz beginnt mir zu
klopfen und ich fühle, wie mir Tränen in die Augen
steigen. Dieser Bericht hat uns alle gleichermaßen gerührt.

Ich lese diese Stelle meines Briefes nochmals und bin von neuem gerührt. Sie werden zugeben, daß dieser Hut, den einer in die Luft wirft, zeigt, daß seine Seele freudetrunken ist. Wer unter seinen Untertanen wohl der Glückliche war, der den Hut zu guter Letzt behalten durfte? Wäre ich es gewesen, dann könnte man ihn mir mit Gold aufwiegen, und ich gäbe ihn nicht her dafür. Mit wieviel Vergnügen würde ich ihn meinen Kindern zeigen, meine Kinder den ihren, und so fort bis zum Aussterben der Familie. Oft und oft würde sich der glückliche Augenblick, der mich in seinen Besitz gebracht hat, wiederholen, oft und oft würde ich dieses Ereignis erzählen, ehe ich stürbe. Glauben Sie, es würde einer wagen, ihn je sich aufzusetzen? Wäre der Eindruck, den er macht, nicht tausendmal kostbarer als der des Dolchs von Cesare Borgia, auf dem man noch heute Blutspuren entdecken kann? Die Geschichte dieses Tages wird noch in hundert Jahren, noch in tausend Jahren Freudentränen fließen lassen. Wie schön er für den Monarchen, wie schön er für seine Untertanen war! Um dieses Glück beneide ich die Herren dieser Erde! Ich würde vor Freude sterben, könnte ich ein ganzes, unermeßliches Volk in einen solchen Taumel der Begeisterung versetzen, sie mit ansehen und sie teilen! Wer inmitten dieser allgemeinen Ausgelassenheit traurig bleiben wollte, müßte schon seinen Vater verloren haben oder von seiner Geliebten betrogen worden sein ...

Dieser Rousseau, von dem Sie mir wieder sprechen, hat in Genf ziemlich viel Staub aufgewirbelt. Die Bevölkerung hat, aufgestachelt durch die Anmaßung des Autors und seiner Werke, einen Auflauf gebildet und einstimmig vor dem Konsistorium erklärt, das *Glaubensbekenntnis des savoyischen Vikars* sei auch das ihre. So hat ein kleiner und an sich unbedeutender Vorfall an einem einzigen Tag zwanzigtausend Seelen der christlichen Religion abtrünnig werden lassen. Oh ja, diese Welt wäre eine gute Komödie, müßte man nicht selber mitspielen. Wenn man beispielsweise irgendwo im All existieren würde, dort, wo die Planeten ihre himmlischen Bahnen ziehen und die Götter Epikurs schlummern – weit, weit weg, von wo aus die Erdkugel, auf der wir so stolz umhertraben, höchstens so groß wie ein Kürbis aussieht, und von wo man mit dem Fernrohr die unendlich vielen verschiedenen Haltungen beobachten könnte, die diese zweibeinigen Flöhe einnehmen, die man Menschen nennt! Ich möchte die Szenen des Lebens nur in Verkleinerung sehen – die abscheulichen schrumpfen dann auf einen Zollbreit Raum und auf Schauspieler von einem halben Strich Höhe zusammen und können mir keine heftigen Schreckens- oder Schmerzgefühle mehr einflößen. Aber ist es nicht wunderlich, daß die Empörung, die eine Ungerechtigkeit in uns weckt, im Verhältnis zum Raum und zu den Massen steht? Ich gerate in Wut, wenn ein großes Tier ein andres grundlos angreift. Ich empfinde nichts, wenn zwei Atome einander verwunden. Wie groß doch der Einfluß unsrer Sinne auf unsere Moral ist! Ein schönes Thema zum Philosophieren: was meinen Sie dazu, Urania?

Gerade weil dieses Glaubensbekenntnis Unsinn ist, wird es dem Volk den Kopf verdrehen. Die Vernunft ist nicht sonderbar, nicht verblüffend genug – und der Pöbel will verblüfft sein . . .

64. An Sophie Volland

28. Juli 1762

. . . Mit der Zeit werden Sie mir mein ganzes Leben ins Gedächtnis zurückrufen. Sehen Sie, ich könnte hundert gegen eins wetten, daß meine Abneigung gegen gewisse Geschöpfe ihren Ursprung weniger in der Erziehung, einem ehrbaren Geschmack, natürlicher Feinfühligkeit, einem guten Charakter hat als in zwei Abenteuern, die mir in einem Alter zugestoßen sind, in dem jeder Eindruck prägend ist. Ich weiß gar nicht, warum ich Ihnen davon noch mit keinem Wort gesprochen habe; wenn ich daran zurückdenke, bekomme ich jetzt noch eine Gänsehaut.

Ach, wie abscheulich die Venus der Straße ist! Eines Abends war ich zum Souper in ein zweifelhaftes Haus geladen, das ich aber nicht als solches erkannte. Einer der Söhne von Julien Le Roy war dabei, und noch andre Männer und Frauen. Bei Tisch saß ich neben der Dame des Hauses. Wir waren fröhlich, ich war jung und närrisch, ich gefiel – und merkte es an Blicken und andren unzweideutigen Zeichen. Man ging spät auseinander. Ich weiß nicht, wie es kam, doch blieb ich allein mit der Dame des Hauses zurück, und da ich allem Anschein nach die Nacht in einer Wohnung verbringen sollte, in der es nur ein einziges Bett gab, hoffte ich, man würde mir anbieten, es zu teilen – denn die Dame war sehr artig. Man schnürte ihr Mieder auf, ich half ihr beim Auskleiden, als jemand mit aller Kraft ans Tor klopfte. Es war der junge Le Roy, der atemlos angerannt kam, um mir den Stand der liebenswürdigen und zugänglichen Person mitzuteilen, mit der ich zusammen war, und die Gefahr ihrer Gunst. Ich war hinuntergegangen, um mit ihm zu reden, ich kehrte nicht nach oben zurück . . .

Und hier Teil zwei. Ich hatte einmal ein kleines Kämmerchen an der Ecke der Rue de la Parcheminerie, ich kann es von hier aus sehen. Unter mir wohnte ein Mädchen, das von einem Offizier ausgehalten wurde. Man nannte sie die Desforges. Ihr Liebhaber brach zum Feldzug von 1744 auf, und ich machte mit ihr Bekanntschaft. An einem heißen Tag fand ich sie beinahe ganz entkleidet auf einer Bergère ausgestreckt. Ich näherte mich den Füßen des Bettes und ihren eigenen, ergriff den Saum des leichten Schleiers, der sie bedeckte, und lüpfte ihn. Sie ließ mich gewähren. Ich sagte ihr, daß sie schön sei, und es wäre auch allzu schwer gewesen, sie an meiner Stelle und in meinem Alter nicht schön zu finden. Ich traf Anstalten, mein Lob durch Beweise zu stützen, als sie ihre Hand zwischen ihre Reize und meine Begierde schob und mir mit folgenden, sonderbaren Worten Einhalt gebot: »Mein Freund, das alles ist ja sehr schön (oder sehr gut, ich weiß nicht mehr, was von beidem sie gesagt hat). Aber«, fuhr sie fort, »ich bin meiner Gesundheit nicht sicher, und, ich weiß nicht warum, es würde mir äußerst leid tun, wenn du dich über mein Entgegenkommen zu beklagen hättest. Gegenüber von mir wohnt ein dummer Kerl, der mich bedrängt. Bei der nächstbesten Gelegenheit lasse ich ihm seinen Willen, dann werden wir wissen, ob du ohne böse Folgen annehmen kannst, was ich nur allzu bereit bin, dir zu gewähren. Gib mir einstweilen dein Patschhändchen und vertreib mir die Zeit – ich will sie dir vertreiben.«

Das Experiment wurde durchgeführt. Der dumme Kerl von Nachbar wurde daraufhin sterbenskrank, und ich bin durch eine besondere Gnade der Vorsehung davongekommen, die mich immer wieder vor einem Übel bewahrt hat, über das sich die Libertins lustig machen, das mich jedoch mit Schauder erfüllt . . .

Der Mann, den dieses Mädchen um den Gefallen bat, ihr ein Kind zu machen, lächelte, machte den einen oder andern Scherz und sprach sich nicht aus. Die Angelegenheit schien ihm bedeutungsvoll. Er bat um Bedenkzeit, und man war darüber nicht beleidigt. Ich kann mir die Gründe, die ihn zögern ließen, zum Teil denken. Wenn Sie Ihre Entscheidung getroffen haben und mich dann danach fragen, sage ich sie Ihnen . . .

65. An Sophie Volland

31. Juli 1762

Ich fahre fort; um auf Ihre Gedanken über das Spiel zurückzukommen: ich bin da duldsamer als Sie. Ich lasse es zu, daß einer seinen Freund mit dem Ellenbogen anstößt, ich bin darauf gefaßt. Alles, was die Leidenschaft eingibt, kann ich verzeihen. Mir mißfällt es nur, wenn man inkonsequent ist. Im übrigen, Sie wissen es ja, bin ich von jeher ein Verteidiger der starken Leidenschaften gewesen.

Sie allein erschüttern mich. Ob sie mir Bewunderung oder Schrecken einflößen, meine Empfindungen sind lebhaft. Alle geniale Kunst lebt und stirbt mit ihnen. Sie machen den Schurken aus – und den Enthusiasten, der ihn mit getreuen Farben malt. Lassen uns die Leidenschaften verabscheuungswürdige Taten begehen, durch die die menschliche Natur entehrt wird, so treiben sie uns auch zu Heldentaten an, die sie erhöhen. Ein mittelmäßiger Mensch lebt und stirbt wie das Vieh. Zu seinen Lebzeiten hat er nichts vollbracht, was ihn auszeichnet, nichts bleibt von ihm, wenn er nicht mehr ist. Sein Name wird nicht mehr genannt, seine Grabstätte ist von Gras überwachsen, keiner kennt sie. Und außerdem, die Wirkungen der Bosheit vergehen mit dem Bösen, die der Güte bleiben. Wie ich einmal zu Urania bemerkte: wenn es darum ginge, zwischen einem Racine zu wählen, der ein schlechter Gatte, schlechter Vater, falscher Freund und ein sublimer Dichter, und einem Racine, der ein guter Vater ist, ein guter Gatte, guter Freund und sonst ein platter, braver Mann – dann halte ich mich an den ersten. Was ist von dem bösen Menschen Racine geblieben? Nichts. Vom genialen Dichter Racine jedoch ein unvergängliches Werk . . .

Ich schreibe Ihnen heute am Samstag, damit mein Brief morgen abgehen kann. Ehe ich ihn verschließe, muß ich Ihnen noch eine weitere Gewissensfrage vorlegen. Diese hier bringt mich in eine größere Verlegenheit als die erste.

Eine Frau bemüht sich für ihren Mann um einen sehr bedeutenden Posten. Man sagt ihn ihr unter einer Bedingung zu, die Sie wohl erraten. Sie hat sechs Kinder, wenig Vermögen, einen Liebhaber und einen Mann. Man verlangt nur eine einzige Nacht von ihr. Soll sie eine Viertelstunde der Lust dem verweigern, der ihr dafür ein bequemes Auskommen für ihren Mann, eine gute Erziehung für ihre Kinder, für sie selbst einen angemessenen Stand anbietet? Was wiegt der Grund, aus dem sie gegen ihren Mann fehlt, verglichen mit denen, die sie dazu treiben, ihrem Lieb-

haber untreu zu werden? Die Sache war ihr ganz offen von
einem Mann vorgeschlagen worden, der einmal einer
meiner Freundinnen die Hand gedrückt hat. Man be-
willigte ihr vierzehn Tage Bedenkzeit.

Wie hier doch alles so geht! Ein Posten ist frei, eine Frau
bemüht sich um ihn, man hebt ein wenig ihre Röcke hoch,
läßt sie wieder fallen – und schon ist ihr Mann von einem
kleinen Angestellten mit monatlich hundert Francs zum
Herrn Direktor mit fünfzehn- oder zwanzigtausend Pfund
im Jahr avanciert. Welcher Zusammenhang besteht
jedoch zwischen einer gerechten oder großmütigen Tat
und dem wollüstigen Verlust von ein paar Tropfen Flüssig-
keit? Ich glaube in Wahrheit, daß sich die Natur weder um
Gut noch um Böse schert, sie ist ganz auf ihre beiden einzigen Ziele aus: die Erhaltung des Individuums und die Fortpflanzung der Art . . .

Adieu, meine gute Freundin. Vergessen Sie den nicht,
den nichts von Ihnen ablenken kann.

66. *An Sophie Volland*

12. August 1762
Hier, meine Freundin, schicke ich Ihnen die Todesanzeige
der Jesuiten. Ich habe sie, so gut es ging, beschnitten, um
sie vor der Post zu verbergen, habe aber alle Seiten
numeriert. So bin ich denn von einer stattlichen Zahl
mächtiger Feinde befreit! Wer hätte noch vor anderthalb
Jahren dieses Ereignis geahnt? Sie hatten so viel Zeit,
diese Aktion zu verhindern, daß sie entweder sehr wenig
Kredit gehabt haben müssen, oder der König war fest entschlossen, sie zu vernichten. Dies letzte ist wahrscheinlicher.

Die Vorfälle in Portugal werden auf die französischen
ein Licht geworfen haben, das sie dem Monarchen in ihrer
ganzen Abscheulichkeit gezeigt haben dürfte, und er wird
nur auf einen günstigen Augenblick gewartet haben, um
sich Leute vom Halse zu schaffen, die auf ihn einge-

schlagen hatten und die er ständig mit erhobener Hand vor
sich sah, so daß der skandalöse Bankrott des Paters La
Valette ihm sehr gelegen gekommen ist. Sie haben sich in
zu viele Dinge eingemischt. Von den rund zweihundert
Jahren, die ihr Orden nun besteht, ist fast kein einziges
vergangen, das nicht durch irgendeine aufsehenerregende
Freveltat gekennzeichnet gewesen wäre. Sie haben in
Kirche und Staat Verwirrung gestiftet. In ihren eigenen
Häusern dem schrankenlosesten Despotismus unterworfen, machten sie sich zu seinen abgefeimtesten Lob-
rednern in der Gesellschaft. Den Völkern predigten sie
blinde Unterwerfung unter die Könige und den Königen
die Unfehlbarkeit des Papstes, um durch die Herrschaft
über einen einzigen alle beherrschen zu können. Sie ließen
keine andre Autorität als ihren General gelten, er war für
sie der Alte vom Berge. Ihr Ordenssystem ist nichts andres
als ein in Regeln gebrachter Machiavellismus.

Dessenungeachtet hätte ein Mann wie Bourdaloue sie
retten können, aber sie besaßen ihn nicht. Lustig ist bei all
dem, wie gutgläubig die Jansenisten über ihre Feinde
triumphieren. Sie sehen gar nicht, daß man sie bald vergessen haben wird. Es ist wie in der Fabel von den beiden
Stützbalken, die auf einem Dachgiebel miteinander
stritten. Der Besitzer des Hauses wurde ihres Gezänks
überdrüssig, schlug den einen herunter, und auch der
andre fiel. Da verstehen die unzufriedenen Bischöfe von
ihren Interessen sehr viel mehr.

Dieser Jesuitenladen enthielt Waren aller Art, gute und
schlechte; gut ausgestattet aber war er, und die Leute, die
ihn unterhielten, waren große Scharlatane, die viele Menschen um sich scharten – und munter segelte das Schifflein
des heiligen Petrus dahin. Die Philosophen lachen herzlich über diese Ereignisse. Übrigens hatten die guten Väter
bis zum bittern Ende nicht alle Hoffnung fahrenlassen,
nach der Überraschung und Bestürzung zu schließen, mit
der sie den Urteilsspruch entgegennahmen. Mehrere
machten ein Gesicht wie verurteilte Verbrecher. Ein Mann

meiner Bekanntschaft, den Stand und Umstände in ihre Mitte gestellt haben, der sie aber wahrhaftig nicht liebt, konnte dem Anblick ihrer Verzweiflung nicht widerstehen und hat sich zurückgezogen. Heute bedauert man sie noch, morgen wird man Spottlieder auf sie singen und übermorgen sind sie vergessen. So ist der Charakter des lieben französischen Volkes.

Gestern, Mittwoch, haben sie den ganzen Vormittag in ihren drei Kirchen Messen gelesen und lesen lassen und Gott um ihre Erhaltung angefleht, der sie nicht erhört hat. Zwischen elf und zwölf war in ihrem Hof ein Haufen Gläubiger versammelt, die die Hände rangen, sich die Haare rauften und heulten, als wären sie von Sinnen. Sie können sich den Aufruhr denken, den das alles hier verursacht. In einigen Tagen erwartet man einen dritten Urteilsspruch des Parlaments, dessen Inhalt ich nicht kenne, und sogleich danach ein königliches Edikt, das die Urteile des Parlaments bestätigen soll.

Ich höre und sehe im Geist de Voltaire vor mir, wie er Augen und Hände zum Himmel hebt und ruft: *Nunc dimittis servum tuum, Domine, quia viderunt oculi mei salutare tuum.* Der gute Mann hat eine Schrift verfaßt, die er *Lobrede auf Crébillon* nennt. Sie werden sehen, was das für eine spaßige Lobrede ist. Er sagt die Wahrheit, doch mich verletzt die Wahrheit, wenn sie aus einem neiderfüllten Munde kommt. Ich kann einem so großen Mann eine solche Schwäche nicht nachsehen. Ihm ist jeder Sockel zuwider. Er arbeitet an einer Corneille-Ausgabe. Ich möchte wetten, daß sie mit Anmerkungen gespickt sein wird, von denen jede eine kleine Satire ist. Aber er mag so viele Leute herabsetzen, wie er will – unsre Nation besitzt ein Dutzend Männer, die sich nicht auf die Zehenspitzen stellen müssen, um ihn um Haupteslänge zu überragen. Dieser Voltaire ist auf allen Gebieten nur der zweite . . .

67. An Sophie Volland

15. August 1762

. . . Ihre Entscheidung in meiner zweiten Gewissensfrage
war aber rasch gefällt! Man hat alles für seine Leidenschaft
getan, und Sie möchten, daß man gar nichts für das Glück
des Ehemanns, für die Zukunft eines ganzen Stalls von
Kindern tut, unter denen vielleicht ein paar nicht einmal
vom eigenen Mann sind? Es geht hier nicht darum, seinen
Wohlstand zu vermehren, man riskiert vielmehr, den vorhandenen zu verlieren! Schließlich, um alle Ihre Bedenken zu zerstreuen: man verlangt den Lohn erst nach
dem geleisteten Dienst. *Piano, di grazia.*

In der Frage, warum alte Männer schön sein können und
alte Frauen nicht, gebe ich mich nicht geschlagen. Sie
haben, scheint mir, sehr einleuchtend bewiesen, daß es
sowohl beim Mann als bei der Frau ein schönes Greisenalter gibt. Aber zwischen einem schönen Alten und einem
schönen Alter ist ein großer Unterschied, man kann vielleicht ohne schönes Alter kein schöner Greis sein – und
selbst da sage ich: vielleicht. Ganz sicher aber kann man,
und das ist sogar die Regel, ein schönes Alter haben und
dennoch kein schöner Greis sein. Ich habe jetzt eine
Sekunde darüber nachgedacht, und mir kommt vor, es gibt
physische und moralische Gründe, die für diesen Unterschied zwischen den beiden Geschlechtern in einem vor-
geschrittenen Alter verantwortlich sind.

Die Frauen scheinen ausschließlich für unsere Lust bestimmt. Haben sie diese Anziehungskraft verloren, ist alles
für sie dahin. Nicht eine einzige zusätzliche Vorstellung
macht sie uns interessant, zumal seit sie nicht mehr selbst
ihre Kinder stillen und großziehen. Einst war auch eine
welke Brust noch schön – wie vielen Kindern hatte sie Nahrung gegeben! Im Schmerz zerriß eine Mutter ihre Kleider, entblößte ihren Busen und beschwor ihren Sohn bei
der Brust, die ihn genährt hatte. Das ist vorbei. Wäre ein
schöner Greisinnenkopf denkbar, so würden ihn die Fetzen verunstalten, mit denen er bedeckt ist.

Unser Kopf hingegen ist unbedeckt, wir lassen einen Wald von weißen Haaren sehen, ein langer Bart verleiht unserm Gesicht Würde, unter einer faltigen und verwitterten Haut bleiben uns feste und kräftige Muskeln. Das Sanfte, Weiche, Runde, Volle, alles, was die Frau in ihrer Jugend reizvoll macht, ist auf der andern Seite dafür verantwortlich, daß mit fortschreitendem Alter alles nachzugeben beginnt, schlaff wird, herunterhängt. Mit achtzehn sind sie schön, weil sie viel Fleisch und zarte Knochen haben, aber eben deshalb verändern sich mit achtzig alle Proportionen, die die Schönheit ausmachen. Welch ein Unterschied zwischen der Stirn und den Wangen eines Greises und denen einer Greisin, den Armen, Schultern, der Brust, dem Rücken, den Schenkeln und allem andern! Im Lauf der Zeit verändern wir uns zweifellos ebenso sehr wie die Frauen, doch uns zerstört die Zeit nicht im selben Maß wie sie. Die Proportionen verändern sich weniger stark, weil wir überall festeres Fleisch, härtere Muskeln und überhaupt einen kräftigeren Knochenbau haben. Bei allen Beispielen, die Sie mir aufzählen, handelt es sich, wohlgemerkt! nicht um schöne Greisinnen, sondern um Alte, die jung wirkten, denen man ihr Alter nicht ansah, oder die ein schönes Alter hatten. Der Begriff einer schönen Greisin bezieht sich auf die Schönheit, der eines schönen Alters auf die Gesundheit.

Meine lieben Freundinnen, ich plaudere ganz ungezwungen mit Euch über all diese Dinge, weil Ihr einen trefflichen Verstand besitzt, und weil Ihr alle Tage damit zubringt, das, was das Alter Euch rauben wird, durch solide Vorzüge zu ersetzen, die Euch der Zeit und dem Alter zum Trotz bleiben werden: ein umfassender Verstand, eine schöne Seele, ein edles, empfindsames und großes Herz, wie meine beiden Schwestern sie besitzen, bekommen keine Falten. An wie viele gute Reden und gute Taten wird, wenn sie alt werden, ihre Erscheinung diejenigen erinnern, die sie gekannt haben! Mit den übrigen Frauen hingegen ist es etwas anderes. Schuld sind die verschiedenen Rollen, die wir im Lauf des Lebens spielen: wir Männer spielen eine in der Öffentlichkeit, die in der Familie kann man nur ahnen. Von einer Frau hingegen nimmt man an, daß sie ihr Leben mit Nichtstun verbringt, wenn man nicht besser unterrichtet ist. Ich habe gesprochen. Entscheiden Sie! . . .

68. An Sophie Volland

Sonntag, 29. August 1762

. . . Uranias Urteil scheint mir hart. Wie! Macht sie denn gar keinen Unterschied zwischen einer unerlaubten Handlung und einer bösen Tat? Soll man nicht der Vernunft folgen dürfen und tun, was man aus Leidenschaft schon getan hat? Nachdem man sich selbst alles erlaubt hat, wird man sich nichts für seinen Mann und seine Kinder erlauben? Sollte man sich einem Vorwurf aussetzen, wäre es dann nicht eher der, daß man sich in Armut gebracht hat und sie mit etwas weniger Kleinmütigkeit bestimmt hätte verhindern können?

Wären wir noch unschuldig, mag sein, daß wir es uns sehr genau überlegen müßten, ob wir unsre Unschuld gegen Geld eintauschen wollten. Aber leider sind wir es nicht mehr, und es handelt sich nur noch um einen Flecken mehr oder weniger; um die Übertretung eines äußerst unwichtigen und bizarren bürgerlichen Gesetzes; um eine so weitverbreitete und in den Sitten und Gebräuchen der Nation so tief verankerte Handlung, daß die Verführungskraft der Lust schon reicht, sie zu rechtfertigen, ohne daß wichtigere Gründe nötig wären; eine Handlung, derentwegen man unser Geschlecht lobt und es sich wahrhaftig niemand mehr einfallen lassen würde, das Eure zu tadeln; um das kurze Sich-aneinander-Reiben zweier Organe, dem lebenslanger Wohlstand gegenübersteht; um ein weniger tadelnswertes Vergehen als die kleinste Lüge.

Sonderbar, liebe Schwester, daß Sie einem Mann, den ein freies Versprechen zärtlich an eine geliebte Frau bindet, zugestehen, einer andern Frau, die er nicht liebt, ein Kind zu machen, und gleichzeitig einer Ihrer Geschlechtsgenossinnen ein bißchen Entgegenkommen verwehren, zu dem sehr schwerwiegende Gründe sie veranlassen. Wenn es noch um ein ausgesuchtes Vergnügen ginge, um ein köstliches Gefühl der Wollust, um einen Taumel des Entzückens, um einen Augenblick höchster Glückseligkeit, würden Sie sich vielleicht ein wenig von Ihrem Jansenismus abhandeln lassen. Aber Sie bedenken nicht, daß danach ein unerträglicher Ekel auf uns wartet, der, bei rechtem Licht betrachtet, die wahre Buße für alle verbotenen Freuden sein müßte.

Ich habe hin und wieder gehört, wie Frauen sich darüber äußerten. Alle fanden einstimmig, daß es sich um eine schreckliche Tortur handelt. Aber wir sind dazu bereit! Wenn der Heldenmut um so größer ist, je mehr das Opfer seiner selbst uns abstößt: wie groß ist dann unser Verdienst, sobald uns Ihr Vorurteil nicht mehr im Wege steht! Stellen Sie sich doch vor, daß man einen Mann in die Arme schließen wird, den man verachtet und haßt; stellen Sie sich vor, daß er alle Kosten der Sünde allein trägt, daß wir kein Gran dazu beitragen; stellen Sie sich vor, daß wir teilnahmsloser und unbeweglicher sein werden als eine Marmorstatue; stellen Sie sich vor, daß, wenn uns eine unmerkliche Bewegung, ein kleines Lebenszeichen entschlüpft, dies aus Ungeduld geschieht, und nicht aus Lust; stellen Sie sich vor, daß es sich um einen reinen Akt der Vernunft handelt, an dem Herz und Sinne nicht beteiligt sind, um einen beispielhaften Akt der Buße. Wenn wir an jener Stelle erkranken würden, wäre es dann nicht närrisch, sich der Anwendung eines Instruments, wenn sie notwendig wäre, zu widersetzen – und gibt es eine lästigere Krankheit, als dreißig Jahre lang zu verhungern und zu verdursten? Und welchen Unterschied machen Sie in einem solchen Fall zwischen einem Mann dieses Schlags und einem chirurgischen Instrument? Und würde man schließlich diese Angelegenheit mit einem Diebstahl, mit

Verleumdung, einem Mord und einer unendlichen Reihe andrer Taten vergleichen wollen, die immer und überall böse sind? Versetzen Sie sich einen Moment in den Naturzustand zurück und sagen Sie mir bitteschön, wie es damit steht.

Und nun zu Ihnen, Mademoiselle! Sie wollen also nicht, daß man diesem rechtschaffenen Geschöpf, das einsichtig genug ist, die Ehe für einen albernen und ärgerlichen Stand zu halten, und gutherzig genug, um Mutter sein zu wollen, den Gefallen tut und ihr ein Kind macht? Sie nennen sie *bizarr*? Sie fürchten, sie könne Geschmack an der Lust, man könne Geschmack an ihr finden? Sie finden sie anmaßend, weil sie sich für imstand hält, ein Kind aufzuziehen?

Einen Moment, mit Verlaub! Das Mädchen hat Erfahrung, und nachdem sie drei oder vier Kindern eine hervorragende Erziehung gegeben hat, die nicht ihr gehörten, kann sie wohl ohne Selbstüberschätzung von sich annehmen, auch ein eigenes ohne Schwierigkeiten großzuziehen.

Ich habe Ihnen schon gesagt, daß es sich hier nicht um eine Herzensangelegenheit handelt, noch weniger um eine des Temperaments. Für diesen Vorwurf, den ihr die Öffentlichkeit allenfalls machen könnte, hat sie nur Verachtung übrig. »Niemals«, sagt sie, »werde ich glauben können, daß sich vorzunehmen, die Lücke, die man hinterlassen wird, wenn man aus dieser Welt geht, mit einem ehrbaren Mann, einer ehrbaren Frau zu füllen; daß sich der Gefahr auszusetzen, sein eigenes Leben zu verlieren, um es einem andern zu geben – wozu uns der Unterschied zwischen den Geschlechtern noch vor jedem eingesetzten Sakrament und jedem verkündeten Gesetz verpflichtet; daß sich aufzuopfern, um in eine junge Seele durch viele Jahre die Grundsätze der Ehre und Gerechtigkeit einzupflanzen; daß für die Gesellschaft einen guten Bürger, guten Vater, eine gute Mutter bereitzustellen – daß all dies eine Schande sein soll, nur weil man sich nicht ein paar

nichtssagenden, konventionellen Formalitäten unter-
wirft, die von Volk zu Volk verschieden sind; weil man die
Flatterhaftigkeit des menschlichen Herzens kennt und
befürchtet, meineidig zu werden, wenn man ein voreiliges
Gelübde ablegt; weil man keinen Tyrannen über sich will;
weil man sich nicht in der Lage sieht, mehrere Kinder zu
unterrichten und zu ernähren und deshalb auf das einzige
Mittel zurückgreift, nur eines zu haben; weil man aus
hundert Gründen nicht heiratsfähig ist, von denen der eine
schwerer wiegt als der andre und man deshalb nicht
heiratet; und weil ich, gezwungen, mich dem Gesetz des
Fürsten zu entziehen, das fordert, ich solle nur unter
gewissen Bedingungen fruchtbar sein, dem Gesetz der
Natur gehorche, die mich fruchtbar will, weil sie mich
nicht unfruchtbar gemacht hat. Es sind nicht kleine und
niedrige Gesichtspunkte, die mich leiten, sondern große
und edle. Ich will Mutter sein, weil ich würdig bin, Mutter
zu sein. Wenn Sie, Monsieur, den ich dazu ausersehen
habe, mir zu diesem erhabenen Stand zu verhelfen, meinen, nicht ohne die Zustimmung einer andern Frau über
sich verfügen zu können, beraten Sie sich mit ihr. Wenn sie
sich aber meinem Wunsch entgegenstellt, verhehle ich
Ihnen nicht, daß ich mich höher einschätze als sie, und daß
Sie von dieser Frau nicht genug geschätzt werden. Ich habe
keine Angst, meine Ehre, meine wirkliche Ehre zu verlieren, wenn ich mit ihrem Liebhaber schlafe, sie hingegen
fürchtet, ihren Liebhaber zu verlieren, wenn sie ihn mit
mir schlafen läßt. Sagen Sie ihr ein für alle Mal, daß ich Sie
nicht liebe, Monsieur, und daß ich von Ihnen nur so lange
etwas will, bis Sie mir nützlich gewesen sind. Ich versichere Ihnen mit der ganzen Aufrichtigkeit eines ehrenhaften Mädchens, daß ich, sollte ein erster Versuch erfolgreich sein, in meinem ganzen Leben keinen weiteren
zulassen werde. Er würde mich zu sehr herabwürdigen,
ich würde nicht mehr, wie vorher, Mutter sein wollen, sondern Geliebte, ich würde kein Kind aus guter Rasse mehr
begehren, um es großzuziehen, sondern Lust. Ich würde

nicht mehr eine natürliche Pflicht erfüllen wollen, sondern ein unerlaubtes Verhältnis unterhalten.«

Diese Worte richtete sie an . . . – wie fortfahren, weiß ich nicht, denn sie richtete sie weder an ihren Mann noch an ihren Freund. Ich glaubte, Ihnen diese Frau genauer vorstellen zu müssen, bevor ich Ihre Entscheidung akzeptiere. Sagen Sie mir noch ein Wort darüber.

Durch diese Unterbrechung, die Ihr Unglück in meinem Tagebuch verursacht hat, hätte ich Gesprächsstoff in Hülle und Fülle. Aber ich denke mir, daß ich inzwischen drei Viertel davon wieder vergessen habe und Ihnen wohl oder übel die Dinge erzählen muß, die in diesem Moment passieren, in dem ich Ihnen schreibe.

Adieu, meine guten Freundinnen. Seit ich mit Euch beiden plaudere, kommt es mir vor, als plauderte ich ungezwungener und sanfter.

69. An Sophie Volland
Donnerstag, 2. September 1762

Bevor ich in meinem Tagebuch fortfahre, möchte ich Ihnen von einem Gespräch berichten, das durch das Wort *Instinkt* ausgelöst wurde. Man spricht es unaufhörlich aus, wendet es auf den Geschmack und die Moral an und definiert es doch niemals. Ich behauptete, der Instinkt sei in uns nur das Ergebnis unzähliger kleiner Erfahrungen, die mit dem Augenblick, da wir das Licht der Welt erblickten, begonnen haben und bis zu dem Augenblick fortdauern, da wir uns insgeheim von solchen Erfahrungen, an die wir uns nicht mehr erinnern, leiten lassen und urteilen, eine bestimmte Sache sei gut oder böse, schön oder häßlich, gut oder schlecht, ohne im Geist irgendeinen Grund für unser günstiges oder abfälliges Urteil zu haben.

Michelangelo sucht die Form, die er der Kuppel der Peterskirche zu Rom geben soll. Es ist eine der schönsten Formen, die man wählen kann. Ihre Eleganz beeindruckt und bezaubert alle Menschen. Die Breite war gegeben, nun galt es die Höhe zu bestimmen. Ich sehe, wie der Baumeister diese Höhe ertastet, wie er sie bald vergrößert, bald verkleinert, bis er endlich das Gesuchte findet und ausruft: Jetzt hab ich sie! Als er die Höhe gefunden hatte, mußte er nach dieser Höhe und der gegebenen Breite die Rundung entwerfen. Wieviel neues Herumtasten! Wie oft löschte er seinen Grundriß aus, um einen andern zu zeichnen, der runder, flacher oder stärker gewölbt war, bis er schließlich denjenigen fand, nach dem er sein Bauwerk vollendete! Was hat ihn gelehrt, im richtigen Augenblick innezuhalten? Welchen Grund hatte er, unter so vielen Figuren, die er nacheinander auf sein Papier zeichnete, die eine mehr zu bevorzugen als die andere?

Um diese Schwierigkeiten zu lösen, rief ich mir in Erinnerung, wie La Hire, ein großer Mathematiker unserer Akademie der Wissenschaften, auf einer Italienreise nach Rom gelangte und dort wie jeder andere von der Schönheit der Kuppel der Peterskirche tief berührt wurde. Aber er wollte aus seiner Bewunderung etwas machen: er wollte die Kurve haben, die diese Kuppel bildete; er ließ sie feststellen und suchte dann auf geometrischem Wege ihre Eigenschaften. Wie groß war seine Überraschung, als er feststellte, daß es die Kurve des größten Widerstandes war! Michelangelo, der seiner Kuppel die schönste und eleganteste Form zu geben suchte, war nach langem Tasten auf die Form gekommen, die er ihr hätte geben müssen, wenn er bestrebt gewesen wäre, ihr so viel Widerstand und Festigkeit wie möglich zu geben. Dabei stellen sich zwei Fragen: Wie kommt es, daß bei einer Kuppel, einem Gewölbe, die Kurve mit dem größten Widerstand zugleich die schönste und eleganteste ist? Und wodurch ist Michelangelo auf diese Kurve des größten Widerstandes gebracht worden? Das sei mit dem Verstand nicht zu fassen, meinte man, es sei eine Sache des Instinkts. Und worin besteht der Instinkt? Oh, das verstünde sich ja wohl von selbst!

Ich bemerkte hierzu, daß Michelangelo, der in der

Schule ein Tunichtgut war, oft mit seinen Kameraden gespielt hatte; daß er bald erkannt hatte, welche Neigung er im Ringkampf, wenn er die Schulter ansetzte, seinem Körper geben mußte, um seinem Gegner den stärksten Widerstand entgegenzusetzen; daß er sich sicher hundertmal in seinem Leben vor die Notwendigkeit gestellt sah, wankende Gegenstände zu stützen und die vorteilhafteste Neigung für die Stütze zu suchen; daß er zuweilen Bücher aufeinandergeschichtet hatte, von denen jedes ein wenig vorstand, und einen Ausgleich der Kräfte finden mußte, damit der Stoß nicht umfiel; und daß er auf solche Weise gelernt hatte, die Kuppel der Peterskirche zu Rom nach der Kurve des größten Widerstandes zu bauen.

Eine Mauer droht einzustürzen. Lassen Sie einen Zimmermann kommen. Wenn der Zimmermann seine Stützen angebracht hat, schicken Sie nach D'Alembert oder Clairaut. Fordern Sie dann den einen oder den andern der beiden Mathematiker auf, auf Grund der gegebenen Neigung der Mauer den Winkel zu suchen, bei dem die stützende Wirkung am stärksten ist, so werden Sie feststellen, daß der Winkel des Zimmermanns der gleiche ist wie der des Mathematikers.

Sie haben wohl schon bemerkt, daß die Windmühlenflügel schräg stehen und mit der Achse, die sie trägt, einen Winkel bilden – sonst könnten sie sich nicht drehen. Die Größe dieses Winkels ist so beschaffen, daß sich unter ihm der Windmühlenflügel am leichtesten drehen kann. Wie kommt es nun, daß die Mathematiker bei der Untersuchung des Winkels, den Gewohnheit und Gebrauch bestimmt hatten, feststellen konnten, daß es genau der Winkel war, den auch die höchste Mathematik bevorzugt hätte? Einerseits ist das eine Sache der Berechnung, andererseits eine solche der Erfahrung. Nun ist es aber unmöglich, daß die Berechnung, ist sie richtig durchgeführt, nicht mit der Erfahrung übereinstimmt.

Wie kommt es nun, daß, was von fester Natur ist, zugleich dasjenige ist, das wir in der Kunst und der

Nachahmung für schön halten? Weil die Festigkeit, oder allgemeiner die gute Beschaffenheit, immer der wahre Grund für unsere Billigung ist. Diese gute Beschaffenheit kann in einem Werk liegen, aber nicht in Erscheinung treten; dann ist das Werk gut, aber nicht schön. Sie kann auch an einem Werk in Erscheinung treten, aber gar nicht in ihm liegen; dann hat das Werk nur eine scheinbare Schönheit, wie es auch nur eine scheinbare Güte hat. Wenn aber die gute Beschaffenheit tatsächlich in ihm liegt und auch in Erscheinung tritt, dann ist das Werk wirklich gut und schön. Man müßte sich schon in eine andre Welt versetzen, in der alle Naturgesetze anders wären, damit es geschähe, daß etwas nicht schön wäre, was in der unsren gut ist und gut erscheint.

Aber um Sie für all das, was in dem Vorausgegangenen trocken und abstrakt sein mag, ein wenig zu entschädigen, will ich für Sie den Schluß des Gesprächs in wenigen Worten zusammenfassen. Ich sagte: Was ist verborgener und unerklärlicher als die Schönheit der Rundung einer Kuppel? Nun, sie wird immerhin durch ein Naturgesetz gerechtfertigt.

Ein anderer bemerkte hierzu: Aber wo findet man in der Natur irgendetwas, das die verschiedenen Urteile, die wir über die Gesichter, vor allem der Frauen, fällen, rechtfertigen oder widerlegen könnte? Das scheint doch recht willkürlich zu sein. – Durchaus nicht, antwortete ich. So groß die Verschiedenheit unseres Geschmacks in dieser Hinsicht auch sein mag, sie ist erklärbar. Man kann hier das Wahre und das Falsche unterscheiden und aufweisen. Beziehen Sie solche Urteile auf die Gesundheit, auf die Lebensfunktionen und die Leidenschaften, so können Sie immer den Grund finden. Diese Frau ist schön, ihre Brauen folgen genau der Kurve ihrer Augenhöhlen. Ziehen Sie diese Brauen in der Mitte etwas hoch, so bekommen sie etwas Hochmütiges, und Hochmut verletzt. Lassen Sie die Brauen, wie sie waren, aber machen Sie sie so buschig, daß sie ihr Auge beschatten, dann wird das

Auge hart, und Härte stößt ab. Rühren Sie nicht mehr an diese Brauen, aber schieben Sie die Lippen ein wenig vor, dann schmollt diese Frau und scheint schlechter Laune. Kneifen Sie ihre Mundwinkel zusammen, so wirkt sie geziert oder verächtlich. Lassen Sie die Lider niedergeschlagen, so wirkt sie traurig. Lassen Sie gewisse Muskeln ihrer Wangen zu stark hervortreten, so wirkt sie zornig. Lassen Sie ihre Pupille erstarren, so wirkt sie dumm. Geben Sie dieser starren Pupille einen gewissen Glanz, so wirkt sie schamlos. Das ist die Grundlage für das, was wir Geschmack nennen.

Wenn die Natur auf einem Gesicht einige jener äußeren Merkmale angebracht hat, die uns ein Laster oder eine Tugend anzeigen, so gefällt oder mißfällt uns dieses Gesicht. Fügen Sie hierzu noch die Merkmale der Gesundheit, die allem zugrunde liegt, und der größten Leichtigkeit bei der Erfüllung der Aufgaben des jeweiligen Standes. Ein schöner Lastenträger ist kein schöner Mensch; ein schöner Läufer ist kein schöner Mensch; ein schöner Tänzer ist kein schöner Mensch; ein schöner Greis ist kein schöner Mensch; ein schöner Schmied ist kein schöner Mensch. Schön ist nur der Mensch, den die Natur so geschaffen hat, daß er die zwei wichtigsten Funktionen möglichst leicht erfüllen kann: die Erhaltung des Individuums, die sich auf viele Dinge bezieht, und die Fortpflanzung der Gattung, die sich auf ein einziges erstreckt.

Wenn wir durch Übung und Gewohnheit einigen Körperteilen eine besondere Fähigkeit auf Kosten anderer verliehen haben, so haben wir nicht mehr die Schönheit des Naturmenschen, sondern die Schönheit irgendeines Standes der Gesellschaft. Ein gewölbter Rücken, breite Schultern, verkürzte und sehnige Arme, stämmige und gekrümmte Beine, ein breites Kreuz, um schwere Lasten zu tragen, machen den schönen Lastenträger aus. Der Naturmensch hat niemals etwas anderes getan als zu leben und sich fortzupflanzen. Wenn ihn die Natur schön geschaffen hat, so ist er immer schön geblieben. Es scheint, daß die Alten die beiden Extreme an zwei ihrer bedeutendsten Bildwerke zeigen wollten: der antike Apollo ist der untätige Mensch, der Farnesische Herkules hingegen der arbeitende Mensch. Beim zweiten ist alles übersteigert, beim ersten dagegen nichts. Bei ihm läßt nichts auf einen besonderen Stand schließen, er hat noch nichts geleistet, scheint aber zu allem fähig. Soll er ringen, so wird er ringen; soll er laufen, so wird er laufen; soll er eine Frau liebkosen, so wird er sie liebkosen. Um gut zu malen, muß man zuerst den Naturmenschen kennenlernen, und dann den Menschen jedes Berufs.

Doch lassen wir die Lebewesen beiseite und gehen wir zu den Kunstwerken über, zum Beispiel zur Architektur.

Ein Bauwerk ist schön, wenn Festigkeit in ihm liegt und ihm anzusehen ist, daß die erforderliche Angemessenheit an seinen Zweck da ist und auch zum Ausdruck kommt. Die Festigkeit ist in dieser Gattung der Kunst, was im Reich der Lebewesen die Gesundheit ist; die Angemessenheit an die Zwecke ist in dieser Gattung, was im Reich der Lebewesen die besonderen Funktionen und Stände sind. Bewundern Sie hierbei aber den Einfluß der Sitten. Es scheint, daß er zur Grundlage von allem wird. Sie reisen nach Konstantinopel und finden dort hohe und dicke Mauern, gedrückte Gewölbe, kleine Türen, hohe, aber schmale und vergitterte Fenster. Je mehr hier ein Gebäude, ein Haus einem Gefängnis gleicht, desto schöner scheint es zu sein. Tatsächlich sind diese Häuser Gefängnisse, in denen eine Hälfte des Menschengeschlechts die andre einsperrt.

Reisen Sie dagegen durch Europa, so finden Sie große Türen, große Fenster, alles ist offen. Hier gibt es also keine Sklaven, und das Klima spielt keine Rolle. Um zu beurteilen, auf welcher Seite der Geschmack gut ist, muß man genau bestimmen, auf welcher Seite die Sitten gut sind; man muß feststellen, ob die Frauen auf Treu und Glauben sich selbst überlassen werden können oder eingesperrt

174

werden müssen; man muß feststellen, ob man unter der Glut der heißen Zone leben muß, oder im Eis des Wendekreises, und ob die Gesundheit und Erhaltung des Menschen sich besser mit einer gemäßigten Zone vertragen.

Ein ausschweifender Jüngling geht im Palais-Royal spazieren. Dort erblickt er eine kleine Stupsnase, lachende Lippen, ein keckes Auge, einen ungezwungenen Gang und ruft aus: Oh, ist die aber reizend! Ich jedoch wende mich verächtlich ab und hefte meine Blicke auf ein Gesicht, auf dem ich Unschuld, Reinheit, Naivität, Vornehmheit, Würde, Anstand lese. Glauben Sie, es sei sehr schwer zu entscheiden, wer von beiden unrecht hat: der junge Mann oder ich? Sein Geschmack beschränkt sich auf das Wort: ich liebe das Laster, der meine auf das Wort: ich liebe die Tugend. So geht es mit all unsren Urteilen. Letztlich laufen sie alle auf das eine oder andere dieser Worte hinaus.

Das war im großen und ganzen unser Gespräch. Die Einzelheiten würden ein vortreffliches Werk über den Geschmack abgeben, und eine Apologie meines Geschmacks für Sie, liebe Schwestern.

70. An Sophie Volland

Sonntag, 5. September 1762

... Hier die zweite Geschichte, die ich Ihnen versprochen habe.

Auf einer Reise durch Italien begegnen sich der Präsident von Montesquieu und Lord Chesterfield. Die beiden Männer waren dazu geschaffen, sich rasch miteinander anzufreunden, und so war denn die Verbindung bald hergestellt. Während der Reise zankten sie sich immerzu, insbesondere über die Vorzüge ihrer beiden Nationen. Der Lord gestand dem Präsidenten zu, die Franzosen hätten mehr Geist als die Engländer, dafür jedoch keinen gesunden Menschenverstand. Der Präsident stimmte zwar im Prinzip zu, behauptete aber, Geist und gesunder Menschenverstand seien Dinge, die sich nicht miteinander vergleichen ließen.

Dieser Streit zog sich schon seit mehreren Tagen hin. Die beiden hielten sich in Venedig auf. Der Präsident war viel unterwegs, ging überall hin, sah sich alles an, fragte, plauderte und brachte des Abends seine Beobachtungen zu Papier.

Er war vor ein, zwei Stunden nach Hause zurückgekehrt und ging seiner üblichen Beschäftigung nach, als ihm ein Unbekannter gemeldet wurde, ein ziemlich ärmlich gekleideter Franzose, der zu ihm sagte: »Monsieur, ich bin ein Landsmann von Ihnen. Ich lebe hier seit zwanzig Jahren, habe mir aber immer eine Freundschaft für die Franzosen bewahrt und mich gelegentlich glücklich geschätzt, wenn ich einem nützlich sein konnte – wie jetzt Ihnen. In dieser Stadt ist alles erlaubt, außer sich in Staatsangelegenheiten einzumischen. Ein unbedachtes Wort über die Regierung kann den Kopf kosten, und Sie haben derer schon tausend gesagt. Die Inquisitoren der Republik beobachten Ihr Verhalten, man spioniert Ihnen nach, man folgt Ihnen auf Schritt und Tritt, alle Ihre Aussagen werden notiert, man zweifelt nicht daran, daß Sie schreiben. Ich weiß aus sicherer Quelle, daß man Ihnen vielleicht schon morgen einen Besuch abstatten wird. Sehen Sie selbst, Monsieur, ob Sie wirklich etwas geschrieben haben, und bedenken Sie, daß Sie eine harmlose, aber böswillig ausgelegte Zeile das Leben kosten kann. Das ist alles, was ich Ihnen zu sagen hatte. Ich habe die Ehre, mich von Ihnen zu verabschieden. Als einzige Belohnung für einen Dienst, der mir einigermaßen wichtig erscheint, bitte ich Sie, wenn Sie mir auf der Straße begegnen, so zu tun, als kennten Sie mich nicht, und mich nicht zu denunzieren, wenn es für Sie schon zu spät sein sollte, sich in Sicherheit zu bringen, und man Sie arretiert.«

Nach diesen Worten verschwand unser Mann und ließ den Präsidenten von Montesquieu in der allergrößten Bestürzung zurück. Sein erster Gedanke war, zum

Schreibtisch zu gehen, seine Papiere zu nehmen und sie ins Feuer zu werfen.

Kaum war er damit fertig, als Lord Chesterfield zurückkam. Der brauchte nicht lang, die schreckliche Verwirrung, in der sein Freund sich befand, zu erkennen, er erkundigte sich, was ihm zugestoßen sei, und der Präsident erzählte ihm von dem Besuch, den er erhalten, von den Papieren, die er verbrannt, und dem Befehl, den er gegeben hatte, für drei Uhr morgens seine Kutsche bereitzuhalten – denn er hatte vor, so geschwind wie möglich einen Ort zu verlassen, an dem ihm eine Minute mehr oder weniger so verhängnisvoll sein konnte.

Lord Chesterfield hörte ihm in aller Ruhe zu und meinte dann: »Schon gut, lieber Präsident, aber jetzt fassen wir uns einmal für einen Augenblick und prüfen wir Ihr Abenteuer gemeinsam und mit kühlem Kopf.« – »Sie scherzen wohl«, entgegnete der Präsident, »wie soll mein Kopf kühl bleiben, wo er nur an einem Faden hängt!« – »Aber wer ist denn dieser Mann, der sich so uneigennützig der allergrößten Gefahr aussetzt, nur um Sie davor zu bewahren? Natürlich ist das nicht. Franzose hin oder her, kein Mensch unternimmt aus Vaterlandsliebe dermaßen gewagte Schritte, noch dazu für einen Unbekannten. Ist der Mann vielleicht ein Freund von Ihnen?« – »Nein.« – »Er war ärmlich gekleidet?« – »Sehr ärmlich.« – »Hat er Geld von Ihnen verlangt, wollte er für seinen Wink eine kleine Belohnung?« – »Nicht einen Sou.« – »Sonderbar. Sehr sonderbar. Und woher weiß er das alles, was er Ihnen mitgeteilt hat?« – »Meiner Treu, ich habe keine Ahnung . . . Vielleicht von den Inquisitoren der Republik selbst?« – »Ganz abgesehen davon, daß dieses Konzilium das allerverschwiegenste auf der Welt ist – das ist nicht der Mann, an es heranzukommen.« – »Aber vielleicht verwendet es ihn als Spitzel?« – »Flausen, nichts als Flausen! Sie werden sich einen Ausländer als Spitzel aussuchen, und dieser Spitzel wird wie ein Bettler herumlaufen und dabei einer Tätigkeit nachgehen, die gemein genug ist, um gut bezahlt zu werden? Und dieser Spion soll um Ihretwillen seine Auftraggeber verraten, damit er vielleicht erdrosselt wird, wenn Sie gefaßt werden und ihn anzeigen? Wenn Sie entkommen und er in Verdacht gerät, Sie gewarnt zu haben? Blanker Unsinn, lieber Freund!« – »Aber wer könnte es denn sonst gewesen sein?« – »Ich zerbreche mir den Kopf, aber ich komme nicht drauf.«

Nachdem die beiden alle möglichen Erklärungsversuche durchgegangen waren und der Präsident um seiner Sicherheit willen weiterhin darauf bestand, sich so schnell wie möglich aus dem Staub zu machen, bleibt Lord Chesterfield, der ein wenig auf- und abgegangen war und sich dabei wie tief in Gedanken versunken die Stirn gerieben hatte, plötzlich stehen und ruft: »Warten Sie, Präsident, da kommt mir eine Idee . . . Sollte etwa dieser Mann . . .« – »Sollte dieser Mann was?« – »Wenn dieser Mann vielleicht . . . Ja, das wäre wohl möglich . . . Nein, bestimmt, das ist's, ganz zweifellos . . .« – »So sagen Sie doch endlich, was mit ihm los ist, wenn Sie es schon wissen!« – »Ob ich es weiß? Aber ja, mir kommt es fast so vor, als wüßt ich's jetzt . . . Könnte ihn nicht jemand zu Ihnen geschickt haben, der . . .« – »Der was, um Himmelswillen?« – »Der mitunter ein bißchen boshaft ist, ein gewisser Lord Chesterfield, der Ihnen durch Tatsachen beweisen wollte, daß eine Unze gesunden Menschenverstands mehr wert ist als hundert geistreiche Bücher, denn mit ein bißchen gesundem Menschenverstand . . .« – »Oh, Sie Halunke«, ruft da der Präsident, »das war ein übler Streich! Und mein Manuskript! Mein Manuskript ist verbrannt!«

Der Präsident konnte dem Lord diesen Scherz nie verzeihen. Er hatte angeordnet, seine Kutsche bereitzuhalten – er setzte sich hinein und fuhr noch in derselben Nacht ab, ohne sich von seinem Reisegefährten verabschiedet zu haben. Ich aber, ich wäre ihm um den Hals gefallen, hätte ihn hundertmal abgeküßt und ihm gesagt: »Ja, mein Freund, Sie haben mir bewiesen, daß es in England geistreiche Menschen gibt, vielleicht findet sich eines Tages die Gelegenheit, Ihnen zu beweisen, daß es in Frankreich Leute mit gesundem Menschenverstand gibt!«

Ich erzähle Ihnen diesen Vorfall in aller Eile. Schmücken Sie ihn entsprechend aus, und wenn Sie die Geschichte dann weitererzählen, wird sie ganz reizend sein . . .

71. *An Sophie Volland*

Sonntag, 19. September 1762

. . . Mir ist etwas widerfahren, das mich vorsichtig macht und den tausend armen Teufeln aller Art schaden wird, die scharenweise zu mir gekommen sind, empfangen wurden und nun meine Tür verschlossen finden werden.

Unter denen, die Zufall und Armut bei mir anklopfen ließen, war ein gewisser Glénat, der etwas von Mathematik verstand und eine schöne Schrift, aber nichts zu essen hatte. Ich tat mein Möglichstes, um ihm aus der Patsche zu helfen. Ich verschaffte ihm Aufträge von allen Seiten. Kam er zur Essenszeit, bat ich ihn zu bleiben. Wenn er keine Schuhe hatte, schenkte ich ihm welche. Von Zeit zu Zeit schenkte ich ihm auch ein Geldstück. Grimm, Madame d'Epinay, Damilaville, der Baron, alle meine Freunde interessierten sich für ihn. Er schien der redlichste Mann auf der Welt, und er trug seine Armut mit einer Heiterkeit, die mir gefiel. Mit Vergnügen plauderte ich mit ihm. Er schien auf Geld, Ehre und die Annehmlichkeiten des Lebens recht wenig Wert zu legen.

Vor sieben oder acht Tagen schrieb mir Damilaville, ich solle den Mann zu ihm schicken, da ein Freund von ihm ein Manuskript abzuschreiben habe. Ich schickte ihn hin. Man vertraut ihm das Manuskript an, ein Werk über die Religion und die Regierung. Wie es dazu kam, weiß ich nicht, aber das Manuskript befindet sich mittlerweile in den Händen des Polizeipräfekten. Damilaville setzt mich davon in Kenntnis. Ich gehe zu meinem Glénat und sage ihm,

179

daß er künftig nicht mehr mit mir zu rechnen braucht. »Und warum, Monsieur, soll ich nicht mehr mit Ihnen rechnen dürfen? Ich habe mir nicht das Geringste vorzuwerfen. Doch wie auch immer, wenn Sie mir Ihre Gunst entziehen, werden mir andre mehr Gerechtigkeit widerfahren lassen.« – »Der Grund ist der, daß Sie bekannt sind.« – »Bekannt? Was wollen Sie damit sagen, Monsieur?« – »Daß Sie für die Polizei kein unbeschriebenes Blatt sind und ich Sie daher nicht mehr beschäftigen kann. Ich habe Ihnen niemals etwas zum Abschreiben gegeben, das unerlaubt gewesen wäre. Nichts deutete je darauf hin, daß dieser Fall eintreten könnte, doch man wird bei Ihnen ohne Unterschied ein gefährliches und ein harmloses Werk beschlagnahmen, und dann heißt es zur Polizei, zum Polizeipräfekten laufen, was weiß ich noch alles, um es wieder zu bekommen. Solchen Unannehmlichkeiten setzt man sich nicht gerne aus.« – »Man setzt sich aber keinen Unannehmlichkeiten aus, Monsieur, wenn man mir nichts Unerlaubtes anvertraut. Die Polizei sucht mich nur auf, wenn sie hier etwas finden kann, das für sie interessant ist. Ich weiß nicht, wie sie das anstellt, aber sie hat sich noch nie geirrt.« – »Nun, ich weiß es, und Sie teilen mir Dinge mit, die ich niemals von Ihnen erwartet hätte.« Damit kehre ich diesem Schandkerl den Rücken.

Es ergab sich die Gelegenheit, den Polizeipräfekten aufzusuchen, und ich ging hin. Er empfängt mich auf das liebenswürdigste. Wir reden über dieses und jenes, und ich erzähle ihm meine Geschichte. »Jaja«, meint er, »ich weiß schon. Das Manuskript ist hier. Ein sehr gefährliches Buch.« – »Schon möglich, Monsieur, aber der Mensch, der es Ihnen hat zukommen lassen, ist ein Schuft.« – »Nicht doch, er ist ein braver Kerl, der nur seine Pflicht tut.« – »Ich wiederhole Ihnen, Monsieur, daß ich nicht weiß, was es mit dem Werk auf sich hat. Ich kenne die Person nicht, die es Glénat anvertraut hat, ich hatte ihm diesen Auftrag über Dritte verschafft – aber wenn ihm das Buch nicht zusagte, hätte er die Arbeit ablehnen müssen und sich nicht so weit erniedrigen dürfen, den gemeinen und verächtlichen Denunzianten zu machen. Sie brauchen diese Leute, Sie verwenden sie, Sie entlohnen sie für ihre Dienste, aber sie können in Ihren Augen unmöglich etwas anderes als Abschaum sein.«

Sartine begann zu lachen. Darauf trennten wir uns, und wieder zu Hause überlegte ich mir, wie abscheulich es doch ist, die Wohltätigkeit eines Menschen dadurch zu mißbrauchen, daß man einen Spitzel in sein Haus einschleust. Stellen Sie sich vor, daß dieser Glénat bei mir vier Jahre lang diese Rolle gespielt hat! Zum Glück kann ich mich nicht erinnern, ihm irgendeine Handhabe gegen mich gegeben zu haben, aber wie leicht hätte mir ein unbedachtes Wort über Dinge und Personen entschlüpfen können, die um so mehr Respekt fordern, je weniger sie ihn verdienen. Er hätte diese Äußerung aufgebauscht und weitergegeben und mich so in ernstliche Schwierigkeiten gebracht! Ist es nicht ein glücklicher Zufall, daß ich seit Unzeiten nichts Gewagtes mehr geschrieben habe? Wenn ich einen Kopisten gebraucht hätte, ganz gewiß hätte ich mir keinen andern gesucht als denselben, den ich auch meinen Freunden besorgte. Ich brauche nur daran zu denken, daß er drauf und dran war, bei Grimm als Sekretär für seine sämtliche fremdsprachige Korrespondenz einzutreten, und mir wird vor Schrecken ganz heiß.

Alle diejenigen, die in Zukunft mit schmutzigen und zerrissenen Manschetten zu mir kommen, mit durchlöcherten Strümpfen und Schuhen, mit klebrigen und zerzausten Haaren, in einem zerrissenen Gehrock aus Wollsamt oder einem schäbigen schwarzen Gewand, dessen Nähte nachzugeben beginnen, mit der Miene und dem Tonfall der ehrbaren Armut – all diese Gesellen werde ich, ob ich will oder nicht, für Abgesandte des Polizeichefs halten – Halunken, die man mir schickt, um mich zu beobachten . . .

72. An Sophie Volland

Sonntag, 26. September 1762

... In Abwesenheit meiner Freunde, die rund um Paris verstreut sind, verlaufen meine Tage recht einförmig. Spät aufstehen, weil man faul ist; seine kleine Tochter ein Kapitel Geschichte aufsagen und ein Klavierstück vorspielen lassen; zur Werkstatt gehen und bis um zwei Druckfahnen korrigieren; dinieren, einen Spaziergang machen, eine Partie Piquet spielen, soupieren und am nächsten Tag von vorne anfangen.

Am kommenden Donnerstag werde ich Ihnen zwei Schriften zugunsten der Calas schicken. Das wird ein dickes Paket werden, siebenundzwanzig Blätter in Quartformat. Ich bitte Sie schon jetzt, das niemandem weiterzugeben. Sollte es zufällig in gewisse Hände geraten, so würde es sicherlich zu einem betrügerischen Nachdruck kommen, der den Verleger zugrunde richten würde.

Ich grüße und umarme Sie von ganzem Herzen. Es ist spät und ich muß noch zu Le Breton laufen, um bei ihm die Stiche unseres zweiten Bandes zu ordnen, der in Bälde erscheinen wird. Ich hoffe, man wird noch zufriedener damit sein als mit dem ersten. Die Abbildungen sind gelungener und vom Gegenstand her vielfältiger und interessanter. Wären unsere Feinde nicht die Niederträchtigsten unter allen Sterblichen – sie würden vor Scham und Verdruß im Erdboden versinken.

Der achte Textband nähert sich dem Ende. Er steckt voller bezaubernder Dinge in allen Schattierungen. Manchmal war ich versucht, Ihnen ein paar Kostproben daraus abzuschreiben. Mit der Zeit wird dieses Werk bestimmt eine Revolution in den Köpfen herbeiführen, und ich hoffe, daß die Tyrannen, Unterdrücker, Fanatiker und Intoleranten dabei nicht gewinnen werden. Wir werden der Menschheit gedient haben, aber wir werden längst zu kaltem und unempfindlichem Staub geworden sein, ehe man uns Dank wissen wird ...

73. An Voltaire

29. September 1762

Nein, mein lieber und sehr erlauchter Bruder, wir werden die *Encyclopédie* weder in Berlin noch in Sankt Petersburg fertigstellen, und zwar aus dem einfachen Grund, daß sie hier, in dem Augenblick, in dem ich zu Ihnen spreche, gedruckt wird und ich die Fahnen vor mir liegen habe. Aber still!

Sicherlich ist das Angebot der Kaiserin von Rußland für unsere Feinde eine Riesenohrfeige, aber meinen Sie, es wäre für die Gauner die erste dieser Art? Weit gefehlt! Vor mehr als zwei Jahren hat ihnen der Preußenkönig, der so denkt wie wir, der große Dinge ausführt und dabei die allerkleinsten nicht vergißt, eine ganz ähnliche verpaßt.

Wenn Sie die Güte haben, in meinem Namen ein paar Zeilen an Herrn von Schuvalow zu schreiben – worum ich Sie inständig ersuche –, versäumen Sie bitte nicht, die Gesinnungsverwandtschaft zwischen der regierenden Fürstin und dem größten lebenden Monarchen gebührend zu betonen. Weder er noch sie hat es verschmäht, uns hilfreich die Hand hinzustrecken, und das unter Umständen, in denen man sich um ein literarisches Unternehmen nur kümmert, wenn man einen der seltenen Köpfe sein eigen nennt, die alles gleichzeitig erfassen. Aus dem Angebot, das man uns macht, ersehe ich, daß man nicht weiß, daß das Manuskript der *Encyclopédie* nicht uns gehört, sondern im Besitz der Buchhändler ist, die es für eine Unsumme erworben haben; wir könnten kein einziges Blatt abzweigen, ohne uns einer Veruntreuung schuldig zu machen.

Wie immer die Dinge stehen mögen, Sie brauchen nicht zu befürchten, daß mich die Gefahr, der ich mit meiner Arbeit mitten unter diesen Barbaren ausgesetzt bin, kleinmütig gemacht hat. Unsere Devise lautet: keinen Pardon für Abergläubische, Fanatiker, Unwissende, Narren, Böse und Tyrannen – und Sie werden es hoffentlich an mehr als einer Stelle erkennen. Nennt man sich ohne Grund Philosoph? Sollte der Wahn seine Märtyrer haben und die Wahrheit nur von Feiglingen verkündet werden? An unseren Brüdern gefällt mir, daß, stärker noch als Haß und Verachtung für die *Niederträchtige* – wie Sie sie nennen – die Liebe zur Tugend sie eint, das Gefühl, Gutes zu tun, und der Gefallen am Wahren, Guten und Schönen, dieser Art Dreifaltigkeit, die ein wenig mehr wert ist als die andre. Es genügt nicht, mehr zu wissen als unsre Feinde, wir müssen ihnen zeigen, daß wir besser sind, und daß die Philosophie mehr rechtschaffene Männer hervorbringt als die hinreichende oder wirksame Gnade.

Unser Freund Damilaville wird Ihnen bestätigen, daß ich Tür und Geldbeutel allezeit für jeden Unglücklichen offenhalte, den mein guter Stern zu mir führt, daß er über meine Zeit und meine Fähigkeiten verfügt, und daß ich ihn mit Rat und Geld unterstütze. So diene ich unserer gemeinsamen Sache, und die Fanatiker ringsum sehen es und schäumen vor Wut. Pervers wie sie sind, möchten sie, daß ich sie durch irgendeine böse Tat in die Lage versetze, unsere Ansichten in Verruf zu bringen. Meiner Treu, soweit kommt's nicht! Es bleibt ihnen nichts übrig als herumzuerzählen, daß Gott mich nicht als Ungläubigen wird sterben lassen, und daß sicherlich ein Engel herabschweben wird, um mich im letzten Augenblick zu bekehren. Wenn der Engel wirklich kommt, verspreche ich, daß ich an ihre Absurditäten glauben will. Ist diese Manie, nur die eigenen Glaubensgenossen der Rechtschaffenheit für fähig zu halten, nicht eine Eigentümlichkeit des Christentums?

Adieu, großer Bruder, lassen Sie es sich gut gehen, schonen Sie sich für Ihre Freunde, für die Philosophie, die Schönen Wissenschaften, die Ehre der Nation, die nur noch Sie hat, und für das Wohl der Menschheit, der Sie wesentlicher sind als fünfhundert Monarchen zusammen! . . .

Adieu, erhabener, rechtschaffener, lieber Antichrist.

74. An Le Breton

12. November 1764

Sie brauchen mir nicht im geringsten dankbar zu sein, Monsieur – nicht Ihnen zuliebe habe ich mich anders besonnen. Sie haben mir einen Dolch in die Brust gestoßen, den Ihr Anblick nur noch tiefer eindringen lassen würde. Es ist auch nicht aus Verbundenheit mit dem Werk, das ich in seinem jetzigen Zustand nur verachten kann. Sie haben mich wohl auch nicht im Verdacht, daß ich aus finanziellen Gründen weitermache. Hätten Sie mir jemals so etwas zugetraut, so ist, was mir diese Arbeit gegenwärtig einträgt, so wenig, daß ich von meiner Zeit leicht einen weniger mühsamen und vorteilhafteren Gebrauch machen kann. Und schließlich bin ich auch nicht hinter dem Ruhm her, ein bedeutendes Unternehmen zu Ende zu bringen, das mich seit zwanzig Jahren in Anspruch nimmt und auf die Folter spannt. Sie werden sogleich einsehen, daß dieser Ruhm höchst unsicher ist.

Ich gebe den inständigen Bitten Monsieur Briassons nach. Ich kann mich für Ihre Kollegen, die assoziierten Verleger, nicht eines gewissen Mitleids erwehren, sie haben an Ihrem Verrat keinerlei Anteil, werden ihm aber vielleicht mit Ihnen zusammen zum Opfer fallen. Sie haben mich zwei Jahre lang ununterbrochen auf das schändlichste betrogen. Sie haben die Arbeit von zwanzig Ehrenmännern massakriert oder von einem dummen Kerl massakrieren lassen, und diese Männer haben Ihnen ihre Zeit, ihre Fähigkeiten, ihre durchwachten Nächte geopfert, ohne dafür etwas zu verlangen, einfach aus Liebe zum Guten und Wahren, und einzig auf die Hoffnung hin, ihre Ideen veröffentlicht zu sehen und dafür einiges Ansehen zu ernten, das sie wohl verdient haben, um das Ihre Ungerechtigkeit und Undankbarkeit sie nun aber gebracht hat.

Aber bedenken Sie wohl, was ich Ihnen prophezeie: sowie Ihr Buch erscheint, werden sie die von ihnen verfaßten Artikel aufschlagen, und wenn sie dann mit eigenen Augen den Schimpf feststellen, den Sie ihnen angetan haben, werden sie keine Zurückhaltung kennen und laute Klage erheben. Zu den Klagen der Herren Diderot, De Saint-Lambert, Turgot, D'Holbach, De Jaucourt und anderer – die alle so achtenswert für Sie sind und so sehr mißachtet wurden – werden sich die des Publikums gesellen. Ihre Subskribenten werden sagen, daß sie für *mein* Werk subskribiert haben und nun beinahe eines von Ihnen bekommen. Freunde, Feinde und Kollegen werden ihre Stimme gegen Sie erheben. Man wird dieses Buch als ein plattes und miserables Machwerk bezeichnen. Voltaire, der uns suchen und nirgends finden wird, alle Journalisten und Mitarbeiter von Zeitschriften, die sich nichts Besseres wünschen, als über uns herzuziehen, werden in Paris, in der Provinz und im Ausland verbreiten, diese umfangreiche Kompilation, die das Publikum noch viel Geld kosten wird, sei weiter nichts als ein abgeschmackter Haufen Abfall. Ein kleiner Teil der Auflage wird sich langsam verkaufen, und auf dem Rest werden Sie wahrscheinlich sitzenbleiben.

Täuschen Sie sich nur nicht: der Schaden wird nicht etwa genau den Streichungen entsprechen, die Sie sich erlaubt haben, und wären sie auch noch so bedeutend und umfangreich, sondern er wird unendlich schwerer wiegen. Vielleicht werde dann ich selbst gezwungen sein, mich vom Verdacht der Komplizenschaft an diesem unwürdigen Vorgehen zu befreien, was ich nicht unterlassen werde. Dann werden Greuel an den Tag kommen, die in der Geschichte des Verlagswesens beispiellos dastehen. Hat man denn je von zehn Folio-Bänden gehört, die von einem Drucker heimlich verstümmelt, entstellt, zerstückelt und geschändet wurden? Ihre Innung wird um einen Wesenszug reicher sein, der zwar nicht schön, aber immerhin einzigartig ist. Es wird nicht verborgen bleiben, daß Sie es mir gegenüber an jeder Rücksicht und Redlichkeit haben fehlen lassen und alle Ihre Versprechen gebrochen haben.

Zu Ihrem Ruin und zu dem Ihrer bedauernswerten Kollegen wird, und zwar für Sie allein, eine Schande kommen, von der Sie sich niemals reinwaschen werden. Man wird Sie mitsamt Ihrem Buch in den Schmutz ziehen, man wird Sie in Hinkunft als einen Mann von beispielloser Treulosigkeit und Dreistigkeit zitieren. Dann erst werden Sie Ihre Panik und die feigen Ratschläge der schändlichen Barbaren und einfältigen Vandalen, die Sie bei Ihrer Verwüstung unterstützt haben, richtig einschätzen können. Was mich betrifft, so bin ich abgesichert, was immer auch geschehen mag. Man wird nicht darüber in Unkenntnis bleiben, daß es nicht in meiner Macht lag, das Unheil vorauszusehen oder es zu verhindern, sobald ich es ahnte; man wird nicht in Unkenntnis darüber bleiben, daß ich gedroht, getobt, Einspruch erhoben habe.

Sollte sich das Werk trotz Ihrer Bemühungen, es zu Grunde zu richten, behaupten – was ich wünsche, aber nicht erwarte –, so wird es Ihnen auch dann nicht zur Ehre gereichen, und Ihre Tat wird darum nicht weniger perfid und niedrig sein. Sollte es aber ein Mißerfolg werden, so treffen Sie die Vorwürfe Ihrer Kollegen und die Empörung der Öffentlichkeit, gegen die Sie noch mehr gefehlt haben als gegen mich. Machen Sie im übrigen mit dem kleinen Rest, den Sie noch zu erledigen haben, was Sie wollen – mir ist das unendlich gleichgültig. Händigen Sie mir meinen Band meinetwegen mit leeren Bogen aus, ich gebe Ihnen mein Ehrenwort, daß ich ihn nicht öffnen will, es sei denn, ich wäre dazu gezwungen, um Ihre Bildtafeln zu erklären. Es ist mir das erstemal allzu schlecht dabei ergangen, es hat mir meinen Appetit und meinen Schlaf geraubt. Ich habe in Ihrer Gegenwart aus Wut darüber geweint, und aus Schmerz bei mir zu Hause, vor Ihrem Kollegen Monsieur Briasson, vor meiner Frau, meiner Tochter, meinem Dienstboten. Ich habe zu sehr gelitten, ich leide noch zu sehr, um mich derselben Qual noch einmal auszusetzen.

Und außerdem ist ja nichts mehr zu retten. Jetzt müssen wir all die schrecklichen Gefahren auf uns nehmen, denen

Sie uns ausgesetzt haben. Sie konnten mir eine unvorstellbare Beleidigung zufügen, doch Sie werden womöglich schwer büßen müssen. Sie haben vergessen, daß Sie Ihre ersten Erfolge nicht dem Gängigen, brav Vernünftigen, Üblichen verdankten, daß sich vielleicht keine zwei Männer auf der Welt die Mühe gemacht hätten, auch nur eine Zeile über Geschichte, Geographie, Mathematik oder gar über Kunst zu lesen, sondern daß man Philosophie finden wollte und weiterhin suchen wird: die entschlossene und kühne Philosophie einiger Ihrer Autoren. Sie haben sie schonungslos, engstirnig und geschmacklos kastriert, beschnitten, verstümmelt, zerfetzt. Sie haben uns seicht und nichtssagend gemacht. Sie haben aus Ihrem Buch getilgt, was es reizvoll und pikant gemacht hätte, was das Neue und Interessante daran war. Finanzieller Verlust und Schande werden Ihre Strafe dafür sein. Doch das ist Ihre Angelegenheit. Sie waren alt genug zu wissen, daß eine schmähliche Tat selten ungerächt bleibt. Ich prophezeie Ihnen einen Skandal und einen katastrophalen Zusammenbruch, die Ihnen eine Lehre sein werden.

Ich kenne mich: in diesem Augenblick, aber nicht früher, wird mein Groll über Ihren Schimpf und Ihren Verrat dahinschwinden, und ich werde dumm genug sein, mich über ein Unglück zu grämen, das Sie sich selbst zuzuschreiben haben. Wäre ich doch ein schlechter Prophet! Aber ich glaube es nicht, es wird nur schlimmer oder weniger schlimm sein, und bei dem Schwarm von Mißgünstigen, der uns neugierig umgibt, ist das Schlimmere weit wahrscheinlicher als das weniger Schlimme. Ersparen Sie sich die Mühe, mir zu antworten, ich kann Sie nicht mehr sehen, ohne daß sich alles in mir zusammenzieht, und ich kann Sie nicht mehr ohne Abscheu lesen.

Das also ist das Ergebnis von fünfundzwanzig Jahren Arbeit, Mühen, Unkosten, Gefahren und Kränkungen aller Art! Ein Tölpel, ein Barbar zerstört alles in einem Atemzug. Ich spreche von Ihrem Schlächter, dem Kerl, dem Sie das Geschäft anvertraut haben, uns in Stücke zu hauen. Zu guter Letzt stellt sich heraus, daß uns den größten Schaden, die Verachtung, den Mißkredit, den Ruin, den Spott – der Haupteigentümer der Sache selber zugefügt hat! Wenn einer keine Tatkraft, keine Tugend, keine Courage hat, dann muß er sich das eben eingestehen und anderen solch gefährliche Unternehmungen überlassen. Ihre Frau versteht Ihre Interessen besser als Sie selbst, sie weiß, was wir den Verfolgungen und den Gerichtsbeschlüssen verdanken, die in den Straßen gegen uns ausgerufen wurden. Sie hätte niemals so gehandelt wie Sie.

Leben Sie wohl, Monsieur Le Breton, übers Jahr sprechen wir uns wieder, wenn Ihre Mitarbeiter mit eigenen Augen sehen müssen, welch würdige Anerkennung Sie ihnen zuteil werden ließen. Man möchte meinen, wenn Ihre Axt nur mich getroffen hätte, so hätte das genügt, um Ihnen unendlich zu schaden, aber dem Himmel sei Dank, sie hat keinen verschont! Wie Sie der Baron d'Holbach mitsamt Ihren Bildtafeln zum Teufel jagen würde, würde ich ihm auch nur ein einziges Wort sagen!

Ich bin gleich am Ende, ich bin ohnedies schon zu ausführlich gewesen; aber in meinem ganzen Leben will ich nie wieder darauf zurückkommen. Wir müssen einen Termin vereinbaren, man muß, wenn es soweit ist, sehen können, daß ich Ihr schändliches Vorgehen erkannt und alle Folgen vorhergesehen habe. Bis dahin werden Sie nichts von mir hören. Ich werde zu Ihnen kommen und Sie nicht bemerken, und Sie werden mir den Gefallen tun, mich eben so wenig zu bemerken. Mein Wunsch ist, alles möge so glücklich und zur Zufriedenheit ausgehen, wie Sie es sich erhoffen, und ich will mich auf keine Weise dagegenstellen. Sollte ich jedoch zu Ihrem Unglück in die Lage kommen, mich öffentlich verteidigen zu müssen, so werde ich nicht lange dazu brauchen: ich brauche nur die nackten und simplen Tatsachen zu berichten, von dem Augenblick an, als Sie sich eigenmächtig und in aller

Heimlichkeit mit Ihrem kleinen Barbaren-Beirat über den Artikel *Intendant* und einige andre hermachten, von denen ich noch die Korrekturbogen habe.

Versäumen Sie es übrigens nicht, Monsieur Briasson für seinen gestrigen Besuch bei mir zu danken. Er kam, als ich gerade zum Herrn Baron d'Holbach und seinen und meinen Freunden dinieren gehen wollte. Hätten sie meine Verzweiflung (der Ausdruck ist nicht übertrieben) bemerkt und mich nach dem Grund gefragt, dann hätte ich nicht die Kraft gehabt zu schweigen – und Ihr Werk wäre verrufen und verloren. Ich gab Monsieur Briasson das Versprechen, nichts zu sagen, und ich habe es gehalten. Ich tat mehr: ich teilte Monsieur Briasson zwar das heillose Durcheinander mit, das Sie angerichtet haben, doch er weiß bis zur Stunde noch nicht, wie ich es in Erfahrung bringen konnte; er weiß auch nicht, daß ich die Bände habe. Es steht in Ihrem Ermessen, ihm gegenüber dieses Geheimnis aufrechtzuerhalten.

An meinem Exemplar ist mir so wenig gelegen, daß ich, wären nicht die unzähligen Randbemerkungen, es Ihnen ohne zu zögern in Ihrem Laden vor die Füße werfen lassen würde. Wäre es wenigstens möglich, die Fahnen von Ihnen zu bekommen, dann könnte ich mit der Hand die Stellen ergänzen, die Sie ausgelassen haben! Die Forderung ist gerecht, doch ich erhebe sie nicht. Wer fähig ist, das Vertrauen eines Menschen so zu mißbrauchen wie Sie das meine, der ist zu allem fähig. Immerhin halten Sie mein Eigentum und das Eigentum Ihrer Autoren zurück. Ich schenke es Ihnen nicht, aber Sie werden es mir vorenthalten, auch wenn ich Ihnen noch so oft schwören würde, es in keiner für Sie im geringsten nachteiligen Weise zu verwenden. Ich bestehe nicht auf der Rückgabe, die rechtens wäre. Von Ihnen erwarte ich keine Gerechtigkeit und keine Redlichkeit.

75. An D'Alembert

Um den 10. Mai 1765

Großen Dank, mein Freund! Ich hatte Sie bereits gelesen, und das mit großem Vergnügen. Man wird dazu schweigen und dennoch vor Wut kochen. Ich würde mir wünschen, daß es eine molinistische Gazette gäbe, so wie es eine jansenistische gegeben hat, damit Ihr Motto sich bewahrheiten und Sie das Vergnügen haben würden zu sehen, wie die eine billigt, was die andre tadelt, womit Ihre Unparteilichkeit feststünde. Sie werden sich einen ganzen Schwarm von heimlichen Feinden schaffen! Aber das muß man auf sich nehmen, oder darauf verzichten, die Wahrheit zu sagen.

Empfangen Sie mein Kompliment und meinen Dank! Schreiben Sie noch oft solche Werke, der Philosophie und Ihnen zu Ehren und auch um Ihrer Gesundheit willen, denn es ist unmöglich, daß man nicht mit großem Vergnügen schreibt, was man mit so großem Vergnügen liest. Wirklich schade, daß das nicht früher erschienen ist, ich hätte viel Nutzen daraus ziehen können! Die Feinde der Philosophie müssen jetzt Schlag auf Schlag alle erdenklichen Unannehmlichkeiten einstecken; es ist ein schlechtes Jahr für sie.

Aber da ist noch etwas, das ihnen ebenso wenig Freude bereiten wird wie Ihr Werk. Ich hatte der Kaiserin durch Grimm den Vorschlag machen lassen, meine Bibliothek zu kaufen. Und wissen Sie, was sie getan hat? Sie nimmt sie an, sie läßt mir den geforderten Preis auszahlen, sie stellt sie mir zur Verfügung, und sie fügt hundert Pistolen Pension hinzu; und man muß sehen, mit welcher Aufmerksamkeit, welchem Zartgefühl, welcher Huld all diese Wohltaten gewährt werden! So bin ich denn glücklich, restlos glücklich; und was mir besonders zusagt, ist, daß ich dieses Glück meinem Freund verdanke und einer Herrscherin, die nichts unversucht gelassen hat, um Sie zu sich zu rufen. Ein wenig von der besonderen Wertschätzung, die sie für Sie empfindet, wird für mich abgefallen sein, und auch ihr natürlicher Hang zur Wohltätigkeit war sicherlich im Spiel. Wenn Sie Gelegenheit haben, an jenen Hof zu schreiben, so fügen Sie bitte Ihren Dank zu dem meinen. Man soll sehen, daß alle rechtschaffenen Leute dieses Landes es zu schätzen wissen, daß die Kaiserin mir unter denen, die ihre Gunst genießen, den Vorzug gibt.

Ich grüße und umarme Sie von Herzen. Möge Ihr Gesundheitszustand sich bessern.

76. An Sophie Volland

15. Mai 1765

Ja, zärtliche Freundin, es wird noch ein Konzert stattfinden, und es wird zauberhaft sein: so versichert es mir Monsieur Grimm. Lassen Sie mich also Sonntag früh wissen, ob und zu wieviel Sie hingehen, damit ich Eintrittskarten bestellen kann.

Ich bitte Sie dafür zu sorgen, daß Monsieur Gaschon dabei ist. Wenn mir ein großes Vergnügen zuteil wird, so kann ich nicht anders, als den gleichen Genuß all denen zu wünschen, die ich liebe. Ihr werdet zurückkommen und berauscht vor Bewunderung und Freude sein, und ich werde einen Teil dieser Empfindungen zu mir herübernehmen können, wenn ich Sie wiedersehe, Sie höre, Sie anschaue. Oh, wie verklärt Ihre Züge sein werden!

Da es aber so schön ist, die Gesichtszüge eines Menschen zu betrachten, die von Liebe und Vergnügen hingerissen sind, und da Sie, wenn es Ihnen gefällt, dieses rührende und schmeichelhafte Bild jederzeit vor Augen haben können – warum berauben Sie sich seiner? Welche Torheit! Sie sind bezaubert, wenn ein verliebter Mann Blicke voller Zärtlichkeit und Leidenschaft auf Sie heftet. Seine Augen dringen in Ihre Seele, und diese erzittert davon. Wenn seine glühenden Lippen Ihre Wangen berühren, so verwirrt Sie die Wärme, die sie dort hervorrufen; wenn seine Lippen sich auf die Ihren drücken, wenn

Sie fühlen, wie seine Seele sich aufschwingt, um sich mit der Ihren zu vereinen; wenn in diesem Augenblick seine Hände die Ihren pressen, dann verbreitet sich ein köstliches Erschauern über Ihren ganzen Körper. Alles kündet Ihnen ein unendlich größeres Glück an, alles lädt Sie dazu ein – und Sie wollen nicht vor Lust sterben und Ihrem Freund den Tod geben? Und Sie verweigern sich dann auch einem Augenblick, der nicht weniger köstlich ist: dem, wo dieser Mann vor Stolz, die Person besessen zu haben, die ihm teurer ist als das ganze Universum, einen Strom von Tränen vergießt? Wenn Sie diese Welt verlassen, ohne ein solches Glück gekannt zu haben, können Sie sich dann schmeicheln, glücklich gewesen zu sein und einen andern Menschen glücklich gemacht und gesehen zu haben? . . .

77. An Sophie Volland

20. Mai 1765

Nun ist es schon das drittemal, daß Monsieur Viallet und ich wegen seiner Angelegenheit zu Monsieur de Sartine gehen, und drei Vormittage sind dahingegangen, ohne daß ich meine Werkstatt betreten habe!

Obwohl ich um die Mittagszeit an Ihrer Tür vorüberkomme, werde ich nicht das Vergnügen haben, Sie zu sehen. Der gleiche Wagen, der mich zur Rue Neuve Saint-Augustin führt, wird mich hierher zurückbringen, wo mich eine ungeheure Menge unerledigter Arbeit erwartet. Ach, wie bin ich es müde, mich durch diese ewigen Verpflichtungen beherrschen zu lassen! Wann endlich werde ich von jeder anderen Beschäftigung befreit sein als der, Ihnen zu gefallen? . . . Nie, nie! Ich werde sterben, ohne daß ich Ihnen zeigen konnte, wie sehr ich zu lieben weiß.

Entschuldigen Sie mich bei Madame Le Gendre. Alles entfernt sich, alles geht auseinander. Eine Unzahl tyrannischer Dinge stellt sich vor die Pflichten der Liebe und der Freundschaft, und nichts tut man recht; man gibt sich weder ganz seinem Ehrgeiz, noch seinen Neigungen, noch seiner Leidenschaft hin und lebt unzufrieden mit sich selber. Einer der großen Nachteile des Gesellschaftszustandes ist die Menge der Beschäftigungen, und vor allem die Leichtfertigkeit, mit der man Verpflichtungen übernimmt, die dann über unser ganzes Glück bestimmen. Man heiratet, man tritt in eine Stellung ein; man hat eine Frau und Kinder, bevor man gesunden Menschenverstand besitzt. Ach, wenn man noch einmal von vorne anfangen könnte! Dies Wort der Reue führt man ständig im Mund, und ich selbst hab es bei allem gesagt, was ich getan habe. Nur eines ist und bleibt davon ausgenommen, liebe und zärtliche Freundin: die süße Bindung, die ich mit Ihnen eingegangen bin. Und wenn ich da etwas bedaure, so sind es die Augenblicke, die ihr verloren gehen.

Ich grüße und umarme Sie von ganzem Herzen . . .

78. An Sophie Volland

5. Juni 1765

Ob ich leide? Mehr denn je, und das verdientermaßen. Ich aß wie ein junger Wolf, oder wie unser Freund Monsieur Gaschon, wenn es etwas Feines zum Diner gibt. Ich trank Weine mit allen möglichen Namen; eine Melone von einer unglaublichen Perfidie wollte von mir verzehrt werden; und glauben Sie, es wäre möglich gewesen, einem riesigen glasierten Käse zu widerstehen? Und dann Liköre; und dann Kaffee; und schließlich eine abscheuliche Magenverstimmung, die mich die ganze Nacht nicht schlafen und den Morgen zwischen einer Teekanne und einem andern Geschirr verbringen ließ, das der Anstand zu nennen verbietet. Gott sei Dank bin ich jetzt für die nächsten zehn Jahre purgiert; und vielleicht wird dieses Debakel auch das Rheuma mit sich fortnehmen, das ich, wenn es mir beliebt, meine Gicht nennen werde, denn wenn die Brust sich nicht meldet, dann ist es der Daumen der linken Hand, der mir verteufelt wehtut.

194

Aber das alles bedeutet ja gar nichts. Auf dieser Welt zählt nichts als das wirklich Gute und das wirklich Schlechte; und der Anteil am Glück, den ich beanspruche, ist ja in besten Händen. Es genügt, daß ich Sie in guter Verfassung und voller Liebe sehe, und ich lache über das Schicksal. Nur in Ihrer Person kann es mich angreifen, aber Sie, meiner Treu, bieten ihm wenig Angriffsfläche.

Ich habe zu Hause diniert und zwei frische Eier zu mir genommen; gegen vier bin ich hierher gekommen, wo ich Ihr Billett vorgefunden habe, und ich antworte darauf, daß ein Mann, der seinen Hintern nicht zusperren kann und der bei jedem Stoß des Wagens laute Klagerufe ausstoßen würde, schwerlich eine Reise auf sich nehmen kann, so reizvoll auch seine Reisegefährtinnen sein mögen. Wenn Sie die Partie auf Dienstag oder Mittwoch verschieben wollten, würde ich unweigerlich teilnehmen. Wenn nicht, lassen Sie mir ein Wort zukommen, das ich hier erwarte, und auf Grund dessen ich Ihnen für morgen einen Wagen besorgen werde.

Man hat Ihnen sicherlich die Werke Friedrichs geschickt . . .

79. An Sophie Volland

21. Juli 1765

. . . Sie wissen, daß Monsieur Tronchin wegen der Erkrankung seines Sozius eilends nach Lyon hatte abreisen müssen, und daß meine 16 000 Francs in den Händen des Monsieur Colin de Saint-Marc geblieben waren. Nebenbei: es ist unerhört, wieviel häuslichen Zank mir meine neuerworbene Sicherheit, die sich zu Recht oder Unrecht auf diese Summe gründet, bisher eingetragen hat! In dieser Lage erhalte ich einen Brief von Monsieur Tronchin für Monsieur de Saint-Marc. Ich behalte ihn sieben oder acht Tage in der Tasche, denn es sind nicht die materiellen Belange, die mich in Unruhe versetzen. Indessen befinde ich mich eines Tages, als ich zu Ihrer lieben Schwester plaudern ging, gegen sechs Uhr abends vor dem Eingang zum Hôtel des Fermes. Ich erinnere mich an meinen Brief und trete ein. Monsieur de Saint-Marc war nicht in seinem Büro, würde aber alsbald zurückkehren: so sagten mir seine Schreiber, die überaus höflich sind. In der Tat kommt er herein, während sie mit mir sprachen. Ich gehe Herrn Colin de Saint-Marc entgegen, der mich nicht bemerkt. Ich spreche zu Monsieur de Saint-Marc, der mich nicht anhört. Monsieur de Saint-Marc hat den Hut auf dem Kopf behalten, und ich laufe fast hinter ihm her. Er geht in den zweiten Raum seines Büros; er setzt sich in seinen Lehnstuhl, und ich bleibe vor ihm stehen. Ich übergebe ihm meinen Brief, er nimmt ihn, öffnet ihn, liest ihn, betrachtet einen Augenblick die Decke, gibt mir meinen Brief zurück, nein, wirft ihn in eine Ecke seines Schreibtischs und sagt: »Ich kann mich an diese Angelegenheit nicht erinnern.«

Dann nimmt er eine Feder, beginnt zu schreiben, läßt mich stehen und kümmert sich nicht weiter um mich. Während er schrieb, ohne mich anzuschauen, nannte ich meinen Namen und erzählte meine Geschichte. Ich war fast damit zu Ende, da hält mein Mann inne, bohrt mit dem Finger in seiner Nase und stellt fest: »Ach ja, jetzt erinnere ich mich. Ich habe Ihre Wechsel erhalten, aber ich kann Ihnen keine Banknoten geben. Alle wollen Banknoten, es ist ein Irrsinn. Ich weiß nicht, warum. Ich weiß nicht, wann ich welche haben werde. Um Ihretwillen werde ich sie jedenfalls nicht denjenigen wegnehmen, die welche haben. Kommen Sie noch einmal, aber nicht morgen. Kommen Sie in acht Tagen, in einem Monat, in zweien.«

Und mein Mann vertiefte sich aufs neue in seine Schreiberei, und ich gehe.

Nun, was sagen Sie dazu? Weil Monsieur Colin de Saint-Marc 100 000 Taler Rente hat, behandelt er mich wie einen Lakaien. In mir kochte es in diesem Augenblick, nicht der Graf von Charolais zu sein, oder irgendeine andere wichtige Persönlichkeit, und nicht bei Monsieur de

196

Saint-Marc die Szene des Präsidenten de Meinières mit einem Procureur des Parlaments nachspielen zu können.

Es war frühmorgens. Er war im Gehrock, ärmlicher, runder Perücke, grauen Wollstrümpfen und seidenem Halstuch; all das war nicht geeignet, sein schlechtes Aussehen aufzubessern. Man schuldete ihm eine beträchtliche Summe, die zu begleichen man keine Eile zeigte. Er tritt ohne Umstände ins Büro und wendet sich in ehrbarem Ton an den Procureur, denn der Präsident de Meinières ist der freundlichste und ehrbarste Mann in Frankreich, er ist dafür bekannt, und so habe ich ihn immer gefunden, wenn ich ihn oder er mich besuchte: »Monsieur, ich habe schon lange warten müssen. Könnten Sie mir sagen, wann ich mein Geld bekomme?« – »Wie soll ich das wissen?«

Der Präsident blieb stehen, der Anwalt saß in seinem Lehnstuhl; der Präsident hatte seinen Hut abgenommen, der Anwalt trug eine Mütze auf dem Kopf, der Präsident sprach, der Anwalt schrieb. »Mein Herr, ich hab es eilig. – Dafür kann ich nichts. – Vielleicht; doch hier sind meine Rechtstitel; ich habe sie mitgebracht, und Sie würden mich verpflichten, wenn Sie sie anschauten. – Ich habe keine Zeit. – Mein Herr, bitte, tun Sie mir den Gefallen. – Es geht nicht, sag ich Ihnen. – Mein Herr . . . – Sie stören mich. Glauben Sie denn, mein Lieber, ich hätte nur Ihre Angelegenheit im Kopf? Man wird Sie auszahlen wie die andern. Gehen Sie und fallen Sie mir nicht weiter lästig. – Mein Herr, es tut mir leid, Ihnen lästig zu fallen, aber Sie sind nicht der erste. – Um so schlimmer, man sollte niemand lästig fallen. – Freilich, aber man sollte auch zu niemandem grob sein. – So was macht auch noch den Spaßvogel! – Der größere Spaßvogel von uns beiden, das schwöre ich Ihnen, mein Herr, bin nicht ich. Man schuldet mir Geld. Ich brauche es, ich möchte es in Empfang nehmen. Ich ersuche Sie nur darum, einen Blick auf meine Unterlagen zu werfen. – Nun gut, ich will sie prüfen. Hätte man täglich mit zwei Menschen wie Sie zu tun, dann würde man besser seinen Beruf an den Nagel hängen.«

Der Präsident legt seine Papiere vor, und der Procureur liest: Herr Präsident de Meinières, und so weiter. Sofort springt er auf: »Herr Präsident, ich bitte Sie tausendmal um Entschuldigung; ich hatte nicht die Ehre, Sie zu kennen – sonst . . .«

Der Präsident faßt ihn bei der Hand, entfernt ihn von seinem Armsessel, setzt sich selber hinein und sagt: »Maître soundso, Sie sind ein unverschämter Mensch. Es geht hier nicht um mich, ich verzeihe Ihnen. Aber ich habe bei dieser Gelegenheit gesehen, in welch unwürdiger und grausamer Weise Sie mit den Unglücklichen verfahren, die mit Ihnen zu tun haben. Nehmen Sie sich in Zukunft in acht. Wenn ich jemals eine Klage über Sie höre, dann sorge ich dafür, daß Sie ein Amt verlieren, das Sie so schlecht bekleiden. Adieu.«

Nun, wie denken Sie darüber? Wäre es, als mich Monsieur de Saint-Marc wie jener Anwalt behandelte, nicht sehr angenehm gewesen, der Präsident zu sein? . . . Sie lachen darüber, und ich tu es jetzt auch. Madame Le Gendre behauptet, sie hätte sich ganz einfach auf den Tisch des Monsieur Colin de Saint-Marc gesetzt. Aber man ist so überrascht, so wenig daran gewöhnt, plötzlich wie ein Dienstbote behandelt zu werden . . .

80. *An Sophie Volland*   25. Juli 1765
                                     Sonntag – nein, es ist ein
                                Donnerstag, den ich für einen
                                 Sonntag gehalten habe.
Sie haben erst zwei Briefe von mir erhalten? Ich bin aber jetzt gerade beim sechsten angekommen. Ich habe sie alle numeriert, damit wir sichergehen können, daß keiner in die Irre gelaufen ist. Schauen Sie bitte nach!

Sie glauben also, liebe Freundin, ich könnte im Verlauf von nur vierzehn Tagen drei oder vier heftige Stöße verkraften, ohne daß meine Gesundheit darunter leidet? Sie sollen etwas davon erfahren, aber nur so viel, daß Sie sich nicht allzu sehr beunruhigen müssen. Magen und Verdauungsapparat sind in einem elenden Zustand. Die leichteste Suppe marschiert augenblicklich durch. Nicht einmal ein Eigelb kann ich bei mir behalten. Zum Glück kann ich schlafen, und der Schlaf macht manches wieder gut. Doch wie geht es zu, daß Gase, die mir beim Entweichen die grausame Empfindung eines rotglühenden Eisens verursachen, in einem Kanal von zartestem Gewebe verweilen können, ohne es zu verletzen? Denn ich leide nicht unter der geringsten Kolik.

Meine Kräfte habe ich fast ganz verloren. Ich fühle, wie meine Beine unter mir wegschwimmen. Diese Müdigkeit, die mir sehr lästig ist, wenn ich umhergehe, läßt mir das Bett als eine Köstlichkeit erscheinen. Habe ich mich niedergelegt, dann ist Madame Le Gendre sicherlich nicht glücklicher als ich. Kennen Sie das Vergnügen, wenn man, von einem langen Spaziergang ermüdet, seinen Lehnstuhl wiederfindet? Genau dieses genieße ich, nachdem die Matratzen sich mit dem Gewicht all meiner Glieder beladen haben. In Wahrheit, es ist eine Wollust, die ein Frommer sich zum Vorwurf machen würde. Sie sehen wohl, daß kein Grund zur Beunruhigung vorliegt, und daß in drei oder vier Tagen nichts mehr davon zurückgeblieben sein wird.

Doch bin ich nicht der einzige Kranke im Haus. Madame Diderot hat eine Ischias. Man hat ihr geraten, den kranken Schenkel mit einer Mixtur aus Salz, Schnaps und Seife einzureiben. Vor ein paar Tagen war ich im Begriff, das Zimmer zu betreten, als die Operation sich abspielte; meine kleine Tochter lief mir entgegen und schrie: »Nicht weiter, Papa, halten Sie an! Sie lachen sich nämlich tot, wenn Sie das sehen!« Ihre liebe Mutter stand vornübergebeugt zu Füßen ihres Bettes und präsentierte ihren nackten Hintern, während die Dienstmagd davor kniete und sie nach Kräften einseifte. In dem Fall hätte man nicht das Sprichwort anwenden können, das besagt, daß man seine Zeit und Mühe verschwendet, wenn man den Kopf eines Mohren mit Seife behandelt, denn Madame Diderot ist blütenweiß. Es war auch nicht der Kopf, was man ihr eingeseift hat, und das Mittel hat ihr Linderung verschafft. Ein- oder zweimal mußte auch ich die Operation übernehmen und habe mich sehr gut aus der Affaire gezogen . . .

Ich schreibe Ihnen bei Le Breton, bei dem ich mich eingefunden hatte, um meine dort zurückgelassenen Blätter durchzusehen. Von nun an werde ich kaum mehr diese verfluchte Werkstatt betreten, wo ich mir die Augen verdorben habe im Dienste von Lümmeln, die mir keinen Stock geben würden, meine Schritte zu lenken. Es bleiben uns nur noch vierzehn Bogen zu drucken: eine Sache von acht oder zehn Tagen. In acht oder zehn Tagen werde ich also das Ende dieses Unternehmens erblicken, das mich seit zwanzig Jahren beschäftigt; das mir bei weitem nicht das große Glück gebracht hat; das mich mehrmals der Gefahr ausgesetzt hat, mein Vaterland verlassen zu müssen oder meine Freiheit zu verlieren; und das ein Leben aufgebraucht hat, das ich nutzbringender und ruhmvoller hätte verwenden können. Es würde viel weniger oft vorkommen, daß Talente dem Bedürfnis geopfert werden, wenn es nur um einen selbst ginge. Man würde sich leichter entschließen, von Wasser und Brotkrusten zu leben und auf einem Dachboden seinem Genie zu folgen. Doch wozu entschließt man sich nicht um einer Frau, um seiner Kinder willen! Wollte ich mich vor ihnen ins rechte Licht rücken, so würde ich nicht zu ihnen sagen: »Ich habe dreißig Jahre für euch gearbeitet«, sondern: »Um euretwillen hab ich mein ganzes Leben lang auf meine natürliche Berufung verzichtet und es entgegen meinen Neigungen vorgezogen zu tun, was euch nützlich, statt was mir angenehm war. Das ist in Wahrheit die Dankesschuld, die ihr mir gegenüber habt, und an die ihr nicht denkt.«

Gestern abend hatte ich den Mut, Madame Le Gendre zu erklären, sie wende sehr viel Mühe auf, um aus ihrem

Sohn bloß eine hübsche Puppe zu machen. *Nicht zuviel erziehen* ist eine Maxime, die besonders auf die Jungen zutrifft. Man muß sie ein wenig der Energie der Natur überlassen. Ich mag es, wenn sie heftig, unbesonnen, launenhaft sind. Ein zerzauster Kopf gefällt mir besser als ein fein gekämmter. Lassen wir sie doch eine Physiognomie annehmen, die ihnen gehört. Wenn ich durch ihre Dummheiten hindurch einen Zug von Originalität wahrnehme, bin ich zufrieden. Unsre kleinen rauhbeinigen Provinzbären gefallen mir hundertmal mehr als all eure wunderlich dressierten Spaniels. Sehe ich ein Kind, das auf seine Worte achtet, das mit einstudierter Kopfhaltung und wohlabgemessenen Schrittes daherkommt, das ein Haar seiner Frisur, eine Falte seines Gewandes in Unordnung zu bringen fürchtet, dann geraten wohl Vater und Mutter in Entzücken und sagen: Was haben wir doch für ein hübsches Kind! Ich aber spreche: Aus dem wird nie was andres als ein Dummkopf . . .

81. *An Sophie Volland*

28. Juli 1765

. . . Da ist noch ein anderes Abenteuer, das nicht so amüsant ist. Wir, Madame Diderot und ich, haben versucht, D'Alembert die ganze Anteilnahme zu bezeugen, die wir seiner Lage entgegenbringen. Seitdem wir von seiner Erkrankung wußten, sind wir jeden Tag zu ihm gegangen, Madame am Morgen und ich am Nachmittag. Er soll jetzt außer Gefahr sein. Für mich ist diese Vorhersage das Überraschendste und Erfreulichste an dem Ereignis. Es handelt sich um eine Verdauungsstörung, auf die er zwei oder drei Tage nicht genügend geachtet hat, und aus der eine Unterleibsentzündung geworden ist, wegen der er, trotz der Kontraindikation der Darmerkrankung, mehrfach zur Ader gelassen werden mußte. Er erschreckte mich, als ich ihn das erstemal sah: ein aufgeschwemmtes Gesicht, ein verstörter Blick, verbrannte Lippen, eine dunkelfahle, bleigraue Gesichtsfarbe. Dennoch hat er seinen scherzhaften Ton bewahrt. Ich erzählte ihm von Damilaville, er habe sich trotz allem entschlossen, die Reise nach Genf anzutreten, und er antwortete mir, unser Freund bilde sich ein, Aeskulap aufzusuchen, in Wirklichkeit aber gälte seine Reise Apoll.

Doch kommen wir zu meinem Abenteuer. Beim ersten Besuch, den Madame Diderot ihm abstattete, fand sie dort Bourgelat, Watelet, einen Abbé Bon, Morellet und ein Fräulein von Espinasse, die sich am Morgen bei ihm einrichtet und ihn erst um Mitternacht verläßt. D'Alembert erkundigte sich bei Madame nach meiner Gesundheit, die damals kaum besser war als die seine. Die Gute, die gerne schwatzt, ließ sich diese Gelegenheit nicht entgehen, und der Abbé Morellet, der gerne scherzt, fing am nächsten Tag beim Baron an, ihren Bericht auf eine ziemlich lächerliche Art wiederzugeben. Als die Zuhörer sich dafür zu interessieren begannen, gebot ich ihm Einhalt. In einem sehr ernsten und festen Ton machte ich ihm klar, daß er von meiner Frau sprach, und daß er mir einen Gefallen tun würde, wenn er schwiege oder sich eines Tons befleißigte, den ich hinnehmen könnte. Dann zog ich einen Armsessel herbei, setzte mich ihm gegenüber und sprach: »Herr Abbé, würden Sie mir die Gunst erweisen, mir zwei Minuten lang zuzuhören, ohne mich zu unterbrechen? Dafür verpflichte ich mich, Sie anschließend nach Belieben antworten zu lassen.« Er war einverstanden und ich fuhr fort: »Herr Abbé, Sie sind ein berufsmäßiger Spaßmacher, aber es gibt einige Regeln, die ein Spaßmacher kennen muß, die Sie vielleicht kennen, aber immer wieder vergessen. Die erste ist, daß, wenn man es nicht mit dem verächtlichsten aller Menschen zu tun hat, man niemals darauf zählen kann, daß er geduldig zuhören wird, wenn man in seiner Gegenwart seinen Vater, seine Mutter, seine Frau, seine Tochter, seinen Sohn und seine Freunde herabwürdigt. Die zweite, daß jeder Scherz sein Maß hat, und daß, wird dieses Maß überschritten, der Spaßvogel nicht mehr ein geistreicher Mann, sondern ein Flegel ist. Die dritte, die den größten Scharfsinn erfordert, besteht darin, daß man die Lage dessen erkennt, dem man seinen Scherz zudenkt. Ist ein Mann heiter, gesund, geht es ihm in jeder Hinsicht gut, dann ist er ganz dazu aufgelegt, ihn sich gefallen zu lassen. In allen anderen Umständen: wenn seine Gesundheit zu wünschen übrig läßt, wenn seine Seele von Kummer beschwert ist, dann ist der Scherz völlig fehl am Platz. Und um Ihnen verständlich zu machen, wie unerläßlich diese Regel ist, und wie schwer es ist, sie zu befolgen: glauben Sie, daß es, als wir alle Montamy, den ältesten Freund des Barons betrauerten, sehr angebracht war, daß Sie zu ihm sagten, der Freund, den er gerade verloren hatte, sei dahingegangen, um ihm einen Platz im Jenseits zu reservieren? Eine vierte Regel endlich ist die, daß der Spaßvogel, wenn er die drei vorausgehenden vergißt, sich der Gefahr aussetzt, daß man ihn zum Fenster hinunterwirft.«

Der Abbé streckte mir, nachdem er sich mit den bescheidensten und aufrichtigsten Worten bei mir entschuldigt hatte, eine Freundschaftshand hin, die ich ergriff, und der Zwischenfall war vergessen . . .

82. *An Damilaville*

12. September 1765

Ich habe Ihre beiden Briefe erhalten, mein zärtlich geliebter Freund, und wenn ich nicht früher darauf geantwortet habe, dann deshalb, weil ich nach wie vor schreibfaul bin, wie Sie zur Genüge wissen, und weil eben jeder in seiner Haut steckt, bis er stirbt.

Mit all den Freundlichkeiten, die man Ihnen in Ferney erwiesen hat, hatte ich gerechnet. Berichten Sie diesem unglaublichen Mann alles, was Sie von meiner Ergebenheit und meiner Bewunderung für ihn wissen.

Erinnern Sie ihn an meine Fabel vom Menschenfeind, der sich in eine Höhle geflüchtet hatte, wo er tief darüber nachdachte, auf welch besonders schreckliche Weise er sich am Menschengeschlecht rächen könnte, mit dem er unzufrieden war. Er sagte bei sich selbst: »Man müßte irgendeine Vorstellung finden, der sie mehr Bedeutung beimessen als ihrem Leben, und über die sie niemals einig werden können.« Und augenblicklich verließ er seine Höhle und rief: »Gott, Gott!«

Seine Stimme erscholl von einem Pol zum andern, und die Menschen begannen zu streiten, einander zu hassen und sich gegenseitig umzubringen. Das haben sie getan, seit dieser abscheuliche Name ausgesprochen wurde, und damit werden sie fortfahren bis zum Ende der Zeiten.

Sagen Sie zu ihm: »Wenn ein Philosoph eine Hypothese aufgestellt hätte, die alle Phänomene erklärte, wären Sie dann nicht sehr versucht, diese Hypothese für die Wahrheit zu nehmen? Warum nehmen Sie dann nicht eine Hypothese für eine Unwahrheit, die Sie auf keine einzige metaphysische, physische, politische und moralische Frage anwenden können, ohne sie zu verunklären?«

Sagen Sie zu ihm, daß die Vorstellung von einem höchsten Wesen bei einem Trajan, Marc Aurel, Cato und einigen anderen ausgezeichneten Köpfen, die sich ein wohltätiges Wesen zum Muster genommen hatten, unter dessen Augen sie wandelten, eine vortreffliche Vorstellung sein konnte; er soll aber die Geschichte befragen, die er so gut kennt: dann wird er gewahren, daß es für den Rest der Menschheit eine unheilvolle Idee war, ist und sein wird.

Doch lassen wir diesen unsern Katechismus auf sich beruhen, den Sie in- und auswendig kennen, und kommen wir auf Ihre Gesundheit.

Verlängern Sie Ihre Ruhepause, mein Freund, soviel Sie nur können. Disputieren Sie vor allem nicht mit Aeskulap über die Dauer Ihrer Heilung, und was sie kosten wird. Das wäre eine Torheit, die uns alle betrüben würde. Zuerst heißt es, wieder gesund werden; alles übrige wird laufen, wie es mag.

Von Zeit zu Zeit gedenken wir Ihrer in der Rue Neuve des Petits-Champs. Grimm hat Ihnen sicherlich mitgeteilt, daß die Hindernisse, die man der Subskription in den Weg gelegt hat, nahezu aufgehoben sind, und daß der Götterfeind Naigeon unser Finanzbeamter ist. Das große und verfluchte Werk ist abgeschlossen, und die Buchhändler haben, ehrlicher als ich's erwartete, die Forderungen erfüllt, die ich an sie zu richten hatte.

Ich tue mein Möglichstes, um die Hindernisse zu beseitigen, die sich unserer Begegnung in Châlons in den Weg stellen könnten; es wird mir gelingen, oder ich werde den Verstand verlieren.

Hier gehen Dinge vor, die uns amüsieren, denn die Kleinen können nichts Besseres tun, als über die Dummheiten der Großen zu lachen. Der Klerus gibt Akten und Enzykliken heraus, die das Parlament verbrennen läßt. Die Nonnen von Saint-Cloud verschließen Gott ihre Tür, das Parlament läßt mit Hilfe eines Schlossers die Klosterpforte aufbrechen, und Gott schlüpft hinein.

Adieu, mein Freund, gestehen Sie Ihrer Gesundheit und meinen Geschäften noch eine Woche zu, und wir werden uns bei unserm lieben Direktor umarmen.

Sie wissen, daß D'Alembert die Pension bekommen hat, und daß Vaucanson, der sie ihm streitig machte, nichts geblieben ist als die Schande, die er auf Grund seiner Habgier verdiente. Stellen Sie sich vor, daß dieser Maschinist 40 000 Pfund Rente hat!

Saint-Florentin wurde durch einen unvermutet losgehenden Büchsenschuß die Hand abgerissen. Man hat ihm die Hälfte des Arms abgenommen, und Sartine und Bertin zählen sehr auf die Fortschritte des Wundbrands.

Ich habe Sie um eine möglichst vollständige Sammlung aller Gelegenheitsgedichte unsres Patriarchen gebeten. Vergessen Sie mir das bitte nicht.

Legen Sie ihm meine ganze Hochachtung zu Füßen und empfangen Sie all meine Freundschaft.

83. *An Sophie Volland*

20. September 1765

. . . Ich habe gestern mit einer ganzen Kolonie von Engländern diniert. Es scheint, als hätten all diese Leute ihre Überheblichkeit und Traurigkeit an den Ufern der Themse zurückgelassen. Der Baron hat nicht verfehlt, unsern Freund Garrick aufzusuchen und das schöne Mausoleum in Augenschein zu nehmen, das dieser in seinem Garten den Manen Shakespeares hat errichten lassen. Tatsächlich ist diese Gedenkstätte schön, und der Garten des Schauspielers ist schön, und Shakespeare war für Garrick geschaffen, und Garrick für Shakespeare.

Heute habe ich mit einer charmanten Frau gespeist, die *erst* achtzig Jahre alt ist. Sie ist voller Gesundheit und Frohsinn. Es ist D'Alainvilles Mutter. Ihre Seele ist ganz und gar sanft und zärtlich geblieben. Sie spricht von Liebe und Freundschaft mit dem Feuer, der Wärme, der Empfindsamkeit einer Zwanzigjährigen. Wir waren drei Männer mit ihr am Tisch. Sie sagte zu uns: »Liebe Freunde, eine zartfühlende Unterhaltung, ein Blick voll Wahrheit und Leidenschaft, eine Träne, ein Antlitz, das von Rührung spricht – das ist das Gute. Alles übrige lohnt nicht der Mühe, auch nur davon zu reden. Als ich jung war, sagte man mir gewisse Worte, und heute erinnere ich mich daran, von denen jedes einzelne zehn ruhmreichen Taten vorzuziehen ist. Meiner Treu, ich glaube, wenn ich sie in meinem Alter noch einmal zu hören bekäme, mein altes Herz würde schneller klopfen.« – »Madame, Ihr Herz ist eben nicht gealtert.« – »Nein, mein Kind, da hast du recht; es ist ganz jung, es zählt erst zwanzig Lenze. Wofür ich Gott zu danken habe, ist nicht, daß er mich lange hat leben lassen, sondern daß er mich gut, sanft und empfindsam hat bleiben lassen.« Und dies sagte sie mit einem wirklich fesselnden Gesichtsausdruck.

In Wahrheit, dieses Gespräch war mehr wert als all die Erörterungen über Philosophie und Politik, die wir ein paar Tage vorher mit unsern Engländern gehabt hatten.

Dennoch war darunter einer, der uns ein spaßiges Vorkommnis erzählte. Ein Geizhals wurde von Dieben überfallen. Er steckte den Kopf zur Wagentür heraus und sagte zu den Dieben: »Liebe Freunde, ich heiße soundso. Wenn Sie von mir reden gehört haben, müssen Sie wissen, daß mir mein Geld teurer ist als mein Leben. Überlegen Sie jetzt, ob Sie mich töten wollen.« Der englische Dieb tötete ihn nicht, und der Geizhals behielt sein Geld und sein Leben.

Guten Abend, meine Freundin. Ich gehe, die Nacht mit Ihnen zu verbringen. Schlafen Sie einen kleinen Augenblick mit mir. Mademoiselle Boileau will nicht daran glauben, daß ich während Ihrer Abwesenheit brav bin. Warum nur diese Ungläubigkeit?

84. An Sophie Volland

20. Oktober 1765

Morgen sind es acht Tage, daß ich meine Studierstube nicht verlassen habe. Das Werk macht Fortschritte. Es ist ernst und es ist heiter. Es ist voller Kenntnisse, Scherze, Bosheiten, Wahrheit. Ich amüsiere mich selbst dabei. Mich hat eine so lebhafte Neigung zum Studium, zur angestrengten Arbeit und zum Alleinsein mit mir selbst ergriffen, daß ich mich allen Ernstes mit der Absicht trage, dabei zu bleiben. Ohne Zweifel, alles gleicht sich aus in der Gesellschaft mit unseren Freunden. Eine lebhaftere Fröhlichkeit, ein Mehr an Anteilnahme und Abwechslung. Man schließt sich den andern auf, sie holen einen aus der Verschalung hervor: das ist die schöne Seite! Aber wie oft sieht sich die Eigenliebe verwundet, das Zartgefühl empört, ist man einer Unmenge anderer kleiner Verdrießlichkeiten ausgesetzt! Nichts davon in der Zurückgezogenheit und Einsamkeit. Da sind all die um mich versammelt, über die ich mich niemals beklagt habe . . .

85. An Sophie Volland

10. November 1765

Endlich, liebe Freundin, nach vierzehn Tagen beharrlich-
ster Arbeit hab ich's hinter mir! Grimm, den nie sein
Gerechtigkeitssinn verläßt, macht sich Vorwürfe, weil er
unsern Umgang unterbrochen hat, den er mit Recht als die
einzige Süßigkeit betrachtet, die uns bleibt; auch fühlt er
sich an meiner Abwesenheit von der Synagoge der Rue
Royale schuldig, wo meine Freunde mich herbeisehnten;
an der Gefahr, der er nach seinem Dafürhalten meine
Gesundheit durch eine so lange Absonderung ausgesetzt
hat, und verantwortlich für Gewaltleistungen, die man
sich, wie er meint, in keinem Alter ungestraft zumutet, und
schon gar nicht in dem meinen, zumal wenn man gerade
eine Arbeit von zwanzig Jahren hinter sich hat. Er ist im
übrigen sprachlos. In zweien oder dreien seiner Briefe
schwört er mir bei allem, was ihm heilig ist, daß niemand
unter dem Himmel je ein vergleichbares Werk zustande
gebracht hat und zustande bringen wird, und um ganz
ehrlich zu sein: ich war insgeheim eitel genug, das gleiche
zu denken.

Gewiß, es ist das Beste, was mir gelungen ist, seit ich
mich der Literatur verschrieben habe, wie man es auch betrachtet: sowohl was die Verschiedenartigkeit des Tons
wie die Mannigfaltigkeit der Gegenstände und den Reichtum der Gedanken betrifft, von denen ich mir vorstelle,
daß sie nie durch einen andern Kopf als den meinen gegangen sind. Es ist eine Mine von Scherzen, die bald leicht,
bald kräftig sind. Manchmal ist es reine Plauderei, so wie
man sie am Kamin pflegt. Andere Male enthält es alles,
was man sich an Beredsamkeit oder Tiefe auch nur vorstellen kann. Gelegentlich fühle ich mich durch wider-
streitende Gefühle hin- und hergerissen. Es gibt Augenblicke, wo ich mir wünschte, daß diese Arbeit fertig gedruckt vom Himmel mitten auf diese Hauptstadt fiele;
öfter aber noch, und zwar dann, wenn ich an den tiefen
Schmerz denke, den sie einer Unmenge von Künstlern zu-

fügen würde, die es nicht verdienen, so grausam bestraft zu werden nach soviel nutzlosen Anstrengungen, um unsere Bewunderung zu verdienen, wäre ich betrübt, wenn sie erschiene.

Noch weiter bin ich davon entfernt, in meinem Herzen ein so unangebrachtes Gefühl der Eitelkeit zu bewahren, wenn ich daran denke, daß es mehr nicht bedürfte, um arme Künstler in Verruf und an den Bettelstab zu bringen, die zwar erbarmungswürdige Sachen machen, aber zu alt sind, um sich einen neuen Beruf zu suchen, und die eine Frau und eine zahlreiche Familie haben. Dann verdamme ich ein Erzeugnis zur Dunkelheit, das mir leicht Ruhm und Nutzen eintragen könnte. Es ist auch eines der Bekümmernisse von Grimm, daß eine Schrift in dem, was er seinen »Laden« nennt, verschwinden soll, eine Schrift, die gewiß nicht gemacht scheint, um unbekannt zu bleiben. Wie dem sei: dieser Versuch ist eine recht süße Befriedigung für mich gewesen. Er hat mich überzeugt, daß mir voll und ganz die Einbildungskraft und Glut des Dreißigjährigen geblieben sind, daß ich aber zusätzlich ein Wissen und ein Urteilsvermögen besitze, über die ich damals nicht verfügte. Ich habe zur Feder gegriffen, habe vierzehn Tage hintereinander vom Morgen bis zum Abend geschrieben und über zweihundert Seiten mit wohlgeformten Gedanken gefüllt in jener kleinen und feinen Schrift, in der ich Ihnen meine langen Briefe schreibe, und auf dem gleichen Papier; würde man das drucken, so kämen gut und gern zwei Bände heraus.

Zur gleichen Zeit habe ich die Erfahrung gemacht, daß meine Eigenliebe keiner öffentlichen Belohnung bedarf, daß es mir sogar ziemlich gleichgültig ist, ob ich von denen, die meinen gewöhnlichen Umgang bilden, mehr oder weniger geschätzt werde, und daß es mir möglich wäre, zufrieden zu sein, wenn es auf der Welt einen einzigen Menschen gäbe, den ich achte und der weiß, was ich wert bin.

Grimm weiß es, und vielleicht hat er es niemals so gut

gewußt wie jetzt! Auch ist es mir angenehm zu denken, daß ich meiner Wohltäterin in Rußland ein paar Augenblicke des Vergnügens verschafft, daß ich da und dort den Fanatismus und die Vorurteile zerschlagen und den Herrschern ein paar Lektionen erteilt habe; sie werden sich zwar deshalb nicht bessern, aber sie haben wenigstens einmal die Wahrheit gehört, und zwar ohne Schonung . . .

86. An Sophie Volland
21. November 1765

Ich glaubte am Ende meiner Fron angelangt zu sein. Mitnichten! Auf einige Scherze des Bildhauers Falconet hin habe ich mit großem Ernst die Verteidigung des Gefühls für die Unsterblichkeit und die Achtung der Nachwelt unternommen.

Ich müßte mich schon sehr täuschen, wenn sich in diesem Stück nicht Ideen fänden, die Ihnen gefallen, und andre, welche die geliebte Schwester vor Freude erbeben lassen. Zwanzigmal habe ich beim Schreiben geglaubt, zu Ihnen zu sprechen; zwanzigmal glaubte ich mich an sie zu wenden. Wenn ich gerechte, vernünftige, durchdachte Dinge sagte, dann waren Sie es, die mir zuhörte. Sagte ich dagegen etwas Süßes, Hochfliegendes, Pathetisches, waren Verve, Empfindung und Begeisterung im Spiel, dann war sie es, die ich anschaute.

Mein Geschmack an der Einsamkeit wächst beinahe stündlich. Gestern ging ich in Schlafrock und Nachtmütze aus, um bei Damilaville zu dinieren. Das Besuchsgewand flößt mir eine immer stärkere Abneigung ein, mein Bart wächst, wie er mag. Noch einen Monat dieses seßhaften Lebens, und die Einöden des Pacomus werden nie einen stilgerechteren Anachoreten gesehen haben. Ich schwöre Ihnen: hätte der Prior der Kartäuser mich beim Wort genommen, als ich ihm im Alter von achtzehn oder neunzehn Jahren einen Novizen offerierte, er hätte mir keinen allzu schlechten Streich gespielt. Ich hätte einen Teil meiner Zeit darauf verwendet, Besenstiele zu schwingen, meinen kleinen Garten umzugraben, mein Barometer zu beobachten, über das beklagenswerte Los derjenigen nachzudenken, die auf den Straßen umhergehen, gute Weine trinken und hübsche Frauen liebkosen; und den andern Teil darauf, die zärtlichsten und glühendsten Gebete an Gott zu richten, ihn von ganzem Herzen zu lieben, so wie ich Sie liebe, mich an den schmeichelhaftesten Hoffnungen zu berauschen, so wie ich's Ihnen gegenüber tue, und ganz und gar aufrichtig jene Verrückten zu beklagen, welche die armen Freuden des Augenblicks, kleine vergängliche Genüsse der Süßigkeit einer ewigen Ekstase vorziehen, an der mir kaum etwas liegt.

Machen Sie sich nur keine Sorgen über meine Gesundheit. Dies ist die Zeit der Nebel, und Sie wissen, daß die Metaphysiker den Schnepfen gleichen . . .

87. *An Sophie Volland*

30. November 1765

. . . Einer der Gäste der Rue Royale ist in diesen Tagen zu uns zurückgekehrt, einen andern erwarten wir alsbald. Der erste ist Monsieur Wilkes, der andre Abbé Galiani.

Sie alle werden in diesen Wilkes vernarrt sein, wenn sie seine Geschichte erfahren. Er kommt in Neapel an. Er schickt seine Lakaien aus, ihm eine italienische oder griechische Courtisane zu besorgen. Er stellt eine Liste der Qualitäten, Vollkommenheiten, Talente, Gefälligkeiten zusammen, die er in seiner Maitresse zu finden wünscht. Unterdessen möbliert man ihm am Ufer des Meeres die wollüstigste und schönste Wohnung aus. Als das Haus bereit ist, seinen Gast zu empfangen, begibt er sich hin; und eines der ersten Objekte, die ihn überraschen, ist eine wunderbar schöne Frau, leicht und elegant gekleidet und geschmückt, lässig auf ein Kanapee hingegossen, die Brust halb entblößt, den Kopf auf eine ihrer Hände geneigt und den Ellbogen auf ein üppiges Kissen gestützt.

Die Diener ziehen sich zurück. Er bleibt allein mit dieser Frau. Er wirft sich zu ihren Füßen nieder. Er küßt ihre Hände. Er richtet die zärtlichsten, leidenschaftlichsten, galantesten Worte an sie. Man hört ihn an; und nachdem man ihn schweigend angehört hat, legen sich zwei schneeweiße Arme auf seine Schultern, und ein rosenroter Mund preßt sich auf den seinen. Sechs Monate lebt er mit dieser Courtisane in einer Trunkenheit, von der er noch immer nicht ohne Bewegung spricht. Er hätte sein Vermögen und sein Leben für sie hingegeben. Eines Tages riefen ihn Geschäfte für den ganzen Tag nach Neapel. Kaum ist er draußen, öffnet Donna Flaminia (dies ist der Name der Courtisane) seine Truhe und holt alle Gold- und Silbersachen heraus, bemächtigt sich seiner Leuchter und seines ganzen Geschirrs, läßt vier Pferde vor eine von Wilkes' Karossen spannen und verschwindet. Wilkes kehrt am Abend zurück. Die Abwesenheit seiner Maitresse hat ihn bald über alles übrige aufgeklärt. Er verfällt in eine tiefe Melancholie; er verliert darüber den Appetit, den Schlaf, die Gesundheit, die Vernunft. »Ach, was mußte sie mir stehlen, worum sie mich nur zu bitten brauchte«, ruft er aus. Hundertmal ist er nahe daran, die beiden einzigen ihm gebliebenen Pferde vor seine Kutsche spannen zu lassen und hinter seiner Undankbaren, oder besser hinter seiner Nichtswürdigen herzujagen, aber die Entrüstung hält ihn zurück.

Indessen war der Diebstahl durch die Bediensteten ruchbar geworden. Die Gerichtsbehörde bekommt Wind davon. Man fährt bei Wilkes vor; man stellt ihm Fragen; als einzige Antwort fragt Wilkes den Kommissar, was ihn das angehe; sei er bestohlen worden, so sei das seine Angelegenheit; er erhebe keinerlei Klage und bäte, zu gehen, sich ruhig zu verhalten und ihn selbst in Ruhe zu lassen.

Inzwischen schließt Wilkes seine Geschäfte ab. Er schickt sich an, wieder nach Frankreich zu reisen. Da erhält er einen Brief von dieser Frau, die sich der Macht, die sie über ihn gewonnen hatte, sicher genug war, um zu glauben, er werde ihr nach Bologna folgen, wohin sie sich geflüchtet hatte. Sie schreibt ihm, sie sei das unglücklichste aller Geschöpfe, in der ganzen Stadt sei sie verschrien; und obwohl man dort keinen Grund zur Klage gegen sie habe, werde sie beobachtet und demnächst wohl festgenommen. Wilkes verzichtet auf seine Reise nach Frankreich, fährt nach Bologna, durchkreuzt das eingeleitete Gerichtsverfahren, gibt dieser Unwürdigen die Sicherheit, ja selbst die Ehre zurück, so gut er es vermag, und macht sich wieder auf den Weg nach Neapel, ohne sie gesehen zu haben, die Seele voller Leidenschaft, doch ein wenig erleichtert durch sein großzügiges Vorgehen.

Er kommt am Abend wieder zu Hause an, und sein erster Blick gilt dem Kanapee, auf dem er damals beim Eintreten diese Frau entdeckt hatte. Und was sieht er? Flaminia, seine Geliebte! Sie war ihm vorausgefahren und hatte alle gestohlenen Gegenstände zurückgebracht. Wilkes stößt einen Schrei aus und flüchtet sich zum Abbé Galiani, dem er die letzte Episode seines Abenteuers berichtet, die einzige, die dieser noch nicht kannte. Die Frau folgt Wilkes zum Abbé; sie wirft sich zu seinen Füßen nieder; sie bittet ihn, sich ebenfalls zu Wilkes' Füßen niederzuwerfen, und begleitet ihre Bitte mit einer pathetischen Gebärde. Als sie sich wieder erhebt, deutet sie dem Abbé an, daß sie schwanger sei, und fügt hinzu, Wilkes werde, wie immer sie sich aufgeführt habe, keinen Zweifel daran haben können, daß das Kind, das sie unter dem Herzen trage, von ihm sei. Wilkes und der Abbé sind in großer Verlegenheit. Nach einem Augenblick des Schweigens steht Wilkes auf und sagt zum Abbé: »Lieber Freund, mein Entschluß ist gefaßt. Nehmen Sie diese Frau, bringen Sie sie zu mir; befehlen Sie, daß man sie bedient wie zuvor; und sagen Sie ihr, sie solle in Ruhe meine Entscheidung abwarten.«

Der Abbé führt aus, was Wilkes ihm sagt. Unterdessen läßt dieser seine Koffer packen, und ein Mann, der aus instinktiver Furcht vor dem Meer niemals, ohne zu zittern, seinen Fuß in ein Schiff des Königs gesetzt hatte – dieser Mann wagt sich in ein Boot, kaum größer als eine Nußschale, überquert das Mittelmeer, der Gefahr trotzend, hundertmal umzukommen, flieht vor dieser Frau und läßt ihr seine Pferde zurück, seine Equipagen, sein Tafelgeschirr, seine Möbel, alles, was sich im Hause befand, zusammen mit dreihundert Guineen, die er den Abbé beauftragte, ihr zu übergeben.

Ich weiß nicht, was Sie über Wilkes denken werden, aber denke ich an diese Handlungsweise, dann habe ich die beste Meinung von seinem Herzen. Wenn dieser Mann so mit einer unehrenhaften Courtisane verfährt – was würde er dann nicht für einen unglücklichen Freund tun, für eine zärtliche, ehrbare und treue Frau?

Aber da ist noch eine Geschichte, die sich sozusagen vor meiner Haustür abgespielt hat und nicht ganz von der gleichen Art ist. Der Schauplatz ist die Charité. Frater Cosimus benötigte eine Leiche, um bestimmte Sezierversuche auszuführen. Er wendet sich an den Pater Krankenpfleger. Dieser sagt zu ihm: »Sie kommen gerade zur rechten Zeit. Es gibt da auf der Nummer 46 einen armen Teufel, der kaum noch zwei Stunden zu leben hat. – Zwei Stunden? antwortet ihm Frater Cosimus; das ist nicht ganz, was ich suche. Ich muß heute abend nach Fontainebleau, von wo ich frühestens morgen abend gegen sieben zurück sein werde. – Nun, das tut gar nichts, versetzt der Krankenpfleger. Fahren Sie nur; wir werden versuchen, ihn noch ein wenig am Leben zu halten.«

Frater Cosimus fährt ab. Der Pfleger begibt sich in die Apotheke und läßt sich ein gutes Stärkungsmittel für den auf Nr. 46 geben. Das Mittel wirkt Wunder. Der Kranke schläft fünf bis sechs Stunden. Am nächsten Morgen tritt der Pfleger an sein Bett. Er findet ihn aufrecht sitzend und stellt fest, daß er unbehindert hustet und spuckt; fast kein Fieber mehr, keine Atembeklemmung, nicht den geringsten Schmerz auf der Seite. »Oh, Vater«, sagt der Kranke zu ihm, »ich weiß nicht, was Sie mir gegeben haben, aber Sie haben mir das Leben zurückgegeben. – Wirklich? – Vollkommen wahr. Noch eine Arznei wie diese, und alles ist überstanden. – Schon, aber was wird Frater Cosimus dazu sagen? – Was reden Sie da von Frater Cosimus? – Nichts, nichts, antwortete der Pfleger, indem er sich, zutiefst betrübt, ja außer Fassung, das Kinn rieb. – Aber Vater, sagte der Kranke zu ihm, Sie machen ja ein ganz verstörtes Gesicht. Man könnte glauben, Sie ärgern sich, daß es mir besser geht! – Nein, nein, darum geht es nicht.«

Von da an ging der Pfleger stündlich ans Bett des Kranken und fragte: Nun, mein Lieber, wie geht's denn? – Ausgezeichnet, Vater. Und der Pfleger brummte im Weggehen: Und wenn das vorhielte? Ich hätte ihn so lange munter gehalten, daß er am Ende überlebt. Was tatsächlich eintrat. Am nächsten Morgen ist Frater Cosimus da, um seine Experimente zu machen. Nun, sagt er zum Pfleger, wie steht's mit meiner Leiche? – Ihre Leiche gibt es nicht. – Was, Sie haben keine? – Nein; aber daran sind Sie selber schuld. Unser Mann hatte nichts Besseres vor, als zu sterben. Der Grund, weshalb er's überstanden hat, sind Sie. Zur Strafe werden Sie warten. Warum, zum Teufel, mußten Sie auch nach Fontainebleau fahren? Wären Sie hier geblieben, dann wäre ich nie auf den Gedanken gekommen, ihm dieses Stärkungsmittel zu reichen, das ihn gesund gemacht hat, und Ihrem Experiment stünde nichts im Wege. – Nun ja, sagte Frater Cosimus, 's ist alles halb so schlimm. Dann werde ich eben warten; beim nächsten Mal wird's schon klappen«.

Von dieser Geschichte können Sie halten, was Sie wollen; sie stammt übrigens von Carmontelle. Von der vorausgehenden dürfen Sie keinerlei Abstriche machen . . .

88. An Grimm

3. Dezember 1765

Wüßte ich, mein Freund, wo ich Sedaine finden könnte, ich würde zu ihm eilen, um ihm Ihren Brief mit Ihren Beobachtungen vorzulesen. Uff, ich atme auf! Hier ist mein Urteil über sein Stück; gestern, beim Zuhören, habe ich mich alle Augenblicke dabei überrascht, wie ich an Sie dachte und Ihre Begeisterung mitempfand. Aber von etwas sprechen Sie mir gar nicht, und das ist für mich das unglaubliche Verdienst dieses Stückes und läßt mir die Arme sinken, entmutigt mich, dispensiert mich für den Rest meines Lebens vom Schreiben und wird mir beim Jüngsten Gericht als solide Entschuldigung dienen: diese Natürlichkeit ohne alle Ziererei, die kräftigste Beredsamkeit ohne einen Schatten von Anstrengung und Rhetorik! Wie viele Versuchungen gibt es, sich dem Schwung der Rede zu überlassen, denen man nicht widersteht ohne den erlesensten und entschiedensten Geschmack! Ein Beispiel: »Als ich mich schlafen legte, war ich der ruhigste, der glücklichste der Väter – und jetzt!«

Sie haben recht, wir dürfen uns noch nicht über das Publikum beklagen. Man muß ein Engel an Geschmack sein, um das Verdienst dieser Schlichtheit zu empfinden. Gestern habe ich manchmal, mitten unter zweitausend Personen, die Eitelkeit besessen zu denken, ich allein fühlte, weil die andern nicht von Sinnen und trunken waren wie ich, weil sie ihre Begeisterung nicht hinausschrien . . . Ich konnte es nicht ertragen, daß man kalt und mit einem Lächeln nachsichtiger Befriedigung sagte: Oh ja, das wirkt natürlich . . . Guter Gott! Glaubt ihr, daß man solche Werke verdient, wenn man so von ihnen spricht?

Als wir das Theater verlassen hatten, führte mich der Abbé Le Monnier in ein Café. Ein Grünschnabel tritt auf ihn zu und sagt zu ihm: »Wirklich hübsch, Herr Abbé, nicht wahr?« Auf der Stelle springe ich wütend auf: »Gehen wir, Abbé, das ist nicht auszuhalten. Sapperlot! Zählen Sie solche Kerle zu Ihren Bekannten?«

Ja, mein Freund, ja doch, das ist der wahre Geschmack, die Wahrheit des Häuslichen, das Zimmer, die Handlungen und Reden der rechtschaffenen Leute, so muß die Komödie aussehen . . . Das kann falsch oder wahr sein. Ist es falsch, dann ist es abscheulich; ist es wahr, wieviel abscheuliche Dinge gibt es dann auf unsern Theatern, die für erhaben gelten!

Ich saß neben Cochin und sagte zu ihm: »Muß ich nicht ein ehrlicher Mensch sein, da ich so lebhaft das Verdienst dieses Werkes fühle? Ich mache aus meiner starken und wahrhaftigen Bewunderung kein Hehl; und doch gibt es niemand auf der Welt, den es schmerzlicher treffen könnte als mich, denn dieser Mensch gräbt mir das Wasser ab!«

Gespannt bin ich jetzt auf all unsre kleinen Zensoren von der Rue Royale. Ich werde mir nicht die Mühe machen, ihnen zu widersprechen; aber ihr Urteil wird mir zur Richtschnur und zum Maß des Geschmackes werden, den sie besitzen . . .

Ja, ich empfinde richtig, ich urteile richtig, und die Zeit macht sich am Ende immer meinen Geschmack und meine Ansicht zu eigen. Lachen Sie nicht: ich nehme die Zukunft vorweg und weiß, wie sie denken wird.

Ich muß Sie heute sehen. Hartmann hat mir ein Clavecin geschickt; wir werden uns heute abend darüber unterhalten.

Guten Tag. Ich umarme Sie von ganzem Herzen. Mir scheint, Sie sind mir noch teurer geworden; diese Übereinstimmung im Sehen und Empfinden schmiegt mich so köstlich an Ihre Brust. Wie würde ich Sie küssen, wenn Sie an meiner Seite wären!

89. An Falconet

10. Januar 1766

. . . Das Lob unserer Zeitgenossen ist niemals rein und unvermischt. Nur das der Nachwelt spricht in der Gegenwart zu mir, und ich vernehme es ebenso deutlich wie Sie oder irgendein anderer. Der Neid stirbt mit dem Menschen, oder wenn er ihn überlebt, dann nur, um seine Rolle weiterzuspielen. Man hält Dir, der Du lebst, den Phidias entgegen. Wenn Du nicht mehr sein wirst, wird man Dich mit jenen vergleichen, die nach Dir gekommen sind.

Sie meinen, die Frauen würden über unsre Streitfrage lachen; ich weiß nicht; doch wenn, dann hätten sie unrecht. Was tut eine schöne Frau, die zu La Tour geht, um ihre Reize auf der Leinwand vervielfältigen zu lassen, oder um sie in Deinem Atelier in Bronze oder Marmor zu verewigen? Sie kommt mit dem Anspruch, dort zu gefallen, wo sie nicht ist, und dann, wenn sie nicht mehr sein wird. Von diesem Augenblick an hört sie diejenigen, die hundert Meilen und tausend Jahre entfernt sind, ausrufen: Oh, wie schön sie ist! Und ihr Glück und ihr Stolz verdoppeln sich. Täuscht sie sich in ihrem Urteil? Nein. Wenn sie sich nicht täuscht, ist sie glücklich; und wenn sie sich täuschte, wär' sie es auch.

Es gibt keine Lustempfindung, die bloßer Wahn wäre. Der eingebildete Kranke ist wirklich krank; ein Mensch, der sich glücklich glaubt, ist es. Wo es sich um den Wert des Lebens handelt, ist selbst das augenblicksgebundene Lustgefühl, das bei einem Verbrechen empfunden wird, nicht zu unterschätzen. Ixion ist glücklich, wenn er seine Wolke umarmt; und solange ihm die Wolke unablässig den Gegenstand seiner Leidenschaft vorgaukelt und nicht in seinen Armen zergeht, bleibt er es. Ja, ich weiß:

Vixere fortes ante Agamemnona
multi; sed omnes illacrimabiles
urgentur ignotique longâ
nocte, carent quia vate sacro.

Aber heute sind die großen Namen vor solchen Verheerungen sicher, und Du wirst ewig fortbestehen in einem Bruchstück aus Marmor, noch gewisser in einigen unserer Zeilen. Nur eine völlige Zerstörung des Globus könnte die Wissenschaften und Künste auslöschen und unter ihren Trümmern die Namen jener berühmten Männer begraben, die sie mit Erfolg gepflegt haben. Das Licht des Geistes mag von einem Himmelsstrich zum andern wechseln, aber es ist ebenso unvergänglich wie das der Sonne. Zwei große Errungenschaften besitzen wir heute: die Post, welche eine Entdeckung in beinah sechs Wochen vom Äquator zum Pol befördert, und die Buchdruckerkunst, die sie auf ewig festhält . . .

Furcht vor Verachtung, Schande, Herabwürdigung: solch kleinliche Beweggründe hindern zwar daran, das Böse zu tun, sind aber unfähig, die Seele zu erheben, damit sie Großes versuche. Bei den meisten schwierigen Dingen genügt es nicht, daß man keinen Tadel erfahren möchte: Ruhe und Unbekanntheit reichen dazu aus. Man muß gelobt werden wollen, man muß den allergrößten Wert auf seine gegenwärtigen und künftigen Mitmenschen legen und vor unstillbarem Durst nach ihrer Anerkennung brennen. Das ist das Gefühl, das schneller atmen macht; das die Neider im Staub vergehen, das zur Leier, zur Feder, zum Pinsel, zum Meißel greifen läßt.

Sie sagen mir immerzu, Ihnen liege gar nichts an dem Lob, das man Ihnen in Ihrer unmittelbaren Umgebung zolle, aber Sie wagen nicht unzweideutig zu versichern, daß Sie ebenso gleichgültig jenem Lob gegenüberstehen, das man Ihnen, ohne daß Sie's wüßten, in London oder Peking zubilligt. Mein Freund, wenn unsre Werke zum Saturn gelangen könnten, so würden wir wünschen, auf dem Saturn gelobt zu werden; und wenn sie alle Enden des Erdballs erreichen und in alle Zeit und Ewigkeit dauern könnten, so zweifle ich nicht, daß sich unser Wetteifer mit diesem Wirkungsbereich vervielfachen, und daß der Künstler mit noch mehr Ehrgeiz für den unwandelbaren, unermeßlichen, grenzenlosen, ewigen Raum arbeiten würde als für einen seiner Punkte.

Ja, aber wie steht's mit jenem Kometen, der auf unsern Erdball treffen könnte? Wenn es jemals dahin käme, daß man die Ordnung der Kometen hinreichend kennt, um zu beweisen, daß in tausend Jahren einer dieser Himmelskörper sich mit unserer Erde auf einem gemeinsamen Punkt ihres Weges trifft, dann wär's zu Ende mit allen Gedichten, Ansprachen, Tempeln, Palästen, Bildern und Statuen! Man würde entweder gar keine mehr machen, oder nur mehr ganz schlechte. Jeder würde nur noch seinen Kohl pflanzen, Sie genauso wie alle andern. Wenn man noch Galerien ausmalte, dann nur, weil man annähme, daß der Astronom eine falsche Rechnung aufgestellt hat. Es würde nicht mehr der Mühe lohnen, ein Haus zu verschönern, das nur einen Augenblick lang zu dauern hätte. Mit einem Wort, mein Freund, der öffentliche Ruf ist nichts als eine Stimme, die lobend von uns spricht; und wer würde sein Lob nicht lieber aus einem Munde hören wollen, der niemals schweigen wird, als aus einem andern?

Uns selbst zum Trotz werden wir unsere Anstrengungen auf die Zeit, den Raum, die Dauer, die Zahl der Zeugen und Richter abstimmen. Was unsern Zeitgenossen entgehen wird – dem Auge der Zeit und der Nachwelt wird es nicht entgehen. Die Zeit sieht alles: auch dies ist ein Ansporn zur Vervollkommnung. Solche Art von Unsterblichkeit ist die einzige, die einigen Menschen erreichbar ist; die andern gehn zugrunde wie die Tiere. Warum soll ich nicht eifersüchtig sein und die Auszeichnung schätzen, die einige herausragende Individuen meiner Spezies zu erlangen vermögen? Was bin ich? Ein Bündel von Träumen, Gedanken, Empfindungen, Leidenschaften, Vorzügen, Fehlern, Lastern, Tugenden, Lust- und Schmerzgefühlen. Wenn Du ein Wesen definierst, kannst Du dann zu Deiner Definition etwas anderes verwenden als abstrakte und metaphysische Begriffe? Ich bin der Gedanke, den ich niederschreibe. Du bist der Marmor, dem Du Leben einhauchst: er ist Dein bestes Teil; das bist Du in den schönsten Augenblicken Deiner Existenz; Du bist es, der das zustande bringt, und kein anderer vermöchte es. Als der Dichter sagte: *Non omnis moriar; multaque pars mei vitabit libitinam*, sprach er eine schier unangreifbare Wahrheit aus. Ich fürchte sehr, Du könntest diese verwünschte, alles Genie tötende Philosophie Deinem Sohn gepredigt und aus ihm ein Schwein in der Herde des Epikur gemacht haben.

90. An Sophie Volland

27. Januar 1766

... Heute sind Dom Diego und ich uns wegen eines Problems der Malerei ziemlich heftig in die Haare geraten. Ich behauptete, auf dem Theater geschehe nichts, was wahrheitsgetreu genug sei, um irgendeiner anderen Kunst der Nachahmung zum Muster dienen zu können. Der Gemahl Ihrer lieben Schwester war nicht dieser Ansicht. Er denkt, Pigalle und Falconet könnten nichts Besseres tun, als ins Theater zu gehen, um die Clairon, die Dumesnil, die kleine Arnould zu studieren. Meiner Meinung nach liefern aber die Genannten häufig schiefe und stets kalte und manierierte Kopien der Natur.

In diesem Zusammenhang frage ich ihn, welche Beziehung zwischen der Aménaïde im *Tankred* und einer Frau besteht, die man wirklich zum Opfertod führt; zwischen dem Schmerz, den man fühlt, und dem Schmerz, den man vorgibt zu fühlen; der Freude, die man empfindet, und der Freude, die man sich zu zeigen müht, ohne sie zu empfinden; der Leidenschaft, von der man ergriffen ist, und der Leidenschaft, die man spielt; was es Gemeinsames gibt zwischen einer Mutter, deren Kind gerade auf der Straße getötet wurde, und einer Mutter, die das ihre in der Kulisse verlor. Er hält mir Boucher entgegen, der dort seine Grazien sucht; ich entgegne ihm, daß man das nur zu deutlich merkte; wir werden beide ärgerlich, er schweigt und ich zeige auf seine leidende Frau und sage: »Nun, mein Herr, betrachten Sie nur aufmerksam dieses Gesicht, die Haltung und die Bewegungen dieses Körpers: das ist es, was der Künstler nachahmt, und was Sie niemals auf der Bühne gesehen haben und sehen werden.«

Der ganze Streit war im übrigen herbeigeführt worden durch meinen Bericht von einer Handlungsweise der kleinen Arnould, die ich heroisch finde und er nur abgeschmackt. Urteilen Sie selbst!

Während der Graf von Lauraguais mit der Arnould verkehrte, findet er insgeheim an einem leichten Mädchen der Rue Fromenteau Gefallen. Die Person macht ihm ein Geschenk, das er postwendend auf seine Frau überträgt. Diese merkt alsbald, wie es mit ihr steht. Wütend eilt der Graf zu seiner kleinen Dirne, die ihn der Niedertracht bezichtigt und ihn selbst so heftig, so unbefangen anklagt, daß sein Verdacht sich auf die kleine Arnould richtet. Diese ist sich ihrer Gesundheit gewiß und weiß, was sie von der Besonnenheit des Grafen zu halten hat. Dennoch zögert sie nicht, ein Mißgeschick auf sich zu nehmen, gegen das sie sich nicht wehren zu können glaubt, ohne es auf Madame de Lauraguais abzuwälzen, mit der allein sie sich in die Zärtlichkeiten des Grafen zu teilen wähnt.

Doch da die Erkrankung ernst und es nicht auszuschließen war, daß der Graf und die Gräfin die Behandlung nicht überleben würden – was die Arnould auf Grund ihres Geständnisses hätte verantworten müssen, vielleicht mit recht ärgerlichen Folgen für sie selbst –, ließ sie sich unverzüglich untersuchen und erhielt das Attest, das sie unter Umständen brauchen würde. Das Merkwürdige ist, daß sich der Graf im Verlauf des Prozesses mit seiner Frau nicht die Gesundheitsbescheinigung zunutze machte, die man der kleinen Arnould ausgestellt hatte.

Nun, wie denken Sie darüber? Meinen Sie nicht, diese Handlungsweise der kleinen Arnould sei der von Pellisson an die Seite zu stellen, von der ich Ihnen ein andermal erzähle, falls Sie sie nicht kennen und von mir hören wollen? Dom Diego will nicht zugeben, daß ein Geschöpf, das einer ehrbaren Frau den Gatten fortnimmt, überhaupt einer ehrbaren Handlung fähig sein kann. Dom Diego sucht nach Umständen, die Tat zu leugnen oder herunterzuspielen. Dom Diego stützt sich, um meine Geschichte ins Lächerliche zu ziehen, auf die Tatsache, daß ich damals nichts über die Gründe angeben konnte, weshalb die kleine Arnould die ärztlichen Atteste benötigen mochte. Dom Diego macht mich ungeduldig und muß sich von mir sagen lassen, er scheine mir ganz der Mann zu sein, der an ehrbares Verhalten nicht glauben kann. Den Kopf zur andern Seite drehend, brumme ich dann, aber laut genug, damit er es hört, eine der größten Ungereimtheiten, die sich im Kopf eines Menschen abspielen könnten, sei die zu glauben, daß es Berufe gebe, die die Tugend für sich gepachtet hätten, und daß derjenige oder diejenige, die *einer* guten Eigenschaft ermangelten, eine andre nicht besitzen könnten. Und nun glauben Sie gewiß, wir seien zerstritten, nicht wahr? Keineswegs. Wie es zugegangen ist, weiß ich nicht; jedenfalls haben wir uns beruhigt und sind beinahe wie immer auseinandergegangen.

Wir sprachen dann von Pigalle, der demnächst von der Stadt Reims eine Zuwendung von sechzigtausend Pfund erhalten soll. Ich sagte unmißverständlich, ich ließe eine solche Regung des Eigennutzes bei einem Manne durchgehen, der Frau und Kinder besitze, bei Pigalle aber entwürdige sie in meinen Augen das Talent; und ich wünschte, daß ein Künstler sich mehr um die Ehre als um das Honorar sorge. Das Gespräch führte mich dann zur Kritik an seinem Denkmal, die schonungslos ausfiel. Ich sagte, daß sein *Bürger* trotz seiner Schönheit wie ein Lastenträger wirkt; daß man nicht einsieht, warum diese Frau diesen Löwen an der Mähne führt, daß alles nur eine Anhäufung unzusammenhängender und widersprüchlicher Ideen ist; und daß jeder Mensch, der nur über ein wenig Geschmack und Vernunft verfügt und diesen Monarchen betrachtet, wie er seine Hand über dieser Frau ausstreckt, über diesem Tier und diesem nackten Mann, darin Brimborium und nichts weiter erblickt; daß es keine Schönheit gibt ohne Analogie und Einheit; daß da aber weder Analogie noch Einheit ist; und daß ein Denkmal, bestünde es auch aus hundert Gestalten, fehlerhaft ist, wenn all diese Figuren und was zu ihnen gehört, nicht durch eine durchgehende Idee miteinander verknüpft sind. Ich fügte hinzu, es seien unter allen Künstlern die Architekten, die die Wahrheit dieser Prinzipien am besten fühlten und sie am genauesten beobachteten, und zwar bis zu den geringfügigsten Einzelheiten; sie brächten keine Guirlande an, ohne zu wissen, ob da auch eine Guirlande hingehöre, wie sie aussehen und welches Blatt sie zeigen müsse.

Hierzu bemerkte Dom Diego, es sei ein Fehler gewesen, die Akademie für Architektur von der für Malerei und Skulptur zu trennen; ich gab ihm recht. Er fragte mich, was Pigalle habe besser machen sollen. Ich antwortete: Seinen Bürger und Lastenträger beibehalten; aber an seiner Seite, zwischen die Hörner eines Stiers gelehnt, einen Bauern aufstellen, und zwischen den beiden eine schöne Bäuerin mit einfach-sprechenden Zügen und starken Brüsten, die ein kleines Kind stillt – und schon wäre sein Bildwerk schön, edel, einheitlich, einfach und groß. Man würde da den Monarchen sehen – nicht als Beschützer der oberen Stände, die sich selbst genug beschützen, sondern als Freund der niederen, die das Volk ausmachen, und die man unterdrückt, obgleich sie die Kraft eines Staatswesens darstellen, den Handel, den Ackerbau und die Volksvermehrung. Ein Denkmal, das neu gemacht werden muß, fuhr ich fort, und das nur durch die Masse und die Geschicklichkeit der Ausführung beeindruckt!

Von da kamen wir auf die bizarren Charaktereigenschaften der Künstler zu sprechen. Man erzählte einige Anekdoten, unter denen Sie die folgende, an die ich mich erinnerte, amüsieren wird. Ein Maler lag im Sterben, man hatte ihm die Sterbesakramente verabreicht, er rang mit dem Tode. Da reichte ihm jemand ein Kruzifix zum Küssen; der sterbende Künstler öffnet die Augen und sagt: Pfui, weg mit dem häßlichen Ding, wo ist denn da die Einheit?

Doch was die Wunderlichkeiten von Künstlern betrifft,

will ich Ihnen noch diese erzählen, die den vollen Begriff vom Leben Voltaires gibt und ihm in meinen Augen unendliche Ehre macht. Jemand gibt ihm eine fürchterliche Seite zu lesen, die Rousseau, der Bürger von Genf, vor kurzem gegen ihn geschrieben hatte. Er gerät in Wut, er tobt, nennt den Verfasser einen Schurken, er schäumt, will diesen Unglücklichen umbringen lassen. Aber, sagt jemand aus der Gesellschaft, ich weiß aus guter Quelle, daß er kommen wird, Sie um Asyl zu bitten – heute, morgen, vielleicht übermorgen. Was werden Sie tun? – Was ich tun werde, versetzt Voltaire zähneknirschend, was ich mit ihm machen werde? Ich werde ihn bei der Hand nehmen, ihn in mein Zimmer führen und zu ihm sagen: »Da, hier steht mein Bett, es ist das beste des Hauses, leg dich nieder, schlaf darin für den Rest deines Lebens und sei glücklich!«

Diese Worte und die Handlungsweise der Mademoiselle Arnould entlocken mir Tränen der Freude. Die Dichter, die Künstler, all diese Leute sind so seltsam, so eigen- und einzigartig, so sehr jedem Gängelband abgeneigt, daß der Herr des Hauses sie gewähren lassen sollte, sie rennen, sich stoßen, sich den Schädel einrennen, wieder aufstehen, lachen, schreien, weinen lassen sollte, und so tun, als bemerke er nichts. Sie sind wie Bäume, die man an seinem Weg trifft: man verletzt sich den Fuß an einer Wurzel, die aus der Erde ragt; aber es genügt, die schmerzende Stelle ein wenig zu reiben; dann aber hebt man die Hand und pflückt einige von den köstlichen Früchten, die am Baum hängen und für alle da sind.

91. An Viallet

Juli 1766

Ich erhalte soeben Ihre Abhandlung über die Mönche. Noch bevor ich sie gelesen habe, vermute ich, Sie werden darin nach allen Regeln der Kunst bewiesen haben, daß Gesellschaften von Ehelosen, sofern sie nach Ihren Gesichtspunkten eingerichtet sind, in einem bestimmten

Stadium der Gesellschaftsentwicklung nicht nur nicht schädlich, sondern vorteilhaft, vielleicht sogar nützlich sind. Aber wollte das jemand wissen? Mitnichten. Vielmehr geht es um unsere Mönche, so wie sie sind, und um die Gesellschaft, in der wir leben. Es ging darum, ob die Nachbarnationen, die keine Mönche haben und keine ehelosen Priester, nicht uns gegenüber im Vorteil sind.

Hier halte ich inne. Ich werde Ihre Schrift lesen, wenn ich den Staub der Bücher und der Hobelspäne aus den Tischlerwerkstätten hinter mir habe. Sie sind beileibe kein Dummkopf, Sie lieben es nur, zu widersprechen. Doch oft wollen Sie nicht sehen, daß – da es nichts Gutes gibt, das nicht von einer Unannehmlichkeit begleitet wäre: nicht einmal die Tugend; und nichts Schlechtes ohne den einen oder andern Nutzen: nicht einmal das Verbrechen – rechtes Urteilen darin besteht, abzuwägen, um danach eindeutig zu verwerfen, was mehr schlecht als gut ist; und ähnlich in abstrakten Fragen für falsch zu halten, was die geringere Wahrscheinlichkeit für sich hat; denn wo ist das spekulative Problem, zu dessen Beantwortung im einen oder andern Sinn sich nicht ein Grund finden ließe? Keinen einzigen gibt es, der nicht an und für sich vertretbar wäre! Malebranche beweist, daß der Mensch alles in Gott gespiegelt findet; Berkeley, daß er, der Mensch selbst, das einzige existierende Wesen ist. Niemand hat ihnen das abgenommen, aber ich würde nicht zu behaupten wagen, daß irgendjemand bisher eine schlagende Erwiderung gefunden hat. Der Faden der Wahrheit kommt aus dem Dunkel und führt ins Dunkel zurück. Auf seiner ganzen Länge gibt es einen Punkt, der der lichtvollste von allen ist: dort muß man innezuhalten wissen, darüber hinaus scheint aufs neue das Reich der Dunkelheit zu beginnen.

Ich rufe alle meine Freunde, nicht zuletzt Sie selbst, zu Zeugen an, wenn ich behaupte, daß ich niemandem seine Meinungen verbiete und ihm die meinen aufzwinge. Ich bringe meine Gründe vor und warte; und mehrfach habe ich festgestellt, daß mein Gegner und ich nach einer gewissen Zeit ihren Standpunkt geändert hatten. So halte ich es durchaus für möglich, daß ich eines Tages an die Nützlichkeit der Mönche glaube, Sie hingegen nicht mehr.

Was ich sagen werde, wenn ich aus Ihrer Feder ein Werk zugunsten der christlichen Religion zu Gesicht bekomme? Ich werde sagen, daß Sie den größten Mißbrauch mit dem Geist getrieben haben, der sich denken ließ. Denn diese Religion ist nach meinem Dafürhalten die absurdeste und greulichste in ihren Dogmen; sie ist von allen die unverständlichste, die metaphysischste, die wirrste und folglich diejenige, die den meisten Entzweiungen, Sektenbildungen, Schismen und Häresien unterworfen ist; die unheilvollste für die öffentliche Ruhe und Sicherheit dank ihrer hierarchischen Ordnung und ihrer Pflicht zur Disziplin; die platteste, verdrießlichste, die gotischste und tristeste in ihren Zeremonien; die kindischste und ungeselligste in ihrer Moral, welche nicht von dem ausgeht, was sie mit der universellen Moral verbindet, sondern davon, was nur ihr eigen ist und sie zur evangelischen, apostolischen und christlichen Moral macht; schließlich und endlich die intoleranteste von allen. Sie haben vergessen, werde ich sagen, daß der Lutheranismus, befreit von einigen Absurditäten, dem Katholizismus vorzuziehen ist; der Protestantismus dem Lutheranismus; der Sozinianismus dem Protestantismus; der Deismus mit seinen Tempeln und Zeremonien dem Sozinianismus.

Da der Mensch von Natur abergläubisch ist und einen Fetisch braucht, so wird der einfachste und unschuldigste Fetisch der beste von allen sein. Und da die Vorstellung von diesem Fetisch Änderungen unterworfen ist wie alle Hirngespinste, so besteht das einzige Mittel, die verschiedenen Meinungen ihrer entsetzlichen Gefährlichkeit zu entkleiden darin, sie alle ohne Ausnahme zu tolerieren, aber sie gegeneinander auszuspielen und eben dadurch in Verruf zu bringen. Wenn die Regierung so klug wäre, der oder jener Weise, über die Dinge der Religion zu sprechen und zu denken, keinerlei Vorrecht und Auszeichnung einzuräumen, so hätte man das Beste erreicht, was sich erreichen läßt; und zum Schluß würde ich sagen, daß eine Regierung ihre Aufgabe sehr schlecht erfüllt, solange sie nicht daran gedacht hat, für jenes Ding eine Lösung zu finden, dem die Menschen mehr Bedeutung beimessen als ihrem materiellen Glück, ihrer Freiheit, ihrer Ehre und ihrem Leben.

92. *An Voltaire*

(8. oder 10. Oktober 1766)

Ich weiß wohl, daß ein wildes Tier, wenn es einmal Menschenblut geleckt hat, dieses nicht mehr entbehren kann. Ich weiß wohl, daß es diesem Tier an Nahrung mangelt und daß es, da es keine Jesuiten mehr zu fressen bekommt, sich auf die Philosophen stürzen wird. Ich weiß wohl, daß seine Augen auf mich geheftet sind, und daß ich vielleicht der erste sein werde, den es verschlingt. Ich weiß wohl, daß ein Ehrenmann in vierundzwanzig Stunden sein Hab und Gut verlieren kann, weil sie Habenichtse sind; seine Ehre, weil es kein Gesetz gibt; seine Freiheit, weil Tyrannen argwöhnisch sind; sein Leben, weil ihnen das Leben eines Bürgers keinen Pfifferling wert ist, und weil sie Schrecken zu verbreiten suchen, um der allgemeinen Verachtung Herr zu werden. Ich weiß wohl, daß sie uns ihre Mißgeschicke zur Last legen, weil wir allein imstande sind, ihre Dummheiten zu bemerken. Ich weiß wohl, daß einer von ihnen nicht davor zurückscheut zu sagen, man werde nichts ausrichten, bevor man nicht unsre Bücher verbrennt. Ich weiß wohl, daß sie vor kurzem einen jungen Menschen gemordet haben um einiger Albernheiten willen, die allenfalls eine leichte väterliche Rüge verdienten. Ich weiß wohl, daß ein in jeder Hinsicht schätzenswerter Beamter noch immer im Kerker schmachtet, weil er sich weigerte, am Ruin seiner Provinz mitzuwirken, und weil er aus seinem Haß auf Aberglauben und Despotismus kein Hehl gemacht hatte. Ich weiß wohl, daß es so weit mit ihnen gekommen ist, daß ihnen ehrenhafte und aufgeklärte Menschen unerträglich sind und sein müssen. Ich weiß wohl, daß wir in die unsichtbaren Maschen eines Netzes verstrickt sind, das Polizei heißt, und umgeben von Spitzeln. Ich weiß wohl, daß ich niedrig geboren bin und nicht die Tugenden, die Stellung oder die Talente vorzuweisen habe, die Herrn De la Chalotais empfahlen, und daß ich, wenn sie mich zugrunde richten wollen, verloren bin. Ich weiß wohl, daß ich mich vielleicht, bevor das Jahr zu Ende geht, Ihrer Ratschläge erinnern und mit Bitterkeit ausrufen werde: O Solon, o Solon!

Sie sehen, ich verheimliche mir nichts; meine Seele ist voller Beunruhigung; ich höre aus der Tiefe meines Herzens eine Stimme, die sich der Ihren verbindet und mir zuruft: Fliehe, flieh! Und dennoch werde ich zurückgehalten durch die dümmste und unbegreiflichste Trägheit, und bleibe. Der Grund ist, daß ich eine Frau an meiner Seite habe, die nicht mehr die Jüngste ist, die sich nur schwer von ihren Verwandten, ihren Freunden und ihrem bescheidenen Heim losreißen könnte; der Grund ist, daß ich Vater eines jungen Mädchens bin und zu dessen Erziehung verpflichtet; der Grund ist, daß auch ich Freunde habe. Ich müßte sie verlassen, diese Tröster in allen Mißgeschicken des Lebens, diese redlichen Zeugen unseres Tuns und Treibens! Aber was soll ich mit meinem Dasein anfangen, wenn ich es nur bewahren kann, indem ich auf all das verzichte, was es mir teuer macht? Ja, und dann steh ich jeden Morgen mit der Hoffnung auf, die Bösen könnten sich über Nacht gebessert haben, die Fanatiker ausgestorben sein und die Herren ihre wahren Interessen eingesehen haben und endlich anerkennen, daß wir die besten Untertanen sind, die sie besitzen. Ich weiß, es ist Torheit, aber es ist die Torheit eines guten Herzens, das nicht auf Dauer an die Bosheit zu glauben vermag.

Fügen Sie hinzu, daß die Gefahr, die uns droht, keineswegs an der allgemeinen Verfassung der Geister abzulesen ist. Die Gesellschaft stellt sich unter einem so friedlichen

Äußeren dar, daß die Seele, müde sich zu beunruhigen, sich einem Gefühl der Sicherheit überläßt, das zwar trügerisch ist, dem man sich aber unmöglich entziehen kann. Die Unschuld und Unscheinbarkeit des eigenen Lebens sind zwei weitere, überaus verführerische Trugschlüsse. Wie soll denn auch derjenige, der auf niemandes Unglück sinnt und in seinen vier Wänden nur damit beschäftigt ist, an seiner Vervollkommnung zu arbeiten – wie soll der sich vorstellen können, daß seine Henker bloß auf den Tag warten, ihn zu ergreifen und auf einen Scheiterhaufen zu werfen?

Hat man sich durch die Betrachtung seiner Nichtigkeit beruhigt, so bestärkt man sich durch die seiner Wichtigkeit. Man sagt zu sich selber: Nein, sie werden nicht die Stirn haben, einen Mann zu verfolgen, der die besten Jahre seines Lebens darauf verwendet hat, sich Verdienste um sein Land zu erwerben! Ist es nicht schon genug, daß sie andern die Sorge überlassen haben, ihn zu ehren, zu belohnen, zu ermutigen? Haben sie mir schon nichts Gutes erwiesen, so werden sie wenigstens nicht wagen, mir Böses zuzufügen.

So wird man abwechselnd von seiner Bescheidenheit und seinem Stolz zum Narren gehalten. Was immer der Grund gewesen sein mag, warum Sie mir jenen Brief voller Teilnahme und Wertschätzung geschrieben haben, den unser gemeinsamer Freund mir überbracht hat: ich fühle all die Dankbarkeit, die ich Ihnen schulde, und werfe Ihnen von hier aus meine Arme um den Hals. Ihr Anerbieten nehme ich weder an noch weise ich es zurück. Verschiedene Ehrenmänner, erschrocken über die Entwicklung, die die Dinge nehmen, sind versucht, dem Rat zu folgen, den Sie mir geben. Wenn sie reisen – welches auch das Asyl sein mag, das sie auswählen, und sei es am Ende der Welt: ich werde ihnen folgen! Unser Freund hat mir ein neues Werk zu lesen gegeben. Ich zittre vor dem Augenblick, da es bekannt wird. Sein Verfasser ist ein Mann, der die Fackel aus Ihren Händen genommen hat, der kühn ins Strohhaus unserer Feinde eingetreten ist und an allen Ecken und Enden Feuer gelegt hat. Diese werden ein Exempel statuieren wollen und sich in ihrer Wut auf den ersten besten stürzen. Wenn Ihnen dieses Werk bekannt ist und Sie seine Veröffentlichung auf günstigere Umstände verschieben lassen könnten, dann hätten Sie ein gutes Werk getan. Ich werde Ihren Brief aufbewahren, damit Sie im Falle eines Falles meine Rechtfertigung, die ich Ihnen anempfehle, durch das Zeugnis der Vorsichtsmaßregeln stützen können, die Sie ergriffen hatten, um ihnen ein neues Verbrechen zu ersparen. Wenn ich das Schicksal des Sokrates erleiden sollte, so muß freilich gelten, daß wie er zu sterben nicht genügt, um mit ihm verglichen werden zu können.

Illustrer und zärtlicher Freund der Menschheit, ich grüße und umarme Sie. Es gibt keinen irgend hochherzigen Menschen, der nicht dem Fanatismus gerne verziehe, daß er seine Jahre abkürzt, wenn so die Ihren verlängert werden. Wenn wir nicht eilen, mit Ihnen das große Tier zu zermalmen, dann nur, weil wir unter seiner Tatze leben; und wenn wir, obwohl wir seine Blutgier kennen, zögern, uns von ihm zu entfernen, dann nur auf Grund von Bedenken, deren Überzeugungskraft im genauen Verhältnis zur Ehrbarkeit und Empfindsamkeit der Seele steht, die einem gegeben ist. Der Verkehr mit unsern Vertrauten ist so süß, und ihr Verlust so schwer zu ersetzen!

93. An Falconet

Anfang November 1766

So befinden Sie sich denn, mein Freund, sieben- bis achthundert Meilen von mir entfernt! Ich habe die Tage seit Ihrer Abreise gezählt. Ich bin Ihnen in Etappen von zwanzig Meilen nachgereist, und falls Sie weniger zurückgelegt haben, dann bin ich vor Ihnen in Petersburg angekommen! Wie ist es Ihnen ergangen? Sind Sie auch nicht unpäßlich gewesen? Ist Ihnen auch kein ärgerliches

Abenteuer auf der Reise zugestoßen? Jeden Morgen zog ich beim Aufstehen die Vorhänge zurück und sagte: Auch heute haben Sie schönes Wetter; zu meiner Befriedigung konnte ich's mehr als einen Monat lang wiederholen.

Die Ungewißheit darüber, was mit ihm werden wird, hat den liebenswürdigen Fürsten bisher daran gehindert, Ihr Haus in der Rue d'Anjou zu beziehen. Es ist noch, wie Sie es verlassen haben. Was mich nicht daran gehindert hat, mehrere Male hinzugehen, mich auf Ihr Kanapee aus Rohrgeflecht zu setzen oder in die kleine Laube, und an Sie zu denken.

Ihre Berliner Nachricht vom 28. September habe ich erhalten. Ich bin es zufrieden und wenig überrascht, daß die Juden, die Sie dort aufgesucht haben, liebenswürdiger sind, als man sie uns darstellt. General Bezkoi hatte uns versprochen, er würde Sie an der Grenze abholen lassen. Hat er's getan? Zwar bürgt die Art, wie man uns am Anfang entgegenkommt, nicht für alle Zukunft; aber alle Befürchtungen für die Zukunft sind erlaubt, wenn das erste Entgegenkommen nicht so war, wie man geglaubt hatte, es erwarten zu dürfen. Wir jedenfalls hätten es verdient, daß man seine Versprechungen nicht nur einhält, sondern übertrifft; und so rede ich mir ohne besondere Mühe ein, man wird es tun. Im übrigen sage ich mir: Die Kaiserin ist groß und freigebig; ihr Minister ist ein guter und rechtschaffener Mann: und bei diesem Gedanken schlafe ich beruhigt ein. Doch vielleicht haben Sie sie bereits gesehen, die große Herrscherin? Sicher haben Sie bereits den guten General gesehen. Schreiben Sie mir also ungesäumt, daß man Ihnen den Empfang bereitet hat, den man dem Talent, der Redlichkeit und den anderen ausgezeichneten Eigenschaften meines Freundes schuldet . . .

Vergessen Sie nicht, mein Freund, daß Sie mir vor all denen den Vorzug geben müssen, die Sie in diesem Land zurückgelassen haben, und daß es eine empfindliche Kränkung wäre, würden Sie wegen eines Dienstes, den ich Ihnen erweisen könnte, sich an einen andern wenden.

Mademoiselle Collot, wir – Madame Diderot und ich – haben Ihnen gesagt, daß Sie sich immer an uns wenden können, machen Sie in vollem Umfang davon Gebrauch. Ich liebe Falconet wie einen Bruder; meine Frau liebt Sie wie ihr eigenes Kind. Ich wäre wirklich beklagenswert, wenn mein Bruder unglücklich wäre. Meine Frau wäre wirklich beklagenswert, hörte sie Betrübliches von ihrem Kind.

Greifen Sie, um mir zu antworten, erst zur Feder, wenn Sie alle Schwierigkeiten gelöst haben, die Sie bei der Ankunft erwarten. Denken Sie daran, daß nichts, was Sie betrifft, uns gleichgültig sein kann. Wo wohnen Sie? Wie sind Sie untergebracht? Wie leben Sie? Sind die Statuen, die Gipsabgüsse, die Kisten gut angekommen? Wer sind die Leute, mit denen Sie zu tun haben? . . .

Oh, wenn ich an Deiner Seite wäre, lieber Bruder! Und an Ihrer, liebes Kind! Mir scheint, dann wären wir wirklich stark. Ich sehne mich manchmal so heftig danach, daß mein Herz klopft und mein Kopf sich verwirrt. Als Sie abreisten, lieber Freund, war es Ihre Absicht, unverzüglich Hand ans Werk zu legen. Geben Sie diesen Plan nicht auf! Alle Augenblicke, die Sie versäumen, stehlen Sie Ihren Freunden und Ihrem Ruhm.

Hier ist es empfindlich kalt geworden. Ich habe Mühe, die Feder zu halten, und stelle mir vor, daß Ihr in Eisstatuen verwandelt seid. Wie reagieren Eure Lungen auf die Strenge des Klimas und die Wärme in den Häusern?

Madame Geoffrin ist angekommen. Sie verlangt den ganzen Tag nach mir; aber ich habe noch keine Minute Zeit gefunden, sie zu besuchen. Häusliche Probleme haben mich daran gehindert. Ich schreibe Ihnen dies in aller Eile, und mein Gekritzel wird Ihnen ausgehändigt werden durch einen Ehrenmann, der behauptet, er schulde alles, was er ist, Grimm und mir, der aber alles sich selber, seinem Geist und seinem Verhalten schuldet. Er ist Leibarzt des Hetmans der Kosaken. Empfangt ihn als einen Ehrenmann, den wir lieben, und der sich Euch instinktiv, wenn nicht aus Dankbarkeit, anschließen wird.

Guten Tag, mein Freund. Guten Tag, Mademoiselle Collot. Vater, Mutter und Kind umarmen Euch und sprechen für Euer Wohlergehen die gleichen Wünsche aus, die sie in ähnlicher Lage sich selbst zudenken würden.

94. *An General Bezkoi*

29. November 1766

Ich bin verwirrt, ich bin aufs höchste erstaunt ob der erneuten Beweise des Wohlwollens, mit denen es Ihrer Kaiserlichen Majestät gefallen hat, mich zu überhäufen. Niemals sind Gunstbezeigungen weniger verdient und unerwarteter gewesen; und nie wurde Dankbarkeit lebhafter gefühlt und hatte es schwerer, sich auszudrücken.

Große Fürstin, ich werfe mich Ihnen zu Füßen, ich strecke meine Arme nach Ihnen aus; ich möchte sprechen, aber meine Seele ist beklommen, mein Kopf verwirrt sich, meine Gedanken versagen den Dienst, ich werde weich wie ein Kind, und der wahre Ausdruck des Gefühls, das mich erfüllt, erstirbt auf meinen Lippen.

Mein Herr, nehmen Sie meinen Freund Falconet bei der Hand; führen Sie ihn zum Thron, er soll versuchen, für mich zu sprechen. Doch was hülfe es? Er ist von meinem Glück bewegt, als wär's das seine, und er wird keine besseren Worte finden als ich. Oh, wehe dem, der an meiner Stelle einen klaren Kopf behielte! Dieser Mensch hätte wahrlich ein kaltes Herz.

Gewiß hat es wohltätige Herrscher gegeben; aber man soll mir einen nennen, der seine Wohltaten mit einem so einzigartigen Zartgefühl erwiesen hätte, wie es Ihre Gebieterin und die meine tut! Ja, mein Herr, sie ist auch die meine, da sie es ist, die mich ehrt, mich beschützt und es auf sich nimmt, abzugelten, was mein Land mir schuldet.

Oh, Katharina! Seien Sie versichert, daß Sie in Paris dieselbe Macht über die Herzen haben wie in Petersburg.

Sie besitzen hier einen Hof und Höflinge, und diese Höflinge nennen edle, hochgemute, rechtschaffene, großmütige Seelen ihr eigen, und ihr hervorstechender Charakterzug verbindet sie mit allen Helden und mit Ihnen. Es sind lauter fähige Leute; es sind all unsre ehrbaren Männer; und alle sind meine Freunde.

Seit sich die Kunde von Ihren jüngsten Wohltaten hier verbreitet hat, sind dies die Personen, von denen ich umgeben bin. Daß Sie nicht Zeugin ihrer Umarmungen sein können! Daß Sie nicht das Lob vernehmen können, das sie begleitet! Welches Schauspiel für Ihre Seele! Welcher Wohlklang für Ihr Ohr! Wie groß, rufen sie aus, wie edel ist diese Herrscherin! Welches Zartgefühl bei allem, was sie tut! Wir gewöhnlichen Menschen, fahren sie fort, besitzen nur erborgte Tugenden; unsre Seele gehört zur Hälfte uns, zur Hälfte ist sie das Werk derjenigen, die sie von Kind auf formen. Man macht uns zu dem, was wir sind. Wenn aber eine Frau groß ist, dann ist sie es aus sich selbst. Nur dem Himmel hat sie zu danken, der sie bildete; und wenn sie handelt, so merkt man es gleich.

So lauten die Reden, die ich in meiner Umgebung höre. Indessen vergießt eine empfindsame Gattin, eine zärtliche Mutter Tränen der Freude, wenn sie sie vernimmt. Sie steht an der Seite ihres Kindes, das sich an sie schmiegt. Ich betrachte sie und bin überwältigt. Hohe Begeisterung erfaßt mich; unwillkürlich ergreift meine Hand eine alte Leier, deren Saiten die Philosophie zerrissen hatte. Ich nehme sie von der Wand, an der sie lange unbeachtet gehangen hatte; und hingerissen, barhaupt und entblößter Brust, wie es meine Art ist, beginne ich zu singen . . .

95. *An Mlle Jodin in Warschau*

Januar 1767

. . . Ich grüße und umarme Sie von Herzen. Opfern Sie den Grazien und studieren Sie vor allem die ruhige Szene; spielen Sie jeden Tag als Morgengebet den Auftritt

Athalies mit Joas; und als Abendandacht ein paar Szenen zwischen Agrippine und Néron. Sagen Sie als Tischgebet das erste Gespräch zwischen Phèdre und ihrer Vertrauten auf, und nehmen Sie an, ich hörte Ihnen zu. Geben Sie sich vor allem nicht manieriert. Für das Gezwungene, das Steife, das Bäurische, das Harte, das Unedle gibt es Abhilfe: nicht so für Künstelei und Affektiertheit. Denken Sie daran, daß jegliches seinen Ton hat. Seien Sie manchmal emphatisch, weil der Dichter es ist. Seien Sie es aber nicht so oft wie er, weil der Schwulst fast nie in der Natur ist, sondern eine übersteigerte Nachahmung von ihr. Wenn Sie einmal empfinden, daß Corneille fast immer in Madrid weilt und fast nie in Rom, dann werden Sie oft seine Stelzen durch die Einfachheit Ihres Tons verkürzen, und seine Personen werden in Ihrem Mund den Ausdruck eines häuslichen Heroismus annehmen – so bruchlos, unverfälscht und ungekünstelt, wie Sie ihn fast nie in seinen Stücken haben.

Wenn Sie erst einmal fühlen, wie harmonisch, klangvoll, gleichmäßig und sangbar die Poesie Racines ist, und wie wenig sich ein taktmäßiger Gesang mit der Leidenschaft vereinbaren läßt, die deklamiert oder spricht, dann werden Sie danach trachten, sein Übermaß an Musik vor uns zu verbergen; Sie werden ihn einem edlen und schlichten Gesprächston annähern und damit einen großen Schritt, einen schwierigen Schritt getan haben. Weil Racine immer Musik macht, verwandelt sich der Schauspieler in ein Musikinstrument; weil Corneille immer auf den Fußspitzen geht, hievt sich der Schauspieler, so hoch er es vermag: das heißt, man verstärkt die Fehler der beiden Autoren. Das Gegenteil sollte man tun.

Das, Mademoiselle, wären einige Vorschriften fürs erste. Seien sie gut oder schlecht, ich bin sicher, sie sind neu; jedenfalls halte ich sie für gut. Garrick sagte mir einmal, es sei ihm unmöglich, eine Rolle von Racine zu spielen; seine Verse glichen großen Schlangen, die einen Schauspieler umstrickten und lähmten. Garrick empfand richtig und sagte es richtig. Zerreißen Sie die Schlangen des einen, zerbrechen Sie die Stelzen des andern.

96. *An Falconet*

15. Mai 1767

. . . Endlich komme ich zum Hauptpunkt Ihres letzten Briefes und meiner Antwort. Hören Sie mir gut zu, mein Freund, und erachten Sie nichts von allem, was ich nun sagen werde, als gering.

Ich habe eine alternde und kränkelnde Frau. Sie wird demnächst sechzig, und es ist nur allzu natürlich, daß sie an ihren Verwandten, Freunden, Bekannten, an ihrem Gatten und an allen Bequemlichkeiten ihres bescheidenen Heimes hängt. Ist es erlaubt, daß man seine gebrechliche sechzigjährige Frau auf eine solche Reise mitnimmt? Handelt man aber recht, wenn man sie zurückläßt?

Ich habe ein Kind, das denkt und empfindet. Jetzt oder nie ist der Augenblick gekommen, ihm gegenüber meine Erzieherpflicht wahrzunehmen. Kann aber der Augenblick, die wahre Vaterrolle zu übernehmen, auch derjenige sein, wo man sich entfernt? Nicht lange, so wird dieses Kind heiratsfähig sein. Neue Beunruhigungen, neue Sorgen!

Ich könnte noch viel darüber sagen, aber ich muß Ihnen zu meiner Schande gestehen, daß diese beiden so ehrenhaften und vernünftigen Motive mich vielleicht doch nicht entscheidend zurückhalten. Ach, könnte ich ein ebenso dürftiger Liebhaber sein wie ich ein dürftiger Vater und Gatte bin! Sie sehen, ich lege mir keine Zurückhaltung auf, denn wenn man schon einmal einem Freunde sein Herz ausschüttet, dann soll man es ganz tun.

Wie soll ich's Euch sagen? Ich habe eine Freundin; ich bin mit dem stärksten und süßesten Gefühl an eine Frau gebunden, für die ich hundert Leben dahingäbe, wenn ich sie besäße. Sehen Sie, Falconet, ich könnte mein Haus in Asche fallen sehen, ohne darüber betroffen zu sein; meine

237

Freiheit bedroht, mein Leben gefährdet und alle Arten von Unglück über mich hereinbrechen, ohne zu klagen – wenn nur sie mir bliebe. Wenn sie zu mir sagte: gib mir dein Blut zu trinken – ich würde mich nicht schonen, bis ihr Durst gestillt wäre. Nicht *mein* Glück, sondern das ihre hab ich in ihren Armen gesucht. Niemals habe ich ihr den geringsten Kummer bereitet, eher möchte ich sterben, als sie meinetwegen eine Träne vergießen zu sehen. Zur empfindsamsten Seele hat ihr das Schicksal die zarteste Gesundheit gegeben. Ich werde von ihr so geliebt, und das Band, das uns verknüpft, ist so eng mit ihrem zerbrechlichen Lebensfaden verbunden, daß ich mir nicht vorstellen kann, wie man jenes belasten könnte, ohne diesen zu zerreißen. Sag, mein Freund, sprich! Soll ich am Tod meiner Freundin schuldig werden? Denn darum geht es, das ist das große Hindernis, und mein Falconet ist der rechte Mann, die ganze Kraft dieses Motivs nachzuempfinden. *[Hier sind fünfeinhalb Zeilen durchgestrichen und unleserlich geworden.]*

Ich weiß, ich habe zwei Gebieterinnen. Aber meine Freundin ist die erste und älteste. Seit zehn Jahren sind wir einander verbunden, und doch spreche ich so zu Dir, wie ich es tue! Der Himmel sei mein Zeuge, daß sie mir so teuer ist wie je. Ich bezeuge, daß weder Zeit noch Gewohnheit, daß nichts von all dem, was die gewöhnlichen Leidenschaften zu dämpfen pflegt, Macht über die meine gewonnen hat; daß sie, vom Augenblick an, da ich sie kenne, die einzige Frau gewesen ist, die es für mich auf der Welt gegeben hat. Und Du willst, daß ich ohne ihr Wissen mich in einen Postwagen schwinge, mich tausend Meilen von ihr entferne und sie allein zurücklasse, ohne Trost, bedrückt, verzweifelt? Würdest Du es tun? Und wenn sie darüber stirbt?

Dieser Gedanke verwirrt mich. Ich würde sie nicht überleben, nein – da bin ich sicher. Ach, mein Freund, die Wohltaten der Kaiserin sind unbestritten, unantastbar. Aber führe nicht durch Deine Ratschläge einen Augenblick herbei, wo . . . O mein Freund, o große Kaiserin: verzeiht mir alle beide! Ich bin kein Undankbarer. Ich war es nie. Aber ich liebe, und nichts auf der Welt darf dem Glück, der Zärtlichkeit, dem Leben meiner Freundin vergleichbar scheinen, wenn ich ein wahrer Liebender sein will. Fern von ihr würde ich mir wohl das Zeugnis ausstellen, daß ich getan habe, was zu tun ich schuldete. Sicherlich würde auch sie mir Gerechtigkeit zuteil werden lassen, ich kenne sie. Sie würde mich nicht anklagen, aber würde ich deshalb, würde sie weniger leiden? Wäre sie wenigstens frei; aber sie hat eine Mutter – eine Mutter, die ihr ebenso teuer ist wie ich. Sie hat Verwandte, recht ansehnliche Verwandte. Und wäre sie frei, sag, mein Freund, glaubst Du, daß es schicklich wäre, wenn ein Mann, der das geringste Gefühl für Ehrbarkeit besitzt, der einiges Ansehen in der Gesellschaft genießt, der sich Achtung zu verschaffen wußte durch seinen Gerechtigkeitssinn und seine Sitten, wenn dieser Mann sie . . . auf die Reise mitnähme? Hörst Du nicht alles, was sie sagen würden, und was sie nur allzu berechtigt wären zu sagen? Jetzt, da Du meine Lage kennst – jetzt rate, sprich, befiehl, urteile, entscheide! Doch nein, Falconet, nicht Du sollst das Richteramt ausüben! Das Urteil einer Frau rufe ich an: sprechen Sie, Mademoiselle Collot.

Mein Freund, Sie können von dem Vorausgehenden Ihrer Kaiserlichen Majestät alles anvertrauen, was Ihnen gut scheint. Nicht vor ihr will ihr Philosoph seine Zerrissenheit verbergen. Sie soll mich nicht höher schätzen, als ich's verdiene. Und wenn ich zur Ehre bestimmt wäre, ihr zu dienen, so würde ich ihr alle meine Fehler gestehen; alle ohne Ausnahme, damit sie nie in die Lage käme, sagen zu müssen: mit dem hatte ich freilich nicht gerechnet!

Wenn Ihr glaubt, Ihr könnt ihr nicht sagen, daß ihr Philosoph und Euer Freund rettungslos verliebt ist, so sagt ihr, und dies ist die Wahrheit, daß mir noch vier Bände meines großen Werkes zu veröffentlichen bleiben; daß ich mich Geschäftsleuten verpflichtet habe, die auf mein Wort hin ihr ganzes Vermögen in dieses Unternehmen gesteckt haben; daß mich niemand ersetzen kann; daß ein anderer weder von ihnen noch vom Publikum das gleiche Vertrauen erhielte; daß vier- bis fünftausend Bürger uns beträchtliche Beträge vorgeschossen haben, die sie berechtigt wären, jeden Augenblick zurückzufordern; daß dies ein Werk ist, dem ich, wie Ihr selbst sagt, ein Gutteil meines angeblichen Ruhms verdanke; daß diese Kaufleute, die ich im Stich lassen würde, seit über zwanzig Jahren für mein redliches Auskommen gesorgt haben und nun endlich ihren Einsatz zurückerhalten: wie hart wäre es für sie, sähen sie jetzt diese Eingänge aufgeschoben oder aufgehoben! Und endlich: wenn die Nation Eurem Talent Gerechtigkeit widerfahren ließe und Euch beauftragte, eines jener großen Denkmäler auszuführen, die sie gewöhnlich Künstlern mit Protektion, aber ohne Verdienst anvertraut, so hättet Ihr Euch gewiß nicht die Freiheit herausgenommen, alles im Stich zu lassen. Fügt hinzu, daß ich trotz der Trägheit meiner Mitarbeiter und der Ängstlichkeit meiner Verleger aller Verpflichtungen ledig sein werde, bevor eineinhalb Jahre um sind. Aller Verpflichtungen? Ich lüge. Eine gibt es, die mir immer heilig sein wird.

O mein Freund, wie glücklich wäre ich, wenn General Bezkoi, wenn die Kaiserin . . . Doch warum nicht? Haben denn Herrscher keine Seele?

Adieu, mein Freund. Nun ist alles heraus. Gehabt Euch wohl. Ich umarme Euch von Herzen. Umarmt Mademoiselle Collot in meinem Namen, in dem von Freund Grimm, von Freund Naigeon, von vielen anderen, die ich hinzufügen würde, müßte ich nicht fürchten, Euch und sie durch soviel Küsse zu ermüden.

ABBILDUNGEN

1. Diderot im Alter von 47 Jahren. Stich von Chenu nach einer Zeichnung von Garand. Der Dargestellte fand sein Konterfei besonders gelungen, lobt es im *Salon von 1767* und spricht davon in einem Brief an Sophie Volland vom 17. September 1760 mit großer Anerkennung: »Ich denke wirklich nach auf diesem Bild, ich lebe, atme, bin beseelt, hinter der Stirn kann man die Gedanken arbeiten sehen . . .«

2. Diderot. Stich von B.L. Henriquez nach dem Gemälde von
Michel Vanloo, das zuerst im Salon von 1767 gezeigt wurde und
heute im Louvre zu sehen ist. In einem Brief vom 11. Oktober 1767
bezeichnet Diderot das Porträt als »schön«, seine Frau hingegen
finde es »zu kokett«. Diese Meinung macht er sich dann selbst im
Salon von 1767 zu eigen. Von solcher Koketterie läßt freilich der
nüchterne Stich von Henriquez kaum etwas ahnen: man muß dazu
zu Vanloos etwas süßliche Farben sehen.

3. Diderot im Négligé vor einigen Bänden seiner *Encyclopédie*.
Anonymer Stich aus dem Cabinet des Estampes der Pariser
Nationalbibliothek. Die Identität ist unbezweifelbar.

Charles Panckoucke aux Auteurs de l'Encyclopédie

4. Diderot und D'Alembert, umrahmt von den Medaillons der namhaftesten Mitarbeiter der *Encyclopédie*. Stich von Augustin de Saint-Aubin im Auftrag des Verlegers Charles-Joseph Panckoucke (über diesen siehe die Briefe 124 und 200).

JEAN JAC. ROUSSEAU

Né à Genéve en 1708.

5. Jean-Jacques Rousseau. Stich von Gaucher nach Zeichnung von Vécharigi, 1763. Rousseau ist darauf 51 Jahre alt (das Geburtsdatum 1708 ist falsch, R. wurde 1712 geboren). Er hat seine drei großen Werke: *La nouvelle Héloïse, Le contrat social* und *L'Emile* hinter sich, und er hat 1762, nach der Veröffentlichung des letzteren durch einen Haftbefehl des Parlaments bedroht, aus Montmorency in die Schweiz flüchten müssen. Einiges von Rousseaus inneren Spannungen läßt sich auf diesem eindrucksvollen Porträt erkennen.

Le Barbier l'ainé Inv.   N. le Mire Sculp. 1783.

6. Rousseau als Botaniker und Kinderfreund, Stich von Le Mire
nach Le Barbier, 1783. Im Hintergrund ist die Ile des Peupliers
(Pappel-Insel) auszumachen, die Naturszenerie gehört demnach
zum Park von Ermenonville, wo Rousseau als Gast des Marquis
de Girardin die letzten Monate seines Lebens verbrachte. Er
starb am 2. Juli 1778 und wurde zunächst, auf eigenen Wunsch,
auf der Ile des Peupliers bestattet.

7. Voltaire beim Schachspiel mit dem Père Adam. Radierung von Jean Hubert. Dieser Schweizer Maler, Graphiker und Silhouettenschneider (1721–86) verkehrte seit 1754 mit Voltaire. Seine Voltaire-Bilder halten eine glückliche Mitte zwischen Verismus und Karikatur: die einzige Art, auf die der Physiognomie Voltaires beizukommen war.

8. Jean Hubert: Voltaire am Philosophentisch. Das Gruppenbild ist offensichtlich um Voltaires willen gemacht, die Runde selbst ist »gestellt«. Von Diderot z.B. wissen wir (s. den Brief Nr. 6), daß er schon 1749 von dem »unvergleichlichen Mann« zu einem »philosophischen Mahle mit einigen Weisen« eingeladen wurde, daß er aber dieser und späteren Einladungen niemals Folge leisten konnte (oder wollte) und Voltaire nie persönlich begegnet ist.

F. M. GRIMM.

9. Friedrich Melchior Grimm, der unentwegt geliebte Busen-
freund. Zeichnung von Carmontelle (der im Brief Nr. 87 als
Geschichtenerzähler begegnet), Stich von Ambroise Tardieu,
1769.

10. Madame D'Epinay im eleganten Hauskleid bei der literarischen Arbeit. Zeichnung von Carmontelle, Heliogravüre von Dujardin.

Ferdinando Galiani
Celebre letterato ed economista
Nacque in Chieti Prov.ª d'Abruzzo Citeriore nel 1728.
Morì in Napoli nel 1787.

In Napoli presso Nicola Gervasi al Gigante N.º 23

11. Abbé Galiani. Aus *Biografia degli uomini illustri del Regno di Napoli* IV, Neapel 1817, Stich von Morghen. Denkt man sich in dieses Gesicht hinein, dann werden Diderots Beschreibungen des kleinen Abbés nacherlebbar: »Die Geschichten des Abbés sind an sich schon gut, aber er spielt sie meisterhaft vor, einfach hinreißend. Sie hätten Tränen gelacht, wenn Sie gesehen hätten, wie er den Hals reckte und flötete, um die Nachtigall nachzuahmen, oder wie er sich aufplusterte und einen heiseren Ton annahm, um den Kuckuck zu spielen; wie er seine Ohren aufstellte, um die dumme und schwerfällige Würde des Esels nachzumachen ... Er ist Pantomime vom Kopf bis zu den Füßen ...« (Brief an Sophie Volland vom 20. 10. 1760, Nr. 49).

12. Katharina II. von Rußland, gemalt von Mlle Rameau, gestochen von F. David, 1773, also zur Zeit von Diderots Rußland-
aufenthalt. Findet der Betrachter auf dem Bild, wie Diderot bei
der lebenden Person, »die Seele des Brutus unter den Zügen der
Kleopatra«? (Brief an die Damen Volland, Ende April 1774).

13. Katharina zwischen den Emblemen des Krieges und der
Künste und Wissenschaften. Gestochen von R. Vinkeles in
Amsterdam, 1772.

Je vais m'habiller tout à l'heure pour aller voir la condamine, visite qu'il faut faire sous peine de perdre toute considération dans ce monde.

En attendant, ne pourriez vous pas regarder au coin de votre cheminée pour voir si vous n'y découvrirez pas la grande, la belle, la sublime canne.

Si elle n'y est pas, je crains bien qu'elle n'ait passé entre les mains d'un autre possesseur. La pauvre canne sentira toute la différence de sa nouvelle et de sa première condition. Je la [...] en l'air, comme quelqu'un qui la montre aux passants; autre que la voilà réduite à servir d'appui à quelque lourd et pesant personnage.

14. Schriftprobe mit Diderots klarer und gleichmäßiger Handschrift. Es ist der Nachruf auf den verlorenen Spazierstock, Brief an Grimm vom 12. März 1772.

Jour elle eprouvera toute la pesanteur
a chaque pas. ma Conrel ma
pauvre Canine !

ce qui me console del l'avoir perdue,
c'est que c'etait un domestique toujours
fait Inutile que je ne remplacerai
pas.

Bonjour mon ami. je vous salue et
vous embrasse de toute mon ame.

17 Mars 1772

15. Eine Korrekturseite des Enzyklopädie-Artikels *Pyrrhonienne ou sceptique philosophie* aus der Handschriftensammlung der Pariser Nationalbibliothek. Das Ausmaß der von dem Verleger Le Breton praktizierten »Zensur« wird drastisch anschaulich (s. Diderots Briefe an Le Breton vom 12. November 1764). Eine Überprüfung an der Ausgabe der *Encyclopédie* von Neufchatel 1765, Bd. XIII, S. 608–614 ergab, daß die gestrichenen Stellen dort tatsächlich fehlen – mit Ausnahme der durch das Kreuz bezeichneten Passage rechts unten. Im übrigen zeigt der Artikel statt des Verfassernamens oder der Initialen ein Sternchen, ist also wahrscheinlich von Diderot selbst.

d'esprit, ni il ne nous punira pour avoir été fots. On se conduit comme on veut, mais on raisonne comme on peut. Nous sommes libres de faire le bien & d'éviter le mal, mais nous ne sommes pas libres de connoître la vérité & d'échapper à l'erreur. Celui qui ne pourroit être que de se tromper, mais ce n'est pas un crime. Ce sont nos mauvaises actions qui nous damnent, & ce ne sont pas nos découvertes qui nous sauvent. J'ai meilleure opinion du salut de celui qui prêche le mensonge qu'il croit au fond de son cœur, que de celui qui ne croit rien & qui en enseigne beaucoup. qu'il ne croit évidemment un méchant. Quant aux troubles que certaines opinions peuvent exciter dans la société dont on est membre, on n'en peut rien conclure contre Bayle qui écrivoit dans un pays où l'on tolere la liberté de la presse; d'ailleurs il toutes vérités ne font pas bonnes à dire, ce ne peut être que par une suite de mauvaise législation, par une fausse malentendue du système politique avec le système religieux. Par-tout où la puissance civile appuyera la religion, on cherchera en elle son appui, il faudra que les progrès de la raison soient retardés, qu'il y ait des persécutions inutiles, parce qu'on ne contraint jamais efficacement les esprits, & que la tolérance soit nulle ou limitée; deux suppositions presque également fâcheuses. La tolérance veut être générale; c'est de la généralité seule que naissent ses deux principaux avantages, la lumière & le repos. Une vérité, quelle qu'elle soit, nuisible pour le moment, est nécessairement utile dans l'avenir. Un mensonge, quel qu'il soit, avantageux peut-être pour le moment, nuit nécessairement avec le tems. Penser autrement, c'est ne connoître le vrai caractère ni de l'un ni de l'autre. Or, disoient les Perses, & disent eux les Sceptiques, le doute est le premier pas vers la science ou la vérité; celui qui ne discute rien, ne s'assure de rien; celui qui ne doute de rien, ne découvre rien; celui qui ne découvre rien, est aveugle, & reste aveugle. Ce sont l'ignorance & le mensonge qui causent le trouble parmi les hommes; l'ignorance qui confond tout, qui s'oppose à tout, qui ne fait ni rejetter ni choisir; le mensonge qui n'est jamais assez solidement établi dans vrais les esprits pour n'être pas soupçonné d'allarme, combattu: l'homme ne le repose que dans sa vérité. Pourquoi les questions de la Métaphysique ont-elles divisé les hommes dans tous les tems? C'est qu'elles sont obscures & mensongeres. Pourquoi les principes de la morale naturelle, loin d'exciter entr'eux des dissentions, les ont-ils toujours rapprochés? c'est qu'ils sont clairs, évidens & vrais. Si j'avois la démonstration de quelque grande vérité, mais une démonstration telle qu'aucun homme de bonne foi ne pût s'y refuser, je la publierois sur le champ quelque inconvénient qu'il y eût pour le moment; & le lieu où j'existe, persuadé qu'il n'y a aucun bien dans ce monde sans inconvénient; que la vérité est le plus grand bien de l'homme, & qu'il en recueille tôt ou tard les fruits le plus doux.

Bayle eut peu d'égaux dans l'art de raisonner, peut-être point de supérieur. Personne ne fut saisir plus subtilement le foible d'un système, personne n'en dût faire valoir plus fortement les avantages; redoutable quand il prouve, plus redoutable encore quand il objecte; doué d'une imagination gaie & féconde, en même tems qu'il prouve, il amuse, il peint, il badine. Quoiqu'il entasse doute sur doute, il marche toujours avec ordre: c'est un Polipe vivant qui se divise en autant de Polipes qui vivent tous, il les engendre les uns des autres. Quelle que soit la these qu'il ait à prouver, tout vient à son secours, l'histoire, l'érudition, la philosophie. S'il a la vérité pour lui, on ne lui résiste pas; s'il parle en faveur

du mensonge, il le prend sous sa plume toutes les couleurs de la vérité; impartial ou non, il le paroît toujours, on ne voit jamais l'auteur, mais la chose. Quoi qu'on dise de l'homme de lettres, on n'a rien à reprocher à l'homme. Il eut l'esprit droit & le cœur honnête; il fut officieux, sobre, laborieux, sans ambition, sans orgueil, ami du vrai, juste, même envers ses ennemis, tolérant, peu dévot, peu crédule, on ne peut moins dogmatique, & par-tant conséquemment peu scrupuleux dans ses récits, menteur comme tous les gens d'esprit, qui ne balancent guere à supprimer ou à ajouter une circonstance legere à un fait, lorsqu'il en devient plus comique ou plus intéressant, souvent ordurier. On dit que Jurieu ait commencé à être le mal avec lui, qu'après s'être apperçu qu'il étoit trop bien avec sa femme; mais c'est une fable qu'on peut sans injustice croire ou ne pas croire de Bayle qui s'est complu en accrédité un grand nombre de pareilles. Je ne pense pas qu'il ait jamais attaché grand prix à la continence, à la pudeur, à la fidélité conjugale, & à d'autres vertus de cette classe, sans quoi il eût été plus réservé dans ses jugemens. Lorsqu'il s'étoit dit, c'étoit toujours sous prétexte de ramener la révélation qu'il savoit bien tapper, quand l'occasion s'en présentoit. Il faisoit alternativement apologie de la raison contre l'autorité, & de l'autorité contre la raison, bien sûr que les hommes ne se départiroient pas de leur avantage & de leur liberté, en faveur d'un joug qui les importunoit, & qu'ils ne demandoient pas mieux que de secouer.

On a dit de ses écrits, quamdiu vigebunt, lis erit; & nous finirons son histoire par ce trait.

Il suit de ce qui précede que les premiers sceptiques ne s'éleverent contre la raison que pour mortifier l'orgueil des dogmatiques; qu'entre les sceptiques moder e, les uns ont cherché à décrier la philosophie, pour donner de l'autorité à la révélation; les autres, pour l'attaquer plus sûrement, en ruinant la solidité de la base sur laquelle il faut l'établir, & qu'entre les sceptiques anciens & modernes, il y en a quelques-uns qui ont douté de bonne foi, parce qu'ils s'appercevoient dans la plûpart des questions que des motifs d'incertitude.

Pour nous, nous conclurrons que tout étant lié dans la nature, il n'y a rien à proprement parler, dont l'homme ait une connoissance pu foite, absolue, complete; pas même des axiômes les plus évidens, parce qu'il faudroit qu'il eût la connoissance de tout.

Tout étant lié, s'il ne connoît pas tout, il faudra nécessairement que de discussions en discussions, il arrive à quelque chose d'inconnu; donc en remontant de ce point inconnu, on sera fondé à conclure contre lui ou l'ignorance, ou l'obscurité, ou l'incertitude du point qui précede, & de celui qui précede celui-ci, & ainsi jusqu'au principe le plus évident.

Il y a donc une sorte de sobriété dans l'usage de la raison, à laquelle il faut s'assujettir, ou se retrouve à flotter dans l'incertitude; un moment où la lumiere qui avoit toujours été en croissant, commence à s'affoiblir, & où il faut s'arrêter dans toutes discussions.

Lorsque de conséquences en conséquences, j'aurai conduit un homme à quelque proposition évidente, je cesserai de disputer. Je n'écouterai plus celui qui niera l'existence des corps, les regles de la logique, le témoignage des sens, la distinction du vrai & du faux, du bien & du mal, du plaisir & de la peine, du vice & de la vertu, du décent & de l'indécent, du juste & de l'injuste, de l'honnête & du deshonnête. Je tournerai le dos à celui qui cherchera à m'écarter d'une question simple, pour m'emp

16. Langres, Diderots Heimatstädtchen im 18. Jahrhundert, von Westen gesehen. Der hochgelegene Ort läßt an gewisse mittelitalienische Städte denken. Diderot spricht vom windigen und rasch wechselnden Klima seiner Heimat, das sich in rasch wechselnden Stimmungen der Bewohner niederschlage. An Sophie

Volland am 11. August 1759: »Die Menschen hier sind von Kind-
heit auf daran gewöhnt, ein Spielball des Windes zu sein. Der
Kopf eines Mannes aus Langres sitzt ihm auf den Schultern wie
eine Wetterfahne . . .«

LES PROMENADE
Presenté a Son Altesse Serenissin
Chez le Sr du Change Graueur du Roy F

Auec Priuilege du Roy

17. Spaziergänger im Luxembourg mit Park und Palais. Stich von Rigaud, 1729. Im *Paradox über den Schauspieler* erzählt Diderot, er habe sich in seiner Jugend, zwischen Sorbonne und Comédie (also zwischen Theologie und der Theaterlaufbahn) schwankend, im Winter in einsamen Seitenalleen des Luxembourg ergangen und dabei Molière und Corneille deklamiert.

LVXEMBOURG
...seigneur le Prince de CONTY
...acques et chez l'Auteur dans la même Rüe

Par son tres humble, tres Obeissant et tres
Fidelle Seruiteur, J. Rigaud

18. Der Garten des Palais Royal vor der Umgestaltung Ende des
18. Jahrhunderts. Zeichnung und Stich von Chaufourier. Auch
hier Gruppen von Promenierenden, die die Proportionen
markieren sollen. Bänke waren, als die Zeichnung entstand,

offenbar noch nicht aufgestellt worden, also auch nicht Diderots
»banc d'Argenson«. Im übrigen fand er das Ambiente »verdrießlich mit seinen zu Kohlköpfen zurechtgestutzten Bäumen« (so in
einem Brief an Sophie Volland vom 17. August 1759).

19. Das Château de la Briche bei Saint-Denis, Stich von Dupin de Francueil und Lalive de Jully, zwei dilettierenden Familienangehörigen. Der Landsitz hatte einst Gabrielle, der Geliebten von Henri IV, gehört und war im 18. Jahrhundert vom Finanzpächter

D'Epinay erworben worden. Mme D'Epinay hielt sich seit 1762 lieber dort als auf der Chevrette auf, und Diderot war regelmäßiger Gast. Er nennt das Haus »zwar klein«, doch habe die ganze Umgebung ein »air sauvage«.

Проспектъ въ низъ по Невѣ рѣкѣ отъ Исискаго моста между
Исаакиевою церковю и кадутами Кадутскимъ.

20. Blick auf die Newa in Petersburg, zwischen der Isaakskirche
und dem Cadettenkorps. Stich von Makajew und Wassiljew nach
einer Zeichnung von Sokolow, 1753. Es ist der Blick, den Diderot
während seines Petersburger Aufenthalts vom Palais Narischkin
aus, wo er wohnte, genießen konnte.

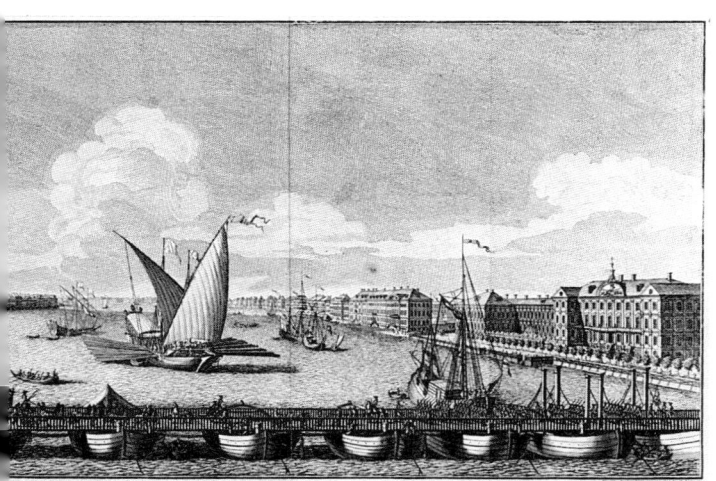

Vüe de la Neva vers l'Occident entre l'Eglise de St. Isaac
et les batimens du Corps des Cadets

MAIS
De Sa Majesté Imper
à Tsarskoe-S

21. Zarskoje Selo, »das russische Versailles«, die Sommerresidenz der Zarin, etwa 25 km von Petersburg entfernt. Stich von
Née nach Lespinasse. Im Brief Nr. 173 erzählt Diderot seiner Frau
und seiner Tochter, daß er von der Herrscherin dorthin mitgenommen worden sei: es blieb sein einziger Ausflug.

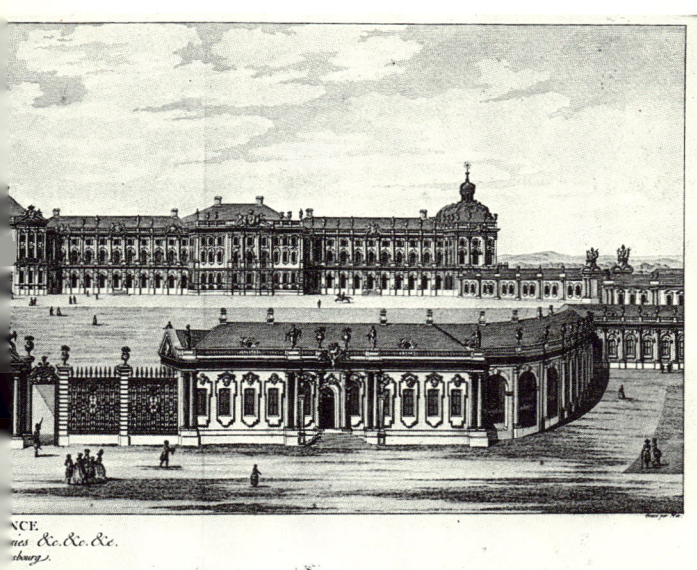

97. An Damilaville

Juni oder Juli 1767

Die Befürchtung, Sie gekränkt zu haben, mein Freund, hat mich einen schrecklichen Tag gekostet. Kaum war ich hundert Schritt vom Quai de Bourbon entfernt, da hätte ich schon gewollt, der Artikel *Vingtième* und das Buch De la Rivières lägen in einem tiefen Brunnen. Ach zum Teufel, was liegt mir denn daran, ob einer geschrieben hat, was ein andrer gedacht hatte! Woran mir, der ich gut und vor allem ein guter Freund sein will, liegt, das ist, meinem Freund angenehme Tage zu bereiten. Ich habe geweint und weine noch vor Schmerz, daß ich gerade gegen den gefehlt habe, der mir von allen der teuerste ist. Wenn ein heftiges, vielleicht voreingenommenes Wort durch vierundzwanzig Stunden Seelenqual hinreichend gesühnt werden kann, so seien Sie zufrieden. Um aller Bücher willen, die ich geschrieben habe, möchte ich nicht, daß Ihnen mein rasches Wort auch nur den hundertsten Teil meiner Pein verursacht hätte. Und der Grund dafür, mein Damilaville, ist der, daß mir wenig an dem Glück liegt, das Gleichgültige mir verdanken, doch daß mein Blut mir nicht verschwendet schiene, könnte ich dem einen Schmerz ersparen, der mir teuer ist. Mein Freund, lassen Sie uns beide diesen Augenblick vergessen . . .

98. An Falconet

Juli 1767

. . . Inmitten der Wirrnis meiner Gedanken und der Pein meiner Seele hatte ich mir ausgedacht, etwas Großes zu versuchen, etwas, das den Plänen Ihrer Kaiserlichen Majestät entspräche und eine Veränderung der Verhältnisse herbeiführen könnte. Ihr letzter Brief, zusammen mit dem, den Ihre Majestät dem General Bezkoi diktierte, haben alle Hoffnungen zunichte gemacht, in denen ich mich gewiegt hatte. Es ist nur zu wahr, daß man mich will, und nicht mein Werk. Aber mein Werk würde viel mehr

241

taugen als ich – urteilen Sie selbst, mein Freund, und schenken Sie dem folgenden einige Aufmerksamkeit:

Welches auch die Fortschritte einer Nation in den Wissenschaften und Künsten sein mögen: Sie zweifeln so wenig wie ich daran, daß diese Nation unwissend und beinahe barbarisch bleibt, solange ihre Sprache unvollkommen ist.

Sie zweifeln nicht, daß die falschen Bedeutungen der Wörter die fruchtbarste Quelle unsrer Irrtümer und Dispute waren, sind und auf ewig sein werden.

Daß man die Bedeutungen der Wörter legitimerweise nur festlegen und umschreiben kann, wenn die Sachen reiflich überlegt und ausdiskutiert sind.

Daß die französische Nation an einem Punkt der allseitigen Bildung angelangt ist, der es möglich macht, daß sie sich jetzt mit Erfolg ihr Wörterbuch gibt.

Daß dieses Werk ihr wie allen andern Nationen Europas noch fehlt, obgleich eine an Mitgliedern nicht arme Akademie seit ungefähr hundertdreißig Jahren damit beschäftigt ist.

Daß die Arbeiten dieser Akademie bisher fruchtlos geblieben sind, weil diese Körperschaft, aus guten und schlechten Köpfen zusammengesetzt, von der Regierung besoldet und ihr aus Interesse sklavisch unterworfen, durch eine Unmenge kleinlicher Erwägungen zurückgehalten wird, die mit der Wahrheit unvereinbar sind.

Daß es nur einem freien, gebildeten und mutigen Menschen gestattet ist, zu sagen: »Alles, was durch einen Sinneseindruck in den Verstand gelangt ist, und alles, was vom Verstand ausgeht, muß einen sinnlichen Gegenstand finden, auf den es sich beziehen kann« – und diese Regel auf alle Begriffe und alle Wörter anzuwenden, jedoch all die als trüglich anzusehen, die diese Probe nicht bestehen, und als sinnleere Wörter alle diejenigen, die sich nicht letztlich auf ein sinnliches Bild zurückführen lassen.

Daß ein solches Werk gleichzeitig zwei große Wirkungen hervorbrächte: die eine, daß es das Ergebnis aller im

Verlauf mehrerer Jahrhunderte erworbenen Kenntnisse von einem Volk aufs andere übertrüge; die andre, daß es die dürftige Sprache des ungebildeten Volkes bereicherte, und dies sowohl in den Wissenschaften wie in den praktischen und den freien Künsten.

Daß dieses Werk nicht die *Encyclopédie* ist, aber sie voraussetzt, sie besser voraussetzt, als sie ausgefallen ist.

Daß die Generationen auf der ganzen Erde nichts andres darstellen als eine lange Folge von Kindern, die einander die Sprache der Unwissenheit und der Lüge vererben.

Daß dieses Laster sich fortpflanzen muß, solange aufgeklärte und beherzte Männer sich nicht des Instrumentes annehmen, das dem Gedanken als Beförderungsmittel dient.

Daß die äußersten Anstrengungen und die heißesten Wünsche der größten Geister aller Zeiten und Nationen sich immer auf dieses allgemeine und gemeinsame Instrument gerichtet haben.

Daß diese nach langem Nachdenken, Schreiben und Experimentieren am Ende alle gefühlt haben, daß, da die Sprache unvollkommen bleibt, die Menschen fortfahren würden, sich mit den gleichen Wörtern sehr Verschiedenes zu sagen, sich mit dem Schall zufriedenzugeben und uneins zu sein, solange sie sich nicht besser erklären. Wonach sie übereinstimmend geschlossen haben, es müsse die Sprache erneuert werden.

Daß, wenn sich alle von diesem Vorhaben abgewendet haben, daran weniger das Ausmaß und die Schwierigkeit des Unternehmens schuld war als die Gefahr, die sie damit verbunden sahen.

Daß ein grammatikalisches Wörterbuch den Gebrauch festzuhalten hat, während ein philosophisches darin besteht, ihn zu berichtigen.

Daß zwanzig bis dreißig Jahre Vorarbeit die Zeit, in der ich ein solches Wörterbuch machen könnte, sehr verkürzt haben, und daß, da es nicht für mein Land bestimmt ist, der Gesichtspunkt der Gefahr für mich nicht gegeben wäre.

Daß ich einem jungen Volk ein gereinigtes Idiom geben kann, das augenblicklich zum Allgemeingut würde und es inmitten der größten Umwälzungen und auch danach noch bliebe.

Daß es keinen wichtigen Grundsatz der Moral und des Geschmacks gibt, den man, um die verschiedenen Wörter und ihre Bedeutungen zu belegen, nicht als Beispiel anführen könnte, so daß dieses Wörterbuch zugleich ein Buch der Sitte würde.

Überdenken Sie das alles, ich bitte Sie, mein Freund. Einige Gelehrte, einige helle Köpfe bilden sich an den Schriften und in den Bibliotheken und berichtigen durch Nachdenken, Lektüre und Gespräch die Fehlerhaftigkeit ihrer Ideen; doch der Irrtum bleibt und geistert dank der Unvollkommenheiten der Sprache durch die Straßen, Kirchen und Häuser. Der Geist hat sich erneuert, aber man spricht immer noch die alte Sprache. Folglich ist es die Sprache, die neu begründet, bearbeitet, erweitert werden muß, will man nicht wie in China den Schuh des Kindes dem Fuß des Mannes anpassen. Man muß den Völkern, die heute wie vor vierhundert Jahren sich der Wörter Tugend, Könige, Priester, Minister, Gesetze, Regierung bedienen, beibringen, welches die wahren Inhalte sind, die sie damit verbinden müssen. Mit der Sprache eines Volkes muß man sich befassen, wenn man ein gerechtes und vernünftiges Volk aus ihm machen will. Das ist um so wichtiger, als Sie, wenn Sie einen Augenblick über die unbegreifliche Geschwindigkeit eines Gesprächs nachdenken, einsehen werden, daß die Menschen nicht einmal zwanzig Sätze im Lauf eines ganzen Tages aussprechen würden, wenn sie sich die Notwendigkeit auferlegten, bei jedem Wort, das sie sagen, deutlich zu unterscheiden, welches die Idee oder der Ideenkomplex ist, den sie damit verbinden. Und wenn ich ›die Menschen‹ sage, dann spreche ich von Ihnen und von mir. Urteilen Sie nach all dem, wie wichtig es ist, dem Wert einer so geläufigen Münze gegenüber Vorsicht walten zu lassen, die man gewöhnlich zu geben und zu empfangen gezwungen ist, ohne auf die Prägung zu achten.

Von den Wohltaten Ihrer Kaiserlichen Majestät überhäuft, gedrängt, meine Dankbarkeit mit anderen Verpflichtungen zu vereinbaren, schlug ich ein Werk im Sinne der Ideen vor, die ich Ihnen hier entwickelt habe. Ich sagte zu mir selbst: Ich werde von allen Gelehrten dieses Landes, von allen »hommes de lettres« und Künstlern geschätzt und geliebt. Sollte die eigene Einsicht mich manchmal im Stich lassen, so werde ich sie aufsuchen, sie befragen, sie um ihren Rat bitten. Ich werde sie zur Mitarbeit heranziehen. Und während ich das auf französisch ausführe, werden andere sich damit beschäftigen, es ins Russische zu bringen. Und wenn ich damit fertig bin, werde ich selbst nach Petersburg reisen, um mit meinen siebzig weisen Übersetzern Rücksprache zu nehmen. Mit Hilfe des Lateinischen, das uns als gemeinsame Verständigungssprache dienen wird, werden wir der Übersetzung jede nur mögliche Übereinstimmung mit dem Original geben und das Ganze unter den Auspizien der Kaiserin veröffentlichen . . .

Ja, ja, mein Freund, Sie werden mich in Petersburg umarmen. Sie sehen: ich habe alle Ihre Briefe vor mir und antworte darauf.

»Wenn ich wüßte«, sagen Sie, »wie Ihre Majestät mit einem so geringen Verdienst wie dem Ihren zu verfahren geruhen.« Keine falsche Bescheidenheit, bitte! Glauben Sie denn, was Sie mir da sagen? Wären Sie nicht gekränkt, wenn ich es glaubte? Die Kaiserin ist eine große Frau, *un gran cervello di principessa*; und sie ist ganz dazu geschaffen, *un gran cervello di poeta* zu lieben, hochzuschätzen und zu ehren. General Bezkoi steht nicht an, mir den Rat zu geben, ich solle mich ganz im Sinne der glänzenden Zeichen ihrer Güte einschätzen.

»Ich würde eilen«, fügen Sie hinzu, »bei allem Guten mitzuarbeiten, das sie noch verrichten will.« Machen wir uns nichts vor, mein Freund! Womit kann es der Philosoph

Denis verdienen, einer der Mitarbeiter Katharinas genannt zu werden? Wie würde er zum Glück eines Volkes beitragen können? Ich befrage mich hierüber und gebe mir selbst die freimütige Antwort, daß ich eine hochfliegende Seele mein eigen nenne, daß mir manchmal ein starker und großer Gedanke beikommt, daß ich ihn auf eindrückliche Weise vorzubringen verstehe, daß ich mich der Seelen zu bemächtigen, sie zu fesseln, sie zu rühren, sie mitzureißen weiß. D'Alembert mag es hundertmal besser als ich verstehen, eine Differentialgleichung zu lösen: ich würde mich ganz anders als er darauf verstehen, ein Herz zu bilden, es zu erheben, es groß zu machen, ihm eine feste Neigung zur Tugend und Wahrheit einzuflößen. Man gebe mir ein Kind, man schließe mich mit ihm an einem einsamen Orte ein, und wenn ich nicht von dort einen Mann zurückbringe, so deshalb, weil mir die Natur unüberwindliche Hindernisse in den Weg gelegt hat. Aber ich an einem Hof! Ich, den Sie als die Inkarnation der Geradheit, Schlichtheit und Treuherzigkeit kennen! Ich, der nur eine Sprache kennt! Der sein Herz immer auf der Hand trägt! Der weder zu lügen noch zu heucheln versteht! Der ebenso unfähig ist, seine Zuneigung wie seinen Widerwillen zu verbergen, einen Fallstrick zu vermeiden wie ihn auszulegen! Haben Sie das genug bedacht?

Doch ich werde einen Mann an meiner Seite haben, der mir nicht weniger überlegen ist, als ich mich D'Alembert überlegen glaube; der außer den Vorzügen, die ich besitze, eine unendlich große Zahl anderer hat, die mir fehlen, der klüger und vorsichtiger ist als ich, der eine Erfahrung mit den Menschen und den Leuten von Welt hat, die ich niemals haben werde; der über mich die Macht hat, die ich manchmal über andere gewinne. Was die meisten Menschen für mich sind: Kinder, dazu werde ich ihm gegenüber. Ich habe ihn meinen Hermaphroditen genannt, weil er mit der Kraft des einen Geschlechts die Anmut und Zartheit des anderen verbindet. Er ist mein Freund, er ist der Ihre. Er ist in der moralischen Bildhauerkunst, was Sie in der praktischen sind. Was ich über ihn sage, werden Ihnen übereinstimmend die Großen, die Kleinen, die Gelehrten, die Unwissenden, die gestandenen Männer, die Kinder, die »hommes de lettres«, die Weltleute sagen. Alle finden gleichermaßen Gefallen an ihm.

99. *An Sophie Volland*

September 1767

Will sehen, ob es mir gelingt, mein Tagebuch für Sie fortzuführen. Meine letzten Zeilen stammten, glaube ich, aus Mousseau. Bei der Rückfahrt gab's ein vergnügliches Abenteuer. Eine jener Indiskretionen, mit denen man schwerlich rechnet, und die doch allzu natürlich sind. Wir fuhren am Abend im Einspänner zurück. Bron und ich saßen hinten; ich hielt auf meinen Knien eine Frau, mit der er seit langem verbunden ist, und die seit sehr langer Zeit eifersüchtig ist auf eine andre, mit der er, soll man ihm Glauben schenken, keinerlei Verkehr hat. Wir mußten an der Tür dieser Frau vorüber; wir sind da, und plötzlich steuert das Pferd auf das Haus los. Der Kutscher macht von der Peitsche Gebrauch; das Tier glaubt, er wolle wenden; es bleibt stehen und macht dann die Bewegungen, die ein Pferd zu machen pflegt, wenn es näher an eine Hauseinfahrt heranfahren soll. Es kostete viel Mühe, es daran zu hindern, uns dorthin zu bringen, wohin ganz gewiß niemand von uns zu gelangen wünschte. Die Frau auf meinen Knien sagte zu ihrem neben mir sitzenden Freund: »Da seht Ihr's: Euer Pferd ist wahrheitsliebender als Ihr selbst.« Der Rest unseres Weges wurde in tiefem Schweigen zurückgelegt ...

Dienstag abend, als ich nach Hause zurückkehrte, erfuhr ich, daß der Baron in Paris sei, und durch ein zweites Billett von Grimm, dieser sei mit einem Baron von Schweidnitz von La Briche zurück, und der wolle nicht nach Gotha zurückkehren, ohne seiner Fürstin sagen zu können, er habe mich gesehen und an ihrer Statt in die Arme geschlossen; ich dürfe also nicht bei einem Picknick fehlen, das man für den folgenden Tag, den Mittwoch, beim Schweizer des Feuillants-Klosters arrangiert habe. In diesem Billett ließ Grimm in wenigen Wendungen eine Verärgerung durchblicken, die mich tief verletzte: überall ginge ich hin, nur nicht zu Madame d'Epinay nach La Briche; sie sei dort allein gewesen und habe vergeblich auf mich gewartet, ihr Zuvorkommen meinen Neigungen, ja meinen Launen gegenüber werde durch eine Zurücksetzung belohnt, die sie beleidige. Und nun stellen Sie sich vor, daß ich nur deshalb auf Grandval war, um dem Baron zu Diensten zu sein; in Mousseau, um jeden Morgen in den Salon zurückkehren zu können; und daß ich in Paris bleibe nur dieses verwünschten Salons wegen und also um Grimms willen. Der Baron wiederum, der es sich gerne bequem macht, und der sich vorgestellt hatte, er würde mich, wenn er seine Geschäfte in Paris erledigt hat, am Donnerstag nach Grandval mitnehmen können, macht mir, in seinen Hoffnungen betrogen, die greulichsten Vorwürfe. Vor Ungeduld außer Fassung und durch die Ungerechtigkeit all dieser Menschen beredt geworden, ziehe ich gegen die Freundschaft vom Leder. Ich schildere sie als die unerträglichste der Tyranneien, als die Folter des Lebens und schließe mit den Worten: »Meine Freunde, Ihr, die ich zum letzten Mal so nenne, ich erkläre hiermit, daß ich keine Freunde mehr habe, daß ich keine mehr haben und für mich leben will, da ich unter einem Unglücksstern geboren bin, der es hindert, daß ich irgend jemand zufriedenstelle, obwohl ich mich rückhaltlos denen hingebe, die mir teuer sind.«

Und nun krampfte sich mein Herz zusammen, ich vergoß einen Strom von Tränen, und der Marquis, der bei mir war, nahm mich beim Arm und zog mich bis zum Diner in eine andre Allee der Tuilerien, wo sich diese Szene abspielte. Er sprach zu mir in den ehrlichsten, liebenswürdigsten und tröstlichsten Wendungen, träufelte einigen Balsam auf meine Wunden und brachte mich, ein wenig beruhigt, zu den gleichen Freunden zurück, denen ich soeben abgeschworen hatte. Was mich ganz besonders aufgebracht hatte, war ein Wort Grimms: Da er mir nicht schreiben könne, ohne mir die Wahrheit zu sagen, und da die Wahrheit mich so kränke, wolle er mir eben nicht mehr schreiben. »Da sieht man«, sagte ich zum Marquis, »wie es mit dem Zartgefühl dieser Leute bestellt ist, auf das sie sich so viel zugute halten. Sie bringen mich zur Verzweiflung, und wenn ich mich über den Kummer beklage, den sie mir zufügen, dann erklären sie mir ganz eiskalt: ja, sie würden mich in Zukunft verschonen!« Dennoch verlief das Diner auf das angenehmste. Die Unterhaltung drehte sich um die Niedrigkeit derjenigen, die aus Eitelkeit angebotene Hilfe ausschlagen. Wir trennten uns zu früher Stunde, nachdem wir uns auf das zärtlichste umarmt hatten.

Damilaville wollte mich anschließend zu Madame de Maux schleppen, die erkrankt ist. Ich zog es vor, zur Rue Sainte-Anne zu traben. Ich blieb nur kurz. Madame Le Gendre wollte Madame de Blacy bei Monsieur de Tressan abholen und fragte mich, ob ich ihr Pferde besorgen könne. Ich ging am Abend mit dem Fürsten soupieren, bat ihn um ein Gespann und erhielt es. Der Fürst und ich verbrachten die Zeit damit, über ein Prinzip der Malerei zu diskutieren: warum es in der Natur viele Massen und so wenig Gruppen gebe. Sie werden kaum etwas davon verstehen; so mag es Ihnen genügen zu wissen, daß ich, nachdem wir uns beide auf die Kompositionsweise der großen Meister berufen hatten, ihm darlegte, daß in den Kompositionen Poussins, bei denen man bis zu hundert, ja hundertzwanzig Figuren zählt, zehn, zwölf, fünfzehn, zwanzig Massen vorkommen und kaum zwei oder drei Gruppen, und namentlich im *Urteil Salomons* zwanzig bis dreißig Figuren, aber keine einzige Gruppe.

Der Rest des Abends verging unter Gesprächen über ungleiche Ehen, die ohne Einverständnis der Eltern geschlossen wurden. Der Fürst berichtete mir hierzu das Wort eines gewissen Monsieur de Parceval, das Sie viel-

leicht nicht kennen, und das Sie amüsieren wird. Sein
Sohn heiratete ohne sein Einverständnis. Am nächsten
Morgen kam seine Schwiegertochter zu ihm. Er war noch
nicht aufgestanden. Sie kniete bei seinem Bett nieder und
ergriff eine seiner Hände, die sie mit ihren Tränen be-
netzte. Monsieur de Parceval sagte zu ihr: »Aber hat mein
Sohn denn nicht befürchtet, enterbt zu werden?« – »Er
kennt Sie zu gut, um dergleichen zu fürchten«, versetzte
seine Schwiegertochter. Darauf Monsieur de Parceval:
»Stehen Sie auf, meine Tochter. Sie haben mir einen Sohn
genommen; ich hoffe, Sie werden mir in neun Monaten
einen neuen geben, den Sie so gut erziehen, daß er niemals
ohne Ihre Zustimmung eine Wahl, und sei es auch eine
gute, treffen wird.« Dann umarmte er sie, aber seinen
Sohn wollte er nicht sehen. Um die beiden zusammenzu-
bringen, bediente man sich der Mittlerdienste des Herrn
von Saint-Florentin. Beim ersten Wort desselben rief der
gute Parceval aus: »Oh, Monseigneur, wie viel Schmerz
hätten Sie mir erspart, wenn Sie früher geruht hätten, sich
dieser Sache anzunehmen!«

100. An Sophie Volland

Auf Grandval, 24. September 1767
Ah, das nenne ich einen Brief! Wenigstens einmal in Ihrem
Leben werden Sie fünf oder sechs Seiten in Folge mit mir
geplaudert haben! Ich weiß nicht, warum ich meine Tage
nicht damit verbringe, Ihnen zu schreiben – so groß ist
meine Freude, Sie zu lesen. Aus Ihrem Schweigen über
mehrere Fragen, die ich mich sehr gut erinnere, Ihnen
gestellt zu haben, ersehe ich, daß zwei oder drei Briefe von
mir nach Isle noch unterwegs sind. Um so besser: sie sind
sehr lang und erbärmlich hingekritzelt; aber während Sie
Ihre Augen ermüden, sie zu entziffern, werden Sie sich
wenigstens keine neuen wünschen und nicht daran denken, mich zu schelten, weil ich Ihnen nicht schreibe . . .
Unserer letzten Unterhaltung, die ich Ihnen Wort für

Wort wiedergegeben habe, war eine andre vorausgegangen, nicht von der gleichen Farbe, doch nicht weniger interessant. Es ging darum, weshalb es in den schönen Künsten erlaubt ist, bei der Nachahmung der schönen Natur zu übertreiben. Das gab mir Gelegenheit, die feinen Unterschiede herauszustellen, die das Eingebildete vom Möglichen, das Mögliche vom Wunderbaren, das Wunderbare von der verschönten Natur, die verschönte Natur von der gewöhnlichen unterscheiden. Da Mama und Ihnen ernsthafte Gesprächsthemen nicht mißfallen, hätt' ich Sie gerne als Zuhörerinnen gehabt. Die liebe Schwester schien sehr zufrieden, aber auf ihr Urteil kann ich kaum mehr zählen. Sie braucht mich zu sehr, um nicht nachsichtig mit mir zu sein. Ich bin der Mitwisser aller Gefühle, die sie in ihrem Herzen zu hegen glaubt, und die doch nur Ausgeburten ihres Kopfes sind. Ich schwöre Ihnen, meine Freundin, diese Frau empfindet nichts, aber auch gar nichts; Monsieur Digeon wird, genau wie sie selbst, das Opfer ihres Geplappers sein, das allerdings bezaubernd ist, und ihr Selbstbetrug wird mit dem Tag aufhören, da sie den Mann nicht mehr braucht . . .

Am Sonntag abend fuhr ich frühzeitig nach Paris zurück mit einer jungen Frau im Wagen, die allen Ernstes die Meinung vertrat, seriöse Leidenschaften seien heutzutage ganz und gar lächerlich; man verspreche sich nur noch Vergnügen, das man finde oder nicht finde – und das dauere oder nicht dauere; und so erspare man sich alle falschen Schwüre vergangener Zeiten. Ich wagte ihr zu antworten, ich selbst gehörte noch dieser Zeit an. »Um so schlimmer für Sie«, versetzte sie. »Betrogen werden oder selbst betrügen – das eine ist nicht besser als das andere.« Diese Reden bestätigten mir, was man mir erzählt hatte: daß nämlich diese junge Frau, die Verstand, Geist und Kenntnisse besitzt, sich noch niemals an jemand angeschlossen hat. War sie deshalb mehr, war sie weniger glücklich? Nun, das werden Sie mir sagen müssen.

Während wir noch darüber diskutierten, setzte ich sie

bei ihr zu Hause ab und eilte heim, um meinen Reisesack für den nächsten Tag vorzubereiten. Man erwartete mich im Grandval. Grimm, Damilaville, der Marquis von Croismare und ein deutscher Baron vom gothaischen Hof begleiteten mich. Grimm nahm einen Fiaker bis Bonneuil und ging von da zu Fuß.

Nun wohne ich also wieder im Grandval, wo man mich bis zum Ende des Monats festhalten wird. Es war höchste Zeit, daß ich der Frau, der Schwiegermutter, den Kindern, dem Hauslehrer zu Hilfe kam; alle sind sie der schlechten Laune des Barons überdrüssig, der zum Unglück verdammt scheint inmitten von Dingen, die zehn andre glücklich machen könnten. Ich lese seine Schriften. Ich führe ihn spazieren, ich rüttle ihn auf, und er fühlt sich besser. Unsre Tage verlaufen alle gleich. Wir stehen zeitig auf. Wir frühstücken bei guter Laune. Wir arbeiten. Unser Diner ist reichlich und dauert lange; wir verdauen, auf großen Kanapees sitzend und scherzend. Wir spielen zwei oder drei Runden eines kostspieligen *passe-dix*. Dann greifen wir zu unseren Stöcken und brechen zu gewaltigen Spaziergängen auf. Wieder zurück, machen wir's uns bequem. Kohout und die Baronin nehmen ihre Lauten zur Hand, wir unsre Spielkarten. Dann wird zum Souper geläutet. Wir soupieren, denn das muß man tun, um nicht das Mißfallen der Herrin des Hauses zu erregen. Nach dem Souper plaudern wir, und manchmal führen uns unsre Plaudereien sehr weit. Und dann legen wir uns schlafen – in Betten, die viel zu gut sind, als daß man schlafen könnte; und am nächsten Tag geht's von vorne an . . .

Die Baronin ist sehr lustig. Ich habe den Freund Kohout im Verdacht, daß er ein bißchen verliebt in sie ist. Um so schlimmer für ihn. Die Baronin ist gewissermaßen ein Pendant zu unserm Schwesterchen, und ich fürchte sehr, daß der Musiker das Pendant zum Hauslehrer sein wird. Madame d'Aine ist närrischer als je zuvor. Wir haben ihren Sohn und ihre Schwiegertochter hier gehabt. Eines

Morgens hörte ich lautes Gelächter aus dem Appartement der Schwiegermutter. Man kleidete sie an. Der Baron und die Baronin waren zugegen. Ich trat ebenfalls ein. »Sie kommen gerade recht«, sagte Madame d'Aine zu mir. »Wobei, Madame, kann ich Ihnen nützlich sein?« – »Bei der Ausmessung meines Hinterns; dasselbe tun Sie dann bei meiner Schwiegertochter, und wenn Sie sich vergewissert haben, daß der meine außer Konkurrenz ist, dann erklären Sie dem Herrn Baron, meinem Schwiegersohn, daß er ein Dummkopf ist!«

Sie werden denken, dies alles sei schrecklich abgeschmackt; statt dessen sollten Sie denken, daß es unschuldig ist, daß es lustig ist, daß wir auf dem Lande sind und daß alles, was unterhält und die Leute zum Lachen bringt, nur gut sein kann.

Der Streit zwischen den beiden Hintern ist unentschieden geblieben.

Ich habe hier noch eine Woche vor mir. Beten Sie zu Gott, daß ich nicht an verdorbenem Magen sterbe. Alle Tage kommen aus Champigny die tollsten und tückischsten Aale, und man tischt uns kleine Astrachan-Melonen auf, und Sauerkraut, und Feldhühner mit Kohl, und junge Rebhühner vom Rost, und danach Babas, und Pasteten, und nochmals Pasteten. Man müßte zwölf Mägen haben – oder einen Magen, in den paßt, was zwölfe essen. Zum Glück fließt reichlich Wein, und so rutscht alles hinunter . . .

Man hat uns aus Paris einen ganzen Schwung neuer antichristlicher Literatur geschickt. Darunter sind: *L'esprit du Clergé*, *Les Prêtres démasqués*, *Le Militaire philosophe*, *L'Imposture sacerdotale*, die *Doutes sur la religion*, die *Théologie portative*. Nur dieses letzte Buch habe ich gelesen: eine große Menge von guten Späßen, die in einer noch größeren Menge von schlechten ertrinken. Dies, meine Damen, ist die Kost, die Sie bei Ihrer Rückkehr erwartet. Ich weiß nicht, was aus der armen Kirche Christi werden soll, und aus jener Prophezeiung, die besagt, daß die Pforten der Hölle nichts über sie vermögen werden. Es wäre doch recht spaßig, würde man christliche Kirchen in Tunis oder Algier errichten, während sie in Paris in Trümmer fielen. Amen! Die Hauptsache ist, daß man uns nicht die Vorhaut kürzt, wenn die Muselmänner sich taufen lassen. Mir ist die Taufe immer noch lieber als die Beschneidung: sie tut nicht so weh! . . .

101. An Sophie Volland

Grandval, den 28. September 1767

. . . Kohout hat an der Tür des Barons einen Brief von Madame Le Gendre in Empfang genommen, der voller Koketterie ist; doch das ist bei mir verlorene Liebesmüh. Hätte ich in diese Netze gehen wollen, dann wär' es längst geschehen. Ich schwöre Ihnen, zärtliche Freundin: sie könnte tausendmal mehr Reize haben, mehr Geist, mehr Anmut und mehr Geschicklichkeit, und es wäre nicht anders. Sie können sich kaum vorstellen, wie ehrbar man wird, wenn man fünfzig ist, und mit welchem Mut man sich Freuden versagt, die man nicht mehr imstande ist zu genießen. Und wäre eine junge Frau geneigt, mich zu erhören: könnte ich mir verhehlen, wie wenig ich ihr zu sagen hätte? Wenn Sie nicht auf die Treue der Männer bauen wollen, so zählen Sie getrost auf ihre Schwäche. Ich werde Ihnen meine beiden Füßchen unbeschädigt zurückbringen, und sie werden kein Stückchen von einer zerrissenen Schlinge hinter sich herziehen. Ich weiß nicht, was man in der Rue Saint-Thomas du Louvre von meinen nächtlichen Besuchen denkt. Tatsache ist, daß ich in Madame de Blacy richtig verschossen bin; und wenn sie es sich in den Kopf gesetzt hätte . . . Nun? Sie wäre nicht gefährlicher für mich als jede andre. Es ist immer das gleiche Schamgefühl, das einen hindert, seine schmählichen Reste anderswo anzubieten als dort, wo man sich liebreich damit hat begnügen wollen. Dies Motiv ist nicht sehr nobel, aber ich fürchte, es gibt die Wahrheit wieder.

Wir sind eben nicht besser. Und so erklärt es sich, daß ich nach einer ruhig durchschlafenen Nacht oder nach einer gut verdauten Mahlzeit die Stimme meines Gewissens weniger deutlich vernehme als in jedwedem anderen Augenblick des Tages. Es gibt kritische Momente für die Tugend; zum Glück gehn sie rasch vorüber.

Ach, wir sind alle furchtbar weise, wenn wir nicht mehr die Mittel haben, närrisch zu sein. Wir sind voller Ehrerbietung den Frauen gegenüber, wenn es nur noch eine auf der Welt gibt, vor der wir uns mit Anstand zeigen können. Nun ja, es würde mir leichtfallen, anders zu denken, denn es haben sich mir, ohne mich brüsten zu wollen, ein paar Abenteuer geboten, auf die ein anderer sich unendlich viel zugute hielte. Doch bevor ich mir eine Trophäe aufstelle, müßte ich das alles erst einmal genauer untersuchen. Hundert Fragen hätte ich an mich zu richten, wie zum Beispiel: Gefiel sie dir denn wirklich? Warst du ihrer Gesundheit ganz sicher? Gab es in deiner Weigerung keine wirtschaftspolitische Überlegung? Hast du nicht gefürchtet, man könnte mehr von dir verlangen, als du in der Kasse hattest? Hast du es nicht vorgezogen, eine gute Meinung von dir zu hinterlassen, statt dich einen Augenblick lang behaglich zu fühlen? Ist dir nicht die Redensart »Schöne Fassade, aber wenig dahinter« durch den Kopf gegangen? Hättest du nicht erröten müssen, daß die Leistung so wenig der Verheißung entsprach, und hast deshalb die Ehre dem Vergnügen vorgezogen? Ach, liebe Freundin, wenn man anfängt, die Probe auf die heldenhaftesten Handlungen der Menschen zu machen, dann weiß man nie, wie sie ausgeht; und manch einer schätzt hoch ein, was er tut, und würde viel davon abziehen, wenn er ernsthaft daran ginge, die Gründe seiner Taten aufzuspüren ... Vielleicht bin ich auch viel mehr wert, als ich glaube. Vielleicht ist da Bescheidenheit bei mir im Spiel. All das wird einmal ans Tageslicht kommen, aber der Tag darf nicht allzu ferne sein. Bis dahin liebe ich Sie von ganzem Herzen, Sie ganz allein – unvorstellbar für mich, daß ich eine andre lieben könnte! Das ist kein Scherz. Es ist schon so: Sie sind eifersüchtig, liebste Freundin, und ich brauche nur in diesem Ton fortzufahren, um Sie zu quälen. Ist es möglich, daß Sie mich noch immer nicht kennen, nachdem wir zwölf Jahre miteinander verbunden sind? . . .

Es ist Mitternacht, mir fallen die Augen zu. Aber Kohout soll morgen diesen Brief mitnehmen, und ich will ihn nicht schließen, ohne Euch beiden einen Kuß gegeben zu haben: Mama zuerst, und dann Ihnen; ohne Ihnen versichert zu haben, daß eines der Gefühle, die ich am allerliebsten in der Tiefe meines Herzens finde, die zärtliche, die aufrichtige, die ewige Zuneigung zu Ihnen ist. Sie werden meine Freundin, meine einzige Freundin sein, solange ich lebe; sie wird immer meine geschätzte Mama sein, solange sie leben wird – und ich hoffe immer, daß sie uns überlebt. Sagen Sie ihr, daß sie auf ihre Gesundheit achten soll, und daß sie schon genug Sorgen hat, um sich noch neue und zusätzliche zu verschaffen. Wir beide wären richtig böse, wenn wir nicht unablässig danach trachteten, sie glücklich und zufrieden zu machen.

102. An Sophie Volland

4. Oktober 1767

. . . Apropos, wissen Sie schon, daß Madame d'Aine zum Freigeist geworden ist? Es ist einige Tage her, daß sie uns erklärte, sie glaube, ihre Seele verwese in der Erde zusammen mit ihrem Körper. – »Aber warum beten Sie dann zu Gott? – Meiner Treu, ich weiß es nicht! – Sie glauben also nicht an die heilige Messe? – Einen Tag glaube ich dran, den andern nicht. – Aber an dem Tag, wo Sie dran glauben? – An dem bin ich schlechter Laune. – Und gehen Sie zur Beichte? – Was soll ich da? – Ihre Sünden bekennen. – Ich begehe doch keine; und wenn ich welche beginge und sie einem Priester ins Ohr sagte, wären sie dann etwa nicht begangen? – Sie haben also keine Angst vor der Hölle? – So wenig wie Hoffnung aufs Paradies. – Aber wo

haben Sie sich das alles angeeignet? – In den schönen Gesprächen mit meinem Schwiegersohn. Meiner Treu, man
müßte einen guten Vorrat an religiösem Glauben mitbe-
kommen haben, um sich in seiner Gesellschaft auch nur
ein bißchen davon zu bewahren. Sie, mein Schwiegersohn,
waren es, der meinen ganzen Katechismus durcheinandergebracht hat; Sie werden das vor Gott zu verantworten
haben! – Sie glauben also an Gott? – An Gott? Es ist so lange
her, daß ich an ihn gedacht habe, daß ich darauf weder mit
ja noch mit nein antworten kann. Wenn ich in die Hölle
komme, dann werde ich dort nicht allein sein – das ist
alles, was ich weiß! Und wenn ich zur Beichte ginge, wenn
ich die Messe hörte, dann würde das gar nichts ändern; es
lohnt nicht die Mühe, sich wegen nichts und wieder nichts
so zu quälen. Hätte ich das schon gewußt, als ich jung war,
dann hätte ich vielleicht viele süße kleine Dinge getan, die
ich nicht getan habe. Aber heute könnte ich nicht sagen,
warum ich nicht glaube. Gar nichts bedeutet mir das alles.
Nur, wenn ich nicht die Bibel lese, dann werde ich mir
Romane vornehmen müssen, um mich nicht zu langweilen
wie ein Hund. – Nun, die Bibel ist ein vorzüglicher Roman.
– Meiner Treu, Sie haben recht. Ich habe sie niemals unter
diesem Gesichtspunkt gelesen. Morgen fang ich damit an.
Das wird mich vielleicht zum Lachen bringen. – Beginnen
Sie mit dem Hesekiel! – Ach ja, wegen der Ohola und der
Oholiba; und wegen der Assyrer, die . . . – Die es heute
nicht mehr gibt. – Ach, was soll mir dran liegen, ob sie es
noch gibt oder nicht? Zu mir kommt ohnehin keiner. – Und
wenn ein Dutzend anrückte, würden Sie sie zu Ihrer Nachbarin schicken? – Das hängt vom Augenblick ab. – Sie
haben also noch Augenblicke? – Warum nicht? Meiner
Treu, ich glaube, wir Frauen haben Augenblicke, bis wir
im Grab liegen; das sind unsre letzten Lebenszeichen;
wenn das tot in uns ist, dann ist der Rest mausetot. Ihr
lacht; aber Ihr könnt mir glauben, daß diejenigen, die
anders sprechen, Lügnerinnen sind. Ich enthülle Euch
hiermit unser Geheimnis. – Oh, wir werden keinen Miß-

brauch damit treiben! – Das will ich glauben, aber überzeugen tut Ihr mich nicht. Wenn Euch als einziges Gericht
eine Frau meines Alters bliebe, so will ich des Todes sein,
wenn ich sie in Sicherheit wüßte, und Euch auch. – Doch
kommen wir auf Eure Ungläubigkeit zurück. – Ach nein,
lassen wir das. Mir scheint, was wir jetzt sagen, ist drolli-
ger. – Meiner Treu, da haben Sie recht.

Und dann vergeht der Abend, indem wir einander Narrheiten sagen – Gott allein weiß, welche!

Zehnmal wurden unsere Handleuchter ausgelöscht und
wieder angezündet. Inzwischen hatte Kohout ihr eine
Hand auf den Rücken gelegt und arbeitete sich immer tiefer
vor; sie, indem sie sich sträubte: Da seht mir diesen Teufels-
kerl von einem Musiker, immer geht er auf die Instrumen-
te los! Aufhören! In einer Viertelstunde liegt ihr alle in
tiefem Schlaf, und ich, ich muß meine Gebete verrichten. –
Aber haben Sie uns nicht gesagt, daß Sie nicht zu Gott
beten? – Ha, muß ich nicht meiner Zofe wegen nieder-
knien? – Und wenn Sie auf den Knien liegen, woran
denken Sie dann? – Ich denke darüber nach, was wir
morgen essen. Das dauert seine Zeit, und meine Kammer-
zofe geht danach sehr erbaut von dannen; denn sie ist
gottesfürchtig, aber deshalb auch nicht besser.«

103. An Madame d'Epinay

Anfang Oktober 1767

. . . Ich bin dazu geschaffen, den Unglücklichen zu helfen.
Es scheint, als wolle das Schicksal sie mir alle zuführen. Ich
brächte es nicht fertig, es ginge über meine Kräfte, auch
nur einen zu enttäuschen. Sie nehmen meine Zeit, mein
Talent, mein Vermögen in Anspruch, ja sie nehmen mir
meine Freunde fort, die nur noch Vorwürfe für mich übrig
haben, die so tun, als würden sie bedauern, wie ich mein
Leben vergeude. Aber über den Gebrauch, den ich von
diesem Leben mache, können nur diese Unglücklichen
und ich selber urteilen, die wir darüber Bescheid wissen.

Oft weine ich oder versuche Tränen zu trocknen, während Ihr lacht. Nur selten gehe ich, wohin ich möchte, weil ich der Wohltätigkeit und der Menschlichkeit gestattet habe, mich zu führen, wohin sie wollen. Ich will mich natürlich nicht über das beklagen, was ich selber wünsche; nur finde ich leider niemals meine Freunde auf meinem Weg.

Nun schön, Sie verpflichten sich also, nichts mehr mit mir zu vereinbaren und mich in Frieden zu lassen? Sie hoffen, daß drei Jahre vergehen, ohne daß Sie meiner ansichtig werden, ohne daß man Ihnen von mir spricht? Sollte das geschehen, dann verpflichte ich mich, Ihnen von allen Augenblicken meines Lebens Rechenschaft zu geben: dann wollen wir sehen, ob Sie so ungerecht sein können, mich anzuklagen!

Ich tue mir Gewalt an, um mein Tun und Lassen nicht vor Ihnen zu verteidigen, denn diese schöne Apologie fände niemals ein Ende. Und da es offensichtlich für meine Freunde vergnüglich ist, mich zu quälen, da dieser Ton ihnen gefällt, da sie ein verächtliches Wort für die gefunden haben, denen meine Türe offen steht, da sie aber nicht öfter bei mir anklopfen würden, wenn ich sie meinen Unglücklichen verschlösse, da sie mich bei all dem nicht davon werden überzeugen können, es sei wichtiger, eine erhabene Zeile zu schreiben als eine gute Tat zu tun, so ist's am besten, ich breche ab.

Wollte ich Sie nach Ihrem Brief und meinem Herzen beurteilen, so würde ich sagen: Sie lieben mich nicht mehr. Aber ich glaube weder an den trockenen Ton Ihres Briefs noch an die Ahnung meines Herzens. Sie lieben mich nach wie vor, Sie werden mich immer lieben! Ich glaube es, weil ich zu sehr darunter litte, es nicht zu glauben.

104. *An Sophie Volland*

11. Oktober 1767

. . . Die Vanloos hab ich noch nicht gesehen, aber morgen wollen wir uns treffen. Michel hat mir das schöne Portrait

zugeschickt, das er von mir gemacht hat. Zum großen
Erstaunen von Madame Diderot ist es hier angekommen:
sie glaubte, es sei für einen gewissen Er oder eine gewisse
Sie bestimmt. Ich hab es über dem Clavecin meiner lieben
Kleinen aufgehängt, aber ich hätte nichts dagegen, be-
fände es sich anderswo. Madame Diderot behauptet, man
habe mir das Aussehen einer koketten Alten gegeben, die
ihr Mündchen schürzt und noch von Eroberungen träumt.
Sicher ist an dieser Kritik etwas Wahres. Wie dem sei – es
ist ein Zeichen der Freundschaft von seiten eines vortrefflichen Mannes, das mir wertvoll ist und immer sein
wird . . .

105. An Sophie Volland

Mitte November 1767
Aber wundern Sie sich nicht mit mir, wie unzuverlässig
unser Urteil in manchen Dingen ist, und wie oft wir uns
täuschen, wenn wir uns bestimmte Vorteile von ihnen
erhoffen? Ich habe es erlebt, wie mein Vermögen sich von
heute auf morgen verdoppelte. Schon durfte ich glauben,
die Mitgift meiner Tochter sei gesichert, ohne daß ich
mein bescheidenes Einkommen antasten müßte. Schon
habe ich geglaubt, der Wohlstand und die Ruhe meines
Lebens seien gesichert; ich habe mich darüber gefreut,
und Sie mit mir. Nun, was ist bis jetzt dabei herausgekommen? Das Geschenk der Kaiserin hat mich gezwungen, ein Darlehen aufzunehmen; dieses Darlehen hat
mein kleines Einkommen vermindert; die neue Verwen-
dung meines Geldes, dessen Bestand durch die im voraus
bezogene Rente ohnedies vermindert war, hat ein neues
Darlehen nötig gemacht; und ohne daß ich mir etwas vorzuwerfen hätte, könnte sich durch die Begleichung der
laufenden Verpflichtungen mein Vorrat in nichts auflösen,
ohne daß ich einen Augenblick lang reicher gewesen wäre,
und ohne daß ich etwas verschwendet hätte.

Es ist wirklich gar zu lustig. Etwas anderes ist es gar

nicht: will ich nämlich nicht undankbar gegen meine Wohltäterin scheinen, so sehe ich mich gezwungen, eine Reise von sieben- bis achthundert Meilen auf mich zu nehmen; denn wenn ich es nicht tue, dann stehe ich vor mir selbst, und vielleicht vor ihr nicht gut da. All diese Gedanken verursachen mir Seelenqualen. Kommen Sie deshalb zurück, lassen Sie sich baldigst sehen, damit ich in Ihrer Nähe all diese Pflichten und all diese Sorgen vergesse! Falconet, dem Monsieur de la Rivière meinen Brief ausgehändigt hat, schrieb mir, er sei ganz im Ton derer gehalten, die ich von der Ecke meiner Rue Taranne zur Rue d'Anjou zu schicken pflegte, und dennoch sei er hundertmal versucht gewesen, ihn an die Kaiserin weiterzuleiten. Er wird dieser Versuchung erliegen, das kann ich Ihnen versprechen; und Sie wissen ja, daß dies mein geheimer Gedanke war, als ich ihm schrieb. Nun, was wird die Kaiserin aus meinem Brief erfahren? Daß ich liebe, daß ich wahnsinnig verliebt bin, und daß alle ihre Gaben mir nichts bedeuten im Vergleich mit dem Glück derjenigen, die ich liebe. Sie wird sehen, daß das, was mich hier festhält, das Gefühl ist, das zu allen Zeiten die großen Taten, die großen Verbrechen, die kleinen und großen Narrheiten der Menschen hervorgerufen hat; denn wenn man verliebt ist, dann ist man alles, was es an Gutem und Bösem gibt. Wenn sie in rechter Weise fühlt und denkt, so wird sie nicht sagen: Er ist undankbar, sondern: Er ist verliebt. Ich stehe dafür ein, daß sie meinen Brief bereits in Händen hat, und daß sie mich entschuldigt! Zum mindesten will ich es denken, denn es beruhigt mich.

Doch kommen Sie zurück! Wenn ich Sie erst sehe, dann wird alles gut sein, oder ich werde mir nichts mehr draus machen, daß alles verquer ist. Ich erinnere mich, eines Tages von einem gewissen Mann gesagt zu haben, er habe nicht mehr Moral, als im Kopf eines Hechtes sei. Ein anderer Vergleich gefällt mir inzwischen besser, ich sage: im Herzen eines Liebenden. Ein Liebender ist nichts als dies. Um so schlimmer für Rechtschaffenheit und Tugend,

wenn die Liebe nicht mitmacht. Gewiß, man begeht aus
Liebe keine gemeine oder niedrige Tat. Man würde
keinen Taler stehlen. Doch man würde ein Haus nieder-
brennen, man würde töten. Man würde sich selber
töten . . .

106. An David Hume

Paris, 22. Februar 1768

Ich bin noch nicht tot, verehrter Herr David; noch immer
haben Sie einen Freund und Bewunderer in Paris. Aber ich
habe viel unter einer Gicht zu leiden gehabt, die sich zuerst
am linken Arm bemerkbar machte, sich dann der Reihe
nach in einen starken Husten, in Magenschmerzen, eine
Darmkolik und schließlich in eine gräßliche Ohrenent-
zündung verwandelte, so daß ich fast den ganzen Januar
hinter dem Ofen verbrachte, ohne arbeiten und, was
schlimmer ist, ohne ruhen und schlafen zu können. Davon
ist mir eine Taubheit ganz eigner Art geblieben. Ich kann
diejenigen, die sprechen, sehr gut verstehen, ich selbst
aber spreche so leise, daß die andern Mühe haben, mich zu
hören. Meine Stimme dröhnt in meinem benommenen
und wie hohlen Kopf, daß es mich selber betäubt.

Die Aufeinanderfolge dieser Unpäßlichkeiten hat mich
gehindert, Ihnen früher für die Geste der Menschlichkeit
zu danken, die Sie für meine armen Landsleute gehabt
haben. Erlahmen Sie nicht in dieser Gesinnung! Jene arme
Frau, die ihr Los so wenig verdient, hat mir ihre Lage in so
betrüblichen Farben geschildert, daß ich es nicht übers
Herz bringe, ihren Brief noch einmal zu lesen. Man hat ihr
zur Reise nach England nicht geraten, sie ist von einem
Gatten gerufen worden, dem sie aus Pflichtgefühl folgt,
selbst auf die Gefahr hin, sich neuem Leide auszusetzen.
Für ihre Ehrbarkeit und guten Sitten kann ich mich ver-
bürgen.

Und überhaupt, mein lieber Philosoph, verlasse ich
mich in dieser Sache ganz auf Ihr Taktgefühl. Sie, die es so

gut verstehen, in der Seele derjenigen zu lesen, die eine Rolle auf der Bühne der Welt gespielt haben, sollten es auch verstehen, diejenigen auszufragen, die sich in Ihrer unmittelbaren Nähe durchs Leben quälen. Bringen Sie meine Schutzbefohlene zum Sprechen und Sie werden nichts zu hören bekommen, als was Ihnen gefällt und Ihre Anteilnahme weckt. Als einziges Gepäck hat sie ein paar kleine Talente mitgebracht – und es hat sich herausgestellt, daß diese in London fast nutzlos sind. Ach, werden wir es denn niemals erleben, daß diese nationalen Vorbehalte aufhören, die die Ausübung der Wohltätigkeit auf einen so engen Raum beschränken? Was liegt daran, ob ein Mensch diesseits oder jenseits einer Meerenge geboren ist? Ist er deshalb weniger Mensch? Hat er nicht die gleichen Bedürfnisse? Ist er nicht den gleichen Schmerzen ausgesetzt, strebt er nicht nach dem gleichen Glück? Tue also für ihn alles, was er ein Recht hat, von dir zu erwarten – ein Recht, das sich auf eine Unmenge von Beziehungen gründet, welche ewig, unabänderlich und unabhängig von allen Konventionen sind. Ich finde, Polyphem ist leichter zu entschuldigen, daß er die Gefährten des Odysseus verschlungen hat, als die Mehrzahl dieser kleinen Europäer, die nicht höher als fünfeinhalb Fuß sind und nicht mehr als zwei Augen haben, die sich in allem gleichen und nichtsdestoweniger einander auffressen.

Sie, mein lieber David, gehören allen Nationen an, Sie werden niemals von einem Unglücklichen den Taufschein verlangen. Ich schmeichle mir, wie Sie ein Bürger der großen Weltstadt zu sein. Doch genug der Philosophie! Finden Sie einen Unterschlupf für Monsieur de Neufville; suchen Sie eine Nische für seine Frau, wo sie arbeiten, sich beschäftigen, für ihren Unterhalt und den ihres Kindes sorgen und ihrem Gatten beistehen kann! Noch einmal: der Fall liegt mir sehr am Herzen. Wenn Sie zu uns zurückkommen, dann werde ich Sie Madame Diderot vorstellen, die ihren Dank zu dem meinigen fügen und Sie auf Ihre beiden dicken Bernhardinerbacken küssen wird . . .

Ich beglückwünsche Sie zum Ausscheiden aus den öffentlichen Ämtern. Kehren Sie, mein lieber Philosoph, bald zu Ihren Büchern und eigentlichen Beschäftigungen zurück! Ich habe es viel lieber, wenn Sie die Peitsche schwingen, um alle berühmten Banditen zu züchtigen, die Verwirrung in Ihrem Lande gestiftet haben, oder wenn Sie eine Statue zerschlagen und eine andre dafür aufstellen, als wenn Sie sich der Gefahr aussetzen, an den Freveltaten der Könige und ihrer Minister Anteil haben zu müssen. Schreiben Sie weiter an Ihrer Geschichte – oder schreiben Sie nicht weiter. Ergründen Sie als Moralist die verborgenen Winkel des Menschenherzens; untersuchen Sie als subtiler Metaphysiker das feine Federwerk seines Verstandes; tun Sie alles, was Ihnen gefällt – denn was auch immer Sie tun, Sie werden dem gesamten Menschengeschlecht Dienste erweisen, und das wird Ihrer viel würdiger sein, als nur einem sehr kleinen Teil von ihm zu dienen . . .

Ich weiß nicht, ob ich recht habe, aber es scheint mir besser, wenn ich die Zeit statt für mich selbst für einen andern verwende, der mich darum ersucht. Ich sage mir: es wird mir zum Schreiben immer noch genug Zeit bleiben, und so nutze ich voll Eifer den Augenblick, da ich Gutes tun kann. Doch denke ich dabei, mein lieber Philosoph, weniger an den Philosophen. Ich habe mich auf abstruse Probleme ganz anderer Art eingelassen und möchte da gerne wieder herauskommen. Ich liebe Beschäftigungen, bei denen man nicht seine Ruhe aufs Spiel setzt. Man hat Grund, die letzten Zuckungen eines auf den Tod verwundeten wilden Tieres zu fürchten. Ich habe einmal gesehen, wie ein verwundetes Reh unter Aufbietung seiner letzten Kraft mit seinem Huf das Bein seines Jägers zerschlug. Ein solches Tier ist der Fanatismus in seiner Agonie. Sie glauben, unsere Intoleranz wirke sich günstiger auf die Fortschritte der menschlichen Anschauungen aus als Eure fast unbegrenzte Freiheit. Das mag sein. Die D'Holbach, Helvétius, Morellet und Suard denken, auch wenn sie nicht in allem Ihrer Meinung sind, dennoch gerne und oft an Sie zurück. Wenn Sie uns ebenso aufrichtig vermissen wie wir Sie, dann kommen Sie uns bald besuchen!

Wie stehen Sie mit Jean-Jacques? Man hört, er wolle Sie verlassen, um in London den Druck seiner Memoiren zu besorgen. Ist dieses Werk kurz, so wird es schlecht sein. Je mehr Bände es umfassen wird, desto besser. Ich fürchte den Augenblick, da ein Mann, der es so sehr liebt, Lärm um sich zu verbreiten, der so wenig Rücksichten kennt, der so eng mit einer Unmenge von Leuten verbunden war, ein solches Werk veröffentlicht – vor allem bei seiner Kunst, mit Schmutz um sich zu werfen, Dinge zu verschleiern, zu entstellen und Verdächtigungen auszustreuen, mehr noch indem er lobt, als indem er tadelt. Stimmen Sie nicht mit mir überein, mein lieber Philosoph, daß es gerade unter solchen Umständen unendlich beruhigend ist, wenn man einen ungetreuen Freund nur zum Zeugen rechtmäßiger Handlungen und ehrbarer Reden hat werden lassen? Die Bösen freuen sich über den Tod ihrer Freunde: es sind Mitwisser, die schwatzen könnten, und von denen man nun befreit ist. Männer von Ehre hingegen sind über den Tod der ihren betrübt, denn nun haben sie keine Lobredner mehr.

Leben Sie noch lange für uns; wir werden versuchen, Ihnen so lange als möglich diejenigen zu bewahren, auf deren Lob Sie sich verlassen können.

107. An Falconet

Mai 1768

. . . Wie man hört, hat unser Patriarch De Voltaire Osterandacht gehalten – zum großen Ärgernis sowohl der Frommen wie der Gottlosen.

Es hagelt glaubenslose Bücher, von allen Seiten durchlöchert eine Dauerkanonade das Heiligtum. Mir will scheinen, eine einzige gute Seite würde auch genügen:

265

nichts weiter als eine einfache Darlegung des Dogmas und der Moral, und am Schluß die kleine Frage: Nun, und das soll ich glauben? Ich verhalte mich still. Ich fürchte die letzten Zuckungen eines auf den Tod verwundeten Tieres.

Die Unduldsamkeit der Regierung wächst von Tag zu Tag. Man könnte glauben, alles liefe nach einem festen Plan, um die Literatur auszulöschen, den Buchhandel zugrunde zu richten, uns an den Bettelstab zu bringen und das Publikum zu verdummen. Alle Manuskripte gehen nach Holland, und die Autoren werden nicht säumen, nachzufolgen. Die Holländer haben einen Bücherschmuggel organisiert, an dem zehnmal soviel zu verdienen ist wie am Kattun, am Tabak und am Salz. Sie geben enorme Summen aus, um bei uns Broschüren zu wahnwitzigen Preisen abzusetzen: eine unfehlbare Methode, um Staat und Privatleute zugrunde zu richten. Für *Das entlarvte Christentum* sind bis zu vier Louisdor bezahlt worden . . .

108. *An seine Schwester*

Paris, am 29. Mai 1768

Merken Sie denn nicht, liebe Schwester, daß Sie genau das Gegenteil von dem tun, was ich Ihnen anempfohlen hatte? Hatte ich Ihnen nicht erklärt, daß ich absolut nicht will, daß Herr Abbé Diderot die Wahl zwischen den beiden Häusern hat? Daß ich das in Cohons bevorzuge? Und daß, wenn der Herr Abbé es haben will, er ruhig alle beide nehmen soll? Ferner verlangte ich, daß sie, wenn er sie alle beide bekommt, von ehrenhaften Schiedsrichtern geschätzt werden müssen, die auf Ehre und Gewissen erklären, niemand begünstigt zu haben.

Ich verstehe: Sie wollen sich den Verkauf der Häuser vom Halse schaffen, indem Sie ihn meinem Bruder und mir überlassen; Sie übernehmen das Stadthaus, weil es Ihnen conveniert; Sie sprechen den beiden Häusern auf dem Land den Wert zu, der Ihnen gefällt. Von diesen bestimmen Sie eigenmächtig für den Herrn Abbé dasjenige, das er will; mir lassen Sie das, auf welches Sie beide keinen Wert legen; und Sie schlagen mir vor, das meine an einen X-beliebigen zu verkaufen – zu einem billigen Preis, den Sie mir nicht nennen; und am Ende beteuern Sie mir Ihre Freundschaft, während Sie mich in allem und jedem dem Abbé opfern, zu seinen Gunsten den Willen meines Vaters mit Füßen treten, mir meine Weinberge wegnehmen und mich zwingen, mir jedes Jahr selber meinen Wein zu kaufen. Ich weiß wirklich nicht, wie ich mir ein so ungewöhnliches Vorgehen erklären soll.

Hören Sie mir aufmerksam zu und denken Sie daran, daß dies mein letztes Wort ist! Der Abbé ist in meinen Augen der niederträchtigste, ungerechteste, herrschsüchtigste und eigennützigste Mensch, den man sich vorstellen kann. Er hat mir beim ersten Bruch unseres Vertrags in voller Absicht Schaden zugefügt. Ich erwarte für mich und die Meinen nichts von einem Menschen, der vergessen hat, daß er einen Bruder, eine Schwägerin und eine Nichte hat. Ich bin Gatte und Vater. Als solcher werde ich, solange ich lebe, für meine Frau und für mein Kind Verträge schließen, so wie sie, wenn ich nicht mehr bin, es für sich und ihre Rechtsnachfolger tun werden. Ich würde gegen Recht und Gerechtigkeit verstoßen, würde ich sie bei der Planung meines Lebens nicht berücksichtigen.

Der Herr Abbé hat keinerlei Sorgen und ist reicher als ich. Ich bin der Älteste. Unter welchem Blickwinkel Ihr beide mich auch betrachtet, Ihr seid mir Rücksichtnahme schuldig. Ich habe mich Euch gegenüber niemals schlecht benommen, ich bin Euch im Gegenteil, so glaube ich, stets gut gewesen. Ich bin der einzige, der bis zum heutigen Tag die Absichten unseres Vaters geachtet hat. Und Ihr, Ihr hegt in der Tiefe Eures Herzens einen schändlichen Plan, den Ihr nicht einzugestehen wagt. Aber Ihr braucht ihn mir nicht einzugestehen. Klar herausgesagt: Sie haben die Absicht, sich an den Abbé anzuschließen und allmählich mit mir zu brechen. Nun, ich werde es mir gesagt sein lassen! Daß Sie sich Ihrem Bruder nähern und daß dieser endlich dem Ärgernis Eurer Trennung ein Ende setzt, billige ich voll und ganz. Seit zehn Jahren bemüht er sich, uns auseinanderzubringen. Ich hüte mich, ihn auch nur einen Augenblick in diesem Punkt nachzuahmen – oder in irgendeinem anderen seines Verhaltens. Wir haben Gott sei Dank nicht die gleiche Moral.

Wohlan denn, Schwesterchen, der Herr Abbé hat Sie also davon überzeugt, es sei Gott angenehm, wenn man seinen Bruder haßt; wenn man sich über die Asche und den Willen Ihres Vaters mokiert; wenn man mich nach Kräften zugrunde richtet. Schöne Grundsätze sind das! Sehr ehrbare, sehr rechtschaffene, sehr christliche Pläne! Sie wollen sich also nicht mehr in meine Angelegenheiten mischen. Mir soll's recht sein! Leider ist es mir unmöglich, Ihnen diese Sorge so rasch abzunehmen, wie Sie, der Herr Abbé und auch ich es wünschten. Bis zum Beginn des nächsten Jahres müßt Ihr Euch schon gedulden. Dann wird meine Arbeit mir erlauben, eine Reise in die Heimat zu machen. Ich werde zum erstbesten Preis alles verkaufen, was ich dort besitze; Sie werden der ganzen Last der Verwaltung meines Besitzes ledig sein, was mich nicht daran hindern wird, Sie liebzuhaben und Ihnen in allem dienstbar zu sein, soweit es in meinen Kräften steht. Seien Sie also so gut, alles zu lassen, wie es jetzt ist. Habe ich erst einmal meine ganze Habe und alle Rechte verkauft, so werden Sie mit dem Käufer ganz nach Belieben verfahren können. Ich bezeuge, daß, wenn ich so die Absichten meines Vaters verletze, es meine Schwester und ihr Bruder, der Herr Abbé gewesen sind, die mich dazu gezwungen haben: der eine durch die ständigen Scherereien, die er mir verursacht, und durch den Mißbrauch, den er mit der Liebe seiner Schwester treibt, um sie für seine egoistischen Absichten zu gewinnen; die andere durch den nur zu natürlichen Verdruß, sich mit meinen Angelegenheiten beschäftigen zu müssen.

Nun ja, Ihr sollt zufrieden gestellt werden. Ihr wißt, was mein Besitz wert ist. Übernehmt ihn gemeinsam. Schickt mir zweimal die Hälfte seines Wertes in Geld; und wenn Ihr Herr über alles seid, dann könnt Ihr nach Eurem Willen und Euren Absichten über alles verfügen, und der Wille unseres Vaters wird einmal mehr geachtet sein. Im Sinne dieses Vorschlags dürft Ihr Euch dann freilich nicht beklagen, wenn ich, da Ihr den mir zustehenden Teil der Nachfolge meines Vaters in fremde Hände gelangen laßt, Euch einigen Schwierigkeiten, Prozessen und Verlegenheiten aussetze. Das ist es so ungefähr, was ich mir vorstellen und bestenfalls tun kann. Eure Papiere schicke ich Euch augenblicklich zurück. Da meine Ansichten nicht ganz den Euren entsprechen, sind sie nicht unterschrieben. Ersparen Sie es sich, länger darauf zu beharren; denn Sie werden mich nicht soweit bringen, daß ich mich von dem Herrn Abbé an der Nase herumführen lasse, der bei all seiner glühenden Liebe für die Güter der anderen Welt nichts vernachlässigt, was die Armseligkeiten der unsrigen anbelangt.

Wenn Ihr den Vorschlag, den ich Euch beiden mache, akzeptiert, meinen Besitz nach der Schätzung gemeinsam benannter Schiedsrichter zu veräußern, dann wird alles bestens sein. Wir werden uns schreiben, oder auch nicht; Sie werden sich dem Willen des Herrn Abbé fügen, und ich werde Sie immer nur zum Frieden, zum guten Einverständnis und zur Eintracht mit ihm ermahnen. Alle meine Wünsche werden immer nur Ihrem Glück und dem seinen gelten.

Leben Sie wohl, Schwesterchen, lassen Sie sich's wohl ergehen. Sie sind gut, Sie können auf meine Freundschaft bauen, nichts wird Ihnen von meiner Seite fehlen; Sie haben alles, ja mehr vielleicht, als Sie sich wünschen; Sie tun alles, was, wie auch immer, von Ihnen abhängen kann, um sich der Gewogenheit des Herrn Abbé zu versichern. Ich tadle Sie deswegen nicht. Wolle Gott, er dankte Ihnen besser in der Zukunft als in der Vergangenheit für alles, was Sie für ihn tun. Noch einmal: wenn es Ihnen gut geht, wenn Sie die Jahre, die Ihnen noch bleiben, in Bequemlichkeit, Ruhe und Glück verbringen, so werde ich der erste sein, der sich darüber freut.

Der arme Vater Vigneron ist gestorben, verlassen von seinem Schwiegersohn und der eigenen Tochter. Ich hatte den Herrn Abbé ersuchen lassen, dem, was ich ihm zukommen ließ, einen Taler im Monat anzufügen. Er hatte sicherlich gute Gründe, seine Hilfe anderen als seinem Verwandten angedeihen zu lassen. Ich würde darüber lachen, wären diese Grundsätze und diese Handlungsweise nicht gar so abscheulich; man kann nicht daran denken, ohne seine Seele bedrückt und seinen Kopf verwirrt zu fühlen.

Wir alle – die Mutter, unser Kind und ich – umarmen und küssen Sie sowie all unsre Freunde. Bleiben Sie gesund und behalten Sie uns lieb.

109. An Falconet

6. September 1768

Wir beide sind rechtschaffene Männer; wir leben nach den gleichen Moralgrundsätzen, aber unsre Art zu leben ist recht verschieden. Das kommt daher, daß die Grundsätze eine Sache des Urteilens sind, die Lebensführung hingegen eine Sache des Charakters. Darauf, mein Freund, mein guter Freund, müssen Sie achten. Das Glück Ihres Lebens hängt von der Verschwiegenheit der Bösen ab. Anders steht es mit dem meinen. Ich habe es fest in meiner Hand, und ich möchte doch sehen, ob die Undankbaren, die Lästerzungen, die Verleumder, die Neider, ob alle Schurken dieser Welt es mir entreißen können! Der mächtigste Despot der Erde ist Herr über mein Leben, mein Vermögen, meine Freiheit – aber nicht über mein Glück und meinen guten Ruf. Ich habe das unbedingteste Vertrauen in die Tugend, das Talent und die Rechtschaffenheit. Bis zum heutigen Tag ist dieses Vertrauen noch nicht enttäuscht worden; denn könnte es einem bösen Menschen je gelingen, einen Geschickten für einen Dummkopf, einen Tugendhaften für seinesgleichen gelten zu lassen, wo käme dann das Weltall hin?

Ich bin im Hinblick auf meine Familie, meine Sitten, meine Bindungen, meine Freunde, meine Werke angegriffen worden. Wie habe ich darauf reagiert? Durch Schweigen. Ich habe mich auf mein vergangenes Leben berufen, um meine gegenwärtige und meine künftige Lebensführung zu erklären; und der Schmutz, mit dem man mich bewarf, ist auf meine Feinde zurückgefallen und hat sie bedeckt. Rousseau, Jean-Jacques Rousseau, den unsere »hommes de lettres« ob seiner angeblichen Rechtschaffenheit so sehr verehren, der auf Grund seiner Rednergabe so gefährlich ist, der Geschickteste in seinen Racheakten, der Fürchtenswerteste auf Grund der Menge seiner enthusiastischen Bewunderer, der intimste und älteste meiner Freunde – er führt in ebenso grausamer wie feiger Hinterlist die Dienste an, die ich ihm während eines Zeitraums von zwanzig Jahren erwiesen habe, er führt sie an, um die Verleumdungen zu beglaubigen, die er, dem Zeugnis seines Gewissens zum Trotz, gegen mich ausstreut. Er hütet sich, diese Schändlichkeiten im einzelnen zu nennen, aber dank vager und starker Formulierungen überläßt er es der erhitzten Phantasie des Lesers, sie sich übertreibend auszumalen. Er kennt mich. Er weiß, daß, was immer er erfindet und erlügt, was er sagt und tut, ich niemals der Öffentlichkeit das ärgerliche Schauspiel zweier Freunde bieten werde, die einander zerreißen; daß ich mich selbst achten werde und daß ich ehrbare Personen achten werde, die mir teuer sind und die durch meine Verteidigung bloßgestellt würden. Mit einem Wort: feiger noch als grausam, weiß er, daß ich nicht reden werde.

Ich habe nicht geredet. Und was war das Ergebnis? Er hat alle unsere gemeinsamen Freunde verloren – ich habe sie behalten. Und gegen seinen Willen verehrt er mich. Es verlangt ihn nach mir, so sehr er sich dagegen sträubt. Ich aber verachte und beklage ihn. Sein ist die Gewissensqual, und die Schande folgt ihm auf dem Fuß. Er führt ein unglückliches und unstetes Leben. Er ist allein mit sich. Inmitten des schmeichelhaften Beifalls, der ihn noch umtönt, muß er sich unwürdige Handlungen eingestehen und sich verabscheuen. Mir bringt man Liebe und Achtung entgegen, ich werde von meinen Mitbürgern und von Fremden geehrt, während sein Streit mit Hume ihn entlarvt und zeigt, wie er in Wahrheit ist. Die Wohltaten der großen Kaiserin verleihen meinem Namen Flügel und verbreiten ihr und mein Lob. Die Kunde davon dringt zu den Ohren des Treulosen, er beißt sich vor Wut die Lippen blutig. Seine Tage sind freudlos, seine Nächte unruhig. Ich schlafe friedvoll, während er seufzt, vielleicht weint, sich quält und grämt.

Wie kommt das, mein Freund? Nun, die Zeit der Bosheit ist bemessen. Früher oder später muß es dazu kommen, daß die hinkende Pein den Schuldigen einholt, der vor ihr flieht, denn die Zeit schafft der Tugend einen Rächer; und dieser Rächer – sei er nah oder fern, in unbekannter Dachkammer oder auf einem Thron, in Paris oder Petersburg – er verfehlt nie, zu erscheinen! Man muß nur warten können. Ich habe gewartet. Er ist erschienen und hat uns augenblicklich gerächt, Dich für die Ungerechtigkeit Deines Landes, mich für die Treulosigkeit meines Freundes.

Lieber Freund, mach Dir die Lektion zunutze. Laß die Bösen gewähren, tue das Gute. Warte, und sei glücklich.

Läge ich noch im Kampf mit Jean-Jacques, wie Du es wohl an meiner Stelle tun würdest – was wäre dann geschehen? Wir wären beide auf der Walstatt geblieben, von zahllosen Wunden durchbohrt, bedauernswerte Anlässe für den Schmerz einer kleinen Zahl redlicher Leute, die unsre Talente schätzen, ergötzlicher Zeitvertreib für die Menge, die auf unsre Tugenden eifersüchtig ist und immer entzückt, wenn das Verdienst unter seinen Wert geht und die Schmach an Boden gewinnt. Wenn Du nicht Deiner ersten Regung mißtraust, dann wirst Du Dich in irgendeinem elenden Streit verfangen, der über das

Glück Deines Lebens entscheidet. Dann wirst Du Dich wohl meiner Vorhersage erinnern und ausrufen: O Diderot, Diderot! – Unsre Art von Entgegnung sollten unsre Handlungen sein. Diese bemerkt man, man zieht Erkundigungen ein, und das Unrecht fällt auf den zurück, der es verdient hat.

Nun wohl, junge Freundin: ein gewisser Fontaine behauptet, er habe Ihre beiden Köpfe gemacht. Schließen Sie sich in Ihre Werkstatt ein, sorgen Sie dafür, daß dieser Fontaine sie nie betritt. Machen Sie einen Kopf, der schöner ist als der, auf den Fontaine Anspruch erhebt, und dieser Kopf wird lauter als Sie selbst bezeugen, daß Fontaine ein Betrüger ist. Was nützt es, daß Sie hundertmal die Fabel von den Bienen und den Wespen gelesen und bewundert haben, wenn Sie sich die Moral nicht zu eigen machen? Wenn mein Falconet dem Fontaine schreibt, sein Zar könne für sein, Fontaines, Werk gehalten werden, dann macht mich sein Unverstand lächeln. Glaubst Du denn, mein Freund, es hänge von Dir ab, von Fontaine, von ein paar Dummköpfen, von einem Russen, vom gesamten Reich der Reußen, daß aus dem Schüler ein Meister wird und umgekehrt? Du erklärst mir unmißverständlich, die Russen seien rohe Klötze. Du verurteilst sie dazu, in alle Zeit und Ewigkeit rohe Klötze zu bleiben, und vergißt, daß Falconets wahre Richter hier sind und überall, wo man Deine Werke kennt, überall, wo man das Wort Meißel ausspricht, selbst in Petersburg. Die Kaiserin hätte nur ihre Lippen zu einem Ausdruck der Verachtung zu verziehen brauchen, Bezkoi die Achseln zu zucken – und Fontaine wäre still und leise an seinen Platz und zu seiner Schürze zurückgekehrt. Du hältst Dich an den Augenblick, mein Freund; Du umarmst die Menge. Nichts desto weniger bist Du gemacht, weiter zu schauen und bessere Richter sprechen zu lassen. Goldoni soll es gewesen sein, der meinen *Natürlichen Sohn* geschrieben hat. Ohne meinen Freund Grimm hätte ich nie den *Hausvater* zustande gebracht, würde sich D'Alembert zurückziehen, so würde mich die Last der Enzyklopädie erdrücken: das hat man von allen Dächern verkündet. Aber wer hat's geglaubt?

Ich hatte einen jungen Literaten aus dem Elend gezogen, der nicht ohne Talent war. Während mehrerer Jahre hatte ich ihn mit Nahrung, Logis, Schuhwerk und Kleidung versehen. Der erste Versuch dieses Talentes, das ich gefördert hatte, bestand darin, daß er eine Satire gegen mich und die Meinen schrieb. Redlicher als der Autor, schickte mir der Verleger, den ich nicht kannte, die Korrekturen und schlug mir vor, das Werk nicht zu veröffentlichen. Ich lehnte sein Anerbieten ab. Die Satire erschien; der Verfasser war schamlos genug, mir selbst das erste druckfrische Exemplar zu überreichen. Ich begnügte mich damit, ihm zu sagen: »Sie sind ein Undankbarer. Ein andrer als ich würde Sie zum Fenster hinauswerfen lassen. Aber ich weiß Ihnen Dank, daß Sie mir Gelegenheit gaben, mich so zu zeigen, wie ich bin. Nehmen Sie Ihr Werk zurück und bringen Sie es meinen Feinden; dem alten Herzog von Orléans zum Beispiel, der auf der andern Seite meiner Straße wohnt.« Ich wohnte damals in der Rue de l'Estrapade. Das Ganze endete damit, daß ich ihm selbst eine gegen mich gerichtete Bittschrift an den Herzog von Orléans aufsetzte; daß der alte Fanatiker ihm fünfzig Louisdor gab; daß die Sache herauskam und der Beschützer ziemlich lächerlich dastand, und der Schützling als der Niederträchtige, der er war . . .

So viel Einfluß die großen Fürsten auf die Wissenschaften und Künste haben, so wenig haben sie auf die Moral. Der Fortschritt in den Wissenschaften und Künsten hängt von der Ermutigung, dem Lob, den Ehren und der Belohnung ab, die Wissenschaftlern und Künstlern zuteil werden. Die Verbesserung der Moral ist die Folge einer guten Gesetzgebung. Jede andere Triebkraft ist an den jeweiligen Augenblick gebunden. Überall dort, wo das Naturgesetz, das bürgerliche und das religiöse Gesetz miteinander im Widerstreit liegen, wird man sie der Reihe nach übertreten und alle drei mißachten; folglich wird es weder Menschen noch Bürger, noch Gläubige geben. Daraus erklärt sich auch die Schwierigkeit, um nicht zu sagen die Unmöglichkeit, in irgendeiner Gegend Europas gute Sitten einzuführen. Das Land, wo bis dahin am wenigsten geschehen ist, wird sich am ehesten dem Fortschritt öffnen. Ich würde lieber Wilde als Russen heranbilden, lieber Russen als Engländer, Franzosen, Spanier oder Portugiesen. Wenigstens fände ich bei den ersteren ein verhältnismäßig unbearbeitetes Terrain vor . . .

110. An Sophie Volland

8. Oktober 1768

. . . Es hat sich hier vor kurzem ein Vorfall zugetragen, der beweist, daß all unsre schönen Reden über die Toleranz noch keine großen Früchte getragen haben. Ein junger Mann aus guter Familie – die einen sagen: ein Apothekergehilfe, andere wiederum: ein Handlungsgehilfe in einer Epicerie – beabsichtigte, einen Chemiekurs zu besuchen. Sein Prinzipal war einverstanden unter der Bedingung, daß er eine bestimmte Entschädigung entrichte; der Junge stimmte zu. Am Ende des Quartals verlangte der Lehrherr sein Geld, und der Lehrling zahlte. Bald darauf erhob er eine weitere Geldforderung; der Lehrling entgegnete, das neue Quartal habe gerade erst angefangen. Er habe das vorausgehende noch nicht erhalten und quittiert, erklärte der Lehrherr. Die Sache kommt vor den Richter. Man läßt den Lehrherrn einen Eid leisten. Er schwört. Doch kaum hat er seinen Meineid geschworen, da zeigt der Lehrling seine Quittung vor: sein Herr wird zu einer Geldstrafe verurteilt und ist entehrt. Er war ein Schurke, dem recht geschah. Dem Lehrling aber kam seine Unbesonnenheit teuer zu stehen. Er hatte von einem Kolporteur namens Lescuyer zwei Exemplare des *Entlarvten Christentums* gekauft und eines davon an seinen Herrn weiterverkauft. Dieser zeigt ihn beim Polizeileutnant an. Der Kolporteur, seine Frau und der Lehrling werden verhaftet, sie sind vor kurzem an den Pranger gestellt, ausgepeitscht und mit dem Brandeisen gezeichnet worden; den Lehrling hat man zu neun Jahren Galeere verurteilt, den Kolporteur zu fünf, seine Frau zu lebenslänglicher Arbeit im Spital. Außer D'Holbachs *Entlarvtem Christentum* zitiert der Urteilsspruch Voltaires *Vierzig-Taler-Mann* und die Tragödie *Die Vestalinnen*, die wir im Manuskript gelesen haben.

Der Protest gegen Sartine war laut und allgemein. Welche Folgerungen ergeben sich aus diesem Urteil? Ein Kolporteur bringt mir ein verbotenes Werk. Kaufe ich mehr als ein Exemplar, gelte ich als Anstifter eines illegalen Handels und sehe mich einer entsetzlichen Verfolgung ausgesetzt. Im übrigen kennen Sie ja den *Vierzig-Taler-Mann* und werden Mühe haben, zu erraten, aus welchem Grund gerade diese Erzählung in die entehrende Liste geraten ist. Dies ist nichts als die Folge des tiefen Rachedurstes, der unsere Herren seit dem Artikel »Tyrann« im *Dictionnaire portatif* erfüllt – vielleicht erinnern Sie sich an ihn. Sie werden es Voltaire nie verzeihen, daß er gesagt hat, es sei besser, es mit einem riesigen Untier zu tun zu haben, dem man aus dem Weg gehen könne, als mit einer Bande kleiner subalterner Tiger, die einem beständig zwischen den Beinen herumlaufen. Aus dem gleichen Grund ist das *Dictionnaire portatif* im Verlauf des Prozesses gegen den jungen La Barre öffentlich verbrannt worden, welcher dieses Buch keineswegs besaß.

Ich fürchte, diese Leute werden unserm armen Patriarchen trotz seines Ansehens, seiner Beschützer, seiner seltenen Talente und all seiner schönen Werke eines Tages übel mitspielen. Zwar weiß ich, daß die Nachwelt die ihm zugedachte Schmach auf sie zurückfallen lassen wird. Doch was kann das einem Manne helfen, der zu Staub und Asche geworden ist? Wissen Sie, daß sie vor drei Tagen darüber beratschlagt haben, ob ein Haftbefehl gegen ihn erlassen werden soll?

Ich komme auf die beiden Unglücklichen zurück, die zur Galeerenstrafe verurteilt worden sind. Was wird aus ihnen, wenn sie herauskommen? Es wird ihnen nichts andres übrig bleiben, als Straßenräuber zu werden. Entehrende Strafen, die dem Menschen jeden Rückweg in die Gesellschaft versperren, sind schlimmer als die Todesstrafe, die ihn des Lebens beraubt . . .

111. An Sophie Volland

13. Oktober 1768

Ihr letzter Brief, Mademoiselle: Nr. 8, ist vom 29. September, und heute haben wir Donnerstag, den 20. Oktober. Haben Sie die Güte, mich wissen zu lassen, ob ich einen Fehler begangen habe, der mich die Freundschaft Ihrer Frau Mutter und die Wertschätzung Madame de Blacys oder die Ihre gekostet hat! Ein Schweigen von zwanzig Tagen ist ganz dazu angetan, mich in die lebhafteste Unruhe zu stürzen. Ich habe es keinen einzigen Tag unterlassen, zu Damilaville zu gehen, um eine Zeile von Ihnen abzuholen. Damit er nicht glauben soll, es sei nicht die Sorge um seine Gesundheit, die mich zu ihm führt, wage ich ihn nicht zu fragen, ob er etwas für mich hat. Lieber warte ich bis neun, bis zehn Uhr abends, bis er selbst daran denkt, mir einen Ihrer Briefe zu übergeben; besser, ich beschreibe Ihnen nicht den Kummer, den ich fühle, wenn der Zeitpunkt gekommen ist, zu gehen, ohne daß ich etwas von ihm in Empfang nehmen konnte.

Wenn einer von Ihnen etwas zugestoßen ist, so lassen Sie mich nicht länger in Ungewißheit. Sie haben keine Ahnung, was mir alles durch den Kopf geht. Es ist um den Verstand zu verlieren.

Ich könnte Sie mit einer Unmenge von Dingen aller Art unterhalten, darunter einer der außerordentlichsten Geschichten, die mir in meinem Leben zugestoßen sind, und die ich im übrigen vorausgesehen, ja im voraus angekündigt hatte; aber mein Kopf ist nicht frei genug, um jetzt etwas derartiges zu erzählen. Haben Sie also die Güte, mir den gesunden Menschenverstand zurückzugeben. Manchmal bedarf ich seiner noch.

Mademoiselle Volland, wenn Sie – oder Madame de Blacy, oder Mama – nicht gefährlich erkrankt sind, dann sind Sie wahrhaft grausam: einundzwanzig Tage, ohne mir ein Wort zukommen zu lassen, ohne das geringste Lebenszeichen zu geben! Ich begreife das nicht, überhaupt nicht; aber es ist mir noch lieber, als mich meinen Vermutungen zu überlassen. Werden meine Briefe abgefangen? Gehen Ihre Antworten verloren? Ich habe Ihnen mit der größten Pünktlichkeit geschrieben. Vorgestern habe ich Damilaville nur einen Augenblick lang gesehen, zu sehr später Stunde. Es war ein Großkampftag. Gestern hab ich ihn gar nicht zu Gesicht bekommen. Der schlechte Gesundheitszustand von Mutter und Tochter hat mich veranlaßt, die Feier meines Namensfestes auf den 13. zu verschieben. Oh mein Gott, wo habe ich meinen Kopf? Würde ich Ihnen nicht geschrieben haben, so hätte ich überhaupt nicht bemerkt, daß heute der 13. ist!

Ihre Schuld verringert sich also um eine Woche. Das ist schon etwas, das beruhigt mich ein wenig. Heute nachmittag werde ich zu Damilaville gehen, und ich hoffe, zufriedener mit Ihnen zurückzukehren. Die Zeit ist mir grausam lang geworden. Nehmen Sie aber ja nicht diese Sehnsucht zum Maß meiner Neigung und Anhänglichkeit. Das wäre ja schlimmer als am ersten Tag! Ich bin damit einverstanden, daß es so ist, aber Sie brauchen es nicht zu wissen. Ach, wenn ich einmal aufhören kann, Sie alle zu lieben, dann werde ich niemand mehr lieben. Es tut zu weh. Aber ich fürchte wirklich, es wird bis zum Ende meines Lebens so weitergehen.

Guten Tag, Mama. Ich bitte Sie um die Gunst, Mademoiselle Volland ein wenig auszuschelten. Ich habe mich gebessert: nun sehen Sie, was mir das geholfen hat! Ich empfehle mich Ihnen. Ich umarme Madame de Blacy von Herzen, wenn sie es gestattet. Doch für dieses böse Kind, das mir nicht schreiben will, gibt es heute nichts, aber auch gar nichts. Ha, ich bin echt gekränkt! Nur etwas macht mich wütend: daß es nicht von Dauer sein wird, und daß ich vielleicht heute abend schon sanfter bin als ein Lamm.

112. *An Grimm*

Oktober 1768

. . . Jemand hat darauf hingewiesen, und die Beobachtung ist bemerkenswert, was für eine seltsame Maschine doch eine Sprache ist, und welche noch seltsamere ein Kopf. Dennoch läßt sich in beiden immer irgendein Anhaltspunkt finden. Es gibt keine Gedanken oder Reime, die so bizarr oder abseitig wären, daß sie sich nicht doch an irgendeinem Zipfel berührten und untereinander verknüpften.

Den Philosophen zufolge können zwei verschiedene Ursachen nicht eine identische Wirkung hervorbringen, und wenn es ein unwiderlegliches Axiom der Philosophie gibt, dann ist es dieses; und zwei natürliche Ursachen von solcher Verschiedenheit – das sind zwei Menschen.

Und doch können zwei Menschen den gleichen Gedanken haben und ihn auf die gleiche Weise ausdrücken. Zwei Dichter haben oft zwei gleiche Verse über den gleichen Gegenstand geschrieben. Was wird also aus unserm Axiom? Es bleibt unverändert gültig. Denn im gleichen Gedanken, der in die gleichen Worte gefaßt ist, in zwei Versen über den gleichen Gegenstand liegt nur eine anscheinende Identität vor: es ist die Armut der Sprache, die diese Scheinidentität hervorgerufen hat. Die beiden Sprecher, die das gleiche mit den gleichen Worten gesagt haben, die beiden Dichter, die zwei gleiche Verse über den gleichen Gegenstand geschrieben haben, waren in Wirklichkeit durch keinerlei gemeinsame Empfindung verbunden; und wäre die Sprache fruchtbar genug, um auf die ganze Vielfalt ihrer Empfindungen zu antworten, so hätten sie alles auf verschiedene Weise gesagt, kein

gemeinsames Wort wäre in ihren Ausführungen vorgekommen – ebensowenig wie es einen gemeinsamen
Akzent in ihrer Art der Aussprache oder einen gleichen
Buchstaben in ihrer Schreibweise gibt. Es ist diese Vielfalt
von Akzenten, die der Armut der Wörter zu Hilfe kommt
und die so häufigen Identitäten der Wirkungen zunichte
macht, die durch die gleichen Ursachen hervorgebracht
worden waren. Die Anzahl der Wörter ist begrenzt, die der
Akzente unendlich. So kommt es, daß jeder seine eigene,
individuelle Sprache spricht, und daß er spricht wie er
fühlt; daß er er selbst, und nur er selbst ist, während er in
Gedanken und Ausdruck einem andern zu gleichen
scheint. Und obwohl diese Sprache der Akzente unendlich
ist, bleibt sie doch so ziemlich verständlich. Es ist die
Sprache der Natur und das Muster des Musikers. Ich weiß
nicht, welcher Philosoph gesagt hat: *Musices seminarium
accentus.* Tatsächlich haben Sie niemals die gleiche Arie
von zwei Sängern auf annähernd gleiche Weise singen
hören. Und doch waren die Wörter und der Gesang und
der Takt und der Ton die gleichen; aber jene Sänger haben
die Sprache des Gefühls, der Natur, des Individuums zur
selben Zeit gesprochen wie die arme und gewöhnliche
Sprache. Die Vielfalt der ersten dieser Sprachen hat alle
Identitäten der zweiten, der Wörter und des Gesanges zerstört . . .

Seit die *Zaïre* gespielt wird, hat Orosmane keine zweimal auf identische Weise sein: »Zaïre, Sie weinen?«
gesprochen und wird es niemals tun. Seit es die Welt gibt,
haben noch keine zwei Liebenden auf identische Weise
gesagt: »Ich liebe Sie«; und in aller Ewigkeit werden
niemals zwei Frauen auf identische Weise antworten:
»Man erwidert Ihre Liebe«. Es ist schwer, das vorzubringen und zu glauben. Und doch ist es wahr. Es sind die
beiden Sandkörner von Leibniz . . .

113. An Sophie Volland

12. November 1768

. . . Der Baron ist zurück. Ich habe gestern mit ihm diniert, und das hat ihn etwas versöhnt. Anwesend war auch der Abbé Galiani. Er predigte lebhaft gegen die Getreideausfuhr, und das mit einem nicht alltäglichen Argument. Man müsse, sagte er, an den schlechten Gesetzen überall dort festhalten, wo nicht Männer im Ministerium säßen, die Witz genug hätten, die Befolgung der guten durchzusetzen und gleichzeitig den Unzuträglichkeiten entgegenzuwirken, die auch die vorteilhaftesten Neuerungen mit sich bringen.

Gegen die Bevorzugung, die man dem Ackerbau zugesteht, predigte er mit einer recht wunderlichen Begründung. Der Bauernstand, sagte er, sei der wichtigste von allen, und es habe mehr als viertausendjähriger Anstrengung bedurft, ihn herabzuwürdigen; ihn aus dieser Entwürdigung wieder emporzuheben, bedeute, daß man darauf hinwirken müsse, die Herzöge und Pairs zu entmachten und den König mit einem Geleit von zwölf Bäckern in sein Parlament zu führen. – Einverstanden, mein lieber Abbé, sagte ich; aber was wird heute in zwölftausend Jahren sein? – Oh, wieviel Folgenloses wird man noch für die Bauern tun müssen, bis sie das Gefolge des Königs bilden werden!

De Voltaire hat zwei Fabeln veröffentlicht – alle beide sind gefällig, aber die erste ist besonders reizend: *Der Mann aus Marseille und der Löwe* und *Die drei Kaiser in der Sorbonne*. Gerne würde ich sie Ihnen schicken, wenn ich sicher wäre zu erfahren, ob sie angekommen sind oder nicht. Sie sehen, ich ärgere mich nicht. Gemäßigter könnte man schwerlich sein.

Was den einzigartigen Abbé anbelangt, so hatte er früher einmal die Verteidigung des Tiberius und des Nero übernommen. Gestern ließ er die des Caligula folgen. Tacitus und Suetonius, so behauptete er, seien nur arme Teufel gewesen, die ihre Werke mit den impertinenten Reden des Pöbels gespickt hätten.

Mir sind solche Narrheiten, die von Genie, Aufgeklärt-
heit und Denkfähigkeit zeugen, bei weitem lieber als ein
plattes und langweiliges Geschwätz über Jesus Christus
und seine Apostel.

Indessen machte der Baron eine Beobachtung, auf die
ich lange vor ihm gekommen war. Er fragte, wie man sich
die bizarre Erscheinung erklären solle, daß die Religion
eines Menschen, der sein Leben damit verbracht und es
schließlich verloren hatte, indem er gegen die Tempel und
die Priester predigte, noch immer voll von Tempeln und
Priestern sei . . .

Man langweilt hier nach Herzenslust den König von
Dänemark, der ganz und gar liebenswert ist. Die armen
Geister haben sich nichts Besseres ausdenken können, als
ihn von Theater zu Theater zu schleppen und ihn an einem
einzigen Tag vierzehn Akte anhören zu lassen. Sie haben
Schwierigkeiten, die Tage eines Reisenden auszufüllen,
der sich einen Monat in einem Lande aufhält, wo es zehn
Jahre lang immer Neues zu sehen gäbe!

Dieser Fürst ist oft sehr schlagfertig in seinen Antworten, selbst bei heiklen Gelegenheiten. Der König sagte
zu ihm, indem er auf Madame de Flavacourt zeigte: Sire,
sehen Sie diese Frau dort. Sie ist schön: würden Sie wohl
glauben, daß sie achtundfünfzig Jahre alt ist? Ja, achtundfünfzig! Ein Jahr jünger als ich! – Sire, antwortete der
junge Fürst, ich sehe, daß in Ihrem Königreich niemand
altert . . .

114. An Sophie Volland

22. November 1768

Liegt, meine Damen und lieben Freundinnen, Ihre
Abreise noch immer nicht fest? Wird denn das schlechte
Wetter nicht Ihre Rückkehr beschleunigen? Was tun Sie
auf dem Château d'Isle, das Sie nicht viel besser in der Rue
Saint-Thomas du Louvre täten? Dort weiß ich ein Gärt-
lein, das den ersten Sonnenstrahl auffängt: Freunde, nach

denen Sie sich sehnen und die Sie erwarten; einen kleinen grünen Tisch, auf den man seine Ellenbogen stützen kann. Wahre oder falsche Geschichten aus erster Hand wollen erzählt sein; es gibt einen Kamin, um den man an Tagen strenger Kälte zusammenrücken kann; ein paar Vergnügungen, die nichts auf dem Lande zu ersetzen vermag, wenn Regen, Wind und Reif eine Entfernung vom Hause nicht mehr zulassen. Es gibt schließlich Tage, wo wir zu dritt oder viert den Abbé Marin ein wenig Kleingeld verdienen lassen könnten.

Wo sind die Zeiten, da meine Ungeduld, mein Ärger, mein Zorn Ihnen großes Vergnügen verursachten? Da Sie entzückt waren, wenn ich der Ankunft meiner Briefe und Ihrer Antworten vorauseilte? Wo man mir zwei Tage, ohne daß ich Nachricht gab, vorwarf, als wären es zwei Wochen gewesen? Heute, ja heute scheint Ihnen das ungerecht. Sie sind in Ihren Berechnungen bewundernswert genau geworden; man könnte schwerlich mehr im Recht sein, als Sie es nunmehr sind; Sie ärgern sich nicht mehr; Sie wollen nicht mehr, daß ich mich ärgere. Nun, ich lasse es mir gesagt sein: ich werde mich nicht mehr ärgern . . .

Ich bin auf das närrischste verliebt in meine Tochter. Sie sagt, ihre Mama bete zu Gott, und ihr Papa tue Gutes; meine Art zu denken gleiche meinen Schnürstiefeln, die man nicht anziehe, um aufzufallen, sondern um warme Füße zu haben; mit den Handlungen, die uns nützlich sind und den andern schaden, sei es wie mit dem Knoblauch, den man, obwohl man ihn mag, nicht ißt, weil er stinkt; sie wage nicht über die Ägypter zu lachen, wenn sie beobachte, was um sie her vorgehe; und wenn sie Mutter einer zahlreichen Nachkommenschaft wäre, und darunter wäre ein bitterböses Kind, dann würde sie sich nie dazu entschließen können, es bei den Füßen zu packen und mit dem Kopf in einen Ofen zu stecken. Und das alles in einenhalb Stunden Plauderei vor dem Mittagessen!

Ich habe sie so gereift gefunden, daß ich am vergangenen Sonntag, sie im Auftrag ihrer Mutter spazierenführrend, beschloß, sie über alles aufzuklären. was mit dem Frau-Sein zusammenhängt. Ich begann mit der Frage: Kennen Sie den Unterschied zwischen den beiden Geschlechtern? Dann ergriff ich die Gelegenheit, ihr all jene Galanterien zu erläutern, die man an die Frauen richtet. Das bedeutet, sagte ich zu ihr: »Mademoiselle, möchten Sie, um mir zu Gefallen zu sein, Ihre Ehre und jeden sozialen Status verlieren, sich aus der Gesellschaft verbannen, sich für immer in ein Kloster einschließen und Vater und Mutter vor Schmerz dem Tode aussetzen?« – Ich brachte ihr bei, was man sagen und verschweigen, wofür man ein gutes und wofür man ein schlechtes Gehör haben muß. Ich sprach zu ihr vom Recht, das ihre Mutter auf ihren Gehorsam hat; davon, wie abscheulich die Undankbarkeit eines Kindes sei, das die betrübe, die ihr Leben aufs Spiel gesetzt habe, um ihm das Leben zu schenken; ich sagte ihr, daß sie mir nur die Zärtlichkeit und Ehrerbietung schulde, zu der man einem Wohltäter gegenüber verpflichtet sei, daß das gleiche aber nicht für ihre Mutter gelte; und ich erklärte ihr schließlich die wahre Grundlage des Anstands, und daß man Körperteile verhüllen müsse, deren Anblick zum Laster verführen könnte. Ich klärte sie über alles auf, was sich ohne Verletzung der Schicklichkeit sagen ließ, und sie bemerkte dazu, daß jetzt, da sie über alles unterrichtet sei, ein Vergehen sie sehr viel schuldiger werden lasse, weil sie sich nicht mehr mit ihrer Unwissenheit oder ihrer Neugier herausreden könne. Wir sprachen auch über die Bildung der Milch in der weiblichen Brust und von der Notwendigkeit, sie zur Nahrung des Kindes zu verwenden – oder sie auf einem anderen Weg zu verlieren; und sie, als sie das hörte: »O Papa, wie schrecklich, die Nahrung seines Kindes in die Toilette zu schütten!« Wie weit könnte man dieses Köpfchen voranbringen, wenn man sich nur getraute! Es würde genügen, ein paar Bücher herumliegen zu lassen.

Ich habe über dieses Gespräch ein paar verständige Leute befragt. Alle haben mir bestätigt, daß ich richtig gehandelt habe. Sollten sie nur deshalb so gesprochen haben, weil es sinnlos ist, etwas zu tadeln, was man nicht mehr ändern kann? Sie hat mir gesagt, sie habe sich nie mit diesen Dingen beschäftigt, weil ja doch der Augenblick kommen würde, wo man sie ihr beibringen müßte; ans Heiraten habe sie noch nicht gedacht; aber wenn sie die Lust dazu bekäme, dann würde sie kein Geheimnis daraus machen, sondern ihrer Mutter und mir unmißverständlich sagen: »Papa, Mama, verheiraten Sie mich«, denn sie sehe nicht, wovor man sich da schämen müsse.

Wenn ich dieses Kind verlöre – ich glaube, ich würde vor Kummer sterben. Ich liebe es mehr, als ich Ihnen zu sagen vermöchte . . .

Es prasseln Bomben auf den Tempel des Herrn. Ich zittre immer, daß einem dieser kühnen Artilleristen etwas zustößt. Da sind *Philosophische Briefe*, übersetzt oder angeblich übersetzt aus dem Englischen des Toland, und *Briefe an Eugenie*; da sind weiters *Die Ansteckung des Heiligen*; *Die Überprüfung der Prophezeiungen*; *Das Leben Davids oder des Mannes nach Gottes Herzen*; tausend Teufel sind los! Oh, Madame de Blacy, ich fürchte sehr, daß der Menschensohn vor der Türe wartet; daß die Ankunft des Elias nahe ist und das Reich des Antichrist unmittelbar bevorsteht. Jeden Morgen schaue ich beim Aufstehen aus dem Fenster, ob nicht die große Hure von Babylon bereits durch die Straßen wandelt, ihren großen Becher in der Hand, und ob keines der geweissagten Zeichen am Firmament erscheint.

Was tun Sie in Isle? Kehren Sie rasch zurück, damit wir gemeinsam der Auferstehung der Toten beiwohnen können. Wenn Sie warten, bis die Sonne erlischt, wie werden Sie's dann anstellen, um nach Paris zurückzufahren? Es reist sich nicht gut, wenn man nicht die Hand vor den Augen sieht! . . .

Ich grüße und umarme Sie alle miteinander und jede im besonderen mit den geziemenden Unterschieden.

Auch mir geht es ausgezeichnet, dank einer Limonade

am Morgen und einer kalten Milch am Abend. Gatti behauptet, diese Diät sei nicht so närrisch, wie man glauben
könnte.

So leicht wie Sie, Mademoiselle, schlafe ich allerdings
nicht ein, obgleich die Stunde längst gekommen ist!

115. An Madame de Maux

April oder Mai 1769

Ich ging zum Baron dinieren, wo ich Naigeon, Suard, den
Abbé Morellet und den Abbé Galiani traf. Der letztere war
überaus lustig. Er wollte uns beweisen, daß der Ort der
Welt, wo man am wenigsten tun könne, was man wolle,
auch der freieste sei: Kronzeuge Konstantinopel, wo dem
Handeln fast keine Schranken gesetzt seien, und man doch
keinerlei Freiheit genieße. Und nachdem er den Verstand
hatte sprechen lassen, erzählte er Geschichten. Ich bin
völlig vernarrt in den Abbé; fast immer entdeckt er an den
ältesten Dingen irgendeine geheime Stelle, auf die noch
niemand geachtet hatte. Man könnte nicht eine, man
könnte ein gutes Dutzend gelungener Komödienfiguren
aus ihm machen – vor allem die des Ehrenmannes, der wie
ein Straßenräuber spricht, im Gegensatz zu den wirklichen
Straßenräubern, welche unsere Städte bevölkern und alle
reden, als seien sie Biedermänner . . .

116. An Madame d'Epinay

Mitte Mai 1769

Ich konnte es nicht mehr ertragen. Seit acht Tagen hatte
ich ein Hundert-Pfund-Gewicht auf der Seele und kam zu
Ihnen, um mich zu erleichtern. Aber es fügte sich, daß ich
Sie nicht antraf und mit meiner Last zurückkehren mußte.
Der Abbé drüben sagt, Sie müßten sehr verärgert sein, und
seine Bemerkung ist wohl wahrer, als er denkt. Wie soll
ich's Euch denn noch sagen, liebe Freunde, daß ich Euch

von ganzem Herzen liebe, daß es für mich keine Freude und kein Leid gibt, die ich nicht von Euch empfange? Daß ich Euch ganz und rückhaltlos gehöre? Daß ich das Leben nicht ausnehme, und mein Vermögen nur deshalb, weil das wenige, was ich besitze, nicht mir gehört? Glaubt mir doch, daß von Euch die Unbeschwertheit meines Lebens abhängt, und daß in dem Augenblick, wo Ihr die Stirn über mich runzelt, sich alles um mich her verdunkelt!

Und wenn alle Welt es auf meinem Gesicht liest, dann muß es schon wahr sein. Ist es möglich, daß ein Fehler, der nicht, wie Ihr es Euch vorstellt, auf Schwäche zurückgeht, sondern auf Wohltätigkeit, Menschlichkeit, Erfahrung im Unglück, keinerlei Gnade vor Euren Augen findet? Wollt Ihr mir die einzige süße Empfindung nehmen, die mich auf meinen Wegen und Abwegen begleitet? Soll es mir nicht erlaubt sein, zu mir selbst zu sagen: Es gibt da und dort zwei Wesen, die ich kaum zu Gesicht bekomme, und auf die ich dennoch immer zähle, und die immer auf mich zählen können? Wollt Ihr Euch selbst eines süßen Gedankens berauben und Euch nicht sagen können: Er fehlt uns, aber er widmet sich einem Menschen, der ihn braucht? Ich bin ihm zweimal begegnet; unmöglich, daß er nicht bemerkt hat, wie sehr ich litt. Er ist hereingekommen, ohne mir zuzuwinken; er ist geblieben, ohne mich zu bemerken; er ist gegangen, ohne mir ein Wort zu sagen. Dieser Mann muß die Seele eines hyrkanischen Tigers haben, und das, liebe Freundin, sollen die allerbösartigsten sein.

Ich hatte in ziemlicher Eile eine Art Fabel gelesen, die er mir zugeschickt hat. Meine erste Regung hatte mich nur auf das achten lassen, was angenehm und erfreulich darin war. Ich habe seinen Brief noch einmal vorgenommen, und jetzt erst hatte ich Zeit, die Bitterkeit einiger Zeilen zu empfinden, auf die ich vorher nicht geachtet hatte. Sie werden sagen, dies alles solle man rasch vergessen; leider habe ich nicht das Glück, daß meine Wunden so schnell vernarben.

Ich fahre fort mit meinem Gekritzel in der Hoffnung, Sie könnten kommen und mich unterbrechen. Doch nein, Sie kommen nicht und ich werde wohl gehen müssen, ohne Sie gesehen zu haben. Sagen Sie ihm bitte, er soll mir die Pläne und Ansichten der Kapelle von Gotha schicken oder er soll es mir mitteilen, falls er einen anderen Künstler als Guyard im Auge hat, damit ich weiß, was ich diesem sagen soll.

Was die Arbeit betrifft, die ich für seine Korrespondenz übernommen habe, so sagen Sie ihm auch, dergleichen erfordere Verve, Wärme und Heiterkeit, und er habe dafür gesorgt, daß ich jetzt keinen Funken davon mein eigen nenne. Er wird sie trotzdem bekommen, aber eben so, wie sie gelingen konnte.

Ich küsse Ihre Wangen, Ihre Hände und Ihre Füße. Was ihn betrifft, so liebkosen Sie ihn in meinem Namen, wie und wo Ihre Phantasie es Ihnen gerade eingibt. Ich drehe den Kopf weg und sehe nichts.

117. An Madame de Maux

Mai 1769

Wir kehrten peripatetisierend aus Saint-Cloud zurück. Dabei debattierten wir eine Frage, über der man eine Reise um die Welt zurücklegen könnte: Glaubt Ihr, daß die Menschen sich jemals bessern werden? Sicherlich sind wir nicht so barbarisch wie unsere Väter. Wir sind aufgeklärter. Sind wir darum auch besser? Das ist etwas anderes. Ich erzählte eine Fabel über die Vorurteile, die meinen Wegbegleitern gefiel und die auch Ihnen gefallen wird, weil sie einfach und nicht ohne Finesse ist. Eines Tages, sagte ich zu ihnen, fragte ein Philosoph einen Weltmann: Wenn der Opernball das ganze Jahr über dauerte, was wäre dann Ihrer Meinung nach die Folge? – Die Folge wäre, daß alle Masken einander erkennen würden. – Nun, jene Masken sind die Sinnbilder unserer Irrtümer. Beten

Sie zu Gott, daß der Ball dauert, so wird man sie am Ende alle als solche entlarven.

118. *An die Damen Volland*

24. Juli 1769

Schelten Sie mich ein wenig, aber bedauern Sie mich auch. Es geht mir gut, aber ich weiß nicht, bis wann. Fügen Sie zur Last der Arbeit die der Hitze. Ich glaube, ich habe nie in meinem Leben so viel gearbeitet. Ich gehe zeitig schlafen, ich stehe früh am Morgen auf, und solange der Tag dauert, sitze ich fest an meinem Schreibtisch. Ich will unbedingt erreichen, daß Sie mich bei Ihrer Rückkehr aller Bande ledig finden. Meine Verleger wollen zwei Bände auf einmal erscheinen lassen; stellen Sie sich demnach vor, daß ich vom Kopf bis zu den Füßen von Kupferplatten umgeben bin. Grimms Abwesenheit verursacht mir eine Mühe, wie ich sie bisher nicht kannte. Würde man mich mit Gold aufwiegen, ich würde diese Fron nicht für den Rest meines Lebens fortsetzen wollen. Und dazu das Werk des Abbé Galiani, das gelesen, wiedergelesen und korrigiert sein wollte! Ganz zu schweigen von allen Ablenkungen, die mir durch die Wohltätigkeit verursacht wurden, und durch die Störenfriede, die, weil sie wissen, daß sie mich zu Hause finden, öfter dort anklopfen als je.

Von allen Seiten macht man mir Vorwürfe. Sie kommen aus Isle von meinem Schatz. Sie kommen aus der Rue des Vieux Augustins von Madame Bouchard. Sie kommen aus der Rue Saint-Anne von Monsieur Digeon. Und die, die ich mir selber mache – glauben Sie es mir – sind nicht die sanftesten. Wenn Sie mich trotz meiner Nachlässigkeit nicht allzu hart bestrafen wollen, so glauben Sie mir, daß sich an meiner zärtlichen Verbundenheit nichts, aber auch gar nichts geändert hat.

Ich vergaß unter den Beschäftigungen, die meine Zeit beanspruchen, die Sorge für die Erziehung meines Kindes. Oh, Mademoiselle Volland, was habe ich für ein reizendes

Kind! Ich wette, es würde Euch allen den Kopf verdrehen. Es ist kaum zu glauben, welchen Weg seine Vorstellungskraft ohne fremde Hilfe zurückgelegt hat. Worüber das kleine Mädchen so alles nachgedacht, wie vieles es beobachtet hat! Vor ein paar Tagen habe ich ihm ein Werk anvertraut, das für sein Alter ziemlich stark ist. Nachdem es die Hälfte gelesen hatte, sagte es zu mir: »Bis jetzt hat mich der Verfasser nichts Neues gelehrt, das alles wußte ich schon.« Und anhand der Antworten, die es auf meine Fragen gab, konnte ich mich vergewissern, daß es die Wahrheit gesagt hatte. Das ist all mein Glück während Ihrer Abwesenheit!

Ich grüße Sie, meine guten und zärtlichen Freundinnen. Zählen Sie darauf, daß ich Ihnen bei Ihrer Rückkehr die Augenblicke, die ich Ihnen jetzt zu versagen scheine, mit Zins und Zinseszinsen zurückerstatten werde. Ich werfe mich zu Mamas Füßen nieder und bitte sie inständig, mich nicht mehr so tadelnd anzuschauen – in Zukunft will ich versuchen, ein besserer Junge zu sein. Madame de Blacy umarme ich von ganzem Herzen. Reichen Sie, Mademoiselle Volland, reichen Sie mir Ihre Hand und lassen Sie uns Frieden schließen. Bedenke ich's recht, so begreife ich selbst nicht, wie man eine Frau, die man liebt, beunruhigen und ihr weh tun kann, wenn nur vier süße Zeilen genügen, ihr allen Kummer zu ersparen, wo doch die immer gleiche Seele auf der Stelle ein gutes Hundert niederschreiben möchte. Ich bitte Sie, Madame de Blacy zu sagen, daß ich bisher keinen einzigen der kleinen Aufträge vernachlässigt habe, die sie mir gegeben hat . . .

Ich grüße Sie, meine Damen und zärtlichen Freundinnen. Lieben Sie mich trotz all meiner Fehler. Ich werde versuchen, mich zu bessern. Bei all dem ist da noch der diesjährige Salon, der mir auf die Schultern fallen wird. Es ist wirklich schade, daß ich Ihnen nicht mehr wie früher Rechenschaft von all meinen Gedanken ablegen kann. Ich beteuere Ihnen, daß wir dadurch manch süßen Augenblicks verlustig gehen. Ist Ihre Ernte gut ausgefallen?

Werden Sie dieses Jahr sehr reich sein? Wenn ich Ihnen auch nichts von meinem Leben erzähle, so verschweigen Sie mir doch nichts von dem Ihren, denn würde ich nicht einen mehr als mäßigen Anteil daran nehmen, so wäre ich der undankbarste aller Menschen.

119. *An Grimm*

31. Juli 1769

Wenn Sie glücklich gewesen sind, verzeihe ich Ihnen gerne, daß Sie mir nicht das kleinste Lebenszeichen haben zukommen lassen. Ein Laut der Klage – das ist das einzige, was mich zu meinem Freunde eilen ließe. Wenn Sie meinen Namen oft haben aussprechen hören, so müssen auch Ihnen die Ohren nicht selten geklingelt haben, denn hier war oft von Ihnen die Rede; doch glauben Sie nur nicht, daß man Ihnen immer nur Gutes nachgesagt hat!

Zunächst einmal waren Sie fern von uns, und das ist ein großes Unrecht bei Leuten, die sich jetzt und in Zukunft nicht so leicht damit abfinden können, Sie zu entbehren. Haben Sie nicht bald genug von diesem Leben auf den Landstraßen, und dürfen wir hoffen, Sie demnächst wiederzusehen? Die Baronin hat das dringendste Bedürfnis nach Ihren Lachsalven; Madame de Maux nach Ihren Scherzen und ewig gültigen Sinnsprüchen; und ich nach Ihren Klagen und Ihrer Zärtlichkeit. Säumen Sie also nicht, mein Freund, und lassen Sie sich bald umarmen. Sehen Sie denn nicht, daß sich ein Dutzend Arme nach Ihnen ausstrecken und Sie einladen?

Sie wissen, mein Freund, daß ich niemand hier im unklaren darüber lasse, wie weit Sie mir überlegen sind. Aber überschätzen Sie nicht meinen Heroismus! Soll ich diesen für mich so nachteiligen Vergleich auch in ganz Deutschland publik machen? Ich bin hier fast immer an der Grenze des Lächerlichen. Man verzeiht mir, weil man mich kennt, weil man mich liebt, weil ich ein guter – oh ja, ein herzensguter Mensch bin; weil ich manchmal Einfälle habe, über die meine Zuhörer lachen müssen, weil ich auf vielen Gebieten Proben meines Könnens abgelegt habe. Doch fern von hier, mein Freund, da würde ich mich nicht so zusammennehmen, ich würde mich gehen lassen, ich würde mich bei hundert Gelegenheiten der Kritik aussetzen, und Sie brächten mich, von den Pfeilen der Arglist durchbohrt, nach Paris zurück.

Nur zu, mein Freund, galoppieren Sie umher, schauen Sie sich die Welt an, besuchen Sie Paläste und Hütten! Sie werden sich immer wohl dabei befinden, denn immer sehe ich über Ihrem Kopf eine große Minerva mit entfalteten Flügeln, die Sie beim Schopf hält und umherführt; und die sie innehalten läßt, sobald Sie im Begriff sind, einen Fehltritt zu tun. Ich hingegen bin dazu geschaffen, in alle Löcher zu plumpsen, die sich vor mir auftun, und zum letzten mit einem Kopf voller Beulen zu gelangen.

Ihren Auftrag habe ich ausgeführt. Ich habe Guyard gesehen; Sie werden ihn bei Ihrer Rückkehr antreffen, falls Sie Wort halten und nicht noch ein paar Wochen in den Armen des Fürsten von Sachsen-Gotha verziehen, dem ich meine Ehrerbietung auszusprechen bitte. Nun ist er also verheiratet und Herrscher wider Willen. Ich weiß nicht, ob die guten Ehemänner diejenigen sind, die es nicht werden wollten; aber diejenigen, die fürchten, den andern zu befehlen, haben gewiß das Zeug, sie glücklich zu machen, da sie die ganze Schwierigkeit und Wichtigkeit ihrer Funktion erkannt haben. Was Sie mir über die Problematik des Transports und die zusätzlichen Ausgaben sagen, ist richtig, aber was läßt sich daran ändern? Guyard hat sich verpflichtet, er muß gehen. In einer Stunde wird dieses Billett einem Brief von Madame de Maux beigeschlossen sein, wenn ich nicht vergesse, es ihr zu geben; denn, um die Wahrheit zu sagen: bei ihr vergesse ich vieles, und so gerne sie auch von Ihnen plaudert – ich überlasse Ihnen von ihr nur das, was ich Ihnen nicht zu verbergen vermag.

Uns geht es leidlich, sie bleibt davon nicht ausge-

nommen. Ich habe mir vorgenommen, ihr eine freund-
lichere Zukunft zu bereiten, aber leicht ist es nicht. Sie ist
so unglücklich gewesen, daß es schwierig ist, sie zum Glauben an das Glück zurückzuführen. Darüber sollten Sie ihr
eine kleine Predigt halten. Wegen Ihrer »Correspondance« seien Sie ohne Sorge. Sie werden die ganze Arbeit
getan finden, und mehr Material, als Sie verwenden
können.

Wenn Sie mich wirklich lieben, dann werden Sie keine
Skrupel wegen der Zeit haben, die ich für Sie aufgewendet
habe. Könnte ich einen besseren Gebrauch von ihr
machen, als sie meinem Freund zu schenken? Denken Sie
nicht auch so? Aber sehen Sie sich vor! Sie werden etwas
Gemeinsames mit jenem bösen Rousseau haben, der diejenigen fürchtet, die ihm gern zu Diensten sind; und Sie
werden noch viel schlechter dastehen als er, weil Sie
Ihrem Gläubiger eine armselige kleine Gelegenheit
neiden, seine Dankesschuld abzutragen.

120. *An den Abbé Le Monnier*

1. August 1769

Sie haben ganz recht, mein lieber Abbé, ich bin der größte
Faulpelz auf Erden; Sie aber sind sehr liebenswürdig und
sehr gütig, wenn Sie mir einen Fehler verzeihen, von dem
Sie verschont geblieben sind. Mir geht es glänzend,
obschon ich alles tue, um meine Gesundheit zugrunde zu
richten. Ich gehe spät schlafen und stehe früh auf, ich
arbeite, als hätte ich nie im Leben etwas geleistet, als wär
ich erst fünfundzwanzig und als gälte es, die Mitgift
meiner Tochter zu verdienen. Ich weiß eben nichts mit
Maß zu nehmen, weder Leiden noch Freuden, und wenn
ich mich Philosoph nennen lasse, ohne rot zu werden, so ist
es halt ein Spitzname, den man mir gegeben hat und der an
mir hängen bleiben wird.

Mein Freund, machen Sie Ausflüge, seien Sie maßvoll,
bewegen Sie sich viel in der frischen Luft, lassen Sie das

Denken Denken sein, schreiben Sie auch keine Verse, obwohl sie Ihnen so leicht aus der Feder fließen. Ich verbiete es Ihnen, verstanden? Und wenn Sie dennoch mit einem Gedicht von zwanzig Versen in der Tasche zurückkommen, so werden Sie es uns vorlesen, wir werden es mit Vergnügen anhören und Ihnen anschließend den Hosenboden versohlen. *Il sacrosanto far niente:* das ist die einzige Gottheit, der zu opfern wir Ihnen erlauben; und mit Essen, Trinken und Schlafen – so will sie verehrt werden.

Unsere Freundinnen sind in weiter Ferne. Das hindert nicht, daß wir sehr oft Nachrichten über Sie austauschen, denn sie nehmen den aufrichtigsten Anteil an Ihrer Gesundheit. Sobald es Ihnen besser geht, lassen Sie es mich wissen, damit sie es erfahren und sich mit mir darüber freuen.

Wenn Sie die redliche und liebenswürdige Gevatterin wiedersehen und ihren Gatten und die Kinderschar, dann küssen Sie das alles in meinem Namen ab. Sollte ich ihnen irgendwie nützlich sein können, so unterlassen Sie nicht, es mir zu sagen, denn es gibt nichts Süßeres, als aller Welt Gutes zu tun, zumal denen, die dessen würdig sind.

Manchmal treffe ich Sedaine, und nie, ohne daß von dem lieben Abbé gesprochen würde.

Draußen bei der Seine-Sperre gibt es ein Stelldichein junger Freigeister, wo ich ebenfalls das Vergnügen habe, Sie loben zu hören. Ich schwöre es Ihnen: wüßte ich nicht, wieviel man gewinnt, wenn man sich die Achtung und Freundschaft seiner Mitmenschen verdient – ich hätte es während Ihrer Abwesenheit gelernt. Sie haben Freunde noch und noch.

Aber dies alles sage ich Ihnen nur so nebenbei, denn der wahre Grund meines Briefes ist der, Ihnen mitzuteilen, daß ich Ihre Enzyklopädie verkauft habe; nicht so teuer, wie ich's gerne gewollt hätte; das Gerücht, das diese Schurken, die Schweizer Verleger, ausgestreut haben, sie würden eine verbesserte und vermehrte Auflage herausbringen, hat uns ein wenig geschadet. Lassen Sie also bei

294

mir neunhundertfünfzig Pfund abholen, die Ihnen gehören. Und wenn Sie damit Ihre Ausgaben nicht bestreiten können, so gibt es neben der Schublade mit Ihrem Geld eine andre, in der das meine verschlossen ist. Wieviel da drinnen ist, weiß ich nicht, aber wenn Sie's verlangen, will ich es gerne nachzählen.

Könnten Sie das nächste Mal Ihre Adresse nicht ein bißchen leserlicher schreiben?

Guten Tag, mein Freund, ich umarme Sie von ganzem Herzen. Sprechen Sie Ihrer lieben Cousine meine Wertschätzung aus und küssen Sie sie in meinem Namen. Sagte ich Ihnen, daß wir es nicht eilig haben, Sie wiederzusehen, dann würden Sie mir nicht glauben und behaupten, ich sei ein Lügner. Kommen Sie dennoch nicht vor dem Ende der schönen Jahreszeit zurück . . .

121. An Madame de Maux

Sommer 1769

Ich ging zum Baron dinieren . . . Er verteidigte mit der Mäßigung, für die er bekannt ist, die Sache Boulainvilliers' und der Justizastrologie; ich gestand ihm zu, daß Saturn auf uns ungefähr die gleiche Wirkung hat wie ein winziges Staubkörnchen auf eine Turmuhr. Und da nichts so sehr einem Traum gleicht wie die Unterhaltung von zwei oder drei hellwachen Männern und man so leicht mit der Postkutsche der Champagne nach Cuzco kommt, gerieten wir auf das Thema der präexistenten Keime. Wissen Sie, was das für Viecher sind? Nun, das sind Sie, das bin ich, das sind alle Menschen, die ineinander verschachtelt sind und waren bis zurück zum Eierstock der Eva und den Hoden des Adam – den ersten Kästchen, aus denen im Lauf der Zeit so viele Dummköpfe hervorgegangen sind, die Verteidiger dieses Systems gar nicht mitgerechnet. Und wie eine Narrheit die andre hinter sich herzieht, so kam es mir in den Sinn, daß, wie es schlechte Jahre für Äpfel, Birnen, Pfirsiche und Trauben gibt, es schlechte Jahre auch für die

Menschen geben könnte – Jahre, in denen fast alle Neugeborenen von schlechter Qualität wären. Und schon waren wir in eine Unmenge von möglichen Experimenten verwickelt: könnte man, zum Beispiel, nicht den Bäumen die Fruchtbarkeit entziehen, ähnlich wie man sie den Menschen entzieht? Und dann gründeten wir ein großes Mönchskolleg, das sich ausschließlich dem Studium der Natur zu widmen hätte; und endlich kamen wir, am Hühnerstall von Pontoise vorbei, in Cuzco an.

Ich blieb schließlich mit dem Baron allein, und wir sprachen über einen sehr bedenkenswerten Einwand: die Hervorbringung der Tiere. Warum produziert die Natur, wenn sie sich erschöpft hat, keine neuen? Mir kamen dazu ein paar gute Einfälle. Ich wies darauf hin, daß ja auch am Himmel Sonnen sich entzünden und andre erlöschen. Sie werden fragen, worauf ich hinauswill. Geduld, Sie werden es schon sehen. Ich fügte hinzu: der unsern kann also das gleiche Schicksal zustoßen! Kann mir einer sagen, was dann aus dem gesamten Tierreich wird? Es verschwindet. Aber wenn ich die Sonne aufs neue entzünde, so sehe ich, wie auf unserem Globus wieder die Pflanzen, die Früchte, die Insekten erscheinen, wahrscheinlich auch die Tiere und der Mensch, da sie natürliche Produkte des Bodens sind. – Auch der Mensch?, werden Sie fragen. – Ja, auch der Mensch, aber nicht so, wie er jetzt ist. Zuerst ein Ich-weiß-nicht-was; dann ein andres Ich-weiß-nicht-was; und dann werden wir, in einer Folge von einigen hundertmillionen Jahren und ebenso vielen Ich-weiß-nicht-was, endlich das zweibeinige Wesen haben, das den Namen Mensch trägt.

All diese wahren oder falschen Ideen lassen die Stunden auf das ergötzlichste verstreichen. Sie erheitern den Freund, mit dem man plaudert.

122. An Madame de Maux

Am heutigen Mittwoch sind wir, der Baron, Naigeon und ein gewisser Bron, den Sie nicht kennen, zu einem Picknick in Saint-Cloud gewesen. Der Tag war voll Vernunft, Verrücktheit und Heiterkeit. Dieser hitzige Naigeon ist köstlich. Oh, wie haben sie sich lustig über mich gemacht, weil ich um jeden Preis den Feuertod sterben wollte! Ich wette, den zimperlichen Naigeon schaudert es immer noch. Wäre er wenigstens so dick wie einer der Türme von Notre-Dame, ich verziehe es ihm leichter.

Doch hören Sie, worum es ging. Ich sagte, es sei mir unmöglich, einen Mann nicht hochzuschätzen, der, wegen eines kühnen Werkes vor Gericht gerufen, auf jede Gefahr hin mit Festigkeit antworten würde: »Ja, das habe ich geschrieben; so denke ich, und ich werde nichts widerrufen!« Es war die kleinmütige Haltung von Helvétius, die diese Diskussion ausgelöst hatte, und den ich um seiner Mutter, seiner Frau und seiner Kinder willen entschuldigte. Was mich betrifft, sagte ich, ich würde Qualen erleiden, sollte ich die Wahrheit durch einen Widerruf beleidigen – sollte ich einen Gedanken verleugnen, nachdem ich ihn zu Papier gebracht hätte, sollte ich mich vor den Augen meiner Richter, meiner Mitbürger und meiner Angehörigen als Feigling zu erkennen geben, meinen Reden jede Glaubwürdigkeit entziehen und der Wahrheit ein Bekenntnis und ein Opfer verweigern, das hundert Fanatiker der Lüge zuerkannt haben. Ich sagte, daß derjenige, der in solchen Umständen sein Leben gering achtet, sich mir durch die Festigkeit und Wahrhaftigkeit seines Charakters empfiehlt, daß ich sein Vater, sein Bruder, sein Freund sein möchte. Ich hielt ihnen Sokrates entgegen, so daß ich ihn ihren ironischen Bemerkungen aussetzte, und dem ich Abbitte leisten muß, ich verlegte den Vorfall in die Vergangenheit und ließ sie im Buch der Geschichte lesen. Nun, meine Freundin: sie haben mich mit ihren Gründen überfahren; aber, ich will es Ihnen nur gestehen: von meiner Meinung haben sie mich nicht abgebracht. Sie haben behauptet, all das seien nur poetische Hirngespinste. Das hat mich nachdenklich gemacht, denn als verrückt möchte ich nicht gerne gelten. Sagen Sie mir: wer empfindet Ihrer Meinung nach richtig: sie oder ich? Entscheiden Sie unparteiisch! Denn wenn ich im Unrecht bin, dann muß ich mir eine andere Seele zulegen, ohne daß ich mit meiner jetzigen unzufrieden wäre. Wenn Sie mir diese Aufgabe, die wahrhaftig nicht leicht ist, ersparen könnten, würden Sie mir einen großen Gefallen tun. Aber niemals wurde eine wichtige Frage fröhlicher und mit weniger Pedanterie erörtert, denn wir haben gelacht wie die Kinder. Wie oft habe ich gewünscht, Sie möchten dabei sein! Sie hätten gute Argumente und gute Scherzworte gehört, Sie hätten ein exquisites Fischragout gegessen, und das Fischragout und Sie hätten mich überzeugt, daß man eben, unter welcher Bedingung auch immer, am Leben bleiben muß. Meine Freunde haben behauptet, ich verträte die Ansicht eines Mannes, der schrecklich friert, aber nicht die eines Mannes, der einen so guten Appetit habe. Sie haben behauptet, ich liebte niemanden – und so weiter und so weiter. Sie haben erzählt, daß Pollion, getadelt, weil er schlechte Verse des Augustus billigte, geantwortet habe, einer, der zwanzig Legionen befehlige und Verbannungen ausspreche, könne niemals schlechte Verse schreiben. Ich habe erwidert, daß ich dem Pollion jenen Mann vorzöge, der zur Arbeit in den Steinbrüchen verurteilt worden war, weil ihm die Verse von Dionys dem Tyrannen nicht gefallen hatten; und als man ihn nun befreite und seine Meinung zu neuen Versen des Tyrannen wissen wollte, da sei seine ganze Antwort gewesen: »Bringt mich nur in die Steinbrüche zurück!«

Ach, meine Freundin! Leute, deren Beruf es ist, die Wahrheit zu verteidigen, und die zurückweichen, wenn es darum geht, sie zu gestehen! Vielleicht wäre ich feige genug, es zu tun, aber ich würde mich selber verachten. Wenn man nicht den Mut fühlt, zu seinen Worten zu stehen, dann sollte man besser schweigen. Ich verlange nicht, daß man den Tod geradezu sucht, aber ich will auch nicht, daß man ihn flieht. O Naigeon, wenn dein Seneca, dein Epiktet dich hörten – was würden sie sagen?

Ich finde es schmählich, nicht zu seinen Auffassungen zu stehen, besonders wo es sich um schwerwiegende Gegenstände handelt. Ich könnte es nicht ertragen, daß ein Mann, der sich Philosoph nennen läßt, sein Leben, sein elendes Leben dem Zeugnis vorzieht, das er der Wahrheit schuldet. Man soll vor Gericht nicht lügen. Es ist mir unerträglich, wenn man weiß druckt und schwarz spricht. Welches Vertrauen wird das Volk, werden die vielen in Eure Reden haben, wenn Ihr sie verleugnet? Man wird Euch reden lassen, man wird, Euch nach Eurem Verhalten beurteilend, Euch verachten, und das mit Recht. Sie werden bemerken, daß diejenigen, die Vanini, Giordano Bruno und einige andere tadeln, es Voltaire als Verbrechen anrechnen, daß er christliche Ostern gefeiert hat. Und doch ist dies nicht ein so förmlicher Widerruf, wie wenn ich vor einem Tribunal, in Gegenwart eines versammelten Volkes, meine Philosophie widerriefe. Und glauben Sie nicht, daß ein solcher Akt der Festigkeit den Worten eine viel stärkere Sanktion verliehe? Zeilen, die mit dem Blut der Philosophen geschrieben sind, sind von ganz andrer Beredsamkeit! Doch beunruhigen Sie sich nicht, liebe Freundin, die Zeit solcher Narrheiten ist für mich vorbei. Ich nehme mich selbst nicht wichtig genug, als daß ich glauben könnte, meine eigne Sache zu verteidigen. Das ist etwas, was nicht mich persönlich betrifft.

Naigeon, Suard, der Baron und der Kürbiskopf Bergier sind sich über die Frage, ob man sein Leben dem Zeugnis der Wahrheit opfern müsse, in die Haare geraten. Ich hörte ihnen schweigend zu; ich zog mein Herz zu Rate, und ich fand es unerschütterlich in seiner Auffassung. Ach, liebe Freundin, was würde der Philosoph antworten, der die Wahrheit zuerst verkündet und dann verleugnet hat, indem er in der Gesellschaft über sie schwieg – was würde

er dem Mann aus dem Volke antworten, der zu ihm
spräche: »Was bist du denn nun? Bist du wahrhaftig? Bist
du ein Falscher? An wen soll ich mich halten? An dich, wie
du dich vor dem Richter gibst? An dich, wie du bei deinen
Freunden bist?« Was würde ein feiger, heuchlerischer und
falscher Mann tun? Genau das, was jene Leute ehrenhaft
nennen! Setzen Sie sich nieder; schließen Sie Ihre Augen;
bilden Sie sich Ihre Vorstellung von einem großen Mann;
bringen Sie ihn zum Sprechen. Und dann sagen Sie mir, ob
dies die Rede ist, die Sie ihm in den Mund legen würden.
Zum erstenmal habe ich es mitanhören müssen, daß man
Sokrates, Platon und Pythagoras mißachtete, und ich war
versucht zu sagen, was ein Riese zu einem Pygmäen sagte,
der seinen Stock gegen ihn aufhob: »Was, du willst mir den
Knöchel brechen?«

123. An Sophie Volland

23. August 1769

. . . Man hat ihn also gespielt, meinen *Hausvater*! Molé ist
als Saint-Albin sublim, Brizard passabel, Madame Préville
als Cécile recht gut, Germeuil schlecht, der Commandeur
Auger mittelmäßig, außer in einigen Szenen, Madame
Doligny als Sophie beinahe nichts. Doch muß ich allen
insofern Gerechtigkeit widerfahren lassen, als sie ihr
ganzes Können aufgeboten haben und so gut aufeinander
abgestimmt sind, daß das Ganze die Fehler im einzelnen
ausgleicht. Mein Werk ist im übrigen – ich sage es ganz
objektiv – so lebhaft, so leidenschaftlich, so stark, daß man
es einfach nicht umbringen kann. Man ist mitgegangen,
man hat es beklatscht. Ich weiß nicht, welchen Namen ich
diesen Beifallsäußerungen geben soll, jedenfalls hat es bei
allen Vorstellungen einen schrecklichen Andrang und
Tumult gegeben. Niemand kann sich eines ähnlichen
Erfolgs erinnern, vor allem nicht bei einer Premiere, und
das Stück war ja sozusagen fast neu. Das Urteil ist einstimmig, und ich kann nicht umhin, mich ihm anzu-

schließen: ja, es ist ein sehr großes und sehr schönes Werk! Ich war selbst überrascht. Auf dem Theater macht es einen ganz anderen Eindruck als bei der Lektüre. Schade, daß Sie nicht dabei sein konnten, Sie haben uns allen sehr gefehlt. Wenn alle Rollen wie die des Saint-Albin besetzt wären! . . . Aber man verlange nicht noch einmal einen solchen Kraftakt von mir. Ich brächte ihn nicht mehr zustande. Der Kopf, um ein derartiges Stück zu planen und auszuführen, ist nicht mehr vorhanden. Duclos sagte im Hinausgehen, drei solche Stücke mehr im Jahr würden der klassischen Tragödie den Garaus machen. Wenn sich das Publikum erst einmal an diese Gefühlserregungen gewöhnt hat, wie soll es dann noch Destouches und La Chaussée ertragen? Ich wüßte zu gerne, ob man ein Stück schreiben soll, wie ich es getan habe, oder wie Sedaine es macht. Aber die Frage ist ja schon entschieden, sowohl für mich wie für das große Publikum.

Meine Freunde sind außer sich vor Freude; alle sind zu mir gekommen. Ob Sie's glauben oder nicht: Marmontel hat geweint, als er mich umarmte.

Auch meine Tochter hat es sich angeschaut, sie konnte, als sie zurückkam, vor Erstaunen und Trunkenheit kein Wort herausbringen. Nun glauben Sie gewiß, ich sei vollkommen glücklich inmitten all dieses Beifalls, aber ich bin es nicht. Ich weiß nicht, was in der Tiefe meiner Seele vorgeht. Irgendetwas verursacht mir Gram und Verdruß.

Unser guter Grimm wird gerade noch am Vorabend der letzten Vorstellung hier eintreffen.

Die Arbeit für ihn drückt mich nieder. Wenn Sie sähen, welch eine enorme Masse das ausmacht und wieviel Lektüre das voraussetzt, dann würden Sie glauben, daß ich all diese Tage vom Morgen bis zum Abend nichts andres getan habe als lesen und schreiben.

124. An Sophie Volland

31. August 1769

Ich bin am Ende meiner Kräfte. Es ist höchste Zeit, daß Grimm zurückkommt und ich ihm wieder die Schürze seiner Werkstatt umhänge. Ich bin dieses Geschäftes überdrüssig, und Sie werden zugeben, daß es auf der Welt kein platteres Handwerk gibt, als alle platten Bücher lesen zu müssen, die erscheinen. Selbst wenn man mir anböte, mich mit Gold aufzuwiegen, würde ich nicht weitermachen – und ich bin gewiß keiner der Dünnsten.

Eine gute Nachricht! Dank der Frechheit eines der Unternehmer habe ich mir diese neue Ausgabe der *Encyclopédie* endgültig vom Halse geschafft. Dieser kleine Panckoucke, dieser aufgeblähte und arrogante Parvenu glaubt, er könne mit mir umspringen, wie er es anscheinend mit den paar armen Teufeln tut, denen sein Brot teuer zu stehen kommt, wenn sie gezwungen sind, seine Dummheiten hinunterzuschlucken – dieser Panckoucke hat sich unterstanden, bei mir aufzubrausen; was ihm gründlich mißlungen ist. Ich habe ihn ausreden lassen, dann bin ich unvermittelt aufgestanden, habe ihn bei der Hand genommen und zu ihm gesagt: Monsieur Panckoucke, wo es auch sei, auf der Straße, in der Kirche, in einem verrufenen Haus, und mit wem auch immer Sie sprechen, Sie müssen sich einer anständigen Rede befleißigen. Sehr viel notwendiger ist dies aber, wenn man mit einem Manne redet wie ich, der sich nicht alles bieten läßt, und wenn man es in seinem Hause tut. Scheren Sie sich hinaus mit Ihrem Werk, ich habe nicht die geringste Lust, daran mitzuarbeiten. Sie könnten mir zwanzigtausend Louisdor bieten und Ihre Aufgabe könnte im Handumdrehen zu erledigen sein – ich würde es dennoch nicht tun! Wollen Sie belieben, mein Haus zu verlassen und mich nicht weiter zu belästigen! – Damit, glaube ich, bin ich diese Sorge für alle Zeiten los . . .

Ich verbringe fast den ganzen Tag im Schlafrock, lesend und schreibend; ich schreibe ziemlich gute Sachen, angeregt durch überaus schlechte, die ich lese. Ich sehe niemanden, weil keine Menschenseele mehr in Paris ist. Monsieur Bouchard hat mir einen Besuch abgestattet und ich war recht erfreut, ihn zu sehen. Von der Rue des Vieux Augustins zur Rue Taranne zu laufen und zu einer vierten Etage emporzuklettern ist ein Zeichen des Wohlbefindens.

Wenn es keine neuen Bücher gibt, über die ich berichten könnte, dann mache ich Auszüge aus nicht vorhandenen in der Erwartung, daß jemand sie schreibt.

Versiegt diese Hilfsquelle, die ziemlich reichlich sprudelt, so hab ich eine andre: ich schreibe kleine Werke.

So habe ich einen Dialog zwischen D'Alembert und mir gemacht. Wir plaudern darin ziemlich fröhlich und sogar einigermaßen klar, trotzdem der Gegenstand spröde und dunkel ist. Auf diesen Dialog folgt ein zweiter, sehr viel ausgedehnterer, der den ersten erhellen soll. Dieser ist *D'Alemberts Traum* betitelt. Die Gesprächspartner sind ein träumender D'Alembert, D'Alemberts Freundin Mademoiselle Lespinasse und der Doktor Bordeu. Hätte ich den Reichtum des Inhalts dem Adel des Tons opfern wollen, so wären Demokrit, Hippokrat und Leukipp meine Gesprächspersonen gewesen; aber das Wahrscheinlichkeitsgebot hätte mich in die engen Grenzen der antiken Philosophie gezwungen, und zuviel wäre dabei verlorengegangen. Das Ganze ist von höchster Extravaganz und enthält zugleich tiefste Philosophie. Es war wohl ein ziemlich geschickter Schachzug, daß ich meine Ideen einem Träumenden in den Mund legte. Oft muß man der Weisheit ein Narrengewand umhängen, damit sie Einlaß findet. Mir ist es lieber, man sagt: nun, das ist nicht ganz so verrückt, wie man glauben möchte, als wenn ich höre: Aber das sind ja ganz besonders weise Dinge!

Und im übrigen setzen die liebe Kleine und ich unsre Spaziergänge fort. Auf dem letzten nahm ich mir vor, ihr begreiflich zu machen, daß es keine Tugend gibt, die nicht eine zweifache Belohnung nach sich zieht: das Vergnügen, das uns eine gute Tat verschafft, und jenes andere, daß man das Wohlwollen seiner Mitmenschen gewinnt; und kein Laster, dem nicht eine zweifache Bestrafung folgte: die eine in der Tiefe unsres Herzens, die andre durch jenes Gefühl der Abneigung, das wir unweigerlich den Mitmenschen einflößen. Das Thema war nicht eben unfruchtbar. Wir gingen die Mehrzahl der Tugenden durch; dann führte ich ihr den Neidischen vor mit seinen eingesunkenen Augen, seinem bleichen und mageren Gesicht, den Unmäßigen mit seinem zerrütteten Magen und seinen gichtigen Beinen, den Lüstling mit seiner asthmatischen Brust und den Resten mehrerer Krankheiten, die man überhaupt nicht oder nur auf Kosten des übrigen Organismus heilen kann. Mit dem Ergebnis bin ich sehr zufrieden. Wir werden also kaum Vorurteile haben und statt dessen Zurückhaltung, gute Sitten und feste Grundsätze, die allen Jahrhunderten und allen Nationen gemein sind. Diese letztere Reflexion stammt übrigens von ihr.

Gestern bin ich zu einer höchst seltsamen Mahlzeit gekommen. Ich verbrachte fast den ganzen Tag bei einem gemeinsamen Freund mit zwei Mönchen, die sich durchaus nicht bigott gaben. Der eine las mir die ersten Kapitel einer Abhandlung über den Atheismus vor – frische und kraftvolle Seiten voll neuer und kühner Gedanken; und mit Erbauung erfuhr ich, diese Doktrin werde auf ihren Klostergängen verkündet. Im übrigen gelten die beiden als Wortführer ihres Hauses. Sie zeigten Geist, Munterkeit, Ehrbarkeit und Kenntnisse. Denn welches auch unsre Standpunkte seien, man hat immer gute Sitten, wenn man Dreiviertel seines Lebens über seinen Büchern verbringt; und ich möchte wetten, daß diese gottlosen Mönche die regeltreuesten ihres Klosters sind. Was mich höchlich amüsierte, waren die Anstrengungen, die unser Apostel des Materialismus machte, um in der ewigen Ordnung der Natur eine Rechtfertigung für die Gesetze zu finden. Was Sie aber noch mehr amüsieren wird, war der Biedersinn, mit dem er behauptete, sein System, das alles angriff, was man auf der Welt am tiefsten verehrt, sei unschuldig und setze ihn keinerlei unangenehmen Folgen aus – während es kaum einen Satz gab, der ihn nicht reif für den Scheiterhaufen machte . . .

Ich grüße Sie alle drei und umarme und küsse Sie von Herzen. Na, nähern Sie schon Ihre Wangen, Liebchen; Mama, geben Sie mir Ihre Hand; und Sie, Mademoiselle Volland, alles, was Sie mögen.

Ach, fast hätte ich vergessen, Ihnen zu sagen, daß ich endlich den Mut fand, hinauszufahren und bei Monsieur de la Salverte zu speisen. Der Tag verlief sehr harmonisch, einfach und gut. Unsere Eheleute lieben sich und mit den Eltern besteht das beste Einvernehmen. Unterwegs stieg ich bei Casanova ab und fand Madame unverändert mit ihren hübschen Wangen, schönen Augen, sehr schönen Zähnen. Ich habe aus meinem Herzen keine Mördergrube gemacht. Der Gemahl erwies uns die Gefälligkeit, ab und zu den Kopf wegzuwenden, damit wir uns ungestört liebkosen konnten. Sie bemerken, daß dies auf dem Lande geschah und folglich als folgenlos gelten kann.

125. An Sophie Volland

11. September 1769

Aber nein, liebe Freundin, Sie hatten keinen Grund, sich zu beklagen, ich hatte Ihnen geschrieben, und in diesem Augenblick erhalten Sie einen weiteren Brief von mir; denn an verlorengegangene Briefe mag ich nicht glauben. Wie könnte ich vergessen, daß am 25. Ihr Namenstag ist? Und da ich des Interesses, das Sie an meinem Leben nehmen, so ganz und gar sicher bin, wie hätte ich es da versäumen können, Sie von meinem Erfolg zu unterrichten? Wem sonst hätte ich davon erzählen sollen? Obwohl jetzt fast niemand in Paris ist, war das Theater bis zur letzten Vorstellung immer voll, und wer einen Platz haben wollte, mußte sich frühzeitig darum kümmern. Da das Parterre danach verlangt hatte, mußten die Schauspieler noch zwei

Vorstellungen anhängen. Ich wußte nichts davon, Monsieur Digeon hat es mir mitgeteilt, wie ich denn überhaupt sagen muß, daß meine Freunde bei dem Ereignis viel stärker mitgegangen sind als ich selbst. Was vom Ansehen in der Öffentlichkeit zu halten ist, stand bei mir seit langem fest, aber diese Erfahrung hat mir gezeigt, daß der geringe Wert, den ich ihm beimaß, meinen wahren Empfindungen entsprach. Endlich, am Freitag abend, entschloß sich Madame Diderot, sich mit ihrer Tochter die vorletzte Vorstellung anzusehen. Sie fühlte, wie unschicklich es wäre, all denen, die sie beglückwünschten, sagen zu müssen, daß sie nicht drinnen gewesen sei. Die Schauspieler spielten an diesem Tag wie noch nie und sie konnte sich, selbst wenn sie es gewollt hätte, dem Reiz des Stücks und des Spiels nicht entziehen. Ihre Tochter sagte mir hernach, sie sei nicht weniger bewegt gewesen als die andern Zuschauer.

Was mir bei all dem besonders behagte, war, daß ich von allen Schauspielerinnen stürmisch gefeiert, umarmt und abgeküßt wurde, und es sind drei oder vier darunter, die man absolut nicht als Schlampen bezeichnen kann.

Ach, wie alles so geht auf dieser Welt! Von denjenigen, die ich am liebsten dabeigehabt und denen dieser Erfolg den Kopf verdreht hätte, weilt der eine nicht mehr unter den Lebenden, der andre ist auf Reisen, und Sie sind auf dem Land. Man behauptet, das solle mich ansporne, noch etwas in dieser Art zu machen. Ich mag nicht mehr so recht daran glauben. Mein Kopf könnte schwerlich zu einer solchen Begeisterung zurückfinden. Sie dürfen es mir glauben: ein Dichter, der träge wird, hat schon seine Gründe; was er auch vorschützt, die wahre Ursache seines Widerstrebens ist die, daß sein Talent ihn verläßt. Es ist wie bei einem Greis, der nicht mehr laufen mag; und wenn Mama, trotz ihres schmerzenden Füßchens, noch immer so gerne dahingaloppiert, dann deshalb, weil sie noch nicht alt ist.

126. *An den Abbé Galiani*

20. September 1769

Haben Sie den Teufel im Leib, daß Sie mich in allen lebenden und toten Sprachen mit Beleidigungen überhäufen, und daß Sie mir diese durch alle Sorten von Mündern zukommen lassen? Das Manuskript wurde kopiert; die Kopie mit aller Gewissenhaftigkeit der Freundschaft gelesen und wiedergelesen; das Werk dem Verleger überreicht, der es für seine hundert Louisdor mit Handkuß angenommen hat; dann zum Zensor gebracht, der es ziemlich lange behielt; dann bis zum letzten Funken der natürlichen Wärme gegen diesen Zensor verteidigt, einen verflixten Kapuziner, der uns die Hälfte des ersten Dialogs herausgestrichen hatte; dann zur Gänze in die Druckerpresse gegeben, unter der wir seit einem Monat seufzen und noch für zwei Wochen werden seufzen müssen. Danach glaube ich ein für allemal alle Pflichten der Freundschaft erfüllt zu haben, wie es dieser treue Abbé, den ich liebe und verehre, nach dem ich mich sehne und immer sehnen werde, bis ich ihn wieder hier habe, von mir erwartet hatte.

Mein Herr und lieber Abbé, ich bin das genaue Gegenteil von denen, die alles versprechen und dann keinen Finger rühren. Ich sage nichts und handle. Versuchen Sie sich auf Leute meines Schlages einzustellen, es sind nicht die schlechtesten. Genauso werden Sie mich während Ihres ganzen Lebens und während des meinen finden. Man darf nicht zu rasch mit Anschuldigungen bei der Hand sein, wenn man sich nicht ins Unrecht setzen will. Man darf nicht Toten und Abwesenden gegenüber sein Wort brechen, weil sie sich nicht an Ort und Stelle beschweren können.

Aber was zum Teufel treiben Sie in Genua? Das hat hier zu Klatschgeschichten geführt, die mich verdrießen. Seien Sie so gut und gehen Sie entweder vor- oder rückwärts!

Wäre ich rachsüchtig, so würde ich Ihnen kein Wort von Ihrem Werk sagen. Aber ich bin gut, ich bin nur zu gut und könnte so unmenschlich nicht sein. Ich bin jetzt schon bei der vierten oder fünften Lektüre und es müßte mir eigentlich zum Hals heraushängen. Aber nein, mein lieber Abbé, ich gebe Ihnen mein Wort als Mann von Geschmack, daß es mir immer noch Vergnügen bereitet, und daß mich Form und Inhalt gleichermaßen entzücken, und verflucht seien diejenigen, auf die es nicht die gleiche Wirkung übt . . .

Guten Abend, mein sehr liebenswerter und lieber Abbé. Und behalten Sie ja den Ihren! Wie wenig das auch auf der Welt bedeuten mag, lassen Sie ihn sich nicht abschneiden. So oder so, ein Schwanz ist ein ehrbar Ding; und wenn ich den meinen durch irgendein Mißgeschick verlöre, so würde ich mir einen aus Wachs dransetzen lassen, um beim Jüngsten Gericht eine anständige Figur zu machen.

127. *An Madame de Maux*

Ende September 1769

Ihre Frage hinsichtlich des Kometen hat mich auf eine merkwürdige Überlegung gebracht. Ist der Atheismus nicht ganz dicht bei einer Art Aberglauben, der fast genauso kindisch ist wie der andre und eigentliche? Nichts ist gleichgültig in einer Ordnung der Dinge, die ein allgemeines Gesetz verknüpft und in Bewegung hält; es scheint, als sei alles gleich wichtig. Es gibt keine großen und kleinen Phänomene. Die Bulle *Unigenitus* ist genauso notwendig wie der Aufgang und der Untergang der Sonne; es mag einen hart ankommen, sich blind dem universellen Strom anheimzugeben, aber es ist unmöglich, ihm zu widerstehen. Unsre ohnmächtigen oder erfolgreichen Anstrengungen gehören ebenfalls zur allgemeinen Ordnung. Wenn ich glaube, daß ich Sie aus freien Stücken liebe, dann irre ich. Es verhält sich nicht so. Welch schönes System für die Undankbaren! Ich bin wütend, in eine verteufelte Philosophie verstrickt zu sein; mein Geist kann nicht umhin, sie zu billigen, und mein Herz, ihr zu wider-

sprechen. Ich mag es nicht leiden, daß meine Gefühle für
Sie, daß Ihre Gefühle für mich irgend etwas in der Welt
unterworfen sein sollen, und daß Naigeon sie vom Vor-
überzug eines Kometen abhängig macht. Wenig fehlt, daß
ich zum Christen werde, um mir vorzunehmen, Sie auf
dieser Welt zu lieben, solange ich da bin, und die Gewißheit zu haben, Sie in der andern wiederzufinden und zu
lieben wie zuvor. Dieser Gedanke ist so süß, daß ich mich
gar nicht wundere, wenn die guten Seelen so sehr daran
hängen. Wäre Mademoiselle Olympe *in puncto mortis*, so
würde sie wohl zu Ihnen sagen: »Weinen Sie nicht, liebe
Cousine, wir werden uns wiedersehen!« Nun, da sehen
Sie, wohin mich Ihre perfide Frage über den Kometen
geführt hat.

128. *An D'Alembert*

Ende September 1769
Ich bin Ihrem Wunsche nachgekommen, soweit die
Schwierigkeit der Arbeit und die knappe Zeitspanne, die
Sie mir zugestanden haben, es mir gestatteten. Ich hoffe,
die Entstehungsgeschichte dieser Dialoge wird ihre Fehler
entschuldigen.

Das Vergnügen, sich von seinen Meinungen Rechenschaft abzulegen, hatte sie mich schreiben lassen; die
Indiskretion einiger Personen brachte sie ans Licht, beunruhigte Liebe wünschte, daß sie geopfert würden, tyranni-
sche Freundschaft verlangte es, eine allzu gefällige
Freundschaft stimmte zu: sie wurden zerrissen. Es war
dann Ihr Wunsch, ich solle die Stücke wieder zusammen-
suchen: auch das habe ich getan.

Seien Sie also nicht überrascht, wenn Sie Abschweifun-
gen, schwer Verständliches, untaugliche Begriffe bei
einem Gegenstand finden, der solches an sich nicht ver-
trägt; Ansichten, die nur skizziert sind, allzu kühne Vermutungen, allzu schwache Beweise und eine Unordnung,

die weit über die Zügellosigkeit eines Gesprächs hinausgeht.

Das Ganze ist jetzt nicht mehr als eine zerbrochene Statue, die der Künstler kaum noch wiederherzustellen vermochte. Er sah sich umgeben von einer großen Zahl von Bruchstücken, von denen er nicht mehr wußte, wo sie hingehörten.

Ich werde mit diesen Bruchstücken beginnen; Ihr Scharfsinn wird vielleicht einen guten Gebrauch davon machen, vor allem, wenn ich Ihnen die Stellen angebe, die zusammengehören.

Man hat mir gesagt, das Werk habe ursprünglich Originalität, Kraft, Verve, Heiterkeit, Natürlichkeit und selbst Folgerichtigkeit aufgewiesen. Das meiste von diesen für einen Dialog so wesentlichen Vorzügen hat sich aus der jetzigen Fassung verflüchtigt. Geblieben sind nur mehr zusammenhanglose Erinnerungen an das Frühere. Sollte der Leser dennoch ein paar geniale Züge darin finden, dann ist es mehr als genug.

Ich erinnere Sie an das geheiligte Wort, das Sie verpflichtet, sie niemandem mitzuteilen. Nur Ihren Freund nehme ich davon aus. Wenn Sie es für geraten halten, sie ihm anzuvertrauen, so habe ich nichts dagegen; aber inständig bitte ich ihn durch Ihren Mund, über mich erst zu urteilen, nachdem er über mein Werk nachgedacht hat, und sich keine Auszüge aus diesem ungestalten und gefährlichen Erzeugnis zu machen; denn käme etwas davon ans Licht, es wäre unweigerlich um meine Ruhe, mein Lebensglück, mein Dasein und meine Ehre geschehen, oder um die gute Meinung, die man sich von meinen Sitten gebildet hat. Er soll sich an den Unterschied zwischen einer unerlaubten und einer verbrecherischen Moral erinnern und nicht vergessen, daß der Ehrenmann nichts Verbrecherisches tut, der gute Bürger nichts Unerlaubtes; daß es eine spekulative Lehre gibt, die nicht für die Menge und nicht für die Praxis taugt; und daß man genauso wenig falsch ist, wenn man nicht alles schreibt, was man tut, wie inkonsequent, wenn man nicht alles tut, was man schreibt.

Dadurch, daß ich die Namen der Gesprächspartner geändert habe, haben diese Dialoge auch noch die Vorzüge der Komödie eingebüßt.

So wie sie meinem Kopf entsprungen sind, waren sie, zusammen mit einer mathematischen Abhandlung, zu deren Veröffentlichung ich mich vielleicht doch eines Tages entschließe, das einzige unter meinen Werken, das mir Vergnügen gemacht hat.

Dem, der die Geduld haben wird, die beiden Sachen zwei- oder dreimal wiederzulesen und zu verstehen, werden in dieser Art von Metaphysik wenig Geheimnisse zu entdecken bleiben.

Nach dem Autor, der uns die Wahrheit lehrt, ist jener der beste, dessen seltsame Irrtümer uns zu ihr hinführen.

129. An Madame de Maux

Datum unbekannt

Nun, meine Freundin weiß also nicht, wie die Menschen sich verhielten, bevor diese Übermittlung der Gefühle und Gedanken erfunden war? Damals war die Gesellschaft noch neu und frisch; der Mann entfernte sich nicht von seiner Hütte, oder er gab seiner Gefährtin den Arm und sie gingen alle beide fort. Alles tritt zur rechten Zeit ein auf dieser Welt. Man liebte sich lange, bevor man sich zuschwor, einander immer zu lieben. Es gab viele Fälle von Untreue vor dem ersten Schwur; und die Kunst, einander über die Widrigkeiten der Abwesenheit zu beruhigen, wurde genau in dem Augenblick erfunden, wo es kaum noch Vertrauen auf der Erde gab, und die Beteuerungen vervielfältigten sich in dem Maße, wie die Sicherheit dahinschwand. Am Anfang genügte ein Wort; später mußte man es wieder und wieder sagen, um Glauben zu finden. Man dachte, was man so gerne wiederholte, sei die Wahrheit, und man hatte recht. Man sagte zu sich selbst: Oh, wenn du mich nicht liebst, wie oft werde ich dich zur Lüge zwingen! Das alles vermischte sich mit vielen anderen Motiven, worunter es ohne Zweifel sehr zartfühlende gab. Neben wirklichen Zweifeln gab es auch erheuchelte. Man ließ sich über Befürchtungen beruhigen, die man nicht hegte. Das erste Geständnis war etwas so Süßes, daß man nicht müde wurde, darauf zurückzukommen. Etwas so Süßes war der erste Augenblick, daß man ihn immer und immer zu wiederholen suchte. Immer schloß man das Geliebte an seine Brust, und die Kunst des Briefeschreibens ist nichts andres als die Kunst, die Arme zu verlängern. Das ist ein so hübscher Text, daß ich kein Ende fände, wenn mich die Laune ankäme, ihm so weit zu folgen, wie er mich führen könnte.

130. An Madame de Maux

Grandval, Oktober 1769

Ich war in niedergedrückter Stimmung hierhergekommen, den Geist umwölkt von schwarzen Nebeln. Mir scheint, es geht mir jetzt ein wenig besser. Anhaltend sanfte Sinneseindrücke beruhigen unmerklich die heftigsten Bewegungen der Seele. Man kann sich dem Frieden der Natur nicht verschließen, der einen ohne Unterlaß umgibt. Man kann es um so weniger, als diese Wirkung nicht ins wache Bewußtsein tritt. Es ist nicht eine beredte Stimme, die sich an unsern Verstand richtet, es ist eine Überredung, die man einatmet wie die Luft: ein Beispiel, dem man sich anschließt dank eines natürlichen Hangs, sich mit allem in Einklang zu setzen, was man erblickt. Die Reglosigkeit der Bäume läßt uns innehalten: im Angesicht einer weiten Ebene verirren sich unsre Augen und unsre Seele; das gleichmäßige Geräusch des Wassers schläfert uns ein. Alles scheint uns einzuwiegen auf dem Lande; wir nehmen an der Träumerei jenes Wesens teil, das die Unordnung dieses Schauplatzes geschaffen hat, wo nichts sich an einem gewollten und nichts am unrechten Platz befindet, und wer mich dort in der Ferne umherschweifen sieht, weiß, daß es gut so ist. Er wäre voll des Erstaunens und Erschreckens, Unruhe ergriffe ihn, ich würde für sein Empfinden die allgemeine Ruhe des Schauspiels stören, sähe er mich meine Schritte beschleunigen, meine Arme emporrecken, drohende Blicke gen Himmel richten, mich auf der Erde wälzen. Alle Schmerzen lösen sich hier im langsamen Rhythmus der Melancholie. Zank und Streit wirken auf dem Land abstoßender als an den belebten Kreuzungen der Städte; sie sind wie ein Schrei, der die Stille und Dunkelheit der Nacht durchdringt, ein kriegerischer Kontrast zum Bilde des allgemeinen Friedens; und umgekehrt bildet ein teilnahmsloser, unbewegter, indolenter, ruhiger Mensch im Getümmel der Städte einen Gegensatz zum Bild des universellen Krieges. Instinktiv beginnt man inmitten einer unruhigen und aufgewühlten Menge sein eignes Faß zu rollen: man möcht' es wie die andern treiben! Hier dagegen setzt man sich unwillkürlich nieder, man ruht, man betrachtet, ohne zu sehen, man überläßt sein Herz, seine Seele, seinen Geist, seine Sinne ganz ihrer Freiheit; das heißt, man tut nichts, um im Einklang mit allen Wesen zu sein. Alles ist nützlich, alles dient, alles wirkt zusammen, alles ist gut, man ist nichts und will nichts sein. Der ist unter einem Unstern geboren, ist böse, ist tief verdorben, der inmitten des freien Feldes auf Böses sinnt. Er kämpft gegen den Impuls der gesamten Natur, die ihm ohne Unterlaß leise zuflüstert: Bleibe du ruhig, bleibe du ruhig, sei wie alles, was dich umgibt, dauere wie alles, was dich umgibt, genieße sanft wie alles, was dich umgibt, laß die Stunden, die Tage, die Jahre dahingehen wie alles, was dich umgibt – und vergehe wie alles, was dich umgibt. So lautet die stetige Lehre der Natur.

131. An Madame de Maux

Grandval, Anfang November 1769

. . . Sie fragen mich, was ich tue. Nun, ich schreibe ein bezauberndes Streitgespräch ins reine, das von einer Ecke der Straße zur andern zwischen einem Künstler, der die Nachwelt verachtet, und einem Philosophen, der sich zum Verteidiger des Nachruhms aufwirft, in Gang gekommen ist. Der Künstler ist Falconet, der Philosoph bin ich. Es ist ein ziemlich umfangreiches Werk daraus geworden, da wie immer bei solchen Gelegenheiten die Streitobjekte zwei- oder dreimal wechseln. Da und dort stehen sehr schöne Dinge, und überall herrscht eine große Natürlichkeit. Sie werden mich in der Gestalt eines schätzenswerten Narren finden, Falconet in der eines eitlen und haarspalterischen Sophisten. Der eine verwundet seinen Gegner ohne Scham und Schonung; der andre liegt ruhig und friedlich auf der Erde wie ein großer Löwe, holt ab und zu seine Pranke hervor, sagt lächelnd zu seinem Widersacher: »Wenn ich nur wollte« – und zieht augenblicklich seine Tatze zurück.

Und meine mathematische Denkschrift, die völlig abgeschlossen ist? Ich weiß wohl, Sie lieben diese traurige Wissenschaft nicht. Aber weder Sie noch sonst jemand weiß, wozu ich in diesem Fach imstande bin. Ganze Felsblöcke bewege ich mit einem Strohhalm von der Stelle, ich zerlege sie mit einer Nadel. Stellen Sie sich vor, daß ich eine Rechnungsart erfunden habe, ich ganz allein, die man weder Analyse noch Synthese nennen kann: ein Buchstabenrätsel, dessen Elemente ich aufgeschrieben habe – weiß Gott, ob einer das nach mir versteht! Dieser Denkschrift will ich einen Essay über das menschliche Erkenntnisvermögen voranschicken, wie sie jetzt gängig sind; dem soll die Denkschrift folgen und schließlich die Entwürfe zu zwei Maschinen, deren eine zum Gebrauch der Männer des öffentlichen Lebens bestimmt ist, die einen Brief auf hundert verschiedene Arten schreibt und ihn augenblicklich dechiffriert, während ich die andere den Philosophen

314

gewidmet habe, all jenen, die versucht sind, sich durch das Aussprechen der Wahrheit zu gefährden: eine kleine Druckerpresse, die weniger Raum einnimmt als ein Spieltisch. Daran möchte ich dann noch ein Stück über die Pressefreiheit hängen, in dem ich die Geschichte der Verordnungen im Verlags- und Buchhandelswesen darlege, die Umstände, die zu ihnen geführt haben, und was man davon bewahren, was abschaffen soll. Abschließen möchte ich die Sammlung mit Gedanken über die schönen Künste, die mir beim Besuch der Gemäldesalons eingefallen sind.

Sie dürfen sich also nicht vorstellen, liebe Freundin, daß ich meine ganze Zeit vergeudet habe. Lassen Sie meine Freunde nur reden und machen Sie von der ganzen Macht Gebrauch, die Sie über mein Herz besitzen; sagen Sie ein Wort, versprechen Sie mir einen Kuß, erziehen Sie mich wie einen jungen Spartaner, führen Sie mich auf dem Weg des Vergnügens zum Tempel der Ehre und Sie werden sehen: ich komme hin! Ach, wenn mir alle Männer glichen und die Frauen wollten, so könnte man sich manche öffentliche Einrichtung ersparen. Was täte man nicht für sie? Wie weit würden sie uns bringen, dank der heftigsten und allgemeinsten Leidenschaft der Natur! Sie würden dem Manne sagen: Du hast eine große Tat vollbracht, du hast dich durch ein erhabenes Werk ausgezeichnet, du liebst mich: so komme in meine Arme, um zu genießen! Amor, der bei uns, liebe Freundin, nur ein leichtfertiges, närrisches, launisches und treuloses Kind ist, würde zum Urheber großer Dinge, wäre ein heftiges und erhabenes Gefühl. Was tut der Wilde? Er schleppt sich des Nachts zum Lager seiner Geliebten, doch diese spricht zu ihm: Geh und bring mir erst zwanzig Skalps! Ein Tatar zerfetzt sich den Körper mit einem scharfen Werkzeug und sagt zur Herrin seines Herzens: Da siehst du, wozu ich fähig bin um deinetwillen! Liebe, die sich dergestalt äußert, ist wild und roh; sie macht mich schaudern, aber sie mißfällt mir nicht. Es ist die gleiche, die in gesitteteren Verhältnissen bei gleicher Energie zum Keim und zur Belohnung aller Tugenden würde. Welcher Feigling, Falschmünzer, Betrüger, Lügner, Lüstling, Geizhals würde es jemals wagen, Ihnen zu nahen? Warum ahmen nicht alle Frauen Sie nach? Fände kein Bösewicht mehr eine Frau für sich, es würde sehr viel weniger Bösewichte geben.

132. An Madame de Maux

Grandval, November 1769

. . . Wer nie geliebt hat, ist nicht würdig, vor den Ruinenbildern Roberts zu verweilen. Was könnten sie dem sagen, der weder Erinnerungen noch Wünsche besitzt, nichts Zärtliches und Rührendes, das die Trauer der Gedanken mildert, die sie einflößen? Nach einem Leben in Unschuld ist das schönste jenes, das man in den Armen einer geliebten Frau verbringt. Wenn das Schicksal es will, daß sie uns entgleitet, wie viel läßt sie uns zurück, das zu zerstören nicht in ihrer Macht steht! Diese Dinge sind ein Teil ihrer selbst, sie bewahren einen Abdruck ihres Bildes . . . Sehen Sie, mein Herz zerschmilzt und meine Phantasie will, daß ich ihr freien Lauf lasse.

Glücklich der, dem die Natur eine empfindsame und bewegliche Seele geschenkt hat! Er trägt in seinem Innern die Quelle unzähliger köstlicher Augenblicke, von denen die andern nichts wissen. Alle Menschen geraten in Betrübnis, doch er allein weiß zu klagen und zu weinen . . . Es ist sein Herz, das seinen Gedanken Zusammenhalt gibt. Wer nur Geist, wer nur Genie besitzt, kann das nicht verstehen. Ihm fehlt ein Organ. Die Sprache des Herzens ist tausendmal mannigfaltiger als die des Geistes, und es ist unmöglich, ihre Dialektik in Regeln zu fassen. Es hat etwas mit einem Fieberwahn zu tun und ist doch kein Fieberwahn. Es hat etwas mit einem Traum zu tun und ist doch kein Traum. Aber wie im Traum und im Fieberwahn sind es die Fäden des Netzes, die ihrem Ursprung befehlen. Der Gebieter muß sich in die Rolle des Interpreten fügen.

Liebe Freundin, suchen Sie keinen Sinn in diesen letzten Zeilen, sie werden erst klar, wenn Sie zwei Dialoge gelesen haben, von denen ich Ihnen wohl gesprochen habe. Es ist ein Werk, für das ich erst bei Ihrer Rückkehr wahrhaft belohnt zu werden hoffe. Oh, wie notwendig sind mir meine Freunde! Ohne sie blieben mein Herz und mein Geist stumm. Ach, warum hat Ihre Macht über mich nicht früher begonnen?

133. An Sophie Volland

25. November 1769

Ich habe eine zweite Reise zum Grandval gemacht und habe das angenehmste Leben dort gehabt; Tage, die sich aufteilten in Arbeit, gutes Essen, Spaziergang und Spiel. Und dann diese unbegrenzte Freiheit, die die Herrin des Hauses ihren Gästen zugesteht und die man zu Hause in Wahrheit nicht haben kann!

Vier oder fünf Tage nach dem Martinstag bin ich tief beunruhigt nach Paris zurückgekehrt. Würde ich an Vorahnungen glauben, so würde ich Ihnen sagen, daß mir nichts Gutes schwante.

Und in der Tat, es ist unerhört, was ich seit meiner Rückkehr zu leiden hatte. Ohne die Ablenkung einer forcierten Arbeit hätte ich vielleicht den Verstand verloren.

Erstens eine heftige Auseinandersetzung zwischen dem Baron und mir, bei der ich im Unrecht war.

Zweitens alle möglichen unangenehmen Aufträge durch den Fürsten von Golizyn, Grimm und andere.

Drittens meine Nierenkoliken, schwächer als sonst, aber immer noch lästig genug.

Viertens, und das sollen Sie wörtlich nehmen, beständige Gewissensbisse und Selbstvorwürfe: ich muß an meine Freundinnen schreiben, sie sind unruhig, sie wissen sich mein Schweigen nicht zu erklären. Und dann einen Tag nach dem andern verstreichen lassen, ohne es zu tun!

Fünftens die Verstimmung darüber, daß ich meine

ganze Zeit, meine ganze Sorge, meine ganze Mühe dem Werk des Abbé Galiani gewidmet habe und nichts ernte als üble Laune von seiten einer schikanösen kleinen Frau, die sich überall einmischt und überall Verwirrung stiftet, weil sie sich überall auszukennen glaubt und in Wahrheit zu nichts nütze ist.

Sechstens die Krankheit meiner Tochter, die von einem hartnäckigen Erbrechen geplagt wird, das mich zur Verzweiflung bringt.

Siebtens, daß ich alles nur Mögliche getan habe, um ein großes Unglück zu verhindern, und daß ich es nicht habe verhindern können. Desbrosses, den ich schätzte, hat sich vor acht Tagen zwei Pistolenkugeln in den Kopf gejagt, und der meine hat sich von dem Schock noch nicht erholt.

Ich könnte ein Achtens hinzufügen: eine schreckliche Aufregung, von der man hier nichts weiß, weil ich der Sache ganz ohne fremden Beistand abhelfen konnte. Ich arbeite nachts, wie Sie wissen. Das tat ich also, aber ich war so erschöpft vor Müdigkeit und Bekümmernis, daß ich, den Kopf auf meinem Schreibtisch, eingeschlafen bin. Während ich schlief, muß meine Lampe umgefallen sein, und alles, was mich umgab, hat Feuer gefangen. Die Hälfte der Bücher und der Papiere, die auf meinem Tisch lagen, sind verbrannt. Zum Glück habe ich dabei nichts Wichtiges eingebüßt. Ich habe über den Vorfall geschwiegen, denn ein unbedachtes Wort hätte genügt, um meine Frau für immer um ihre Ruhe zu bringen. Meine Vorsichtsmaßnahmen waren so vollständig, daß nicht das kleinste Indiz der Gefahr geblieben ist, in der sie und ich geschwebt haben.

Verzeihen Sie mir. Empfangen Sie meine ehrerbietigen Grüße. Beklagen Sie mich und kommen Sie alle drei bald zurück, wenn Sie sehen wollen, wie aufrichtig Sie geachtet und wie zärtlich Sie geliebt werden.

134. An seine Schwester

5. März 1770

So ist es denn beschlossene Sache, liebe Schwester: wir werden dieses Jahr das Vergnügen haben, Dich in unsre Arme zu schließen! Schlecht lebt, wer sich nicht bessert. Sie haben Ihren Bruder davon in Kenntnis gesetzt, wogegen wir keine Einwände haben. Es wäre mehr als seltsam gewesen, hätte er sich wegen eines Zeichens Ihrer Freundschaft uns gegenüber gekränkt gefühlt.

Lassen Sie sich ruhig von Caroillon nach Paris begleiten. Ich erblicke darin nichts, was ihn oder Ihre Nichte kompromittieren könnte. Würde die Sache zustande kommen, nun, dann hätten Ihre Plaudertaschen eben richtig geraten! Käme sie nicht zustande, so blieben der junge Mann und das Mädchen, wie sie sind, und ich sehe nicht, was man Schlechtes darüber sagen könnte. Wie denn – weil er im Alter ist, eine Familie zu gründen, und meine Tochter ins Alter kommt, sich zu verheiraten, und weil Müßiggänger darüber tratschen werden, soll er nicht eine Reise nach Paris machen können? Welche Narrheit! Kommen Sie nur, kommen Sie mit ihm! Die Sache ist im übrigen wichtig genug, daß wir darüber reden; und das ist ein Grund mehr, daß Sie endlich zu einem Wort stehen, das Sie so oft gegeben und immer wieder zurückgezogen haben.

Ich bin Herr über mein Kind, doch unter der Bedingung, daß ich meine Autorität zu seinem Glück gebrauche; auch ist in diesem Fall die väterliche Autorität ganz und gar den natürlichen Rechten der Kinder unterzuordnen. Meine Tochter soll keinen Gatten nehmen, den sie nicht will. Sie soll auch keinen Gatten nehmen, den ich nicht will. Ihre Mutter und ich müssen einverstanden sein. Bleibt dieser Grundsatz gewahrt, so geht alles in Ordnung.

Im übrigen haben wir bisher noch niemand im Auge. Als ich zu Ihnen sagte, es könnte sein, daß sie uns von heute auf morgen verläßt, wollte ich Ihnen nichts andres zu verstehen geben, als daß der Zufall es wollen könnte, daß sie jemand nimmt, der uns allen zusagt, und daß sie mit ihm in eine entlegene Provinz zieht, die weit von Ihrem Wohnort entfernt ist. Im übrigen aber ist Angélique tätig, eignet sich Wissen an, bildet sich zu allem Guten und macht sich noch keine Gedanken, genauso wenig wie wir. Sie haben sich deshalb grundlos gesorgt.

Nehmen Sie also im Sinne all dessen den Wagen Caroillons an und betrügen Sie nicht unsre Hoffnung auf ein Wiedersehen; Sie würden uns einen großen Kummer bereiten.

Vergessen Sie nicht, Herrn Caroillon für den Wein zu danken, den er mir geschenkt hat, und versichern Sie seine Frau Mutter meiner Hochachtung.

135. An seine Schwester

23. März 1770

Ich hatte vor, Sie immer zu lieben, aber nicht mehr davon zu sprechen. Ich fühle mich verletzt. Sie haben mir zwanzigmal versprochen, uns zu besuchen. Sie haben mich getäuscht, haben mich hinters Licht geführt. Sie antworten, ich hätte nicht treuer zu meinem Wort gestanden als Sie zu dem Ihren. Aber wie können Sie Ihre Lage mit der meinen vergleichen? Ich bin mit Arbeit überlastet. Die Tage sind zu kurz für mich. Ich kann nicht vierzehn Tage abwesend sein, ohne meine Geschäfte für ein Jahr durcheinander zu bringen. Ich habe Verbindlichkeiten und Pflichten, die meine Anwesenheit erfordern. Sie hingegen hält nichts am Ort. Eine Reise würde Ihrer Gesundheit gut bekommen. Sie würden hier ebenso bequem vor sich hinleben wie anderswo.

Der Fürst von Golizyn hat eine Büste von mir anfertigen lassen. Sie sprechen den Wunsch aus, sie zu besitzen. Sie fügen Ihrem Wunsch ein Versprechen hinzu. Ich schicke die Büste, Sie nehmen sie in Empfang und ziehen Ihr Versprechen zurück. Das war nicht gut gehandelt, und ich werde mich lange daran erinnern. Ich habe einen Bruder und eine Schwester. Ich habe alles getan, um ihnen meine zärtliche Freundschaft zu beweisen. Aber ich muß feststellen, daß sie auf eine merkwürdige Art reagieren. Wenn sie mit diesem Verhalten mir gegenüber zufrieden sind, so fällt es ihnen leicht, mit sich selbst zufrieden zu sein. Sie werden es noch erleben, daß ein Vater sein Studierzimmer verläßt, eine Mutter ihr Haus, ein Kind seine Lehrer, um eine untätige Jungfer zu besuchen, die keine anderen Aufgaben hat, als ihren Rosenkranz zu beten und die Messe zu hören.

Aber darum geht es jetzt nicht mehr. Caroillon ist gekommen. Wir haben ihn empfangen. Er gefällt Ihrer Nichte; Ihre Nichte gefällt ihm. Er hat bei mir um ihre Hand angehalten, und er hat es auf ehrbare Weise getan. Ich achte seine Familie zu sehr, um zu glauben, er habe diesen Schritt ohne das Einverständnis seiner Mutter unternommen.

Ich habe ihm geantwortet, daß seine Absichten nicht unangebracht sind; daß ich einer Verbindung der Kinder um so weniger ein Hindernis in den Weg lege, als die Familien unserer Väter bereits miteinander verbunden waren; daß ich nicht über Vermögensangelegenheiten mit ihm sprechen will, da ich materiellen Besitz zwar nicht verachte, aber auch nicht für das höchste aller Dinge halte; daß für mich Verständigkeit, gute Sitten, ein ehrbarer Beruf und eine gute Gesundheit vor allem andern kommen; daß ich ihn im Besitz der meisten dieser Vorzüge glaube; daß ich indessen nur der Vater meines Kindes bin; daß es eine Mutter hat, der ihre Tochter noch mehr angehört als mir, denn sie hat sie unter Gefahren geboren und die Hauptlast ihrer Erziehung getragen; daß die Angelegenheit schwerwiegend genug ist, um ihre Meinung einzuholen, daß ich also mit ihr sprechen werde; daß es nicht genügt, wenn meine Tochter ihm gefällt, daß auch er meiner Tochter gefallen muß; daß meine Tochter nicht mit ihrer Meinung hinter dem Berge halten wird, denn wenn wir sie einerseits vernünftig genug glauben, nicht auf einer Partie zu bestehen, die wir mißbilligen, so weiß sie andererseits, daß wir gutherzig genug sind, sie nicht zu einer Partie zu zwingen, die ihr widerstrebt.

Ich habe also mit ihrer Mutter gesprochen. Wir haben mit unserm Kind gesprochen, und ich habe Caroillon unsre gemeinsamen Auffassungen dargelegt; er schien zufrieden. Wir haben ihm erlaubt, unser Kind zu sehen, damit unser Kind ihn sieht, und damit sie anfangen, einander kennenzulernen. Ich habe nichts zu ihm gesagt, was nicht buchstäblich wahr ist. Er ist vierundzwanzig Jahre alt, meine Tochter sechzehn. Ich fand, sie sind beide noch zu jung. Deshalb habe ich ihm vorgeschlagen, zu warten, bis er siebenundzwanzig und meine Tochter neunzehn ist, wobei ich mich verpflichtete, in der Zwischenzeit jede andere Bewerbung auszuschlagen, wozu ich bereits Gelegenheit hatte. Da es indessen im Sinne eines allseitigen Glücks notwendig ist, daß mein Kind in seinem Gatten und er in seiner Frau den Lebensgefährten oder die Lebensgefährtin findet, die ihnen am meisten zusagen, so habe ich in ihre Verbindung nur unter der Bedingung gewilligt, daß beide nach Ablauf von drei Jahren an ihrer Vorliebe füreinander unverändert festhalten; daß aber, falls er in seinem gesellschaftlichen Umgang eine Partie finden sollte, die ihm mehr zusagt, ich ihm nicht im Wege sein will; daß ich aber die gleiche Freiheit, die ich ihm lasse, auch für mein Kind in Anspruch nehme.

Sagen Sie dem Sohn und der Mutter, daß diese Einschränkung nur eine Vorsichtsmaßregel ist; daß ich von Herzen wünsche, daß die Zuneigung unserer Kinder von Tag zu Tag wächst, und aufrichtig betrübt wäre, sollte es anders kommen. Jede Arglist wäre meiner unwürdig, und Caroillon, der mich kennt, weiß es. Ich übe sie weder im kleinen noch im großen. Ich liebe diesen jungen Mann. Meinem Eindruck nach hat er gesunden Menschenverstand. Ich wünsche sein Glück nicht weniger als das meiner Tochter. Soweit es an mir liegt, sollen sie beide miteinander glücklich werden. So empfinde und denke ich. Ich habe mich unmißverständlich erklärt, und also

kann er meiner sicher sein. Ich habe ihm auch nicht verheimlicht, daß es meiner Tochter sehr schwerfallen wird,
uns zu verlassen. Sie hat uns so lieb und ist uns so teuer, daß
uns die Trennung großen Schmerz bereiten wird. Wenn
nun Madame Caroillon ihrerseits ihren Sohn mit dem
gleichen Kummer ziehen sähe, so könnte das einige
Schwierigkeiten verursachen. Aber wir haben ja, so erklärte ich, einen ziemlichen Spielraum, und es hat wenig
Sinn, sich jetzt schon den Kopf darüber zu zerbrechen.

Einen zweiten Punkt habe ich gesprächsweise berührt:
unsern Wunsch, daß er einen Beruf finde. Caroillon kann
im übrigen unbesorgt sein. Was ich ihm versprochen habe,
werde ich strikt einhalten, nämlich: für die nächsten drei
Jahre keinerlei andere Partie ins Auge zu fassen; von
Herzen zu wünschen, daß er meine Tochter liebt und ihr
gefällt; und sie miteinander zu verbinden, wenn sie mich
beide darum bitten. Meine Tochter ist jung, aber nicht
leichtfertig; und wir, die Mutter und ich, sind ehrbare
Leute, die zu ihrem Wort stehen.

Sagen Sie Madame Caroillon meine Hochachtung.
Zeigen Sie Ihr meinen Brief, selbst in Gegenwart ihres
Sohns; und denken Sie bitte auch daran, unsere Auffassung dem Abbé zur Kenntnis zu bringen. Ich will mich ihm
gegenüber nicht ins Unrecht setzen; und ein solches wäre
es, wenn wir über seine Nichte verfügten, ohne ihn zu Rate
zu ziehen. Fragen Sie ihn, wie er dazu steht, lesen Sie ihm
alles vor, was ich Ihnen geschrieben habe, und lassen Sie
mich wissen, wie Sie beide darüber denken.

Meine Frau und meine Tochter grüßen und küssen Sie
zärtlich. Ich grüße den Abbé. Was Sie betrifft, so habe ich
dem Obigen nichts hinzuzufügen.

136. An den Abbé Diderot

24. Mai 1770

Ich habe von zwei Seiten zugleich gehört, lieber Bruder,
und diese Nachricht konnte mir nur großes Vergnügen

bereiten, daß Sie bereit sind, sich uns wieder zu nähern. Meine Schwester und Monsieur Caroillon der Ältere haben sich beeilt, es mir zu schreiben. Nun sagen Sie mir aber doch – da man wieder mit Ihnen reden und auf Antwort hoffen kann –, aus welchem Anlaß Sie sich so lange von Ihrer Schwägerin, Ihrer Nichte und mir ferngehalten haben! Man entschließt sich nicht, mit den Seinen zu brechen, und ein vernünftiger Mann läßt eine Entfremdung nicht zehn Jahre andauern, ohne zwingende Gründe zu haben. Und hat er nicht Beweismittel zur Hand, die ihn in seinen Augen und in denen der anderen rechtfertigen, dann hat er sich einer schweren Verfehlung schuldig gemacht. Sollten Sie, trotz meiner wiederholten Beteuerungen, des Glaubens geblieben sein, ich hätte mein Ihnen gegebenes Versprechen gebrochen, über meine Anschauungen öffentliches und privates Stillschweigen zu bewahren? Worauf gründen Sie eine solche Vermutung? Kennen Sie mich als Lügner? Als ich zu Ihnen sagte: »Lieber Bruder, ich bin nicht gefeit gegen verleumderische Beschuldigungen. Man wird mir Werke zuschreiben, die ich nicht verfaßt, Reden, die ich nicht geführt habe; aber ich hoffe, daß Sie dem Wort eines wahrheitsliebenden, rechtschaffenen Bruders mehr Glauben schenken, der keinerlei Interesse daran hat, Ihnen die Wahrheit zu verheimlichen, der sie Ihnen selbst dann nicht verheimlichen würde, wenn er das größte Interesse daran hätte; daß Sie ihm mehr Glauben schenken als vulgären Gerüchten, die nichts bedeuten.« Warum haben Sie nicht so gehandelt? Warum haben Sie mir weniger Gerechtigkeit angedeihen lassen als ein Minister und ein hoher Richter? Wissen Sie, wie diese es mit mir halten und immer gehalten haben? Wenn etwas erscheint oder erschienen ist, das sie erschreckt, dann konsultieren sie mich, und mein Ja oder Nein sind für sie verbindlich. Das eine lassen Sie sich bitte sagen: ich bin und war niemals so verrückt, Proselyten machen zu wollen. Ich denke für mich, allein für mich selbst. Ich will die anderen nicht zu meinen

Ansichten bekehren. Ich erinnere mich nicht mehr an das Datum des Ihnen gemachten Versprechens, aber wenn Sie je entdecken, daß ich es gebrochen habe, so dürfen Sie mich für den unehrlichsten Menschen der Welt erklären.

Sie werden mir vielleicht entgegnen, das könnte geschehen sein, ohne daß Sie es hätten entdecken können. Solche Vorbehalte sind meiner nicht würdig; und damit Sie in dieser Hinsicht ganz sichergehen können und sich keinen Vorwurf ersparen, erkläre ich Ihnen hiermit bei all meiner Achtung vor der Wahrheit, bei jenem Namen und Titel eines Ehrenmannes, der mir ebenso kostbar ist wie Ihnen und jedwedem Wesen meiner Gattung, bei der tiefsten Verachtung, die ich für mich empfände, wenn ich Ihnen etwas vormachte, daß ich seither keine Zeile, keine einzige Zeile über Fragen der Religion geschrieben habe; kurz, ich habe mich streng an das Wort gehalten, das ich Ihnen gegeben hatte.

Nun urteilen Sie über sich selbst; fragen Sie sich, ob ich nicht voll des Unwillens, ob ich nicht berechtigt sein mußte, aufs äußerste verärgert über Sie zu sein, wenn ich mein Verhalten mit Ihrem Vorgehen verglich. Herr Abbé, Sie kennen mich nicht. Die Zeit, so hoffe ich, wird Sie darüber belehren, welchen Bruder Sie haben. Er steht über jedem gemeinen Eigennutz. Sein Gewissen ist der einzige Zensor, den er fürchtet. Er will gut mit Ihnen auskommen; aber er will vor allem gut mit sich selber auskommen. Er hat niemals jemanden betrogen. Er verbringt sein Leben damit, all das Gute zu tun, das er tun kann, weil er glücklich ist, wenn er Gutes tut; weil er überzeugt ist, daß es hienieden ein dauerhaftes Glück letztlich nur für den Rechtschaffenen gibt; weil schlechtes Tun, das von den Gesetzen nicht geahndet wird, sich selber früher oder später durch ärgerliche Folgen bestraft; weil er eben so geboren und so beschaffen ist und weil er, selbst wenn er sich bemühte, böse zu sein, immer nur ein linkischer und ungeschickter Bösewicht wäre.

Die gleichen Bedingungen, die Sie mir damals vorschlugen, schlagen Sie mir heute vor. Lassen Sie sich, lieber Abbé, bitte klarmachen, daß man Bedingungen nur einem Untergebenen stellt und daß ich nicht Ihr Untergebener bin. Um ehrenhaft zu sein, genügte es zu sagen: Ich liebe und schätze meinen Bruder. Ich stehe schlecht mit ihm, und das bekümmert mich. Ich liebe meine Religion; und wenn dieser Bruder mir versprechen wollte, sie durch sein Schweigen zu respektieren, so würde ich bis ans Ende der Welt gehen, um ihn in meine Arme zu schließen.

Was hätte dieser Bruder geantwortet? Nun, etwa dies: Lieber Bruder, so weit werden Sie nicht zu gehen brauchen. Kommen Sie, man wird Sie zufriedenstellen. Zählen Sie auf das Versprechen, das ich Ihnen gebe; aber zählen Sie in Zukunft ein wenig fester darauf als in der Vergangenheit. Wenn Sie irgendeine Ungewißheit haben – sei es, daß Übelwollende Ihnen etwas eingeflüstert haben, sei es, daß irgendetwas Ihren Verdacht erregt hat – dann wenden Sie sich an mich, Ihren Bruder, von dem Sie sicher sein können, die Wahrheit zu erfahren. Ich verlange von Ihnen keinen andern Vertrauensbeweis als den, der mir bei Hof, in der Stadt, von den höchsten Beamten, den Bischöfen zugestanden wird, und von einer Menge Gleichgültiger, denen ich nicht die Wahrheit schulde wie meinem Bruder, und die dennoch nie gezögert haben, mir Glauben zu schenken. Gehen Sie zu Monsieur de Sartine, gehen Sie zum Erzbischof und befragen Sie sie über das, was Sie in so unglückseliger und ungerechter Sorge hält. Seit sechs oder sieben Jahren ist ein Schwarm von heterodoxen Büchern erschienen. Fragen Sie sie, ob sie mich für den Verfasser halten! Dieses *Gesetzbuch der Natur*, das Sie mir, ich weiß nicht, auf Grund welchen Zeugnisses, anlasten – ich habe es nicht einmal gelesen! Gleiches gilt für die andern, die man veröffentlicht hat, und für die, die man vielleicht noch veröffentlichen wird. Ich habe eine Frau, ein Kind, Verwandte, Freunde. Alle diese Menschen haben ihr Glück in meine Hand gegeben, und es steht mir

nicht frei, durch eine Unbesonnenheit darüber zu verfügen.

Schließlich und endlich habe ich mehr getan als Sie,
Herr Abbé, oder ein anderer berechtigt waren, von mir zu
fordern. Ich habe zwanzig junge Leute veranlaßt, die guten
oder schlechten Werke zu verbrennen, die sie über diesen
Gegenstand geschrieben hatten und derentwegen sie zu
mir gekommen waren, mich um Rat zu fragen. Urteilen Sie
nun selbst, Herr Abbé, wie weit Sie von den Tatsachen
entfernt sind.

Sie kennen offensichtlich den Abbé Bergier, den großen
Widerleger der modernen Nachfolger des Kelsos. Nun,
mit ihm lebe ich in bester Freundschaft – nur Sie können
sich rühmen, unter allen aufgeklärten Männern auf der
Erde der einzige zu sein, der so hartnäckig auf seinem Vorurteil bestanden hat. Wenn ich nicht über Religion
schreibe, so spreche ich auch nicht darüber, es sei denn, ich
würde von Doktoren der Sorbonne in Diskussionen gezogen, durch theologisch gebildete Personen also, denen
ich mich erklären kann, ohne Folgen befürchten zu
müssen. Und wenn das geschieht, dann immer heiter und
gelassen, ohne gehässige Bitterkeit, ohne Beleidigungen,
im Ton der Schicklichkeit, wie er sich unter ehrbaren
Männern geziemt, die nicht der gleichen Meinung sind.
Deshalb sind wir auch niemals auseinander gegangen,
ohne daß ich noch mehr als zuvor von ihnen geliebt,
geachtet und zärtlich umarmt worden wäre. Ich hatte
manchmal die Gelegenheit, unsern Erzbischof um eine
Gunst zu bitten, und er hat sie mir stets gewährt. Solange
sein Neffe, der Herr Marquis de Lottange, gelebt hat, der
frömmste Mensch dieses Jahrhunderts, hat er mich mit
seiner Freundschaft beehrt, und es ist kaum eine Woche
vergangen, ohne daß er sich, trotz seiner Schwäche und
seines Asthmas, die Mühe gemacht hätte, zu meinem
vierten Stock emporzuklettern. Ich habe mehrere Male an
meinen Erzbischof geschrieben. Ich habe den Mut gehabt,
ihm zu sagen, er würde als Mufti in Konstantinopel ebenso

wohltätig und ebenso achtenswert sein wie als Prälat in Paris, und er war nicht beleidigt.

Die guten Sitten, lieber Abbé, die guten Sitten: das ist das einzige, wonach uns die Menschen auf dieser Welt beurteilen dürfen! Der Rest gehört dem Mitleid, der Rechtsprechung, der Waage Gottes. Fliehe den Bösen, und möge er so viele Messen hören, als man in den Kirchen des Königreiches liest! Umarme den Rechtschaffenen, welches auch seine Art zu denken sei! Es gibt eine Unmenge von verschiedenen Kulturen auf der Erde; aber es gibt, lieber Bruder, nur eine Moral. Deren Grundlage aber ist das allgemeine Gute, das die Menschheit mit einem schönen Band umschlingt, und es wäre die größte aller Ruchlosigkeiten, es zu zerreißen.

Meinst Du nicht, guter Freund, daß ich Dich bei gleicher Intoleranz genauso hätte hassen müssen wie Du mich? Denn wenn Verschiedenheit der Meinungen zum Haß ermächtigt, so hatte ich gewiß das gleiche Recht darauf. Dann würden wir uns also niemals wiedersehen, niemals wieder umarmt haben! Du verlangst von mir, daß ich Deine Anschauungen achte; aber könnte ich nicht dasselbe von Dir fordern? Doch ich tue nichts dergleichen. Schreibe, predige, rede, tue alles, was Du für Deine Pflicht halten solltest, ich werde nichts dagegen haben. Ich spreche Dich vollkommen von dem Gesetz los, das Du mir auferlegst, und das ich akzeptiere. Aber bitte, kein Mißtrauen mehr! Sie müssen mir glauben, weil ich wahrhaft bin und keinerlei Grund habe, es nicht zu sein. Guten Tag, lieber Bruder, lassen Sie es sich wohlergehen. Umarmen Sie unsere Schwester; kommen Sie und umarmen Sie Ihren Bruder, Ihre Schwägerin und Ihre Nichte, die Sie aufnehmen werden, als hätten sie keinerlei Grund, sich darüber zu beklagen, daß man sie so lange vergessen hatte. Ich wünsche mir, daß Sie ebenso lebhaft wie ich fühlen, wie süß es ist, seinen Bruder wiederzufinden. Ich habe Ihnen nicht früher geantwortet, weil ich sehr beschäftigt war, weil ich krank bin, weil der traurige Verlauf dieser Festtage unser aller Kopf durcheinander gebracht hat. Wenn Sie nach Paris kommen, wie man uns hoffen läßt, dann sollten Sie auch Schwesterchen mitbringen.

Sie wissen von dem Schritt Caroillons. Es wäre gut, wenn wir gemeinsam darüber redeten. Sie kennen den jungen Mann vermutlich besser als ich.

Guten Tag, guten Tag. Kommen Sie, kommen Sie: es wäre nie zu früh dazu.

137. An den Abbé Galiani

Anfang Juni 1770

Es wäre eine große Nichtswürdigkeit, nicht wahr, mein lieber Abbé, jemand bei sich zu haben, der Sie in Bälde an seine Brust drücken wird, und ihm nicht fünf oder sechs tief empfundene, süße, aufrichtige und warme Umarmungen aufzutragen. Nehmen Sie diese von Monsieur Torcia entgegen, und glauben Sie ihm alles, was er Ihnen von meiner ewigen und zärtlichen Zuneigung erzählen wird. Keiner seiner Besuche bei mir ist dahingegangen, ohne daß wir Gutes und Schlimmes von Ihnen gesagt hätten: sehr viel Gutes und sehr wenig Schlimmes, gerade genug, um das Gute glaubwürdig zu machen und ihm nicht die Würze zu nehmen.

Was treiben Sie? Langweilen Sie sich ordentlich? Sehnen Sie sich nach uns? Wir verdienen es, das schwöre ich Ihnen! Mein Herz und meine Ohren sind seit Ihrer Abreise in Quarantäne. Dahin die guten Geschichten, dahin die stets originellen, oft tiefen und immer lustigen Einfälle! Das alles haben Sie mit sich fortgenommen; geblieben ist uns nur das schrille und unfruchtbare Gekeife eines gewissen Abbés, dem es nichts genutzt hat, sich ins Leben der Gesellschaft zu stürzen und sich auf ihren Fauteuils niederzulassen, denn immer ist an seinem Hintern die Schulbank kleben geblieben: ich spreche von der massiven und schwerfälligen Vernünftigkeit unseres Freundes Marmontel. Man möchte die Finger in die Ohren stecken und müßte trotzdem krepieren, würde dieser Lärm nicht von Zeit zu Zeit unterbrochen durch das zarte und feine Gezwitscher einer gewissen Baronin und durch die ungezwungenen Scherze eines gewissen Grimm, dem Sie verteufelt fehlen.

Was Ihren alleruntertänigsten Diener betrifft, so spielt er die Rolle des schweigenden Zuhörers inmitten all dieser Musikanten – es sei denn, seine Phantasie meldet sich jäh zu Wort und verleiht ihm den Ton und die Reden eines Besessenen. Was ist von diesem Lande hier zu berichten? Es ist, wie Sie es verlassen haben: genauso bettelhaft, genauso närrisch und ein klein bißchen weniger lustig.

Man wird Ihnen ausgiebig von unserm traurigen und unglücklichen Fest erzählt haben. Ich bin sicher, daß noch in zehn Jahren nicht alle Spuren der unerhörten Katastrophe getilgt sind. Man hatte den Eindruck, als wären alle Vorsichtsmaßregeln darauf hinausgelaufen, sie zu ermöglichen: zwei Feste nebeneinander; ein Feuerwerk, das auf zwei Straßen gerichtet war, die trichterförmig zusammenlaufen; zweihunderttausend Menschen, die zum einen Ende des Trichters stürzten, und zweihunderttausend andre, die von der Gegenseite kamen: und dazu große Herren, die ihre Pferde und Equipagen durch die Menge peitschten.

Doch lassen wir das und kommen wir zu etwas für Sie Amüsanterem! Das Ansehen, das Ihr Werk genießt, hält an; Sie gewinnen jeden Tag neue Anhänger; Fréron, der Spitzbube, hat soeben eine Analyse und ein Lob veröffentlicht, mit denen Sie zufrieden sein werden. Ich bin es nicht gewesen, der ihm Ihr Werk geschickt hat, das schwöre ich Ihnen. Aber ich finde, dieser Mensch ist nicht würdig, Sie zu loben. Die Entgegnung des Abbés läßt noch immer auf sich warten. Der Generalkontrolleur persönlich hält ihr Erscheinen hintan. Er hält Ihre Prinzipien für verderblich, und ich glaube nicht, daß es der gesamten ökonomischen Schule und Ihren mächtigen Befürwortern gelingen wird, seinen Widerwillen zu besiegen. Ich habe den letzten Brief gesehen, den Sie Ihrem Widerleger geschrieben haben, er ist vorzüglich. Schade, daß er nicht veröffentlicht werden kann.

Guten Tag, mein lieber Abbé. Trachten Sie, zu uns zurückzukehren. Schlafen Sie den Schlaf des Gerechten. Seien Sie sicher, daß all diese Pygmäen keinen Nagel aus Ihrer Keule werden reißen können. Seien Sie sicher, daß, wenn die inhaltliche Seite allen klar ist, die Form Ihrem Werk Ewigkeitswert verleihen wird. Es wird neben Pascals Briefen an einen Provinzial und Platons Dialogen die Zeiten überdauern. Und wenn Sie nicht ein kleiner Knäuel an Undankbarkeit sind, dann werden Sie sich eines Mannes erinnern, der Sie nie vergessen wird.

Wir werden demnächst mit einem neuen Stück gegen die Philosophen beschenkt werden. Ich habe es gelesen; es ist ziemlich gut geschrieben, aber kalt, ohne Genie, ohne Schwung, ohne Fröhlichkeit. Sein Erfolg, wenn es einen solchen hat, wird sich nicht am Talent des Dichters bemessen, sondern am Haß, den man uns entgegenbringt. Meine Kameraden schäumen vor Wut; aber können Sie mir erklären, warum ich nur lachen kann über das, was sie so tief verdrießt? Man schreibt diese Satire teils Rulhière, teils Palissot zu. Ich wünschte, sie wäre von dem letzteren; denn Sie werden mit mir einer Meinung sein, daß man das nicht alle Tage zu sehen bekommt: diese Schamlosigkeit eines Menschen, der, um das Recht zu haben, seine Feinde zu zerreißen, sich selbst in aller Öffentlichkeit als einen Niederträchtigen vorführt; ich nehme an, Sie haben gehört, daß er der Held des Stückes sein und den Mut haben soll, sich selbst zu spielen und sich unter der abscheulichsten Maske darzustellen. Möglich wär's schon, obwohl ich nicht recht daran glaube. Die Ehrbaren haben keine Vorstellung von all dem, was die Schurken sich unterstehen.

Ich grüße und umarme Sie noch einmal. Ich mag Herrn Torcia nicht länger warten lassen, sonst würde ich diese Seite zu Ende schreiben und ein neues Blatt beginnen.

138. *An Monsieur de Sartine*

Juni 1770

Ich habe alles getan, Monsieur, was Sie mir aufgetragen haben; um aber Ihrer Absicht zu entsprechen, habe ich mich ein wenig umtun müssen und berichten, was ich über das Stück gehört hatte, um die andern zum Sprechen zu bringen.

Mein Eindruck war, daß man die Sache ziemlich kühl aufnahm; wenn man sich zu einem Beruf entschlossen hat, dann muß man eben auch die Verdrießlichkeiten zu ertragen wissen, die mit ihm verbunden sind. Es ist meinen Gesprächspartnern unmöglich gewesen, sich eine hohe Meinung vom Talent eines unehrenhaften Mannes zu bilden: denn der ist unehrenhaft, der öffentlich verleumdet und der, soweit es in seinen Kräften steht, gute Bürger dem Haß der Allgemeinheit ausliefert . . .

Was mich betrifft, der ich keine besonders empfindliche Haut habe und mich eher eines wirklichen Fehlers schämen würde als Hunderter nicht vorhandener Laster, die man mir ungerechterweise vorwirft, so kann ich Ihnen nur wiederholen, daß ich als Zensor des *Gefährlichen Mannes* über all diese Beleidigungen gelacht hätte, keine einzige hätte streichen lassen und sie als Nadelstiche betrachtet hätte, die auf die Dauer für den Autor schmerzhafter sein werden als für mich selbst . . .

Was ist die Moral von seiner Komödie? Daß man gut daran tut, seine Tür jedem Mann von Geist zu verschließen, der weder Grundsätze noch Redlichkeit kennt. Man wird diese Moral auf ihn anwenden, und das Schicksal, das ihn erwartet, ist Verachtung und ein Platz an der Seite Palissots! Daß das Stück von diesem letzteren stammt, glaube ich nicht; man ist bei aller Niedertracht nicht so unerschrocken, sich selbst zu spielen und sich mit seiner Ruchlosigkeit auch noch zu brüsten. Ist es von Monsieur de Rulhière, dann hat er sich der gleichen Schändlichkeit schuldig gemacht wie Palissot, aber er ist feiger als dieser, da er sich versteckt.

Wenn der Autor im übrigen glaubt, ein paar gelungene Verse genügten, ein dramatisches Werk zu tragen, so steht er noch ganz in den Anfängen seines Metiers. Seine Komödie läßt jeden Schwung, jedes Genie vermissen, sie kann niemand interessieren. Sein Oronte ist nur ein platter Abklatsch von Molières Orgon im *Tartuffe*; sein Dorante hätte gute und schöne Dinge zu sagen, die ihn charakterisieren könnten, aber der Autor vermochte sie weder in seinem Herzen noch in seinem Geist zu finden, und diese Figur, ein angeblicher Philosoph, hat nicht einmal das Zeug zu einem Mann von Welt . . .

Ich beklage diesen Menschen, weil er diejenigen zerreißt, die ihm vielleicht beibringen könnten, wie man einen besseren Gebrauch von seinem Talent macht. Es wird nicht lange dauern, so wird er, wie Palissot, bekennen, er sei nicht so ganz sicher, ob es ihm wohl dabei sei, diese Komödie geschrieben zu haben. Wäre seine Satire wenigstens lustig! Aber sie ist traurig, und der Autor kennt nicht einmal das Geheimnis, mit Erfolg zu schaden.

Es steht mir nicht an, Monsieur, Ihnen Ratschläge zu erteilen. Aber wenn Sie es einrichten könnten, daß man nicht sagen kann, man habe zweimal mit Ihrer Erlaubnis diejenigen Ihrer Mitbürger beleidigt, die man in allen Teilen Europas in Ehren hält, deren Werke nah und fern verschlungen werden, die die Ausländer verehren, zu sich rufen und belohnen; die man zitieren wird, die zum Ruhm des französischen Namens gereichen werden, wenn wir alle nicht mehr sind; die aufzusuchen die Reisenden sich zur Pflicht machen, und die gekannt zu haben sie sich zur Ehre anrechnen, wenn sie wieder in ihrem Lande zurück sind: ich glaube, Monsieur, dann würden Sie weise handeln. Es darf nicht sein, daß Schmutzfinken die schönste Amtsführung beflecken, und daß die Nachwelt, die immer gerecht ist, einen Teil jenes Tadels auf Sie zurückfallen läßt, der ganz und gar auf ihnen lasten sollte. Warum sollte es ihnen erlaubt sein, Sie zum Mitschuldigen ihrer Frevel zu machen?

Die Philosophen sind heute nichts, aber ihre Zeit wird kommen. Man wird von ihnen sprechen; man wird die Geschichte der Verfolgungen schreiben, die sie erdulden mußten, die Geschichte der unwürdigen und platten Art, mit der sie auf unsern öffentlichen Theatern behandelt worden sind; wenn man Ihren Namen, woran nicht zu zweifeln ist, in dieser Geschichte anführt, dann soll es mit Lob geschehen. Das ist meine Meinung, Monsieur, ich habe sie Ihnen mit allem Freimut gesagt, den Sie von mir erwarten. Ich fürchte, diese Versedrechsler sind weniger die Feinde der Philosophen als vielmehr die Ihren.

139. Bericht aus Bourbonne

August 1770

Am 10. August 1770 reiste ich nach Bourbonne. Ich widmete einige Tage dem Vergnügen, meine Freundin Madame de Maux wiederzusehen, die ihre Tochter dorthin begleitet hatte, welche infolge einer Fehlgeburt an einer enormen Geschwulst an den Eierstöcken litt; ich habe mich von meinem Freund Grimm verabschiedet, mit dem ich die Reise von Paris bis Langres gemacht hatte und der ein paar Tage früher nach Bourbonne weitergereist war; und während sich eine zärtliche Mutter um die Gesundheit ihres Kindes kümmerte, ging der Philosoph umher und informierte sich über alles, was seine Neugier zu wecken imstande war.

Zunächst ein Wort über die Kranke, die mich am meisten beschäftigte. In ganz kurzer Zeit verminderte die Anwendung des Wassers den Umfang des befallenen Organs fast um die Hälfte. Doktor Juvet jubelte, und wenn Madame de Prunevaux nicht völlig geheilt zurückkehrte, so lag wohl nicht die ganze Schuld bei der Thermalkur, deren Erfolg manchmal von einer entsprechenden Ruhe des Geistes und der Seele abhängt.

Mein Vater hat zweimal die Reise nach Bourbonne gemacht; das erste Mal wegen einer merkwürdigen Erkrankung, eines Verlustes des Gedächtnisses, wie er äußerst selten vorkommt. Wenn man zu ihm sprach, hatte er keinerlei Mühe, der Rede seines Gegenübers zu folgen. Doch wollte er sprechen, so verlor er den Faden, unterbrach sich, hielt mitten im begonnenen Satze inne, wußte nicht mehr, was er gesagt hatte und sagen wollte – und der arme Alte begann zu weinen.

Er kam hierher, machte die Trinkkur, die ihm heftige Schweißausbrüche verursachte, und in nicht einmal vierzehn Tagen kehrte er, vollkommen geheilt, nach Langres zurück. Weder seine Tochter, die ihn begleitet hatte, noch sein Sohn, der Abbé, noch seine Freunde vermochten ihn zu überreden, ein Glas mehr als unbedingt nötig von dem Wasser zu trinken. Er liebte den guten Wein. Er sagte: ich fühle mich wohl; ich kann Euren Reden folgen; sprechen tu ich ebenso folgerichtig, wenn nicht besser als Ihr; hört mir auf mit dem Wasser und gebt mir ein Glas guten Weins. Er ließ die Diät, die man ihm verordnet hatte, völlig außer acht und trank seinen guten Wein, und obwohl er schon über sechzig war und in diesem Alter das Gedächtnis nachläßt und die Urteilskraft schwächer wird, ließ seine Indisposition keinerlei Folgen zurück.

Seine zweite Reise war weniger glücklich. Doktor Juvet hatte ihm ganz richtig gesagt, das hiesige Heilwasser sei nichts für seine Erkrankung. Es handelte sich um eine Wassersucht auf der Brust. Er schickte ihn eilends zurück; und dieser Mann, dessen Verlust alle redlichen Menschen noch immer bedauern, und den eine große Zahl von Armen, die er ohne Wissen seiner Familie unterstützt hatte, zur letzten Ruhestätte geleitete, starb oder besser: entschlief am Tag nach seiner Rückkehr, am Pfingsttag, bei seinem Sohn und seiner Tochter, die ihren Vater aufzuwecken fürchteten, der schon nicht mehr lebte.

Ich war zu der Zeit in Paris. Ich habe weder meinen Vater noch meine Mutter sterben sehen. Sie liebten mich und ich zweifle nicht, daß meine Mutter mich mit ihren Augen suchte, bevor sie sie für immer schloß.

Es ist Mitternacht, ich bin allein; ich rufe mir diese lieben Menschen ins Gedächtnis, meine guten Eltern, und mein Herz krampft sich zusammen, wenn ich mir all die Unruhe vorstelle, die sie beim Gedanken an das Schicksal eines heftigen und leidenschaftlichen jungen Menschen haben empfinden müssen, der führerlos allen Fährnissen einer riesigen Hauptstadt, dem Ort des Verbrechens und der Laster, preisgegeben war, ohne daß sie später einen Augenblick des süßen Glücks geerntet hätten, ihn zu sehen, von ihm sprechen zu hören, als er, dank seiner natürlichen Anlagen und eines guten Gebrauchs seiner Talente, das Ansehen erworben hatte, das er heute genießt . . . Und danach soll einer noch wünschen Vater zu sein!

Ich habe das Unglück meines Vaters und den Kummer meiner Mutter verursacht, solange sie gelebt haben, und doch bin ich eines der wohlgeratensten Kinder, das man sich wünschen könnte! Ich lobe mich selbst und bin doch alles andere als eitel, denn eines der Worte, die mich am meisten erfreut haben, war die unwirsche Ansprache, die ein Provinzler einige Jahre nach dem Tod meines Vaters an mich gerichtet hat. Ich ging über eine der Straßen meiner Heimatstadt; er packte mich am Arm und sagte: »Monsieur Diderot, Sie sind ein guter Mensch; aber wenn Sie glauben, jemals an Ihren Vater heranzureichen, dann irren Sie sich gewaltig!«

Ich weiß nicht, ob die Väter zufrieden sind, wenn sie hören, ihre Söhne seien besser als sie; aber ich war es, als man mir sagte, mein Vater sei besser als ich. Ich glaube und werde es glauben, solange ich lebe, daß jener Provinzler recht hatte.

Meine Eltern haben einen älteren Sohn zurückgelassen, den man Diderot, den Philosophen nennt: das bin ich; eine Tochter, die unverheiratet geblieben ist; und ein letztes Kind, das Geistlicher geworden ist. Wir sind eine gute Rasse. Der Geistliche ist ein seltsamer Mensch, doch werden seine leichten Fehler hundertmal aufgewogen durch eine grenzenlose Mildtätigkeit, die ihn arm macht inmitten sei-

nes Wohlstandes. In meine Schwester bin ich richtig vernarrt – weniger weil es meine Schwester ist, als weil ich an
allem Vortrefflichen Gefallen finde. Wie viele schöne We-
senszüge könnte ich von ihr anführen! Ihre guten Taten
sind unbekannt geblieben, die des Abbés sind in aller
Munde.

Aber Bourbonne und seine Bäder? – Ich habe sie ganz
vergessen. Wie sollte ich, mit so lieben Personen beschäftigt, *daran* denken? . . . Ich weiß nicht, was mir ist, ich fühle in der Tiefe meines Wesens eine unendliche Zärtlichkeit. Alles ist mir unwillkommen, was mein Herz von diesen Empfindungen ablenkt . . . Ich bitte Euch, meine
Freunde, noch einen Augenblick! Laßt es zu, daß ich inne-
halte und mich für eine kurze Weile einer so köstlichen
Seelenstimmung hingebe . . . Ich weiß nicht, was ich habe
. . . Ich weiß nicht, was ich empfinde . . . Ich möchte weinen . . . Oh meine Eltern, es ist gewiß eine zärtliche Erinnerung an Euch, die mir ans Herz rührt. Oh Du, die meine
kalten Füßchen in ihren Händen wärmte, Mutter! . . . Wie
traurig bin ich! Und doch wie glücklich! Wenn es ein
Wesen gibt, das mich nicht versteht, und säße es auf einem
Thron – wie bedaure ich es . . .

140. An Grimm

Langres, 8. September 1770
Ich bin von meiner zweiten Reise nach Bourbonne zurück
und fühle mich traurig, lieber Schwager, wie es nur allzu
natürlich ist. Eines der guten Werke, die wir in unserm Leben getan haben, war es, siebzig Meilen auf uns zu nehmen, um zwei unglückliche Frauen zu besuchen. Sie haben
rund einen Monat von dem Vergnügen gezehrt, uns zu
erwarten, und hatten dann rund einen Monat das Vergnügen, uns bei sich zu haben. Ich glaube, wir haben auf diese
Weise alle gelernt, einander noch mehr zu lieben. Ich war
bei ihnen, als ich Ihr zweites Billett erhielt. Ich habe ihnen
so viel Zeit gewidmet, wie ich konnte, und meine Schwe-

ster, die verlor, was sie gewannen, war nicht gerade glücklich darüber.

Am fünften dieses Monats bin ich in den Schoß meiner Familie zurückgekehrt. Am 12., spätestens am 13., werde ich abreisen: eine neue, schmerzliche Trennung steht also bevor. Alles auf dieser Welt hat seinen Preis; man sieht seine Freunde nur, um sich wieder von ihnen zu trennen. Dieser Augenblick, mein Freund, ist nicht zu umgehen.

Am 14. werde ich in Isle sein, am 20. oder 21. spätestens in Châlons, wo ich ein paar Tage mit unsern Freundinnen zu verbringen hoffe; und am 26. oder 27. in Paris, wo ich Sie umarmen werde, nachdem ich meine Frau und meine Tochter umarmt habe. An diesen Daten wird sich nichts ändern, auch wenn Sie darüber in Verzweiflung geraten sollten. Sie hätten meinem Kind ruhig eine lustige kleine Moralpredigt halten können. Seine Mutter ist übrigens nicht ganz so lächerlich, wie Sie denken . . .

In Bourbonne haben wir ein paar angenehme Augenblicke unserer Abende damit verbracht, für Naigeon Geschichten zu erfinden – Geschichten, die manchmal so wahrheitsgetreu waren, daß man, ohne ein Dummkopf zu sein, darauf hereinfallen konnte. Eine werden Sie zu Gesicht bekommen, in der ich unter den Namen Olivier und Felix Kritik an den *Zwei Freunden* von Saint-Lambert geübt habe, aber auf eine so feine Weise, daß er selbst es vielleicht gar nicht merken wird. Aber Sie, bei Gott, Sie werden es natürlich merken! Mein Olivier und mein Felix sagen alles anders als die beiden Irokesen und tun immer das Gegenteil. Auch habe ich einen befreundeten Pfarrer aus einem Nachbardorf herbeizitiert, der Sie amüsieren wird. All das bekommen Sie zugeschickt.

Meine Schwester war recht beunruhigt über meine Mittlerrolle; Ihre Antwort hat ihrer Eigenliebe gut getan. Die Frauen – seien sie jung oder alt, häßlich oder schön – wollen nicht abgewiesen werden. Sie wissen, daß ich mich manchmal recht ungezwungen gebe. Ich kündigte Monsieur de Foissy Ihre Heirat mit meiner Schwester in so natürlichem Tone an, daß er darauf hereinfiel, und Sie würden am nächsten Morgen seine Glückwünsche erhalten haben, hätte das Lächeln Ihrer Freunde und das meine ihn nicht rasch eines Besseren belehrt. Er selbst hat es uns gestanden. Schade, daß nichts daraus geworden ist. Das wäre eine herrliche Mystifikation gewesen! Und ich stehe dafür ein, daß sie Folgen gehabt hätte.

Vom heiligmäßigen Mann höre ich nichts mehr. Welch schöne Seite könnte ich schreiben unter dem Titel: *Der Heiligmäßige* oder *Vom Leben eines Gottesmannes*! Es wäre eine der grausamsten und zugleich wahrheitsgetreuesten Satiren, die Sie kennen. Die Vermittler haben sich zurückgezogen und meine Prophezeiung hat sich in allen Punkten erfüllt: daß sie uns nicht versöhnen, aber sich mit ihm zerstreiten würden. Und so mußte es auch kommen, denn bei jedem Vorstoß, den sie unternahmen, wuchs sein Unrecht; der Philosoph wurde immer schöner und der Heilige immer häßlicher.

Ihre Zukünftige kann nicht anders – sie muß lieben; also liebt sie mich mit der ganzen Kraft ihrer Seele; aber wenn ich fort bin, wird sie ins Leere fallen, und das fürchte ich um so mehr für sie, als der Gottesmann, getreu seinem Vorbild, das nur alle siebentausend Jahre einmal verzeiht, es seinerseits nur alle sieben Jahre tut.

Meine Schläfen sind ergraut; Sie müssen mir schon, wenn ich weiterleben soll, die Vorrechte meines Alters zugestehen, und das heißt, mein Freund, daß ich die Freuden der Tafel und ein Glas guten Weins genießen darf. Im Herzen der Frauen habe ich einen so kleinen Platz, daß es nicht lohnt, davon zu reden. Indessen hoffe ich, daß Sie mich mit dem Gesicht wiedersehen werden, das Sie sich bestellt haben: rot, aber nicht zu sehr, und frisch, als käme ich aus Deutschland zurück. Es bleibt dabei. Ich werde mein Möglichstes tun!

141. An Sophie Volland

12. Oktober 1770

Ich bin Ihnen doch wohl über mein schlechtes Betragen Rechenschaft schuldig. Lassen Sie mich mit jenem Freitagmorgen beginnen, an dem ich zwischen zehn und elf aus Isle entführt wurde. Gegen zehn Uhr abends kamen wir in Châlons an. Madame Duclos hört Pferde, hört, wie ein Wagen in die Straße einbiegt; sie eilt an ihre Tür; sie glaubt, Madame de Maux und Madame de Prunevaux in die Arme zu schließen, die sie erwartete. Stellen Sie sich ihre Überraschung vor, als sie mich sah, mich, den sie nicht erwartet hatte! Ich wurde deshalb nicht weniger gut aufgenommen.

Ich glaubte Madame de Maux, durch ein Frauenleiden ans Bett gefesselt, noch in Bourbonne. Sie hatte mir nach Langres geschrieben, Doktor Juvet habe sie dazu verurteilt, bis zum 25. zu bleiben. Wir reisten beide, ohne unsre jeweiligen Pläne zu kennen, und die Sache hätte nicht besser ablaufen können, wenn wir uns miteinander abgesprochen hätten.

Um sieben Uhr, eine Stunde nach mir, ließ sich abermals ein Postillon vernehmen, andere Pferde, andre Wagen. Es waren Madame de Maux, Madame de Prunevaux und ein Monsieur de Foissy, Stallmeister des Herzogs von Chartres, ein Mann von dreißig Jahren, doch mit der Urteilsfähigkeit und Vernunft eines Fünfundvierzigjährigen, voller Rücksichtnahme, Sanftheit, Höflichkeit, Naivität und Fröhlichkeit. Er war einer Ischias wegen nach Bourbonne gebracht worden, die er sich im Dienst der Großen zugezogen hatte. Dort hatte er die Damen kennengelernt. Er hatte viel Gefallen an ihnen gefunden, sie an ihm. Er hatte seine Rückkehr hinausgeschoben, um sie zu begleiten, hatte seinen Platz in der Postkutsche einer ihrer Kammerzofen überlassen und den freien Platz im Wagen der Madame de Maux eingenommen. Sie hatten ihn nach Vandœuvre zu Monsieur de Provanchère mitgebracht, den er nicht kannte, so wenig wie dieser ihn, und war von ihm

340

empfangen worden, wie er es verdiente. Und nun kam er mit ihnen in Châlons bei Monsieur Duclos an, den er nicht kannte, so wenig wie dieser ihn, und von dem er nicht weniger gut aufgenommen wurde.

So waren wir denn alle miteinander in Châlons bei Duclos, und seine Frau hatte eine wahrhaft närrische Freude, uns bei sich zu haben. Nie in meinem Leben habe ich ein glücklicheres Geschöpf gesehen; sie hat alles ihr nur Mögliche getan, um uns den Aufenthalt in ihrem Hause angenehm zu machen, und tat es mit einer Aufrichtigkeit der Seele und mit Freudenbezeigungen, die man nicht beschreiben kann. Sie hätten es sehen sollen! Ich habe den Samstag und Sonntag in Châlons verbracht und bin am Montagmorgen abgereist. Madame de Maux und die andern sind zwei Tage länger geblieben.

Am Sonntag schloß die Theatersaison. Wir gingen in die Komödie. Der Mann, der die Besucher begrüßte, wußte, daß ich im Zuschauerraum saß, und richtete ein öffentliches Kompliment an mich, das er gar nicht so schlecht formulierte. Nun, Sie kennen mich. Stellen Sie sich meine Verlegenheit vor! Ich habe mich in meiner Loge klein und immer kleiner gemacht und wenig hätte gefehlt, so wäre ich vor Scham unter den Cotillons der Damen verschwunden.

Während mit Ausnahme der Hausherrin noch alles schlief, wurden unsre Pferde angespannt: wir frühstückten und nahmen Abschied. Die gute Duclos zerfloß in Tränen, ihr Gatte ebenfalls. Auch ich weinte und mein kleiner Schwiegersohn war hinausgegangen, damit ihn nicht das gleiche Verlangen ankäme. Ich habe erfahren, daß sich die gleiche schmerzliche Szene bei der Trennung von Madame de Maux wiederholte. Am 26. September bin ich dann beim Einbruch der Dämmerung angekommen. Ich wäre schon zum Diner dagewesen, hätte unser kleiner Postillon bei der Ausfahrt von Château-Thierry nicht die Straße nach Soissons statt nach Paris genommen . . .

An Affairen und Bedrängnissen des Alltags habe ich keinen Mangel. Sie können sich vorstellen, was ich nach zwei Monaten Abwesenheit an Unerledigtem vorgefunden habe. Meine Frau war bei guter Gesundheit, meine Tochter war krank, sehr krank gewesen und war es noch. Jetzt geht es ihr besser. Was mich betrifft, so habe ich bereits alles verloren, was ich an Leibesfülle, Kräften und Fröhlichkeit auf der Reise gewonnen hatte. Die ersten drei Tage war mir, als lebte ich in einer vergifteten Atmosphäre. Ich mußte mich derart abrackern, daß die Maschine durcheinander geriet. Drei Tage bin ich krank gewesen und konnte das Haus nicht verlassen. Dann war's vorüber, aber drei Tage später hat es noch einmal angefangen. Der Magen verweigert seinen Dienst, die Verdauung funktioniert nicht. Dann kam mein Namensfest. Um die andern zu amüsieren, mußte ich an ausschweifenden Tafelfreuden teilnehmen, und das hat mir den Rest gegeben . . .

142. *An Grimm*

15. Oktober 1770

. . . Freuen Sie sich mit mir! Der Augenblick meiner Freiheit ist nahe, der Verfügung über meine Zeit und einer neuen Ordnung des Lebens.

Nach genauer Selbstprüfung habe ich festgestellt: ich leide gar nicht, ich werde auch nicht leiden!

Ich möchte jede Wette eingehen, daß sie unglücklich wird; aber ich habe sie gewarnt, nun bin ich ihr und mir nichts mehr schuldig. Ebenso unmißverständlich habe ich mit dem Mann geredet.

Das einfache und freundliche Gemüt hat mir alles gestanden, vom *Gloria Patri* bis zum *Amen*. Auf das Billett hin, das man ihm geschrieben hatte, ist er herbeigeeilt; er hat sich erklärt, er hat geweint; er darf seine Cour machen, natürlich zu den üblichen Bedingungen: schön brav und zurückhaltend sein, und so weiter! Selbstverständlich hat er alles versprochen, und Sie erraten, wie sicher man sich nun seiner und wie sicher auch sich selber fühlt! . . . Wird man denn niemals aus den Kinderschuhen sein?

Es macht mir richtig Spaß, wie ich sie ermutige, aufeinander zuzueilen, und wie sie aus Leibeskräften rennen!

Und wie unsere Freundin auf meine Bemerkung reagiert hat: Aber er begehrt Sie doch! . . . Er begehrt mich, wie, er begehrt mich? – Oh ja, Madame! – Das haben wir nicht vereinbart! – Und wie doch die Zufriedenheit aus jeder Pore ihres Gesichtes spricht! Und wie ihr Freund es gewahrt und es ihr sagt!

Wenn das nicht zu einem glücklichen Ende gelangt ist, bevor zwei Wochen um sind, dann wird ein Philosoph auf seinen Titel verzichten müssen.

Andererseits verlangen es der Anstand (vielleicht) und der Stolz, daß ich mich trotz allem dort sehen lasse. Ein plötzliches Verschwinden würde auffallen. Ich möchte sie nicht verlegen machen . . . Aber Herr Philosoph, warum lassen Sie sich denn gar nicht mehr bei uns blicken? Kommen Sie doch wieder einmal . . . Es ist das liebe Kind, das so spricht. Tut sie es meinetwegen, oder im Namen der Mama?

Würden Sie mir wirklich Glauben schenken, wie würden Sie darüber lachen!

Glauben Sie mir nur. Ich bin weder ungerecht noch verrückt. Vielleicht werde ich Ihnen eines Tages beweisen, daß ich beides sein könnte.

Ich habe mich mit ihr ausgesprochen. Unsere Freundschaft bleibt unangetastet, aber ich verlange, daß mir die Verfügung über meine Zeit zurückgegeben wird. Man weigert sich und akzeptiert Sie als Richter. Anscheinend stellt man sich vor, daß Sie mich der Rücksichtnahme, der Schicklichkeit *und so weiter* opfern. Ich glaube und hoffe, mein Freund, daß Sie das nicht tun. Ich beschwöre Sie, ihr das deutlich und energisch zu erklären. Auch ich will meinen Strohsessel haben und habe sie scherzhaft darum gebeten, ihn mir zu schicken . . .

143. *An Grimm*

Grandval, 21. Oktober 1770

Sie sind sehr scharfsichtig, mein Freund, aber dieses eine
Mal glaube ich besser zu sehen als Sie, weil ich eine andre
Brille auf der Nase habe.

Es ist mir lieber, ich kann sie für flatterhaft statt für
unehrlich halten. Beachten Sie, wie der Herr Stallmeister
sich in Bourbonne zwischen Mutter und Tochter einrichtet. Alle beide, überzeugt, daß er es auf die eine oder auf
die andre abgesehen hat, fordern ihn auf, sie zu besuchen,
behalten ihn täglich zum Souper da, lassen ihn seine Rückreise hinausschieben, nehmen ihn nach Vandœuvre mit,
wo niemand ihn kennt, nach Châlons, wo es sich ebenso
verhält; erlauben ihm in Paris, daß er ihnen ständig den
Hof macht, nehmen von ihm Wagen und Wildbret an (von
dem ich übrigens gegessen habe, und das mir geschmeckt
hat), erwarten, daß er sich erklärt, arrangieren eine Vorstellung im Louvre, geben ihm die Erlaubnis, daß er ihnen
schreibt, und verpflichten sich damit, ihm zu antworten –
und so weiter . . .

O meiner Treu, wenn man fest entschlossen ist, diesem
Mann zu verweigern, wozu man ihn so fortgesetzt ermu-
tigt, dann riskiert man, ihn leichten Herzens tief unglücklich zu machen! Ist das die Rolle, die einer so freimütigen,
so gutherzigen, so ehrenhaften Frau wie unserer Freundin
zu Gesichte steht?

Und was wird aus meinem Glück und meiner Seelenruhe bei all diesen Umtrieben? Hätte man sich vorgenommen, mich um den Verstand zu bringen: was hätte man
Besseres tun können?

Und was wird aus ihrem Glück und ihrer Seelenruhe,
mit dem beständigen Schauspiel eines Unglücklichen vor
Augen, den sie auf dem Gewissen hat? Schafft man sich
einen solchen Zeitvertreib, wenn man fünfundvierzig ist?

Eine Frau, die nicht lieben will und der die täglichen Besuche nicht genügen, die man ihr in ihrem Hause abstatten
darf, und die es einrichtet, daß sie einen Mann, von dem

sie leidenschaftlich geliebt wird, dreimal die Woche in einem andern Hause trifft – benimmt diese Frau sich richtig? Kennt sie wirklich ihr Herz? Und nimmt sie noch irgendeine Rücksicht auf ihren Freund?

Geben Sie zu, daß ich, gelinde gesagt, sehr leichtfertig behandelt werde; geben Sie zu, daß dieses Verhalten jede Spur von Zartgefühl vermissen läßt. Geben Sie zu, daß Sie sich noch viel stärker verletzt fühlen würden als ich. Gibt es für eine Frau und für eine Geliebte verschiedene Verhaltensregeln? Verhielte Ihre Frau sich so, würden Sie dann nicht ein Wörtlein mit ihr reden? Seien Sie gerecht, da doch das Studium und die Ausübung der Gerechtigkeit die Beschäftigung Ihres Lebens gewesen sind!

Ist sie ihrer selbst sicher? Wer kann das wissen?

Und wäre sie ihrer sicher, brauchte sie mich dann gar nicht zu schonen? Nein, ich leide nicht, ich werde auch nicht leiden! Aber wer hat es ihr gesagt?

Gibt es verschiedene Verhaltensregeln für Frauen und Männer? Was würde sie denken, was würden Sie von mir denken, wenn ich von einer andern geliebt würde und mir alles herausnähme, was sie getan hat?

Ich spreche so zu Ihnen – nicht um sie in Ihren Augen herabzusetzen noch um meiner Verbitterung Luft zu machen. Ich bin nicht verbittert, ich bin ruhig, ich bin glücklich und ich muß nicht erst allein sein, um den Wert der Freiheit zu fühlen, die man mir zurückerstattet!

Wenn sie ihrer Wege geht, dann werde ich sie ohne Bedauern verlieren; kehrt sie zurück, werde ich sie mit Freuden wieder aufnehmen.

Ob sie nun aber geht oder mir bleibt – ich werde aufrichtig um ihr Glück besorgt sein; an der Achtung, die ich ihr entgegenbrachte, wird sich nicht das geringste ändern, und ich werde ihr all meine Zuneigung bewahren.

Ich fürchte sehr, Ihr seht mich beide nicht, wie ich bin. Ich habe keinerlei Verdienst bei dieser schönen Selbstbescheidung. Es kostet mich nichts, gar nichts. Und es wäre reine Bosheit, würde ich ihr das geringste Leid zufügen, denn weder die Eigenliebe noch das Herz sind gekränkt.

Ich will Ihnen wiederholen, was ich ihr geschrieben habe. Ich kenne meine Wünsche; ich weiß, was ehrbar ist, aber was es bedeutet, nicht frei zu sein, weiß ich genauso gut . . .

144. *An Madame Necker*

Herbst 1770

Fast hätte ich vergessen, Sie für alles Ungehörige, das Sie in meinen *Salons* gelesen haben werden, um Verzeihung zu bitten! Seien Sie versichert, Madame, daß ich nicht die Absicht hatte, gegen die Achtung zu verstoßen, die ich Ihnen schulde. Ich gehe mit meinen eigenen Werken um wie mit denen der andern. Eine Zeile, die gut geschrieben und gut gedacht ist, ein phantasievoller Einfall, ein ehrbares Gefühl: das ist das einzige, woran ich mich erinnere, das einzige, was ich Ihnen zur Lektüre vorlegen wollte.

Gott las eines Tages das Leben eines Ehrenmannes – das heißt ein Leben, in dem gute und schlechte Taten miteinander vermischt waren. Er hatte den Erzengel Gabriel zu seiner Rechten und den Teufel zu seiner Linken. Satan zeigte mit dem Finger auf alle anklagenden Zeilen und lächelte dazu; der Engel weinte, und jede seiner Tränen löschte, indem sie auf das Blatt fiel, die Zeile aus, die Satan zum Lächeln gebracht hatte. Sie, Madame, hätten zuviel weinen müssen, wenn jede Dummheit in meiner Schrift Sie eine Träne gekostet hätte. Bedenken Sie, daß ich Ihnen hiermit meine Beichte anvertraut habe; bedenken Sie, daß ich mich darin so zeige, wie ich bin: persönlich, bei geschlossenen Türen und Fenstern, ohne Hülle und ohne Scham. Bedenken Sie, daß ich mit dieser Kritzelei nicht den geringsten Anspruch verbunden habe – daß ich nichts von dem, was sie an Passablem enthalten mag, eigens gesucht noch irgend etwas von dem bereut habe, was mir an Schlimmem einfiel; daß ich alles heruntergeschrieben habe, ohne auszuwählen und auszusondern, so wie ein

Gießbach zu Tal stürzt, indem er Bäume, Pflanzen und Tiere mit sich reißt, aber auch, von viel Schlamm bedeckt, einige kostbare Dinge.

Wenn man die Bruchstücke, die Ihnen nicht mißfallen haben, für Sie abgeschrieben hat, so wird es sicherlich nur ein ganz kleiner Teil dieser unförmigen Masse sein, aber das einzige, was ich wagen würde zu veröffentlichen. Zählte ich nicht so sehr auf Ihre Nachsicht, würde ich mir wegen meiner Indiskretion viel Sorgen machen. Ich bitte Sie inständig, mich nicht zu verachten. Nicht die Gedanken, die Taten sind es, die den Biederen vom Bösen unterscheiden. Die geheime Geschichte der Seelen bleibt immer so ziemlich dieselbe. Da ist eine dunkle Höhle, die von guten und bösartigen Tieren jeder Art bewohnt wird. Der Böse öffnet den Eingang und läßt nur die letzteren heraus; der Ehrenmann tut das Gegenteil. Sie haben die Höhle betreten wollen, und ich habe zugestimmt. Monsieur Grimm war unerschrocken genug, Männer und Frauen von höchstem Rang einen Blick durch die Gitterstäbe tun zu lassen, aber das rechtfertigt mich nicht. Fällt etwas Gutes bei Ihnen nicht stärker ins Gewicht als hundertmal Schlechtes, dann bin ich verloren.

Wenn dieses Manuskript Ihnen unnütz oder lästig geworden ist, bitte ich Sie, es mir versiegelt zurückzusenden.

Tausendfach Pardon, Madame, ich bitte Sie auf den Knien darum. Und denken Sie sich den ganzen Apparat einer öffentlichen Abbitte hinzu. Dann aber reiben Sie sich die Augen und schlagen sich das alles aus dem Sinn.

145. An Grimm

Grandval, 2. November 1770

. . . Ich habe mich zu Ihnen nicht über den König von Polen geäußert, weil, wenn es um seine Maitresse geht, selbst ein König nur ein armseliger Wicht ist. An Ihren König werde ich denken, wenn meine Freundin mir die Muße dazu gelassen hat. Ja wirklich, mein Herz ist hart wie ein Kiesel-

stein. Das geht so weit, daß ich, wenn ich am Morgen aufstehe, glaube, man habe mir während der Nacht das ge-
stohlen, das ich hatte, und mir dafür ein andres eingesetzt.
Und darüber bin ich nicht besonders glücklich, denn ich
hing sehr an meinem alten. Bei Ihnen hoffe ich es wiederzufinden . . .

Mein Gesundheitszustand wäre schlecht, sofern dies
überhaupt möglich wäre. Mag er sein, wie er will, ich sorge mich nicht mehr um mich. Ich habe hier eine immense
Arbeit erledigt und gleichzeitig zwei oder drei Magenver-
stimmungen gehabt, eine nach der anderen. Aber ich habe
nur davon gesprochen, um mich von all den kleinen Skla-
vereien zu befreien und vollständiger über meine Tage
verfügen zu können. Ich habe Bemetzrieders Harmonielehre ins reine geschrieben. Das ist, wenn ich mich nicht
sehr täusche, ein schönes und bezauberndes Werk. Wenn
Sie einen Blick hineinwerfen könnten, bevor es gedruckt
wird, dann wäre das sehr gut. Aber ich wage es nicht zu
hoffen . . .

Ich quelle über von Neuigkeiten, die ich Ihnen mitteilen
möchte. Man hat mir einen Brief hierhergeschickt, den ich
aufgehoben habe, um ihn Ihnen zu zeigen. Daraus werden
Sie ersehen, wieviel Wert man auf mein Kommen legte,
und wieviel wohl auch auf mein Bleiben. Versuchen Sie
unserer Freundin meine Gefühle zu erklären . . .

Ich bin mit allem jetzt so nachlässig, daß ich fast vergessen hätte, Ihnen zu sagen, daß man über drei oder vier
Briefe wütend ist, die ich von hier geschrieben habe. – Was
hatten Sie denn darin zum Ausdruck gebracht? – werden
Sie fragen. – Nichts, Monsieur, als Vernunft, Ehrbarkeit,
Zärtlichkeit. Ich habe darum gebeten, daß man Ihnen den
letzten zuschickt, da man Ihnen doch den Schiedsspruch
überlassen hat. Tut man es, dann werden Sie zu befinden
haben; tut man es nicht, wie ich vermute, dann werden Sie
es nie erfahren. Verstehen Sie das?

Guten Tag, lassen Sie es sich gut gehen. Lieben Sie
mich, denn es ist entsetzlich, von niemand geliebt zu wer-

den. Der letzte Brief von ihr hat mir unglaublich weh getan. Ich bin gewiß, daß man mir morgen nichts mehr anmerkt, alles geht vorüber; immerhin ist mein Kopf ganz durcheinander, und wäre es auch nur für ein paar Tage so, dann wäre es schon zuviel. Morgen früh werde ich mich mit Felix beschäftigen, im Lauf des Vormittags wird das gemacht sein.

Oh wie dumm ist dieses Leben! Gestern bewies ich es dem Baron so überzeugend, daß wir beide ins Wasser gegangen wären, wenn die Beredsamkeit und die Wahrheit noch ein klein bißchen Macht über uns hätten . . .

146. An Sophie Volland

28. November 1770

Ich hatte Sie inständig gebeten, gute Freundin, keine reguläre Post vorübergehen zu lassen, ohne mir Nachrichten von Mama zu geben, und Sie haben mir kein Wort geschrieben! Ihr Stillschweigen ist wahrhaft grausam. Ich weiß nicht einmal, ob Sie das ärztliche Gutachten von Bordeu erhalten haben, das ich auf der Stelle eingeholt habe, und das am darauffolgenden Morgen zur Post gegeben wurde. Hätte ich mich des gleichen Vergehens schuldig gemacht, Gott weiß, wie man mich behandeln würde!

Also nehme ich meine Wünsche für Gewißheiten und vermute, daß alles gut steht. Ich kann mir nicht vorstellen, daß Ihre Ängste noch andauern und daß Sie sie mir verheimlicht haben sollten. Bin ich nicht mehr gut genug, an Ihren Sorgen teilzunehmen? Liebe und gute Freundinnen, Sie wählen einen denkbar schlechten Augenblick, um zu erkalten, das möchte ich Ihnen sagen. Mehr als je habe ich das Bedürfnis, jemand zu lieben und wiedergeliebt zu werden. Auf Sie hab' ich für mein ganzes Leben gebaut; lassen Sie mich im Stich, dann habe ich niemand mehr.

Der Gesundheitszustand meines Kindes verschlimmert sich von Tag zu Tag. Sie sagt es mir nicht, um mich nicht zu beunruhigen; aber ich sehe es ja. Das wirft einen schwarzen Schleier über mich, der mir meinen ganzen Tag verdunkelt. Da es fast ihr einziges Glück ist, mich um sich zu haben, geh ich wenig aus dem Hause. Ich habe in der Provinz und auf dem Lande einen solchen Gefallen an der Zurückgezogenheit gefunden, daß ich mich von jeder Gesellschaft fernhalte. Ich sitze da an meinem Schreibtisch, arbeite, träume, lese, bin nicht glücklich, fühle mich aber anscheinend besser als woanders, denn ich ziehe nur ungern meinen Schlafrock aus.

Sagen Sie mir, daß Sie mich lieben und von meiner unerschütterlichen Anhänglichkeit überzeugt sind. Fügen Sie hinzu, daß Mama ißt, trinkt, schläft und sich wohl fühlt – und ich werde Ihnen einen besonders süßen Augenblick verdanken.

147. An Madame Caroillon La Salette

Ende März 1771

Sie haben unsern Sohn umarmt, wenn Sie diesen Brief erhalten, und er wird es in unserm Namen getan haben. Mir scheint, unsere Kinder haben die Zeit genutzt, die sie zusammen verbringen konnten, um sich kennenzulernen und festzustellen, daß sie besser als je zueinander passen. Darüber habe ich mich gefreut. Caroillon wird Ihnen über die Schritte berichten, die ich unternommen habe, um ihm hier einen achtbaren Stand zu verschaffen, und Sie können ihm Glauben schenken, wenn er von meinen – gut oder schlecht begründeten – Hoffnungen erzählt, dabei Erfolg zu haben.

Ich habe ihn allen meinen Gönnern vorgestellt, den großen wie den kleinen. Ich weiß nicht, welchen Eindruck er von diesen Persönlichkeiten gewonnen hat, aber es ist keine unter ihnen, die von ihm nicht die beste Meinung gewonnen hätte. Man findet, er hat eine anständige und ehrbare Haltung, Besonnenheit, Verständigkeit und eine Lebenserfahrung, die man von seinem Alter nicht ohne weiteres erwarten würde. Vielleicht wünschen Sie im

Grunde Ihres Herzens, daß all diese Schritte keinen Erfolg haben und unsre jungen Leute gezwungen sind, sich in der Provinz einzurichten. Sollte es sich so verhalten, so wäre es nicht gerecht von Ihnen, gute Freundin, all Ihre Kinder um sich versammeln und mich und die Mutter des einzigen berauben zu wollen, das wir haben. Das hieße uns dazu verurteilen, den Rest unsres Lebens allein zu verbringen.

Ich gestehe Ihnen, daß meine Verwirrung zunimmt, je näher der Abschluß heranrückt. Caroillon hat mir und meiner Tochter gegenüber beteuert, es sei seine feste Absicht, sich hier niederzulassen. Ich wäre ernstlich betrübt, würde er mich in diesem oder irgendeinem andern Punkt hinters Licht führen. Ich bitte Sie inständig, gute Freundin, auf ihn einzuwirken, daß er sich mir gegenüber der gleichen Geradheit und Offenheit befleißigt, die er in meinem Verhalten ihm gegenüber feststellen wird. Machen Sie ihm klar, daß ich, gerade weil es so leicht ist, mein grenzenloses Vertrauen zu mißbrauchen, einen Mißbrauch nur schwer verzeihen würde.

Wir haben einen Ehevertrag entworfen. Da ich von diesen Angelegenheiten wenig verstehe, habe ich das einem Rechtsberater überlassen müssen, dem ich anempfohlen hatte, es so einzurichten, daß ich sowohl als der Vater meines Schwiegersohns wie als der meiner Tochter in Erscheinung trete. Hätte Caroillon mir zwei Tage mehr zugestehen können, so hätte er dieses Schriftstück fix und fertig Ihnen, gute Freundin, und meiner Schwester vorlegen können, damit Sie beide Ihre Bemerkungen dazu machen konnten; aber seit seiner Abreise habe ich alles in die Hände jenes verständigen, gerechten und besonnenen Mannes zurückgelegt, mit dem ich ihn bekannt gemacht hätte und mit dem er zufrieden gewesen wäre, da er sich ebenso durch seine Rechtschaffenheit wie durch seine Kenntnisse empfiehlt.

Im übrigen bitte ich Sie und unser Kind in Betracht zu ziehen, daß meine Frau und ich keinerlei Verwandte haben, so daß, verlöre Caroillon seine Frau im ersten Ehejahr, wir ihn und die Ihren vorzugsweise als unsere wahren Erben betrachten würden. Sie wären es sowohl durch die kurze Blutsverbindung zwischen unseren Kindern wie durch die alte Freundschaft, die seit so langer Zeit die beiden Familien verknüpft. Ich will dieser Überlegung nicht mehr Gewicht beimessen, als sie verdient, aber man sollte sie doch auch nicht geringschätzen, und ich glaube, daß sie bei der gebotenen Vorsicht dazu dienen kann, Schwierigkeiten aus dem Weg zu räumen, falls je welche auftreten sollten.

Ich habe Caroillon unsere finanzielle Lage klar und deutlich dargelegt; er weiß also, woran er sich halten kann, sowohl was unseren gegenwärtigen Besitz als was seine Hoffnungen für die Zukunft betrifft. Keinerlei Zweifel hege ich über den Vermögensstand, den er mir seinerseits unterbreitet hat, denn ich halte ihn für zu redlich und einsichtig, als daß er mir etwas verheimlichen könnte; und in Sie, gute Freundin, habe ich ein solches Vertrauen, daß Ihre Versicherung: es ist, wie mein Kind gesagt hat, für mich das Evangelium selbst sein wird.

Es ist mir vorgekommen, als nähme Caroillon sehr viel Rücksicht auf seine Brüder, und ich schätze ihn deshalb nicht weniger. Aber er muß einsehen, daß meine Tochter die gleichen Rücksichten auf ihre Verwandten nimmt. Im übrigen ist es mein Wunsch, und sicher auch der Ihre, daß alles sich regeln läßt, ohne daß jemand benachteiligt wird. Ich hasse die Ungerechtigkeit wie den Tod, und ganz gewiß ist mir jeder selbstsüchtige Gedanke fremd. Alles, was ich im Sinne habe, ist, für jetzt und die Zukunft unsern Kindern und denen, die wir von ihnen erhoffen, ein glückliches Los zu sichern. Wenn es mir glückt, Caroillon hier unterzubringen, so wäre mein Erfolg gering, wenn diese Stellung nicht ausreichte, die beiden in den Genuß eines redlichen Wohlstandes zu setzen.

Meine Tochter ist nicht leichtfertig. Ihr Sohn scheint es ebensowenig zu sein: so kann alles nur gutgehen. Mit mir könnte, glaube ich, Satan mit all seiner Hörnerpracht zusammenleben. Meine Frau ist, obgleich sehr gutherzig, sehr menschlich, sehr wohltätig, nicht ganz so umgänglich wie ich; doch da es der Plan unserer Kinder ist, einen eigenen Haushalt zu gründen und bei uns nur ab und zu hereinzuschauen, und der unsere, uns bei ihnen nur sehen zu lassen, wenn zärtliche Liebe uns geleitet, bin ich sicher, daß nichts als Eintracht und Freundschaft zwischen uns herrschen wird.

Sie werden, Madame und liebe Freundin, unverzüglich den Entwurf des Vertrags erhalten, so wie er den gemeinsamen Interessen unserer Kinder zu entsprechen scheint. Im übrigen ist es nie der gegenwärtige Stand der Dinge, der solche Urkunden prekär macht. Schwierigkeiten entstehen erst durch Ereignisse, die stets möglich, aber schwer voraussehbar sind. Dies alles schreibe ich nicht Ihnen allein. Ich spreche auch zu Caroillon, zu seinen Brüdern, seinen Freunden, meiner Schwester, ihrer Freundin, zu den beiden Familien insgesamt und zu jedem ihrer Mitglieder insbesondere. Grüßen Sie alle von mir, und empfangen Sie die zärtliche und unantastbare Hochachtung des Vaters und der Tochter, sowie die aufrichtige Freundschaft der Mutter.

148. An die Fürstin Daschkova

3. April 1771

. . . Wäre ich sicher, daß, was ich Ihnen nun schreibe, nicht in andre Hände fällt als die, denen ich es zudenke, so könnte ich Ihnen berichten, daß ein Generalanwalt die Jesuiten aus der Bretagne verjagt hat. Diese umtriebigen und rachsüchtigen Gesellen haben den Gouverneur der Provinz auf ihre Seite gebracht; besagter Gouverneur ist ein gewalttätiger, entschlossener, despotischer Mann, und der große Herr hat den Generalanwalt ins Gefängnis werfen lassen. Das Parlament der Provinz verteidigt seinen Amtsträger, und die Angelegenheit wird vor das Parlament der Hauptstadt gebracht; das Parlament der Hauptstadt ruft die

Rache auf den Vertreter des Hofes herab, und der Hof verteidigt mit gleicher Wärme seinen Vertreter. Während sich dieses spaßige Knäuel entrollt, legt sich der Gebieter eine neue Gebieterin zu, der Erste Minister ernennt einen Richterbeamten anstelle des Kanzlers, und flugs arbeitet der Kanzler auf den Sturz des Ministers hin und hat damit Erfolg. Besagter Kanzler nimmt die Sache des Vertreters des Hofes in die Hand, und da er kein anderes Mittel sieht, seinen Schützling der Härte der Gesetze zu entziehen, als das Parlament der Hauptstadt zu stürzen, unterbreitet er besagtem Parlament einen Erlaß, von dem er sicher ist, daß man ihn zurückweisen wird. Tatsächlich wird der Erlaß zurückgewiesen und das Parlament der Hauptstadt aufgelöst; die Befugnisse der Richterbeamten, aus denen es sich zusammensetzte, werden annulliert; und was den Aufgabenbereich dieses Parlaments ausgemacht hatte, ist nun auf eine gewisse Zahl von kleinen Gerichtshöfen verteilt.

Dieses Ereignis hat große Aufregung in allen Rangordnungen des Staates hervorgerufen. Die Fürsten legen Verwahrung ein, die anderen Gerichte legen Verwahrung ein, der gesamte Adel legt Verwahrung ein; Verwahrungen, wohin man blickt. Die Köpfe erhitzen sich und dieses Feuer greift schrittweise um sich, die Grundsätze der Freiheit und Unabhängigkeit, einst in den Herzen einiger Selbstdenkender verborgen, gewinnen an Boden und werden offen ausgesprochen.

Jedes Jahrhundert hat einen Geist, der es kennzeichnet. Der Geist des unsern scheint der der Freiheit zu sein. Die erste Attacke gegen den Aberglauben ist heftig und maßlos gewesen. Aber wenn die Menschen einmal irgendwie gewagt haben, den Schutzwall der Religion anzugreifen – den fürchtenswertesten und geachtetsten, den es gibt –, dann ist kein Halten mehr. Haben sie erst einmal drohende Blicke gegen die Majestät des Himmels gerichtet, dann werden sie sie alsbald gegen die Herrschaftsverhältnisse auf der Erde richten. Das Tau, das die Menschheit festhält und einschnürt, ist aus zwei Seilen gemacht: das eine kann nicht nachgeben, ohne daß das andre zerreißt.

Dies ist unsere gegenwärtige Lage. Wer vermöchte zu sagen, wohin sie uns führt? Macht der Hof einen Rückzieher, so werden seine Gegner ihre Kraft gewahren, was schwerwiegende Folgen nach sich ziehen müßte. Wir nähern uns einer Krise, die auf Sklaverei oder Freiheit hinauslaufen wird; ist es die Sklaverei, so wird sie der ähnlich sein, die in Marokko oder Konstantinopel herrscht. Wenn alle Parlamente aufgelöst sind, und Frankreich von kleinen Gerichtshöfen aus gewissen- und einflußlosen, auf das erste Zeichen ihres Herrn absetzbaren Beamten überflutet sein wird, dann ade, Privilegien der verschiedenen Stände! Ohne dieses ausgleichende Prinzip wird die Monarchie zum Despotismus entarten. Wäre diese Bewegung, die heute die Verfassung in ihren Grundfesten erschüttert, vor der Vertreibung der Jesuiten entstanden, so könnte die Angelegenheit beendet sein; alle Gerichte wären dann im Handumdrehen mit den Mitgliedern und Parteigängern des Ordens besetzt worden, und wir wären zu einer Art Theokratie herabgesunken mit der Folge, daß wir in weniger als hundert Jahren in einen Zustand der absoluten Barbarei zurückgefallen wären. Es würde nicht mehr erlaubt sein zu schreiben, wir würden nicht einmal mehr wagen, zu denken, und bald gäbe es auch nichts mehr zu lesen, denn Autoren, Bücher und Leser wären unterschiedslos geächtet.

Dergleichen läßt sich nur ahnen; daneben aber gibt es auch gewisse Möglichkeiten, die aus der jeweiligen Lage selbst hervorwachsen. Was mich anbelangt, so kann ich versichern, daß ich in anderen Zeitläufen niemals fähig gewesen wäre, auf die Gedanken zu kommen, die ich heute mit mir herumtrage. Es ist meiner Überzeugung nach tausendmal leichter, daß ein aufgeklärtes Volk zur Barbarei zurückkehrt, als daß ein barbarisches Volk auch nur einen Schritt auf die Zivilisation hin tut. Es scheint in Wahrheit, daß alles, das Gute wie das Schlechte, seine Zeit der Reife hat. Wenn das Gute den Punkt seiner Vollkommenheit erreicht, beginnt es sich zum Schlechten zu wenden; ist das Schlechte perfekt, dann wandelt es sich allmählich zum Guten . . .

149. An Grimm

Anfang August 1771

. . . Guten Tag, mein Freund! Ich umarme Sie von ganzem Herzen. Das Schicksal packt mich bei den Schultern und stößt mich in die Provinz. Ich werde kämpfen, solange ich kann, aber ich fürchte, es wird die Oberhand behalten. Immerhin hab ich noch zwölf bis fünfzehn Monate Zeit und kann noch zwei bis drei Rettungsbalken ausprobieren; wolle Gott, daß sie nicht morsch sind. Ich werde alles versuchen, was in meinen Kräften steht.

Ihre Worte: dies sei die erste Situation in meinem Leben, in der Sie mich nicht wiedererkannt hätten, sind mir nahegegangen. Mein Kind wird mich da verteidigen müssen. Ich hätte alles auf der Welt gegeben, damit sie auf diesen verwünschten Ehestand verzichtete, aber ich habe ihr niemals ein Wort davon gesagt. Von ihrem Liebsten bin ich nicht gerade begeistert, dessen ungeachtet habe ich mich bei ihr für ihn eingesetzt. Ich sehe sie im Begriff, sich in der Provinz zu vergraben, und tue das menschenmögliche, sie hier zu behalten; nur – wenn ich, wie Diogenes, Statuen einmal die Hand hingestreckt habe, widerstrebt es mir, es ein zweites Mal zu tun.

Ich könnte es ja halten wie alle Väter: mein Kind seinem Schicksal anheimgeben und es allein in die Familie des Gatten ziehen lassen. Aber man kann jede Wette eingehen, daß ich, allen Betrübnissen, die Sie mir vorausgesagt haben, zum Trotz, mit ihr gehen werde.

Da haben Sie mich, wie ich bin, wie ich gewesen bin; meine Frau und mein Kind können es Ihnen bezeugen. Wie immer Sie's beurteilen, so und nicht anders hätten Sie mich sehen sollen. Noch einmal, guten Tag! Denken Sie weiterhin über den Vater und sein Kind nach, denn die beiden verdienen es. Und schicken Sie mir Arbeit. Ich bin umgezogen, habe den Zwischenraum einer Etage zwischen mich und die Störenfriede geschoben; von heute an bin ich in meiner Bibliothek installiert . . .

150. An seine Schwester Denise

27. August 1771

Vater, Mutter und Kind umarmen und grüßen Dich!

Liebe Schwester, seitdem Caroillon um Deine Nichte wirbt, hat er – ich weiß nicht, wie er's angefangen hat – Vater, Mutter und Kind unaufhörlich vergrämt. So bringt man seine Pläne nicht zu einem glücklichen Ende! Seine jüngste, üble Vorgangsweise besteht darin, daß er um Deine Nichte feilschen will. Dieser Mensch weiß nicht, daß ich nur zu wollen brauche, um hier jederzeit einen reichen Schwiegersohn zu finden, der mir bei der Abfassung des Heiratsvertrages vollkommen freie Hand lassen würde.

Was sagen alle diejenigen, die ich für ihn zu interessieren versuche, was sagen M. Devaines, M. Trudaine, M. D'Aiguillon, M. Necker? – »Aber Monsieur Diderot, liegt Ihnen wirklich so viel an diesem kleinen Provinzler?« – Und das ist ganz verständlich. Es wäre gewiß leichter, zehn gut plazierte Schwiegersöhne zu finden, als einen einzigen Platz für einen unplazierten. Darauf antworte ich: »Ich habe diesem jungen Mann mein Wort gegeben. Ich schätze ihn. Ich glaube, daß er meine Tochter liebt und von ihr wiedergeliebt wird. Ich habe keinen Grund, mich über ihn zu beklagen, und müßte mich für unredlich halten, zöge ich mein Versprechen grundlos zurück.« – Bei dieser Antwort verstummt man.

Aber Schwesterchen, ich habe nur eine einzige Tochter! Wenn diese Tochter alles geerntet hat, was sie berechtigt ist, von mir, den Meinen und dem Rest meiner künftigen Arbeit zu erhoffen, dann wird sie mehr als hunderttausend Taler besitzen. Ob man das Kind nun von der Seite seiner persönlichen Vorzüge, ob man es von der Seite seines Vermögens betrachtet, mir scheint, man täte gut, sich dem väterlichen Willen zu beugen!

Dazu kommt, daß es mir früher oder später gelingen wird, einen anständigen Platz für ihn zu finden und ihm sozusagen den Fuß in den Steigbügel zu setzen.

Und dieser Trottel läßt es sich einfallen, Berechnungen anzustellen, die weder vernünftig noch redlich sind! Der Mann denkt zuviel an sein Interesse, um verliebt zu sein. Wenn er glaubt, er kann aus meiner Tochter ein Objekt eigensüchtiger Spekulationen machen, dann täuscht er sich. Ich werde ihm hinter die Schliche kommen, und wenn ich ihn entlarvt habe, ihn so behandeln, wie er's verdient.

Er fürchtet, seinen Brüdern ein Unrecht anzutun! Wenn ihm seine Brüder lieber sind als seine Frau, dann soll er Junggeselle bleiben und mir mein Kind lassen! Ich finde es richtig, daß man seine Verwandten liebt; aber wer seine Verwandten mehr liebt als seine Frau, ist ein Dummkopf oder ein Geizhals, und beides ist nichts für mich und meine Tochter. Angélique mag es nicht, daß man um sie feilscht. Sie liebt Caroillon, aber wenn er so weitermacht, wird sie ihn verachten und mit der Liebe wird es aus und vorbei sein. Dann könnte ich sie zwingen wollen, ihn zu heiraten, und sie würde sich nicht beugen.

Ein erster Entwurf des Heiratsvertrags ist bei Pot d'Auteuil aufgesetzt worden. Dieser Entwurf (es ist der, den Caroillon mitgenommen hat) verstieß gegen den gesunden Menschenverstand. Es blieb unklar, ob die Ehegatten in Gütergemeinschaft leben würden oder nicht. Eine nicht genügend durchdachte Urkunde, in der Ihre Nichte in jeder Hinsicht benachteiligt wurde!

Inzwischen habe ich einen zweiten Entwurf von einem rechtschaffenen und aufgeklärten Mann namens Duval aufsetzen lassen, und dieser Entwurf ist nun so, daß M. Duval selbst, hätte er einen Sohn, der um meine Tochter anhielte, nichts daran zu ändern brauchte. Indessen

scheint es, als habe dieser Vertrag die andere Seite ver-
schreckt. Ich bin nicht ungerecht; man zeige mir, worin er
unbillig ist, und ich werde das abändern lassen.

Der wichtigste Artikel ist der, der sich auf die *Unternehmungen* Caroillons bezieht und dessen Gültigkeit auf
achtzehn Jahre festgesetzt ist. Ich habe stipuliert, daß vom
Ertrag der geplanten Unternehmungen nur der beim Tode
des einen oder anderen Ehepartners anfallende Teil in die
Gütergemeinschaft eingehen soll. Gibt es etwas, das ge-
rechter und vernünftiger wäre? Wird, solange meine
Tochter lebt, ihr Gatte sie nicht als Ehefrau, als Hausfrau
und so weiter und so weiter gebrauchen? Es ist also nur
recht und billig, daß sie während der gesamten Zeit ihrer
Dienstleistungen an dem Anteil hat, was die Geschäfte des
Gatten einbringen. Wenn ein Generalpächter sich verheiratet, gehen da nicht die Erträge der Generalpacht in die
Ehegemeinschaft ein? Und dennoch sind diese Erträge
ungleich ansehnlicher als die Pachteinnahmen Caroillons.

Die anderen Artikel entsprechen einander in den beiden
Vertragsentwürfen so ziemlich. Gibt es schwerwiegende
Unterschiede, so braucht man nur ein Wort zu sagen. Es ist
nicht schwer, mich durch Vernunftgründe umzustimmen.
In diesem Fall muß mir aber das Original des Entwurfs mit
begründeten Randbemerkungen zurückgeschickt werden.
Das verlange ich, wenn wir übereinkommen sollen. Wenn
man ewig nicht zu einer Verständigung kommt, macht sich
schlechte Laune breit und das Geschäft kommt nicht zustande.

Liebe Schwester, sorge dafür, daß man mich nicht zum
äußersten treibt. Du kennst einen Teil meiner Gründe zur
Unzufriedenheit, aber Du kennst nicht alle. Sei gewiß, daß
ich bis zum heutigen Tag einer der geduldigsten Schwie-
gerväter *in spe* gewesen bin, die man sich vorstellen kann.
Aber jede Geduld hat einmal ein Ende. Sollte Caroillon
sich vorstellen, daß es mir schwerfällt, für meine Tochter
eine bessere Partie als ihn zu finden – schwerer als ihm,
eine bessere Partie als sie zu finden –, dann verdient er sie

nicht und soll sich ohne viel Umstände woanders umsehen.

Im übrigen sollst Du Deinerseits ganz nach Deinem Willen verfahren. Ich habe Dir niemals nahegelegt, einen Teil Deines Vermögens Deiner Nichte zu übertragen; dieser Gedanke ist Dir von ganz allein gekommen. Bleibe dabei oder nicht, Du wirst mir deshalb nicht weniger lieb und teuer sein. Du hast mit einer gewissen Berechtigung daran gedacht, der Abbé könne sie um das großväterliche Erbteil bringen wollen und Du tätest gut daran, sie durch ein Geschenk zu entschädigen. Solltest Du diesen Entschluß wieder fallenlassen, so würden wir einander nicht weniger lieben. Mach Dir also deshalb keine Sorgen. Ob Du Deine Schenkung machst oder nicht: ich werde immer derselbe sein, das heißt ein Mann, der stets bewiesen hat, daß er über jeden Eigennutz erhaben ist, und dessen zärtliche Liebe zu seiner Schwester von Erbschaftsangelegenheiten nicht im geringsten berührt wird.

Caroillon hat mir eine Erklärung über seine Vermögensverhältnisse gegeben, über die gegenwärtigen wie über die zu erwartenden. Ich habe seiner Mutter daraufhin folgendes geschrieben: »Garantieren Sie mir, Madame, daß diese Angaben Ihres Sohnes der Wahrheit entsprechen; Sie sind eine ehrbare Frau, an Ihr Wort werde ich mich halten.« Ich meine nicht, daß man korrekter zu einer Mutter sprechen kann. Was aber war das Ergebnis? Madame Caroillon hat es für richtig befunden, mir nicht zu antworten, und ihr Sohn hat andere Geschütze aufgefahren. Jetzt will er keine Gütergemeinschaft mehr. Ich soll eine Pension aussetzen, wovon ein Drittel als Witwenpension gelten soll, dazu zehntausend Francs als Gegenwert für Diamanten, Spitzen etc. für den Fall einer Auflösung der Ehegemeinschaft.

Wenn ich etwas von diesen Dingen verstehe, so kann ich nur sagen: es ist schwerlich möglich, einen unredlicheren und lächerlicheren Vorschlag zu machen. Denn schauen Sie, was bedeutet das? Nach Ablauf von dreißig Jahren stirbt der Ehegatte, und die Kinder, falls welche da sind, oder die Seitenverwandten sagen zur Witwe: Nehmen Sie Ihr Heiratsgut wieder an sich, Ihre fünfhundert Pfund Leibgedinge, Ihre zehntausend Francs Garantiesumme, und gehen Sie Ihrer Wege! Sind während der Ehejahre Güter im Wert von einer Million erworben worden, so kann die arme Witwe, die das im Verein mit ihrem Gatten zusammengetragen und gehortet hat, alles schön in den Schornstein schreiben.

Das nenne ich preiswert mit einer hübschen, reichen und wohlerzogenen Frau schlafen, sie zu seiner Haushälterin machen und das Risiko eingehen, eines Tages Besitzer von ein paar hunderttausend Talern zu sein, ohne selbst viel dazu beigetragen zu haben!

Liebe Schwester, all dieses widerwärtige Hin und Her muß aufhören, es paßt nicht zu mir.

Gehen Sie zu Madame Caroillon und ihrem Sohn, veranlassen Sie sie, eine Abschrift des letzten Vertragsentwurfs zu machen und mir das Original mit ihren Einwänden zurückzuschicken. Überall dort, wo diese Einwände vernünftig sind, werde ich ihnen mit Freuden stattgeben; wo sie es nicht zu sein scheinen, werde ich es begründen.

Entweder kommen wir schließlich überein, oder nicht; im einen wie im andern Fall wird die Angelegenheit ausgestanden sein.

Wache vor allem darüber, daß um Deine Nichte nicht gefeilscht wird. Sie hat eine stolze Seele, und sollte sie den Eindruck gewinnen, daß sie nicht Gegenstand zärtlicher Zuneigung, sondern des Eigennutzes und der Habgier ist, dann wäre ihre Entscheidung bald getroffen.

Wie denn! Derselbe Caroillon, der meiner Frau gesagt hat, er sei ganz der Mann, sich mit zehntausend Francs zufriedenzugeben, und der statt dessen dreißigtausend bekommt, eine komplette Garderobe und andere Effekten nicht mitgerechnet, die sich auf zehntausend Francs belaufen werden; ohne auch die Anwartschaften in Rechnung zu stellen, die sich von einem Tag zum andern ergeben und am Ende das Vermögen seiner Frau auf annähernd hunderttausend Taler bringen werden: dieser Caroillon ist immer noch nicht zufrieden? Dann hat er bei Gott einen überaus regen Appetit!

Dies alles verdrießt mich, liebe Freundin – all diese Scherereien! So oder so, es muß ein Ende damit haben . . .

151. An die Herren Briasson und Le Breton

31. August 1771

Die Denkschrift des Herrn Luneau habe ich nicht gelesen und werde sie auch nicht lesen, ich habe Besseres zu tun; aber aus Ihrer Antwort ersehe ich, daß er Ihnen vorwirft, Sie hätten die *Encyclopédie* in einer größeren Zahl von Bänden gedruckt, als Sie gesollt hätten. Woraus schließt Herr Luneau, daß die Zahl der Bände von Ihnen abhing? Die Zahl der Bände eines Werkes wird von der Länge des Manuskripts bestimmt, und die Länge des Manuskripts vom Gegenstand und der Art seiner Behandlung – alles Dinge, die allein vom Autor abhängen, und davon, ob er prägnant oder diffus ist. Herr Luneau weiß so gut wie ich, daß man sich das Talent, gut zu schreiben, nicht selber geben kann. Wenn die Enzyklopädie Mängel aufweist, dann ist es nicht Ihre Schuld, sondern die meine.

Die Händel, die er mit Ihnen wegen der Wahl der Schriftzeichen und der Länge der Seite gesucht hat, scheinen mir genauso unbegründet. Ich sehe nicht ein, welche Verpflichtungen Sie dem Publikum gegenüber haben sollten. Ich habe die Schriftzeichen verlangt, die mir zusagten. Ich habe die Länge der Seite nach meinem Willen festgelegt. Meine Edition sollte meinen persönlichen Vorstellungen entsprechen. Es gibt gewiß keinen Autor, der nicht diese Art von Autorität ausübt, und der nicht wegen der Schrift und der Seite seinen eigenen Geschmack zu Rate zieht, die Natur seines Werkes und die Sorte von Lesern, die er sich erhofft. Herr Luneau, der selbst Werke zum

Druck gegeben und sich Leser erhofft hat, weiß das sehr wohl.

Hätten Sie sich insgeheim oder offen für die kleine Antiqua entschieden, so hätte ich zu Ihnen gesagt: die kleine Antiqua mag ich nicht, ich will die Cicero-Schrift. Wenn Herr Luneau diese Despotie nicht ausübt, dann ist das seine Sache; aber ich sehe, daß er Ihnen mir gegenüber eine Bedeutung zuschreibt, die sich sein Verleger ihm gegenüber bestimmt nicht herausnimmt . . .

Ob Sie nun die Länge der Zeile mit dem Kompaß abgemessen haben oder nicht, und ob Ihrer Berechnung nach die Seite vierundsiebzig oder siebenundsiebzig Zeilen betragen sollte, Tatsache ist, daß ich bei der Durchsicht der ersten Korrekturbögen gesagt habe: Meine Seite ist in Ordnung, ich will sie weder länger noch kürzer; und daß ich, Ihnen das Blatt zurückschickend, wie üblich an den unteren Rand geschrieben habe: korrigieren und drucken!

Und nun zum zweiten Hirngespinst! Weil ich am Beginn des Unternehmens nicht voraussah und nicht voraussehen konnte, daß das Werk mehr als zehn Bände umfassen würde, sollte es Ihnen nicht freistehen, mehr zu drucken? Kommt es nicht alle Tage vor, daß ein Werk mehr oder auch weniger Bände nötig macht, als der Autor dem Publikum angekündigt hatte, ohne daß es sich jemand einfallen läßt, den Verleger zur Rechenschaft zu ziehen? Das Risiko ist an sich schon groß genug, daß er auf seinen Exemplaren sitzenbleibt, wenn das Publikum unzufrieden ist. Herr Luneau oder ich geben ein Werk zum Druck – nehmen wir an, ich liefere das Manuskript. Der Verleger findet, daß mein Gewäsch sehr viel Raum beansprucht, und beklagt sich darüber. Was geschieht nun? Ich schenke ihm Gehör oder nicht, ganz wie es mich gelüstet. Er besteht auf seinem Standpunkt und ich schlage ihm vor, den Druck einzustellen. Er läßt nicht locker und wird lästig; ich bitte ihn, so höflich ich kann, sich zu scheren; und alles, was er tun kann, ist, nach meinem Belieben ein Unternehmen fortzusetzen, in das er sich eingelassen hat, ohne zu wissen, wo es enden würde. Herr Luneau kennt, als die Amphibie, die er ist, sowohl die Rolle des Autors wie die des Verlegers; er wird nicht leugnen wollen, daß es sich so abspielt.

Wenn Sie mit der *Encyclopédie* in siebzehn Bänden gut gefahren sind, soll es mich freuen; aber ich versichere Ihnen, daß Herr Luneau, hätten nicht die Verfolgungen uns die Mehrzahl unserer Mitarbeiter entfremdet, noch ein viel leichteres Spiel mit Ihnen, oder vielmehr mit mir hätte, denn ob Sie gewollt hätten oder nicht – Sie hätten vierundzwanzig Bände drucken müssen.

In der Provinz, in Paris, in allen Ländern des zivilisierten Europa glühte man vor Eifer, einen Beitrag zu diesem gewaltigen Unternehmen zu liefern; da konnte man unmöglich wissen, worauf das Ganze hinauslaufen würde. Hätte man all diese Materialien ins Feuer werfen sollen? Warum nicht? – wird Herr Luneau antworten. Herr Luneau hätte es an meiner Stelle zweifellos getan. Aber ich sehe weder ein, warum der Verleger für meine Ängstlichkeit bestraft werden soll, noch mit welchem Recht man von mir den Mut des Herrn Luneau verlangt. Jeder hat seine Einsichten und Grundsätze, und was der eine in aller Harmlosigkeit tut, würde ein andrer nur unter Erröten wagen.

Wenn er Ihnen vorschreiben will, Sie hätten den gesamten Stoff in der Zahl der angekündigten Bände unterbringen oder die zusätzlichen kostenlos verteilen müssen, so gibt es darauf keine Antwort, meine Herren; darüber lacht man nur!

Als wir ankündigten, die *Encyclopédie* würde nicht weniger als acht Bände und sechshundert Kupferstiche umfassen – was bedeutete das damals? Daß wir im Besitz des Materials für acht Bände Text und von wenigstens sechshundert Zeichnungen waren, und dies entsprach der Wahrheit. Aber was hat diese Ankündigung mit dem Rechtsstreit zu tun, den man uns anhängt? Wären weniger als sechs Bände zustande gekommen, so hätte man Sie zur Rechenschaft ziehen können; wären es aber fünfzig geworden, so wären Sie für diese Missetat nicht mehr verantwortlich gewesen. Sie konnten wohl nicht anders, als blind an das zu glauben, was wir Ihnen sagten; Sie mußten wohl oder übel meinen Weisungen folgen, und ich lasse jeden Verleger, mit dem ich künftig zu tun haben sollte, wissen, daß ich es mit ihm nicht anders handhaben werde. Möge er dabei nicht schlechter fahren als Sie!

Man wird mich nicht verdächtigen, in voller Absicht fünfundzwanzig bis sechsundzwanzig Jahre meines Lebens an eine undankbare und gefährliche Arbeit gehängt zu haben, deren Abschluß ich recht gut um zehn oder zwölf Jahre hätte beschleunigen können. Indem ich die Zeit und das Werk verkürzt hätte, hätte ich sicherlich Ihre und meine Sorgen verkürzt.

Hätte ich aus der *Encyclopédie* alles Weitschweifige heraus- und dafür alles, was weggelassen oder verstümmelt worden war, wieder hereingenommen, hätte ich nach einem Grad der Vollkommenheit getrachtet, den man sich zwar vorstellen, aber unmöglich erreichen kann, so hätte das Werk fünf oder sechs Bände mehr gehabt. Ein unwiderleglicher Beweis ist die Tatsache, daß man jetzt bereits an den Supplementen arbeitet. Man hat mir gesagt, Herr Luneau gehöre zu den Mitarbeitern: es fällt mir schwer, daran zu glauben.

Sie hätten in Ihrer Denkschrift nicht sagen sollen, daß es im Widerspruch zur Vollkommenheit des Werkes gestanden hätte, die Zahl der Bände von vorneherein festzulegen. Sie hätten erklären sollen, daß die Forderung als solche absurd ist. War es bei der Masse von Beiträgen freiwilliger Mitarbeiter, die täglich aus allen Ecken des Königreichs eintrafen und das Interesse an einem Unternehmen bezeugten, dem sich ein Mann von überragendem Verdienst und zwei ehrenhafte Personen verschrieben hatten, möglich, die Ausdehnung des Ganzen abzuschätzen? Ohne Herrn Luneau beleidigen oder an seinen Kräften zweifeln zu wollen, glaube ich aufrichtig, daß er in der gleichen Verlegenheit gewesen wäre wie ich. Angesichts eines unvermeidlichen Vor- oder Nachteils sollte man deshalb über niemand herziehen, über die Verleger noch weniger als über den Herausgeber. Ich verabscheue Dispute, ich bin ihrer müde; aber es wäre sehr unehrenhaft von mir, wollte ich mich völlig aus einer Angelegenheit heraushalten, wo Unkenntnis der Fakten und nicht Bosheit (denn Herr Luneau ist nicht boshaft) gegen Sie Fehler geltend macht, die ich selbst, teils aus Unzulänglichkeit, teils aus Notwendigkeit mir habe zuschulden kommen lassen. Und dies alles tut Herr Luneau, um der Justiz zu imponieren und Sie auf die Folter zu spannen!

Sie sind, schreiben Sie, bereitwilligst auf alles eingegangen, was wir zum Wohle des Ganzen von Ihnen verlangt haben. Daran haben Sie gut getan. Glauben Sie denn, daß wir sonst weitergemacht hätten?

Was die Sektion Handwerke und Stiche betrifft, für die ich allein zuständig bin, so bedauere ich, daß Sie ein Wort zu meiner Verteidigung gesagt haben. Ich habe die Zeichnungen nach meinem Gutdünken anfertigen lassen. Ich habe die Objekte nach meinem Gutdünken größer oder kleiner darstellen lassen. Ihre Sache war es einzig und allein, die Arbeiter zu entlohnen, die ich beschäftigte, und ich hätte es sehr mißbilligt, hätten Sie sich um etwas anderes gekümmert, wenn Sie es gekonnt oder gewollt hätten. Der Verleger gibt das Geld und damit hat sich's. Autor und Verleger spielen zwei unterschiedliche Rollen; wenn der letztere nach seinem Ermessen zahlt, so weiß er dafür nicht, was er einkauft.

Hätte Herr Luneau sich an mich gewandt und mich nach dem Grund der angeblichen Überfülle bei unseren Stichen gefragt, so hätte ich ihm dargelegt – und er, da er ein überaus einsichtiger Mann ist, hätte es begriffen –, daß ich jedem Handwerk nur die streng bemessene Quote an Figuren zugestanden habe, die es erforderte; daß man in diesem Punkt weder ihm noch mir, sondern dem Fachmann Glauben zu schenken hatte; daß die Akademie der Wissenschaften, die davon ebenso viel versteht wie er und ein wenig mehr als ich, hundert Stiche braucht, wo wir mit zwanzig auskommen; daß das Rhinoceros nach einem Maßstab wiedergegeben ist, der genügt, um zu erkennen, worum es sich handelt; daß es nicht üblich ist, es mit dem Mikroskop zu studieren; daß der Floh hingegen in seiner mikroskopischen Größe wiedergegeben ist, und zwar in Nachahmung eines der berühmtesten Tierbeobachter unseres Jahrhunderts; daß man bestimmte Teile nicht einmal in tausend-, ja zehntausendfacher Vergrößerung zu erkennen vermag und daß es von unverzeihlicher Ignoranz und Dummheit zeugen würde, darüber zu scherzen; daß man uns allenfalls einen einzigen Vorwurf machen kann: nämlich nicht den, in den Werkstätten gewisse Arbeiter oder Werkzeuge vermutet zu haben, die es gar nicht gibt, sondern diejenigen wegzulassen oder zu knapp beschrieben zu haben, die sich dort tatsächlich finden; und Herr Luneau hätte mir für die Belehrung gedankt, da man sich darüber belehren lassen kann, was man nicht weiß, und demjenigen verpflichtet ist, der uns belehrt, so überlegen man ihm im übrigen auch in Geschichte, Literatur, Philosophie und jedem anderen Wissenszweig sein mag . . .

Und noch eine Tatsache möchte ich anführen und den sehen, der mir widerspricht, Herrn Luneau nicht ausgenommen: ich habe persönlich die verschiedenen Werkstätten in Paris besucht und Leute in die bedeutendsten Manufakturen des Königreichs geschickt, und ich habe manchmal Arbeiter zu mir gerufen und sie unter meinen Augen ihre Geräte aufstellen und bedienen lassen. Wenn Herr Luneau das Geheimnis besitzt, die Arbeiter und Geräte zum Beispiel der Papiermühle von Montargis oder der Manufakturen von Lyon darstellen zu lassen und zu erklären, ohne sie gesehen zu haben – ich besitze es nicht.

Vielleicht bilde ich mir etwas ein; aber ich denke, ein viertelstündiges Gespräch mit Herrn Luneau über die verschiedenen Punkte seiner Denkschrift hätte eine Sinnesänderung bei ihm bewirken, der Drang nach Wahrheit, der ihn beseelt, hätte mir beistehen können, und er würde über verschiedene Dinge geschwiegen haben, die er gar nicht anzweifelt, obwohl sie falsch sind, und würde statt dessen korrekter von anderen gesprochen haben. Doch wie dem sei, ich bin mir selber Zeuge, daß ich nach bestem Vermögen alles getan habe, was in meinen Kräften stand, und das ohne die Ratschläge und das geheime Wissen des Herrn Luneau!

152. An John Wilkes

19. Oktober 1771

Mein Herr und sehr verehrter Gracchus, haben Sie meinen Freund Grimm gesehen? Haben Sie auf die Gesundheit Ihrer Freunde in Paris getrunken? – Ich glaube nicht. An seinen Prinzen gefesselt, wird es ihm schwer gefallen sein, seine Lippe an den aufrührerischen Pokal eines Volkstribunen zu setzen.

Was tun Sie gegenwärtig in London? Warum sind Sie, die Sie es so gut verstehen, in den Seelen den patriotischen Dämon zu wecken, nicht hier? Ein Mann, der große Gefühlsbewegungen hervorzurufen weiß, liebt es, Zuschauer bei den großen Revolutionen zu sein. Es gibt nur zwei Augenblicke, die in der Entwicklung der Reiche zu fesseln vermögen: der ihrer Größe und der ihres Verfalls, vor allem wenn dieser Verfall sich aus kleinen, unvorhergesehenen Ursachen herleitet und sich mit großer Geschwindigkeit vollzieht. Stellen Sie sich einen immensen Palast vor, dessen majestätischer und solider Anblick Ihnen großen Eindruck machte und Ihrer Phantasie ewige Dauer versprach. Stellen Sie sich dann vor, daß seine Fundamente erschüttert werden und Sie plötzlich gewahren, wie seine gewaltigen Mauern bersten und auseinanderklaffen. Genau dies ist das Schauspiel, das wir Ihrem Nachdenken darbieten würden. In einem solchen Augenblick bringen sich die schönen Künste eines Volkes in Sicherheit, so wie man sieht, daß, dank eines göttlichen Instinktes, die Ratten ein Haus verlassen, das einzustürzen droht. Der Philosoph, weniger weise als der Wohngenosse mit der spitzen Schnauze und dem langen Schwanz, harrt aus, bis ihm ein Bruchstein des Gebäudes den Kopf zerschmettert. Mademoiselle Biheron, die Ihnen dieses extravagante Billett übergeben wird, ist ein verschrecktes Mäuschen, das sein Loch verlassen hat und bei Ihnen Sicherheit sucht. Diese Maus aber ist eine Maus, die unter ihren Artgenossen hervorragt. Sie wird das Ansehen, das sie hier genießt, durch eine Menge sehr schöner Werke rechtfertigen, nämlich durch Anatomiezeichnungen von wunderbarer Wahrheit und Genauigkeit. Ich bitte Sie, sie aufzunehmen und ihr alle Dienste zu erweisen, die in Ihrer Macht stehen. Meine Tochter hat ohne Schwierigkeiten und ohne Abscheu bei ihr einen Anatomiekurs absolviert. Wenn Sie auf mich hören, so lassen Sie Fräulein Wilkes bei ihr ein paar Stunden nehmen. Zwar ist dies nicht der Zweck der Reise von Mademoiselle Biheron, da sie aber ihre Kenntnisse mit einer entschiedenen Neigung verbindet, Gutes zu tun, zweifle ich nicht, daß sie sich ein Vergnügen daraus machen würde, ihre Dankbarkeit Ihnen gegenüber auf Ihr Kind zu übertragen.

Ich empfehle mich Fräulein Wilkes. Sie umarme ich von Herzen, obwohl Sie ein großer Taugenichts sind; aber wer weiß warum: mein ganzes Leben lang habe ich eine Schwäche für Taugenichtse gehabt – solche wie Sie, versteht sich; und das wird auch so bleiben.

153. An Grimm

17. März 1772

Ich ziehe mich nachher an, um zu La Condamine zu gehen – ein Besuch, der nicht zu vermeiden ist, will ich nicht alles Ansehen auf dieser Welt verlieren.

Doch könnten Sie nicht unterdessen in Ihrer Kaminecke nachschauen, ob Sie dort vielleicht meinen großen, meinen schönen, meinen feinen Spazierstock entdecken?

Falls er nicht dort steht, fürchte ich sehr, er hat seinen Besitzer gewechselt. Der arme Stock wird den ganzen Unterschied zwischen seiner neuen und seiner früheren Stellung empfinden. Ich pflegte ihn hoch zu tragen, als wolle ich ihn den Passanten zeigen, während er jetzt gezwungen sein wird, einer schweren und schwerfälligen Person als Stütze zu dienen, deren Gewicht er bei jedem Schritt zu spüren bekommt. Ach, mein Stock, mein armer Spazierstock!

Wenn etwas mich über seinen Verlust hinwegtröstet, so ist es die Tatsache, daß er ein ganz und gar unnützer Domestik gewesen ist, den ich nicht werde ersetzen müssen.

Guten Abend, mein Freund. Ich grüße und umarme Sie von Herzen.

154. An Grimm

27. März 1772

Guten Tag, mein Freund. Ich rechnete damit, heute morgen bei Ihnen vorbeizuschauen, aber ich kann mich nicht aus meiner Erschlaffung reißen. Ich fühle mich so wohl bei meinen Holzscheiten, daß ich sie erst zwischen eins und zwei verlassen werde, um zu Madame de Maux dinieren zu gehen. Eigentlich reut es mich, daß ich es versprochen habe, denn da werden Leute sein, die ich zwar kenne, aber nicht genug, um mich behaglich zu fühlen.

Und heute abend ein neuer Frondienst! Was soll ich von sieben bis neun, zehn, vielleicht elf in der Rue Neuve du Luxembourg mit Leuten anfangen, die mir wohlgesonnen sind, aber woraufhin und weshalb? Offensichtlich schätzen sie mich, ohne mich zu kennen, und diese Wertschätzung will gerechtfertigt sein – ein Anspruch, den man erfüllen könnte, ohne sich groß auszugeben, wenn er einem nicht aufgedrungen würde. Schicken Sie mir die drei Artikel: den *Brief über die Erziehung*, den *Schlafrock* und das *Urteil über die Frauen* von Thomas. Das wird auf jeden Fall eine gute Weile in Anspruch nehmen.

Noch einmal, guten Tag.

155. *An Naigeon*

April 1772

Der Baron befolgt eine Politik, die Ihnen ein Lächeln abnötigen wird. Sobald irgendwo in einer fremden Sprache ein Werk über das Thema Religion erscheint – flugs beauftragt er ein schwachsinniges Faktotum, das er gerade bei der Hand hat, damit, es zu übersetzen, und der übersetzt es, aber mürrisch und so, daß er ihm den Garaus macht. Was der Baron jedoch nicht ahnt, ist, daß er selbst als Übersetzer gerade den Autoren den gleichen Streich spielt, die so denken wie er. Der berühmte Hobbes hat eine großartige Abhandlung über die Natur des Menschen geschrieben – eine Abhandlung, deren jährliche Lektüre ich meinem Kind oder meiner Freundin empfehlen würde; die in meinen Augen die Verdienste von Locke und Helvétius verblassen läßt; die eine ganz andere Logik, Tiefe und Weite des Verstandes zeigt; in der ich, trotz der heikelsten, schwierigsten, kontroversesten, abstraktesten Materie nicht ein einziges unverständliches Wort, nicht einen einzigen mißverständlichen Gedanken finden kann; die in einer einzigen Zeile mehr Kraft und Saft enthält als all diese Autoren auf hundert Seiten zu bieten haben; die Wahrheiten auf Wahrheiten häuft, aber dies mit so viel Ordnung tut, daß sie in dieser größeren Nähe zueinander nur um so fühlbarer und einsichtiger sind; die einen Katechismus darstellt, aus dem kein Wort verloren gehen darf; die sicherlich alle guten Köpfe dieser Nation in Erstaunen versetzt haben würde, und die vielleicht nicht den geringsten Eindruck machen wird dank der langatmigen, platten, weitschweifigen Art, wie unser Freund, der Baron, sie wiedergegeben hat. Was soll man da machen? Ihm sagen, daß seine Übersetzung schlecht ist? Er würde es nicht glauben. Und wenn er mir glaubte, so würde es auch nichts mehr ändern, das Werk bliebe, wie es ist, und ich hätte ihn unnötig betrübt. Es korrigieren? Unmöglich. Einen Fehler kann man korrigieren, aber nicht grundsätzliche stilistische Mängel. Es umschreiben? In Wahrheit, ich nähme diese Aufgabe ohne zu zögern auf mich, um der Ehre des englischen Philosophen und um des Nutzens für meine Tochter und meine Freundin willen. Nie habe ich stärker empfunden, wie wesentlich für das, was man sagen will, die Art ist, wie man es sagt. Erinnern Sie sich einer Epistel Sedaines an sein Gewand? »O mein Gewand, wieviel verdanke ich Dir!« Ich schwöre Ihnen, daß dies sehr viel mehr für das Buch als für den Autor gilt. Eine kraftlose, fehlerhafte Ausdrucksweise entehrt nicht eine einzelne Idee. Sie ermüdet, sie langweilt, sie läßt dem Leser das ganze Buch aus der Hand sinken. Wenn es schon nicht sicher ist, daß man uns belehrt und daß man uns bessert, so ist es um so wichtiger, daß man uns amüsiert.

Ich habe nun *Die Abhandlung über die Natur des Menschen* zu Ende gelesen. Wie schade, daß man nicht in der Übersetzung die Eleganz und Klarheit des Stils mit der Evidenz und Kraft der Gedanken verknüpft hat! Wie diffus und kraftlos erscheint mir Locke, wie arm und klein erscheinen mir La Rochefoucauld und La Bruyère im Vergleich zu diesem Thomas Hobbes! Welche Genauigkeit würde ein Autor in seine Rede und seine Schriften legen, hielte er sich die erstaunliche Kunst des Folgerns gegenwärtig, kraft deren dieser Philosoph unsre Empfindungen, unsre Vorurteile, unsre Ideen, unsre Interessen, unsre Leidenschaften herzuleiten weiß! Dies ist ein Buch, das man sein ganzes Leben lang lesen und kommentieren sollte!

156. An Falconet

17. April 1772

Herr Graf von Strogonow hat mir den Brief ausgehändigt, den Sie ihm für mich mitgegeben hatten. Ich habe den Herrn nur kurz gesehen, weil ich noch ein wenig scheuer und ungeselliger geworden bin, als ich es bereits war; weil ich meine Werkstatt allem anderen vorziehe; und auch, weil er am äußersten Ende der Rue de Richelieu abgestiegen und unaufhörlich in Anspruch genommen ist durch seine Tätigkeit, seine Neugier, das Verlangen, sich umzusehen und zu unterrichten, so daß man vier- oder fünfmal vorsprechen kann, ohne das Glück zu haben, ihn anzutreffen. Indessen haben mir zwei oder drei flüchtige Begegnungen genügt, um festzustellen, daß er in der Tat all das Gute verdient, das Sie mir von ihm sagten; und ich glaube, er hatte hinreichend Gelegenheit, um seinerseits zu erkennen, daß ich durchaus Ihr Bewunderer und Freund bin.

Wir haben hier eine stattliche Zahl russischer Herren, die ihrer Nation alle Ehre machen. Das Beispiel der Herrscherin hat in ihnen das Interesse für die schönen Künste geweckt, und sie werden beladen mit kostbarer Beute in ihr Vaterland zurückkehren. O mein Freund Falconet, wie haben wir uns verändert! Wir verkaufen unsere Bilder und Statuen mitten im Frieden, Katharina kauft sie mitten im Krieg. Die Wissenschaften, die Künste, der gute Geschmack, die Weisheit ziehen hinauf in den Norden, und die Barbarei mit ihrem ganzen Gefolge ist auf dem Weg in den Süden. Ich habe soeben ein wichtiges Geschäft abgeschlossen; es handelt sich um den Ankauf der Sammlung Crozat, die durch seine Nachkommen vermehrt und heute unter dem Namen Galerie des Barons Thiers bekannt ist. Sie enthält Gemälde von Raffael, Guido Reni, Tizian, Caracci, Le Sueur, Poussin, van Dyck, Schidon, Carlo Lotti, Rembrandt, Wouvermans, Teniers und so weiter, insgesamt ungefähr fünfhundert Stücke. Ihre kaiserliche Majestät kostet das 460 000 Pfund. Das entspräche aber nicht einmal der Hälfte des Wertes, hätte nicht in dieser

Zeit dank der Extravaganz und Verruchtheit der ministeriellen Maßnahmen die Not in allen Häusern Einlaß gefunden.

Mein Freund, die Hälfte der Nation ist zugrunde gerichtet, wenn sie sich schlafen legt, und die andere Hälfte fürchtet, daß man bei ihrem Erwachen ihren Ruin auf den Straßen verkündet. Wir sind in tiefer Traurigkeit versunken, Sie aber wollen nicht, daß man Ihnen von einem Unglück spricht, das man überall beobachtet und ständig empfindet! Das Haus brennt an allen vier Ecken, und ich sitze drin. Sie können von Glück reden, daß Sie so weit weg sind. Die Verdummung, die mit dem Elend einhergeht, ist so weit fortgeschritten, daß man vor einem oder zwei Monaten einen Erlaß veröffentlichen konnte, der den Zwang aufhob, die Bullen der römischen Kurie zu registrieren, bevor sie im Königreich wirksam werden; wenn das nicht bedeutet, eine Nation ins zehnte Jahrhundert zurückzuversetzen, dann verstehe ich gar nichts mehr.

Inzwischen ist der Verkauf der Gemälde des Herrn von Choiseul abgeschlossen. Die Verschickung der Sammlung Thiers nach Petersburg, der Wettstreit zwischen Monsieur de la Borde und Madame Du Barry und andere Dinge, die mit der Person des Herrn von Choiseul zusammenhängen, haben die Verkaufssumme exorbitant ansteigen lassen. Hundertfünfzig Gemälde sind um 444 000 Pfund erworben worden, während drei Monate zuvor fünfhundert für 460 000 Pfund zu haben waren. Verständlich, daß die Erben des Barons Thiers Gift und Galle spucken . . .

Doch lassen wir das, und plaudern wir ein wenig von unserer Freundschaft. Mir scheint, es ist ziemlich lange her, daß wir zwar nicht aufgehört haben, einander zu lieben, uns aber nicht mehr gesagt haben, daß wir einander lieben. Falconet, Du hattest mich schwer verletzt. Ich hatte die Dummheit begangen, Dir Schmerz mit Schmerz heimzuzahlen, und Du schuldest mir ein Dankeswort dafür. Bei ein bißchen Kaltblütigkeit hätte ich sehr grausam werden können: ich hätte die ganze Last Deines Unrechts auf Dei-

nen Schultern liegen lassen, indem ich Dir mit jener Sanftmut und Mäßigung geantwortet hätte, die Du, ich weiß
nicht mehr in welchem Deiner Briefe, so gänzlich hast vermissen lassen. Aber das ist vorbei, nicht wahr?

Sagen Sie, daß unsere Seelen einander nahe sind wie
vorher. Ich liebe Sie alle beide. Ich grüße und umarme Sie
von Herzen.

Der Ihnen diesen Brief überbringen wird, ist ein Ehrenmann, nach seiner Haltung, seinem Ton und der Rechtschaffenheit seiner Beschäftigung zu schließen. Er ist
durch Herrn von Panin mit einer wichtigen Erziehungsauf-
gabe nach Petersburg berufen worden, heißt Monsieur de
Moissy und ist Verfasser mehrerer Werke, die seinem Herzen Ehre machen.

Guten Tag, mein Freund. Guten Tag, liebe Freundin.
Lassen Sie es sich wohl ergehen, lieben Sie einander zärt-
lich. Bringen Sie beide schöne Dinge hervor; und genießen
Sie unter den Fittichen einer guten, großen und weisen
Herrscherin ein Glück, das wir uns hier für mehrere Jahr-
hunderte nicht mehr zu erhoffen wagen.

157. An den Abbé Diderot

21. August 1772

Herr Abbé, ich bin es gewohnt, meine Pflichten zu erfüllen. Es war, als ich die Reise nach Langres unternahm,
mein Plan, Sie zu sehen, Sie zu umarmen, hinter meinem
Bruder herzulaufen; nachdem ich ihn zurückgewonnen
hatte, mich mit ihm über meine Absichten in bezug auf
seine Nichte zu unterhalten, mit ihm über den Gatten zu
sprechen, den ich ihr bestimmte, und ihn darüber zu Rate
zu ziehen. Aber Sie wissen selbst, wie unmöglich es gewesen ist, mir bei Ihnen Einlaß zu verschaffen, und mit welcher Härte Sie die Vermittlungsversuche Ihrer eigenen
Freunde vereitelt haben. Wenn Sie vor sich selbst dieses
Verhalten rechtfertigen können, beglückwünsche ich Sie.
Ich verstünde mich auf eine solche Kunst weder an Ihrer

Stelle noch an der meinen. Doch was immer Sie getan haben und was immer Sie noch tun – wenn Sie mit sich selber einig sind, dann können Sie darauf zählen, daß Sie niemals mit mir uneins werden. Wenn die wichtigste Angelegenheit meines Lebens, das Glück meines einzigen Kindes, ohne Ihre Beteiligung zustande gekommen ist, so werden Sie, ich hoffe es, wenigstens nicht so ungerecht sein, sich darüber zu beklagen. Der junge Mann und seine Mutter, seine höchst achtenswerte Mutter, haben sich die Mühe gemacht, Sie aufzusuchen, um mit Ihnen zu sprechen; aber da Sie selbst jedes Vorurteil nur allzusehr rechtfertigen, nehme ich nicht an, daß ihr Schritt zu dem Erfolg geführt hat, den Ihre Besucher berechtigt waren, sich zu erhoffen. Vielleicht werden Sie diesen Brief weder öffnen noch lesen. Aber ich schreibe ihn nicht um Ihretwillen, ich möchte ihn für mich selber geschrieben haben. Ich teile Ihnen also heute mit, lieber Bruder, daß ich, nachdem ich Caroillon den Älteren über zwei Jahre lang auf die Hand Ihrer Nichte habe warten lassen, den Augenblick für gekommen halte, seine Beständigkeit zu belohnen. Der feierliche Tag ist noch nicht festgelegt, aber ich glaube ihn nicht mehr ferne. Sollten Sie wider Erwarten einen begründeten Einwand gegen diese Heirat haben, so werden Sie sich Ihr ganzes Leben lang dafür tadeln müssen, ihn nicht vorgebracht zu haben. Ich habe mir nichts vorzuwerfen, womit ich mir – ich sage nicht Ihren Haß, sondern Ihre hartnäckige Gleichgültigkeit zugezogen haben könnte. Hätte ich mir Ihnen gegenüber wirkliches Unrecht zuschulden kommen lassen, so müßten seit langer Zeit die Menschlichkeit, die Vernunft und die Religion Vergessen darüber gebreitet haben. Nun, es ist nicht so, und ich bedaure es um der Achtung willen, die Sie Ihrem Stand, Ihren Grundsätzen und der öffentlichen Meinung schulden. O mein Bruder, wie vieles verleumden Sie zur gleichen Zeit! Werden Sie denn dieses fortgesetzten Ärgernisses gar nicht müde, das die Bösen belustigt und das Herz der Guten verwundet? Und wird mein Bruder der einzige

Mensch bleiben, der mir die geschuldete Gerechtigkeit verweigert? So sagen Sie mir doch, Herr Abbé: selbst wenn Sie gewichtige Gründe hätten, sich über mich zu beklagen – was haben Ihnen Ihre Nichte, Ihre Schwester, Ihre Schwägerin, die Mutter, der Sohn, der Schwiegersohn, der ganze Rest der beiden Familien getan, daß Sie sie alle mit Ihrem Haß verfolgen? Doch wie dem sei: ich bitte Sie um Ihren Segen für die beiden jungen Eheleute, und diese ersuchen Sie um Ihr Gebet und Ihre Fürsprache beim Himmel für das Glück ihres Bundes.

Guten Tag, Herr Abbé, bleiben Sie bei guter Gesundheit und seien Sie überzeugt, daß Sie mich immer und überall so antreffen werden, wie ich Sie anzutreffen wünschte: als guten Bruder und guten Freund.

Jeder andre als Sie würde nach Paris kommen, um die beiden Kinder zusammenzugeben.

158. An Grimm

8. September 1772

Ach, mein Freund, ist das ein Augenblick! Müßte ich den *Hausvater* noch einmal schreiben, ich würde Euch ganz andre Dinge zu Gehör bringen! Bleibt der Dichter diesseits der Natur, so ist er schwach; geht er über sie hinaus, so wirkt er falsch; hält er sich in ihrem Rahmen, so ist es fast unmöglich, daß er ihre tiefen und verborgenen Merkmale erfaßt, und dann ist er gewöhnlich. Sie haben sich von Mademoiselle Diderot, die am morgigen Mittwoch Madame Caroillon sein wird, ein Portepee erbeten, und sie wollte es Ihnen selber überreichen. Meine Tochter ist vernünftiger als Sie. Es ist kein Geschenk nach ihrem Herzen, sondern nach ihrem Geldbeutel.

Heiliger Prophet, erheben Sie morgen zwischen fünf und sechs Uhr früh Ihre Hände zum Himmel und rufen Sie seinen Segen auf alle herab. Wie angenehm wäre es für mein Kind gewesen, Sie an seiner Seite zu haben! Ihre Mutter, die ihr ganzes Leben lang alle meine Freunde von ihm ferngehalten hat, bleibt folgerichtig bis zum letzten Augenblick. Möge Ihnen dieses so harte, so außergewöhnliche Verhalten nicht ebensoviel Schmerz bereiten wie dem Vater und seinen beiden Kindern!

Guten Tag, mein Freund. Umarmen Sie mich, ich hab' es nötig. Unser Plan, in den Bois de Boulogne zu fahren, steht fester denn je. Sind erst einmal diese Tage voller Sorgen und Bedrängnisse vorbei, dann wollen wir miteinander den Spaziergang unternehmen und alles festmachen.

Guten Tag, mein Freund. Guten Tag. Ich grüße Sie.

159. An Madame Caroillon, geb. Diderot

13. September 1772

Sie sind im Begriff, liebe Tochter, das Haus Ihres Vaters und Ihrer Mutter zu verlassen, um in das Ihres Gatten und das Ihre einzutreten. Indem ich Sie Caroillon zur Frau gab, habe ich meine ganze Autorität an ihn abgetreten. Nichts davon bleibt mir. Noch vor einem Augenblick befahl ich Ihnen, und Ihre Pflicht war es, mir zu gehorchen. Jetzt habe ich nur noch das Recht, Ihnen Ratschläge zu erteilen. Ich mache davon Gebrauch.

Ihr Glück ist untrennbar mit dem Ihres Gatten verbunden. Nur mit- und durch einander könnt Ihr glücklich oder unglücklich werden. Verliert das niemals aus den Augen und zittert bei der ersten gegenseitigen Verstimmung, denn sie kann der Anfang vieler späterer sein. Behandeln Sie Ihren Gatten mit aller erdenklichen Duldsamkeit. Passen Sie sich all seinen Neigungen an, soweit sie vernünftig sind. Versuchen Sie nichts zu denken, was Sie ihm nicht sagen könnten, tragen Sie ihn unablässig in Ihrem Herzen. Tun Sie nichts, wovon er nicht Zeuge sein könnte. Verhalten Sie sich immer und in allen Dingen so, als hielte er seine Augen auf Sie gerichtet. Denken Sie daran, daß ein Mädchen unschicklich ist, wenn es sich wie eine Frau benimmt, und daß folglich jene Frau sich achtet und Achtung einflößt, welche die schickliche Haltung eines Mädchens zu bewahren weiß. Tragen Sie alle erdenkliche Ehrerbietung für Ihren Gatten zur Schau: so werden Sie am sichersten sittenlose Männer von sich fernhalten. Die intimen Zärtlichkeiten aber heben Sie für das Alleinsein in Ihrem Hause auf: so werden Sie es verhindern, lächerlich zu wirken und andere zu boshaften Bemerkungen und unehrenhaften Reden herauszufordern. Schonen Sie Ihre Gesundheit. Auf lange Sicht ist die Gesundheit die Grundlage aller Pflichterfüllung und vielleicht die Hüterin der Sitten Ihres Gatten. Es mag uns einer noch so sehr lieben – er bedauert uns, pflegt uns, ist es aber schließlich müde, uns leiden zu sehen. Wenn das Bild des Unwohlseins am Anfang die Teilnahme steigert – am Ende macht es sie zunichte. Wenn Sie sanft, gefällig und fröhlich sind, werden Sie Ihrem Gatten Ihr Heim so angenehm machen, daß er es nur ungern verläßt. Ihr habt eine gemeinsame Bürde zu tragen: nehmen Sie Ihr Teil mutig auf sich. Die Geschäfte draußen sind seine Sache, die drinnen die Ihre. Halten Sie Ihr Haus klug und sparsam in Ordnung. Ihr Gatte wird sich weniger gut seinen Aufgaben widmen können, wenn er sich um die Ihren sorgen muß. Legen Sie sich Tag für Tag Rechenschaft über sich selber ab, gehen Sie niemals schlafen, ohne Klarheit über Ihren Tageslauf gewonnen zu haben. Vertrauen Sie niemand an, was in Ihren vier Wänden vorgeht. Ich selbst will nur wissen, was Sie für notwendig halten, mir zu sagen. Für jeden andern muß es ein Geheimnis bleiben. Erfolge erregen Mißgunst, Unglücksfälle kaum mehr als falsches Mitleid. Mich werden Sie in allen widrigen Augenblicken an Ihrer Seite finden, doch mit mir müssen Sie sich begnügen. Ich brauche Ihnen nicht erst zu empfehlen, sich guter Sitten zu befleißigen. Der bloße Verdacht des heute so verbreiteten schlechten Lebenswandels würde mir den allergrößten Kummer verursachen, Sie meiner Achtung berauben und mich aus Ihrem und vielen anderen Häusern vertreiben. Über Sie erröten zu müssen, nachdem ich mich Ihrer gerühmt habe: es wäre mein Tod.

Ich bin dazu geschaffen, Sie loben zu hören; niemals könnte ich mich daran gewöhnen, daß man Sie tadelt. Je bekannter Sie durch mich und durch sich selber sind, desto größer das Aufsehen, das Unordnung bei Ihnen hervorrufen müßte. Nehmen Sie sich vor allem während der ersten Tage Ihres Ehebundes in acht. Eine frische Leidenschaft verleitet zu indiskreten Handlungen, die nicht unbemerkt bleiben und zum Anfang einer Schamlosigkeit werden, welche bald zur Gewohnheit entartet. Man ist ehrbar, ohne es zu zeigen. Es ist ein großes Unglück, das öffentliche Ansehen zu verlieren, das man durch die Ausübung der Tugend gewonnen hatte, und auf Grund der falschen Vorstellung, die man von sich erweckt, in der Masse derer unterzugehen, denen nicht zu gleichen man sich doch bewußt ist. Man lehnt sich gegen diese Ungerechtigkeit auf, doch zu Unrecht. Man ist berechtigt, die Frauen nach dem Augenschein zu beurteilen, und wenn es Personen gibt, deren Gerechtigkeitssinn so streng ist, daß sie ihn lieber hintanstellen und eher eine Liederliche tugendhaft nennen als einer Klugen diesen Titel zu entziehen, so ist es eine Gnade, die sie dem weiblichen Geschlecht erweisen.

Ich liebe Sie von ganzem Herzen. Wenn Sie danach streben, dieses Gefühl zu vermehren, wenn Sie sich selber fragen: was würde mein Vater von mir denken, wenn er mich sähe, mich hörte, es wüßte, dann handeln Sie immer richtig. Sie sind im Begriff, in die Gesellschaft einzutreten: achten Sie auf Ihre ersten Schritte. Legen Sie Ihren künftigen Charakter fest. Empfangen Sie all jene, die es Ihrem Gatten beliebt, Ihnen vorzustellen: er besitzt Vernunft und guten Menschenverstand, und ich hoffe, daß er seine Tür nicht zweideutigen Subjekten öffnen wird. Urteilen Sie nicht vorschnell; aber wenn Sie jemand entlarvt haben, dann soll Ihr Gatte Ihnen alsbald darin nachfolgen. Behalten Sie so wenig als möglich für sich, denn ein Verschweigen kann unabsehbare Folgen haben. Halten Sie Ihren Umgang in engen Grenzen. Wo viele Menschen sind, gibt es viele Laster. Eine zahlreiche Gesellschaft brauchen nur diejenigen, die sich langweilen und nicht wissen, was sie mit sich anfangen sollen. Die Häufigkeit meiner Besuche soll für Sie ein Gradmesser meiner Zufriedenheit sein. Je zufriedener ich mit Ihnen sein werde, desto öfter werden Sie mich sehen. Wehe aber Ihnen und mir, wenn ich fürchten müßte, an Ihrer Tür vorüberzugehen! Mein Kind, ich habe so viel geweint, so viel gelitten, seit ich auf der Welt bin! Tröste mich. Entschädige mich. Bei Deinem Weggang empfinde ich einen Schmerz, den Du nicht ermessen kannst; aber leicht verzeihe ich Dir, daß Du nicht das gleiche fühlst. Ich bleibe allein zurück und Du folgst einem Mann, den Du anbeten mußt. Wenigstens möchte ich, wenn ich, statt wie einst mit Dir zu plaudern, nun im Selbstgespräch meine Tränen trocknen und mir sagen können: Freilich, ich hab' sie nicht mehr; aber sie ist glücklich! Wenn Sie Ihre ersten Tage gut einrichten, so kann das ein Muster sein, an das Sie sich in der Folge nur zu halten brauchen. Stehen Sie beizeiten auf; widmen Sie den häuslichen Obliegenheiten aller Art die ersten Morgenstunden, vielleicht auch den ganzen Vormittag. Doch stärken Sie auch Ihre Seele. Schmücken Sie Ihren Geist durch Lektüre, an der Geschmack zu finden Sie das Glück hatten. Vernachlässigen Sie nicht Ihr Talent. Es ist dies die einzige Seite, durch die Sie sich vielleicht auszeichnen können, ohne ein wesentliches Opfer bringen zu müssen. Obwohl Sie keinen Lehrer mehr brauchen, so behalten Sie ihn, sei es auch nur, um sich einer regelmäßigen Tätigkeit zu unterwerfen. Scheuen Sie Leichtsinn und Verschwendung – Zeichen von Langeweile und Abneigung gegen jede gediegene Beschäftigung. Käme ich mehrere Tage hintereinander bei Ihnen vorbei, ohne Sie zu Hause anzutreffen, so wäre ich darüber sehr traurig. Fände ich Sie hingegen in meinem Sinne tätig, so würde mein Herz für den Rest des Tages vor Freude überquellen. Ich befehle Ihnen, diesen Brief wegzuschließen und ihn wenigstens einmal im Monat wiederzulesen. Es ist das letzte Mal, daß ich zu Ihnen sage: *Ich will es.*

Leb wohl, meine Tochter, leb wohl, mein liebes Kind. Laß Dich noch einmal an meinen Busen drücken. Wenn Du mich manchmal strenger gefunden hast, als ich es hätte sein sollen, so bitte ich Dich um Vergebung. Glaub mir, daß die Väter grausam genug bestraft werden für die Tränen, die ihre Kinder, zu recht oder zu unrecht, um ihretwillen weinen. Du wirst eines Tages selbst diese Erfahrung machen, und dann wirst Du mir verzeihen. Wenn Du Dir diese Ratschläge zunutze machst, dann werden sie das kostbarste aller Güter sein, das Du von mir erhalten konntest. Ich segne Dich zehn-, hundert-, tausendmal: ziehe hin, mein Kind. Ich kann die andern Väter nicht verstehen, wenn ich beobachte, daß ihre Unruhe in dem Augenblick aufhört, wo sie sich von ihren Kindern trennen; die meine, so scheint mir, beginnt erst jetzt. Du warst so gut aufgehoben unter meinen Fittichen! Wolle Gott, daß der neue Freund, den Du Dir erwählt hast, genauso gut, so zärtlich, so treu ist wie ich.

160. An Grimm

19. September 1772

Mein Freund, ich bin allein; ich bin untröstlich, daß ich allein bin, und fühle nichts als dies. Die ganze Familie kommt heute zu mir zum Essen. Gegen sechs, sieben, acht Uhr abends wollten wir Sie besuchen kommen: ich, die beiden Kinder, die Schwiegermutter und meine arme Schwester, die es so sehnlich danach verlangt, Sie zu umarmen. Sie ist eine ebenso gute Schwester, wie Sie ein guter Freund sind. Sie werden wissen, was sie bei uns tun wollte, und was sie getan hat.

Mein Freund, seit acht Tagen hab' ich soviel Schmerzen erlitten, soviel harte Schläge empfangen, daß ich nicht weiß, wann das überwunden sein wird. Zwar hätte ich nicht am Tag vor der Hochzeit meiner Tochter sterben wollen, denn dann wäre diese Heirat nicht zustande gekommen. Aber am Tag darauf hatte ich ein solches Bedürfnis nach Ruhe, daß die, die alles beendet und niemals endet, mir als ein großes Glück erschienen wäre.

Guten Tag, mein Freund; guten Tag, mein zärtlich geliebter Freund. Meine Seele ist so reizbar geworden, daß ich nichts sehe, nichts höre, ohne bewegt zu sein. Alles geht mir nahe. Die Tränen kamen mir, als ich Ihr Billett öffnete; weinend hab' ich es gelesen; und weinend schreibe ich Ihnen. Und doch gibt es keinen vernünftigen Grund. Ich sage es mir und weine trotzdem. Niemals werde ich den Augenblick der Trauungszeremonie vergessen. Mein Kind, dem es weder an Vernunft noch an Mut gebricht, hat den Kopf verloren, mehrere Male ist ihm übel geworden. Sie können sich vorstellen, wie mir zumute war. Die einzige, die sich in der Gewalt hatte, war ihre Mutter. Und doch liebt sie ihre Tochter! Können Sie mir erklären, wie man bei einem gewissen Empfindungsvermögen, das ihr nicht abzusprechen ist, so hart sein kann?

Guten Tag, mein Grimm. Sie wenigstens werden mir erhalten bleiben, nicht wahr?

Wenn keine Antwort von Ihnen kommt, werden wir uns zwischen sieben und acht bei Ihnen einfinden.

161. An seine Schwester Denise
25. September 1772

Arme Schwester, ich würde lügen, wenn ich Dir sagte, daß ich glücklich bin. Seit zwei oder drei Monaten hab' ich so viel gelitten, daß ich die Nachwirkungen lange spüren werde; und meine augenblickliche Lage ist kaum dazu angetan, mich zu trösten. Ich habe kein Kind mehr, ich bin allein und meine Einsamkeit ist mir unerträglich.

Eltern, die ihre Kinder verlieren, schließen sich zusammen, sprechen miteinander und verschaffen sich gegenseitig Erleichterung. Der Mutter bleibt die Gesellschaft des Vaters, dem Vater die der Mutter. Hier ist niemand mehr. Madame Diderot und ich schleichen umeinander herum, aber wir haben uns nichts zu sagen. Wie soll man mit einer

Frau reden, die immer schlechter Laune und stets bereit ist, bei der geringsten Kleinigkeit aufzubrausen?

Ein einziges Mittel habe ich gefunden, mich abzulenken, und dieses Mittel wird sehr nach Deinem Herzen sein: dem Nest der jungen Vögel meinen Besuch abzustatten und die Feder oder das Strohhälmchen mitzubringen, die dort fehlen. Diese Beschäftigung bereitet mir selbst tausendmal mehr Freude als ihnen. Ich habe ihnen einen schönen Fayencekübel geschenkt. Das ist nicht viel, aber bei Fühlenden ist nichts verloren, und ich glaube, daß sie meine Aufmerksamkeit zu schätzen wußten. Ich habe ihnen eine schöne silberne Kaffeekanne geschenkt, und gestern hab' ich sechs Ster Brennholz in ihrem Hof abladen lassen.

Morgen, am Samstagabend, wird man ein paar Leuchter bei ihnen abliefern, genau denen entsprechend, die Monsieur Grimm ihnen geschenkt hat. Caroillon fehlt noch ein Schreibtisch; ich habe ihm verboten, selbst einen zu kaufen. Das soll meine Sache sein. Sie brauchen Sopraporten und werden sie bekommen.

Es ist mein Wille, daß mein Kind eine Begabung nicht brachliegen läßt, deren Entfaltung sie so viel Mühe, und mich nicht wenig Geld gekostet hat. Sie braucht zwei Lehrer: einen für Begleitung und Harmonielehre, und einen zur Einübung der Stücke. Ich werde sie alle beide bezahlen und verlange nur eines: daß man davon profitiert. Sie haben keinen Kaffee; ich habe den Auftrag gegeben, daß man ihnen ein paar Pfund ins Haus bringt. Ich habe ihre Küche besichtigt; verschiedenes hat gefehlt und ist jetzt da. Ich habe die Kirche und den Notar für sie bezahlt . . .

Sie lieben sich zärtlich. Sie versuchen, einander in allem zu Gefallen zu sein. Fast möchte man glauben, sie lebten schon zehn Jahre zusammen. Die Ehe hat keinerlei Veränderung bei Deiner Nichte bewirkt. Sie bewegt sich in ihrem Heim, als hätte sie immer darin gelebt. Sehr gut und wie selbstverständlich macht sie die Honneurs. Sie ist wirklich eine sehr hübsche junge Frau. Es wird keine zwei

Monate dauern, so wird sie in allen häuslichen Dingen auf dem laufenden sein, so als hätte sie nie im Leben etwas anderes getan. Sie ist ehrbar und sittsam. Daran, daß die beiden wenig Lust zum Ausgehen haben, sieht man, daß sie sich zu Hause wohl fühlen. Sie ist früh auf den Beinen, beschäftigt sich, ordnet an, zahlt, läßt sich Rechenschaft geben; ihr Mann leitet sie an, alles klappt vorzüglich. Ich setze Himmel und Erde in Bewegung, um eine gute Stelle für ihn zu finden, und habe die Hoffnung, daß es mir gelingt, und zwar bald. Dann wird ihr Leben aufs beste eingerichtet sein, und sie brauchen weiter nichts zu tun, als sich klug und besonnen zu verhalten . . .

162. *An Grimm*

7. Oktober 1772

Wollte ich von allem zu Ihnen sprechen, was ich erlebt habe, seit wir uns zuletzt sahen, so wäre dieser Vormittag zu kurz.

Gestern habe ich beim Bischof von Wilna diniert, der mich bis neun Uhr abends festgehalten hat. So habe ich meine Kinder den ganzen Tag nicht zu Gesicht bekommen. Ich kam nach Hause, zog den Schlafrock an und bastelte ein bißchen an der dritten Erzählung, die bereits niedergeschrieben war. Der Artikel über Bougainville ist also gerade zur rechten Zeit gekommen. Wüßte ich, wo ich Sie im Lauf des Tages erwischen kann, so gäbe ich Ihnen dieses dritte Stück zu lesen, das Ihnen Vergnügen bereiten würde, weil es mir welches bereitet hat. Es ist für sich allein länger als die beiden andern zusammen.

Wo soll ich den Mut hernehmen, Ihnen von meiner Gesundheit zu berichten? Madame Diderot macht durch ihren Starrsinn, ihre Launen, den Haß auf ihren Schwiegersohn, den Kummer, den sie, vielleicht aus übergroßer Liebe, ihrer Tochter verursacht, nicht nur mich, sondern zusehends sich selbst und ihre Schwester fertig. Diese unglückliche Frau, die monströseste Charaktermischung, die ich kenne, hatte mir im vergangenen Monat das Leben so schwer gemacht, daß ich den Entschluß faßte, nicht mehr mit ihr zu reden. Drei Tage lang hab' ich weder ja noch nein zu ihr gesagt, denn jedes Ja oder Nein löste eine Szene aus. Aber mein Schweigen hat sie so getroffen, daß sie in der vorgestrigen Nacht einen ihrer Anfälle bekam. Sie können sich vorstellen, daß ich da weder mein Schweigen noch meinen festen Vorsatz, noch meine anscheinende Gleichgültigkeit durchhalten konnte und ihr zu Hilfe gekommen bin. Das lebhafte Interesse, das ich an meinen Kindern nehme, macht, daß ich ständig die Augen auf alles richte, was sie tun, und bei der geringsten Kleinigkeit, die mich verletzt, leide ich, beklage ich mich, und manchmal so, daß ich sie ein wenig verärgere. Und dann fällt der kleine Ärger, den ich ihnen bereitet habe, hundertfach vergrößert auf mich zurück. Für sie dauert er eine Minute, für mich den ganzen Tag und die darauffolgende Nacht. Im übrigen sind sie einander auf das zärtlichste zugetan. Der Ehegatte weiß, was er an seiner Frau hat; und er ist, so glaube ich, ein wirklich wertvoller Mensch.

Ich will Ihnen von ihren zwei jüngsten Charakteräußerungen berichten. Wir soupierten bei ihr. Ein Unverschämter, der zwischen ihr und mir saß, richtete an eine Frau ihm gegenüber ein beleidigendes Wort. Die liebe Kleine zupfte ihn am Ärmel. »Monsieur«, flüsterte sie ihm ins Ohr, »ich leide es nicht, daß man bei mir Unehrenhaftes sagt oder tut. Wollen Sie sich bitte immer daran erinnern!« Als die Tafel aufgehoben war, zog ich sie an mich und umarmte sie mit den Worten: »Nur zu, mein Kind; wenn Du erst einmal dreien oder vieren dieser Frechdachse die Meinung gesagt hast, wird sich bald keiner mehr getrauen, bei Dir zu erscheinen.«

Eine ihrer Freundinnen ist Hals über Kopf an einen Mann ohne Vermögen und ohne Ehre verheiratet worden. Die arme kleine Frau ist verzweifelt und schüttete gestern meinem Kind ihr Herz aus. Angélique sprach zu ihr mit einer Festigkeit, deren wir uns nicht allzu oft rühmen können. »Es liegt nur an Ihnen, liebe Freundin«, begann sie, »daß Sie eine starke und geachtete Frau sind . . .« Und so ging es fort.

Ich liebe sie mehr denn je. Ich will Ihnen sogar anvertrauen, daß ich im verborgensten Winkel meines Herzens eine rechte Torheit entdeckt habe. Mein Alleinsein macht nicht meinen ganzen Kummer aus. Ob Sie wohl glauben können, daß sich mit diesem Schmerz ein anderer vermischt: die Liebe meines Kindes mit jemandem teilen zu müssen? Wie können solch lächerliche Gefühle in einer wohlbeschaffenen Seele Platz finden? Wer möchte glauben, daß ein vernünftiger Vater einer so albernen Eifersucht fähig ist? Diese Entdeckung, über die ich herzlich lachen mußte, hat mich nicht wenig erleichtert. Wegen der Feier meines Namensfestes gibt es noch keine festen Pläne . . .

163. An Grimm

9. Dezember 1772

Ich war im Begriff, an den bewußten Erzählungen weiterzuschreiben, und mit der Einleitung war ich beinah zu Ende, als Ihr Bote kam.

Gewiß werde ich an diesen beiden feierlichen Diners teilnehmen, wenn auch nicht ohne einigen Widerwillen. Ich bin lieber allein, obwohl ich nicht allzu glücklich bin, wenn ich allein bin.

Mein Freund, ich habe meine Tochter einem Menschen zur Frau gegeben, der zur Hälfte ein kleiner Geck ist.

Ich hatte mein Kind dazu erzogen, nachzudenken, Bücher zu lesen, am zurückgezogenen Leben Gefallen zu finden, all jene albernen Nichtigkeiten zu verachten, die das ganze Leben einer Frau in Dunst aufgehen lassen; ich hatte sie daran gewöhnt, sich bescheiden zu kleiden und Geschmack an der Musik und allen guten Dingen zu finden. Doch dieser kleine Herr wünscht, daß seine Frau vom frühen Morgen an ihm zu Gefallen sich schmückt wie eine Puppe und den Tag über so bleibt. Er sieht es nur ungern, wenn sie sich bei der Rückkehr von einem Besuch dieses hinderlichen und prunkvollen Rüstzeugs entledigt. Wie er selbst sagt, liegt die Harmonie für ihn im Optischen. Das Kind, das noch an den alten Irrlehren des Vaters festhält, empört sich, beklagt sich, speit Funken und schickt sich absolut nicht in die faden und platten Lehren ihres Stutzers und Pedanten.

Ich war Zeuge solcher Szenen, die in meiner Tochter einen gereiften Verstand erkennen ließen – im Streit mit einem kleinen Schulbubenkopf. Am Ende bin ich solcher Auseinandersetzungen überdrüssig geworden und habe mich ein wenig zurückgezogen. Lieber Freund, man ist bestrebt, aus meinem Kind eine seichte, freche kleine Närrin zu machen, die alsbald nichts andres mehr verstehen wird, als einen Pompon anzubringen, zu kokettieren, über die lieben Nächsten zu lästern und geziert zu lächeln. Das verdrießt mich tief . . .

Reisen wir, reisen wir bald, mein Freund! Das Leben lastet auf mir. Ich bringe es nicht über mich, diesem Haus gänzlich fernzubleiben, aber ich fühle mich dort auch nicht wohl.

Das ist aber noch nicht alles. Man findet, daß sie nicht genug Kleider zum Anziehen hat. Ich glaube, es müßte eines für jede Stunde des Tages da sein, um die Eitelkeit meines kleinen Floristen zufriedenzustellen, der zu seinem Zeitvertreib verlangt, daß seine arme Tulpe sich jede Minute anders herausputzt.

Ich hab' nichts dagegen, sie soll ein Kleid bekommen, wenn die, die sie hat, nicht genügen. Aber sagen Sie mir, muß es von oben bis unten aus Gazen, Flitterkram und Kinkerlitzchen bestehn? Muß man um solcher Fetzen willen eine Unmenge Geld zum Fenster hinauswerfen? Und wenn ich sehe, daß fünfzehn Louisdor draufgehn, soll ich mich da nicht grämen?

Dieser Mensch läßt jede Urteilsfähigkeit, jedes Feingefühl und jede Kenntnis seiner wahren Interessen vermissen.

Jede Urteilsfähigkeit. Denn was sollen die Frauen der möglichen Gönner denken und sagen, wenn sie ihre Schutzbefohlene genauso aufgeputzt sehen, wie sie selbst es sind?

Jedes Feingefühl. Denn was soll ein Mann schon empfinden, der sein ganzes Vermögen diesen unsinnigen Ladenschwengeln in die Hand gibt?

Jede Kenntnis der wahren Interessen. Denn entweder entspricht das Haben dem Schein und man wird sagen, daß diese jungen Leute wohlhabend sind; oder es entspricht ihm nicht, dann wird man sie für närrisch erklären. Und nimmt man viel Anteil an Reichen, die um Posten betteln, als wären sie arm, oder an Leuten, die man für närrisch halten muß?

Dem Ehemann sage ich das alles nicht, weil er überaus selbstgefällig ist und es für albernes Gewäsch nehmen würde; ich würde mir vielleicht eine unverschämte Erwiderung zuziehen, die ich nicht ertrüge und zu der man es klüglich nicht kommen läßt.

Mit seiner Frau spreche ich darüber, und die reagiert so empfindsam auf meine Vorhaltungen, daß sie in Tränen ausbricht und ihre Gesundheit darunter leidet.

Den Ehemann kann ich durch meine Vorhaltungen nicht bessern, seiner Frau tu ich nur weh. Es bleibt mir nur, die Flinte ins Korn zu werfen und alles gehen zu lassen, wie es mag. Nur mitansehen soll man das nicht. Weshalb ich abermals zum Schluß komme: Reisen wir, und reisen wir bald; versuchen wir in der Ferne Kinder zu vergessen, die es nicht verdienen, daß man sich ihrer erinnert . . .

Ich war versucht, diesen Brief ihm selbst zu schicken, um ihn ein wenig zum Nachdenken zu bringen, aber ich finde ihn zu bitter. Also behalte ich ihn, um ihn zu verbessern, daraus zu nehmen, was ihm dienlich sein kann, und ihn dann Ihnen zu geben.

Kommen Sie heute abend zu Madame de Maux, oder,

wenn das nicht möglich ist, erwarten Sie mich bei sich zu Hause so zwischen sechs und sieben; und versuchen Sie, Ihre Freundesrolle nicht als lästig zu empfinden. Denn wo soll ich hin mit meinem Gram und Kummer, wenn Sie ihnen die Tür verschließen? Guten Tag.

164. An Falconet und Mlle Collot

30. Mai 1773

... Hören Sie und freuen Sie sich mit mir: morgen, ja, morgen reise ich nach Den Haag ab, und wer weiß, was aus mir wird, nachdem ich dort für vierzehn Tage die Gastfreundschaft des Fürsten von Golizyn genossen habe? Der geringste Anstoß seinerseits könnte mich mitten in Ihr Petersburger Atelier versetzen. Doch hier lasse ich meine Frau, meine Schwester, meinen Schwiegersohn und meine Tochter zurück – meine Tochter, die schwanger ist! Ach, lassen wir das, es tut mir zu weh, daran zu denken, reden wir von etwas anderem! Sprechen wir von meinem alten Freund Monsieur Grimm, der sich zur Zeit in Potsdam aufhält, der die Landgräfin von Darmstadt begleitet, der vielleicht gerade auf dem Weg nach Petersburg ist, und mit dem Sie vielleicht auf meine Gesundheit angestoßen haben werden, bevor dieser Brief Sie erreicht.

Sie sind alle drei dort versammelt: warum sollte ich nicht auch dabeisein? Sie werden sehen, daß ich das Pech habe, am Tag vor oder nach seiner Abreise anzukommen. Es würde mich traurig machen, doch was soll's? Reisen wir auf jeden Fall! Guten Tag, mein Freund. Guten Tag, meine Freundin. Alle beide umarme ich Sie zärtlich. Ich bin neugierig darauf, etwas zu empfinden, was ich nur ahnen kann: daß man seine Freunde nur noch zärtlicher liebt, wenn man ihnen in weiter Ferne begegnet. Wie groß muß da die Freude sein, einander wiederzufinden!

Unsere Quartiere sind von Russen überlaufen. Ich habe sehr enge Beziehungen zu Herrn und Frau von Strogonow. Herrn und Frau von Zenoviow habe ich nur kurz gesehen;

aber zu so schönen Seelen fühlt man sich alsbald hingezogen, man schließt sich ihnen an, und sie tun es uns gegenüber, so daß man leidet, weint und jammert, wenn der Augenblick der Trennung gekommen ist, gerade als wär' man seit alter Zeit miteinander verbunden. Erinnern Sie sich noch an Herrn von Narischkin, Kämmerling Ihrer Kaiserlichen Majestät? Nun, der ehrenhafte Narischkin macht zur Zeit eine Badekur in Aachen. Er trägt sich mit der Absicht, gegen Ende Juni zurückzureisen, und hat mich überzeugt, daß es für beide ein großes Vergnügen wäre, die paar hundert Meilen im gleichen Wagen zu verplaudern.

Wirklich, es hat ganz den Anschein, als würde es dazu kommen. Madame Diderot glaubt so fest daran, daß sie seit einem Monat unablässig damit beschäftigt ist, Vorbereitungen für die große Reise zu treffen. Sie ist darüber nicht allzu unglücklich, denn sie möchte nicht, daß ich als ein Undankbarer von dannen gehe. Es ist nur dies, mein Freund, daß ich doch schon recht alt bin. Sie wissen nicht, in wie kurzer Zeit man altern kann! Aber ich sage mir, daß die Erde in Petersburg genauso leicht ist wie in Paris, daß die Würmer dort genauso gefräßig sind, und daß es ziemlich gleichgültig ist, an welchem Ort der Erde wir sie mästen. Nochmals, guten Tag, mein Falconet; guten Tag, liebe Freundin Collot. Vielleicht lieben Sie mich gar nicht mehr? – Aber das kann nicht sein; mein Herz ist mir der Garant des Ihren; Sie lieben mich nach wie vor . . .

165. An J.-A. Naigeon

3. Juni 1773

Da ich eine weite Reise antrete und nicht weiß, was das Schicksal mir bereithält, so lege ich, sollte mir etwas zustoßen, meiner Frau und meinen Kindern ans Herz, alle meine Manuskripte Herrn Naigeon zu übergeben; dieser wird für einen Mann, den er zärtlich geliebt und der es ihm wohl vergolten hat, die Sorge übernehmen, alles zu ordnen, durchzusehen und zu veröffentlichen, was seiner Meinung nach weder meinem Gedächtnis schaden noch irgend jemandes Ruhe beeinträchtigen kann. Dies ist mein Wille, und ich hoffe, daß er nicht auf Widerspruch stoßen wird.

Diderot

166. An Sophie Volland und ihre Schwester

Den Haag, 18. Juni 1773

Liebe Freundinnen, Dienstagfrüh bin ich in Den Haag angekommen. An sich hätte ich schon am Montagabend hier sein können, aber es war spät geworden, und ich zu müde, um weiterzufahren. Ich habe die Reise gut überstanden und fühle mich ausgezeichnet. Vom Fürsten wurde ich aufgenommen wie erhofft. Die Fürstin ist abwesend. Sie ist zu einem Besuch ihrer Eltern nach Berlin gefahren; aber wenn ich, so schwört der Fürst, weiterreiste, ohne ihre Bekanntschaft gemacht zu haben, dann würde es zwischen ihnen zur Scheidung kommen. Wir leben wie Junggesellen. Ich habe ein hübsches Appartement. Der Hausstand ist um einen Diener vergrößert worden, der nur für mich da ist. Ich habe den Moerdijk überquert, einen Wasserarm, der einen Vorgeschmack dessen gibt, was das Meer ist.

Noch am Tag meiner Ankunft habe ich Neptun und sein weites Reich begrüßt, das nur eine halbe Meile von hier entfernt ist. Gestern habe ich die Schulen von Leyden besucht. Ich habe Bilder und Stiche gesehen, Fürsten und Gelehrte kennengelernt. Wir haben die verschiedensten Pläne. Wenn wir sie alle verwirklichen, werde ich viel zu sehen bekommen, und an Vergnügungen wird es mir nicht fehlen. Ich werde wenig seßhaft sein und kaum zum Arbeiten kommen. Und doch würde ich gerne arbeiten. Bei diesen paar Zeilen lasse ich es heute bewenden, und auch in Zukunft werde ich so lakonisch sein. Ich hebe alles für die süßen Augenblicke auf, die wir noch zusammen verbringen werden. Ich grüße und umarme Sie zärtlich. Für Sie, Mademoiselle Volland, werde ich meine anfänglichen Gefühle bewahren, so lange ich lebe. Achten Sie auf Ihre Gesundheit, ich bitte Sie inständig darum, zärtlich geliebte Freundin. Wir sehen uns wieder, und vielleicht ist diese Zeit gar nicht einmal so weit entfernt . . .

Adieu, meine Damen und lieben Freundinnen. Vermissen Sie mich nicht so, wie ich Sie vermisse, es würde Ihnen zu wehe tun. Wahre Freundschaft schwächt sich durch Entfernung nicht ab, und mein Herz ist dem Ihren nahe, als säßen wir zusammen am gleichen Kamin.

Adieu Ihnen beiden, adieu. Noch einmal gelobe ich Ihnen meine ewige und unverbrüchliche Zuneigung.

167. *An die Damen Volland*

Den Haag, 22. Juni 1773

Je besser ich dieses Land kennenlerne, desto mehr sagt es mir zu. Alles, was ›waterfish‹ heißt: die Seezungen, frischen Heringe, Steinbutte, Barsche sind die besten Gesellen, die man sich denken kann. Die Spazierwege sind bezaubernd; ob die Frauen sehr sittsam sind, weiß ich nicht; aber wenn sie mit ihren breiten Strohhüten, gesenkten Augen und den großen, über ihre Brüste fallenden Halstüchern daherkommen, sieht es ganz so aus, als kämen sie von der Abendandacht oder gingen zur Beichte.

Die Männer sind verständig; vor allem von ihren Geschäften verstehen sie sehr viel. Sie sind voll des republikanischen Geistes, und das von den obersten bis zu den untersten Rängen der Gesellschaft. Einen Sattler habe ich sagen hören: Ich muß mich beeilen, mein Kind aus dem Kloster zu nehmen, es könnte sonst dort etwas von der monarchischen Niedertracht annehmen. Es handelte sich um eine Tochter, die er in Brüssel erziehen ließ.

Aber ich werde mich jetzt nicht weiter über dieses Land auslassen, sondern will Ihnen in aller Ruhe davon erzäh-

len, wenn ich das Glück habe, Sie in Ihrer Kaminecke wiederzufinden; denn ich hoffe, Sie werden sich für Ihre
Freunde bewahren – für mich, der ich fest entschlossen
bin, Sie zu lieben, solange unser beider Leben dauert, und
der aus diesem und manch anderen Gründen wünscht, es
möge lange, lange dauern.

Die Fürstin ist von ihrer Reise zurück. Sie ist eine sehr
lebhafte, fröhliche, geistreiche Frau von angenehmem
Äußeren; jung, gebildet und vielseitig talentiert. Sie ist be-
lesen und kennt mehrere Sprachen, wie es bei deutschen
Frauen üblich ist. Auch spielt sie Cembalo und hat eine
himmlische Stimme. Sie verfügt über einen großen Vorrat
von drolligen und pikanten Sätzen. Und sie ist sehr gütig.
Gestern sagte sie bei Tisch, es sei so beglückend, den
Unglücklichen beizustehen, daß sie der Vorsehung gerne
verzeihe, wenn sie einige von ihnen auf den Straßen zur
Schau stelle. Wir hatten einen Tölpel unter uns, der es be-
dauerte, daß er sich nicht in Paris hatte porträtieren lassen.
Sie fragte ihn, ob er nicht dort gewesen sei, als Oudry noch
lebte. Ihre Empfindsamkeit ist außerordentlich; im Hinblick auf ihr Glück besitzt sie sogar ein bißchen zuviel davon. Dank ihrer Kenntnisse und ihres Urteilsvermögens
disputiert sie wie ein kleiner Löwe. Ich bin richtig vernarrt
in sie und lebe zwischen dem Fürsten und ihr wie zwischen
einem guten Bruder und einer guten Schwester.

Hier, wenn irgendwo, macht man den rechten Gebrauch
von seiner Zeit. Kein Zudringlicher nimmt einem die Morgenstunden weg. Das Unglück ist nur, daß man sehr spät
schlafen geht und entsprechend spät aufsteht. Unser
Leben verläuft ruhig, mäßig und sehr zurückgezogen.

Ich habe zwei alte Herren kennengelernt, die den größten Einfluß auf die Staatsgeschäfte gehabt haben, bis sie
jetzt ein wenig in der Versenkung verschwunden sind, wo
sie sich zu Recht nicht wohl fühlen. Ihr gravitätisches Auftreten und ihr strenger und sentenziöser Ton ließen mich
sogleich an Fabius und Regulus denken. In der Tat könnte
niemand mehr an jene alten Römer erinnern als diese bei-

den achtenswerten Persönlichkeiten. Es handelt sich um die beiden Bentinck, Charles und Willem, den Grafen von Rhoone.

Ich habe zwei oder drei kleine, ziemlich heitere Sachen geschrieben. Ausgehen tu ich selten, und wenn, dann lasse ich mich zum Meer fahren. Ich habe es bisher weder ganz ruhig noch ganz aufgewühlt gesehen. Die unendliche Eintönigkeit lädt, zusammen mit dem sanften Rauschen, zum Träumen ein; dort gelingt es mir am besten.

Vergeblich habe ich nach Büchern gesucht. Die Fremden haben all die bereits mitgenommen, mit denen ich mich versorgen wollte.

Das schlechte Stück meines Sackes beginnt sich wieder bemerkbar zu machen; Sie wissen schon, es ist mein Magen. Während meines ersten Reisemonats konnte ich mich für geheilt halten, jetzt beginne ich am Morgen unzufrieden mit ihm zu sein. Das verdrießt mich, denn man verliert so rasch die Gewohnheit, zu leiden, daß ein alter Schmerz, wenn er zurückkehrt, mit dem ganzen Reiz des Neuen daherkommt.

168. An Madame d'Epinay

Den Haag, 18. August 1773

Wäre er einen Augenblick später gekommen, so hätte Monsieur Prévôt mich nicht mehr in Den Haag angetroffen. Mein Gepäck ist nach Petersburg unterwegs. Ich lasse mich von den Umständen treiben. Ein Herr von Narischkin kehrt zurück und bietet mir einen Platz in seinem Wagen an. Und der Bruder des Fürsten von Golizyn, der mit seiner Frau eine Frankreichtour unternehmen wird und Anfang Januar abreist, wird mich, bevor drei Monate um sind, hier wieder absetzen. Sie versprechen mir alle Annehmlichkeiten auf der Reise, sowohl auf der Hin- wie auf der Rückfahrt; und der Fürst, bei dem ich lebe, und der sich viel mehr um meine als um seine Interessen sorgt, möchte hundert gegen eins wetten, daß diese Reise zur Grundlage meines künftigen Glückes wird.

Ich hoffte Grimm, sei es in Berlin, sei es in Petersburg zu treffen; aber mir scheint, ich kann nicht mehr darauf zählen, und statt dessen werden Sie ihn binnen kurzem wiedersehen. Das freut mich aufrichtig. Seine Anwesenheit ist Ihnen notwendig. Gerne verzichte ich auf ein süßes Vergnügen, wenn ich Ihnen dafür Linderung verschaffen und vielleicht Ihre Wiederherstellung beschleunigen kann.

Sie sehen, daß es mir unmöglich geworden ist, Ihre Aufträge auszuführen. Wenn Sie die Veröffentlichung Ihrer Dialoge um vier Monate verschieben können, stehe ich ganz und gar zu Ihrer Verfügung.

Ich habe meine Zeit in diesem Land nicht ganz vertan. Ich habe mir interessante Aufzeichnungen über die Bewohner gemacht. Ich habe die Ränder des letzten Werkes von Helvétius beschmiert. Ein gewisses Pamphlet über die Kunst des Schauspielers ist fast zu einem Buch geworden. Ich habe mich damit vergnügt, eine kleine Satire zu schreiben, mit der ich mich trug, als ich Paris verließ. Ich könnte Ihnen, glaube ich, Material genug liefern, um Grimms »Correspondance« für zwei oder drei Monate zu versorgen; aber die Abschrift dieser Papiere würde mich acht bis zehn Tage kosten, und hier ist jetzt meines Bleibens nicht länger; die restlichen vier Tage will ich darauf verwenden, all meinen Freunden zu schreiben.

Damit sage ich Ihnen Lebewohl. Ich hoffe, Sie dank der Behandlung durch Tronchin und dank Ihrer Fügsamkeit bei bester Gesundheit zu finden, wenn ich zurückkehre. Unterlassen Sie nichts, was Ihnen guttut, sündigen Sie lieber durch zuviel Schonung. Ich selbst habe mich nie einer besseren Gesundheit erfreut. Der Rheinwein, mit sehr viel Wasser vermischt, hat meinen Magen völlig wiederhergestellt. Wer weiß, ob die Anstrengungen einer weiten Reise nicht den nachteiligen Folgen eines seßhaften Lebens entgegenwirken, und ob das Metier des Reisenden am

Ende nicht das wahre Gegengift zum Metier des »homme de lettres« darstellt!

Lassen Sie mich Ihnen mein Kind ans Herz legen. Ich übergebe es all meinen Freunden. Diese mögen Angélique jene Ratschläge erteilen, die sie durch meine Abwesenheit entbehren muß. Würden Sie die Güte haben, sie manchmal für ein paar Stunden zu sich einzuladen? Sie werden mit ihr zufrieden sein, wenn erst Ihre Freundlichkeit sie unbefangen gemacht und ihre Hemmungen beseitigt hat.

Mich aufzufordern, Sie nicht zu vergessen, käme einer Beleidigung gleich. Ich denke immer an Sie. Unsere Beziehungen datieren nicht von gestern, und ich kann mich keines einzigen Augenblicks erinnern, der unser Einverständnis beeinträchtigt hätte. Von vielen anderen werde ich gleichermaßen geliebt und geschätzt, aber von fast keinem könnte ich das gleiche sagen. Ich habe immer nur mit Tyrannen zu tun gehabt, die gegen die Tyrannei protestierten. Doch schließen Sie Grimm davon aus. Der hat sich so beständig um unser Glück gekümmert, daß er mit uns machen konnte, was ihm gefiel, ohne uns das Recht zu lassen, uns darüber zu beklagen.

Adieu, Madame und gute Freundin. Seien Sie versichert, daß Sie im hohen Norden den gleichen Freund haben werden, den Sie auf dem Meridian von Cassini besaßen. Ich gehe kurzen Tagen und langen Nächten entgegen. Sollte Sie die Lust ankommen, mir nach Petersburg zu schreiben, daß Ihre Gesundheit gänzlich hergestellt ist, daß man Sie auf den Straßen und im Schauspiel sieht, mit einem Wort: daß Sie ganz und gar von dieser Welt sind, so richten Sie bitte Ihre Briefe an den Fürsten von Golizyn in Den Haag, von wo man sie mir nach Petersburg nachsenden würde.

Da man für nichts einstehen kann und ich, ohne es zu ahnen, in der Ferne vielleicht das Ende meines Lebens finde, so tue ich mit Ihnen wie mit all denen, die unter meinen Fehlern zu leiden hatten: ich bitte Sie aufrichtig um Vergebung; was mich nicht hindern wird, eine neue Rechnung aufzumachen, wenn ich davonkomme; denn dies ist die allgemeine Voraussetzung des Menschseins, und Sie verlangen nicht, daß ich eine Ausnahme bilde.

Ehrlicherweise muß ich sagen, daß ich nicht heiter bin. Mir ist schwer ums Herz. Ich leide darunter, zwischen mich und meine Freunde den halben Erddurchmesser zu legen. Aber die Würfel sind gefallen, es ist zu spät, um noch zurückzuschauen.

Adieu, Madame und gute Freundin. Ich grüße und umarme Sie von Herzen. Wenn Sie ganz und gar ins Leben zurückkehren, so versuchen Sie, alles zu Ihrem Glücke einzurichten. Das gleiche hab auch ich vor, wenn ich den Tatzen des Bären entkomme. Adieu, adieu.

169. *An Madame Diderot*

Petersburg, 9. Oktober 1773

Gestern, meine Gute, am Vorabend meines Namensfestes, bin ich endlich in Petersburg angekommen. Sei also ganz beruhigt; alle Gefahren der Reise sind überstanden, jetzt stehen nur noch die der Rückkehr bevor. Ich wiederhole, weil es die Wahrheit ist, daß ein Spaziergang im Bois de Boulogne mich viel stärker ermüdet hätte als diese achthundert Meilen in der Postkutsche auf schauderhaften Straßen. Offensichtlich tut mir die Bewegung gut und das seßhafte und arbeitsame Leben ist die wahre Ursache meiner Unpäßlichkeiten gewesen. In Paris ging ich müde schlafen, und beim Aufstehen war ich gewöhnlich müder als beim Schlafengehen. Nichts dergleichen habe ich jetzt verspürt, auch nicht, wenn ich achtundvierzig Stunden ununterbrochen auf der Reise gewesen bin, denn es ist mehrfach vorgekommen, daß wir Tag und Nacht durchgefahren sind.

Heute, am Tag des heiligen Denis, ist die Hochzeit des Großherzogs und Sohnes der Zarin mit einer der Töchter der Landgräfin von Hessen-Darmstadt gefeiert worden.

Wenn Du Dir den ganzen Prunk eines asiatischen Hofes unter einer großen, edlen, hochherzigen Fürstin vorstellen kannst, dann bist Du genauso weit wie mein Reisegefährte und ich, obwohl Herr von Narischkin in seiner Eigenschaft als Kammerherr Ihrer Kaiserlichen Majestät beim Hochzeitszug hätte dabeisein müssen. Aber er mußte zu Hause bleiben, weil man ihm wegen einer Zahngeschwulst die ganze Backe eingebunden hatte, und mehr noch, weil durch die anstrengende Reise sein ganzes Knochengerüst durcheinandergeschüttelt worden war. Wie ist es möglich, daß ein Mann, der seit vier Jahren in der Postkutsche durch die Welt reist, der die Alpen und den Apennin überquert hat, so von Kräften kommen kann, daß ich mehrere Male glaubte, ich müsse ihn tot bei einer Hecke liegen lassen, oder ich würde ihn aller Geisteskräfte bar in seinem Lande abliefern – während ich mich niemals besser gefühlt habe? Dabei ist er jung, nicht einmal dreißig, während ich die Sechzig erreicht habe. Erklär mir das, wenn Du kannst!

Wenn ich die Zeremonie nicht gesehen habe, so lag es nicht an einem Mangel an gutem Willen. Mir fehlte es einfach am Nötigsten. Kein anderes Gewand als das, welches ich seit meiner Abreise auf dem Leib getragen habe; und nicht einmal eine Perücke, denn der einzige Unfall, der mir zugestoßen ist, bestand eben darin, daß ich drei- oder vierhundert Meilen von hier meine Perücke verlor.

Doch nein, ich sage nicht die Wahrheit. Noch zwei andere Unglücksfälle habe ich gehabt, die ein wenig ärgerlicher waren, erschrick nicht. Wir waren gezwungen, unsere Reise in Duisburg zu unterbrechen, einer elenden kleinen Stadt in Westfalen, gut sechzig Meilen von Den Haag entfernt. Dort wurde ich von einer Kolik befallen – heftiger als alle, mit denen ich bisher fertigwerden mußte. Mein Leib war hart und gespannt. Ich litt, was ein Mensch nur erleiden kann: aber viele Spülungen von oben und unten führten schließlich in meinem Inneren ein Bersten und Krachen herbei, als würden mehrere Reifen zerspringen, und danach Winde, die gar nicht mehr aufhören wollten. Nachdem diese ausgestoßen waren, blieb mir nur ein Schmerz in der ganzen Bauchhöhle zurück, der mich aber nicht hinderte, wieder den Wagen zu besteigen, und den das Rütteln und Stoßen ganz vertrieb. Dann war keine Rede mehr davon bis ungefähr sechzig Meilen vor Petersburg. Es war die gleiche Geschichte, aber so ernstlich und schwer, daß ich Herrn von Narischkin beinahe geraten hätte, mich in der Herberge zurückzulassen und alleine weiterzureisen. Ich tat es nicht, aus Furcht, ihn in ein peinliches Dilemma zu bringen: entweder seinen Reisegefährten seinem Schicksal zu überlassen, oder zu spät in Petersburg anzukommen, und das letztere wäre, daran zweifle ich nicht, der Entschluß gewesen, den er gefaßt hätte, denn er ist die Rechtschaffenheit in Person; aber er hätte ihn nicht ohne Bedauern gefaßt.

In dieser Lage beging ich eine Verrücktheit, die mich das Leben hätte kosten können. Ich verheimlichte ihm meinen schlimmen Zustand und nahm wieder im Wagen an seiner Seite Platz. Versuch Dir nun, wenn Du kannst, den Zustand eines Mannes vorzustellen, der von einer heftigen Kolik gepeinigt wird und auf den scheußlichsten Wegen dahinrollt. Der Schmerz, den ich bei jedem Stoß – und jeder Augenblick bedeutete einen mehr oder weniger heftigen Stoß – empfand, wäre nicht stärker gewesen, hätte man mir ein Messer in den Bauch gerannt und einen Darm zersägt.

Ich bin also mehr tot als lebendig angekommen, beunruhigter noch über die möglichen Folgen als über meine Unpäßlichkeit selbst. Trotzdem habe ich mich, nachdem ich Herrn von Narischkin bei seiner Wohnung abgesetzt hatte, zu Falconet fahren lassen, bei dem ich einen Arzneitee, ein Klistier und ein Bett zu finden hoffte. Nichts von alledem. Falconet hatte mir in der Tat ein kleines Zimmer eingerichtet, und mehr hätte ich nicht verlangt. Aber sein Sohn war einen Monat zuvor aus London angelangt und hatte es in Besitz genommen, und so blieb mir nur die

Wahl, bei Bekannten um eine Unterkunft zu bitten oder in einer Herberge Zuflucht zu suchen.

Ein Fremder, krank und keines Wortes der Landessprache mächtig, in einer Herberge! Ich hatte zwei Rettungsanker, und alle beide konnten unmöglich versagen: Grimm und Herrn von Narischkin. Ich wandte mich zuerst an den letzteren, da er ja eine eigene Wohnung hat, während Grimm selbst irgendwo zu Gast war. Also schrieb ich bei Falconet an Herrn von Narischkin, Falconet könne mich nur bei sich aufnehmen, wenn er seinen Sohn ausquartiere, was mir nicht vernünftig scheine, und ich bäte ihn deshalb, mir ein Bett zu gewähren, bis meine Gesundheit wieder hergestellt sei.

Die Antwort des Herrn von Narischkin war ganz so, wie ich es erhofft hatte. Sein Wagen holte mich bei Falconet ab, und ich sah mich alsbald in einem sehr bequemen Appartement und einem guten Bett untergebracht, mit allen Hilfeleistungen, die mein Zustand erforderte. Ich habe mehr Glück als Verstand gehabt. Mit Diät, Ruhe und Wärme hat sich auch dieses zweite Mißgeschick in Wohlgefallen aufgelöst. Seit vier Tagen nehme ich keine feste Nahrung zu mir und werde diese Diät beibehalten, bis meine Verdauungsorgane vollständig wiederhergestellt sind. Morgen oder übermorgen hoffe ich mein gewöhnliches Leben wieder aufnehmen zu können.

Gestern nachmittag bin ich also angekommen; und als heute morgen Herr von Narischkin nach mir schaute, habe ich ihn gebeten, sich zu mir zu setzen, und habe ihm ungefähr folgendes gesagt: Mein Herr, Sie haben mich mit Beweisen Ihrer Güte überhäuft. Erweisen Sie mir nun die Gunst, so freimütig zu mir zu sprechen, wie ich es von Ihnen erwarten darf. Falle ich Ihnen nicht lästig? Wenn ich das in keiner Weise tue, wenn mein Aufenthalt in Ihrem Hause Ihrem Herrn Bruder und Ihrer Frau Schwägerin ebenso angenehm ist wie Ihnen, dann möchte ich bleiben. Sogar so lang, wie es mir zusagt. Falls dies jedoch auch nur die allergeringste Ungelegenheit verursacht, so habe ich hier einen Freund, den ich unverzüglich sehen und mit dem ich eine entsprechende Vereinbarung treffen werde; ich bitte Sie, mir mit der gleichen Natürlichkeit zu antworten, mit der ich zu Ihnen spreche. Sofort traten sein Bruder und seine Schwägerin ein, um mir zu versichern, daß ich über ihr Haus und alles, was dazugehöre, verfügen könne, so lange es mir beliebe. An Herrn von Narischkin gewandt fügte ich noch hinzu, er fühle ja wohl selbst, daß ich besser zuerst mit ihm einig würde, bevor ich mit meinem Freund spräche.

Du siehst, gute Freundin, wie es mit mir steht. Gesundheitlich fehlt mir nichts, aber auch gar nichts mehr; und, was Dich ebenso erstaunen wird wie der ans Wunder grenzende Verlauf meiner Reise, das ist, daß ich, obwohl die von mir eingenommene Nahrungsmenge so winzig klein war, daß es kaum der Rede verlohnt, die gleichen Kräfte, die gleiche Gesichtsfarbe, das gleiche Gewicht, das gleiche gesunde Aussehen habe wie zuvor. Glaub' mir, das ist die wortwörtliche Wahrheit!

Grimm weiß, daß ich angekommen bin. Ich habe ihm heute morgen geschrieben, und wenn ich ihn noch nicht zu Gesicht bekommen habe, so überrascht mich das gar nicht. Als Begleiter, ja fast als Erzieher des Bruders der jungen Frau hat er heute sicherlich mehr am Hals als je in seinem Leben. Selbst wenn ich ihn morgen noch nicht sähe, würde ich es verstehen und verzeihen. Ich weiß, daß er uns allen wahrhafte Freundschaft entgegenbringt, daß er uns liebt, daß er uns fünfundzwanzig Jahre lang nach besten Kräften zu Diensten gewesen ist; daß er auch jetzt zu jedem Dienst bereit ist; und daß er genauso ungeduldig ist, mich zu sehen, wie ich ihn. Und wenn ich Grimm noch nicht gesehen habe, so mit noch mehr Grund auch nicht Ihre Kaiserliche Majestät oder Herrn von Bezkoi oder irgendeinen derjenigen, denen ich meine Aufwartung zu machen habe. Selbst wenn meine Gesundheit mir gestattet hätte, umherzugaloppieren, hätte ich es nicht gekonnt.

Mein Koffer ist noch beim Zollamt, ohne daß ich erfahren kann, wann er dort freikommen wird. Aus Anlaß der Festlichkeiten sind alle Büros geschlossen. Herr von Narischkin hat alle erdenklichen Schritte unternommen, jedoch ohne Erfolg. Ich kann nicht einmal meine Wohnung verlassen, da ich kaum frische Wäsche habe.

Die Festlichkeiten werden den ganzen Monat über andauern; Falconet hat mir gesagt, daß danach die Landgräfin von Darmstadt, ihre beiden anderen Töchter, vielleicht auch ihr Sohn und die übrige Suite die Rückreise nach Deutschland antreten werden. Doch ist dies alles nur eine Vermutung. Ich sehe zwei Möglichkeiten: entweder reist Grimm tatsächlich in einem Monat ab, dann werde ich mein möglichstes tun, mit ihm zurückzukommen; oder die Strenge der Jahreszeit hält sie hier alle bis zum Ende des Winters fest, dann werde ich mit ihnen bleiben. Das alles wird sich morgen oder übermorgen aufklären, denn länger wird er mich nicht auf seinen Besuch warten lassen . . .

Adieu, gute Freundin. Adieu, ich umarme Dich von ganzem Herzen. Wir werden uns wiedersehen, wenn auch leider nicht so bald, wie ich es mir wünsche. Ich habe einen Brief von Caroillon erhalten, der mir Freude gemacht hat, weil er im angemessenen Ton gehalten ist. Umarme ihn zärtlich von mir; umarme seine Frau, umarmt Euch alle. Am Schluß eines meiner vorausgehenden Briefe kannst Du lesen, was Du den andern sagen sollst.

Lies diesen Brief nicht Angélique vor, einiges darin könnte sie in ihrem gegenwärtigen Zustand beeindrucken.

Adieu, liebe, gute Frau. Wer weiß, vielleicht begegne ich noch dem Glück, bevor ich sterbe. Hoffentlich läßt sich Grimm bald sehen.

170. An Madame Diderot

Petersburg, vor dem 15. Oktober 1773
. . . Grimm, der sich ein langes Dasein auf Erden erhofft, wünscht es sich glänzend, geachtet, ehren- und geräusch-

voll. Nun, Geräusch hab' auch ich machen wollen, ich habe welches gemacht und tue es noch. Aber der Augenblick der Ruhe, des Schweigens, des Sichzurückziehens, der Dunkelheit, des Vergessenwerdens ist gekommen. Ergreifen wir ihn, oder machen wir wenigstens nicht den Vorteil zunichte, der mit ihm verbunden ist: nichts, aber auch gar nichts zu tun! Haben wir uns nicht genug abgerackert? Also hören wir damit auf; denn wäre es nicht lächerlich, immer so fortfahren zu wollen?

Nichts ist widersinniger als ein Greisenalter, das sich unaufhörlich zu schaffen macht. Die Seele des alten Menschen muß ebenso ruhig in seinem Körper sitzen, wie sein Körper in seinem großen Lehnstuhl. Seele, Körper und Lehnstuhl bilden in diesem Fall ein harmonisches Ganzes. Rückt man den alten Lehnstuhl von der Stelle, so knarrt und jammert er und fällt auseinander; bewegt man den alten Körper, der im alten Lehnstuhl ruht, so hat es die gleichen nachteiligen Folgen; regt man die alte Seele auf, die sich im alten Körper ausruht, so ist es noch einmal dasselbe. Damit alles gut sei, muß alles seine Ruhe haben, bis die alte Seele den alten Körper verläßt, und der alte Körper den alten Lehnstuhl, der nun inmitten der Kinder leersteht, die noch ihren guten Großpapa darin zu finden glauben, wenn er gar nicht mehr ist, und die seinem Leben durch ihre Rührung und ihre Trauer das schönste Lob darbringen.

So etwa könnte meine Grabinschrift lauten: »Er ist schon lange tot, aber seine Kinder suchen ihn noch in seinem alten Lehnstuhl.« So soll man schreiben, aber erst zehn Jahre nachdem der alte Lehnstuhl und ich uns wirklich voneinander getrennt haben.

Adieu, meine Gute, adieu. Ein andermal werde ich Dir von Falconet, von Mademoiselle Collot und ihrem Denkmal erzählen, denn dieses ist ihr gemeinsames Werk. Empfange inzwischen ihre freundschaftlichen Grüße, besonders die von Mademoiselle Collot, einem ausgezeichneten Geschöpf, das durch seinen Aufenthalt hier noch gewonnen hat.

Adieu noch einmal. Da fällt mir gerade ein, daß ich Dich um einen Rat bitten wollte. Da ich niemals besser arbeite und es mir niemals besser geht, als wenn ich auf großer Reise bin, so sag mir, was Du davon hieltest, wenn ich, statt stumpfsinnigerweise denselben Weg zurückzufahren oder ein Schiff zu nehmen, bis nach Moskau weiterführe, von da zur Chinesischen Mauer vorstieße, dann nach Asien zurückkehrte und dem Marokkaner und dem Türken in Konstantinopel Guten Tag sagte? Und müßte man nicht auch die alten Ruinen Karthagos in Afrika sehen; und dann dieses Italien, nach dem ich mich so lange gesehnt habe, die prächtigen Gebäude, diese schönen Statuen, diese herrlichen Bilder, die köstliche Musik? Von da könnte man die Alpen überqueren, um die wackeren Schweizer kennenzulernen, die all ihre Nachbarn überdauern werden; oder übers Mittelmeer fahren – Marseille, Toulon, Brest; unsern Freund Monsieur Foucou begrüßen; über Langres kommen, und dort meine Schwester und die andern Verwandten in die Arme schließen; und am Ende daheim friedlich einschlafen?

Du wirst sagen, das hieße sich verteufelt abhetzen, und Du hättest recht. Du wirst sagen, es lohne nicht der Mühe, sich soviel zu drehen und zu wenden, nur um den letzten Schlaf zu finden, und Du hättest recht. Du wirst sagen, ich soll so bald als möglich und auf dem kürzesten Weg zurückkommen, und Du hast noch einmal recht. Genau das habe ich ja auch vor; und wir werden, nach dem Schmerz unserer Trennung, die süße Freude haben, einander wiederzufinden.

Ich warte ungeduldig auf die Nachricht von der Niederkunft Angéliques. Adieu, meine Gute, noch einmal adieu. Denk an Deine Gesundheit, an Dein Glück; füge zusammen und trenne wieder auf; erbaue und reiße wieder ein; erbaue noch einmal, um noch einmal einzureißen, und alles wird gut sein. Ich liebe und achte Dich und umarme Dich von Herzen.

171. An Madame Caroillon de Vandeul

Petersburg, 23. Oktober 1773

Immer noch warte ich auf die Nachricht von Ihrer glücklichen Entbindung. Lassen Sie mich doch wissen, liebe Tochter, daß Ihr Kind gesund und hübsch ist. Lassen Sie mich wissen, daß Sie wohlauf sind. Mir geht es glänzend.

Das erste Mal, wenn Sie Ihre Mutter sehen, wird sie Ihnen vorlesen, was ich hier nicht zu wiederholen brauche. Der Grund ist aber nicht, daß ich es müde wäre, der größten und besten unter den Herrschern Gerechtigkeit widerfahren zu lassen. Ich sage *Herrschern*, weil sie ein Mann ist, ein sehr großer Mann. Lies nur in der Geschichte der Kaiser und Könige nach, solange du magst; man würde drei oder vier unter den allergeachtetsten brauchen, um einen ihr Gleichwertigen daraus zu formen. Du bist jung genug, um zu erleben, was ich Dir voraussage: sie wird das Gesicht dieses Landes verändern; die russische Nation wird zu einem der rechtschaffensten, weisesten und respektgebietendsten Länder Europas und der Welt werden. Ich werde Dir sagen, wie sie es anfängt; und ich kann Dir jetzt schon versichern: wenn Du mit Deiner Tochter genauso verfährst, müßte es schon mit dem Teufel zugehen, wenn sie Dich nicht wahnsinnig liebte.

Hör nur diese einzige Tat: sie hat eine große Anstalt für junge Mädchen ins Leben gerufen, die nach ihren Richtlinien erzogen werden. Nun, nachdem ich diese Kinder, die kleinen Mädelchen, wahre Wunder habe vollbringen sehen, habe ich auch gesehen, wie sie sich um sie scharten, ihr in die Arme sprangen und sie abküßten. Ein Schauspiel, daß man vor Rührung hätte weinen mögen. Und das soll eine Herrscherin sein, meine Gute? Die Herrscherin eines riesigen Reiches? Weder sie selbst noch ihre Kinder sind sich dessen bewußt.

Adieu, meine liebe Tochter. Achten Sie auf Ihre Gesundheit. Passen Sie auf sich auf und legen Sie jetzt nicht durch Unbedachtsamkeiten den Grund zu Krankheiten des späteren Alters.

Grimm verdanke ich die Nachricht von Ihrer Niederkunft. Berichten Sie mir über die Einzelheiten. Ich hoffe
mit Grimm zurückzukehren. Nachdem ich das Glück erleben durfte, ihn hier anzutreffen, zähle ich auf das, Sie mit
ihm zusammen wiederzusehen.

Ich liebe Sie von ganzem Herzen. Genauso liebe ich
Ihren Gatten. Grüßen Sie alle, denen an mir liegt. Haben
Sie acht auf Ihre kleinen Obliegenheiten. Macht keine
Dummheiten miteinander. Ein solches Vergnügen ist kurz
und die ärgerlichen Folgen lang. Sagen Sie Ihrer Tante in
Langres und Ihrer Schwiegermutter, Madame Caroillon,
ein liebes Wort von mir.

Nie werde ich bereuen, diese Reise auf mich genommen
zu haben, der Ihr Euch alle so heftig widersetzt habt. Ich
werde Anlaß haben, Gutes zu sagen, solange ich lebe, und
werde nicht als ein Undankbarer sterben. Adieu, meine
Liebe.

172. Ihrer Kaiserlichen Majestät Katharina II.
Ich nehme mir die Freiheit, diese Träumereien an Eure
Kaiserliche Majestät zu richten, damit Sie des ganzen
Unterschieds zwischen den Ideen eines armen Teufels, der
sich herausnimmt, unter seiner Dachtraufe zu politisieren,
und dem, was im Kopf einer Herrscherin vorgeht, gewahr
werden. Was Sie hier lesen, Madame, entspricht dem
Umfang der Geisteskräfte eines, den man einen Philosophen nennt. Lächeln Sie darüber, so werde ich von Eurer
Majestät alle Gerechtigkeit erlangt haben, die ich mir
erhoffen konnte.

Will ich mich nicht selbst überschätzen, dann kann ich
nur beteuern, daß dies mehr oder weniger alles ist, was
unseresgleichen weiß und versteht. Nichts ist leichter als,
den Kopf auf dem Kissen, ein großes Reich einzurichten.
Da läuft alles, wie man möchte.

Wenn man aber darin lebt und es darum geht, Hand ans

Werk zu legen, so ist es etwas ganz anderes. Eure Majestät hatten die Güte, mir zu sagen, daß Sie oft mehrere Bände lesen mußten, um eine einzige gute Zeile zu entdecken. Ich wage von Ihnen nur zu erhoffen, daß Sie mir eine Viertelstunde Ihrer Zeit widmen; und auch das ist noch zuviel.

Mit dem Ausdruck meiner tiefen Ehrerbietung bitte ich Sie untertänigst um Vergebung.

Was mich ein wenig über die Oberflächlichkeit meiner Überlegungen hinwegtröstet, ist der Umstand, daß es mir gestattet war, in Originalurkunden Einblick zu nehmen, so daß ich die Dinge nach der geschichtlichen Wahrheit darzustellen vermochte.

Darf ich Eure Majestät ersuchen, diese kleine Arbeit, falls es der Mühe lohnt, kopieren zu lassen und das Original zu verbrennen?

173. An Katharina II.

Eure Kaiserliche Majestät erkundigten sich nach meiner Arbeitsweise. Ich halte es ungefähr so damit.

Zuerst prüfe ich, ob die betreffende Frage durch mich besser als durch einen andern behandelt werden kann; danach entschließe ich mich.

Beim geringsten Verdacht, ein andrer könnte es besser machen, gebe ich die Sache an diesen weiter, und zwar unter Hintanstellung aller etwaigen persönlichen Vorteile, denn nicht daß ich sie ausführe, ist wichtig, sondern daß sie gut ausgeführt wird.

Habe ich mich einmal entschlossen, so denke ich unablässig, bei Tag und Nacht, zu Hause, in Gesellschaft, auf der Straße, auf der Promenade daran; meine Arbeit verfolgt mich.

Auf meinem Schreibtisch liegt ein großes Blatt Papier, darauf halte ich meine Gedanken in Stichworten fest, ungeordnet und stürmisch, wie sie mir einfallen.

Fühle ich mich erschöpft, so ruhe ich aus; ich lasse den

Gedanken Zeit zu neuem Sprießen; »meine zweite Mahd« habe ich das genannt, mit einer Metapher, die einer ländlichen Arbeit entlehnt ist.

Ist mein Kopf wieder frisch, so beginne ich abermals, stürmische und zusammenhanglose Ideen in Stichworten festzuhalten, doch dann ordne ich sie – bisweilen, indem ich sie numeriere.

Wenn ich erst einmal soweit bin, kann ich behaupten, mein Werk sei fertig.

Sofort mache ich mich an die Niederschrift, und während ich schreibe, gerät meine Seele in Wallung.

Fällt mir jetzt noch etwas Neues ein, das an entfernter Stelle seinen Platz finden soll, so schreibe ich es auf ein gesondertes Papier.

Es kommt selten vor, daß ich etwas noch einmal schreibe, und die verschiedenen kleinen Abhandlungen, die Eure Majestät in Händen haben, sind alle nur ein einziges Mal geschrieben worden; deshalb bleiben auch gewisse Nachlässigkeiten zurück – alle leichten Unkorrektheiten einer geschwinden Ausführung.

Was den andern zu dem Gegenstand eingefallen ist, mit dem ich mich beschäftige, lese ich erst, wenn mein Werk fertig ist.

Belehrt mich die Lektüre eines Besseren, dann zerreiße ich, was ich geschrieben habe.

Wenn ich bei den andern etwas finde, das in meinen Zusammenhang paßt, benutze ich es.

Bringen sie mich auf einen neuen Gedanken, so füge ich ihn am Rande an, denn da ich nicht gerne etwas kopiere, lasse ich immer breite Ränder.

Und dann ist der Augenblick gekommen, da ich meine Freunde, die Gleichgültigen, ja sogar meine Feinde befrage.

Auch die Feinde? Ja, Madame, auch jene, die ich verachte! Ich mache es wie der Arzt, der seinen Patienten mit Schlangenbrühe kuriert.

Niemals habe ich einem, den ich verachtete, einen guten

Rat abgeschlagen noch den abgelehnt, den ich von ihm empfing, noch bin ich über eine Schuld errötet, die mich mit ihm verband.

Aber immer noch ist es ein weiter Weg, bis das Werk veröffentlicht werden kann. Es bleibt die Arbeit der Feile, die schwierigste und kniffligste, die alle Kräfte in Anspruch nimmt, die ermüdet, verdrossen macht und niemals abgeschlossen sein kann, besonders bei einer Nation, wo vier schlecht gewählte Ausdrücke einem ansonsten vorzüglichen Werk den Garaus machen, wo man nicht das Aufeinanderstoßen zweier Vokale duldet, wo man sich durch die Wiederholung eines Wortes, manchmal sogar auf der gleichen Seite, unangenehm berührt zeigt; wo man verlangt, daß ein Autor angenehm, klar, leicht faßlich, elegant, erhaben, wohlausgewogen sei; wo die Frauen sehr rein zu schreiben wissen und das letzte Urteilswort sprechen. Oh, wie schwer ist die Aufgabe des Schriftstellers bei einem Volk, dem sehr wenig daran liegt, unterrichtet zu werden, das aber vor allem unterhalten sein will, sogar wenn es sich um die schwierigsten, die wichtigsten Gegenstände handelt! Wir achten mehr auf die Farbe als auf die Zeichnung. Da gibt es für den, der nicht schreiben kann, kein Heil. Ein solcher Autor arbeitet dem ersten besten Schriftsteller in die Hand, der es versteht, sich mit dem Hab und Gut seines Vorgängers zu schmücken und das Angenehme mit dem Nützlichen zu verbinden. Alle Welt schimpft lauthals über das Plagiat, aber alle lassen den ersten verstauben, um den zweiten zu lesen. Und auf lange Sicht bleiben die Pfauenfedern so fest auf den Flügeln der Krähe haften, daß sie am Ende zu deren Eigentum werden. Voltaire ist ein vorzügliches Beispiel dafür; allerdings war der auch sehr reich an eigner Substanz.

Was jedoch einen Autor zur Verzweiflung bringt, das ist, daß er alle Fehler des Ausdrucks bemerkt zu haben glaubt, und dann das gedruckte Werk Unkorrektheiten aufweist, die ihm hätten in die Augen springen müssen.

Ist das Buch endlich erschienen, so teilt sich das Publikum auf; und wehe dem Werk, das nicht eine solche Spaltung hervorruft!

Der Autor, der auch nur über ein wenig Seelenstärke verfügt, lächelt inmitten dieses Tumults; der kleinmütige leidet.

Aber in letzter Instanz wird alles gewürdigt, und die dummen Kritiker loben so schamlos, als hätten sie niemals getadelt.

Von mir kann ich nur sagen, daß ich weder ein Urteil über meine Handlungen noch eine Kritik an meinen Schriften fürchte.

Dem offenkundigsten Schurken gestatte ich, die gräßlichste Schmähschrift gegen meine Sitten zu veröffentlichen: er wird mir nicht den Schlaf rauben; er greift nur einen Punkt meines Lebens an, und dieser Punkt, den die Vergangenheit und die Zukunft entkräften, wird bald wieder die Farbe des ganzen Fadens annehmen.

Ruhig überlasse ich auch meine Werke der beißendsten Kritik, denn es gibt eine Dreieinigkeit, gegen die die Pforten der Hölle niemals etwas vermögen werden: das Wahre, welches das Gute erzeugt, und das Schöne, das vom einen und vom andern kommt.

Man hat gegen einen Menschen und gegen einen Autor zehntausend Artikel veröffentlicht. Und was ist aus ihnen geworden? Niemand kennt sie mehr, und Mensch und Autor sind genau auf dem Platz verblieben, den man ihnen schuldete – ausgenommen in diesem Augenblick, wo es Eurer Majestät gefällt, den beiden tausendmal mehr zuzuerkennen, als sie verdienen.

174. *An die Fürstin Daschkova*

Petersburg, den 24. Dezember 1773

Ja, es stimmt: ich bin wirklich in Petersburg! Mit sechzig Jahren habe ich acht- oder neunhundert Meilen zurückgelegt und meine Frau, meine Tochter, meine Verwandten,

411

Freunde und Bekannten in weiter Ferne gelassen. Und all dies, um einer großen Herrscherin – meiner Wohltäterin – Ehre zu erweisen! Was werden Sie von mir sagen? Daß ich recht gehandelt habe? Ihre Antwort, dessen bin ich sicher, wird die einer Frau sein, die Herzensbildung und Empfindsamkeit besitzt, und vor allem eine gute Dosis jener Eigenschaft, ohne die man niemals hoffen darf, sich in irgendeiner Hinsicht über die Mittelmäßigkeit zu erheben: man nennt sie *Enthusiasmus*. Immerhin war ich auf der Reise zweimal in Lebensgefahr. Aber was will das schon heißen? Wenn wir uns von denen trennen, die wir lieben und die uns lieben, dann kann das Leben keine große Rolle für uns spielen. Vielleicht werde ich mich auf der Rückreise nicht der gleichen Unerschrockenheit brüsten können.

Es ist mir die Ehre zuteil geworden, mich der Kaiserlichen Majestät so oft nähern zu können, wie ich es wünschte, ja öfter, als ich es zu hoffen wagen konnte. Ich habe sie ganz so gefunden, wie Sie sie mir in Paris beschrieben hatten: die Seele des Brutus, vereint mit den Reizen der Kleopatra. Bei all ihrer Herrschergröße hat sie so viel weiblichen Charme, daß sie Tausenden von Leuten den Kopf verdrehen könnte. Niemand versteht besser als sie die Kunst, denen die Befangenheit zu nehmen, die mit ihr zu tun haben.

Doch verzeihen Sie, Madame, ich vergaß, daß ich auch Ihre diesbezügliche Geschicklichkeit erleben durfte. Selbst wenn es nur um wenig geht, so gewinnt auch dieses Wenige unweigerlich einen gewissen Wert, wenn es sich um die Kaiserin oder um Sie handelt. Erinnern Sie sich, mit welcher Ungeniertheit ich zu Ihnen in der Rue Grenelle sprechen durfte? Nun, die gleiche Freiheit genieße ich im Palais der Kaiserlichen Majestät. Man gestattet mir, alles zu sagen, was mir durch den Kopf geht: Dinge, die vielleicht weise sind, wenn ich ganz verrückt zu sein glaube; und vielleicht die größten Verrücktheiten gerade dann, wenn ich mich besonders weise dünke. Sicher ist, daß die

Gedanken, die man von Paris nach Petersburg verpflanzt, hier eine ganz andere Färbung annehmen.

Bei unsern Unterhaltungen ist oft Ihr Name gefallen; es war für mich ein Vergnügen, ihn auszusprechen, und er wurde stets gerne gehört. Dennoch würden mir drei köstliche und wohlangewandte Stunden, die mir alle drei Tage geschenkt sind, eine Menge freier Zeit lassen; aber meine Studien und das Auf und Ab von guter und schlechter Gesundheit bewahren mich vor der Langeweile. Wenn ich nicht leidend bin, lassen meine Gedanken mir keine Ruhe; und ich finde es weniger unliebsam zu leiden als zu gähnen . . .

Ich scheue keine Anstrengung, mich hier über alles zu unterrichten, und es gibt zwei Mittel des Gelingens. Das erste besteht darin, immer zu fragen, wenn man etwas nicht weiß, und immer die Personen zu befragen, die einem den besten Aufschluß geben können: so kommt man der Wahrheit näher. Das zweite aber ist, daß man die Narrheiten vertreibt, die sich in unserm Kopfe eingenistet haben, und daß man, sind sie erst einmal draußen, die Tür versperrt und sie nie mehr hereinläßt. Sie sehen, ich spreche, als wäre ich wirklich in Ihrer Nähe, ganz wie damals, als Sie dastanden, den Ellenbogen auf den Kaminsims gestützt, und meine Gesichtszüge ausforschten, ob ich denn nun aufrichtig spräche, und bis zu welchem Grad ich es täte . . .

Wie glücklich sind Sie, Fürstin, mit einer natürlichen Anlage zur Musik geboren zu sein! Die Musik ist die mächtigste aller schönen Künste. Ihre Wirkung wächst, wie die der Liebe, durch das Vergnügen, das sie gewährt, aber vielleicht mehr noch durch den Trost, den sie uns spendet. Eine gewisse Frau von Borodin, die eine hübsche Stimme hat und sehr geschmackvoll singt, hat mir ein paar Volkslieder versprochen; nur fürchte ich, sie ist zu flatterhaft, zu berauscht von der Bewunderung, die sie umgibt, vielleicht auch zu bequem, um sich ihres Versprechens zu erinnern. Ganz anders steht es mit dem, was Sie, Madame, mir versprochen haben: mir gewisse Lieder von Ihnen zu senden, die genauso volkstümlich sein sollen wie die, die man in den Salons singt, mit dem russischen Text unter den Notenzeilen und mit einer entsprechenden, von Ihnen freundlich hinzugefügten Begleitung, ohne die es sicher nicht leicht wäre, die ganze Schönheit dieser Lieder über eine Entfernung von neunhundert Meilen hinweg erlebbar zu machen.

Wie schamlos mache ich mir Ihr Wohlwollen zunutze!

175. An die Damen Diderot und De Vandeul

Petersburg, 30. Dezember 1773

Beunruhigt Euch nur nicht wegen meiner Gesundheit! Es geht mir ausgezeichnet. Das Wasser der Newa hat die gleiche Wirkung wie das der Seine; ich habe ihm den Tribut entrichtet, den es von allen Fremden fordert.

So sind wir denn am Ende des Monats Dezember angelangt, und der als schrecklich verschriene Winter hat sich fast noch gar nicht gezeigt, obwohl das Thermometer mehrere Male auf vierzehn und ein halbes Grad unter Null gesunken, die Erde ständig von Schnee bedeckt ist und man seit ungefähr eineinhalb Monaten an Schlittenpartien den Fluß entlang teilnehmen kann.

Keine Veränderung in der Gunst, mit der Ihre Kaiserliche Majestät mich beehrt! Jeden Tag, von drei bis fünf oder sechs Uhr, habe ich Zutritt zu ihrem Kabinett, aber ich mache nur jeden dritten davon Gebrauch. Ich fürchte die Feindschaften, die mir diese außerordentlichen Zeichen ihrer Güte zuziehen könnten – Leute, die mich darum beneiden würden, doch denen die Kaiserin solche Audienzen vielleicht auch dann nicht gewähren würde, wenn ich selbst nicht in ihren Genuß käme. Das Lob, das ich dieser großen, gütigen und überaus liebenswürdigen Herrscherin gezollt habe, will ich jetzt nicht wiederholen; es wird der Gegenstand unserer Unterhaltungen sein, wenn wir

wieder beisammen sind, und der meines Gefasels, wenn
ich alt bin.

Ach, liebe Frau und liebe Tochter, man muß Euch schon
sehr zärtlich lieben, um sich inmitten dieses verführeri-
schen Lebens nach Euch zu sehnen! Und doch tue ich es so
sehr, daß ich die Tage zähle, die Monate aber immer nur
nach der hiesigen neuen Zeitrechnung, die sie um elf Tage
vorverlegt. Heute ist hier in Petersburg der 19. Dezember,
in Paris der 30. Ich wünsche Euch beiden zum Neuen Jahr
Gesundheit, Fröhlichkeit, Glück und meine baldige Rückkehr. Caroillon umarme ich von ganzem Herzen, der Friede herrsche unter Euch ...

Als die Kälte kam, fragte mich die Kaiserin, ob ich einen
Pelz und einen Muff hätte. Ich verneinte es. Nun, sagte sie,
ich will Ihnen beides schicken. Welche Art von Pelz wünschen Sie? Aus Velours? – Nein, Madame, mein Gewand
ist aus Tuch. – Bestellen Sie sich den Mantel nach Ihrem
Wunsch; den Muff lassen Sie meine Sorge sein. – Diese
Sorge überlasse ich Eurer Majestät um so lieber, als ich ihn
bestimmt verliere. – Nun, dann werde ich ein Kettchen
anbringen lassen, das ihn an Ihr Knopfloch heftet, wie man
es bei Kindern tut ...

Das ist der Ton meiner Plaudereien mit ihr!

Ein anderes Mal sagte sie zu mir: Wir kommen nie zu einem ruhig geführten Gespräch. Ich bin ein Hitzkopf, Sie
sind es auch. Ich unterbreche Sie, Sie unterbrechen mich. –
Nur mit dem Unterschied, daß ich, wenn ich Eure Majestät
zu unterbrechen wage, eine Dummheit begehe. – Begeht man Dummheiten von Mann zu Mann?

Die Newa-Krankheit hatte mich zehn bis zwölf Tage an
mein Zimmer gefesselt. Als ich der Kaiserin wieder meinen Hof machen ging, sagte sie: Nun, Monsieur Diderot,
haben wir uns lange genug nicht gesehen?

Bei dieser Frau verbindet sich größte Leutseligkeit mit
dem überraschendsten Scharfblick; Tiefsinn und Heiterkeit wechseln miteinander ab. Sie geht sehr bald schlafen
und arbeitet vom frühesten Morgen an. Man sitzt nicht lan-

ge bei ihr zu Tisch; sie gönnt sich nur zwei oder zweiein-
halb Stunden Entspannung. Das ist die Zeit, über die ich
verfügen darf; und ich versichere Euch, wenn das geschieht, so ähnelt es manchmal aufs Haar gemeinsamen
Studien. Kein Gegenstand ist ihr fremd. Man ist hier einer
Meinung darüber, daß es keinen Mann im Reich gibt, der
die Nation so gut kennt wie sie.

Sie hat eine Reise nach Zarskoje-Selo gemacht und mir
die Ehre bereitet, mich dazu einzuladen. Dort gibt sie sich
inmitten der Höflinge ganz wie unter ihresgleichen. Wer
aufsteht, wenn sie vorübergeht, muß sechs Rubel Strafe
zahlen. Jeden Augenblick sagt sie etwas Bedeutendes, nur
sie Bezeichnendes.

Ihr Morgen- und ihr Abendgebet verrichtet sie über dem
Werk von Montesquieu. Sie hat mir gestanden, ihn oft erst
bei der fünften Lektüre richtig begriffen zu haben. »Dann
aber«, fügte sie hinzu, »hat er mich zum Nachdenken angeregt.«

Lese ich ihr etwas von mir vor, so ist ihr Geist oft zwei
Seiten von der Stelle entfernt, die ich lese. Errät sie nicht,
was ich meine, so fürchte ich oft, etwas Verrücktes geschrieben zu haben, was aber nicht immer zutrifft. Sie genießt es richtig, mir jede Befangenheit genommen zu haben, und mir scheint, als ob das Schauspiel, das ich ihr gebe, ihr Vergnügen bereite.

Die Wahrheit liebt sie über alles, und obwohl ich oft
Dinge gesagt habe, die kaum zum Ohr von Königen gelangen, war sie doch niemals beleidigt. Anläßlich gewisser
Privilegien, die sie zuerst zugestanden hatte und dann zu
widerrufen versucht war, sagte ich zu ihr: »Behalten Sie sie
bei, egal ob sie Ihnen schädlich sind oder nicht. – Warum?
– Weil es für einen Herrscher nichts gibt, das ihn für den
Verlust des Vertrauens seiner Untertanen entschädigen
könnte.«

Bei diesem Wort ergriff sie plötzlich meine Hand und
sagte: »Ja, Sie haben recht!«

Laßt mich nur erzählen und fürchtet nicht, daß mir bei

meiner Rückkehr nichts mehr zu sagen bleibt! Ich arbeite ungeheuer viel und mit einer Leichtigkeit, die mich selbst erstaunt. Übel mitgespielt hat man mir bisher nur von seiten meiner französischen Landsleute.

Versuche, liebe Frau, Dich wieder mit Falconet und Mademoiselle Collot zu versöhnen. Den ersten trifft kaum irgendeine Schuld, und die zweite gar keine. Als ich ankam, wußte er von einem Franzosen namens Têtard, der bei ihm verkehrt und bei Herrn von Narischkin wohnt, daß Herr von Narischkin mir ohne mein Wissen ein Appartement hatte vorbereiten lassen, und er glaubte, ich hätte es bereits angenommen. Was Mademoiselle Collot betrifft, so konnte sie gar nichts dafür. Sie hat keine eigene Wohnung, und ich schwöre Dir, sie war aufs äußerste betrübt, daß ich anderswo als bei Falconet wohne.

Adieu, bleibt gesund. Ich hoffe, Grimm und ich können Anfang Februar von hier abreisen.

176. An die Fürstin Daschkova
Petersburg, 25. Januar 1774
Ohne Zögern lasse ich all die liebevollen, hübschen, schmeichelhaften und angenehmen Worte gelten, die Sie die Güte hatten, an mich zu richten, und bin nicht einmal besonders begierig herauszubekommen, ob ich sie verdiene oder nicht; aber hier, auf der linken Seite, da habe ich ein gewisses Organ, das mir versichert, daß Sie das Gesagte niemals werden zurücknehmen müssen.

Nur drei Dinge gibt es auf dieser Welt, die einen Mann wahrhaft verächtlich machen können: wenn er den Reichtum, die Ehrungen und das Leben in übertriebener Weise liebt. Für mich gibt es so viele Dinge, auf die ich ohne Mühe verzichten kann, daß es mich gar nichts kostet, Reichtümer zu mißachten. Ein Stück Brot– egal, ob schwarz oder weiß –, ein Krug klares Wasser, ein Freund, von Zeit zu Zeit die Bezauberung durch ein schwereloses Gespräch mit einer Frau: das ist, zusammen mit einem ruhigen Gewissen, alles, dessen ich bedarf. Ehren, die nicht Verpflichtungen nach sich ziehen, sind nichts als Scherze, eigens geschaffen, um große Kinder zu amüsieren.

Ich bin nicht mehr in dem Alter, wo ich an solchen Dingen Gefallen finden könnte, obwohl ich, wenn ich einen unvoreingenommenen Blick zurück in die Vergangenheit werfe, mich nicht an einen Augenblick erinnern kann, wo sie eine besondere Anziehungskraft auf mich gehabt hätten. Etwas anderes ist es, wenn sie mit neuen, wichtigen Funktionen verbunden sind. Doch ach, Madame, welch glorreicher Gefährte ist der am meisten verehrte unter den Heiligen, das *sakrosankte Farniente*!

Sobald man sich diesem Kult geweiht hat, genießt man ein vollkommenes Glück; denn wer könnte glücklicher sein als der, der nur tut, was ihm gefällt? Da kann man, ohne sich Vorwürfe machen zu müssen, eine oder zwei Stunden länger schlafen, denn diese Freiheit gefährdet niemandes Glück. Und was das Leben betrifft, so erkläre ich, daß ich das meine ebenso leicht dahingäbe, wie ich ein Glas Champagner einschenke – und sei es auch nur, um jedem den Mund zu stopfen, der es wagen sollte, einer solchen Behauptung zu widersprechen. Indessen – sei es, daß ich das *Finale* dieser schwerfälligen und faden Farce, die man Leben nennt, beschleunige, sei es, daß ich geduldig das natürliche Ende erwarte – rechnen Sie mich immer, Madame, zur Zahl Ihrer allerergebensten Diener . . .

177. An Katharina II.

Petersburg, 22. Februar 1774

Sie haben mir verboten, mich zu verabschieden. Ihren Befehlen habe ich mich zu fügen und Ihnen den Anblick eines großen Schmerzes zu ersparen. O ja, Madame, eines großen Schmerzes, denn etwas kann ich Eurer Majestät versichern, weil ich es fühle: es war nicht schmerzlicher, mich von meiner Familie loszureißen, um Ihnen meine

Dankbarkeit und Ehrerbietung zu Füßen zu legen, als jetzt mich von Ihnen zu entfernen. Nein, niemals haben Verwandte und Freunde einen stärkeren Beweis von Anhänglichkeit und Zärtlichkeit empfangen als die meinen in dem Augenblick, da ich zu ihnen zurückkehre.

Überhäuft von den Freundlichkeiten Eurer Majestät kehre ich zurück, und erfüllt von Bewunderung für Ihre erstaunlichen Eigenschaften. Wieviel würde ich mir auf den Empfang zugute halten, mit dem Sie mich beehrt haben, sähe ich darin nicht den Wesenszug einer wahrhaft göttlichen Nachsicht, die die Menschen weniger danach beurteilt, was sie sind, als danach, was sie sein möchten, und vor der die Tugenden des Herzens genauso wertvoll sind wie die Gaben des Genies!

Mein ganzes Leben lang werde ich mich beglückwünschen, die Reise nach Petersburg unternommen zu haben. Mein ganzes Leben werde ich mich an jene Augenblicke erinnern, da Eure Majestät die unendliche Entfernung vergaßen, die mich von Ihnen trennte, und es nicht verschmähten, sich zu mir herabzubeugen, um mich aus meiner geringen Stellung emporzuziehen. Ich brenne vor Verlangen, meinen Landsleuten davon zu berichten; und das Vergnügen, das ich im voraus genieße, tröstet mich und mildert ein wenig die Bitternis dieses Augenblicks. Ich sage mir: wenn du die große Herrscherin schon nicht mehr sehen kannst, so wird dir wenigstens die Befriedigung zuteil, oft von ihr sprechen zu können, und da scheint es mir in der Tat, als litte ich weniger.

Nachdem ich aber von Ihnen gesprochen habe, Madame, würde es mir Eure Majestät, die die Gerechtigkeit selbst sind, nicht verzeihen, würde ich die zahllosen Freundlichkeiten verschweigen, die mir von fast allen Würdenträgern Ihres Hofes erwiesen worden sind. Nachdem man mich angehört hat, wird man wohl vermuten, daß der Heimkehrer, der schlecht über dieses Land spricht, keine der Tugenden besaß, die ihn Ihren Untertanen empfehlen konnten. Was mich betrifft, so gestehe ich, daß ich überall, wo ich mich gezeigt habe, weit über meinem Wert eingeschätzt und behandelt worden bin; und wenn ich je anders reden sollte, dann mag man mich in die niedrigste Klasse der Undankbaren einstufen.

Ich wiederhole Eurer Majestät meine heißesten Wünsche für Ihre Gesundheit und das Wohlergehen Ihres Reiches. Mögen Sie mit Ihrem Freunde Cäsar erst dann eine Plauderstunde halten, wenn Sie achtzig sind, wie Sie es mir versprochen haben! Sie haben um so weniger Grund zur Eile, als Cäsar Sie nichts Neues lehren wird.

Vom Schicksal erbitte ich für Sie nur ein wenig Gerechtigkeit. Wenn es mich erhört, dann wird die Historie, die uns in der Vergangenheit keine Frau zeigt, die so erstaunlich wäre wie Katharina, unsern Enkeln kein Beispiel einer Herrscherin darbieten, die glücklicher wäre als sie.

Unterschätzen Sie sich nicht, Madame: Sie stehen unendlich höher im Wert als unser Held. Sie haben sein ganzes Genie, aber er nichts von Ihrer Güte. Die Nachwelt, die von allen beiden sprechen wird, wird Sie rückhaltlos loben; sein Lob hingegen wird schon heute von einer langen Reihe von Vorbehalten begleitet und beeinträchtigt.

Wüßte man, an welchem Ort die Brut der Friedriche zu finden ist, dann würde der Rechtschaffene hingehen und alle Eier zerschlagen; hingegen würde er sich beeilen, die Katharinen ausschlüpfen zu lassen.

Ich hatte die Hoffnung, Eure Majestät in fünf oder sechs Jahren spätestens wiederzusehen; aber jener Ehrenmann, der neben tausend Vorzügen den Fehler hat, wenn dies einer ist, unaufhörlich zwischen einem Ja und einem Nein zu schwanken, will es nicht, und wir sollten ihm beide ein Dankeswort sagen: Eure Majestät, der er ein Geschenk von vierzigtausend Rubeln erspart, und ich, an den er das Anerbieten einer zwölfjährigen Arbeit zurückgibt. Die Enzyklopädie wird also nicht neu gemacht werden, und meine schöne Widmung wird in meinem Kopfe bleiben; denn sehen Sie eine Möglichkeit, daß Ihre Sphinx und ich, nachdem wir uns in den fünf Monaten nicht einigen konnten, die wir nebeneinander verlebt haben, über achthundert Meilen hinweg leichter zu einer Absprache kommen?

Ich sage dies Wort zu Eurer Majestät, weil ich nicht den geringsten nachteiligen Verdacht zurücklassen möchte. Ich bin mir des ganzen Umfangs meines damaligen Versprechens bewußt gewesen; ich bin es noch und halte daran fest. Zwar hat sich meine Pyramide jetzt ganz auf die Seite geneigt, aber sie wird sich beim geringsten Zeichen Eurer Majestät wieder aufrichten.

Ich werde drei Monate in Den Haag beim Fürsten Dmitri, Ihrem Minister und meinem Freund, verbringen. Diese drei Monate werde ich darauf verwenden, die Statuten jener zahlreichen Anstalten zu veröffentlichen, deren Schaffung Ihrer Regierungszeit ebenso viel Ehre machen wie sie Ihrem Reich von Nutzen sein wird . . .

178. An Philipp Emanuel Bach

Hamburg, 30. März 1774

Ich bin ein Franzos. Ich heiße Diderot. Ich stehe in meinem Lande in einiger Achtung als Gelehrter. Ich bin der Verfasser einiger Theaterstücke, unter denen der Hausvater Ihnen vielleicht nicht unbekannt ist. Ich bin auch der Herausgeber der Encyklopädie. Ich bin ein Freund von Johann Bach, und schon längst hat meine Tochter, die Ihre Composition spielt, mich Sie bewundern gelehrt. Ich habe nur dieses einzige Kind. Sie ist eine gute Klavierspielerin, und versteht die Harmonie gründlicher, als man sie gewöhnlich versteht, wenn man nicht Profession von der Musik machet. Als Johann Bach ihr einsmals ein Pianoforte aus London schickte, so schickte er ihr zugleich eine geschriebene Sonate von seiner Composition. Ich komme itzt mit der Post von Petersburg in einem Schlafrocke unter meinem Pelze, und ohne irgend eine andere Kleidung; sonst würde ich nicht unterlassen haben, einen so berühmten Mann, als Emanuel ist, zu besuchen. Wenn dieser Emanuel ein Vater ist, und wenn er weiß, wie glücklich ein

Vater ist, da er seinem Kinde ein Vergnügen machen kann, so wird er mir die Bitte gewähren, die ich itzt an ihn thun will: nämlich, mir einige Sonaten fürs Klavier zu schicken, wenn er ihrer welche geschrieben hat, die noch nicht gedruckt sind. Er wird die Güte haben, den Preis dafür zu bestimmen, den ich dem Ueberbringer der Sonaten behändigen werde. Nur die einzige Anmerkung wird er mir zu machen erlauben, daß ich mehr Ruf, als Glücksgüter besitze; worinnen ich unglücklicher Weise den meisten Leuten von Genie gleich bin, ohne eben die Ansprüche darauf zu haben.

179. An Madame Diderot

Den Haag, 9. April 1774

. . . Ich hatte früher einmal Ihrer Kaiserlichen Majestät vorgeschlagen, die Enzyklopädie für sie neu zu machen. Sie ist von selbst auf diesen Plan zurückgekommen, der ihr gefiel, weil alles Große sie fasziniert. Nachdem mit ihr besprochen war, was sie dabei an Ruhm gewinnt, hat sie mich wegen der finanziellen Dinge an einen ihrer Minister verwiesen. Zwischen diesem Minister und mir ist volle Übereinstimmung erzielt worden; gerade in diesem Augenblick läßt er mir bestellen, daß er mir unverzüglich die Mittel anweisen lassen wird, um die Sache ins Werk zu setzen. Diese Mittel sind sehr beträchtlich. Es handelt sich um nicht weniger als vierzigtausend Rubel oder zweihunderttausend Francs; davon wäre eine Rente für uns bestimmt, zuerst ganz und später teilweise, ungefähr sechs Jahre lang; das heißt fünfzehn Monate um die zehntausend Francs, fünftausend während der folgenden fünfzehn Monate, und so weiter. Zusammen mit unserm laufenden Einkommen würde das unsere Angelegenheiten aufs beste regeln. Doch sollst Du niemand etwas davon erzählen: erstens, weil die Sache, obwohl wahrscheinlich, nicht ganz sicher ist; zweitens müßten wir, selbst wenn die Mittel eingetroffen wären und die Sache sicher wäre, noch immer darüber schweigen unsrer Kinder wegen, die uns in den Ohren liegen würden, um von uns Gelder zu erhalten, die ich gerne als eine unantastbare Einlage betrachten würde, und schließlich aus mehreren anderen Gründen, auf die Du von selbst kommen wirst, ohne daß ich sie Dir nenne.

Bereite Dich also, gute Freundin, unverzüglich auf einen Umzug vor. Ich werde Dich benachrichtigen, wenn es an der Zeit ist, damit Du eine Wohnung in einem Viertel suchen kannst, das für dieses Unternehmen günstig ist. Diesmal wird mir die Enzyklopädie etwas einbringen und mir keinerlei Kummer verursachen, denn ich werde für einen ausländischen Hof und unter dem Schutz seiner Herrscherin arbeiten! Das französische Ministerium wird nur den Ruhm und Vorteil der Nation darin erblicken, und ich werde die letzten Jahre meines Lebens nutzbringend für Dich und unsre Kinder verwenden.

Außer mit kleinen Geschenken und meiner Arbeit in Petersburg hat Ihre Majestät mich mit einer Fülle von Aufträgen beehrt, worunter mehrere sind, die mein Talent fordern und meine Zeit in Anspruch nehmen werden. Wirklich, je mehr ich daran denke, desto weniger kann ich begreifen, wie diese Herrscherin, die so groß in allem ist, mir bei dieser Gelegenheit meinen Willen gelassen hat, denn Du mußt wissen, daß ich selbst ihr die Hände gebunden und ihrer Freigiebigkeit Einhalt geboten habe.

Kaum war ich in Petersburg angekommen, da schrieben elende Burschen aus Paris, und andre Elende wiederholten es in Petersburg, ich wolle unter dem Vorwand, meinen Dank für empfangene Wohltaten abzustatten, nur neue erbetteln. Das hat mich verletzt, und augenblicklich beschloß ich, diesem Pack den Mund zu stopfen. Deshalb legte ich, als ich Abschied von Ihrer Kaiserlichen Majestät nahm, dieser eine Art Bittschrift vor, des Inhalts, daß ich sie inständig bäte, sie möchte, um meine Gefühle nicht zu verletzen, ihrer ersten Gunstbezeigung nichts, aber auch gar nichts hinzufügen. Sie fragte mich, wie erwartet, nach dem Grund, und ich antwortete ihr: »Es ist wegen Ihrer Untertanen und wegen meiner Landsleute. Ihre Untertanen sollen nicht bestätigt finden, was sie mir zu unterstellen die Niedrigkeit besaßen: nicht Dankbarkeit, sondern heimlicher Eigennutz hätte mich zu dieser Reise veranlaßt. Meinen Landsleuten gegenüber will ich offen über Eure Majestät reden können: da ist es nicht gut, wenn sie aus dem, was ich sage, die Stimme der Dankbarkeit heraushören, die immer suspekt ist. Es wird mir, wenn ich das Lob Ihrer ausgezeichneten Eigenschaften anstimme, angenehmer sein, daß man mir glaubt, als daß ich ein bißchen mehr oder ein bißchen weniger Geld zurückbringe.«

Sind Sie reich? fragte sie. – Nein, Madame, versetzte ich; aber ich bin, was besser ist, zufrieden. – Was kann ich also für Sie tun? – Viel. Erstens: Eure Majestät, die mir nicht für ein oder zwei Jahre den Wohlstand werden entziehen wollen, den ich Ihnen verdanke, könnten die Kosten meiner Reise, meines Aufenthalts und meiner Rückkehr übernehmen, unter Berücksichtigung der Tatsache, daß ein Philosoph nicht wie ein großer Herr reist. – Wieviel wollen Sie? – Ich glaube, fünfzehnhundert Rubel würden genügen. – Ich gewähre Ihnen dreitausend. – Zweitens: Eure Majestät könnten mir irgendeine Kleinigkeit schenken, deren ganzer Wert darin liegt, daß Sie sie in Ihrem Gebrauch gehabt haben. – Einverstanden; aber sagen Sie mir, was das für eine Kleinigkeit ist, die Sie wünschen. – Ich antwortete: Ihre Tasse und Untertasse. – Nein, die könnten zerbrechen, und dann täte es Ihnen leid. Ich werde mir etwas anderes einfallen lassen. – Drittens: Eure Majestät könnten mir einen Ihrer Offiziere bewilligen, der mich wohlbehalten nach Hause zurückbrächte, oder vielmehr nach Den Haag, wo ich drei Monate in Ihrem Dienst verbringen werde. – Das wird geschehen. – Viertens: Ich möchte, sollte ich durch Maßnahmen meiner Regierung oder durch irgendein anderes Mißgeschick zugrunde gerichtet werden, bei Eurer Majestät Zuflucht finden können. – Darauf antwortete sie mir wörtlich: »Zählen Sie auf mich, mein Freund; ich werde bei jeder Gelegenheit und zu jeder Zeit für Sie da sein.«

Du kannst Dir vorstellen, daß solche Herzensgüte mir heiße Tränen entlockte, und ihr beinahe auch. Der Abend verlief für beide auf die süßeste Weise. So äußerte sie sich Grimm gegenüber, den sie nachher sah. Zu mir sagte sie noch: Reisen Sie denn unverzüglich ab? – Wenn Eure Majestät es erlauben. – Aber warum lassen Sie nicht, statt selbst zurückzukehren, Ihre Familie nachkommen? – Leider ist meine Frau bejahrt und recht kränklich, auch lebt bei mir eine Schwägerin, die bald achtzig wird.

Darauf versetzte sie nichts mehr. – Wann reisen Sie? – Sobald die Jahreszeit es erlaubt. – Verabschieden Sie sich nicht von mir, Abschiednehmen ist schmerzlich.

Alsbald befahl sie einen nagelneuen Wagen in der englischen Art, in dem ich sitzen oder liegen konnte wie in einem Bett, und sorgte für jede Sicherheit und Bequemlichkeit meiner Reise. Sie suchte unter ihren Offizieren zu meiner Begleitung einen Ehrenmann voller Wissen und Geist aus. Ich bin versucht, ihm meine Uhr zu schenken, was hältst Du davon? Es gibt keine Aufmerksamkeit, die dieser Mann, welcher dem Kolonialbüro und der Kanzlei des Fürsten Orlow angehört, mir nicht erwiesen hätte. Sag mir Deine Meinung darüber; ich werde tun, wozu Du mir rätst. Antworte also auf der Stelle . . .

180. *An Madame d'Epinay*

Den Haag, 9. April 1774

. . . Ich habe Grimm in Petersburg zurückgelassen, weil der Zeitpunkt seiner Abreise zu unsicher wurde, und wir nicht die gleiche Reiseroute hatten. Die seine sollte über Berlin, Gotha, Warschau, Darmstadt und was weiß ich noch gehen. Ich selbst war fest entschlossen, nirgends anzuhalten und auf dem kürzesten Weg zurückzukommen, und vor allem dem König von Preußen auszuweichen, der mich nicht mag, was ich von Herzen erwidere, von dem gut empfangen zu werden mir keine große Freude bereitet hätte, während ich eine betont kühle Aufnahme als besonders demütigend empfunden haben würde.

Grimm mag sagen, was er will: nachdem ich das Glück gehabt habe, in Petersburg kein Mißfallen zu erregen, wäre es denkbar unbesonnen gewesen, mich in Berlin einer Unannehmlichkeit auszusetzen. Dieser König ist gewiß ein großer Mann, aber launisch wie ein Papageienweibchen, tückisch wie ein Affe und zugleich der größten und der kleinlichsten Dinge fähig. Er hat eine bösartige Seele, und ich frage mich oft, ob in seinem Kopf irgend etwas nicht stimmt. Selbst Grimm hat mir gestanden, er träte nie bei ihm ein, ohne daß ihm ein Schauer über den Rücken liefe, und er ginge nie von ihm, ohne sich erleichtert zu fühlen. Und das ist wirklich das grausamste Urteil, das man über diesen Menschen fällen kann, denn Grimm ist weder schüchtern noch unerfahren an den Höfen, und niemals hat die Zarin von Rußland ähnliche Symptome bei ihm hervorgerufen. Ihr hat er sich stets mit Vergnügen genähert und sie mit Bedauern verlassen.

Er war unpäßlich, als ich Petersburg verließ. In Zarskoje-Selo hatte er sich ein Fieber zugezogen, das bereits abgeklungen war. Ich sah ihn am Tag vor meiner Abreise und dann noch einmal kurz vorher. Ich selbst habe ihm vorgeschlagen zu bleiben, obwohl sein Arzt mir versicherte, seine Erkrankung sei so unbedeutend, daß er sich wundern würde, wenn der Anfall sich am Abend wiederholte. Ich reiste also ab, während er die Söhne des Generals von Rumanzoff erwartete, die ihren Vater bei der Armee besucht hatten; die alte Gräfin dieses Namens hatte ihn bestimmt, sie mitzunehmen und in Leyden abzusetzen.

Inzwischen habe ich Briefe aus Petersburg erhalten, denen ich entnehme, daß er noch immer nicht abgereist ist. Seine Rückkehr dürfte damit bis Anfang Mai verschoben sein, denn erst dann werden die Straßen dort befahrbar. Seine Rundreise von Hof zu Hof und seine Rückkehr werden sich damit um einen Monat verzögern. Wenn ich richtig rechne, machen April und Mai zwei Monate aus, ein Monat Reise und ein Monat Aufenthalt weitere zwei, ein Monat Herumreisen in Holland: alles in allem fünf Monate. Das entspricht ungefähr der Zeit, die mich hier die französische Ausgabe der Statuten aller von Ihrer Kaiserlichen Majestät zum Wohle ihrer Untertanen gegründeten Anstalten festhalten wird. So wäre es leicht möglich, daß wir beide zusammen im Herbst zu Ihnen zurückkehren . . .

181. An die Damen Volland

Den Haag, Ende April – Anfang Mai 1774
Dies war keine angenehme, es war eine überaus ehrenvolle Reise. Man hat mich als Repräsentanten der rechtschaffenen und fähigen Leute meines Landes behandelt, und so betrachte ich selbst mich jetzt, wenn ich die Auszeichnungen, mit denen man mich überhäuft hat, mit dem vergleiche, was zu erwarten ich mich berechtigt glauben konnte. Ich kam mit der Empfehlung meiner guten Taten, was sehr viel schwerer wiegt als alle literarischen Verdienste, und hatte mir gesagt: »Du wirst der Kaiserin vorgestellt werden; du wirst ihr deinen Dank abstatten; wenn ein Monat um ist, wird sie vielleicht wünschen, dich noch einmal zu sehen, und sie wird ein paar Fragen an dich richten; und nach einem weiteren Monat wirst du Abschied von ihr nehmen und zurückkehren.«

Meinen Sie nicht auch, gute Freundinnen, daß sich an jedem andern Hof als an dem von Petersburg die Dinge so abgespielt hätten? Dort jedoch steht mir die Tür zum Kabinett der Herrscherin täglich von drei Uhr nachmittags bis um fünf, manchmal bis um sechs Uhr offen. Ich trete ein, man läßt mich Platz nehmen, und ich plaudere mit der gleichen Freiheit, die Sie mir einräumen; und beim Hinausgehen muß ich mir selber eingestehen, daß ich in dem Land, das man als das der Freiheit bezeichnet, die Seele eines Sklaven besaß, während ich die Seele eines freien

Mannes in dem Land gewonnen habe, das man ein Land der Sklaven nennt.

O meine Freundinnen, was für eine Herrscherin, welch außerordentliche Frau! Man wird mein Lob nicht der Käuflichkeit bezichtigen können, da ich selbst ihrer Freigebigkeit die engsten Grenzen gezogen habe. Man wird mir wohl glauben müssen, wenn ich sie mit ihren eigenen Worten schildere; Ihr alle werdet nicht umhin können zu sagen, sie besitze die Seele des Brutus unter den Zügen der Kleopatra; die Festigkeit des einen und die Verführungskraft der anderen; eine unglaubliche Bestimmtheit des Denkens bei aller möglichen Anmut und Leichtigkeit des Ausdrucks; eine Wahrheitsliebe, die so weit geht, wie es nur möglich ist; eine Kenntnis von den Angelegenheiten ihres Reiches, wie Sie sie von Ihrem Hause haben . . .

Wieviel interessante Einzelheiten hebe ich für Sie und unsre Kamingespräche auf! Allmählich verschwinden die Spuren des Alters, die die Ermüdung mir aufgeprägt hatte. Es wäre so süß für mich, Sie bei guter Gesundheit wiederzufinden, daß ich mir wirklich mit dieser Hoffnung schmeichle . . .

Von meiner Tochter höre ich, daß Sie sich während meiner Abwesenheit um sie gekümmert haben, ich danke Ihnen herzlich dafür. Um meine Gesundheit brauchen Sie sich keine Sorgen zu machen. Wir gehen zeitig schlafen; wir nehmen am Abend nur eine Kleinigkeit zu uns; den Mut zum Arbeiten habe ich noch nicht gefunden; meine durcheinandergeschüttelten Glieder brauchen Zeit, sich wieder zusammenzufügen; der Schlaf mag's besorgen; tatsächlich schlafe ich seit meiner Rückkehr acht bis neun Stunden hintereinander.

Der Fürst obliegt seiner politischen Arbeit; die Fürstin führt ein Leben, das eigentlich nicht mit ihren jungen Jahren, der Leichtigkeit ihres Geistes und der natürlichen Frivolität ihres Alters vereinbar ist. Sie geht selten aus, empfängt fast keine Gesellschaft, hält sich Lehrer für Geschichte, Mathematik und Sprachen, macht sich nichts daraus, ein großes Galadiner zu verlassen, um nicht zu Hause ihre Stunde zu versäumen, tut alles, um ihrem Gatten zu gefallen, wacht selbst über die Erziehung ihrer Kinder, hat auf große Toilette verzichtet, steht früh auf und geht früh schlafen; und mein Leben richtet sich nach den Spielregeln im Hause meiner Gastgeber.

Wir finden Gefallen daran, zu disputieren wie die Teufel; ich bin nicht immer derselben Meinung wie die Fürstin, obschon wir beide ein wenig in die Antike vernarrt sind. Der Fürst wiederum scheint es sich zur Aufgabe gemacht zu haben, uns in allem und jedem zu widersprechen: Homer ist ein Schafskopf, Plinius ein ausgemachter Dummerjan, die Chinesen die rechtschaffensten Menschen auf der Erde, und so weiter; und da all diese Leute weder unsre Vettern noch intimen Freunde sind, werden unsre Dispute von nichts als Heiterkeit, Lebhaftigkeit und Scherzen bestimmt, nicht ohne daß sie auch von einer kleinen Prise persönlicher Eitelkeit gewürzt wären. Der Fürst, der eine Unmenge Bilder gesammelt hat, gesteht lieber, daß er nichts von der Malerei versteht, als daß er irgendeinem Liebhaber das Verdienst zuerkennt, sich besser als er darauf zu verstehen.

Guten Tag, liebe Freundinnen; nehmen Sie meine zärtliche Wertschätzung entgegen und halten Sie mich ganz für den Ihren, so wie ich es immer war und mein ganzes Leben sein werde.

182. An General Bezkoi

Den Haag, 15. Juni 1774

. . . Noch ein Wort zu dem letzten Brief, mit dem Sie, Herr General, mich beehrt haben. Ich soll bei der Überquerung der Düna vor Angst gezittert haben? Bei allen Teufeln, man würde aus geringerem Anlaß zittern! Geborstenes Eis, wohin das Auge blickte; ein irres Gepolter bei jeder Umdrehung der Räder unsres schweren Wagens; Wasser, das rechts und links herausspritzt; eine Brücke aus Kristall, die sich knirschend hebt und senkt! Um einen wohlgedeckten Tisch auf weichen Kissen sitzend, haben Sie gut reden! Herr Bala wird Ihnen schon sagen können, ob ich ein Hasenfuß bin! Odysseus verstopfte sich die Ohren und ließ sich am Mast seines Schiffes festbinden, als er an der Behausung der Sirenen vorüberfuhr. Vielleicht wäre er auf der Düna tapferer gewesen als ich; dafür hätte ich in seinem Fall nicht so leicht den Kopf verloren. Wir haben alle unsre schwache Seite. Den griechischen Helden überkam die Furcht, er könne seiner Penelope untreu werden – mich die, zu ertrinken und die meine nicht wiederzusehen. Die Ehe zu brechen ist sicherlich eine schwere Sünde; dennoch würde ich sie zehnmal lieber begehen, als ein einziges Mal zu ertrinken.

Wie schön, Herr General! Wir werden also enzyklopädisieren, und ich kann mich auf Ihre Weisungen einstellen. Das wird geschehen! Ich dachte bei mir: sicherlich ist er überzeugt, daß es seiner Kaiserlichen Majestät zum Ruhme gereicht, aber ist er auch vom Nutzen überzeugt, den seine Anstalten davon haben werden? Deshalb war ich ungewiß über Ihre letztgültige Entscheidung.

Es ist mir, ich will's Ihnen nicht verhehlen, angenehm zu denken, daß diejenigen, die nichts unversucht gelassen haben, um mich daran zu hindern, etwas Großes und Schönes zu machen, nun ihr Dementi bekommen; daß diese Barbaren, die sich auf der Höhe der Kultur glauben, mit den Zähnen knirschen werden, wenn ich das herrlichste Manuskript, das es je gegeben hat und geben wird, in Ihre Hände lege; wenn Rußland ihnen die Ehre entreißt, es hervorgebracht zu haben, und nur die Schmach ihrer früheren Verfolgungen auf ihnen sitzenbleibt . . .

Der Nachfolger Monsieur de la Vrillières ist niemand anders als Monsieur de Sartine, unser Polizeipräfekt. Die Ausführung unseres Vorhabens kann dadurch nur erleichtert werden. Monsieur de Sartine ist nicht nur mein Beschützer, er ist mein Freund seit fünfunddreißig Jahren; er hat mir zweimal, während ich von Frankreich abwesend war, geschrieben, einmal hierher und einmal nach Petersburg. Toleranter als er kann man nicht sein.

Ich hatte Ihnen vorhergesagt, daß, kaum würde unser Plan durchsickern, diejenigen, die gegenwärtig Nachdrucke betreiben, beunruhigt sein und mit Angeboten an mich herantreten würden. Das ist pünktlich eingetreten. Ich habe sie nicht einmal einer Antwort gewürdigt; denn in meinem Kopf steht fest, daß, wenn ich die Enzyklopädie nicht für Sie noch einmal mache, ich davon, unter welcher Bedingung auch immer, nichts mehr hören will. Entweder bekommen Sie sie so, wie ich sie mir vorstelle, oder die andern sollen sie so behalten, wie sie ist, wie sie durch ihre Schuld geworden ist. Für dieses Pack ist sie noch viel zu gut. Was die brauchen, sind mittelmäßige Männer und mittelmäßige Bücher; und soll man von den Symptomen ihrer jüngsten Krankheit auf ihren künftigen Zustand schließen, so steht zu erwarten, daß es ihnen daran nicht fehlen wird . . .

183. An M. und Madame Caroillon de Vandeul

Den Haag, 3. September 1774

Ich habe getan, worum Ihr mich gebeten habt, liebe Kinder. Ich habe an Monsieur Turgot geschrieben, und da er mich schätzt und dies nicht erst seit gestern, hoffe ich, daß Ihr durch die Enthebung des Abbé Terray nichts verlieren werdet. Er wird meinen Brief spätestens am vergangenen Sonntag erhalten haben. Sucht ihn zusammen auf. Eigentlich bin ich nicht im geringsten beunruhigt über den Ausgang Eures Schrittes. Ich weiß nicht, wie es Euch unter seinem Vorgänger ergangen wäre, bei dem ich in Wahrheit nur eine zweitrangige Stütze hatte, während meine Bittgesuche sich jetzt unmittelbar an den ersten Vorgesetzten richten können, der immer bereit sein wird, mir ein günstiges Ohr zu leihen.

Haltet nur fest an Eurer Rechtschaffenheit und Arbeitsliebe, und ich kann dafür einstehen, daß diese beiden Eigenschaften bei einem Mann wie Monsieur Turgot nicht unbelohnt bleiben werden. Er liebt die Literatur und hat sie selbst mit dem größten Erfolg gepflegt. Sie war die Beschäftigung seiner Jugend, und inmitten seiner Verwaltungsgeschäfte die Entspannung von der Arbeit; sie wird in ihm sicherlich einen eifrigen Beschützer finden. Im übrigen ist er ein Mann von festem und gediegenem Charakter. Seine Beförderung wird ihm nicht in den Kopf gestiegen sein. Er war sowohl auf Grund seines persönlichen Verdienstes wie des Ansehens seiner Familie für einen der ersten Plätze bestimmt. Und er wird jetzt nicht diejenigen vergessen, die er vorher gekannt hat. Sucht ihn auf, sucht ihn ungesäumt auf, und sagt, wer Ihr seid. In meinem Brief habe ich ihn daran erinnert, daß er Interesse an Euch nahm, als es darum ging, eine Stellung für Euch zu finden. Jetzt seid Ihr in seiner Nähe, und er wird Euch gewiß nicht heute nehmen wollen, was er Euch damals gerne gewährt hätte.

Es verdrießt mich, nicht in Paris zu sein, aber es wird nicht mehr lange dauern, bis ich Euch in die Arme schließe. Mein Besuch bei Monsieur Turgot wird nicht den Anfang machen. Vorher werde ich den Abbé Terray aufsuchen, und zwar gerade deshalb, weil er nichts mehr ist, dann Monsieur d'Aiguillon, weil er weniger als nichts ist; und erst nach ihnen Monsieur Turgot.

Meine Kisten sind gestern von hier nach Rotterdam gegangen, von wo sie nach Rouen befördert werden, von wo man sie nach Paris weiterleiten wird. Ich hoffe, noch vor ihnen zurück zu sein. Den genauen Tag meiner Abreise weiß ich noch nicht. Ich weiß nur, daß er nicht mehr fern sein dürfte. Schreibt mir nicht mehr; es könnte sein, daß Eure Briefe mich noch hier finden, wahrscheinlicher aber ist, daß sie mich nicht mehr antreffen werden.

Ich erwarte Grimm von einem Augenblick zum andern; käme er heute an und hätte Lust, gleich morgen wieder in den Postwagen zu steigen, so würde ich nicht zögern, an seiner Seite Platz zu nehmen. Die Edition der Zarin mag dann abschließen, wer will. Ich schwöre, daß ich nie im Leben mehr etwas mit einem holländischen Drucker und Verleger zu tun haben will. Ihre Budiken sind Rattennester, ihre Druckereien infame Baracken, sie selbst grobe Klötze, Faulpelze, Geizhälse und Ignoranten; sie haben nur ihr Interesse im Auge, auf das sie sich schlecht verstehen; die Ausgabe, die sie von der *Histoire des deux Indes* des Abbé Raynal gemacht haben, ist unwürdig – schlechtes Papier, schlechte Typen, schlechte Ausführung mit zahllosen Druckfehlern! Grüßt ihn von mir; sagt ihm, daß ich ihn zur Gänze und mit dem größten Vergnügen gelesen habe. Sagt ihm, daß ich hier mit Leuten zusammen bin, die lange Jahre in den holländischen Kolonien angestellt waren und erstaunt sind über die Exaktheit seiner Kenntnisse. Das wird ihm Freude machen.

Der Fürst und die Fürstin von Golizyn tun alles, um mich für den Rest des Monats hier festzuhalten; sie möchten, daß ich die letzte Entscheidung der Zarin wegen eines bestimmten Vorhabens abwarte, von dem ich Euch gesprochen habe. Vielleicht täte ich gut daran, ihnen zu folgen, aber meine Geduld ist zu Ende, ich kann nicht mehr warten. Was jenes Projekt betrifft, das mitten im Krieg, im ungünstigsten Augenblick für kostspielige Unternehmungen, beschlossen worden ist, so wird der Frieden es noch weniger verhindern. Ich wünsche es für Euch.

Adieu, liebe Kinder. Ich freue mich darauf, Euch so bald schon wiederzusehen.

184. An die Damen Volland
                              Den Haag, 3. September 1774
Meine Koffer sind gestern nach Rotterdam abgegangen; was ich an Sachen hierbehalten habe, läßt sich bequem in einem Nachtsack für eine fünf- bis sechstägige Reise verstauen.

Der Fürst und die Fürstin von Golizyn tun ihr möglichstes, mich bis zum Ende des Monats hierzubehalten . . .

Doch trotz aller Aufmerksamkeiten meiner Gastgeber, trotz der Annehmlichkeiten des Lebens im Haag vergehe ich vor Langeweile. Ich muß Euch alle wiedersehen. Hätte mir einer, als ich von Paris wegfuhr, gesagt, eine Reise, für die ich fünf bis sechs Monate veranschlagt hatte, würde fast das Dreifache dauern, dann hätte ich bestimmt geantwortet, er wäre ein schöner Schwindler. Endlich, endlich werde ich zu Haus und Herd zurückkehren, um sie nie mehr zu verlassen! Die Zeit, in der man nach Jahren zählt, ist dahin; gekommen ist die, in der man nach Tagen zählen muß. Je weniger Einkommen man hat, desto wichtiger ist es, einen guten Gebrauch davon zu machen. Vielleicht hab' ich auf dem Boden meines Sackes noch zehn Jahre. Von diesen zehn werden mir der Blutdruck, das Rheuma und der Rest dieser unbequemen Familie zweie oder dreie stehlen; versuchen wir die sieben verbliebenen für die Ruhe aufzusparen und für all die kleinen Freuden, auf die man noch hoffen kann, wenn man die Sechzig überschritten hat. Das habe ich denn auch vor, und ich hoffe, Sie werden mich dabei unterstützen.

Ich habe geglaubt, die Fibern des Herzens würden sich mit zunehmendem Alter verhärten. Davon kann keine Rede sein. Manchmal denke ich, mein Empfindungsvermögen hat sich eher noch gesteigert. Alles berührt mich, alles geht mir nahe; ich werde der bemerkenswerteste Heulgreis sein, der Ihnen jemals untergekommen ist.

Adieu, meine Damen und guten Freundinnen. Noch ein kleiner Augenblick, und wir werden uns wiedersehen. Ich grüße und umarme Sie von Herzen . . .

185. An Madame Necker

Den Haag, 6. September 1774

Ich war sehr versucht, den Brief, mit dem Sie mich beehrt haben, erst aus dem Eckhaus der Rue Taranne zu beantworten. Das Ende meines Exils ist nahe und ich bin im Begriff, in den Vogelbauer zurückzukehren, von dem ich vor fünfzehn Monaten ausgeflogen bin. Wird mein Gezwitscher, das an sich schon nicht besonders melodiös gewesen ist, nicht unter dem Einfluß der harten und barbarischen Stimmen der mährischen, helvetischen, belgischen, preußischen, polnischen, kroatischen und russischen Vögel gelitten haben, mit denen ich zusammengelebt habe? Das werden Sie die Güte haben, mir zu sagen, wenn Sie mich singen gehört haben.

Ich habe eine Menge Weges zurückgelegt, viele Städte gesehen; das ist es, was ich mit Odysseus und allen Kurieren gemein habe. Was die Sitten der Menschen betrifft, so hatte ich von diesem Studium bald genug. Man muß sich lange an einem bestimmten Ort aufgehalten haben, um die geläufigsten Erscheinungen auch nur ein wenig zu verstehen, und der Reisende, der bei jeder Radumdrehung eine Bemerkung auf seinen Täfelchen einträgt, ahnt wohl nicht, daß er lauter Lügen aufschreibt; aber genau das tut er. Vor nicht langer Zeit habe ich das Vergnügen gehabt mitanzuhören, wie sich zwei hochgebildete Männer auf das entschiedenste über die Schürze der Hottentotten widersprachen: und doch hatten sie gemeinsam die Reise zum Kap der Guten Hoffnung gemacht! Gestatten Sie mir dennoch, auch wenn Sie mir nicht glauben, daß ich Ihnen von einigen Gebräuchen dieses Landes berichte, die mir Vergnügen bereitet haben.

Die Komödianten und Komödiantinnen von Amsterdam haben einen anderen gesellschaftlichen Status als die unsern, und die beste Schauspielerin, die sie gegenwärtig besitzen, hat ihren Austernladen verlassen, um die Urne der Cornelia oder das Szepter der Kleopatra zu ergreifen.

Es gibt ein besonderes, *Pro Deo* genanntes Gericht, wo der Arme kostenlos einen Staatsanwalt findet, um seinen Prozeß einzuleiten, einen Advokaten, um seine Sache zu vertreten, und Richter, darüber zu entscheiden.

Ein Gatte kann seine Frau enterben, eine Frau ihren Mann. Könnte ein solches Gesetz nicht ein Mittel sein, den Sturzbach der Galanterie zu verlangsamen, der uns fort-

reißt, und unsre jungen Leute weniger frivol und ein bißchen besonnener zu machen?

Bald wird es hier weder naturgeschichtliche Sammlun-
gen noch große Bibliotheken, noch Gemäldesammlungen
geben, weil es kein Recht der Erstgeburt gibt und beim Tod
eines Vaters alles verkauft wird und sich in alle Winde zerstreut. Alles, was an Kostbarem in Holland erhalten bleibt,
wird, bevor das Jahrhundert zu Ende geht, in den Palästen
der Stadthouder geborgen sein.

Vielleicht hätten Sie es lieber, daß ich Sie von Rußland
unterhalte? Aber ich habe nichts davon gesehen. Ich habe
mir die Gelegenheit entgehen lassen, mir Moskau anzuschauen, und bedauere es ein wenig. Petersburg ist nur der
Hof: eine wirre Ansammlung von Palästen und von Hütten, von großen Herren, umgeben von Bauern und Liefe-
ranten.

Ganz leise will ich Ihnen anvertrauen, daß unsre Philosophen, die den Despotismus aus nächster Nähe kennengelernt haben wollen, nur den Hals einer Flasche gesehen
haben. Welch ein Unterschied zwischen einem Tiger, wie
ihn Oudry malt, und einem solchen auf freier Wildbahn!

Ich habe eigentlich nur die Herrscherin zu Gesicht bekommen und habe alles getan, damit Sie alle, wenn Sie
mich von ihr reden hören, nicht die Stimme der Dankbarkeit vernehmen können, die immer suspekt ist. Ich habe es
mir etwas kosten lassen, damit man mir glaubt, wenn ich
sage, daß mehr Edelmut und Leutseligkeit, als die Kaiserin besitzt, nicht vorstellbar sind, daß ich nicht weiß, welcher Gegenstand ihr fremd genug wäre, um sie im Gespräch in Verlegenheit zu bringen; daß sie einen lebhaften
Scharfblick mit großer Urteilskraft vereint; daß, bemerkt
man nicht gleich, daß man sich einer Majestät nähert, man
es im nächsten Augenblick bereits vergessen hat; daß Sie
Ihr Haus und Ihre Kinder nicht besser kennen als die Kaiserin ihr Reich und ihre Untertanen; daß sie erlaubt, daß
man sie unterbricht, und es nicht übelnimmt, wenn man
sie unterbricht, was zu tun ich oft töricht genug gewesen

bin; daß sie den Ruhm mit aller Leidenschaft liebt, aber auch darauf verzichten kann, wenn ein rascherer Erfolg dieses Opfer verlangt; daß sie gegebenenfalls im leichten Ton einer sehr geistreichen Französin zu plaudern versteht; daß sie wie eine große und schöne Statue ist, deren kostbare Formen unverändert geblieben sind, aber jenen leichten Firnis der Meisterwerke der Antike angenommen haben, die von barbarischen Händen im Schlamm vergraben worden waren; daß niemand in höherem Maß das Talent besitzt, einem etwas Unangenehmes zu verheimlichen und doch zu verstehen zu geben – ein Talent, das ebensoviel Güte wie Esprit voraussetzt; daß sie sich vorzüglich auf die Kunst versteht, einer Frage, auf die sie nicht antworten will, auszuweichen, was bei mir leicht ist, bei einem andern sehr schwer sein mag; daß sie den Stolz einer Römerin mit allen Verführungskünsten einer liebenswürdigen Frau umkleidet hat; daß man ihr auf Grund vielfältiger Beweise glauben kann, wenn sie behauptet, in gefahrvollen Umständen kaltes Blut zu bewahren; mit einem Wort, daß sie, wäre sie eine einfache Privatperson in Paris, dort ebenfalls ihr Saint-Ouen hätte, wo sie umgeben wäre von liebenswürdigen Frauen und gebildeten Männern.

Ich werde eines Tages diese Skizze für Sie durch die Worte der Zarin auffüllen, die ich im Anschluß an unsere Unterredungen schriftlich festhalten wollte, da ich fürchtete, sie könnten, nur im Gedächtnis bewahrt, Lokalkolorit annehmen und an Kraft und Wahrheit verlieren.

Über den Empfang, den ich bei den Großen des Reiches fand, kann ich mich nur lobend äußern. Diejenigen, die Reisen gemacht haben, besitzen Kenntnisse und urbanes Wesen; die andern verleumden gerne fremde Länder, die sie nicht kennen, und sind dem ihren um so enthusiastischer zugetan.

Im Augenblick als ich ankam, war die Stimmung den Franzosen nicht günstig, da sie einen Krieg mitzuverantworten hatten, welcher das Reich mindestens fünfhundert

Millionen und den achtzehnten Teil seiner Bevölkerung kostete – dahingemäht durch Waffengewalt, Pest und andere Krankheiten. Ich bin beinahe sicher, daß die Kaiserin darüber im stillen wiederholt bittere Tränen vergossen hat; ihr Ziel mußte entweder die Fortsetzung des Krieges oder ein rühmlicher Friede sein. Ein Krieg entfernt die Soldaten und ihre Führer. Ein rühmlicher Friede vermindert wenigstens zeitweise die Gefahren, die mit ihrer Rückkehr verbunden sind.

Sie dürfen ganz sicher sein, Madame, daß jeder Fremde, der Talent nach Rußland mitbringt, dort sein Glück macht. Hören Sie einen Rückkehrer schlecht von dieser Nation sprechen, so schließen Sie in Ihrem Innersten daraus, daß dieser Jemand in Petersburg sich durch keinerlei Tugenden ausgezeichnet hat. Das französische Lumpenpack schmachtet in Not und Verachtung, wie es sich gehört. Gebildete Ehrenmänner sind dort am rechten Platz.

Was das Klima, die Sitten, Gesetze und Gebräuche betrifft, so möchte ich darüber das gleiche sagen wie Corneille über den berühmten Kardinal:

Über des Nordens Klima
Werd' ich in Vers und Prosa niemals klagen.
Ein Undankbarer wär' ich, spräch' ich schlecht davon,
Ein Lügner, würd' ich Gutes sagen.

Doch könnten Sie diese Parodie niemand weitererzählen, ohne mich zu kompromittieren . . .

Nicht viel hätte gefehlt, und ich wäre an einer Lungenentzündung gestorben, die einen ebenso heftigen wie kurzen Verlauf nahm. Ich wurde von einem jener sprunghaften Temperaturwechsel überrascht, die das Thermometer plötzlich von zwei oder drei Grad unter Null auf sechsundzwanzig oder siebenundzwanzig sinken und ebenso schnell wieder ansteigen lassen. Sie können sich leicht vorstellen, welches Auf und Ab diese Wechselfälle in den Adern und Arterien verursachen. Und doch habe ich mir eines immer wieder zugeschworen: sollte durch eine jener Launen des Alten, welcher unter seinem schwarzen Pelz alle Ereignisse dieser Welt bestimmt und sich über unser Kommen und Gehen lustig macht, diese große und würdige Herrscherin ihren Thron verlieren – ich würde nicht zögern, nach Rußland zurückzukehren, um ihr tief drunten in ihrem Gefängnis meine Verehrung darzubringen, schmeichelhafter als ich sie ihr an ihrem Thron erwies.

Das Vorteilhafte, das Sie die Güte haben, von mir zu sagen, kann ich weder annehmen noch zurückweisen. Urteilen Sie selbst, Madame, in welche Verwirrung derjenige geriete, der von Ihrem Scharfsinn abziehen müßte, was er Ihrer Wahrhaftigkeit zugestände. Sie lesen in den Menschen, wie man mich beschuldigt, in den Büchern zu lesen: Sie erblicken sich selbst in ihnen, und haben also recht, darüber zufrieden zu sein. Selten wird rechtschaffener, wer die Welt bereist. Ich habe meine Meinungen nicht geändert, indem ich das Klima wechselte. Ich fahre fort, auf der Oberfläche des Globus zu wandeln, als wenn niemand mir zuschaute. Ich schaue mir selber zu, und wenn ich eine Stütze, einen Zensor, einen Lobredner oder einen Zeugen brauche, dann eile ich zu meinem Freund; während Sie die Augen zum Himmel wenden, richte ich sie auf die Rue Sainte-Anne und eile dorthin; ich habe meinen Fetisch bei der Hand . . .

Denke ich an die Verwegenheit, mit der man Ihnen meine *Salons* anvertraut hat, so kann ich mich noch immer nicht beruhigen. Es ist, als hätte ich gewagt, mich bei Ihnen oder in der Kirche in Schlafrock und Nachtmütze zu präsentieren. Doch so bin ich, Zug um Zug; ich habe nichts anderes getan, als mich ohne die geringste Auslassung zu kopieren. Keines meiner Werke gleicht mir mehr. Das Metall ist im Rohzustand geblieben, wie es aus der Mine gekommen ist. Zaubern Sie ein Goldplättchen hervor, so ist das mehr Ihr Verdienst als das meine.

Es ist sehr ärgerlich für mich, daß ich nicht das Glück hatte, Sie früher kennenzulernen. Sie hätten mir sicherlich eine Neigung zu Reinheit und Zartgefühl eingeflößt, die von meiner Seele in meine Werke übergegangen wäre. Je-

ne schamlosen Dirnen, die in unsern Gärten umeinander-
wirbeln, haben ihre Reize. Noch reizvoller für die Jugend
und das Laster ist aber wohl das hochgewachsene, schöne
und bescheidne junge Mädchen, auf das die Blicke des
Ehrenmanns sich heften. Zwischen den Bacchantinnen
des Rubens oder des Jordaens und den Jungfrauen des Raffael ist ein Vergleich unmöglich. Ich weiß es, ich fühle es,
ich gebe es zu; aber es ist zu spät für mich, diesen reinen
und keuschen Stil noch zu erlernen.

186. An Katharina II.

Den Haag, 13. September 1774
Welch ein Friede! Welch glorreicher Friede! Sie haben ihn
geschlossen, wie die stolze Seele Eurer Majestät ihn
wünschte: die Degenspitze an der Gurgel eines Feindes,
der gezwungen war, Ihre Bedingungen oder die völlige
Niederlage hinzunehmen. Der beste Ihrer Untertanen, der
eifrigste Diener Ihres Ruhms könnte sich nicht aufrichti-
ger darüber freuen als ich. Ich tue es in meiner Eigenschaft
als Mensch, als Philosoph und als Russe, denn zu dem haben mich die Undankbarkeit meines Landes und die Beweise Ihrer Güte gemacht.

Nicht in dem Augenblick, als diese Nachricht ein paar
Minister ein langes Gesicht ziehen ließ, hätte ich gewünscht, an Ihrem Hof zugegen zu sein, sondern als Fürst
Repnin hinter seinen Kurieren beim Schall der Hörner einzog. Wenn Marschall Rumanzoff ankommen wird – da
werde ich bedauern, zu fehlen und nicht Zeuge der Feste
und des Jubels Ihrer Untertanen zu sein.

Dies ist, Madame, eine große Epoche Ihrer Regierungszeit. Jetzt werden Sie Ihren Nachbarn noch fürchtenswer-
ter erscheinen, noch wichtiger in Europa und erhabener in
den Augen Ihrer Untertanen. Siege machen drinnen und
draußen Eindruck. Es scheint, als seien sie ein Zeichen der
großen Geschicke und ein Wink des Himmels, uns ihnen

zu unterwerfen. Aber auch Dankbarkeit für einen Herrscher schwingt dabei mit, der uns berühmt macht. Man kann unglücklich unter einem kriegerischen Fürsten sein, aber man ist stolz.

Indessen wünsche ich mir, Eure Majestät möchten sich jetzt mehr um die Dauer des Friedens als um jeden andern Vorteil kümmern. Es ist Zeit, daß Eure Majestät sich nun mit einem Ruhm bedecken, der ganz von Ihnen selbst kommt und den Sie nur Ihrem Genie verdanken. Das Blut von tausend Feinden kann nicht einen einzigen Tropfen russischen Blutes ersetzen. Stets neue Triumphe verleihen einer Herrschaft gewißlich Glanz, doch machen sie sie glücklich? Die Vernunft hat Fortschritte gemacht, und unsere Bewunderung gilt heute andern Tugenden als denen eines Alexander oder eines Cäsar. Man ist gewahr geworden, daß es ruhmvoller und süßer ist, Menschen zu zeugen als Menschen zu töten. Wird mir Eure Majestät gestatten, Ihr vor Augen zu halten, daß gute Reformer selten zu sein pflegen, gerade in Ländern, wo sie am nötigsten wären, und daß Persönlichkeiten, fähig, das Gesicht eines Reiches zum Guten zu verändern, nur in großen Abständen hervortreten?

Katharina II. ist auf Peter I. gefolgt – doch wer wird an Katharinas Stelle treten? Dieses außerordentliche Wesen kann unmittelbar nach ihr kommen, es kann aber auch Jahrhunderte auf sich warten lassen.

Sallust, der tiefsinnigste Historiker nach Tacitus, sagt: »Ich habe viel gelesen, viel gehört; ich habe lange darüber nachgedacht, was die Nationen, sei es während des Krieges, sei es in Friedenszeiten an Großem hervorgebracht haben. Ich habe mich gefragt, dank welcher Mittel so viele erstaunliche Unternehmungen verwirklicht worden sind, und bin zu dem Schluß gekommen, daß all dies das Werk einiger weniger Männer gewesen ist. Nicht die großen Gemeinschaften schaffen das Große, sondern die großen Männer.«

Schwache Völker erstarken unter glänzenden Führern.

Starke Völker verkommen unter dummen und faulen Gebietern.

Sie haben eine junge Nation heranzubilden, wir eine alte zu verjüngen. Was wir tun müssen, ist vielleicht unmöglich – was Sie sich vorgenommen haben, äußerst schwierig. Möge der Himmel Sie nicht einen Augenblick von Ihrer Aufgabe ablenken und Ihnen für die sechsunddreißig Jahre, die Eure Majestät sich ehrenwörtlich verpflichtet haben, auf dem Throne Rußlands zu bleiben, eine Periode vollkommener Ruhe schenken.

Um nun aber auf ein andres Ehrenwort zurückzukommen, so haben Eure Majestät ein wenig das Vertrauen erschüttert, das ich in Sie setzte. Sie hatten es nicht verschmäht, einen Vertrag zu unterzeichnen, den ein gewisser Philosoph die Kühnheit gehabt hatte, Ihnen vorzulegen. Nun, dieser Vertrag ist in allen Punkten verletzt worden, genau wie Verträge zwischen Herrschern. Oh, wenn die Türken das wüßten! Durch diesen Vertrag war vereinbart worden, daß Eure Kaiserliche Majestät besagten Philosophen so seinem heimischen Herd zurückgeben würden, wie er war, als er ihn verließ. Das Gegenteil ist eingetreten. Er ist abgereist, hat sich in einem fremden Land aufgehalten, und er ist zurückgekehrt, ohne die geringsten Ausgaben gehabt zu haben. Man hat sogar die kleinen Schäden ersetzt, die er auf der großen Reise erlitten hat; der überaus liebenswürdige und gebildete Führer, den man ihm mitgab, hat nur gelacht, wenn man Einspruch erhob; und so, Madame, gab es in diesem Pakt wie in allen anderen nichts Heiliges: der Stärkere hat, wie gewöhnlich, dem Schwächeren seinen Willen aufdiktiert.

Als ich Abschied von Eurer Majestät nahm, habe ich Ihnen vorhergesagt, daß mich noch sechs Monate von meinem Heimatland trennten. Ich habe mich nur um einen Monat geirrt, denn jetzt bin ich im siebten. Die Pläne und Statuten Ihrer Anstalten sind gedruckt und stehen vor dem Erscheinen. In allernächster Zeit wird man Ihnen eines der schönsten und nützlichsten Werke vorlegen, die es gibt, zum mindesten für diejenigen, die die Hervorbringungen des menschlichen Geistes auf der Waage der Vernunft abzuwägen wissen. Dieses Werk ist das Ihre. Ich hoffe, daß Eure Kaiserliche Majestät die russische Weisheit in französischem Gewande nicht ohne Wohlwollen entgegennehmen werden . . .

Inmitten der allgemeinen Umwälzung in unserm Ministerium hätte meine Gegenwart meinen Kindern von Nutzen sein können, aber ich bin standhaft geblieben. Was ich allein gefürchtet habe, war ein Vorwurf Eurer Majestät. Doch jetzt, wo ich meine Aufgabe beendet habe, will ich zu ihnen zurückkehren; ich will mich wieder in meinem Heim einrichten, inmitten jener Bücher, deren Gebrauch ich Ihrer Wohltätigkeit verdanke. Meine Mitbürger werden wenig Fragen an mich haben, denn ich habe nicht bis zu diesem Augenblick gewartet, um zu ihnen von Eurer Majestät zu sprechen.

Sie haben das kleine Gesetzbuch der Sitten erhalten, das ich Ihnen angekündigt hatte. Ich wünsche, Sie möchten nicht unzufrieden damit sein. Es ist einfach im Stil und folgerichtig in der Gedankenführung. Gegründet ist es auf die Existenz eines Wesens, das Sie anerkennen. Eure Majestät wünschen sich einen großen Zuschauer, der sich über die Erde beugt und Sie wandeln sieht. Ich schwache Kreatur dagegen mache mich unscheinbar und spaziere umher, als ob niemand mich sähe.

Sollte ich ein paar von den Aufträgen nicht ausführen, die Sie mir erteilt haben, so wäre es nicht, weil ich es vergessen habe. Sie hatten, glaube ich, gewünscht, ich solle zwei Charakterkomödien für Sie entwerfen; Ihnen ein kleines, ehrbares Theater für Ihre Kinder einrichten; Ihnen die Bestimmungen unserer Konsulargerichtsbarkeit, unser Strafgesetzbuch, unsere Forstgesetze zukommen lassen, sowie was sich über unsere Polizei in Erfahrung bringen läßt. Das wird geschehen, oder Eure Majestät verlören einen Ihrer treuesten Diener . . .

In einem Brief vom 9. Mai dieses Jahres hat sich Herr

General Bezkoi, den Sie mir erlaubt haben, Ihre große Sphinx zu nennen, klar und deutlich zur Umgießung der *Encyclopédie* geäußert. Er teilt mir mit, dies sei für Eure Majestät eine beschlossene Sache. Ich freue mich darüber. Also werde ich die Dummheiten des Abbé Chappe und des Chevalier de Jaucourt wiedergutmachen, werde ich das Werk zur Höhe des ursprünglichen Plans zurückführen und den Namen einer großen und würdigen Herrscherin an die Stelle des Namens eines gewöhnlichen Ministers setzen können, der mich der Freiheit beraubte, um mir eine Huldigung zu entreißen, auf die er auf Grund seiner Verdienste keinen Anspruch erheben konnte.

Eure Majestät werden vielleicht sagen, ich hätte ein grausames Gedächtnis; aber ich erinnere mich sehr wohl Ihrer Erlaubnis, Ihnen die kleinen, guten oder schlechten Sachen zu schicken, die ich noch schreiben würde. Sie werden vielleicht die Runzeln des Alters zeigen, doch was tut's?

Einige sind in Den Haag entstanden. Während man dort Ihre Statuten druckte, habe ich mich in die Lektüre des Tacitus vertieft; daraus ist ein Pamphlet hervorgegangen, betitelt: *Randnoten eines Herrschers über die Geschichte der Kaiser.*

Ich habe die Anweisungen wiedergelesen, die Sie an die Kommission für die Ausarbeitung des Gesetzbuchs gerichtet hatten, und ich war verwegen genug, sie mit der Feder in der Hand zu lesen. Aber dann bin ich so schnell wie möglich zu meiner eignen Domäne zurückgekehrt und habe einen kleinen Dialog zwischen der Marschallin von X und mir entworfen – ein paar Seiten, die halb ernst, halb spaßhaft ausgefallen sind.

Nur allzu sehr fürchte ich, daß in Erfüllung gegangen ist, was ich vorhergesagt hatte: daß ich in Riga mir wieder die erbärmliche, kleinmütige Seele zugelegt habe, die ich dort zurückgelassen hatte, und daß ich, je mehr ich mich von Ihrem Palais entfernte und dem des Herrn Generalstaatsanwalts näherte, niederträchtig und feige geworden bin.

Ich erinnere mich Eurer Majestät gesagt zu haben, ich besäße die Seele eines Sklaven im Lande derer, die man frei nenne, und hätte die Seele eines freien Menschen im Lande derer gefunden, die man Sklaven nenne. Daß dies nicht das Wort eines Höflings war, sondern das der Wahrheit, kann ich nun von hier aus feststellen . . .

187. *An Monsieur de Sartine*

12. Juli 1775

Sie hatten mir erlaubt, Sie einmal um eine Privataudienz zu bitten. Wenn ich bisher keinen Gebrauch davon gemacht habe, so haben Sie mich hoffentlich nicht verdächtigt, den Wert einer solchen Gunst nicht zu empfinden, die mir von Ihnen so zuvorkommend angeboten und von andern so vergeblich erbeten wurde. Ich bitte Sie jetzt darum, wo ich mir dies Anerbieten zunutze machen kann, was mir bislang unmöglich gewesen wäre. Seit ungefähr zwei Monaten bin ich durch eine Krankheit ans Haus gefesselt, die bedrohlich hätte werden können, hätte ich nicht den Mut gehabt, sie beim Namen zu nennen. Es handelt sich um eine Erkrankung auf der Brust, die noch nicht ganz vorüber ist. Ich nehme mir die Freiheit, Ihnen von meiner Gesundheit zu sprechen, weil die Güte, mit der Sie mich bisher beehrt haben, mich zum Glauben berechtigt, Sie könnten einiges Interesse an meinem Wohlergehen nehmen. Im übrigen habe ich Sie um eine Gunst zu bitten.

Während Ihrer gesamten Amtszeit als Polizeipräfekt haben Sie mich vor all dem Bösen beschützt, das man mir antun wollte; das legt mir den Gedanken nahe, daß, wenn jetzt, wo Sie Minister sind, sich eine Gelegenheit bietet, mir Gutes zu erweisen, Ihnen diese nicht unwillkommen sein könnte. Die Sache, um die es geht, ist in der Denkschrift dargelegt, die ich mir die Freiheit nehme, diesem Brief anzufügen. Es handelt sich um das Holz für die Marinewerften in Toulon, das aus den Wäldern Lothringens, der Franche-Comté und Burgunds kommt. Der Vertrag mit dem betreffenden Unternehmer läuft im Januar 1776 aus.

Meine Kinder, die von den Wäldern leben, und mein Schwiegersohn Caroillon de Vandeul, der diese Bewerbung unterschreibt, ersuchen Sie, ihnen bei Gleichheit der Bedingungen den Vorzug zu geben. Meine Tochter, die Sie bei mehreren Gelegenheiten mit einer Liebenswürdigkeit empfangen haben, die sie nicht vergessen hat und nie vergessen wird, hätte sich gerne beehrt, Ihnen dieses Ansuchen persönlich zu überreichen; aber vor vierzehn Tagen hat sie mich einmal mehr zum Großpapa gemacht, und der Meister der Geburtszange erlaubt ihr trotz des schönen Wetters noch nicht, ihr Zimmer zu verlassen.

So wachsen und vermehren sich die Enkelchen um mich her, und derweilen ist, trotz meiner alten Beziehungen zum Finanzminister und meinem vertrauten Umgang mit seinem Bürochef, meine arme kleine Habe die gleiche geblieben. Vielleicht bin ich selbst daran schuld, denn im Heer der Bittsteller hat mich noch keiner gesehen. Immer noch wohne ich unter der Dachtraufe; da denke ich nach, da meditiere und schreibe ich. Da empfange ich alle, denen ich nützlich sein kann. Meine Börse, meine Zeit, meine Fürsorge, meine Ideen stehen ihnen zu Diensten; und am Abend bin ich's zufrieden, wenn ich das Glück genossen habe, eine gute Tat zu tun, oder, was weit schwieriger und sehr viel unnötiger ist, ein paar passable und schöne Zeilen zu schreiben. Einer, der meine Wünsche und Bedürfnisse hat, kommt mit wenig aus; doch den Ehrgeiz, der mir für die eigne Person abgeht, den hab' ich für meine Kinder. Ist eine solche Inkonsequenz zu fassen? Obwohl ich glaube, daß der Reichtum dem Glück abträglicher ist als das Mittelmaß, und obwohl ich mich für meine Person darin ohne weiteres bescheide, kann ich mich nicht damit abfinden, wenn es um meine Kinder geht. Sie möchte ich reich sehen, oh ja, Monsieur, sehr reich sogar! Gewiß, was sie auch tun, zu den Millionären werden sie nie gehören, und das ist gut so. Aber da es so gänzlich in Ihrer Macht liegt, meinen Wunsch und ihre Tätigkeit zu unterstützen, so empfehle ich sie Ihnen in der gegenwärtigen Angelegenheit dieser Holzlieferungen aus Lothringen.

188. *An Grimm*

Ende August 1776

. . .Was wollte ich Ihnen noch auftragen? Ich lasse meine Gedanken schweifen und träume . . . Aber so sehr ich's auch tue, es fällt mir nichts mehr ein; nur noch dies: ich bitte Sie inständig, dem kommenden Winter zu mißtrauen und all diese allzu weiten Reisen sein zu lassen, die Sie an den Rand der Erschöpfung bringen, Sie von denen trennen, die Sie lieben und von denen Sie wiedergeliebt werden, und die diese Ihre Freunde so sehr beunruhigen. Es gibt so viele Löcher auf dem Weg des Lebens, daß man am Ende eines findet, in dem man sich den Hals bricht. Nehmen Sie die ebenso höfliche wie zärtliche Erinnerung meiner Tochter entgegen, die von Tronchin nach Bourbonneles-Bains geschickt worden ist, wo sie sich recht wohl befindet.

Guten Tag, mein Freund, mein alter Freund; wir haben Roux verloren, wir haben beinahe den Baron verloren; Mademoiselle de Lespinasse ist nicht mehr; Madame Geoffrin könnte uns schon morgen verlassen haben. Beeilen Sie sich nur, wenn Sie noch jemand wiederfinden wollen! Denken Sie: am 2. Oktober werde ich drei-, vier- oder fünfundsechzig, was weiß ich! Das ist ein Alter, wo man die Jahre zählt, und sehr bald schon die Monate, und nicht lange, dann lebt man nur noch von einem Tag zum andern. Wir beginnen fast alle zu kränkeln. Wenn wir uns im Grandval am Morgen beim Frühstück sehen, dann hat der eine schlecht geschlafen, der andere hat sich beim Aufstehen müder gefühlt als beim Zubettgehen; der eine hat's im Magen, der andre im Rücken oder auf der Brust; die Zähne wollen nicht mehr, oder die Augen. Wir ziehen an einem elenden Wagen, an dem immer etwas klappert, und dieses

Klappern wird immer lauter und schöner bis zu jenem glücklichen oder unseligen Augenblick, wo Wagen und Fahrer zum Teufel gehn . . .

189. An M.

Im Naturzustand sind alle Menschen nackt; ich beginne sie erst in dem Augenblick zu unterscheiden, wo ich an einigen Tugenden bemerke, durch die sie meine Wertschätzung erringen, oder Laster, durch die sie sich meine Verachtung zuziehen, oder Fehler, die mir Abneigung vor ihnen einflößen. In der Gesellschaft verhält es sich anders; da befinde ich mich an einem bestimmten Platz unter Bürgern, die auf verschieden abgestufte Klassen verteilt und mit unterschiedlichen Titeln ausgezeichnet sind, welche mir die Wichtigkeit ihrer Funktionen anzeigen. Ein Mann ist nicht mehr einfach ein Mann, er ist darüber hinaus ein König, der Minister eines Königs, ein Armeegeneral, ein Richter, ein Prälat; und obgleich die betreffende Person unter der erhabensten dieser Bezeichnungen die niederträchtigste Kreatur ihrer Art und Gattung sein kann, gibt es eine bestimmte Achtung, die ich ihrer Stellung schulde; diese Achtung ist sogar durch die Gesetze festgeschrieben, welche Beleidigungen nicht nach Maßgabe des Beleidigten ahnden, sondern nach der seines Standes. Die Kenntnis der Rücksichten, die mit den verschiedenen Positionen verknüpft sind, bildet einen wesentlichen Teil der Schicklichkeit und des rechten Weltverhaltens. Diese Rücksichten nicht zu kennen oder zu vergessen bedeutet, unter die Bärenhaut und in die Tiefe des Waldes zurückzukehren; es bedeutet, das Vorrecht des Wilden inmitten einer zivilisierten Gesellschaft zurückzufordern.

Mir hat einmal der Besuch des gegenwärtig regierenden Königs von Schweden gedroht. Hätte er mir diese Ehre erwiesen, so hätte ich ihn gewiß nicht in meinem Schlafrock erwartet; im Augenblick, da seine Karosse vor meiner

Tür gehalten hätte, wäre ich von meinem Dachboden hinabgestiegen, um ihn zu empfangen. Droben in meiner Mansarde hätte er sich niedergesetzt, und ich wäre stehen geblieben. Ich hätte keine einzige Frage an ihn gerichtet, aber auf die einfachste und lakonischste Weise auf seine Fragen Auskunft gegeben. Wären wir unterschiedlicher Meinung gewesen, so hätte ich geschwiegen, es sei denn, er hätte eine Begründung von mir verlangt; in diesem Fall hätte ich ohne Eigensinn und Hitze gesprochen, es sei denn, das Glück einer großen Zahl von Menschen hätte auf dem Spiel gestanden, denn wer kann dann für sich einstehen? Er wäre aufgestanden, und ich hätte nicht verfehlt, ihn zum unteren Ende meiner Treppe zurückzugeleiten.

Sicherlich hätte ich mich für den Grafen von Creutz, seinen Minister, nicht in die gleichen Unkosten gestürzt.

Obgleich ich ehrbar auch im Umgang mit Dienstboten bin, ist es doch eine Art von Ehrbarkeit, die von der verschieden ist, welche ich den Herren gegenüber beobachte, je nachdem, ob sie mit mir befreundet oder ob sie mir gleichgültig sind; und bei den Herren, die mir ihre Wertschätzung und Freundschaft geschenkt haben, je nachdem, ob sie allein oder in Gesellschaft sind. Den jeweiligen Grad von Vertraulichkeit deutlich merken zu lassen ist oft eine sehr unangebrachte Indiskretion.

Meinesgleichen gegenüber spreche ich so laut und frei, wie es mir gefällt; rutscht mir kein verletzendes Wort heraus, so ist alles gut. Anders wird es sich bei einer Persönlichkeit verhalten, die in der Gesellschaft einen höheren Rang als ich einnimmt, oder bei einem Unbekannten, einem Kind oder einem Greis.

Bei einem Weltmann werde ich mir einen Scherz erlauben, den ich mir vor einem Geistlichen versage. Niemals werde ich mit einem Großen scherzen; ein Scherzwort ist der Anfang einer Vertraulichkeit, die ich Menschen weder zugestehen noch von ihnen annehmen will, welche sie so leicht mißbrauchen und die man so leicht beleidigt. Vor dieser Unannehmlichkeit sind fast nur diejenigen gefeit, die von ihnen verachtet werden. Wehe denen, die frei mit den Großen reden dürfen und dennoch ihre Gunst bewahren: es sind für sie Menschen ohne Charakter und Bedeutung.

Wenn ich je in die Lage komme, zum Vikar meines Kirchspiels, zu meinem Pfarrer oder Erzbischof zu sprechen, und meine Rede aufschreibe, so werde ich nicht die Bemerkung darüberzusetzen brauchen: *das habe ich zum einen, zum zweiten und zum dritten gesagt.* Man wird es von selber verstehen, und doch habe ich es gegenüber keinem von ihnen an Ehrbarkeit fehlen lassen.

Ich bin keineswegs der Meinung, die Beschäftigung mit der Literatur, die unterschiedslos eine Sache aller Stände sein kann, sei nicht ein Beruf wie jeder andere auch. Alle Welt schreibt, aber nicht jeder ist Autor. Alle Welt redet, aber nicht jeder ist ein Redner. Es gibt in der Gesellschaft Menschen, die zeichnen, malen oder singen, ohne Musiker oder Künstler zu sein.

Ich habe eine ziemlich hohe Meinung von einem Beruf, dessen Ziel die Erforschung der Wahrheit und die Unterrichtung der Menschen ist. Ich weiß, welch großen Einfluß solche Arbeiten nicht nur auf das Glück der Gesellschaft, sondern auf das des ganzen Menschengeschlechts haben. Ich persönlich hätte mich nicht gescheut, dem Präsidenten de Montesquieu die gleichen Ehren zu erweisen wie dem König von Schweden.

Gewiß hätte der Gesetzgeber allen Grund zur Unzufriedenheit mit mir gehabt, hätte ich ihm nur entgegengebracht, was ich dem Präsidenten an Rücksichten schulde. Man hat viele große Persönlichkeiten feierlich zu Grabe getragen, man hat viele Königssöhne nach Saint-Denis gebracht, ohne daß mich das kümmerte. Aber beim Begräbnis des Präsidenten de Montesquieu bin ich zugegen gewesen, und ich erinnere mich immer mit Genugtuung daran, daß ich die Gesellschaft meiner Freunde verließ, um dem Erzieher der Könige und dem erklärten Feind der Tyrannen die letzte Ehre zu erweisen.

Trotz der auszeichnenden Stellung, die ich dem Philosophen und Schriftsteller zuerkenne, bin ich der Auffassung, daß man sich der Lächerlichkeit aussetzte, würde man in der Gesellschaft mit der Würde dieses Standes paradieren, ohne durch allgemein anerkannte Verdienste dazu berechtigt zu sein.

Selbst der Schriftsteller, der größtes Ansehen verdient und genießt, wird ihm erwiesene Ehre stets mit Bescheidenheit und Schüchternheit entgegennehmen, wenn er zu sich selber sagt: *Wer bist du denn im Vergleich mit Corneille, mit Racine, La Fontaine, Molière, Bossuet, Fénelon und vielen andern?*

Er wird lieber mit seinesgleichen zusammen sein, in deren Gesellschaft er seine Einsichten und Erkenntnisse vermehrt, und deren Lob fast das einzige ist, das ihm wirklich schmeichelt, als mit den Großen, von denen er zur Entschädigung für den Verlust seiner Zeit nichts als Laster lernen kann.

Bei ihnen befindet er sich in der Lage eines Seiltänzers, zwischen der Gemeinheit und der Überheblichkeit. Die Gemeinheit beugt das Knie, die Überheblichkeit geht allzu erhobenen Hauptes; der Mann von Würde blickt gerade vor sich hin.

Würde und Überheblichkeit verraten sich durch Züge, über die man sich nie hinwegtäuschen wird. Wenn ein Mann von einem Großen geduldig ein Wort hinnimmt, das ihn in Wut versetzen würde, käme es aus dem Munde eines Gleichgestellten, oder aus dem eines Gleichgültigen, von dem er nichts zu hoffen und zu fürchten hat, oder aus dem eines Freundes, dessen ganze Nachsicht er kennt – so werdet Ihr ihn mit Recht im einen Fall für unterwürfig, in den andern für überheblich erklären. Ist man nie versucht, so zu handeln, dann darf man auf Würde Anspruch erheben.

Vieles andere könnte ich dem Vorangehenden anfügen, müßte ich nicht fürchten, in persönliche Satire zu verfallen. Ich versichere jedoch mit aller Aufrichtigkeit meines

Herzens, daß ich niemand Bestimmten im Auge habe, und daß ich so glücklich bin, nur schätzenswerte und rechtschaffene »hommes de lettres« zu kennen, die ich liebe und die ich verehre.

190. An Grimm

13. Dezember 1776

. . . Sie haben mir vorhergesagt, ich würde aus dieser Welt scheiden, ohne zu wissen, welchen Tag und welche Stunde es geschlagen hätte. Ihre Prophezeiung wird sich erfüllen. Ich werde als altes Kind sterben. Vor ein paar Tagen habe ich mir bei Pigalle die Stirn an einem Marmorblock blutig gestoßen. Nach diesem schönen Abenteuer ging ich meine Tochter besuchen; ihr dreijähriges Mädelchen rief, als es die riesige Beule an meinem Kopf gewahrte: »Oh, oh, Großpapa, du stößt also auch mit der Nase gegen die Türen!« Ich mußte lachen und dachte bei mir selbst, daß ich nie etwas andres getan habe, seit ich auf der Welt bin.

Würden Sie nicht besser auf die zweite Reise nach Italien verzichten? Sie müssen doch müde sein! Wenn Sie alle Meilen, die Sie schon hinter sich gebracht haben, zusammenlegen, dann kommt gut und gern der ganze Umfang des Globus heraus! Ich für mein Teil habe mir inzwischen solche Gedanken aus dem Kopf geschlagen. Ich habe der Mediceischen Venus, dem Apollo vom Belvedere und dem Parthenon Ade gesagt. Wenn ich vom Bett aufstehe, tun mir die Beine weh . . .

191. An Marc-Michel Rey

14. April 1777

Ich grüße Sie, mein Herr, und umarme Sie in der stets dankbaren Erinnerung an die honette Art, in der Sie während meines Aufenthalts in Holland und auch noch nach meiner Rückkehr mit mir umgegangen sind.

In den letzten Monaten habe ich Ihnen mehrere Briefe geschrieben, die offensichtlich nicht in Ihre Hände gelangten, da sie unbeantwortet blieben; ich habe es nicht für unmöglich gehalten, daß man sie abgefangen hat, denn lieber glaube ich an diesen Grund, als anzunehmen, Sie könnten abwesend oder krank sein.

Ich hatte Ihnen das Manuskript eines Mannes anzubieten, der mehr als dreißig Jahre lang mit unseren öffentlichen Angelegenheiten beschäftigt war und jetzt zurückgezogen auf dem Lande lebt, wo er seine Ansichten zu Papier gebracht hat. Es handelt sich um Themen, die sehr gewichtig und in diesem Augenblick Gegenstand heftiger Erörterungen sind: um das einfachste Mittel, den Unterhalt der Bevölkerung zu sichern; um die Verwaltung unserer Finanzen im Zustand, in dem sie sich befinden; um die Unterhaltung der Landstraßen; um unsre Geistlichen und Ordenshäuser und so weiter und so weiter.

Wenn Sie das interessiert, so teilen Sie es mir mit, und sagen Sie mir zugleich, wem ich das Manuskript überstellen soll.

Nachdem Sie in seinen Besitz gelangt sind, werden Sie das Ihnen angemessen scheinende Honorar bestimmen.

Ich arbeite an meinen Gesammelten Werken; wenn ich alles beieinander habe, werde ich Sie aufsuchen und wir werden uns miteinander arrangieren, was nicht schwer sein wird.

Ich lebe auf dem Lande, allein und in der tiefsten Zurückgezogenheit; da arbeite ich vom Morgen bis zum Abend. Nicht gerne würde ich sterben, bevor ich zwei Dinge zu Ende bringen konnte; das eine: die Bibliothek der Unüberzeugten zu ordnen, das andere: meine eigene Sammlung zu veröffentlichen.

Ich kann nur wünschen, daß, wenn ich diese beiden Aufgaben, die letzten meines Lebens, erfüllt habe, Ihnen genug Liebe zur Wahrheit und der nötige Mut bleiben, mich zu unterstützen.

Hier wächst die Intoleranz von Tag zu Tag; bald wird

man nur noch Kalender drucken – mit Sondererlaubnis – und das Vaterunser – mit Korrekturen.

Stellen Sie sich vor, daß aus einer wörtlichen Übersetzung einiger Abhandlungen des Plutarch ganze Absätze getilgt werden mußten!

Oh, wenn die Holländer wollten, so hätten sie bald alles, was hier geschrieben wird, und all unsere Autoren! Es würde genügen, dem Ministerium einen kleinen Anstoß zu geben, indem man uns ein wenig begünstigt.

Ich wünsche Ihnen alles Glück, das Sie durch Ihre Unerschrockenheit so sehr verdient haben. Ohne Sie hätten wir in der Wüste gepredigt.

192. An Grimm

9. Juni 1777

Nun wohl, mein Freund, so ist es denn eine beschlossene Sache: wir werden uns nicht mehr wiedersehen! Ganz allmählich haben Sie uns an den Gedanken gewöhnt, daß wir Sie verlieren. Das ist traurig – viel mehr, als Sie empfinden und denken können. Immerhin sind Sie weit von einem Schauspiel entfernt, das Sie betrüben würde. Wir alle verfallen zusehends. Der Baron wird von immer neuen, von den erschreckendsten Symptomen begleiteten Nierenkoliken gepeinigt. Manchmal schwebt er siebzehn Stunden zwischen Leben und Tod. Und nun nehmen Sie zu dieser Gefahr die seiner ungefähren Kenntnisse in der Chemie, Medizin und Pharmazie hinzu, und eine natürliche Ungeduld, die ihn zehn verschiedene Arzneien an einem einzigen Vormittag ausprobieren läßt! Jämmerlich geht es auch Madame de Maux; sie klagt über ihre Magerkeit, über Langeweile, Überdruß an der Gesellschaft, der Freundschaft, und wohl gar am Leben. Bei ihr ist der Grund des Leidens ein eitriger Ausfluß am Ohr, der ihr durch einen unerträglichen Juckreiz den Schlaf raubt; und wenn er nachläßt, dann hat sie's an den Augen, auf der Brust oder im Magen. Bei mir selbst liegen Seele und Geist immer in der Wiege, doch der Rest des Körpers schleppt sich, Schritt für Schritt, Saint-Sulpice entgegen. Denen, die ich nicht erwähne, geht es nicht viel besser. Allerdings glaube ich, daß Madame d'Epinay, die immer wankt, noch auf den Beinen sein könnte, wenn wir alle schon flach liegen. Meiner Tochter gebe ich keine drei Jahre mehr. Meine Frau verzehrt sich in einer Unruhe, die sie sich selber schafft. Naigeon ist gelb wie eine Quitte. Von den Mißgeschicken des Doktors Tronchin will ich gar nicht erst reden.

Nur ein paar Worte über das Durcheinander in unserer Administration. Wir haben keinen Generalkontrolleur mehr. Seine Geschäfte besorgt jetzt ein Finanzkomitee unter dem Vorsitz von Monsieur Necker. Wir haben keine Intendanten für die Finanzen und den Handel mehr, sondern nur noch Kommissionen; und bald werden wir keine Generaleinnehmer mehr haben, und keine Einnehmer für die Staatsdomänen und Waldungen, und keine Gesellschafter in der Güterverwaltung . . . und so weiter! Doch andere werden Ihnen sehr viel sachkundiger davon berichten, als ich es zu tun vermag.

Inmitten dieses Tumultes könnte der bescheidene Status meiner Kinder, der bereits durch Monsieur Turgot recht erschüttert worden war, durch Monsieur Necker, dem sie ihn hauptsächlich verdanken, völlig umgestürzt werden. Das erfüllt mich mit Sorge.

Ich bin gar nicht mehr überrascht über die allgemeine Sucht nach Reichtum in einem Land, in dem durch das Auf und Ab in der Verwaltung das größte Vermögen in einem einzigen Augenblick zu nichts zerrinnen kann. Sie können sich vorstellen, welchen Einfluß das im übrigen auf den Ehrbegriff, die Redlichkeit und die Moral ausüben muß.

Ich bin der Stadt entflohen. Ein ganzes Jahr habe ich auf dem Lande verbracht: drei Tage in der Woche in der vollkommensten Einsamkeit.

Dort habe ich, unter vielen anderen Dingen, zwei Gewaltleistungen vollbracht: in fünf Tagen eine Tragödie geschrieben, und von Samstagabend bis Montagfrüh eine heitere Komödie. Aber Sie werden das nie zu Gesicht bekommen, und ich werde auf das beste Teil meiner Belohnung verzichten müssen: Ihr Lob.

Wir sind hier sehr entrüstet über die Protektion, welche die Zarin den Jesuiten gewährt. Sicherlich wird sie unter ihnen so viel Lehrer gewinnen, wie sie nur will. Aber . . . aber . . .

Ich habe aus Petersburg in einem chinesischen Kästchen zwei Pfund Tee erhalten, ohne daß man mir hätte sagen können, wem ich dieses Geschenk verdankte. Ist es General Bezkoi, so statten Sie ihm meinen Dank ab. Ist es Ihre Kaiserliche Majestät, so wissen Sie, wie sehr mich dieses Zeichen der Erinnerung bewegt, und da Sie seit so langer Zeit in meinem Herzen zu Hause sind, werden Sie leicht die Worte finden, die ich Sie ihr zu sagen bitte.

Meine kleine Schrift über die Gründung einer großen öffentlichen Schule hat ihr also nicht mißfallen? Sie hat ein paar brauchbare Gesichtspunkte darin gefunden? Das ist mehr, als ich hoffen konnte. Ein kleiner Philosoph, der in seiner Mansarde auf ein paar Ideen kommt, die ihn mit einer großen Herrscherin verbinden, hat allen Grund, stolz zu sein; und ich bin es.

Ich bin von großen ausländischen und französischen Persönlichkeiten bedrängt worden, ihnen das Geschriebene mitzuteilen. Doch meine Antwort konnte sehr kurz ausfallen: es gehört nicht mehr mir.

Guten Tag, mein Freund, ich umarme Sie von Herzen. Es geht das Gerücht, Sie würden im *nächsten* September wieder unter uns erscheinen. Ich kann nicht mehr daran glauben. Ich streiche das *nächste* und sage: der September kommt alle Jahre wieder.

Wenn es Ihnen gut geht, wenn Sie sich nützlich machen, dann erfüllen Sie Ihr Schicksal, und es ist nichts einzuwenden.

Übrigens, mein *Hausvater*, der bei seinem ersten Erscheinen so lau aufgenommen wurde, verdreht den Leuten heute den Kopf; wir haben einen Schauspieler, der Brizard in diesem Stück vollkommen aussticht.

193. An Beaumarchais

5. August 1777

Sie, Monsieur, stehen also an der Spitze eines Aufstands der dramatischen Dichter gegen die Schauspieler! Sie wissen, was Ihr Ziel, und was Ihr Weg dorthin ist. Sie haben einen Ausschuß, Rechtsvertreter, Versammlungen und Beratungen. An keiner dieser Veranstaltungen habe ich teilgenommen, und es wird mir auch unmöglich sein, an den später folgenden teilzunehmen. Ich verbringe mein Leben auf dem Lande, den Geschäften der Stadt fast ebenso entfremdet wie von ihren Bewohnern vergessen. Gestatten Sie mir, daß ich mich damit begnüge, Ihnen viel Erfolg zu wünschen. Während Sie kämpfen, werde ich auf dem Hügel von Meudon meine Arme gen Himmel recken. Möchten die Schriftsteller, die sich dem Theater zuwenden, Ihnen ihre Unabhängigkeit verdanken! Doch wenn ich ehrlich sein soll: ich befürchte sehr, daß es schwieriger ist, mit einer Truppe von Schauspielern zu Rande zu kommen als mit einem Parlament. Bei denen wird das Lächerliche nicht die gleiche Kraft haben . . . Doch das tut nichts; Ihr Versuch wird deshalb nicht weniger gerechtfertigt und nicht weniger ehrenwert sein. Ich grüße und umarme Sie. Sie kennen seit langem die Gefühle der Wertschätzung, die ich für Sie hege.

194. An Madame Necker

1777 (Oktober?)

Ja, ich bin's! Ich bin nicht tot, aber wenn ich tot wäre, so würden, glaube ich, die Klagen der Unglücklichen meine Asche im Grabe durcheinanderschütteln. Dies ist der Brief eines Mannes, der, ohne allzu persönlich zu sein, doch voller *Ichs* ist.

Meine Gesundheit ist besser, als es meinem Alter entspricht; alle quälenden Leidenschaften haben mich verlassen; geblieben ist mir eine Wut und Lust des Studierens,
wie ich sie empfand, als ich dreißig war. Ich habe eine
rechtschaffene Frau, die ich liebe und der ich teuer bin,
denn mit wem könnte sie schimpfen, wenn ich nicht mehr
da wäre? Wenn es je einen glücklichen Vater gab, so bin ich
es. Ich habe gerade soviel Vermögen, wie ich brauche, solange meine Augen ohne Kerze auskommen und meine
Frau den Weg zu unsrer vierten Etage nicht zu scheuen
braucht. Meine Freunde empfinden für mich und ich für
sie eine Zärtlichkeit, deren Frische dreißig Jahre Gewöh-
nung nicht beeinträchtigt haben.

Nun, werden Sie sagen, was fehlt denn da trotz allem
noch an Ihrem Glück? Was noch fehlt? Entweder eine
unempfindliche Seele, oder der Geldschrank eines Königs – aber eines Königs, dessen Angelegenheiten nicht in
Unordnung sind. Bei einer unempfindlichen Seele würde
ich entweder die Klage dessen nicht hören, der leidet, oder
ich würde nicht leiden, wenn ich sie hörte; hätte ich den
bewußten Geldschrank, so würde ich mit Gold um mich
werfen und, je nachdem, Dank oder Undank ernten. Doch
da ich über diese beiden Hilfsquellen nicht verfüge, ist
mein Leben voller Bitterkeit. Ich gebe alles, was ich habe,
den Bedürftigen jeder Art, die sich an mich wenden – Geld,
Zeit, Ideen; aber im Vergleich zum Umfang der Not bin ich
so arm, daß, nachdem ich an einem Tag alles gegeben habe, mir am nächsten nur der Schmerz meiner Ohnmacht
bleibt.

Nun, das ist eine lange Einleitung, um Sie, Madame, zu
bitten, an einem dieser Vormittage eine Frau anzuhören,
der Sie die Ehre erwiesen haben, ihr zu schreiben, und die
mir unendlich leid tut. Sie ist mit ihrem Mann zu mir gekommen. Beide wollten in Petersburg ihr Glück versuchen; ich habe sie daran gehindert, denn dies ist ein Land,
wohin man nicht gehen sollte, wenn man nicht gerufen
worden ist. Die zwei haben mir Ihre Briefe gezeigt. Ich ha-

be mich erboten, mich bei Ihnen für sie zu verwenden. Ich tue es jetzt; und wenn mich jemals danach verlangt hat, nützlich zu sein, so ist es in diesem Augenblick. Die Lippen dieser Frau haben gebebt: sie wußte nicht, was sie sagte, nicht, was sie sagen wollte. Nie habe ich stärker empfunden, wie beredsam Bescheidenheit und Schamgefühl sein können, und welche Unordnung diese Gefühle in den Worten eines Unglücklichen hervorrufen. Wenn Sie fürchten, daß die Not dieser Frau Ihnen zu sehr zu Herzen geht, so empfangen Sie sie nicht; doch lassen Sie sie kommen! Sie heißt Pillain de Val du Fresne. Sie werden sie nicht ohne Bewegung sehen und anhören, und wenn es Ihnen möglich ist, etwas für sie und ihren Gatten zu tun, so werden Sie sich sicherlich dazu beglückwünschen. Sie ist jung, sieht gut aus, ist nicht ohne Talente. Ich bitte Sie nicht deshalb so inständig, weil ich fürchte, daß die Not diese Frau auf Abwege führen könnte. Ich glaube, sie würde eher Hungers sterben als aufhören, ehrbar zu sein; aber gerade deshalb ist sie Ihrer Teilnahme um so würdiger.

Denken Sie daran, Madame, daß die Vorsehung Sie zu ihrer Rechtfertigung erschaffen hat. Dies war ihr Plan, als sie Sie bei der Hand nahm und zu dem Rang führte, den Sie einnehmen. Sie hat Sie so hochgestellt, damit Ihr Auge eine größere Partie des Raums gewahren kann, auf dem sie die Unglücklichen verteilt hat. Dies ist eine sehr schöne Rolle.

Ich lebe allein auf dem Lande. Da kürze ich die Tage ab und verlängere die Jahre; Arbeit ist die Ursache dieser beiden, scheinbar entgegengesetzten Wirkungen. Der Tag wird dem recht lang, der nichts zu tun hat, und das Jahr dem, der viel tätig gewesen ist. Möchten Sie, Madame, zwischen dem ersten Januar und dem einunddreißigsten Dezember dreihundertfünfundsechzig gute Taten einschalten können! Das wäre sehr viel besser als dreihundertfünfundsechzig schöne Seiten. Ich wollte Ihnen drei Zeilen schreiben, und jetzt sind es bald vier Seiten; das erinnert mich an eine nicht ferne Zeit, da ich mir vornahm,

Madame Necker drei Minuten zu rauben, und dann wurden es drei Stunden. Aber ich habe hier auf meinem Tisch einen gewissen Philosophen der Antike, einen harten Mann, Stoiker seines Zeichens, der mich mahnt, zu enden und nicht aufdringlich zu sein.

195. An Monsieur Naigeon

Oktober–November 1778

Dieses Werk, das immer ausgedehntere Lektüren von einer ursprünglich sehr kleinen Zahl von Seiten nach und nach auf den Umfang dieses Bandes gebracht haben, ist die Frucht meiner Arbeit, richtiger meiner Muße während einer der angenehmsten Zeiten meines Lebens. Ich wohnte auf dem Lande, fast allein, frei von Sorgen und Beunruhigungen, und ließ die Stunden dahingehen ohne andre Absicht, als mich am Abend, am Ende des Tages so zu fühlen, wie man sich manchmal am Morgen nach einer süß durchträumten Nacht fühlen mag. Die Jahre hatten mir keine jener Leidenschaften übriggelassen, die einen quälen, nichts von dem Unbehagen, das ihnen folgt; ich hatte den Geschmack an jenen Frivolitäten verloren, denen man in der Hoffnung auf Genuß lange Zeit soviel Bedeutung beimißt. Nahe dem Zeitpunkt, wo alles sich auflöst, strebte ich nur noch nach der Billigung meines Gewissens und dem Beifall einiger Freunde. Eifriger darauf bedacht, mir das Bedauern der Zurückbleibenden als Lobsprüche zu verdienen, hatte ich zu mir selbst gesagt: »Was würde das Menschengeschlecht verlieren, wenn das Wenige, das ich getan habe, und das Wenige, das mir zu tun bleibt, mit mir dahingingen? Was würde ich selbst verlieren? – Nichts!« Ich wollte niemand unterhalten; noch weniger war ich auf Beifall aus; mein Plan war würdiger: er bestand darin, das Leben und die Werke Senecas unparteiisch zu überprüfen, und das Andenken an einen großen Mann, den man verleumdet hat, zurechtzurücken; dann aber, wenn er mir schuldig scheinen sollte, seine Schwächen beklagen und aus seinen weisen und starken Lehren Nutzen ziehen. Dies war die Stimmung, in der ich schrieb, und dies sind die Voraussetzungen, unter denen ich gelesen werden möchte.

Jedes Lebensalter schreibt und liest auf seine Weise: die Jugend liebt Ereignisse und Fakten, das Alter Reflexionen. Eine Erfahrung, die ich gerne einem Mann von fünf- oder sechsundsechzig Jahren vorschlagen möchte, dem meine Betrachtungen zu lang oder zu häufig oder zu abschweifend vorkommen, wäre die: sich mit Tacitus, Suetonius und Seneca in die Einsamkeit zurückzuziehen und die Dinge, die ihn interessieren, aufs Papier zu werfen – die Ideen, die sie in ihm hervorrufen, die Gedanken dieser Autoren, die er festhalten möchte, die Empfindungen, die sie in ihm erwecken, ohne andre Absicht als die, sich zu unterrichten, ohne sich zu ermüden; und ich bin fast sicher: wenn er an den gleichen Stellen innehalten wird wie ich, wenn er sein Jahrhundert mit den vergangenen vergleichen und aus den Umständen und Charakteren die gleichen Mutmaßungen schöpfen wird im Hinblick darauf, was die Gegenwart uns ankündigt und was von der Zukunft zu hoffen oder zu fürchten ist – er würde dieses Werk beinahe noch einmal so schreiben, wie es hier vorliegt.

Allenthalben plaudere ich: ich stelle Fragen oder gebe Antworten. Hört man nur mich, so wird man mir vorwerfen, ohne Zusammenhang, vielleicht gar dunkel zu sein, vor allem an den Stellen, wo ich Senecas Werke durchgehe; und man wird mich lesen, wie man einen Abschnitt von La Rochefoucauld liest, oder ein Kapitel aus Montaigne oder La Bruyère, wenn auch nicht mit dem gleichen Genuß; hat man aber die Seite Senecas und die meine zugleich vor Augen, so wird man bei mir mehr Zusammenhang und Klarheit finden, je nachdem man sich in größerer oder geringerer Übereinstimmung mit meinem Autor und mit mir befinden wird. Kein Beweis hat für alle Geister die gleiche Kraft, kein Gedanke den gleichen Reiz.

Ich hätte aus den Regierungen des Claudius und Nero

nur die Stellen heranziehen können, wo der Philosoph in Aktion ist, und diese große Gestalt nur in der Vereinzelung zeigen; doch es schien mir, man würde, wenn er in der Mitte des ganzen Bildes stünde, die Schwierigkeit und Würde seiner Rolle stärker empfinden; der antike Gladiator würde an Interesse gewinnen, stände er seinem Gegner gegenüber. Im übrigen ließ sich diese Art besser mit meiner Nonchalance vereinbaren. Wenn man nur eine einzige Person auf der Leinwand darstellt, muß man mit der Wahrheit, Kraft und Farbe eines Van Dyck malen; und nicht jeder, der will, bringt einen Van Dyck zustande. Mein Werk gleicht meinen Spaziergängen: finde ich einen guten Aussichtspunkt, so bleibe ich stehen und genieße ihn. Ich beschleunige oder verlangsame den Schritt je nach dem Reichtum oder der Dürftigkeit der Landschaften: immer von meiner Träumerei geleitet, hab' ich keine andre Sorge, als dem Augenblick der Ermüdung zuvorzukommen.

Im übrigen habe ich, mein Freund, vielleicht nichts von dem getan, was Sie von mir erwarteten. Sie hätten, um mich hier Ihrer eigenen Worte zu bedienen, gewünscht, daß ich, »mich der ganzen Wärme meiner Seele und dem ganzen Ungestüm meiner Phantasie überlassend, Ihnen Seneca zeigte, wie ich Ihnen vordem Richardson gezeigt habe«; doch um dies zu erreichen, hätten Sie mir statt mehrerer Monate nur einen Tag zuzugestehen brauchen. Verfügen Sie statt dessen über meine Arbeit nach Ihrem Gutdünken; Sie sind ermächtigt zuzustimmen, zu widersprechen, hinzuzufügen oder wegzustreichen. Eine Dankesschuld werde ich Ihnen und dem Baron d'Holbach gegenüber immer fühlen: es war ein bedeutender Beweis Ihrer Wertschätzung, daß Sie mir eine Aufgabe vorgeschlagen haben, die meinem Herzen unendlich gefiel.

Wolle Gott, daß sie meinen Kräften nicht allzu unangemessen war, und daß Sie beide sich an Horazens *quid ferre recusent, quid valeant humeri* erinnerten . . .

196. An den Abbé Gouttes

25. Januar 1780

Ich werfe mich Ihnen zu Füßen und bitte Sie tausendmal um Vergebung, aber es ist mir unmöglich, das Ihnen gegebene Wort zu halten und der Ehre zu entsprechen, die Sie mir erwiesen haben. Ich bin krank und trotz meines Unwohlseins gezwungen, fast Tag und Nacht an einem verteufelten Auftragswerk zu arbeiten, das keinen Aufschub duldet. Ich weiß, Sie sind nachsichtig, und ich hoffe, Sie werden nicht meine Entschuldigung zurückweisen und den Ausdruck meiner Wertschätzung entgegennehmen.

197. An Naigeon

28. Juli 1780

Guten Tag, mein Freund. Ich bin ein bißchen verärgert darüber, daß es Sie vierzehn Tage gekostet hat, um mir sehr vage und fruchtlos mitzuteilen, daß Sie mit meiner Arbeit unzufrieden sind. Ich habe jedenfalls mein Bestes getan. Mehr bringe ich nicht mehr zustande. Müdigkeit und Überdruß haben noch nie etwas Gutes hervorgebracht, und ich bin müde und überdrüssig. Im übrigen werden Sie nicht allzu überrascht sein, wenn ich nicht einsehe, wie ich mein Werk verschlechtert haben soll, indem ich alles beibehalten habe, was es an Gutem enthielt, und nur fünfzig, sechzig Seiten hinzugefügt, von denen ich annehmen kann, daß sie ebenso gut geschrieben und kraftvoll gedacht sind wie die anderen. Es wird so erscheinen, wie es ist. Ich werde es noch einmal lesen, um es in Abschnitte zu unterteilen. Finde ich einige Längen, Fehler im Ausdruck oder Nachlässigkeiten, so werde ich sie tilgen; das ist alles, wozu ich fähig bin. Am Ruhm liegt mir gar nichts; man kann mich loben, ohne daß es mir in den Kopf steigt; man kann mich aber auch tadeln, ohne daß es mir den geringsten Kummer verursacht. Wenn Sie wüßten, wie nichtig alles wird, wenn man achtundsechzig ist, wenn man seit acht oder neun Jahren auf andre angewiesen ist, wenn man nur noch ein paar Jährchen vor sich hat, bis man wieder den Elementen und dem Staub anheimfällt! Was meinen Gleichmut betrifft, so kann ich Sie völlig beruhigen. Man mag mich beschimpfen: Beschimpfungen sind keine Steine. Nichts kann mich mehr verletzen. Sie haben mir nur eines klargemacht: daß es nutzlos ist, andre um Rat und Urteil zu bitten. Ich werde Grimm meine Arbeit bringen, weil er es verlangt hat, und ich es ihm versprochen habe; doch ich tue es recht ungern, denn aller Voraussicht nach wird er ebenso ungünstig darüber urteilen wie Sie; aber immer neue Peitschenhiebe setzen einen erschöpften Gaul auch nicht in Galopp. Ich bitte Sie, mir meine Hobelspäne zurückzuschicken. Entweder werde ich sie verbrennen oder aufheben . . . Ich grüße Sie aufs neue. Ich umarme Sie und liebe Sie wie zuvor. Sollten Sie daran zweifeln, so würde mich das mächtig ärgern. Übrigens: eine große Neuigkeit! Gestern hab ich beinahe eine Meile zu Fuß gehen und drei große Schluck Champagner trinken können, ohne daß es mir geschadet hat. Den Rest meiner Papiere bitte! Morgen fahr' ich nach Boulogne; wenn Sie mitkommen wollen, dann finden Sie sich am Morgen bei der Drehbrücke ein. Wer zuerst kommt, wartet auf den andern. Ich werde zwischen acht und neun da sein, auch früher, wenn Sie es wünschen. Antwort!

198. *An Meister*

27. September 1780

Ich werde mich vom heutigen Mittwoch bis zum Mittwoch der nächsten Woche in Paris aufhalten. Wenn Herr Meister sich die Mühe machen will, an einem dieser Tage morgens zu mir zu kommen, so werde ich ihm für seine »Correspondance« dreißig bis vierzig sauber geschriebene Bogen liefern. Es handelt sich um ein Werk, das ich einst mit fliegender Feder aufs Papier warf, und zu dem mich meine gegenwärtige Arbeit zurückgeführt hat. Es ist das Gegenstück zu *Jacques le Fataliste*, voll pathetischer Tableaux und sehr fesselnd, wobei alles Interesse auf der sprechenden Person ruht. Ich bin ganz sicher, daß Ihre Leser das viel mehr berühren wird, als der *Jacques* sie zum Lachen gebracht hat; was dazu führen könnte, daß sie ungeduldiger auf das Ende sind. Betitelt ist es *La religieuse*; ich glaube nicht, daß jemals eine erschreckendere Satire auf die Klöster geschrieben worden ist. Es ist auch ein Werk, in dem die Maler unaufhörlich blättern sollten; und stünde die Eitelkeit dem nicht entgegen, so müßte sein Motto lauten: *Son pittor anch'io!*

199. An Grimm

25. März 1781

Verteidigung des Abbé Raynal

Entweder – dies waren Grimms Worte dem Bericht meiner Tochter zufolge – Sie glauben, daß die, die Sie angreifen, sich nicht an Ihnen rächen können: dann ist es Feigheit, sie anzugreifen; oder Sie glauben, daß sie sich an Ihnen rächen werden: dann ist es Narrheit, sich ihrem Groll auszusetzen.

Und was antwortete der Abbé Raynal darauf? – Nichts. An diesem Tag mußte der arme Abbé folglich von allen guten Geistern verlassen sein.

Erstens stimmt es nicht, daß es eine Feigheit ist, den, der sich nicht rächen kann, anzugreifen; es genügt, daß er es verdient, angegriffen zu werden.

Zweitens ist es keine Narrheit, den anzugreifen, der sich rächen wird. Wo es um Tugend, Unschuld, Wahrheit geht, ist es Großmut, mögliche Rache zu verachten. Wer sich der Wut des Bösen aussetzt, ist keineswegs ein Narr.

Das Dilemma des Monsieur Grimm verschließt dem aufgeklärten Mann, dem Rechtschaffenen, dem Philosophen den Mund; unmöglich, da noch etwas über die Gesetze, die Moral, die Formen von Autoritätsmißbrauch, die Religion, die Regierung, die Laster, die Irrtümer, die Vorurteile zu sagen – die einzigen Gegenstände, die es verdienen, einen guten Kopf zu beschäftigen.

Wer auf der Titelseite eines Werkes seinen Namen nennt, ist unvorsichtig, doch kein Narr; der Autor, der anonym bleibt, ist deshalb noch kein Feigling.

Wie sind wir aus der Barbarei herausgekommen? Dadurch, daß sich glücklicherweise Männer gefunden haben, die die Wahrheit mehr geliebt als die Verfolgung gefürchtet haben. Gewiß waren diese Männer keine Feiglinge. Werden wir sie als Narren bezeichnen?

Undenkbar, daß eine kühne Seite nicht irgendeinen Einzelnen oder eine mächtige und rachsüchtige Körperschaft verletzt und aufbringt! Wo ist da die Narrheit, und wo die Feigheit, wenn man sich gleichermaßen über ihre Macht wie über ihre Ohnmacht hinwegsetzt? Mag der Feind der Philosophie eine gefährliche oder eine bedeutungslose Persönlichkeit sein – die Philosophie wird ihn unablässig verfolgen, bis er aufgehört hat, lasterhaft oder böse zu sein. So und nicht anders haben die Philosophen der gegensätzlichsten Schulen unter Tiberius, Caligula und Nero gedacht, und diese Philosophen waren alles andere als Narren.

Sie wissen offensichtlich nicht mehr, mein Freund, wie die genialen, die mutigen, die tugendhaften Männer, die Verächter jener Götzen, vor denen sich so viele Feiglinge demütig in den Staub werfen, ihre Werke geschrieben haben; Sie haben es vergessen. Ich weiß es, ohne mich zu dieser Klasse rechnen zu können, und ich will es Ihnen sagen. Die Absicht, zu beleidigen oder zu gefallen lag ihnen völlig fern; sie liefen nicht hinter dem Lob her, und vor Verfolgungen hatten sie nicht die geringste Angst. Sie wollten nützlich sein, die Wahrheit sagen, sie unmißverständlich sagen. Sie wandten sich an die gekrönten Missetäter, die die Seufzer so viel Unschuldiger auf dem Gewissen hatten, an die geweihten Betrüger, die so viel Dummköpfe oder Rasende auf den Plan riefen; und das Glück oder Unglück, das sie auf sich ziehen, der Ruhm oder Tadel, den ihre

Schriften zur Folge haben konnten, berührten sie in jenem Augenblick gar nicht und würden sie auch nicht berührt haben, wenn sich das Gewitter entladen hätte – falls sie den Mut der Seele mit der Kraft des Geistes vereint hätten.

Wenn einer unter diesen seltenen Männern Vermögen, Freiheit, Ehre und Leben zu verlieren wußte, ohne zu klagen – werde ich ihn dann einen Narren schelten? Tut es ihm um sein Vaterland, seine Freunde, seine Mitbürger leid und nimmt er auf sie Rücksicht – dann werde ich ihn einen Feigling nennen! Wenn ein rechtschaffener und tapferer Gegner der Lüge und der Tyrannei seiner Entrüstung Luft gemacht hat und gewärtig sein muß, daß die Kühnheit seiner Rede ein weiteres Opfer zu der Menge derer fügen könnte, welche sich Intoleranz und Fanatismus dargebracht haben – wird diese Furcht ihm Einhalt gebieten, darf sie ihm Einhalt gebieten? Nein, mein Freund, tausendmal nein! Zuerst leben und dann philosophieren, sagt das Volk. Aber derjenige, der sich in den Mantel des Sokrates gehüllt hat und die Wahrheit und die Tugend mehr als sein Leben liebt, der wird sagen: Zuerst philosophieren, und dann leben – wenn man kann . . . Mir scheint, Sie lachen? Oh, mein Freund, ich sehe es wohl, Ihre Seele ist in Petersburg, in Potsdam, im Œil de bœuf von Versailles und in den Vorzimmern der Großen eingeschrumpft . . .

Wenn Sie die kindische Eitelkeit hätten, eine Seite, die an die Könige, die Minister, die Höflinge wie Sie adressiert ist, auf sich zu beziehen und darüber beleidigt zu sein, dann wären Sie beinah genauso lächerlich wie ich, ließe ich es mir einfallen, mich zu den Weisen zu zählen. Sie taten mir wirklich leid, als Sie in Petersburg zu mir sagten: Wissen Sie, wenn Sie die Kaiserin immer nach dem Diner sehen – ich sehe sie jeden Abend! Ich erkenne Sie nicht mehr, mein Freund. Sie sind, vielleicht ohne es zu ahnen, insgeheim zu einem der gefährlichsten Antiphilosophen geworden. Sie leben in unsrer Mitte, aber Sie hassen uns.

Seitdem der Mann, den die Natur dazu bestimmt hatte, sich auf dem Felde der Literatur auszuzeichnen, zur trauri-

467

gen Stellung eines Dieners der großen Herren herabgesunken ist, hat er seinen Geschmack eingebüßt; er besitzt nur noch den kleinen Geist, die enge und kriechende Gemütsverfassung seines neuen Standes, und er nennt Phrasendrescher jene beredten und kühnen Männer, die mit einem gewissen Stolz zu seinen Beschützern sprechen. Er wird das, was er einst bewunderte, nun herabsetzen. Er wird mit Wärme anempfehlen, was er einst verachtet hätte. Er ist nichts und denkt vielleicht nicht, daß er morgen weniger als nichts sein wird. Wer war es, der gesagt hat: *Principibus placuisse viris, non ultima laus est*? Ein Dichter, der feige genug war, um Augustus über Scipio zu stellen.

Ich gebe zu: der Mann, der nach seinem Herzen spricht oder schreibt, der von wahrem Enthusiasmus entflammt ist, in dem die Tugend, die Unschuld, die Freiheit einen glühenden Verteidiger gefunden haben, kann sich leicht fortreißen lassen und die Grenzen der Umsicht vergessen. Er wird von den starken Seelen gelobt, von den kleinmütigen gescholten werden. Aber man wird allgemein anerkennen, daß er sich selbst dargestellt hat, und daß er sich nicht Gewalt antun mußte, um heftig zu sein. Jedenfalls werden ihn weder seine Zeitgenossen, sofern sie ein wenig Geschmack besitzen, noch die Nachwelt, die ihr Urteil nicht an unsern kleinen Interessen ausrichten wird, einen Phrasendrescher nennen . . .

Gerade schreibt mir im Hinblick auf den Abbé unsere Freundin Madame de Maux, ein Augenblick der Ruhe sei kostbarer als die Ewigkeit an Ruhm, und wenn ihre kleinen Kinder in Gefahr wären, große Männer zu werden, so würde sie sie jeden Morgen am Altar des Ruhmes auspeitschen. Würde sie ihnen dadurch das Streben nach Berühmtheit verleiden? Vielleicht würde sie ihnen nur klarmachen, daß man diese nicht ohne Gefahr und Mühe erlangt. Es ist aber auch möglich, daß ihre schmerzhafte Lektion die glückliche Wirkung hätte, die sie sich verspricht. Ihr elendes und plattes Dilemma und die wunderbare Erziehung unserer Freundin können nur eine Folge haben: die Rasse der berühmten Männer auszulöschen und Verachtung für diejenigen unter unseren Mitbürgern hervorzurufen, deren Feinde zu allen Zeiten die Tempel, die Paläste und die Gerichtshöfe bewohnten: drei Schlupfwinkel, aus denen alle Elendsformen der Gesellschaften hervorgekommen sind. Oh, welch nützliche und bequeme Doktrin für die Unterdrücker! Sobald ich demnächst einmal guter Laune bin, werde ich an unsere Freundin im Namen der Canaille der gesamten Welt eine lustige Dankadresse richten! . . .

Mein Freund, seien Sie nur der Günstling der Großen, dienen Sie ihnen, ich habe nichts dagegen, obwohl Sie Ihr Talent und Ihre Jahre würdiger anwenden könnten; aber seien Sie nicht ihr Verteidiger, weder mit dem Mund noch mit dem Geist, noch mit dem Herzen: sonst stürzen Sie, verurteilt vor dem göttlichen Tribunal, vor das Sie so oft die Diebe meiner verfügbaren Zeit zitiert haben, in den Kessel, wo in alle Ewigkeit die Schutzherren wie die ganze verfluchte Rasse der Günstlinge schmoren werden! Sie werden mir antworten, es sei besser, in der andern Welt auf dem Rost zu liegen als in dieser; da kann ich freilich nicht widersprechen . . .

Eher werde ich aufhören zu leben als Sie zu lieben, aber ich wäre niemals Ihr Freund geworden, wenn Sie bei Jean-Jacques, wo ich Ihnen zum ersten Mal begegnet bin, so gesprochen hätten wie gestern bei dem Impfarzt Brador. Oder sollten Sie nur so getan haben, als würden Sie den Abbé verleugnen, aus Furcht, Ihr allbekannter vertrauter Umgang mit diesem Geächteten könnte Ihnen bei den Großen schaden? Daß Ihre Zärtlichkeit zu mir fortdauert, beruhigt mich ein wenig.

Meine Tochter ist Ihnen außerordentlich dankbar für den Abend, den Sie ihr geopfert haben. Mir schien, als habe Ihr Sophismus Eindruck auf sie gemacht. Ich hätte ihr mehr Mut und Logik zugetraut.

Was ihren Vater betrifft, so dünkt mich, Sie würden,

wenn Sie ihm die Wahrheit sagen, gut daran tun, dies nicht ohne eine gewisse Schonung zu tun. Er ist auf seine Art empfindlich. Ein Dolchstoß würde ihn nicht aufschreien lassen, aber ein Nadelstich von der Hand eines Freundes würde genügen, ihm einen anhaltenden Schmerz zuzufügen. Welchen Vorteil finden Sie dabei, die Wahrheit mit der Grausamkeit zu verbinden? Wären Eitelkeit oder Anmaßung ein bißchen stärker bei ihm ausgebildet, so wäre es seinen Freunden schon seit einiger Zeit gelungen, aus dem besten Menschen der Welt eine ziemlich unglückliche Kreatur zu machen; es scheint beinahe, als hätten sie den Plan gefaßt, ihn auf den Hund zu bringen.

Werde ich Ihnen diesen Brief, den ich eilig heruntergeschrieben habe, zuschicken? Ja, aber wann? Dann, wenn ich Sie genug schätzen werde, um glauben zu können, daß Sie ihn ohne Verärgerung lesen werden. Adieu!

200. An Panckoucke

5. April 1781

Ich bin damit einverstanden, daß Monsieur Panckoucke alle Artikel der *Encyclopédie* verwendet, namentlich die Artikel über Fragen der Philosophie; sie können überarbeitet, verbessert und erweitert werden, ganz wie es den Wünschen von Monsieur Naigeon entsprechen wird, der diese Arbeit hat übernehmen wollen; meinerseits verpflichte ich mich Monsieur Naigeon gegenüber, ihm alles zu liefern, was meine Gesundheit und meine Bemühungen mir erlauben werden, zu diesem letzten Teil beizutragen, falls ich mich bis zur Veröffentlichung des philosophischen Bandes damit beschäftigen kann.

201. An Madame de Vandeul

28. Juli 1781

Ich weiß, mein Kind, daß es Dir großes Vergnügen bereitet, mich zu lesen, aber Du weißt auch, daß es eine Qual für

mich ist, zu schreiben. Doch hindert Dich das nicht, noch
einmal einen Brief von mir zu verlangen: das nenne ich mir
eine ausgeprägte Persönlichkeit, die sich selbst entschieden den Vorzug vor einem andern gibt – und vor was für einem andern! Der Abbé kommt mich jeden Tag besuchen
und läßt mich Dein italienisches Geschreibsel lesen. Wenn
Du es Dir zur Aufgabe machtest, jeden Morgen drei oder
vier Seiten vollzukritzeln, so würde es bald viel besser werden. Fanfant hat sich von Eurer Mutter ausschimpfen lassen wie ein Hund, weil er vergessen hatte, daß sie ihn zusammen mit Caroillon zum Essen eingeladen hatte. Das
hat mich vergnügt. Sie hat aber dann beide sehr gut aufgenommen, und unser Diner war nicht allzu verdrießlich.
Und was dieses Diner anbelangt, so will ich auf französisch
wiederholen, was der Abbé Ihnen auf italienisch gesagt
hat: daß ich nicht die Hoffnung aufgegeben habe, Ihre
Mutter von Ihren Vapeurs zu befreien. Sie hat einen *Gil
Blas* gekauft, um Mademoiselle Goyet das Exemplar zurückzugeben, das Sie verloren haben. Bevor sich eine Gelegenheit dazu bot, hat sie darin zu lesen begonnen und
sich köstlich amüsiert; und das ist nicht ohne Einfluß auf
den Verlauf des ganzen Tages geblieben. Infolgedessen
bin ich zu ihrem Vorleser geworden. Ich verabreiche ihr
täglich drei Prisen *Gil Blas*: eine am Morgen, die andre am
Nachmittag, die dritte am Abend. Wenn wir mit dem *Gil
Blas* durch sind, werden wir den *Hinkenden Teufel* vornehmen, dann den *Bakkalaureus von Salamanca* und andre
heitere Werke dieser Art. Ein paar Hundert davon und ein
paar Jahre solcher Lektüren werden die Heilung vollenden. Wäre ich mir des Erfolgs ganz sicher, so würde mir
diese Bürde gar nicht schwer vorkommen. Das wirklich
Spaßige ist aber dabei, daß sie all ihren Besuchern auf-
tischt, was sie behalten hat, und das Gespräch darüber die
Wirkung des Heilmittels verdoppelt. Ich habe die Romane
immer als ziemlich frivole Erzeugnisse behandelt; endlich
bin ich drauf gekommen, daß sie für die Vapeurs gut sind;
das erste Mal, wenn ich Tronchin wiedersehe, werde ich

ihn mit meinem Rezept bekannt machen. Man nehme acht bis zehn Seiten aus dem *Roman comique*, vier Kapitel *Don Quijote*, einen gutgewählten Abschnitt Rabelais; man lasse das Ganze in einer angemessenen Menge *Jacques der Fatalist* oder *Manon Lescaut* ziehen und wechsle diese Drogen, wie man Pflanzen wechselt, indem man sie durch andre ersetzt, die ungefähr die gleiche Wirkung haben.

Ich freue mich über die Genesung von Madame Caroillon. Wenn Ihre Anwesenheit sie beschleunigen kann, so bleiben Sie.

Ich befürchtete, man habe von meiner Büste Gipsabgüsse gemacht, und sie habe dabei zum mindesten die Farbe verloren. Houdon hat sich unsern Stadträten gegenüber sehr großzügig verhalten: er hat ihnen fünf Modelle meiner Büste geschickt oder soll sie ihnen geschickt haben. Wer weiß, ob sie dieses Geschenk genügend zu schätzen wissen!

Mit einer gewissen Befriedigung sehe ich, wie alle meine Bindungen sich lösen. Dabei können Sie nur gewinnen. Nach Boulogne fahre ich nur noch, wenn man mich ruft. Ich werde nicht mehr nach Sèvres gehen. Dort hat man mein kleines Zimmer Mademoiselle La Bauche abgetreten und mich in ein elendes Loch abgeschoben, das auf den Hof geht, nackt und triste wie ein ehemaliges Gefängnis. Ich verkehre nicht mehr bei Madame Duclos. Der Baron hat sich nach Contrexéville verzogen, ohne mir Adieu zu sagen. Grimm hält es nicht anders; ich würde angenommen haben, er sei in Paris, hätte ich nicht zufällig erfahren, daß er durch Deutschland reist. D'Ornoy habe ich aus geschäftlichen Gründen gesehen. Der Abbé Mignot hat seinen *Quintus Curtius* herausgebracht und sich danach aufs Land zurückgezogen.

Ich bin wütend über Ihren kranken Finger – wegen der Schmerzen, die er Ihnen verursacht, ein wenig auch, weil er Sie und diejenigen, die die Musik lieben, eines Vergnügens beraubt . . .

Madame d'Epinay habe ich nicht besucht, aber ich hätte

472

es tun sollen. Wenigstens darf man sich nicht über Sünden beklagen, die man begeht . . .

Ob ich in Maßen arbeite? Ich tue gar nichts. Meine Werke habe ich fast alle beisammen. Es fehlen mir noch zwei oder drei, die Sie mir zu Bedingungen geben werden, die Ihnen genehm sein sollten.

Den Grafen von Pilos habe ich einmal gesehen. Wir haben beschlossen, in Saint-Cloud Aale zu essen. Aber wann? Das weiß Izquierdo, oder vielleicht weiß nicht einmal er es. Ihm habe ich meine kleine Schrift gegeben, was daraus geworden ist, weiß ich nicht.

Seit acht Tagen richten Sie mich den lieben langen Tag über zugrunde. Ihre Mutter macht Ihnen Johannisbeer- und Aprikosenmarmelade. Die Früchte hat man ihr geschenkt, mich läßt sie den Zucker bezahlen.

Für einen Menschen, den es zur Verzweiflung bringt, Briefe beantworten zu müssen, ist dies ein reichlich langer geworden. Meine Ehrerbietung für Madame Caroillon. Umarmen Sie meine Schwester. Vergessen Sie auch nicht mein Liebchen, und laßt es Euch gut gehen. Ich küsse Deine beiden Kinder und bin sehr unglücklich darüber, daß Minettes Wehwehchen noch immer nicht vorbei ist.

ANHANG

Von den drei großen Briefeschreibern des französischen 18. Jahrhunderts – Voltaire, Rousseau, Diderot – ist Diderot derjenige,
dessen Briefe am frühesten gelobt, aber am schlechtesten aufbewahrt und am spätesten ediert wurden. Der Fortgang ihrer
Entdeckung und Veröffentlichung ist der kapriziösen Geschichte
so vieler Diderotscher Werke würdig. Schon zwei Jahre nach
dem Tod des Philosophen ersuchte seine Tochter, Madame de
Vandeul, alle ihr bekannten Korrespondenten darum, etwa
erhaltene Briefe im Hinblick auf eine große Werkausgabe an sie
zurückzusenden. Der Erfolg dürfte nicht ihren Erwartungen ent-
sprochen haben: sie bekam viele Absagen, vieles war vernichtet
worden oder aus Unachtsamkeit verlorengegangen; und sie
brachte auch nicht die von ihrem Vater begonnene Werkausgabe
zustande, aber sie sammelte alles ihr Erreichbare, ließ es abschreiben und behütete es getreulich: es ist jener »Fonds Vandeul«, der um 1950 von Herbert Dieckmann gesichtet wurde und
die Grundlage unseres heutigen Textwissens bildet.

Der Weg der Diderotschen Briefe in die Öffentlichkeit begann
1818 mit der Werkausgabe von Belin, die neunzehn Briefe vor-
stellte; die von Brière, 1821-23, enthielt siebenundvierzig mehr,
die vier Bände *Memoiren und Inedita* von Paulin, 1831, machte
dreizehn Briefe an den Bildhauer Falconet bekannt und – nach
einem Manuskript aus der St. Petersburger Eremitage – hundert-
neununddreißig an Sophie Volland. Das war es, was der große
Kritiker Sainte-Beuve kennen konnte, und was er in seinen *Cau-
series du Lundi* mit begeisterten Worten rühmte. Die erste dieses
Namens würdige Gesamtausgabe des Diderotschen Werkes, die
der Herausgeber Assézat-Tourneux von 1875-79, widmete die
Bände XVIII und XIX und den Anfang von XX der Korrespondenz
des Philosophen: insgesamt zweihundertdreiundneunzig Briefe.
Den nächsten Meilenstein setzte Jahrzehnte später André Babe-
lon: die dreibändigen *Lettres à Sophie Volland* von 1930 brachte
deren Zahl auf hundertsiebenundachtzig, die zweibändige *Correspondance inédite* von 1931 machte dreihundertundeinen Brief
an die Familienangehörigen und Freunde bekannt.

Auch nach diesen großen Sammlerleistungen gingen die Re-
cherchen unvermindert weiter: 1939 konnte Lester G. Krakeur,

der Verfasser der ersten Studie über *La correspondance de Diderot* melden, der Umfang des von ihm Ausgewerteten belaufe sich nunmehr auf sechshundertachtundzwanzig Briefe. Danach wurde Georges Roth noch einmal in größerem Ausmaß fündig. Ihm verdankt man die erste Gesamtausgabe der *Correspondance* in sechzehn Bänden, Paris 1955-70, die er bis zu Band XII einschließlich allein herausbrachte, und dann zusammen mit Jean Varloot, der ihn schließlich bei den letzten Bänden überhaupt ablöste. Vermutlich gegen Ende der 80er Jahre werden Diderots Briefe den vorläufig letzten Avatar erleben: für die *Correspondance générale* sind die Bände XXVII bis XXXIII der im Entstehen begriffenen, vorbildlich gewissenhaften und schönen kritischen Gesamtausgabe vorgesehen, die von einem internationalen Mitarbeiterstab unter Führung von Jacques Proust und Jean Varloot besorgt wird und 1975 zu erscheinen begonnen hat. Jean Varloot hat mir im Gespräch mitgeteilt, daß über die neunhundertzweiundachtzig von Roth und ihm edierten Briefe sowie datierten und undatierten Brieffragmente hinaus kaum mehr mit neuem Zuwachs zu rechnen sei. Der Umfang dessen, was man von der Qualität her das Diderotsche Briefwerk zu nennen berechtigt ist, bleibt damit weit hinter der Voltaireschen, aber auch der Rousseauschen Korrespondenz zurück; es enthält riesige Lücken, die unsere Leser am Ende ihrer Bekanntschaft mit der hier vorgelegten Auswahl als schmerzlich bezeichnen werden: von der gewiß ausgedehnten Korrespondenz mit den Mitarbeitern der *Encyclopédie* ist so gut wie nichts erhalten; von den Briefen an Sophie Volland fehlen die ersten hundertvierunddreißig, die sicherlich fundamental für das Verständnis dieser langen Seelen- und Liebesfreundschaft wären; hundertsiebenundachtzig befanden sich im Fonds Vandeul, aber sein letztes Billett an Sophie vor der Rückkehr aus Rußland und Holland bezifferte Diderot, der die Briefe an sie »sicherheitshalber« zu numerieren pflegte, mit der Nummer 554!

Die Grundlage unserer Auswahl konnte und mußte die Edition Roth-Varloot bilden. Diese ist – mit Recht, wie ich glaube – nicht nach Adressaten, sondern nach der Chronologie angeordnet, sie bietet also die Briefe des Philosophen als Spiegel und Bild eines Lebens dar. Zur reichen Dokumentation, die die Herausgeber zusammengestellt haben, gehört auch die Berücksichtigung und Aufnahme wenigstens eines Minimums an Gegenbriefen, so daß immerhin die Ahnung eines Brief*wechsels* entsteht. Auch das ist zu begrüßen. Problematischer dürfte es sein, daß sich die Herausgeber nicht in allen Fällen an die wirklichen Privatbriefe gehalten haben, sondern auch eine Reihe von öffentlichen und programmatischen Diskussions- und Widmungsbriefen, von Briefen mit Werkcharakter also, aufnehmen wollten. Hier wird die neue Gesamtausgabe einige Änderungen bringen: für den Briefwechsel mit Falconet über die Nachwelt z.b. ist ein selbständiger Band in der Rubrik Beaux-Arts vorgesehen.

Unsere deutsche Ausgabe von zweihundertein Diderot-Briefen stellt keine eigene Forschungsleistung dar; wir haben keine unveröffentlichten Briefe Diderots aufgefunden, und wir übernehmen in bezug auf die Datierung und die Lesarten die Ergebnisse der hingebenden und minuziösen Arbeit von Roth-Varloot. Auch was die Erläuterungen betrifft, war diese uns von großer Hilfe, wenngleich es von vornehrein klar war, daß ein Kommentar für deutsche Leser ein wenig anders aussehen mußte als einer für französische. Hier kam dem Herausgeber eine rund zehnjährige Beschäftigung mit Diderot und seiner Zeit zugute. Andererseits waren seinem Erklärungs- und Mitteilungsbedürfnis gewisse Grenzen gesetzt, die sich letztlich aber wohl günstig auf das Verhältnis von Text und Anmerkungen auswirkten. Und diese Anmerkungen sollten nicht bei den Briefen selbst stehen, was ihre Rezeption zweifellos erleichtert hätte, sondern aus buchästhetischen Gründen am Ende des Bandes, im Anhang. Der konventionelle Teil des Anhangs – Personenregister, Themenverzeichnis, Adressatenliste, Diderot-Chronik – ist, wie bei anderen Publikationen dieser Art, als eine zusammenhängende und sich ergänzende Orientierungshilfe gedacht; die Erläuterungen beanspruchen nicht nur, die Bezüge zum historischen Kontext und zum Werk des Philosophen zu verdeutlichen, sondern auch Ansätze zu einem Verständnis der Diderotschen Persönlichkeit zu vermitteln.

Unter den vielen Herrlichkeiten dieser Briefe eine Auswahl zu treffen, war keine Kleinigkeit, und oft eine echte Qual. Es war z.B. nicht möglich, auch nur eine Vorstellung von der Länge mancher Briefe, von jenen Viertelkilo-Paketen zu geben, die Diderot – nicht auf eigene Kosten, sondern mit Hilfe seines Beamtenfreundes Damilaville – wiederholt an Sophie und Falconet versandte. Hier mußten Schnitte vorgenommen, das Wesentlichste im Wesentlichen ausgesucht werden; andere Male galt es, allzu Beiläufiges, historisch Totes auszusparen und Wiederholungen zu vermeiden. (Die Auslassungen sind mit drei einfachen Punkten gekennzeichnet.) Das ideale Ziel war es jedenfalls, im Wechsel der

Ebenen und Stile einen unbeschönigten und unverzerrten, den ganzen Diderot zu zeigen – so eben, wie er sich selbst so ungeniert in seinen Briefen darstellt.

Aus dem bisher Gesagten ist ersichtlich, daß sich dieses Buch nicht primär an Fachgelehrte, sondern an ein unbestimmteres Publikum richtet, das sich für französische Kultur und europäische Aufklärung interessiert, vielleicht schon das eine oder andere von Diderot, auf Französisch oder auf Deutsch, gelesen hat und nun, ohne sich durch die sechzehnbändige Gesamtausgabe der *Correspondance* winden zu müssen, diesen faszinierenden Geist im Lebenszusammenhang beobachten möchte. Wer von dem in diesem Band Beschlossenen weiter ausgreifen will, findet in den Erläuterungen bibliographische Angaben zu Übersetzungen und auch zu einer Reihe von Studien, allerdings – mit zwei Ausnahmen – nur solchen in deutscher Sprache. Unser Sprachraum kann sich eines stetigen und schöpferischen Interesses für Diderot rühmen, und man darf es ohne komische Bitterkeit bedauern, daß das allermeiste von dem, was bei uns in diesem Jahrhundert zum Werk des Philosophen gesagt wurde, in seinem Heimatland (aus Unkenntnis der deutschen Sprache, gewiß) völlig unbeachtet geblieben ist. Angesichts dieses Tatbestands wäre es uns als eine Form des Masochismus erschienen, wären wir diesem Beispiel gefolgt und hätten das Licht unserer Diderot-Enthusiasten unter den Scheffel gestellt. Wir verweisen im übrigen auf die neue, 900 Seiten starke, monumentale *Bibliographie de Diderot (Répertoire analytique international)* von Frederick A. Spear, Genf 1980.

An diesem Punkt ist unsere lange Arbeit zu Ende. Was bleibt, ist ein Wunsch des Glücks für dieses Buch und die Hoffnung auf den geneigten Leser.

ERLÄUTERUNGEN

Nr. 1–5 Eine Kostprobe aus Diderots vorehelichen Briefen an Antoinette Champion. Antoinette (Nanette, Tonton) war 32 Jahre alt, der um sie Werbende 28. Sie betrieb mit ihrer Mutter einen kleinen Wäschehandel, Diderot brauchte Hemden: so kam die Bekanntschaft zustande. Auffallend der muntere und doch etwas gezwungene Ton dieser Briefe. Wie mag Nanette sie gelesen und aufgefaßt haben, die auch als »femme Diderot« noch mit der Orthographie zu kämpfen hatte und in vierzig Ehejahren ihre weniger als summarische Bildung unangetastet ließ?

S. 8 *Maman:* merkwürdige Anrede! Vielleicht weil Nanette vier Jahre älter war und eine entsprechende Rolle spielte? Aber auch Rousseau redete ja Mme de Warens, seine ältere Geliebte, mit »Maman« an.

S. 10 Der Übergang zum *Sie* deutet Verstimmung an.

S. 11 *Aber wir enterben dich:* zu den erforderlichen Heiratspapieren zählte damals die väterliche Erlaubnis. Die Enterbung bei einer Heirat ohne eine solche war gesetzlich gedeckt.

S. 12 Bruder Ange: Karmelitermönch aus Langres, den Vater Diderot mit der unauffälligen Überwachung des Sohnes beauftragt hatte.

Nr. 6 Diderot hatte Voltaire eines der ersten Exemplare seines *Briefes über die Blinden* geschickt. Dieser bedankte sich am 9. Juni 1749 mit den schmeichelhaftesten Wendungen für das »geistreiche und tiefsinnige Buch« und lud den jungen Kollegen zu einem »philosophischen Mahle mit einigen Weisen« ein. Eine Begegnung zwischen den beiden kam jedoch nie zustande; aber dies war der Anfang ihres Briefwechsels. Diderot »schont« Voltaire in der Argumentation seines Briefes: trotz aller Lippenbekenntnisse beginnt er vom Deismus des »Meisters« bereits deutlich abzurücken. Eine deutsche Übersetzung des erkenntnistheoretisch interessanten *Briefes über die Blinden* in Denis Diderot: *Philosophische Schriften*, hrsg. u. übers. von Th. Lücke, Berlin 1961, danach Lizenzausgabe in der Europäischen Verlagsanstalt Frankfurt.

S. 13 *Das Geschenk, das Sie ihm beigefügt haben:* Voltaires *Eléments de la philosophie de Newton.*

S. 16 *Gewaltige Aufgaben:* die Herausgabe der *Encyclopédie. Eine* *heftige Leidenschaft:* zu Mme de Puisieux, eine nicht mehr junge Literatin, die 1745 seine Geliebte geworden war und »für die« er u.a. den erotisch-exotischen Roman *Die Indiskreten Kleinode* (1748) geschrieben haben soll.

S. 17 *Dem für Sie bestimmten Exemplar:* der *Mémoires sur différents sujets de mathématique* (veröfftl. im Juni 1748).

Nr. 7–8 Am frühen Morgen des 24. Juli 1749 war bei Diderot Haussuchung gehalten und dieser ins Gefängnis von Vincennes gebracht worden. Sofortige Schritte der Verleger der *Encyclopédie* blieben ohne Wirkung. In Briefen an den Kanzler Daguesseau und den Polizeipräfekten Berryer verleugnet Diderot seine Weltanschauung und verspricht, »sich zu bessern«, ja Verleger und Kolporteure seiner Schriften zu denunzieren. Mit dieser Handlung wird Diderot bis zum Ende seines Lebens nicht »fertig werden«: noch drei Jahre vor seinem Tod (unser Brief 199) wird er die Frage des philosophischen Bekennermutes aufgreifen.

Nr. 9 Diderot und D'Alembert waren auf das Projekt der *Encyclopédie* hin in die Berliner Akademie der Wissenschaften aufgenommen worden. Diderot bedeutete diese Ehrung nach Vincennes sehr viel: eine Rehabilitation u.a. auch dem Vater und der Familie gegenüber. Er bat seine Briefpartner, den Ehrentitel künftig seiner Adresse hinzuzufügen.

Nr. 10 *Redaktion eines Werkes:* die *Encyclopédie.* G. Roth hat die Antwort Mme de Pompadours abgedruckt: sie lehnte mit freundlichen Worten ein Eintreten für die *Encyclopédie* ab, die Priester seien »zu gefährlich«, schloß aber spätere Hilfe nicht aus. Ihr Brief ist abgedruckt bei G. Roth: *Correspondance,* I, 161.

Nr. 11 Diderot hatte die Herbstmonate 1755 in Langres verbracht und richtete ein paar Wochen nach der Rückkehr einen Brief an den Vater, die Angehörigen und die Freunde in seiner Heimat, den wir auszugsweise wiedergeben.

S. 23 *Unsere Angelegenheiten zu besprechen:* es ging um eine Verbesserung des Vertrages mit den Verlegern der *Encyclopédie. Meine Verleger:* Diderot nennt sie fast immer »libraires«, was heute »Buchhändler« bedeutet. Der »Verleger« im aktuellen Sinn war damals im wesentlichen ein Buchdrucker, der z.T. selbst seine Bücher vertrieb, z.T. durch »Kolporteure« vertreiben ließ. Die Position des Autors dem Büchermacher gegenüber war dementsprechend ungleich stärker als in der Gegenwart, gerade Diderot trumpfte den »libraires associés« gegenüber nicht selten mächtig auf.

S. 26 *Doch was hilft's:* nach dem geschäftlichen Teil das Morali-
sieren, das bei Diderot selten zu kurz kommt, besonders wenn
es um die Abgrenzung einer »wohlverstandenen« Lebensführung von den christlichen Vorstellungen und Geboten geht.

Nr. 12 Landois war Advokat in Paris, Verfasser der erfolglosen
»comédie larmoyante« *Le jaloux ou Sylvie* (1741) und Mitarbeiter der *Encyclopédie* mit Artikeln über Malerei. Diderot gibt
an, seit vier Jahren (also seit 1752) mit ihm in Verbindung zu
stehen. Den *Brief an Landois* hat Grimm am 1. Juli 1756 in seiner »Correspondance littéraire« veröffentlicht und im Vor-
spann als »kleines Meisterwerk« bezeichnet. Diese Meinung
wird man nicht unbedingt teilen, aber der Brief wird auch in
der neueren Literatur unermüdlich zitiert. In der Tat ist er ein
sprechendes Beispiel für die Diderot wesenseigene Dialektik
von deterministischer Weltsicht und optimistischem Glauben
an die autonome Möglichkeit von Tugend. Diderot tadelt in
direkten Entgegnungen auf ein Manuskript, das ihm dieser zugeschickt hatte, Landois' Menschenverachtung und Gesell-
schaftsflucht. Wir geben die Kernstelle des Briefes wieder.

Nr. 13–16 Hier einige Zeugnisse über eines der großen »Dramen«
in Diderots Leben: den Bruch mit Jean-Jacques Rousseau nach
fünfzehnjähriger enger Freundschaft. Dieser Bruch vollzieht
sich in zwei Phasen. Im März 1757 Rousseaus tiefe Verstimmung über eine Stelle in Diderots *Unterredungen über den Natürlichen Sohn*, in denen der Autor eine Gesprächsperson sagen
läßt: »Befragen Sie Ihr Herz: es wird Ihnen sagen, daß der
Rechtschaffene in der Gesellschaft lebt, und nur der Böse allein
ist«. Dies ist ein Leitmotiv des Diderotschen Denkens; der
überempfindliche Rousseau hörte einen Tadel an seinem Ein-
siedlerleben in Mme D'Epinays Hermitage heraus (ähnlich
wie er im *Brief an D'Alembert über die Schauspiele* Molières
Lächerlichmachung des Menschenfeindes sich persönlich zu
Herzen nahm). Die Krise konnte zunächst oberflächlich beho-
ben werden. Im Herbst folgte ein zweiter Schub. Rousseau
fühlte sich inzwischen als Opfer eines »Komplotts« des Trios
Grimm–Mme D'Epinay–Diderot, mit Grimm als treibender
Kraft. Im Dezember kommt es zum endgültigen Bruch. Der
Hintergrund des Ganzen ist höchst verwickelt, unendlich viel
ist, damals und später, darüber geschrieben worden. Diderots
veröffentlichte Briefe geben nur einen bruchstückhaften Einblick. Er selbst hat darüber hinaus in den sog. *Tablettes*, bis zum
Lebensende geheimgehaltenen Aufzeichnungen, Rechen-

schaft gelegt, Mme d'Epinay hat einen Schlüsselroman über die Vorgänge verfaßt (*Histoire de Madame de Montbrillant*), Rousseau sich im 9. Buch seiner *Confessions* gerechtfertigt, das man vielleicht zuerst lesen sollte, womöglich im 1. Bd. der Pléiade-Ausgabe mit den vorzüglichen Anmerkungen von B. Gagnebin und M. Raymond. – Wer war im Recht, wer hat mehr unter dem Bruch gelitten? Tatsache ist, daß Diderot innerlich nie von Rousseau losgekommen ist, ja daß sich in seinen Briefen mit zunehmendem Alter immer mehr Motive finden, die man als rousseauistisch bezeichnen kann.

S. 33 *Ihr Werk:* die *Nouvelle Héloïse. Mit dem Manuskript des Barons:* D'Holbach. *Pissot und Briasson:* zwei Drucker und Verleger. *Mein Werk: Der natürliche Sohn* mit den *Unterredungen. Eine achtzigjährige Frau:* die Mutter von Rousseaus Lebensgefährtin Thérèse Le Vasseur, die bei Diderots Vorwürfen, daß Rousseau die schlechte Jahreszeit in der abgeschiedenen Hermitage verbringe, eine große Rolle spielte.

S. 34 *Daß Mme d'Epinay nach Genf reist:* die Gönnerin und Gastgeberin Rousseaus mußte einer nicht eindeutig identifizierten Erkrankung wegen den bekannten Genfer Arzt Tronchin aufsuchen. Rousseau litt damals bereits an seiner Harnverhaltung. Die Begleitung der Kranken übernahm schließlich ihr Gatte.

S. 36 *Ein unbarmherziger Schulmeister:* Der Vorwurf der Schulmeisterei wurde von den Parteien hin- und hergespielt. Tatsache ist, daß Diderot hier wie sonst seine Ratschläge ein wenig massiv erteilte.

Nr. 16 Die Authentizität dieses überaus pathetischen Briefes wird von einigen Forschern ganz oder teilweise angezweifelt: er sei von Grimm ganz oder zum Teil verfaßt und zur Diffamierung Rousseaus in Umlauf gebracht worden. Es wäre nicht die einzige Manipulation im Verlauf dieser Auseinandersetzungen.

Nr. 18 Voltaire hatte angesichts der unausgesetzten Anfeindungen der Aufklärungsgegner beschlossen, aus der Mitarbeit an der *Encyclopédie* auszusteigen, und seine Artikel (man war beim Buchstaben H) zurückverlangt, und er hatte D'Alembert bewogen, es ihm gleich zu tun. Mit fühlbarer Irritation dem »lieben Meister« gegenüber hält Diderot an seinem Unternehmen fest.

S. 40 *Meine Nachlässigkeit:* Diderot hatte Voltaire zwei Monate mit einer Antwort warten lassen.

S. 41 Anspielung auf eine Stelle der Vorrede zu Voltaires Tragödie *Alzire* (1736), wo von einer Fabel des italienischen Satirikers Boccalini die Rede ist: Ein Reisender hatte, vom Lärmen der Zikaden irritiert, vergeblich versucht, diese zu töten, und war darüber von seinem Weg abgekommen; er hatte nicht bedacht, daß sie ohnedies in acht Tagen alle tot sein würden.

Nr. 19 Die Jahre 1757 und 1758 gehörten in Diderots Schaffen neben der *Encyclopédie* der Theorie und Praxis des bürgerlichen Dramas. Auch diese Phase ist durch wüste Angriffe auf ihn, Plagiatsvorwürfe und Skandale gekennzeichnet. Beide Stücke Diderots erschienen zunächst gedruckt und jeweils mit den dazugehörigen theoretischen Reflexionen. Er hatte ein Leseexemplar an Madame Riccoboni geschickt, eine Schauspielerin am Italienischen Theater in Paris. (»Niemand spricht besser von der Kunst, niemand spielt schlechter«, wird er im *Paradox über den Schauspieler* über sie äußern.) Mme Riccoboni hatte ihm am 18. November 1758 geantwortet, wobei sie die von Diderot kritisierten Schauspieler in Schutz nahm und im übrigen nur auf bühnentechnische Fragen einging. Diderot hielt sich in seiner Entgegnung an die von ihr angeschnittenen Punkte, wenn auch nicht ganz ohne gelegentliche Höhenflüge in die Ästhetik, die jedoch nicht die Ideologie des bürgerlichen Dramas berühren. Der Brief an Mme Riccoboni ist interessant als zusammenfassende Bekräftigung seiner Ideen zur Schauspielkunst in dieser Phase seiner Reflexion. – Lessing hat sich zum *Hausvater* im 86. Stück seiner *Hamburgischen Dramaturgie* kritisch geäußert. Jüngste Literatur in deutscher Sprache: P. Szondi: *Theorie des bürgerlichen Trauerspiels*, Frankfurt 1973, sowie »*Tableau und coup de théâtre. Zur Sozialpsychologie des bürgerlichen Trauerspiels*, in: *Lektüren und Lektionen*, Frankfurt 1973; R. Petermann und P.-V. Springborn (Hsg.): *Theater und Aufklärung. Dokumentation zur Ästhetik des französischen Theaters im 18. Jahrhundert*, München 1979; J. v. Stakkelberg: *Diderot*, Artemis Einführungen, München u. Zürich 1983.

S. 43 *Die Bühne von Zuschauern bedrängt:* Anspielung auf ein im 18. Jahrhundert heiß umkämpftes Privileg der »personnes de qualité«, auf beiden Seiten der Bühne Platz nehmen zu können. 1759 wurde die für damalige Begriffe illusionsstörende Unsitte endlich abgeschafft und das Parterre, das bis dahin nur Stehplätze gekannt hatte, zum Sitzraum umgestaltet.

S. 44–45 *Ein gewisser Salon, den wir kennen:* der von Mme Riccoboni.

S. 48 *Garrick:* der größte englische Schauspieler des 18. Jahrhunderts, der mehrfach in Paris spielte und mit dem Diderot persönlich bekannt geworden war.

S. 49 *Vaucansons* Automat machte damals viel von sich reden.

S. 50 *Pamela, Clarissa Harlowe* und *The History of Sir Charles Grandison:* die drei großen Romane des von Diderot heiß verehrten Samuel Richardson. – Germeuil, Cécile, dann S. 51 Sophie, Mme Hébert: Personen aus dem *Hausvater.*

S. 54 *Eine Sorge nach der andern:* die Kämpfe um die *Encyclopédie* und die Angriffe gegen die bürgerlichen Dramen.

Nr. 20 Bericht vom unruhigen Leben eines Philosophen an Grimm, der – über Langres – nach Genf gereist war.

S. 54 *Über sie sprechen:* Sophie Volland tritt hier zum ersten Mal in unser Blickfeld. Diderot hatte 1755 mit seiner Herzens- und Lebensfreundin Bekanntschaft gemacht. Über die näheren Umstände ist nichts bekannt: die ersten 134 Briefe, die Diderot an sie schrieb, sind verloren. Von Sophie ist weder ein Brief noch ein Porträt erhalten. Zur Zeit der ersten Begegnung mit Diderot war sie 39 Jahre alt. Die Augenzeugenberichte über ihr Äußeres sind spärlich und zurückhaltend.

S. 55 *Bald noch seltener:* Sophie mußte ihrer Mutter auf dem Besitz Isle-sur-Marne unweit Vitry-le-François Gesellschaft leisten.

Den guten Alten: Diderots Vater. Diderot spricht von ihm stets in empfindsamer Verehrung in seinen Briefen, obwohl seine Emanzipation von der Familie nicht ohne Schmerzen verlaufen war; und er hat seinem Gerechtigkeitssinn in der dialogischen Erzählung *Unterredung eines Vaters mit seinen Kindern* ein anrührendes Denkmal gesetzt. (Diese Erzählung jetzt auf deutsch in meiner Ausgabe der *Sämtlichen Romane und Erzählungen* Diderots in zwei Bänden, München 1979.)

Ihre Freundin: Mme d'Epinay (s. auch Anm. zu S. 32).

S. 56 *Der Baron:* D'Holbach. *Der Chevalier de Jaucourt* (s. Personenregister): der verläßlichste Mitarbeiter in der Equipe der *Encyclopédie.*

S. 57 *Eines jener Ereignisse:* Malesherbes, damals Direktor des Buchwesens, hatte eine Haussuchung bei Diderot angeordnet, den Philosophen aber vorher von der Maßnahme unterrichtet.

S. 58 *Eine unselige Schrift:* eine neue, in diesem Fall eine indirekte Schmähschrift gegen die Aufklärungsphilosophen.

Hommes de lettres: da unser »Literat« zu sehr mit negativen Assoziationen besetzt ist, geben wir dem französischen Begriff den Vorzug.

S. 59 *Ich habe standgehalten:* die Tugend der Standhaftigkeit in den Kämpfen um die *Encyclopédie* ist Diderots schönster Ehrentitel. – Zur Geschichte, den Inhalten, der Verfasserfrage und der Ideologie der *Encyclopédie* s. die unübertreffliche Thèse von Jacques Proust: *Diderot et l'Encyclopédie,* Paris 1962 sowie das informative Bändchen *L'Encyclopédie,* Paris 1965. Eine kurzgefaßte Geschichte jetzt auch in R. Friedenthal: *Diderot. Ein biographisches Porträt,* München 1984, S. 64–95.

S. 60 *Ihre Schwester:* die jüngere, Mme Le Gendre, von der in den Briefen an Sophie oft die Rede sein wird.

S. 61 *Ich liebe Sie:* geläufige Erklärung unter Freunden im Zeitalter der Empfindsamkeit.

Nr. 20 Der erste erhaltene Brief an Sophie Volland! Bericht über einen empfindsamen Spaziergang im Park von Marly mit Reflexionen über Kunst und Ästhetik. Frühromantische Stimmungen.

S. 62 *Baron von Gleichen* s. Personenregister.
Ich wandte meine Blicke der Stadt zu: wo Sophie weilte.

S. 63 *Der Baron:* D'Holbach.

S. 65 *Saint-Lambert, Mme d'Houdetot:* es ist Rousseaus Freundeskreis in der Hermitage-Zeit.

S. 65 *Das Werk des großen Sophisten:* Rousseaus *Brief an D'Alembert über die Schauspiele,* mit heftigen Attacken gegen die »philosophes«.

S. 67 *Hier sende ich Ihnen den Brief von Grimm:* Grimm hatte offensichtlich in diesem Brief von seinem Besuch bei den Diderots in Langres (als Vater Diderot noch lebte) berichtet.

Nr. 24 In der Pariser Wohnung der Vollands geschrieben.

Nr. 25–29 Diderot hielt sich von Ende Juli bis Mitte August in Langres auf, um mit seinen Geschwistern die fälligen Erbschaftsangelegenheiten zu regeln.

Nr. 25 Der Brief ist ein offensichtliches Echo auf eine stürmische Eifersuchtsszene vor der Abreise (die »femme Diderot« wird von allen Augenzeugen als vehement-cholerisch geschildert); die Sie-Anrede als Zeichen von Verstimmung und Entfremdung.

S. 69 *Hélène:* H. Brûlé, die alte Dienstmagd der Diderots.
Monsieur Belle: ein Pariser Goldschmied und guter Bekannter Diderots, der diesem im letzten Lebensjahrzehnt ein Quartier in Sèvres (damals »auf dem Land«) zur Verfügung stellen wird.

Nr. 26 Dieser und die folgenden Briefe zeigen Diderot auf dem Höhepunkt seiner (ganz idealistischen) Verliebtheit; der hieraus entspringende Optimismus färbt auf die ganze Umgebung, und besonders auf das Verhältnis zu den Geschwistern ab: nie wieder wird der Bruder in einem so versöhnlichen Licht erscheinen.

S. 71 *Eine Art weiblicher Diogenes:* Diogenes war eine Identifikationsfigur der Philosophen der Aufklärung (Diderots selbst, D'Alemberts und anderer), vorwiegend im Sinne von Unabhängigkeit und Bedürfnislosigkeit; bei »Schwesterchen« wird eher auf die kräftig entwickelte Individualität abgehoben.

Eine Art christlicher Heraklit: der Vorsokratiker galt wegen seiner dunklen Schreibweise und seinen Zweifeln an der Erkenntnisfähigkeit der Menschen als Pessimist und Misanthrop.

S. 73 *Auf dieser Bank zu dritt:* zusammen mit Sophies Schwester Mme Le Gendre, wie aus einem der folgenden Briefe (hier Nr. 28) hervorgeht.

S. 75 *Rechnen Sie einer an:* Madame Diderot.

S. 76 *Das große Vorurteil:* der christliche Glaube; der zweite Teil des Satzes formuliert ein Diderotsches Leitmotiv: auch der Atheist, und gerade er, kann ein »honnête homme« sein.

Nr. 29 Ein in der Literatur zu Diderot berühmt gewordener Text: ein Beitrag zur »Klimatheorie«, die ein Jahrzehnt vorher von Montesquieu im *Geist der Gesetze* philosophisch-prinzipiell vorgebracht worden war.

S. 77 *Ein Ganzes ist schön:* die Stelle läßt tatsächlich einen »Zipfel« der Diderotschen Philosophie sehen, seines Preises der »starken Leidenschaften« und energischen Persönlichkeiten, in dessen Verlauf es zu einer Vermischung von Moral und Ästhetik kommen kann, und schließlich zur Bewunderung des amoralischen Individuums.

Nr. 30 In diesem Brief ist Diderot im doppelten Sinn »in Fahrt« (auf der Reise und »en verve«). Bezeichnend in solcher Stimmung seine Selbststilisierung und der hohe Grad an Selbstzufriedenheit. Der Bericht von Streit und Versöhnung der Geschwister ist fast zu einer »moralischen Erzählung« geworden.

S. 83 *Und jetzt bin ich in Vignory:* nach dem moralischen der naturalistische Diderot: der sexualisierte Traum einer »aetas aurea«.

S. 84 *Circe:* Madame Le Gendre. *Stoßen Eure Bettchen aneinander:* Diderot verdächtigt die beiden Schwestern wiederholt unerlaubter Beziehungen und spielt gelegentlich den Eifersüchtigen.

Nr. 31 Diderot in Isle-sur-Marne, Fortsetzung des utopistischen

Motivs von Nr. 30. Zum Stellenwert solcher Ansätze, die Jahrzehnte später im *Nachtrag zu Bougainvilles Reise* gipfeln werden, s. H. Hinterhäuser: *Utopie und Wirklichkeit bei Diderot. Studien* zum *›Supplément au Voyage de Bougainville‹*, Heidelberg 1957.

Nr. 32 Ein erster Bericht von einem Tageslauf auf Grandval, dem Château des Barons D'Holbach (oder vielmehr seiner Schwiegermutter, Mme D'Aine): Diderots alljährlichem Ferienaufenthalt südlich von Paris, der in wenigen Wagenstunden zu erreichen war.

Nr. 33 Zeugt und spricht dieser Brief von einer Liebeserfüllung? Vielleicht, oder wahrscheinlich. Aber wir wollen uns nicht zu Chronisten seines »Liebeslebens« machen.

S. 91 *Ich bin bei meinem Freund:* Grimm. Die *Allée d'Argenson* befand sich im Garten des Palais-Royal und war benannt nach dem Comte d'Argenson, der 1725 als Vorsteher der Chancellerie d'Orléans im Palais-Royal einzog. Von der »Bank d'Argenson« spricht Diderot zu Beginn des *Neveu de Rameau* als seinem nachmittäglichen Meditationsort. M. de Montamy war Butler im Hôtel des Herzogs v. Orléans und wohnte als solcher im Palais-Royal.

S. 92 *Weder die ... noch die ...:* Weder Sophie noch ihre Mutter. *Mit dem dicken Abbé:* Le Monnier (s. Personenregister). *Einen Bericht über mein Gespräch mit D'Alembert:* dieses Gespräch enthält alle Diderotschen Anklagepunkte gegen den ungetreuen Mitarbeiter.

S. 94 *Eine Reise nach Wesel:* 1752, um Friedrich II. zu treffen. *Eine Sammlung zu machen:* die als *Mélanges de littérature, d'histoire et de philosophie* 1753 in Berlin erschien.

S. 96 *Maupertuis* (1698–1759), zuletzt Präsident der Berliner Akademie der Wissenschaften.

S. 97 *Das Amt des Generalpächters:* Monsieur de Silhouette hatte es zur Zeit dieses Briefes, aber nur für zehn Monate inne.

S. 99 Den *Vater Hoop* schätzte der Individualist Diderot als »Original«. *Ein paradoxer Gedanke:* Diderot entwickelt im folgenden eine zugleich empfindsame und materialistische »Metaphysik«, mit gewissen Vorwegnahmen aus dem zehn Jahre späteren *Traum D'Alemberts*.

S. 102 *Le Breton:* der Drucker und Verleger Nr. 1 der *Encyclopédie*. *Unsere große Sache:* ungeklärte Anspielung.

Nr. 37 Am 2. Mai 1760 hatten die Comédiens du Roi die Komödie *Die Philosophen* aufgeführt, in der Diderot, Rousseau, Helvétius und andere Angehörige des Philosophenkreises verhöhnt wurden. Das Pamphlet *Vorwort zur Komödie ›Die Philosophen‹* enthält vehemente Angriffe nicht nur gegen Palissot, sondern auch gegen zwei hochgestellte Damen der Gesellschaft. Aus Diderots Brief geht hervor, daß ihm die *Préface* in die Schuhe geschoben wurde, um ihn noch einmal zu verwunden. *Mich nie schriftlich zu rächen:* in diesem Fall tat Diderot es doch, und daraus wurde ein Meisterwerk – *Rameaus Neffe.*

Nr. 38 Das Billett, dem Manuskript des 4. Aktes der Komödie *Der Spieler* beigelegt, offenbart fliegende Eile: es handelt sich um eine Adaptation der Komödie *The Gamester* von Edward Moore (1753). Das Stück wurde nicht zur Aufführung angenommen und eine »ausgebesserte« Fassung blieb in der Schublade. Der hier erwähnte Saurin hatte 1768 mit *Beverley,* einer neuen Bearbeitung des gleichen Stücks, mehr Erfolg. *Man ist noch nicht abgereist:* Mme Volland.

S. 105 *La Chevrette:* das Château der D'Epinays. Nach dem finanziellen Ruin ihres Gatten lebte Mme d'Epinay lieber auf La Briche, wo wir sie später treffen werden.

S. 106 *Tancrède,* Tragödie von Voltaire (1760). War Diderot in der Premiere? *Ich habe ›Die Nonne‹ mitgebracht:* Diderot schrieb damals den mystifizierenden Briefbericht an den Marquis de Croismare zu einem Roman um (Text, Interpretation und Anmerkungen in der oben erwähnten Ausgabe sämtlicher Romane und Erzählungen, München 1979). *Mme d'Houdetot:* wir erinnern an das ausführliche, im ganzen positive Portrait, das Rousseau von ihr im 9. Buch seiner *Bekenntnisse* gegeben hat.

Nr. 41 Der Brief erzählt von einem ländlichen Fest auf La Chevrette, mit Bäuerinnen, »feinen Damen« und »hommes de lettres«, mit Genre-Szenen und »Tableaux« – ganz im Geschmack der Zeit.

S. 109 *Emilie mit fünfzehn Jahren:* Emilie, die Tochter Mme Le Gendres. Auch zur Diderot-Zeit war man von der Unschuld (oder Pseudo-Unschuld) kindhafter junger Mädchen fasziniert: man denke an gewisse Bilder von Greuze (*Der zerbrochene Krug*), für die Diderot in seinen Salon-Berichten schwärmte.

S. 110 *Der Baron:* D'Holbach.

S. 111 *Man macht ein Porträt von mir:* »man« ist Garand, ein »Kleckser« der Place Dauphine. Diderot spricht im *Salon* von 1767 noch einmal anerkennend von dieser Porträtskizze (die wir unter unsere Illustrationen aufgenommen haben): »Wer mein Porträt von Garand sieht, sieht mich selbst«.

S. 113 *Damilaville*, der Voltaire und Diderot die Postspesen und -sorgen abnahm, hatte also Zutritt zu den geschlossenen Kreisen von La Chevrette und Grandval. *Sollten meine Briefe in die Rue Taranne gegangen sein:* Immer wieder zeigt Diderot Angst, seine Briefe an Sophie möchten in die falschen Hände, d.h. in die seiner Frau geraten; Diderots Domizil war in der Rue Taranne. *Monsieur Duclos* war ein Beamter in Châlons, Madame Duclos Damilavilles Geliebte.

S. 114 *Desmarets:* ein Finanzbeamter in Vitry-le-François, der auf Isle-sur-Marne verkehrte; um die Anspielung zu verstehen, müßte man Sophies Brief kennen.

S. 115 *Hätten die Bösen nicht diese Energie* . . .: wieder begegnen wir diesem Leitmotiv des Moralisten Diderot, s. Anm. zu S. 77.

S. 116 *Der Abbé:* Ferdinando Galiani, der uns hier, vor einem Jahr aus Neapel angelangt, seine erste Geschichte erzählt. Galianis *Briefe an Madame d'Epinay und andere Freunde in Paris* sind, in der Übersetzung von H. Conrad und eingeleitet von W. Weigand, 1970 im Kösel Verlag in München erschienen.

S. 119 *Einem recht seltsamen Gedanken:* die folgenden Ausführungen sind vor dem Hintergrund der *Encyclopédie*-Artikel über orientalische Völker (*Perses* und andere) zu sehen.

S. 121 *Eines hohen Beamten:* die Verdeutschung des Terminus »magistrat« bereitet Schwierigkeiten. Im Ancien Régime war dies (dem lat. »magistratus« entsprechend) ein »Officier civil et publique« mit hauptsächlich – aber nicht nur – richterlichen Funktionen, u.a. auch bei den Parlamenten.

S. 122 *Das wird ein harter Tag:* das Wort ist von Damiens überliefert, der nach einem Attentat auf Louis XV am 28. März 1757 auf der Place de Grève in Paris hingerichtet wurde. Eine genüßlich-zynische Beschreibung des grausigen Hergangs findet sich in den Memoiren von Casanova, s. die Prophyläen-Ausgabe von Erich Loos in der Übersetzung von H. v. Sauter, Berlin 1965; Bd. V, S. 81–83.

S. 123 *Sie entflammt mich:* mehrfach beschreibt Diderot seine Innervationen im Zustand des Enthusiasmus. Stellen wie diese hat Leo Spitzer in seinem genialen Aufsatz *The Style of Diderot* analysiert und auf Diderots »geschlechtliches Grunderlebnis« zurückgeführt. (Auf deutsch in L. Spitzer: *Texterklärungen. Aufsätze zur europäischen Literatur*, München 1969.)

S. 125–127 Die Fabel Galianis (die auf italienische Quellen zurückgeht), ist heute französische Schullektüre und in diesem

Sinne (von Jacques Vier) textanalytisch aufbereitet worden. Es versteht sich, daß Diderot in dieser Ablehnung der methodengläubigen Pedanterie ganz auf Seiten Grimms steht: der Systematiker der *Encyclopédie* ist zugleich Künstlermensch.

S. 129 *Daß ich so wenig für die Gesellschaft tauge:* drei Jahre nach dem großen Streit und Bruch mit Rousseau wegen des Satzes »Nur der Böse ist allein« beginnt Diderot seinerseits zu »rousseauisieren«! Sein Selbstverständnis als gesellschaftliches Horsd'œuvre festigt sich von da an im Lauf der Jahre. *A la Marivaux reden:* der Komödiendichter und Romancier Marivaux (1688–1763) galt schon zu Lebzeiten als Vertreter einer allzu preziösen, geschraubten und in ihrer Geschraubtheit dunklen Redeweise.

S. 130 Einem damals verbreiteten nationalpsychologischen Klischee zufolge galten die Engländer als – zum Selbstmord neigende – Melancholiker. *Spleen* ist in dieser frühen Verwendungszeit eine Variante zu den »vapeurs«, einer migräneartigen Modekrankheit der Damen des 18. Jahrhunderts; fünfzig Jahre später wird das Wort für den romantischen Weltschmerz stehen.

S. 135 *Am Boulevard des Capucins:* bei Mme d'Epinay.

S. 136 *Inmitten der skandalösen Ereignisse:* im Zusammenhang mit der Aufführung von Palissots *Philosophen.*

S. 137 *La vanité, Le pauvre diable, Le Russe:* drei Satiren von Voltaire. *Das große Unternehmen:* die *Encyclopédie*, deren Druck vorläufig eingestellt worden war.

Nr. 56 Nach den Erfolgen in der Provinz, in Toulon, Bordeaux, Marseille und Lyon wurde *Der Hausvater* am 18. Februar 1761 von den Comédiens-Français in Paris aufgeführt. Voltaire hoffte, daß Diderot bei einem entsprechenden Erfolg in die Académie gewählt würde und daß damit der Autor und die »Philosophie« eine stärkere Position erlangen könnten; doch sollte sich diese Hoffnung nicht erfüllen.

S. 140 *Diese schreckliche Revision:* der letzten zehn Bände der *Encyclopédie. Meine Korsaren:* die Verleger, die ihn »gefangen hielten«.

S. 141 *Mir den Salon anzusehen:* die alljährliche Ausstellung der Pariser Kunstakademie. Diderot schrieb seit 1759 darüber Berichte für Grimms »Correspondance littéraire«; die von 1765 und 1767 zählen zu seinen Meisterwerken. *Abbé de la Porte, Bertin, die kleine Hus:* Gestalten, die auch in *Rameaus Neffe* anekdotisch vertreten sind. (Wahrscheinlich gehen die Konzeption dieses Werkes und die erste Arbeit an ihm auf dieses Jahr 1761 zurück.) Die folgende Geschichte ist selbstverständlich nicht verbürgt; daß der junge Liebhaber ausgerechnet »Vieillard« (Greis) heißt, mag ein Ironiesignal und damit ein Indiz für Fiktion sein. Ihrer Art und ihrem »Geschmack« nach könnte sie in Boccaccios *Decameron* (oder in den *Cent nouvelles nouvelles* des 16. Jahrhunderts) stehen.

S. 145 *Mit den beiden Eheleuten:* dem Verleger Le Breton und seiner Frau. *Unser Einsiedlermönch:* leicht durchschaubare Rätselgeschichte – ein Seitenprodukt zu Galianis *porco sacro.* Die »Auflösung« erfolgt in einem späteren, hier nicht wiedergegebenen Brief.

S. 147 Der geltungssüchtige »kleine« Comte de Lauraguais und seine Geliebte, die Sängerin Sophie Arnould werden uns in einem späteren Brief in einer recht ernsten Situation wiederbegegnen. *Ich verderbe mir die Augen über Stichen:* es sind die illustrativen »planches« zur *Encyclopédie.*

S. 149 *Morphyse:* Sophies Mutter.

Nr. 62–68 In den Briefen an Sophie Volland wirft Diderot gerne Diskussionsthemen auf, die über eine Serie von Briefen hinweg vorhalten. Dies ist bei den moralkasuistischen Problemen der Fall, die er der Freundin und ihrer Schwester zur Beantwortung stellt, um sie – scherzhaft – in die Urteilsbildung einzubeziehen. Es sind »Halbgeschichten«, und wie bei seinen richtigen Geschichten versäumt er nicht zu betonen, daß es sich um »wahre Fälle« handelt. Diderot bemüht sich hier wie an vielen anderen Stellen seines Werkes (vor allem im *Anhang zu Bougainvilles Reise*) um eine Lösung des Sexualproblems, das er von ethischen Verbindlichkeiten befreien und gleichzeitig rationalisieren möchte. Seine Legitimation sucht er im »hehrsten Trieb der Natur« und im vorgesellschaftlichen Naturzustand. Die Beziehungen zur utopischen Literatur seit der Renaissance, aber auch zu den Sitten der »galanten Zeit« sind deutlich. Daß ein guter Ehemann eine Geliebte haben müsse, ist offen eingestandene Annahme.

S. 154 *Hoch lebe unser König:* es handelt sich um Friedrich V., der von 1746–1764 regierte.

S. 155 *Staub aufgewirbelt:* der Rat von Genf hatte am 18. und 19. Juni Rousseaus *Emile* und *Le contrat social* verurteilt.

S. 157 Julien ist nicht mit Georges Le Roy zu verwechseln, dem Angehörigen des Holbach-Kreises und Mitarbeiter bei der *Encyclopédie.* Julien war ein kgl. Uhrmacher, der 1720 ein vielbeachtetes physikalisches Pendel erfunden hatte. Sein Sohn war demnach Gefährte der Diderotschen Jugendjahre und -streiche, über die man so wenig weiß.

S. 158 *Der Mann, den dieses Mädchen:* Fortsetzung des Briefs Nr. 62. *Ich fahre fort:* nämlich in der unendlichen Unterhaltung unserer Briefe. *Zwischen einem Racine zu wählen:* Reaktion auf die hagiographische Biographie seines Vaters von Louis Racine (1747) und zugleich ein Plädoyer für die Vorrechte des Genies gegenüber der Gesellschaft und ihrer Moral. Ähnliches und Ausführlicheres in *Rameaus Neffe* (Bd. II, S. 14 der zitierten Ausgabe bei Winkler in München). *Noch eine weitere Gewissensfrage:* hier beginnt der zweite der moralkasuistischen Fälle.

S. 160 Die Gesellschaft Jesu war im Verlauf einer europäischen Kettenreaktion Anfang August 1762 durch ein königliches Dekret auch in Frankreich aufgelöst worden. *Der Bankrott des Paters La Valette:* Antoine de La Valette, Ordensoberer der Antillen-Missionen, stand 1761 im Mittelpunkt eines Finanzskandals, in den der ganze Orden hineingezogen wurde. *Ein Mann wie Bourdaloue:* der Jesuit Bourdaloue (1632–1704) war einer der großen französischen Kanzelprediger des 17. Jahrhunderts, und als »prédicateur du Roi« Rivale Bossuets. Als einflußreicher und integrer Mann hätte er, meint Diderot, die Lage des Jesuitenordens retten können.

S. 162 *Nunc dimittis:* aus dem Lobgesang des Simeon, Lukas 2, 29–30: »Herr, nun lassest du deinen Diener in Frieden fahren, wie du gesagt hast; denn meine Augen haben deinen Heiland gesehen« (nach der Übersetzung von M. Luther). Im Holbachkreis waren Bibelparodien häufig, deren Urheber oft Melchior Grimm, der emanzipierte Regensburger Pastorensohn, gewesen ist. *Lobrede auf Crébillon:* gemeint ist Crébillon Vater, Prosper Jolyot de (1675–1762), Tragödiendichter und später kgl. Zensor, und als solcher stets nachsichtig gegen Voltaire. Doch dieser empfand ihn als Rivalen und wollte seine Überlegenheit beweisen, indem er Crébillons *Semiramis* umschrieb.
Mich verletzt die Wahrheit: Diderots unterschwellige Abneigung gegen Voltaire bricht hier unverhüllt durch.

S. 164 *Ich plaudere ungezwungen:* und nicht besonders zartfühlend, möchte man hinzufügen; im übrigen werden Diderots Ausführungen durch die Barockmalerei ausgiebig gestützt.

S. 165 *Das Sich-Aneinander-Reiben zweier Organe:* eine wörtliche Entsprechung findet sich in den *Additions aux Pensées philosophiques* (1762), wo Diderot Marc-Aurel als Quelle nennt.

S. 166 *Stellen Sie sich vor:* eine jener anaphorischen Reihungen, wie der Redner Diderot sie – auch in seinen Briefen – liebt.

S. 167 *Niemals, sagt sie:* Diderot ist hier ganz in seinem rhetorischen Element. Die folgende Argumentation könnte den heutigen Feministinnen gefallen (andere Ansichten von ihm über die Frauen hinwiederum gar nicht).

Nr. 69 Ein wichtiges Abrégé der ästhetischen Anschauungen Diderots, das Friedrich Bassenge mit Recht in seine solide zweibändige Ausgabe der *Ästhetischen Schriften* Diderots aufgenommen hat (Aufbau Verlag, Berlin 1968, dann in Lizenz in der Europäischen Verlagsanstalt Frankfurt am Main).

S. 169 *Ein Gespräch, das durch das Wort Instinkt ausgelöst wurde:* s. hierzu den Enzyklopädie-Artikel *Instinct* im 8. Band, 1765, der vielleicht damals entstand.

Nr. 70 Eine Geschichte in der Art der *beffe* der Renaissance-Novellistik. Unbekannte Quelle. Montesquieu hat sich vom 16. August bis 17. September 1728 in Venedig aufgehalten, jedoch nicht gleichzeitig mit Lord Chesterfield, dessen Gast in England er 1729–1730 gewesen ist und mit dem er sich, soviel man weiß, nie zerstritten hat.

S. 182 *Zwei Schriften zugunsten der Calas:* eine der berühmten Affären des französischen 18. Jahrhunderts. Jean Calas, calvinistischer Geschäftsmann aus Toulouse, war 1762 – unter der Anschuldigung, seinen Sohn getötet zu haben, um seiner Konversion zum Katholizismus zuvorzukommen – zum Tode verurteilt und gerädert worden. Voltaire trat in leidenschaftlichen Plädoyers für den Unglücklichen ein und erreichte 1765 tatsächlich seine Rehabilitation. Diderot spricht im *Neveu de Rameau* davon mit glühender Begeisterung: »Ich weiß von Handlungen, welche getan zu haben ich alles hingeben würde, was ich besitze« (zit. Ausg. S. 40).

S. 183 *Der Preußenkönig, der so denkt wie wir:* Friedrich II. erscheint hier noch in günstiger Beleuchtung. *Das Angebot der Kaiserin:* die *Encyclopédie* in Riga zu vollenden, das Katharinas Kammerherr Schuwalov dem Philosophen am 20. August 1762 übermittelte.

S. 184 *Die Niederträchtige:* gemeint ist letztlich die katholische Kirche. Diderot greift die Voltairesche Losung »Ecrasez l'infâme« (Vernichtet die Niedertr.!) auf, die im Brief des Meisters vom 25. September angeklungen war, mit dem sich dieser in die Verhandlungen Katharina–Diderot einzuschalten gedachte.

Nr. 74 Diderot hatte ein paar Tage zuvor, als er seinen Artikel *Sarrazins* konsultieren wollte, feststellen müssen, daß dieser in verstümmelter Form gedruckt worden war. Er ging der Sache nach und fand, daß diese Verstümmelungen bis zum Buchstaben I zurückreichten. Die Verzweiflung, die ihn daraufhin befiel, diktierte ihm diesen Brief.

S. 191 *Ich hatte Sie gelesen:* D'Alemberts Broschüre *Sur la destruction des Jésuites en France. Man wird dazu schweigen:* d.h. die Jesuiten und die Jansenisten, welch letztere ebenfalls von D'Alembert angegriffen worden waren. *Eine molinistische...eine jansenistische Gazette:* Molinisten und Jansenisten nannten sich die beiden Widersacher im großen theologischen Gnadenstreit, dessen virulente Phase von der Mitte des 17. bis zur Mitte des 18. Jahrhunderts dauerte; die einen beriefen sich auf die Lehre des spanischen Jesuiten Molina, die anderen auf den *Augustinus* von Jansenius. Molinistisch gesinnt war der Jesuitenorden; aus dem Jansenismus erwuchs die Reformbewegung von Port-Royal. Diderot spottete über diesen Streit seit den *Indiskreten Kleinoden. Meine Bibliothek ankaufen:* Katharina II. erklärte sich durch einen Brief ihres Kammerherrn Bezkoi vom 16. März 1765 zum Ankauf der Diderotschen Bibliothek bereit (deren Wert u.a. in den vielen Büchersendungen lag, die Diderot als Herausgeber der *Encyclopédie* erhalten hatte). Es war das große Glück für ihn, und er sprach begeistert und gerührt davon nach allen Seiten: *Um Sie zu sich zu rufen:* Die Zarin hatte D'Alembert 1762 als Lehrer des Großfürsten Paul nach Petersburg berufen; D'Alembert hatte mit Rücksicht auf seine Gesundheit abgelehnt.

S. 192 *Fügen Sie Ihren Dank zu dem meinen:* er meinte im Klartext: danken Sie in meinem Namen. Diderot scheute sich lange Zeit, sich persönlich an Katharina zu wenden.
Sie sind bezaubert: abermals umkreist die sinnliche Phantasie Diderots das Thema sexuelle Jouissance aus der empfindsamen Perspektive. Angesichts solcher Stellen zögert Spitzer in dem zitierten Aufsatz nicht, von einer »dichterischen Kunst Diderots« zu sprechen.

S. 194 *Man heiratet:* Diderots Klagen über seine unüberlegte Heirat sind eines der Leitmotive seiner privaten Äußerungen.
Ob ich leide: die erste von vielen Beschreibungen von Darmstörungen und Koliken, die stets sehr drastisch-naturalistisch ausfallen. *Die Werke Friedrichs:* Friedrichs II. *Mémoires pour servir à l'histoire de Brandebourg* – die Diderot vermutlich seiner So-

phie durch Damilaville zustellen ließ, nachdem er selbst hineingeschaut hatte.

S. 195 *Monsieur Tronchin:* der Bankier Robert Tronchin. *Hôtel des Fermes:* das zentrale Steueramt.

S. 201 *D'Alembert die ganze Teilnahme zu bezeugen:* der große Groll des Jahres 1759 ist also verraucht. *Aeskulap:* Dr. Tronchin; *Apoll:* Voltaire. *Ein Fräulein von Espinasse:* Julie de L'Espinasse, die Herzensfreundin D'Alemberts, die Diderot ein paar Jahre später als Gesprächspartnerin in *D'Alemberts Traum* einführen wird. *Sich eines Tons befleißigte:* so ungehalten sich der Philosoph in seinen privaten Äußerungen über »Madame Diderot« zeigte – eine öffentliche Verspottung seiner besseren Hälfte duldete er nicht. Aber nachdem er seine bürgerlich-moralische Rolle gespielt hat, beruhigt er sich gleich wieder.

S. 203 *Meine Fabel vom Menschenfeind:* abermals eine Kritik an Voltaires Deismus, die er dem »illustren Bruder« durch Damilaville, der sich gerade in Ferney aufhielt, »stecken« läßt; aber er schmeichelt ihm gleich darauf, indem er ihn um eine »vollständige Sammlung seiner Gelegenheitsgedichte« bitten läßt.

S. 205 *Der Subskription:* für einen Stich, der die Familie Calas darstellte. *Das große und verfluchte Werk:* die *Encyclopédie*, die er so unter dem Eindruck des Verrats Le Bretons nennt. *Unsere Begegnung in Châlons:* Diderot wollte dem Freund bis Châlons entgegenfahren, um ihn bei den Duclos zu treffen; Damilaville hatte eine Liaison mit Mme Duclos. *Hier gehen Dinge vor:* ungeklärte Anspielung. *Saint-Florentin:* Sekretär der »Maison du Roi«; an ihn hatte Diderot sich gewandt, um das kgl. Einverständnis zum Kaufvertrag mit der Zarin zu erlangen.

S. 206 *Der Baron hat nicht verfehlt:* D'Holbach auf seiner Englandreise.

S. 207 *Das Werk:* allem Anschein nach *Rameaus Neffe*.

S. 208 *Hab ich's hinter mir:* die Niederschrift des *Salons* von 1765. *Meine Abwesenheit von der Synagoge der Rue Royale:* dem Haus des Barons d'Holbach, in dem man diskutierte wie die Talmudgelehrten. *Eine Arbeit von zwanzig Jahren:* natürlich an der *Encyclopédie*.

S. 209 *Was er seinen* ›Laden‹ *nennt:* die »Correspondance littéraire«. Dieses bedeutende, hier schon mehrfach erwähnte Unternehmen war nach Goethes trefflicher Definition (in den *Urteilsworten französischer Kritiker* von 1820) »ein Bulletin literarischen und weltgefälligen Inhalts, versandt an fürstliche und reiche Personen in Deutschland zur Information über Paris, den Mittelpunkt der gebildeten Welt«. Goethe betonte, »diese Blätter mit großem Bedacht eifrig studiert zu haben«: er lernte hier unter anderem den Roman *Jacques le Fataliste* kennen, allerdings zu einem Zeitpunkt, als Grimm die Redaktion der »Correspondance« seit mehreren Jahren dem jungen Schweizer Jacob-Henri Meister übergeben hatte. Eine gut übersetzte und vorzüglich redigierte Auswahl erschien im Aufbau Verlag, Berlin und in Lizenz bei Hanser, München 1977: *Melchior Grimm. Paris zündet die Lichter an*, hsg. v. Kurt Schnelle.

S. 210 *Die Verteidigung des Gefühls für die Nachwelt:* erste Anspielung auf das Streitgespräch in Briefen mit dem Bildhauer Falconet, dessen Anfang wir in Nr. 89 bringen. *Einen Novizen offerierte:* es handelt sich um den jungen Diderot selbst.

S. 211 John Wilkes, »Patriot und Freund der Freiheit«, hielt sich, wegen seiner politischen Pamphlete aus England ausgewiesen, 1765 bis 1767 in Italien und Frankreich auf, wobei er Beziehungen zu einigen Zelebritäten anzuknüpfen wußte. Sein Eintritt in den Holbach-Kreis ergab sich dank einer alten Bekanntschaft mit dem Baron: die beiden hatten 1744 in Leyden studiert. Die Beziehung mit Diderot blieb eher oberflächlich. Wilkes hat das hier erzählte, pikaresk-galante Abenteuer später selbst in einem autobiographischen Fragment berichtet. Ein Vergleich der beiden Texte zeigt das beträchtliche Ausmaß der Diderotschen Erfindung – trotz der Aufforderung an Sophie am Ende des Briefes, sie dürfe »keinerlei Abstriche« machen.

S. 214 *Frater Cosimus:* Zisterziensermönch, war ein zur Diderot-Zeit weithin bekannter Wundarzt und Gründer eines Spitals; er übt auch im Roman *Jacques der Fatalist* (II, 168 der zitierten Ausgabe) seine Kunst aus.

S. 215 *Sie stammt von Carmontelle:* dem bekannten Portraitzeichner und Autor auf dem Gebiet des Gesellschaftstheaters (*Proverbes dramatiques*), der offenbar auch ein geschätzter Geschichtenerzähler war.

Nr. 88 Dieser Brief ist ein Echo auf die Aufführung von Sedaines drame bourgeois *Le philosophe sans le savoir* (*Der unbewußte Philosoph*). Grimm war in der Generalprobe gewesen, Diderot in der Premiere. Er bezieht sich auf einen Brief Grimms über seine starken Eindrücke, der in der nächsten Sendung der »Correspondance littéraire« erscheinen sollte. Diderot erlebte hier einen Triumph seiner eigenen Ideen über das neue Theater, der ihn beinahe ein wenig eifersüchtig gemacht hätte. Als stärker aber erweist sich das Engagement für die Sache und die Begeisterung angesichts des Erfolges eines Schülers und Freundes.

S. 217 *Unsere kleinen Zensoren von der Rue-Royale:* in Holbachs »Synagoge«. *Hartmann hat mir ein Clavecin geschickt:* für Angélique, die zwölfjährige Tochter, deren musikalische Ausbildung nun beginnen sollte. *Schmiegt mich so köstlich an Ihre Brust:* Sprache des empfindsamen Freundschaftskults.

Nr. 89 Kaum der Fron der *Encyclopédie* entronnen, ließ sich Diderot von dem Bildhauer Falconet, der auch literarischen Ehrgeiz besaß, in eine briefliche Debatte über das Verhältnis des Künstlers zur Nachwelt hineinziehen. Die beiden schrieben darüber insgesamt 25 Briefe, die immer stärker ins Fahrwasser einer rhetorischen Spiegelfechterei gerieten. Wir bringen den zweiten Brief Diderots, den unserer Meinung nach besten, der von dem lebendigen und engagierten Interesse des Schreibers an dieser Frage zeugt. Nach Abschluß des Gedankenaustauschs bemühte sich Falconet lange und hartnäckig um eine Drucklegung, aber Diderot wollte nie zustimmen, obwohl er später seine eigenen Briefe noch überarbeitet hat. 1959 erschienen zwei Ausgaben der *Lettres à Falconet:* eine Teilausgabe der ersten sechs von Herbert Dieckmann (Frankfurt) und alle fünfundzwanzig von Yves Benot (Paris). Danach hat Georges Roth die Briefe über die Bände VI und VII seiner Ausgabe der *Correspondance* nach der Chronologie verteilt.

S. 218 *Vixere fortes* . . . »Es lebten vor Agamemnon viele Helden, aber da sie keinen heiligen Seherdichter gefunden haben, verharren sie unbeweint und unbekannt in langer Nacht« (Horaz, Oden IV, 9, 25–29).

S. 220 *Non omnis moriar:* »Ich werde nicht zur Gänze sterben; ein großer Teil meiner selbst wird der Libitina (Todesgöttin) entgehen« (Horaz, Oden III, 30, 6–7).

Nr. 90 Der Brief enthält beiläufige, aber wichtige Gedanken Diderots zu Fragen der Ästhetik, die z.T. in den ästhetischen Schriften selbst ausführlicher und grundsätzlicher behandelt sind.

S. 221 *Dom Diego:* scherzhafter Name für M. Le Gendre, Sophies Schwager. *Tancred:* Voltaires (von Goethe übersetzte) Tragödie. *Rue Fromenteau:* die zur Opéra führende »Liebesstraße«.

S. 223 *Eine Zuwendung der Stadt Reims:* Pigalle hatte sie für sein Denkmal zu Ehren Ludwigs XV. erhalten. Diderot verkehrte im Atelier des Bildhauers (der eine Büste von ihm angefertigt hat); noch einer seiner letzten Briefe gibt davon Zeugnis. *Seinen Bürger beibehalten:* Diderot kritisiert Pigalles Werk im Sinne seines bürgerlich-allegorischen Pathos. Eine ausführliche »Rekonstruktion« unternimmt er im *Versuch über die Malerei.*

S. 224 *Wo ist denn da die Einheit:* humoristisch-bissige Anwendung des ästhetischen Leitgedankens von der notwendigen Einheit im Kunstwerk.

Nr. 91 *Auguste Viallet,* Ingenieur für Straßen- und Brückenbau, gehörte zum engeren Bekanntenkreis der Damen Volland. Er hatte Diderot einen längeren Brief geschrieben, in dem er in aggressivem Ton das Mönchswesen verteidigt hatte. Diderot repliziert, gerät dabei in Schwung und schreibt seine schärfste und fanatischste Seite gegen das Christentum.

Nr. 92 Antwort Diderots auf einen Brief Voltaires, der ihn dazu gedrängt hatte, sich angesichts seiner bedrohten Lage ins Rheinland (Kleve) zu flüchten. Aus Vorsicht vor möglichen unerwünschten Lesern vermeidet Diderot die direkte Anrede.

S. 228 *Ein wildes Tier:* das Parlament. *Einen jungen Menschen gemordet:* den Chevalier de la Barre. *Ein schätzenswerter Beamter:* M. de Chalotais, Generalprokurator im Parlament der Bretagne, der in der Bastille eingesperrt worden war.

S. 229 *Ich müßte sie verlassen:* zu Voltaire spricht Diderot bezeichnenderweise nicht von Sophie (wie er es später in einem Brief an Falconet tun wird).

S. 230 *Unser Freund:* Damilaville. *Sein Verfasser:* Voltaire selbst; das kleine Werk: *Examen important de Mylord Bolingbroke:* eine scharfe Attacke gegen die »superstition«.

Nr. 93 Am 10. Oktober waren Falconet und seine »Assistentin« Victorine Collot in Petersburg angekommen: Diderot hatte ihn Katharina als den geeigneten Künstler zur Schaffung eines Reiterstandbildes Peters des Großen empfohlen.

S. 232 *Den liebenswürdigen Fürsten:* Dmitri Golizyn, russischer Gesandter in Paris, dem Falconet sein Haus zur Verfügung gestellt hatte. *General Bezkoi:* hoher Kulturbeamter im Generalsrang; er war natürlicher Sohn des Fürsten Trubezkoi und vermeintlicher Vater Katharinas.

Nr. 94 Die Zarin hatte beim Kauf der Diderotschen Bibliothek den Philosophen mit einem Monatsgehalt von 1000 Francs zum Bibliothekar eingesetzt. Durch die Nachlässigkeit eines Beamten war dieses Gehalt mehrere Monate lang nicht ausbezahlt worden. Als Katharina davon hörte, ließ sie Diderot durch Bezkoi für fünfzig Jahre im voraus entlohnen. Diderot schrieb daraufhin an den General.

S. 235 *Hohe Begeisterung ergreift mich:* Diderot, der den Ossian kannte, nimmt hier eine »ossianische« Attitüde an. *Beginne ich zu singen:* das von uns fortgelassene Gedicht stammt nicht von Diderot selbst, sondern wurde von einem Freund namens Devaines verfaßt, den Diderot gebeten hatte, für ihn »einzuspringen«.

Nr. 95 Marie-Magdeleine Jodin war eine junge, zur Zeit dieses Briefes sechsundzwanzigjährige Schauspielerin am französischen Theater in Warschau; sie spielte hier die Rollen, die Mlle Clairon in Paris anvertraut wurden − ohne bei weitem deren Talent zu besitzen. Diderot kannte ihre Familie und übernahm der Vaterlosen gegenüber in insgesamt 19 Briefen die ihm so sympathische Rolle des moralischen und künstlerischen Vormunds. Interessant, wie er hier die Darstellung der Klassiker durch Grundzüge seines bürgerlichen Dramas angereichert wissen möchte.

S. 238 *Fünfeinhalb Zeilen durchgestrichen:* sicher von Mme de Vandeul, der Nachlaßverwalterin. Es gereicht ihr jedoch zur Ehre, daß sie dieses schöne Bekenntnis bewahrt und sonst unangetastet gelassen hat.

S. 239 *Sie können Ihrer K. Majestät alles anvertrauen:* damit rechnete Diderot sogar fest und wünschte es, wie aus einem späteren Brief hervorgeht.

Nr. 97 Der Brief ist der Nachhall eines Streites der Freunde Damilaville und Diderot über den Physiokraten Le Mercier de la Rivière und sein Werk *Die wesensmäßige und natürliche Ordnung der Gesellschaften.* In der weiteren (hier ausgesparten) Folge des Briefs diskutiert Diderot die Lehre der Physiokraten und hebt De la Rivières Buch in den Himmel.

S. 241 *Vom Quai de Bourbon entfernt:* wo Damilaville wohnte. *Der Artikel ›Vingtième‹:* den Damilaville für die *Encyclopédie* geschrieben hatte. (»Le Vingtième«, das »Zwanzigstel«, ist die Grundsteuer im französischen Ancien Régime.)

Nr. 98 Hier sind Diderots briefliche Äußerungen einmal nicht beiläufige Paraphrasierungen von Ideen, die er in entsprechenden Schriften entwickelt hatte, sondern eine konzentrierte Zusammenfassung weitverstreuter Einfälle zum Problem der Sprache. Der *Encyclopédie* als Sachwörterbuch will er ein kritisches Wörterbuch des Französischen (und später des Russischen) folgen lassen, das, sensualistisch fundiert, die Differenzen zwischen Wörtern und Sachen aufheben und mit einer bereinigten Sprache ein Instrument schaffen sollte, das auch die Ideen berichtigen und präzisieren und so eine Erneuerung der Gesellschaft herbeiführen könne. Es ist eine von Diderots hochfliegenden Utopien, und als solche faszinierend.

S. 245 *Mit meinen siebzig weisen Übersetzern:* Anspielung auf die zweiundsiebzig jüdisch-ägyptischen Dolmetscher, die Mitte des 3. vorchristlichen Jahrhunderts in 72 Tagen eine Übersetzung (die »Septuaginta«) des Alten Testaments hergestellt haben sollen. *Mit einem so geringen Verdienst wie dem Ihren:* Neid auf den Philosophen und Kriecherei vor der Zarin schimmern hier durch: Falconet, von dem sich Diderot erst bei oder nach seinem Aufenthalt in Rußland zu distanzieren begann, scheint nicht den besten Charakter besessen zu haben. *Un gran cervello di principessa . . . di poeta:* ein großer Geist von einer Fürstin . . . von einem Dichter.

S. 246 *Doch werde ich einen Mann an meiner Seite haben:* ein Preislied auf Grimm, dessen schillerndes, zutiefst egozentrisches Wesen Diderot jahrzehntelang nicht zu durchschauen vermochte.

S. 248 *Des Feuillants-Klosters:* an der Nordseite der Tuileriengärten. *Das Diner verlief auf das angenehmste:* Diderot ist nach seinen Ausbrüchen fast immer rasch versöhnt.

S. 249 *Madame de Blacy:* Sophies ältere Schwester.

S. 251 *Jacques-Marie Digeon* war Hauslehrer bei Mme d'Houdetot gewesen, aber Saint-Lambert hatte den »hübschen Pädagogen« verabschiedet, als sich zarte Bande mit der Hausherrin zu knüpfen begannen. Er trat im Sommer 1765 in die Dienste der Familie Le Gendre und erweckte sogleich das Interesse von Sophies Schwester.

S. 252 *Kohout:* der böhmische Lautenlehrer von Mme D'Holbach.

S. 254 *Meine beiden Füßchen . . . kein Stückchen einer Schlinge:* Anspielung auf die Fabel IX/2 *Les deux pigeons* (Die beiden Tauben) von La Fontaine, in der ein reise- und abenteuerlustiges Täubchen arg zerzaust zur Liebsten zurückkehrt. *Rue Saint-Thomas-du Louvre:* die neue Adresse der Vollands.

S. 257 *Wegen der Ohola und der Oholiba:* im Buch Hesekiel (Kap. 23) ist von diesen beiden Damen die Rede, »die trieben Hurerei in Ägypten in ihrer Jugend«.

S. 259 *Die Vanloos:* s. Personenregister. *An dieser Kritik ist etwas*

Wahres: Diderot hat sie denn auch in seinen *Salon* von 1767 übernommen.

S. 260 *Aber wundern Sie sich mit mir:* dieser Beginn impliziert ein textkritisches Problem, das G. Roth in seiner Ausgabe der *Correspondance* (VII 134, Anm. 19) erörtert. Wir können darauf hier nicht eingehen, sondern nur bemerken, daß mehrere Briefe Diderots an Sophie ex abrupto beginnen. *Ein Darlehen aufzunehmen:* warum und wozu? Das bleibt undurchschaubar; klar ist nur: Diderot braucht Geld.

Nr. 106 Hume hielt sich von 1763 bis 1767 als Sekretär des englischen Botschafters in Paris auf. Er fand sofort Zugang zum Holbach-Kreis und schloß insbesondere mit Diderot eine herzliche Freundschaft. Bei der Rückkehr nach England nahm Hume Jean-Jacques Rousseau mit sich, um ihn den Verfolgungen zu entziehen; aber schon 1768 kam es zum Zerwürfnis zwischen den beiden.

S. 262 *Jene arme Frau:* Diderot hat wieder einmal die Tugend der »bienfaisance« (Wohltätigkeit) geübt.

S. 263 *Ist er deshalb weniger Mensch?:* der aufklärerische Glaube an die eine und überall gleiche Menschennatur verpflichtet uns, einander über die Grenzen hinweg zu helfen: Diderot und Hume waren sich hierüber vollkommen einig. *Werde Sie Mme Diderot vorstellen:* die er in den drei Jahren Aufenthalt in Paris nicht zu Gesicht bekommen hatte!

S. 264 *An den Freveltaten . . . Anteil haben zu müssen:* in einer neuen politischen Mission. *Schreiben Sie weiter an Ihrer Geschichte:* der Geschichte Englands.
Ich habe mich auf abstruse Probleme eingelassen: auf welche? Offensichtlich auf politische im engeren Sinn. *Der Fanatismus in seiner Agonie:* die Agonie des Absolutismus (die noch 21 Jahre anhalten wird) ist von da an Gegenstand häufiger Anspielungen in Diderots Briefen. *Er wollte den Druck seiner Memoiren besorgen:* diese Ankündigung löste bei den ehemaligen Freunden Rousseaus, nicht nur bei Diderot, eine regelrechte Panik aus.

S. 265 *Voltaire hat Osterandacht gehalten:* wohl eine gezielte Verleumdung. *Das entlarvte Christentum* (Le christianisme dévoilé): das neben dem *System der Natur* verbreitetste Werk von D'Holbach (1756 mit dem fingierten Druckort London).

Nr. 108 Diderot spricht von Geschäften, wobei er sich gewöhnlich heftig engagiert zeigt – und nicht immer sachkundig.

S. 267 *Ich bin der Älteste:* Diderot pocht seinen Geschwistern ge-

genüber stets mit großer Strenge auf die familiäre Rangord-
nung im Ancien Régime.
Nr. 109 Dies ist der Anfang eines Briefes von 45 Druckseiten!
Gab es einen konkreten Anlaß für den guten Rat: *Darauf müssen Sie achten!?* Etwa Falconets Verhältnis zu (besser: mit) Mlle
Collot?
S. 271 *Rousseau:* abermals der ängstigende Schatten des ehemaligen Freundes.
S. 274 *Ich wohnte damals in der Rue de l'Estrapade:* demzufolge
ginge die Geschichte auf die Jahre 1749–1750 zurück! *Überall
dort, wo:* ein durchgängiges Motiv des Diderotschen Denkens,
das dann die Argumentation in *Anhang zu Bougainvilles Reise*
beherrschen wird.
S. 275 *Ein unbearbeitetes Terrain:* die von allen utopischen Gesell-
schaftsplanern erträumte Tabula-rasa-Situation.
Nr. 110 Die Anekdote ist ein Beweis für die drakonischen Bestra-
fungen, welche Heterodoxe unter dem Absolutismus zu gewärtigen hatten. Voltaires *Vierzig-Taler-Mann* (L'homme aux qua-
rante écus) befaßt sich vorwiegend mit wirtschaftlichen und
wirtschaftspolitischen Fragen, nicht ohne zahlreiche spöttische
Ausflüge auf seine polemischen Lieblingsgebiete.
S. 276 *Dictionnaire portatif* (Tragbares Wörterbuch): der ursprüngliche Titel von Voltaires *Dictionnaire philosophique.*
Was wird aus ihm: Diderot formuliert hier unmißverständlich
das Problem der Resozialisierung entlassener Strafgefangener,
für das man damals wenig oder gar nicht sensibilisiert war;
knapp hundert Jahre später wird es das Hauptthema in Hugos
Roman *Les misérables* sein.
S. 279 Die Reflexion über Wörter und Akzente und über die indi-
vidualisierende Rolle der Akzente und ihr Verhältnis zur »Sprache der Natur« hat Diderot zu jener Zeit lebhaft beschäftigt.
Grimm wird den gleichen Gedanken bald darauf im *Salon* von
1767 wiederfinden (der erst im Herbst 1768 abgeschlossen wurde); in *Rameaus Neffe* findet sich eine weitere, musiktheore-
tisch orientierte Variante (S. 70–71 der zit. Ausg.).
S. 280 *Musices seminarium accentus:* »der Akzent ist die Pflanz-
stätte der Musik«. Der Satz stammt aus einem noch im 18. Jahrhundert bekannten Compendium der Spätantike: *Satyricon*
von Martianus Capella. *Zaïre, Sie weinen:* die Frage Orosmanes
in der 2. Szene des 4. Akts der Voltaireschen Tragödie *Zaïre*
(1732) bezeichnet den empfindsamen Höhepunkt und die Peri-
petie des Stücks. *Die beiden Sandkörner von Leibniz:* die An-

spielung konnte von Leibnizkennern nicht identifiziert werden.

S. 281 *Er predigte gegen die Getreideausfuhr:* wir befinden uns in der Inkubationszeit der *Dialoge über den Getreidehandel* des Abbé Galiani. Diderot, der ursprünglich begeistert für die physiokratische Doktrin eingetreten war (die den wirtschaftlichen Reichtum des Landes vor allem auf die Verbesserung des Ackerbaus und die Ausfuhr landwirtschaftlicher Produkte gründete) wurde durch den Abbé zur merkantilistischen Position »bekehrt« (die durch gesteigerte Ausfuhr von Manufakturwaren eine wirtschaftliche Blüte herbeiführen wollte). Auch Grimm stand in dem aktuellen Streit zwischen den beiden »Schulen« auf der antiphysiokratischen Seite und machte unter Aufgebot all seines Witzes für den Abbé Propaganda. Er bemerkte mit einem gewissen Recht, Galianis Schrift sei über die Getreidefrage hinaus ein Werk über »die Wissenschaft vom Regieren im allgemeinen«. Franz Blei hat in seiner Jugend die *Dialoge* übersetzt (Bern 1895, München 1912) und mit einer langen Einleitung versehen. Leider hat ihm Walter Widmer in seiner Streitschrift *Fug und Unfug des Übersetzens* (München 1959, S. 24) »von Anfang bis Ende krasse Fehler« anlasten müssen. – *Die Verteidigung des Tiberius, Nero, Caligula:* auf dieses Thema kommt Galiani in seinen Briefen an Mme d'Epinay noch einmal zurück (*Briefe an Madame d'Epinay und andere Freunde in Paris,* zit. Ausg. S. 122).

S. 282 *Der König von Dänemark:* nunmehr Christian VII. (zu seinem Vorgänger s. S. 154), den Diderot acht Tage später an einer philosophischen Sitzung zu seinen Ehren persönlich kennenlernen wird.

S. 285 *Da sind ›Philosophische Briefe‹* . . . : alles Titel von Werken D'Holbachs, die z.T. unter Mitwirkung Naigeons verfaßt wurden. *Gatti:* Pariser Arzt, der von den Philosophen konsultiert wurde.

Nr. 115 Hier taucht (bei uns zum ersten Mal) Mme de Maux auf, die in den Jahren 1769–1770 die »Rivalin« Sophies werden und Diderots Geistesgaben noch einmal beflügeln wird. Keine junge Schönheit, sondern eine 45jährige »reife« Dame und Mutter!

S. 286 *Der Abbé drüben:* Galiani. *Zwei Wesen:* Mme d'Epinay und Grimm. *Ich bin ihm zweimal begegnet:* Grimm.

S. 288 *Der Kapelle von Gotha:* dort sollte ein Grabmal für die Herzogin Luise von Sachsen-Gotha errichtet werden; Diderot hatte Grimm den Bildhauer Laurent Guyard vorgeschlagen. *Die Arbeit, die ich übernommen habe:* die des »Chefredakteurs« der »Correspondance littéraire« während Grimms fünfmonatigem Deutschlandaufenthalt.

Nr. 117 Fabeln dieser Art werden später den hohen Reiz des moralistischen Werks von Chamfort ausmachen.

S. 289 *Zwei Bände auf einmal:* der illustrativen Bände zur *Encyclopédie. Eine Mühe:* die Redaktion der »Correspondance littéraire«. *Das Werk des Abbé Galiani:* die *Dialoge über den Getreidehandel.* Galiani hatte sie vor seiner Rückkehr nach Neapel (am 13. Juni) abschließen können und Diderot zur Korrektur und Drucklegung dagelassen.

S. 290 *Lieben Sie mich trotz all meiner Fehler:* es scheint erlaubt, aus diesem Brief Gewissensbisse wegen der Untreue an Sophie durch die neue Neigung zu Mme de Maux herauszulesen.

S. 294 *Unsre Freundinnen:* die Damen Volland auf Isle.
Daß ich Ihre Encyclopédie verkauft habe: der Abbé scheint, in Geldnöten, Diderot gebeten zu haben, einen Käufer für seine E.-Bände aufzutreiben.

S. 295 Diese »Träumereien« weisen auf die Inkubation des *Rêve de d'Alembert. Mit der Mäßigung, für die er bekannt ist:* das ist natürlich ironisch gemeint. *Die Sache Boulainvilliers':* der Comte Henri de Boulainvilliers war Autor eines *Traité de l'astrologie judiciaire* und einer der aktivsten Fürsprecher des philosophischen Materialismus.

S. 297 *Ja, das habe ich geschrieben:* gerade das hatte Diderot in Vincennes nicht getan! Ist in diesem Bericht Reue wahrzunehmen? Wenn ja, dann wird sie atmosphärisch überspielt.

S. 299 *Ich nehme mich selbst nicht wichtig genug:* eigentlich ein tödliches Understatement für einen Philosophen mit dem Diderotschen Selbstverständnis! *Vanini:* italienischer Naturphilosoph, der 1619 in Toulouse auf einem Scheiterhaufen gestorben war. *Bergier:* der Abbé gehörte zum Parasitenkreis um Bertin und erscheint einen Augenblick in *Rameaus Neffe.*

S. 300 *Man hat ihn also gespielt, meinen ›Hausvater‹:* Anfang August! Man wundert sich heute über die damaligen Spielzeiten. *Das Stück war sozusagen neu:* da es nach einem Intervall von achteinhalb Jahren wieder aufgenommen worden war. *Duclos,* homme de lettres und ständiger Sekretär der Akademie.

S. 302 *Dieser kleine Panckoucke:* der Verleger Charles P., geb.

1736, wollte die Supplement-Bände zur *Encyclopédie* übernehmen. Trotz des hochmoralischen Hinauswurfs hat Diderot sich später mit Panckoucke wegen der Umgießung seiner *Encyclopédie* in die *Encyclopédie méthodique* arrangiert.

S. 303 *Ich habe einen Dialog zwischen D'Alembert und mir gemacht:* also den ersten der drei des *Rêve de d'Alembert.* Dies ist unbestritten eines von Diderots Meisterwerken; er sagt in seinen Briefen mehr darüber als über jedes andere Werk. Von ihm gibt es eine neue Ausgabe auf deutsch von H. Günther (Übers. und Hg.) in: *Wie man lebt und denkt. Ein Lesebuch zum Denken.* Insel Tb 333, Frankfurt 1978, sowie eine vorzügliche Studie (Herbert Dieckmann: *Die künstlerische Form des ›Rêve de d'Alembert‹,* Arbeitsgemeinschaft für Forschung des Landes NRW, Geisteswissenschaften, Köln-Opladen 1966. *Doktor Bordeu:* Montpellier/Paris. Beliebter Arzt im Milieu der Aufklärungsphilosophen.

S. 304 *Unser Apostel des Materialismus:* Dom Deschamps, eine lange Zeit verschollene, in unsern 50er Jahren mit seinem *Vrai système* und seinen *Observations morales* von dem italienischen Forscher Franco Venturi ausgegrabene Heterodoxenpersönlichkeit.

S. 305 *Unterwegs bei Casanova:* dem Maler und Bruder des Abenteurers.

Nr. 125 Weiter über die Neuaufführung des *Hausvaters.*

S. 306 *Nicht mehr unter den Lebenden:* Damilaville. *Ist auf Reisen:* Grimm.

S. 307 *Was treiben Sie in Genua?* Galiani hat auf dem Rückweg nach Neapel mehrere Monate in dieser Stadt gerastet.

S. 308 Gemeint ist bestimmt nicht der Cadogan, wie jemand glaubte, sondern das männliche Glied. Derbe Scherze dieser Art waren im 18. Jahrhundert durchaus nicht verpönt. Man denke an die Anekdote mit dem Président de Brosses, die Diderot im *Salon* von 1767 erzählt (*Œuvres compl.* Assézat-Tourneux, XI, 246); und ist ganz auszuschließen, daß Lichtenberg in seinem witzigen antiphysiognomischen *Fragment von Schwänzen* (1772) über seine Tierschwänze hinaus auch jene anderen im Sinn hatte?

Ihre Frage hinsichtlich des Kometen: die Astronomie war in jenen Jahren in Mode, und man zeigte sich besorgt über einen von den Astronomen angekündigten Kometen. *Nichts ist gleichzeitig:* Diderot formuliert abermals (wie im gleichzeitigen *Traum D'Alemberts* und seinerzeit im Brief an Landois) seinen strikten Determinismus, zeigt aber auch postwendend das Dilemma, in das dieser seine Gefühle bringt. Und er macht Vorbehalte gegen einen dogmatischen Atheismus in der Art der D'Holbach und Naigeon.

Nr. 128 Mlle de Lespinasse war entrüstet, als sie durch eine Indiskretion erfuhr, Diderot habe sie als Gesprächspartnerin in *D'Alemberts Traum* eingeführt, und D'Alembert hatte daraufhin von ihm verlangt, er müsse die Dialoge in seiner Gegenwart verbrennen. Diderot erfüllte dieses Ansinnen nur scheinbar: er beteuerte zwar, dem Wunsch des Freundes nachgekommen zu sein, übergab aber das Manuskript (eine Abschrift desselben) nicht dem Feuer, sondern zerriß es »nur«. Der folgende Brief spricht von einer kastrierten Fassung des Werkes, sein Verfasser verlangt nun aber seinerseits, D'Alembert dürfe sie niemand zeigen. Das darauffolgende Raisonnement, wonach Denken und Sittlichkeit, Privatheit und Öffentlichkeit, Person und Autor verschiedenen und zu unterscheidenden Bereichen angehören, ist Diderot geläufig und hilft ihm aus den Dilemmata seiner geistigen Abenteuer.

Nr. 130 Nirgendwo in seinen Briefen kommt Diderot Rousseau, dem Rousseau der »einsamen Spaziergänge« näher, als in diesem mit Recht gerühmten Prosagedicht über die sänftigende Wirkung der Natur, der Landschaft auf das menschliche Gemüt.

S. 314 *Ein bezauberndes Streitgespräch:* der Briefwechsel mit Falconet über die Nachwelt (s. Erläuterung zu Nr. 89). *Wozu ich in diesem Fach imstande bin:* auch der 56jährige Diderot kann nicht der Neigung aller Verliebten widerstehen, sich in den Augen der geliebten Frau als schön und klug darzustellen. *Ein Stück über die Pressefreiheit:* es ist die *Lettre historique sur le commerce de la librairie,* jetzt in Bd. VIII der neuen kritischen Gesamtausgabe.

S. 316 *Vor den Ruinenbildern Roberts zu verweilen:* sie sah Diderot gerade zu dieser Zeit im *Salon* von 1769. Unter den Empfindsamen, die im französischen 18. Jahrhundert die Schönheit der Ruinen entdeckt haben, gebührt Diderot der erste Platz. *Wieviel läßt sie uns zurück:* nach Spitzers glücklicher Formel (im zit. Aufsatz) wird an solchen Stellen das Schreiben eines Liebesbriefes zu einer »Liebkosung der Vergangenheit«.

S. 318 *Von seiten einer schikanösen Frau:* Mme d'Epinay, gegen deren Geltungssucht sich hier Diderot (wieder einmal) auflehnt.

S. 319 *Caroillon:* Abel-François C. de Vandeul, Angéliques »Zukünftiger«. *Ich bin Herr über mein Kind:* diese für unsere heutigen Begriffe schroffe, aber der Denkungsart des Ancien Régime entsprechende Erklärung wird im Lauf des Briefes zusehends nuanciert und abgeschwächt.

Nr. 135 »Schwesterchen« hat wieder einmal Gründe gefunden, einen angekündigten Besuch abzusagen, und der große Bruder macht seinem Ärger Luft.

S. 321 *Caroillon ist gekommen:* also ohne Denise, und um in die Heiratsverhandlungen einzutreten.

S. 324 *Ich hätte mein Versprechen gebrochen, über meine Anschauungen Stillschweigen zu bewahren:* der Leser dieser Briefe weiß, daß Diderot dieses Versprechen gebrochen hat! *Und sich keinen Vorwurf ersparen:* Diderot macht seinem Bruder eine Versöhnung weiß Gott nicht leicht. *Keine Zeile über Fragen der Religion geschrieben habe:* offenbar denkt Diderot an veröffentlichte Zeilen – aber auch da möchte man nicht die Hand ins Feuer legen.

S. 326 Dieses *Gesetzbuch der Natur:* frühsozialistische Schrift von Morelly (1755).

S. 329 Monsieur Torcia, ein süditalienischer Archäologe, hatte sich in Paris aufgehalten und hatte, als Freund Galianis, im Holbach-Kreis Aufnahme gefunden. *Von unserm traurigen Fest:* am 30. Mai fand auf der Nouvelle Place Louis XV (heute Place de la Concorde) anläßlich der Hochzeit des Dauphins ein Fest mit Feuerwerk statt; durch eine Rakete geriet die Dekoration in Brand und es entstand eine Panik, die mehrere hundert Menschen das Leben kostete. Mme d'Epinay hatte darüber bereits an Galiani berichtet und dieser, mehr mit seiner Eitelkeit und Geltungssucht als mit dem Unglück anderer beschäftigt, schob die ganze Verantwortung seinen ökonomietheoretischen Gegnern in die Schuhe.

S. 330 *Fréron:* Herausgeber der Zeitschriften »L'Année littéraire« und einer der unnachgiebigsten Feinde der Aufklärungsphilosophen. *Die Entgegnung des Abbés:* Morellet hatte gleich nach Erscheinen der *Dialoge* an einer Widerlegung zu schreiben begonnen. Wie man aus dem Folgenden ersieht, waren gewichtige Interessen im Spiel. *Neben Pascals ›Briefen an einen Provinzial‹:* in diesen Briefen, auf französisch kurz *Les Provinciales* genannt, polemisierte Pascal im Streit zwischen Jesuiten und Jansenisten teils ironisch teils pathetisch-streng gegen die Jesuiten und ihre Kasuistik. Das Werk galt noch im 18. Jahrhundert (u.a. bei Voltaire) über den inhaltlichen Anlaß hinaus als Muster von Witz und Beredsamkeit.

Nr. 138 Diderot war vom philosophenfreundlichen Polizeipräfekten Sartine gebeten worden, zu einem neuen Stück gegen die Aufklärer Stellung zu nehmen: *Le Satyrique ou l'Homme dangereux*; der zunächst ungenannt bleibende Autor Palissot hatte die Meinung verbreiten lassen, es handle sich um eine gemeine Attacke der Philosophen gegen ihn selbst.

S. 332 Zur Zeit der Niederschrift des Briefes war man sich Palissots Autorschaft noch nicht sicher. Später, in *Rameaus Neffe*, hat Diderot in seine Generalabrechnung mit dem Intimfeind auch dieses Faktum einbezogen (zit. Ausg., S. 62–63).

S. 333 *Wenn Sie es einrichten können:* tatsächlich wurde das Stück damals nicht aufgeführt, sondern erst 1782 – ohne jeden Erfolg. *Die Philosophen sind heute nichts . . .:* Diderots prophetisches Selbstvertrauen hat sich bewahrheitet.

Nr. 139 Dies ist kein Brief im strengen Wortsinn, sondern ein Auszug aus einem Beitrag Diderots zu Grimms »Correspondance littéraire«, betitelt *Voyage à Bourbonne*. Wir haben, genauso wie Georges Roth, diese Seiten wegen ihres autobiographischen Gehalts (Erinnerungen an die Eltern und wiederum besonders an den Vater) in die Briefausgabe aufgenommen. Charakteristisch für die Gemütsbewegung des Schreibers ist das Auftauchen der in den Briefen nie, wohl aber in den bürgerlichen Dramen verwendeten, suggestiven Punkte.

S. 336 *Wir sind eine gute Rasse:* der bei Diderot so ausgeprägte Familiensinn bewirkt hier Versöhnlichkeit sogar dem Abbé gegenüber.

S. 337 *Lieber Schwager:* Diderot hatte (wieder einmal) seiner Neigung zur Mystifikation nachgegeben und die Freunde mit der Nachricht einer bevorstehenden Heirat Grimms mit seiner Schwester genarrt, ja sogar von einem heimlichen Kind Denisens gesprochen, das Grimm zu »übernehmen« bereit sei. *Sie:* Mme de Maux und ihre Tochter, Mme de Pruneveaux.

S. 338 *In den Schoß meiner Familie zurückgekehrt:* nach Langres. *Seine Mutter ist nicht ganz so lächerlich:* die zweite, abermals leicht komische Ehrenrettung Madame Diderots (vgl. S. 201)! *Für Naigeon Geschichten zu erfinden:* dieser korrespondierte mit Mme de Pruneveaux. *An den ›Zwei Freunden‹ Kritik geübt:* Saint-Lambert hatte kurz vorher seine »irokesische Geschichte« veröffentlicht. Diderots Gegen-Erzählung steht im 2. Bd.

unserer zit. Ausgabe und wird im Nachwort, S. 504–507, interpretiert.

S. 339 *M. de Foissy:* ein junger Herr, Stallmeister des Herzogs von Chartres und Badegast in Bourbonne. *Vom heiligmäßigen Mann:* natürlich kein anderer als der Abbé Diderot.

S. 340 *Mein schlechtes Betragen:* offensichtlich hatte sich Sophie in ihren Briefen über die Beziehungen ihres Freundes zu Mme de Maux irritiert gezeigt.

S. 342 *Ich leide gar nicht:* der alternde Diderot erfährt die Qualen der Eifersucht und versucht sich selbst durch immer wiederholte, gegenteilige Beteuerungen Ruhe zuzusprechen; und er versucht vor allem diesem Verhältnis – dem letzten, das er eingegangen war – einen für beide Teile ehrenhaften Abschluß zu geben. Nach einer angemessenen Pause wird er wieder bei und mit Mme de Maux verkehren, aber nunmehr in ruhiger Freundschaft.

S. 343 *Auch ich will meinen Strohsessel haben:* Grimm wurde von seinen nächsten Freunden oft mit den Spitznamen »Strohsessel« oder »Postkutsche« benannt: letzteres wegen seiner vielen Reisen, ersteres deswegen, weil er bei Mme d'Epinay ein eigenes Appartement und folglich einen strohgeflochtenen Sessel, d.h. einen ruhigen Arbeitsplatz hatte. Diderot, der bei all seinen Freundschaften und Liebesverhältnissen seine gedankliche und schöpferische Arbeit nie aus den Augen verlor, wünscht sich ähnliche Ungestörtheit bei Mme de Maux.

S. 345 *Die Ausübung der Gerechtigkeit:* als Kritiker in der »Correspondance littéraire«.

Nr. 144 Hier beginnen in unserer Auswahl die Briefe an Mme Necker (s. Personenverzeichnis), die zu den empfindsamen und respektvoll-zarten seiner Korrespondenz gehören. Die kleine Fabel vom Erzengel Gabriel wirkt, wie einiges andere in seinem Werk, wie ein Vorklang auf Musset.

S. 346 *In meinen Salons:* wohl vor allem in dem von 1767, der reich ist an würzigen Anekdoten.

S. 347 *Über den König von Polen:* Stanislaus Poniatowski, der Diderot kennenzulernen wünschte, was Grimm mit Rücksicht auf das Bedürfnis des Freundes nach Ungestörtheit zu verhindern suchte. *Bemetzrieders Harmonielehre ins reine geschrieben:* die *Leçons de clavecin* erschienen 1772, eingeleitet durch eine kleine »Originalkomposition« Angéliques. Jetzt in Bd. XIX der neuen kritischen Gesamtausgabe.

S. 350 *Unsere Kinder haben die Zeit genutzt:* Angéliques Verlobter, von Diderot stets mit dem Nachnamen Caroillon benannt, hatte sich in Paris aufgehalten und war in den dornenvollen geschäftlichen Teil der Heiratsverhandlungen eingetreten.

Nr. 148 Die Fürstin Daschkova war zur Zeit der Palastrevolution von 1762 eine enge Vertraute der Zarin Katharina II. gewesen; später hatte sich das Verhältnis abgekühlt, und die Fürstin hielt sich »ihrer Gesundheit wegen« viel im Westen auf, vor allem in Frankreich. Erstaunlich, daß Diderot gerade ihr seinen revolutionärsten Brief schreibt.

S. 353 *So könnte ich Ihnen berichten:* das Folgende ist eine Zusammenfassung des neuesten politischen Skandals, der »affaire de Bretagne«, auf die wir hier nicht im einzelnen eingehen müssen. Offensichtlich wollte Diderot durch die starke Raffung des Berichts einen Eindruck von der chaotischen Lage vermitteln. Der Vorgang war nur eine Episode in den unaufhörlichen Auseinandersetzungen zwischen den Parlamenten (die nicht nur hohe Gerichtshöfe waren, sondern u.a. auch das Recht zur Einsprache gegen königliche Erlasse hatten) und Ludwig XV. Obwohl sie sehr darauf bedacht waren, die Privilegien des Adels zu schützen, wußten die Parlamente sich dennoch als letzte institutionelle Barriere gegen den Despotismus des Monarchen in Szene zu setzen. Das erklärt Diderots Sympathie für sie. *Legt sich der Gebieter eine neue Gebieterin zu:* Louis XV und Mme Du Barry. *Der Geist des unsern:* einmal mehr erweist sich Diderot als guter »Analyst« und zuverlässiger Prophet. *Die erste Attacke:* der unauflösliche Machtzusammenhang zwischen Thron und Altar ist eine politische Grunderkenntnis Diderots; die Brechung der Autoritätsverhältnisse muß logischerweise beim »Altar« beginnen.

S. 354 *Das Tau, das die Menschheit festhält:* ein Dreivierteljahr später wird Diderot das berühmt-berüchtigte Gedicht *Die Eleutheromanen* schreiben, in dem er von seinem »Naturkind« sagt: »Und seine Hände würden aus den Gedärmen der Priester Stricke winden, um damit die Könige zu erdrosseln«.

S. 356 *Wenn das Gute ...:* es gibt bei Diderot mehrfach Ansätze zu einer Kulturzyklen-Theorie, für die er bei Vico, und näher bei Montesquieu Anregung gefunden haben könnte.

Nr. 149 Es scheint, als habe Grimm dem über die bevorstehende Heirat der Tochter besorgten Freund geraten, die Vaterliebe nicht zu übertreiben und den Dingen ihren Lauf zu lassen. Wie die Antwort zeigt, ist er damit schlecht angekommen.

Wenn ich, wie Diogenes, Statuen einmal die Hand hingestreckt habe: bei Diogenes Laertios heißt es in *Leben und Meinungen berühmter Philosophen* VI, 49: »Er bettelte einmal eine Statue an und sagte auf die Frage, warum er das täte: ›Ich übe mich im Nichts-Bekommen‹«. Einiges über die Vorliebe der Aufklärer für Diogenes und sehr viel »Aktualistisches« steht bei Peter Sloterdijk: *Kritik der zynischen Vernunft* (2 Bde), edition suhrkamp 1983.

S. 358 *Bei Pot d'Auteuil:* Diderot hatte also einen der prominentesten Pariser Notare zu Rate gezogen. *Die Unternehmungen Caroillons:* der »Zukünftige« wird an verschiedenen Pachtunternehmungen seines Bruders beteiligt sein und schließlich zum »trésorier de France« aufsteigen. *Gütergemeinschaft:* Diderot strebt den damals üblichen ehelichen Güterstand an, Caroillon das Aussetzen einer Pension statt einer Gütergemeinschaft. Der ganze lange Brief spiegelt die lebhaften Besorgnisse eines liebenden Vaters, der sich in solchen juristischen Fragen nicht allzu gut auszukennen scheint oder sich in seiner Erregung nicht besonders klar ausdrückt, jedenfalls aber die geliebte Tochter so gut und sicher wie möglich »verkaufen« möchte.

Nr. 151 Die Geschichte der *Encyclopédie* hat ihre heroischen und ihre komischen Episoden; zu den letzteren gehört der Prozeß Luneau de Boisjermain. Der Literat und Verleger dieses Namens begann 1769 darüber Klage zu führen, daß er für 10 Enzyklopädie-Bände subskribiert und nun für 26 bezahlt hatte. Er bezeichnete die nicht vorhergesehene Erweiterung des Werkes als betrügerisch, warf sich zum Interessenvertreter aller Subskribenten auf und wollte das zusätzlich eingezahlte Geld zurückerstattet haben. Der Prozeß, bei dem Luneau als Anwalt seiner selbst auftreten durfte, begann am 21. August 1771 und dauerte unter Vorlage unzähliger Denkschriften bis 1778: Luneau wurde nun endgültig abgewiesen. Diderot schreibt zehn Tage nach Prozeßbeginn den folgenden Brief an seine Verleger, in dem er sie seiner Solidarität versichert, doch zugleich in vehementester Form seine Selbstherrlichkeit als Autor bzw. Herausgeber unterstreicht. (Zum damaligen Status des Verlegers s. die Erläuterung zu S. 23.)

S. 365 *Alles, was verstümmelt worden war:* die bittere Entdeckung vom Herbst 1764 vibriert noch immer in Diderots Gedanken nach und erklärt z.T. die Heftigkeit seines selbstbewußten Tons.

Ein Mann von überragendem Verdienst und zwei ehrenhafte

Personen: Diderot selbst und die beiden überlebenden Verleger! *Die Sektion Handwerke:* nicht zufällig insistiert Diderot hier auf seiner Eigenleistung, denn während der großen Krise von 1759 war u.a. auch der Verdacht gegen ihn ausgesprochen worden, er habe sich widerrechtlich das Material zur Geschichte der Handwerke zunutze gemacht, das eine Arbeitsgruppe der Académie des Sciences unter Réaumur gesammelt hatte.

S. 368 *Mein sehr verehrter Gracchus:* Anspielung auf die Brüder Gracchus, sozialrevolutionäre Volkstribunen im Rom des 2. vorchristlichen Jahrhunderts. *Meinen Freund Grimm gesehen:* der zu dieser Zeit den jungen Landgrafen von Hessen-Darmstadt nach London begleitet hatte. *Mademoiselle Biheron:* Marie-Catherine, geb. 1719 – eine bekannte und geschätzte Anatomin; wir erfahren bei dieser Gelegenheit auch, daß Angélique, um deren Ausbildung der Vater unermüdlich besorgt war, bei ihr »einen Anatomiekurs absolvierte«: für die damalige Frau keine gewöhnliche Sache.

S. 369 *La Condamine:* s. Personenregister.

S. 370 Wir erfahren hier etwas über ein paar »petits papiers« Diderots: den *Brief über die Erziehung* an die Comtesse von Forbach; die *Klage über meinen alten Schlafrock* und den wichtigen, im Anschluß an Thomas verfaßten *Essay über die Frauen.*

S. 371 *Der Baron:* D'Holbach. Eine großartige Abhandlung: *On human Nature, or the fundamental Elements of Policy,* 1658. D'Holbach hatte das Werk von seiner Englandreise mitgebracht, übersetzt und 1772 veröffentlicht. *Eine Epistel von Sedaine:* zu diesem Autor s. den Brief Nr. 88 und die dazugehörige Erläuterung.

S. 372 *La Rochefoucauld und La Bruyère:* die beiden klassischen, mit der Menschennatur befaßten Moralisten.

Nr. 156 Eine unerwartete neue Fron für Diderot: die Zarin hatte ihn 1770 zu ihrem Pariser Gemäldemakler bestellt!

S. 377 *Ein Portepee:* Offiziere trugen es, wenn sie ohne Uniform zu Hofe gingen. Grimm wird ein paar Jahre später von Joseph II. von Österreich in den Barons- und von Katharina II. in den Offiziersstand erhoben werden.

Nr. 159 Angélique fand diesen Spiegel der bürgerlichen Ehemoral in ihrem Zimmer, als sie sich anschickte, das Elternhaus zu verlassen.

S. 381 *Ihr Talent:* die musikalische Begabung.

S. 382 *Was sie bei uns tun wollte:* Diderot meint offenbar jene Schenkung, von der im Brief Nr. 150 die Rede war.

S. 385 *Bastelte an der dritten Erzählung:* dem *Nachtrag zu Bougainvilles Reise.* Die anderen beiden sind *Dies ist keine Erzählung* und *Madame de la Carlière.* (Die letzten beiden auf dt. in der zit. Ausgabe des Erzählwerks, der *Nachtrag* im Insel Verlag, Frankfurt 1965, si 4).

Dieses »Basteln« bedeutet, daß Diderot drei Wochen nach den ohne jeden Zweifel ehrlich gemeinten und empfundenen Ratschlägen an seine jungverheiratete Tochter seine utopisch-begeisterte Erzählung vom freien Sexualleben auf Tahiti zu Papier gebracht hat! »Seltsamer und obstinater Widerspruch«, sagte Jean Renaud letzten Sommer in seinem Vortrag bei dem Diderot-Colloquium in Cerisy-la-Salle, »Diderot will die Moral – und er will sie nicht . . . Diderot wünscht die Moral – und er wünscht die Lust.«

S. 388 *Reisen wir:* Diderots Reise nach Rußland beginnt konkrete Gestalt anzunehmen. Falconet kündigt Ende Januar der Zarin an, der Freund werde kommen. Am 30. Mai verständigt Diderot seinen Freund vom unmittelbaren Bevorstehen seiner Abreise.

S. 389 *Und ihn dann Ihnen zu geben:* wozu? Damit Grimm ihn an Caroillon weiterreichte?

S. 390 *Grimm, der die Landgräfin von Darmstadt begleitet:* welche ihre Tochter Wilhelmine zur Heirat mit dem Großherzog Paul nach Petersburg brachte. Grimm stattete auf dieser Reise selbstverständlich Friedrich II. einen Besuch ab.

Nr. 166 Diderot ist nach langem Zaudern am 11. Juni 1773 aus Paris abgereist; Ankunft in Den Haag am 15., wo er bei dem dortigen russischen Botschafter Fürst Golyzin, den er aus Paris kannte, drei Monate lang Zwischenstation machte. Wenige Tage später schreibt er an Sophie.

S. 392 *Die Fürstin:* Amalie v. Schmettau.

S. 394 *Als Oudry noch lebte:* der Tiermaler Jean-Baptiste O., gest. 1755.

S. 395 *Ich habe zwei oder drei kleine Sachen geschrieben:* bekannt ist, daß Diderot während seines ersten Holland-Aufenthaltes an der zweiten Fassung des *Paradox über den Schauspieler* schrieb und wohl auch an *Rameaus Neffe* und *Jacques der Fatalist* gearbeitet hat. *Das schlechte Stück meines Sackes:* Diderot schreibt auf seiner Reise oft am selben Tag an zwei oder drei verschiedene Freunde – begreiflicherweise nahezu das gleiche, einmal besser, einmal weniger gut ausgedrückt. Wir haben uns hier einer Herübernahme dieses

515

Satzes aus dem gleichzeitigen Brief an Mme d'Epinay schuldig gemacht.

S. 396 *Ihre Wiederherstellung beschleunigen:* Mme d'Epinay litt an Wassersucht und war seit Monaten bettlägerig. *Die Veröffentlichung Ihrer Dialoge:* der *Conversations d'Emilie*, die 1774 erschienen. *Aufzeichnungen über die Bewohner:* mit den Beobachtungen während des zweiten Aufenthalts werden diese zu einer eigenen Schrift, *Voyage de Hollande*, zusammenfließen (Erstveröffentlichung 1819, nach der halböffentlichen in der »Correspondance littéraire«, 1780).

Nr. 169 Diderot meldet seiner »Guten« (mit der er sich im Alter abgefunden hat) die Ankunft in Petersburg und erzählt ihr zuerst von den Glücks- und Unglücksfällen seiner Reise. Hier und in den übrigen Briefen schweigt er sich über viele Stationen und Begegnungen aus. H. Dieckmann hat in seinem *Inventaire du Fonds Vandeul* (Paris 1951) die vom Reisenden selbst aufgezeichnete Route veröffentlicht, R. Mortier in *Diderot in Deutschland* (Stuttgart 1967) zusammengetragen, was über die Aufenthalte bei dem Philosophen Jacobi in Pempelfort und bei dem Theologen Zollikofer in Leipzig zu ermitteln war. Einen weiten Bogen hat Diderot um die Residenz Friedrichs II. schon bei der Hinreise gemacht: das Verhältnis der beiden, ursprünglich freundlich, hatte sich in den späten sechziger Jahren rapide abgekühlt. Die Gründe sind komplex und noch immer nicht ganz durchschaubar. Fest steht, daß Friedrich II. die Lektüre der *Encyclopédie*, besonders der anti-autoritären und pazifistischen Passagen, wenig Freude bereitet hatte, und daß er seither die Philosophen mit seinen Sarkasmen verfolgte; und daß Diderot, der Impulsive, seinerseits in eine wachsende Rage geriet, die in den unveröffentlicht gebliebenen (von F. Venturi aufgefundenen) *Pages contre un tyran* (1771) gipfelte. Über das Verhältnis der beiden ist in den letzten Jahrzehnten viel geschrieben worden, wobei der Mißkredit, in den das Preußentum durch den zweiten Weltkrieg geraten war, oft eine nicht unerhebliche Rolle bei der Urteilsbildung spielte.

S. 405 *Bis nach Moskau weiterführe* usw.: ein hübsches Beispiel für Diderots phantasievolle Geographie.

Nr. 170 Der Brief ist Ausdruck einer großen Ermattung und Depression, die Diderot sonst zu unterdrücken weiß und hier durch Scherze und Fabelei zu überspielen versucht.

S. 406 *Immer noch warte ich auf die Nachricht:* Angéliques Töchterchen Minette war im September zur Welt gekommen, aber

516

erst am 25. Oktober kann der Vater und Großvater von dieser Tatsache ausgehen, um der jungen Mutter genaue hygienische Ratschläge zu erteilen.

Nr. 172 Vor jeder seiner Audienzen bei Katharina II. redigierte Diderot kürzere oder längere Denkschriften, die er der Kaiserin vorlas und die dann erörtert und anschließend verbessert wurden, um schließlich der Kaiserin endgültig übergeben zu werden. Die Themen wählte Diderot selbst, wenn sie ihm nicht vom Kammerherrn Narischkin vorgeschlagen wurden; ihre Weite war nahezu enzyklopädisch, mit dem Schwerpunkt zuerst auf politischen, später ausschließlich auf literarisch-philosophischen Fragen: das Ganze erreichte zuletzt den Umfang eines Buches. P. Vernière hat diese »Entretiens« unter dem Titel *Mémoires pour Catherine II* herausgegeben (Paris 1966), auszugsweise im Band *Diderot: Œuvres politiques* (Paris 1963).

S. 407 *Die Ideen eines armen Teufels, der unter seiner Dachtraufe politisiert:* zu ergänzen »im Schlafrock« – eine der Lieblings-Selbststilisierungen des alten Diderot, fast ein wenig spitzweghaft, wenn diese Assoziation erlaubt ist. *Das Original zu verbrennen:* es handelte sich um einen historisch fundierten Aufsatz über die politische Regierungsform in Frankreich; Diderot fürchtete im Falle einer Publikmachung und Verbreitung die Reaktion des offiziellen Frankreich, vertreten durch den Botschafter Durand, der ihn argwöhnisch beobachten ließ und für die Interessen der französischen Rußlandpolitik einspannen wollte.

Nr. 173 Welch ein Unterschied zwischen der Arbeitsweise Diderots und der der heutigen Geisteswissenschaftler! Der Brief ist natürlich auch interessant als abermaliger Spiegel des Diderotschen Charakters.

Nr. 174 Die Fürstin Daschkova befand sich mittlerweile in Moskau.

S. 412 *Zweimal in Lebensgefahr:* gemeint sind zweifellos die schweren Koliken in Duisburg und Narwa. *Die Seele des Brutus:* Diderots Lieblingsformel für die Zarin, die damit nicht besonders einverstanden gewesen sein soll. Ein breites Spektrum der Auffassungen der Zeitgenossen von Katharina II. bietet Hans Jessen (Hsg.) in *Katharina II. von Rußland in Augenzeugenberichten*, dtv 1978.

S. 413 *Ich scheue keine Anstrengung, mich hier über alles zu unterrichten:* trotz der ungeheuren Schwierigkeiten, möchte man hinzufügen, die sich meinem Durst nach Informationen entgegenstellen! Erhalten ist u.a. auch ein Lehrbuch des Russischen, in dem sich Diderot hauptsächlich die Redewendungen des täglichen Lebens angestrichen hatte. *Hat mir ein paar Volkslieder versprochen:* in ihrer monumentalen Monographie *Russia in the Age of Catherine the Great* (London 1981) erwähnt Isabel de Madariaga eigens die Beliebtheit russischer Volkslieder am Hof in den 60er und 70er Jahren.

S. 414 *Dem Wasser der Newa den Tribut entrichtet:* die Diarrhöe. *An Schlittenpartien teilnehmen:* für die sich Diderot offensichtlich nicht interessiert hat. *Mein Gewand ist aus Tuch:* Diderots schlichter schwarzer Anzug war Gegenstand des Gespöttes der Hofleute, bis die Zarin ihm ein prächtiges, farbiges Hofgewand schenkte.

S. 416 *Tsarskoje-Selo:* die Sommerresidenz der Zaren, das »russische Versailles«. Katharina II. konnte hier ihrer Leidenschaft für den englischen Gartenstil frönen.

S. 419 *Meinen Landsleuten davon zu berichten:* Diderot weiß, daß es genau das ist, was die »Beschützerin der Philosophie« von ihm erwartet. *Von fast allen Würdenträgern:* in diesem »fast« ist der Wermutstropfen enthalten: die Erinnerung an alle Eifersüchteleien und Verleumdungen, denen er während seines Aufenthaltes ausgesetzt war.

S. 420 *Mit Ihrem Freunde Cäsar:* Friedrich II. Die Zarin lebte damals mit dem Preußenkönig anscheinend im besten Einvernehmen. Erfüllte Diderot mit solchen im Wortsinn »impertinenten« Ratschlägen jenen diplomatischen Auftrag, den ihm der französische Botschafter wiederholt erteilt hatte: in seinen Privatgesprächen mit der Zarin auf eine Entfremdung in ihrem Verhältnis zu Friedrich II. hinzuwirken und ein französisch-russisches Bündnis als vorteilhafter hinzustellen? Vielleicht. Aber Diderots Urteil über den »Tyrannen« kam auch aus seinem eigenen Herzen. *Eure Majestät wiederzusehen:* mit einer neuen *Encyclopédie. Jener Ehrenmann:* der General und Kultusminister Bezkoi.

S. 421 Die *Plans et statuts de différents établissements . . .* hatte Bezkoi verfaßt, Dr. Clerc, kaiserlicher Arzt beim Kadettenkorps, ins Französische übersetzt.

Nr. 178 Diderot ist am 5. März 1774 aus Petersburg abgereist und befand sich, nach mehreren, glücklich überstandenen Reiseabenteuern, am 30. März in Hamburg. Er benutzte die kurze Rast in dieser Stadt, um den Kirchenmusikdirektor Philipp Emanuel Bach um einige Klavierkompositionen für seine Tochter zu bitten. Der kurze, aber sehr charakteristische Brief war von M. Tourneux, einem der Herausgeber der Gesamtausgabe von 1875–1879, in einem Band vermischter Neuigkeiten aufgefunden und veröffentlicht worden; G. Roth übernahm ihn unverändert in seine Edition der *Correspondance*. Danach hat M. Wachs in einer Miszelle in den »Romanischen Forschungen« Bd. 77, 3/4, S. 359–362 bemerkt, der Text enthalte »certain oddities«. In der Tat entdeckte er eine deutsche Fassung des Briefes, die etwas ausführlicher und sehr viel plausibler war. (Seine Quelle: *Historische und kritische Nachrichten des Herrn von Voltaire und anderer Neuphilosophen unserer Zeiten* von Johann Christian von Zabuesnig, Augsburg 1777.) Wir übernehmen diesen Fund, hocherfreut, eine Seite im Deutsch der Diderotzeit einrücken zu können. Der Leser mag entscheiden, ob er es vorgezogen hätte, alle Briefe in dieser Sprache zu lesen.

S. 422 *Einen ihrer Minister:* Bezkoi.

S. 426 *Er hatte sich ein Fieber zugezogen:* manche Gewährsleute sprechen von einer Cholera. *Die ihren Vater bei der Armee besucht hatten:* im Feldlager gegen die Türken.

S. 182 Diderot versichert dem General, daß seine Edition voranschreite und daß Mademoiselle Biheron (s. auch Brief Nr. 152) bereit sei, mit ihren anatomischen Schaustücken nach Petersburg zu kommen. Danach kommt er auf eines der Abenteuer seiner Rückreise zu sprechen, das er verschiedentlich, und hier am dramatischsten, ausgemalt hat.

S. 430 *Wir werden also enzyklopädisieren:* die wieder und wieder diskutierte Frage einer Neufassung der *Encyclopédie*, deren Geschichte nunmehr sozusagen beim 6. Akt angelangt ist. *Seine Anstalten:* Bezkois pädagogische und kulturelle Reform-Etablissements.

Monsieur de la Vrillière: der in unsrer Briefauswahl mehrfach erwähnte Graf von Saint-Florentin, der kein Freund der »Philosophie« war. Übrigens wurde Sartine nicht sein Nachfolger, sondern Marineminister; Saint-Florentin war und blieb vorerst »Staatssekretär des Königshauses«. *Ihrer jüngsten Krankheit:* eine Anspielung auf den »Staatsstreich« Maupeous: eine weitere Episode im unerbittlichen Machtkampf einiger Persönlichkeiten (Choiseul-D'Aiguillon-Maupeou) und dieser gegen die Parlamente, die Maupeou aufhob.

S. 432 *Monsieur D'Aiguillon:* der ehemalige Kriegsminister war am 2. Juni des Jahres in Ungnade gefallen. *Die Ausgabe der* *›Histoire des deux Indes‹ des Abbé Raynal:* es handelt sich um die zweite, erweiterte Fassung mit zwei Beiträgen von Diderot; die erste war 1770 erschienen und zweimal neu aufgelegt worden. *Jenes Projekt:* die *Encyclopédie.*

Nr. 184 Dies ist der letzte Brief an Sophie und die »Damen Volland«.

Nr. 185 An Madame Necker hat Diderot den interessantesten Brief über sein russisches Abenteuer geschrieben.

S. 435 *Man muß sich lange an einem Ort aufgehalten haben:* Diderot übernimmt hier die Polemik seiner Zeit gegen die »lügenhafte« Reiseliteratur, die ihn selbst in seinen Briefen so zurückhaltend gemacht hat. *Daß ich Ihnen von einigen Gebräuchen berichte:* Vor-Auszüge aus dem *Voyage de Hollande!*

S. 436 *Ganz leise will ich Ihnen anvertrauen:* erste politische Vorbehalte gegen den unaufgeklärten Despotismus des Zarenreiches und die Vertrauenswürdigkeit seiner hohen Gönnerin.

S. 437 *Ihr Saint-Ouen hätte:* Ortschaft im Norden von Paris, wo die Neckers ihr Château besaßen. *Einen Krieg mitzuverantworten haben:* den gegen die Türken, 1768–1774.

S. 438 *Den berühmten Kardinal:* Richelieu. Die manipulierte Stelle aus Corneille scheint apokryph zu sein.

S. 439 *Die Rue Sainte-Anne:* wo Mme d'Epinay wohnte und Grimm seinen »Strohsessel« hatte.

S. 440 *Welch glorreicher Friede:* mit dem osmanischen Reich, unterzeichnet am 21. Juli 1774. *Ein paar Minister:* die Preußenfreundlichen. *Fürst Repnin:* hatte den Frieden ausgehandelt. *Marschall Rumanzoff:* der russische Oberkommandierende. *Um die Dauer des Friedens kümmern:* Diderot spricht hier ganz im Sinne des von der *Encyclopédie* vertretenen Pazifismus. Übrigens affichierte Katharina selbst nachdrücklich ihre Friedensliebe.

S. 443 *Der Umwälzung in unserm Ministerium:* durch den Amtsantritt Turgots und das mit diesem verbundene Revirement im Finanzministerium. *Das kleine Gesetzbuch der Sitten:* genauer *Das kleine Gesetzbuch der menschlichen Vernunft* von J. Barbeu-Dubourg (Amsterdam 1774), das Diderot der Zarin zur öffentlichen Benutzung vorgeschlagen hatte. Er sah das Büchlein im übrigen als offenes Werk, an dem er und Katharina ihre Retouchen anbringen könnten und sollten.

S. 444 *Die Dummheiten des Abbé Chappe und des Chevalier de Jaucourt:* das Urteil über Jaucourt, der sein hingebendster, wenn auch in seinen Artikeln nicht immer brillanter Mitarbeiter gewesen war, klingt ein wenig schnöde. *Randnoten eines Herrscher:* jetzt unter dem Titel *Principes de politique des souverains* in Vernières Ausgabe der *Œuvres politiques* (zit. Ausg.). Es handelt sich um ein neues Pamphlet gegen Friedrich II., dem hier in der ersten Person absolutistische Maximen zynischster Art untergeschoben werden. *Ich habe die Anweisungen ... mit der Feder in der Hand gelesen:* das Ergebnis waren die *Observations sur le Nakaz* (jetzt bei Vernière): Diderots verwegenste politische Schrift, in der er die zahmen Reformideen Katharinas und ihrer gesetzgebenden Kommission sozusagen überrennt und auf eine Art demokratischer Monarchie zueilt. Katharina war, einem Brief an Grimm zufolge, aufs äußerste irritiert, als sie das nach Diderots Tod zu lesen bekam. *Einen kleinen Dialog zwischen der Marschallin und mir entworfen:* der »entretien« stellt eine ebenso folgerichtige wie konziliante Lektion in Atheismus dar; Diderot tritt dabei als »Philosoph Crudeli« auf. *Daß ich mir wieder die kleinmütige Seele zugelegt habe:* das Gegenteil war der Fall! Diderot erlebt und zeigt in seiner Altersphase eine ausgesprochene Radikalisierung seiner politischen Ideen und »Träumereien«.

S. 445 *Durch eine Krankheit ans Haus gefesselt:* Diderot litt seit seiner Rückkehr an Atemnot und anderen Symptomen von Herzinsuffizienz. *Habe ich Sie um eine Gunst zu bitten:* was mag Diderot empfunden haben, wenn ihn der betriebsame Schwiegersohn zu solchen Bittschriften veranlaßte? *Wo Sie Minister sind:* und Mitglied des kgl. Rates.

S. 446 *Meine alten Beziehungen zum Finanzminister:* Turgot.

Nr. 188 Grimm befand sich wieder auf einer Reise nach Rußland, und Diderot gab ihm verschiedene Aufträge mit, die in eine Elegie auf das Altern münden.

Nr. 189 Um an M. (Morellet oder Meister?) diesen eher »öffentlichen« Brief zu schreiben, hat Diderot sozusagen die Toga angelegt. Aus dem strengen Ton dieser Seiten spricht (noch einmal) das hohe Selbstbewußtsein des Philosophen, zusammen mit einem ausgeprägten Gefühl für natürliche Rangordnungen.

S. 452 *In der Erinnerung an die honette Art:* im Brief Nr. 183 hatte man's anders gelesen; der damalige, heftige Ausfall gegen die holländischen Drucker und Verleger (also vor allem gegen Rey) war Diderots ungeduldigem Heimweh zuzuschreiben. *Das Manuskript eines Mannes:* gemeint ist wahrscheinlich

Gaudet, langjähriger Direktor des zentralen Versorgungsamtes, dessen *Lettres à différentes personnes sur les finances . . .* Rey 1778 herausbrachte. *Ich arbeite an meinen Gesammelten Werken:* das bedeutet, daß zu diesem Zeitpunkt die Fata Morgana einer neuen *Encyclopédie* endgültig entschwunden war; aber auch das Erscheinen seiner gesammelten Werke wird Diderot nicht erleben. *Die Bibliothek der Unüberzeugten:* die Bezeichnung taucht (nur) zweimal in Diderots Briefen auf; worauf sie sich bezieht, bleibt unklar.

S. 454 *Ihre Unerschrockenheit:* Rey war der Verleger aller antichristlichen und materialistischen Schriften des Holbach-Kreises.

S. 455 *Saint-Sulpice entgegen:* S.-S. war die Pfarrei, zu der die Diderots gehörten. *Ein Finanzkomitee unter Monsieur Necker:* der bald Finanzminister werden wird.
Wir haben keine Einnehmer für die Staatsdomänen und Waldungen: was Diderot im Hinblick auf seinen Schwiegersohn (s. Brief Nr. 187) mit besonderer Sorge erfüllte. *Eine Tragödie . . . eine heitere Komödie geschrieben:* leider sind die Resultate dieser beiden »Gewaltleistungen« nicht erhalten und sonst nicht zu identifizieren.

S. 456 *Meine Schrift über die Gründung einer großen Schule:* der *Plan d'une Université pour le Gouvernement de Russie. Ein paar brauchbare Gesichtspunkte:* die für Diderot wichtigsten waren sicherlich die Ausschaltung der Geistlichen aus dem Lehrkörper und eine stärkere Gewichtung der Naturwissenschaften im Lehrprogramm. *Mein ›Hausvater‹:* das Stück war 1776 und 1777 auf den Spielplan der Comédie Française zurückgekehrt.

Nr. 193 Diderot antwortet auf einen Rundbrief Beaumarchais' vom 27. Juli, in dem alle Theaterautoren zu einer Versammlung eingeladen worden waren; Ziel war die Gründung einer »Autorengewerkschaft« zum Schutz ihrer Texte und Rechte gegenüber den Schauspielern. Aus Diderots Antwort spricht Skepsis und Desengagement.

S. 457 *Ich verbringe mein Leben auf dem Lande:* hier und in andern Briefen aus diesen Monaten und Jahren zeichnet sich die letzte Selbststilisierung ab: Diderot als Eremit von Sèvres. Übrigens hatte Diderot dort nur ein möbliertes Zimmerchen zur Verfügung, während der reiche Großbürger Voltaire seit 1759 als Patriarch auf Ferney residierte: nichts könnte schlagender die Unterschiede im Sozialstatus der französischen Aufklärer verdeutlichen!

S. 458 *Dessen Angelegenheiten nicht in Unordnung sind:* wie eben die des französischen. *Ich gebe alles den Bedürftigen:* immer noch ist der Eremit von Sèvres ein mit seinen Mitmenschen leidender, ein wohltätiger Eremit.

S. 460 *Einen gewissen Philosophen der Antike:* den Stoiker Seneca, über den er gerade einen Essay vorbereitet.

Dieses Werk von einer ursprünglich kleinen Zahl von Seiten: der »Essay über das Leben Senecas« sollte zunächst die Einleitung zu einer Ausgabe der Werke Senecas in der neuen Übersetzung von Lagrange bilden; D'Holbach und Naigeon hatten den Freund darum gebeten. Diderot deutet es selbst an: die Schrift, von der es eine erste Fassung von 1778 und eine zweite von 1782 gibt, schwoll ihm »unter der Hand« zu einem Buch von 400 Seiten an; es ist Diderots letztes bedeutsames Werk, dessen Interesse einerseits in der starken persönlichen Färbung (einschließlich einer letzten Abrechnung mit Rousseau) liegt, andererseits in der Parallelisierung der römischen Spätzeit mit dem Verfall des Ancien Régime. Einmal mehr tritt dabei der politische Radikalismus des alten Diderot zu Tage, der ihm einen Augenblick lang sogar die Bastille einzubringen drohte. Das Opus erschien zuletzt als 7. und abschließender Band der Seneca-Ausgabe; der hier wiedergegebene Brief an Naigeon figurierte dabei als Vorwort.

S. 462 *Immer von meiner Träumerei geleitet:* frappierend ist die Nähe dieser Passage zu Rousseaus *Rêveries du promeneur solitaire. Quid ferre recusent:* »Sinnet mit Sorgfalt darauf, was zu schwer auf den Schultern euch lastet, / was ihr zu tragen vermögt«, Horaz, *Die Dichtkunst*, Verse 39/40 (in der Übers. v. Horst Rüdiger, Artemis, Zürich 1961). Eine geistesgeschichtliche Einordnung dieses Diderotschen Spätwerkes bei Fritz Schalk: »Diderots *Essai über Claudius und Nero*«, Arbeitsgemeinschaft des Landes NRW, Heft 39, Köln 1956.

Nr. 196 Der Abbé Gouttes, ein Schüler Turgots, hatte an der *Théorie de l'intérêt de l'argent* von Bulié mitgearbeitet: die angetragene »Ehre« hatte wahrscheinlich darauf Bezug. Hat Diderot aus Müdigkeit abgelehnt oder weil er es mit Turgot nicht verderben wollte? Was war das »verteufelte Auftragswerk«? Raynals *Histoire des deux Indes*, zu deren dritter Fassung Diderot viele und wichtige Beiträge geliefert hat? Oder die Erweiterung der Seneca-Schrift?

Nr. 197 Eine recht verärgerte Antwort auf einen überaus schonenden Brief Naigeons, der die Erschöpfung des Schreibers spüren läßt.

S. 463 *Wenn man seit acht oder neun Jahren auf andere angewiesen ist:* Auf Madame Diderot natürlich, aber seit acht Jahren?

S. 464 *Hobelspäne:* die Blätter mit den Ein- und Hinzufügungen. *Ich umarme Sie:* schon ist Diderots kurzer Ärger verraucht! *Eine große Neuigkeit . . . :* wahrhaft ein Greisenwort.

Nr. 198 Diderot bietet Grimms Nachfolger in der Führung der »Correspondance littéraire« seinen Roman *Die Nonne* zur Veröffentlichung an. Interessanterweise muß er erklären, worum es sich handelt . . . *Son pittor anch'io:* »auch ich bin ein Maler«. Das Sätzchen, ein geflügeltes Wort beim Wettstreit der Künste Dichtung und Malerei, soll zuerst von Correggio angesichts der »Heiligen Cäcilia« von Raffael ausgesprochen worden sein.

Nr. 199 Dieser Brief, besser: Entwurf zu einem Brief ist von H. Dieckmann im Fonds Vandeul aufgefunden und in seinem *Inventaire du Fonds Vandeul* (zit. Ausg.) zuerst veröffentlicht worden (danach in der *Correspondance* von Roth-Varloot, XV, S. 210–227). Der Ausgangspunkt: Grimm, und mit ihm der neue Mann der »Correspondance littéraire«, J.-H. Meister, hatten heftig kritisiert, daß der Abbé Raynal in der Ausgabe 1781 der *Histoire des deux Indes* sein Anonymat aufgegeben hatte: er habe sich, verführt von »der Sucht, berühmt zu werden«, einer völlig unnötigen Gefahr ausgesetzt. Diesen Vorwurf scheint Grimm in einer Gesellschaft bei Mme de Vandeul in verschärfter Form wiederholt zu haben. Daraufhin schrieb Diderot diese Verteidigung des Abbés, wobei er zum ersten Mal in der bald vierzigjährigen Geschichte ihrer Freundschaft sich dazu aufraffte, Grimm zu »demaskieren«.

S. 465 *Dies waren Grimms Worte:* in diesem »vorläufigen« Text wechseln Notizen, Briefform und Dialog miteinander ab.

S. 467 *Œil de bœuf:* scherzhafte Bezeichnung für das Vor- und Wartezimmer am Hof von Versailles.

S. 468 *Principibus placuisse viris . . . :* »den Herrschern gefallen zu haben, ist nicht der höchste Ruhm« (Horaz, Episteln I, 17, v. 35). *Der feige genug war:* Diderot rückt hier sogar von seinem geliebten Horaz ab, indem er ihn der Inkonsequenz beschuldigt. *Schreibt mir Mme de Maux:* ihr hatte Diderot im Sommer 1769 (Brief Nr. 122) von einer Diskussion über die gleiche Frage mit D'Holbach, Naigeon, Suard und dem Abbé Bergier berichtet; damals hatten die anderen den Ernst der Frage nicht wahrhaben wollen, und nur Diderot hatte leidenschaftlich auf der Pflicht des Philosophen zu Mut und Wahrheit bestanden – nicht ohne daß auch er einen merkwürdigen Rückzieher machte. Die erneute Nennung Mme de Maux' signalisiert die geradlinige Fortdauer der quälenden Erinnerung an das eigene Verhalten in Vincennes.

S. 469 *Eher werde ich aufhören zu leben als Sie zu lieben:* nach all den vehementen Vorwürfen (»Sie leben in unserer Mitte, aber Sie hassen uns«) nun wieder das für Diderot so charakteristische Einschwenken. *Bei dem Impfarzt Bra(s)dor:* Erinnerung um die Kämpfe zugunsten der Pockenimpfung, für die natürlich auch Diderot militierte; aber wo hatte die Abendunterhaltung stattgefunden: bei Brador oder bei Mme de Vandeul?

S. 470 *Werde ich Ihnen diesen Brief zuschicken:* ob Diderot es getan hat, ist nicht bekannt; wahrscheinlich tat er es nicht.

Nr. 200 Fast eine testamentarische Verfügung: Diderot hat seine Abneigung gegen Panckoucke und dessen Pläne aufgegeben.

S. 471 *Du weißt, daß es eine Qual für mich ist, zu schreiben:* dies ist der Ausklang einer großen und faszinierenden Korrespondenz! *Dein italienisches Geschreibsel:* hatte Angélique begonnen, Italienisch zu lernen? *Fanfant:* Kosename für einen Familienangehörigen aus Langres. *Ich verabreiche ihr täglich drei Prisen:* Lektüre als Therapie – das war vor langer Zeit schon in den *Indiskreten Kleinoden* (Kap. 46) vorgeschlagen worden! Hier handelt es sich um Romane von Le Sage, Scarron, Abbé Prévost und Diderot selbst.

S. 472 *Gipsabgüsse von meiner Büste:* es ist die Rede von einer Gegengabe Diderots an die Stadtväter von Langres, die dem großen Sohn der Stadt zu Ehren die *Encyclopédie* öffentlich im Rathaus aufgestellt hatten. Die Büste von Jean-Antoine Houdon gilt heute als eine der gelungensten Darstellungen Diderots.

S. 473 Die letzten Bekanntschaften Diderots, dessen Kontaktbedürfnis nahezu erloschen ist, sind Spanier. *Das weiß Izquierdo:* Eugenio de I., Attaché bei der spanischen Botschaft; der *Graf von Pilos:* Pablo de Olavide (1725–1803), ein gebürtiger Peruaner, der in Spanien mit Jovellanos und anderen Aufklärern freundschaftliche Beziehungen hatte, bei der Besiedlung der Sierra Morena beteiligt war und schließlich, der Gottlosigkeit angeklagt, vor der Inquisition nach Frankreich flüchten mußte. Über Diderots Umgang mit ihm weiß man leider nicht viel mehr, als in diesem Brief steht.

1713 Am 5. Oktober Geburt Denis Diderots in Langres (heute Dept. Haute-Marne). Familie: begüterte Provinzbourgeoisie; Vater Messerschmied; Geistliche in der Familie der Mutter Angélique Vigneron.

1715 Geburt der Schwester Denise, genannt »Sœurette – Schwesterchen«, die unverheiratet bleiben wird.

1722 Geburt des ungeliebten Bruders Didier-Pierre, der den geistlichen Stand erwählen wird.

1723–1728 Denis besucht das Jesuitenkolleg in Langres.

1726 Wird tonsuriert, soll einmal das Kanonikat des Onkels Didier Vigneron übernehmen.

1728 Aufbruch nach Paris; Denis besucht bis 1732 das Collège D'Harcourt, vielleicht auch Louis-le-Grand.

1732 2. September: Magister der freien Künste der Universität Paris.

1732–1742 Zehn Lebensjahre Diderots, die im Dunkeln liegen. Einige Anekdoten in den Briefen. Sicherlich intensive Studien. Schreiber in der Anwaltskanzlei von Clément de Ris (gebürtiger Langrois), Hauslehrer in der Familie des Generalpächters Randon de Massane. Vater weigert sich, seine Schulden zu bezahlen, läßt ihn durch einen Karmelitermönch aus Langres heimlich beaufsichtigen. Diderot lebt u.a. von Mathematikstunden.

1741 Bekanntschaft mit Antoinette Champion (geb. 1710), Weißnäherin, Tochter eines heruntergekommenen und verstorbenen Manufakturbesitzers.

1742 Herbst: Beginn der Freundschaft mit Jean-Jacques Rousseau. Ende des Jahres und Beginn des nächsten: Denis ist in Langres, um Erlaubnis zur Heirat mit Antoinette zu bekommen. Vater läßt ihn einsperren. Diderot hat inzwischen die *Geschichte Griechenlands* von Temple Stanyan aus dem Englischen übersetzt.

1743 November: Heimliche Heirat mit Antoinette.

1744 Geburt eines ersten Kindes, das nach wenigen Wochen stirbt.

1745 Freie Übersetzung von Shaftesburys *Inquiry concerning Virtue and Merit* (1699): *Essay sur le mérite et la vertu.* Diderot macht die Bekanntschaft des sensualistischen Philosophen Condillac. Le Breton beauftragt ihn mit der französischen Umarbeitung von Ephraim Chambers *Cyclopedia or a Universal Dictionary of Arts and Sciences.* D'Alembert wird als Mitarbeiter gewonnen. Diderot erkennt die Notwendigkeit einer durchgreifenden Erweiterung und Umgestaltung der *Cyclopedia*: die Idee seiner *Encyclopédie* wird geboren.

1746 21. Januar: der Entwurf der *Encyclopédie* liegt vor und erhält das Druckprivileg. Im April: Niederschrift der *Philosophischen Gedanken – Pensées philosophiques,* die im Juni erscheinen. Vernunftreligion und Evolutionsgedanke. Im Juli durch Parlamentsbeschluß verboten.

1747 Niederschrift der *Promenade du Sceptique* (veröffentlicht 1830): Fortführung der Thesen der *Philosophischen Gedanken.* Diderot gilt bei der Polizei als »sehr gefährliche Person«. Am 16. Oktober: Diderot und D'Alembert werden mit der Leitung der *Encyclopédie* betraut; zunächst 20 Mitarbeiter.

1748 Diderot veröffentlicht, ohne Angabe des Verfassers, den erotisch-satirischen Roman mit philosophischen Einlagen *Die indiskreten Kleinode* (*Les bijoux indiscrets*). 19. Oktober: Tod der Mutter.

1749 Anfang Juni erscheint der *Blindenbrief* (*Lettre sur les aveugles*): ein weiterer Schritt zur sensualistisch-materialistischen Philosophie. 24. Juli: Diderot wird verhaftet und ins Turmgefängnis von Vincennes gesteckt; Vorwurf: Verbreitung atheistischen Gedankenguts und Sittenverderbnis. 21. August: Diderot verleugnet seine Anschauungen. Hafterleichterung. Im Oktober Besuch Rousseaus, der auf dem Weg dank einer umstrittenen »Erleuchtung« zur These seines *1. Discours* gefunden haben will. Am 3. November Haftentlassung. Bekanntschaft mit Baron D'Holbach.

1750 Zwei Kinder Diderots sterben im Alter von wenigen Jahren bzw. Monaten. Im Oktober Verteilung des *Prospectus*, der Programmschrift der *Encyclopédie*. Bekanntschaft mit Melchior Grimm, der in Paris Fuß zu fassen beginnt.

1751 Diderot veröffentlicht am 18. Februar seine sprachphilosophische Untersuchung *Lettre sur les sourds et muets* (*Taubstummenbrief*). Anfang März: Diderot und D'Alembert werden zu Mitgliedern der Berliner Akademie der Wissenschaften ernannt. 1. Juli: Erscheinen des ersten Bandes der *Encyclopédie*. Rasches Anwachsen des Stabs der Mitarbeiter, darunter Buffon, Condillac, Condorcet, Helvétius, Holbach, Montesquieu, Rousseau, Voltaire. Diderot selbst verfaßt im Lauf der Jahre mehrere tausend (unsignierte) Artikel.

1752 Januar: Erscheinen des zweiten Bandes der *Encyclopédie*. Am 7. Februar verbietet der Rat des Königs die Verbreitung der beiden Bände. Auf Intervention Madame de Pompadours und einiger Minister wird das Verbot stillschweigend aufgehoben. Mitte Mai bis Mitte Juni besucht Diderot die Familie in Langres. Der Vater akzeptiert Antoinette.

1753 Am 2. September Geburt Marie-Angéliques, des vierten und einzig überlebenden Kindes Diderots. Im November erscheint der dritte Band der *Encyclopédie*, vor Ende des Jahres *Gedanken über die Ausdeutung der Natur* (*Pensées sur l'interprétation de la nature*): enthusiastisch-bewegte Philosophie im Zeichen einer Alleinheits-Konzeption.

1754 Band IV der *Encyclopédie*. Im Herbst erneute Reise nach Langres.

1755 Februar: Diderot nimmt an Montesquieus Begräbnis teil. September: fünfter Band der *Encyclopédie* mit Diderots wichtigem Artikel *Encyclopédie*. Beginn der Freundschaft mit »Sophie« Volland.

1756 Beginn der Mitarbeit Diderots bei Grimms »Correspondance littéraire«. *Encyclopédie* VI. Bekanntschaft mit Mme d'Epinay.

1757 Im Februar erscheint *Der natürliche Sohn* (*Le fils naturel*), das erste Beispiel eines »bürgerlichen Dramas«, zusammen mit einer theoretischen Grundlegung der neuen Gattung, den *Unterhaltungen über den Natürlichen Sohn*. Lessing ist beeindruckt und übersetzt das Stück 1760. Ab März Auseinandersetzung mit Rousseau über Recht und Unrecht des Einsamseins; Ausgangspunkt ein Satz im Buch: »Einsam ist nur der Böse«. Privater Bruch zwischen den beiden Freunden im Dezember, öffentlicher nach D'Alemberts Enzyklopädie-Artikel *Genève* im Oktober 1758. Palissot lanciert sein erstes »antiphilosophisches« Pamphlet: *Kleine Briefe über große Philosophen*.

1758 D'Alembert zieht sich von der Mitdirektion der *Encyclopédie* zurück, die Mitarbeiter Rousseau, Marmontel und Duclos scheren aus. Diderot schreibt ein weiteres bürgerliches Drama, *Der Hausvater* (*Le père de famille*), das eines seiner Lieblingswerke sein wird. Im November: Veröffentlichung im Druck, zusammen mit der *Abhandlung über die drama-tische Poesie* (1760 von Lessing übersetzt).

1759 23. Januar: das Pariser Parlament verurteilt das Werk *De l'esprit* von Helvétius, die *Neujahrsgabe für die Freigei-ster* (neuer Avatar der *Pensées philosophiques*) und die *Encyclopédie*. Am 8. März widerruft der Rat des Königs das Druckprivileg für die letztere. Diderot macht weiter und setzt durch, daß die Verleger weitermachen. Am 4. Juni stirbt der Vater Didier. Diderot ist im Juli und August zur Regelung der Erbschaftsangelegenheiten in Langres. Anfang September: Verurteilung der *Encyclopédie* durch Papst Clemens XIII. Im November erster *Salon* Diderots (Bericht über die Ausstellung der Pariser Kunstakademie) in Grimms »Correspondance littéraire«. Der Abbé Galiani kommt in Paris an.

1760 Diderot schreibt fingierte Briefe einer Nonne an den Mar-quis de Croismare, um diesen in den Pariser Freundeskreis zurückzuholen; aus der Mystifikation entwickelt sich sein zweiter Roman *La religieuse (Die Nonne)*. Am 2. Mai: erste Aufführung von Palissots Komödie *Die Philosophen*, in der Diderot und seine Mitstreiter verhöhnt werden (sollen). Ende November: *Der Hausvater* wird in Marseille uraufge-führt.

1761 18. Februar: erste Pariser Aufführung des *Hausvaters*. Viel-leicht Beginn der Arbeit an *Rameaus Neffe*. Im Herbst der zweite *Salon*.

1762 Januar: der erste Illustrationsband zur *Encyclopédie* wird ausgeliefert (insgesamt 11). Katharina II. von Rußland lädt Diderot ein, die *Encyclopédie* in Rußland zu vollenden.

1763 Herbst: dritter *Salon*.

1764 November: Diderot entdeckt, daß der Verleger Le Breton die im Druck befindlichen Enzyklopädie-Bände heimlich »entschärft«, d.h. verstümmelt hat.

1765 Diderot verkauft der Zarin seine Bibliothek, bleibt aber besoldeter Nutznießer. Vierter *Salon* mit *Essay über die Malerei*, dessen erste beiden Stücke Goethe übersetzen und kommentieren wird.

1766 Januar: Nachricht an die Subskribenten, daß die Bände VIII bis XVII der *Encyclopédie* fertiggestellt worden sind. Die gesetzwidrige Fortsetzung des Druckes wird ruchbar, der Verleger Le Breton wird für einige Tage in der Bastille inhaftiert.

1767 Mitte Januar: Diderot wird Mitglied der Akademie der Künste in St. Petersburg. Im Herbst fünfter *Salon*.
1769 Diderot kauft in Paris Gemälde für Katharina II. Ab Mai: während einer mehrmonatigen Abwesenheit Grimms übernehmen Diderot und Mme d'Epinay die Redaktion der »Correspondance littéraire«. Mitte Juni übergibt der Abbé Galiani vor der Rückkehr nach Neapel dem Freunde Diderot das Manuskript seiner *Dialoge über den Getreidehandel* (*Dialogues sur le commerce des blés*), die Ende des Jahres als Buch erscheinen. Am 2. September schließt Diderot eines seiner kühnsten Werke ab: die drei Dialoge *D'Alemberts Traum* (*Le rêve de D'Alembert*), publiziert 1830, in deren Zentrum Spekulationen über die Entstehung des Lebens aus der Materie und des Denkens aus dem Fühlen stehen. Im Herbst der sechste *Salon*.
1770 Im August und September: Aufenthalt in Langres und Bourbonne-les-Bains. Späte Leidenschaft zu Mme de Maux. Niederschrift der *Reise nach Bourbonne und Langres* für Grimms »Correspondance littéraire«. In Bourbonne entsteht die Erzählung *Les deux amis de Bourbonne* (*Die beiden Freunde von B.*), etwa zur gleichen Zeit auch die *Unterhaltung eines Vaters mit seinen Kindern* (*Entretien d'un père avec ses enfants*, Erinnerung an den verehrten und geliebten Vater; beides erscheint in der »Correspondance littéraire«; Geßner übersetzt 1772 *Die beiden Freunde* ins Deutsche. Zum 1. Oktober veröffentlicht Grimm in seiner Zeitschrift *Beobachtungen über Garrick oder Die englischen Schauspieler*, erster Entwurf zum *Paradox über den Schauspieler*.
1771 Arbeiten fürs Theater, u.a. *La pièce et le prologue*, Keimzelle der Komödie *Est-il bon, est-il méchant?* Veröffentlichung der *Klavierstunden und Harmonielehre* von Bemetzrieder unter redaktioneller Mitarbeit von Diderot. Siebter *Salon*.
1772 Beginn der Mitarbeit an der *Histoire des deux Indes* des Abbé Raynal. Am 9. September heiratet Angélique, die abgöttisch geliebte Tochter. Im gleichen Monat vollendet Diderot weitere drei Erzählungen, darunter den seiner familiären Moral absolut entgegengesetzten *Supplément au Voyage de Bougainville*. Erste größere Werkausgabe (6 Bände) bei Marc-Michel Rey in Amsterdam.
1773 Arbeit am Roman *Jacques le Fataliste*. Im Juni Aufbruch zur Rußlandreise, zunächst mehrmonatiger Aufenthalt in Den

Haag. Hier verschiedene Arbeiten. Am 20. August Abreise nach St. Petersburg, über Pempelfort (Begegnung mit dem Philosophen F. H. Jacobi), Leipzig, Dresden und Riga. Ankunft am 8. Oktober. Gast der Zarin, alle drei Tage eine ungezwungene Audienz bei ihr. Kleine politische Schriften für Katharina. Von Rußland sieht Diderot so gut wie nichts.

1774 Am 5. März Beginn der Rückreise, auf der u.a. Danzig und Hamburg berührt werden. Von Anfang April bis Anfang September neuerdings in Den Haag, wo Diderot für den General Bezkoi den Druck einer französischen Fassung der neuen Schulstatuten Katharinas II. überwacht. Sammlung von Aufzeichnungen für die *Holländische Reise* und die *Eléments de physiologie* (Erstveröffentlichung 1875).

1775 Niederschrift des *Versuchs über die Studien in Rußland* und eines *Plan d'une Université pour le gouvernement de Russie*, in denen Diderot für eine verstärkte naturwissenschaftliche Ausbildung eintritt. Im Herbst: achter *Salon*.

1776 Von nun an mehrfacher längerer Rückzug aufs Land, nach Sèvres, wo Diderot ein Zimmer gemietet hat, und wo er ungestörter arbeiten will. Arbeit u.a. für Raynals *Histoire des deux Indes*.

1778 Im Dezember (mit der Jahreszahl 1779) Veröffentlichung des *Essai sur la vie de Sénèque le philosophe* (*Versuch über das Leben des Philosophen Seneca*), ein typisches Alterswerk auch in bezug auf die Radikalisierung der alten Standpunkte. In diesem Jahr Tod Voltaires und Rousseaus.

1781 Neunter und letzter *Salon*. Letzte Arbeit am Roman *La religieuse*. Vollendung der Komödie *Est-il bon, est-il méchant?* (*Ist er gut, ist er böse?*)

1782 Zweite, erweiterte Ausgabe des *Essai sur la vie de Sénèque: Essai sur les règnes de Claude et de Néron*.

1783 Tod D'Alemberts. Diderot erkrankt an Wassersucht, erleidet später einen Schlaganfall.

1784 Am 22. Februar stirbt Sophie Volland, am 31. Juli Diderot am Ende eines Diners in der Familie, ohne die Sterbesakramente erhalten zu haben. Die Familie erfindet die Mär einer späten Aussöhnung des Philosophen mit der christlich-katholischen Religion und arrangiert ein kirchliches Begräbnis, damit, wie sein Schwiegersohn schrieb, »die Verwandten in Langres ruhig und zufrieden sind«.

PERSONENREGISTER

Philosoph, Sensualist, sein Hauptwerk *De l'esprit* wurde 1759 auf Anordnung des Parlaments verbrannt 264, 297, 371, 396

Holbach, Paul-Henri Thiery, baron d' (1723–1789), materialistisch-atheistischer Philosoph (*System der Natur*), Salon in der Pariser Rue-Royale (»la Synagogue«), Gastgeber auf Grandval, Mittelpunkt der »Holbach'schen Clique« 33, 57, 59, 63f., 91f., 99, 110, 132-134, 186, 189, 203, 206, 247f., 252, 257, 349, 371, 454, 462, 472

Holbach, Charlotte-Suzanne d'Aine, baronne d', geb. 1733, zweite Frau »unseres Barons« 91, 114, 136, 252f., 330

Hoop, »Vater«, Gast D'Holbachs auf Grandval, weitgereister Schotte, bisher noch nicht genau identifiziert 99, 113, 118, 130f.

Houdetot, Elizabeth-Françoise-Sophie de La Live de Bellegarde, Verh. Comtesse d' (1730–1813), Schwägerin Mme d'Epinays, Freundin Rousseaus, Geliebte Saint-Lamberts 37, 65, 106f., 108

Hus, Adelaïde-Louise-Pauline (1734–1805), Schauspielerin an der Comédie Française von 1753 bis 1780, hat 1760 die Aufführung von Palissots Komödie *Les Philosophes* durchgesetzt, bekannt durch zahlreiche Liaisons, u.a. mit Bertin 141–144

Jaucourt, Louis chevalier de (1704–1779), Redaktionssekretär der *Encyclopédie* und Verfasser zahlreicher Artikel 56f., 186, 444

Katharina II., von 1762 bis 1796 Zarin von Rußland 183, 191, 210, 232, 234f., 239, 245, 261, 373, 406, 412, 414–416, 419f., 423–425, 427f., 436f., 441, 456

La Condamine, Charles-Marie de (1701–1774), Mathematiker und Forschungsreisender (Südamerika), Fürsprecher der Pockenimpfung 369

La Hire, Philippe de (1640–1719), Mathematiker und Astronom, Mitglied der Académie des Sciences 170

Landois, Paul, Advokat in Paris, Artikel über Malerei für die *Encyclopédie*, Autor einer erfolglosen Komödie *Le Jaloux ou Sylvie* (1741) im Geschmack der »comédie larmoyante« 28–32

Lauraguais, Louis-Léon-Félicité, comte de (1733–1824), Original, Verkehr in Künstler- u. Wissenschaftlerkreisen 147f., 222

La Tour, Maurice Quentin de (1704–1788), Porträtpastellmaler, Hofmaler Ludwigs XV. 218

Le Breton, André-François (1708–1779), Wortführer der »assoziierten Verleger« der Encyclopédie 56, 102, 182, 185–190, 200

Le Breton, Mme 145–147, 189

Le Gendre, Mme (»Urania«), jüngere Schwester Sophie Vollands, heiratete 1749, minderjährig, den kgl. Ingenieur Jean-Gabriel

537

VERZEICHNIS DER THEMEN UND MOTIVE

DIE ADRESSATEN DER BRIEFE

INHALT